Schriftenreihe

Studien zur Rechtswissenschaft

Band 181

ISSN 1435-6821

Verlag Dr. Kovač

Marco Arne Jensen

Rechtsprobleme regierungsamtlicher Öffentlichkeitsarbeit im Internet-Zeitalter

Verlag Dr. Kovač

Hamburg
2006

VERLAG DR. KOVAČ

Leverkusenstr. 13   ·   22761 Hamburg   ·   Tel. 040 - 39 88 80-0   ·   Fax 040 - 39 88 80-55

E-Mail info@verlagdrkovac.de   ·   Internet www.verlagdrkovac.de

Bibliografische Information Der Deutschen Bibliothek
Die Deutsche Bibliothek verzeichnet diese Publikation
in der Deutschen Nationalbibliographie;
detaillierte bibliografische Daten sind im Internet
über http://dnb.ddb.de abrufbar.

ISSN: 1435-6821

ISBN-13: 978-3-8300-2303-6
ISBN-10: 3-8300-2303-0

Zugl.: Dissertation, Universität Hamburg, 2005

© VERLAG DR. KOVAČ in Hamburg 2006

Printed in Germany
Alle Rechte vorbehalten. Nachdruck, fotomechanische Wiedergabe, Aufnahme in Online-Dienste
und Internet sowie Vervielfältigung auf Datenträgern wie CD-ROM etc. nur nach schriftlicher
Zustimmung des Verlages.

Gedruckt auf holz-, chlor- und säurefreiem Papier Alster Digital. Alster Digital ist
alterungsbeständig und erfüllt die Normen für Archivbeständigkeit ANSI 3948 und ISO 9706.

Vorwort

Die vorliegende Arbeit wurde im Wintersemester 2005/2006 von der Fakultät für Rechtswissenschaft der Universität Hamburg als Dissertation angenommen. Das Manuskript wurde im Januar 2005 abgeschlossen; Gesetze, Rechtsprechung und Schrifttum befinden sich grundsätzlich auf diesem Stand. Neuauflagen zitierter Werke und Gesetzesänderungen wurden jedoch, soweit möglich, während der Druckvorbereitungen eingearbeitet. Spätere Veröffentlichungen konnten noch in einigen Quellenhinweisen berücksichtigt werden.

Meinem Doktorvater, Herrn Prof. Dr. Karl-Heinz Ladeur, danke ich herzlich für seine stets wohlwollende, konstruktiv-kritische Betreuung sowie für zahlreiche wertvolle Hinweise und weiterführende Anregungen. Herrn Prof. Dr. Otto Luchterhand danke ich für die rasche Erstellung seines Zweitgutachtens.

Mein Dank gilt ferner Frau Susanne Maier – nicht nur für die sorgfältige Durchsicht des Manuskripts, sondern vor allem für ihre liebevolle Unterstützung und Geduld in einer arbeitsreichen Zeit. Schließlich möchte ich meiner Mutter danken, ohne deren stete Unterstützung nicht nur diese Arbeit nicht gelungen wäre. Ihr und meinem Vater, der den größten Teil meines juristischen Werdegangs nicht mehr erleben konnte, widme ich dieses Buch.

Hamburg, im Dezember 2005   Marco Arne Jensen

Inhaltsverzeichnis

Vorwort V
Inhaltsverzeichnis VII
Abkürzungsverzeichnis XV
Literaturverzeichnis XXI

1. Kapitel. Grundlegungen

A. Einleitung und Problemstellung 1
   I. Entwicklung des Internets 1
   II. Internet-Auftritte gehören zum Alltag 3
   III. Probleme regierungsamtlicher Internet-Präsenz 6

B. Gegenstand der Untersuchung 8
   I. Begriff der „regierungsamtlichen Öffentlichkeitsarbeit" 8
   II. Mittel der regierungsamtlichen Öffentlichkeitsarbeit in der Offline-Welt 14
   III. Mittel der regierungsamtlichen Öffentlichkeitsarbeit im Internet 15
   IV. Verwendung der Begriffe „Internet" und „Online" 18
   V. Wirtschaftlich relevante Dienstleistungen und „elektronische Verwaltung" 20

2. Kapitel. Die Zulässigkeit regierungsamtlicher Öffentlichkeitsarbeit

A. Voraussetzungen und Grenzen regierungsamtlicher Öffentlichkeitsarbeit in Rechtsprechung und Literatur 23
   I. Ständige Rechtsprechung zur Zulässigkeit regierungsamtlicher Öffentlichkeitsarbeit 23
      1. Bundesverfassungsgericht 23
         a) Die Grenzen zulässiger Öffentlichkeitsarbeit 26
            aa) Verbandskompetenz 26
            bb) Abgrenzung zum unzulässigen Wahlkampf und zur unzulässigen Sympathiewerbung 26
         b) Geltungsreichweite 28
         c) Bestätigung der ersten Entscheidung 29
      2. Andere Gerichte 29
      3. Anwendbarkeit der Rechtsprechung auf das Internet 30

Inhaltsverzeichnis

- II. Kritik und Weiterentwicklung in Rechtsprechung und Literatur 31
  - 1. Sondervoten zum Urteil des Bundesverfassungsgerichts v. 2. März 1977 .. 31
  - 2. Verfassungsgerichte der Länder Nordrhein-Westfalen und Sachsen-Anhalt 34
  - 3. Literatur 37
    - a) Schürmann 38
    - b) Schwarzer 40
    - c) Ladeur 41
      - aa) Umgehung der Massenmedien: Verstoß gegen das Funktionsverbot für den Staat 41
      - bb) Einseitige Parteinahme 43
      - cc) Finanzierung des Parteiwahlkampfs 44
  - 4. Zwischenbetrachtung 44

- B. Das Funktionsverbot für den Staat im Bereich der Massenmedien und seine Konsequenzen für die Zulässigkeit regierungsamtlicher Öffentlichkeitsarbeit 49
  - I. Staatsfreiheit des Rundfunks und Funktionsverbot für den Staat 49
    - 1. Grundsatz 50
      - a) Herleitung des Bundesverfassungsgerichts 50
        - aa) Medium- und Faktorfunktion 50
        - bb) Sondersituation des Rundfunks 51
          - aaa) Knappheit der zur Verfügung stehenden Frequenzen 51
          - bbb) Hohe Kosten für die Veranstaltung von Rundfunk 52
        - cc) Folgerung: Funktionsverbot für den Staat 53
      - b) Rezeption und abweichende Begründungen in der Literatur 53
        - aa) Gersdorf: Volkssouveränität und politische Chancengleichheit 54
        - bb) Jarass: Vermittlungsfunktion 56
      - c) Stellungnahme 57
      - d) „Staatsferne" 58
    - 2. Verlautbarungsrecht 59
    - 3. Neuere Entwicklungen im Bereich des Rundfunks 60
      - a) Reaktion des Bundesverfassungsgerichts 60
      - b) Literaturstimmen für die Zulässigkeit von „Staatsfernsehen" 61
      - c) Stellungnahme 63
        - aa) Technische Dimension der Sondersituation 63
        - bb) Ökonomische Dimension der Sondersituation 67
        - cc) Besondere Meinungsrelevanz des Rundfunks 72
        - dd) Parallelfall: Die „positive Ordnung" für den Rundfunk 74

Inhaltsverzeichnis

- d) Angebote mit geringerem Beeinflussungspotential: „Staatsfernsehen" ein „Mediendienst"? ... 77
  - aa) Aktualität, Breitenwirkung und Suggestivkraft des „Staatsfernsehens" ... 83
  - bb) Keine Manipulationsgefahr ohne redaktionelle Gestaltung? ... 89
  - cc) „Parlamentsfernsehen" aus dem Reichstagsgebäude ... 92
- e) Zwischenergebnis ... 92
- 4. Ergebnis ... 93
- II. Staatsfreiheit der Presse und Funktionsverbot für den Staat ... 93
  - 1. Grundsatz ... 93
  - 2. Amtliche Verkündungen und Mitteilungen ... 95
  - 3. Redaktionelle staatliche Veröffentlichungen ... 96
    - a) Ablehnende oder befürwortende Ansichten ... 97
    - b) Differenzierende Ansicht ... 97
    - c) Stellungnahme ... 98
    - d) Ergebnis ... 100
  - 4. Weitere problematische staatliche Aktivitäten im Bereich der Presse ... 101
    - a) Pressedienstähnliche Angebote und Materndienste ... 101
    - b) Anzeigenschaltung ... 106
  - 5. Ergebnis ... 108
- III. Staatsfreiheit des Internets? ... 108
  - 1. Medium Internet ... 109
  - 2. Exkurs: Bildschirmtext und Videotext ... 115
  - 3. Verfassungsrechtliche Vergleichbarkeit des Internets mit den herkömmlichen Massenmedien ... 118
    - a) Auswahl- und Strukturierungsleistung ... 119
    - b) Vergleichbarkeit mit dem Rundfunk im herkömmlichen Sinne ... 122
      - aa) Limitierung der technischen Ressourcen ... 122
      - bb) Ökonomischer Aufwand ... 123
      - cc) Besondere Meinungsrelevanz: Aktualität, Breitenwirkung und Suggestivkraft von Internet-Angeboten ... 124
        - aaa) Bedeutung des Abruferfordernisses ... 125
          - (1) Allgemeinadressierung ... 125
          - (2) Breitenwirkung ... 127
          - (3) Suggestivkraft ... 128
          - (4) Zwischenergebnis ... 132
        - bbb) Audiovisuelle Inhalte als Teil eines qualifizierten Gesamtangebots ... 132
        - ccc) Darstellungsqualität ... 135

Inhaltsverzeichnis

    (1) Technische Gegebenheiten ... 136
    (2) Erwartungshorizont ... 136
  dd) Ergebnis ... 138
 c) Vergleichbarkeit mit der Presse im herkömmlichen Sinne ... 142
  aa) Streng formale Ansicht: Online-Dienste verfassungsrechtlich stets Rundfunk ... 143
  bb) Differenzierende Ansicht: Presse, wenn Offline-Version vorhanden ... 145
  cc) Rein funktionale Betrachtung: Auch originäre Online-Presse möglich ... 146
  dd) Stellungnahme ... 148
   aaa) Surrogateigenschaft von Online-Textdiensten ... 148
   bbb) Mangelnde Verkörperung ... 151
   ccc) Teilbarkeit von Online-Angeboten ... 152
   ddd) Selektive Wahrnehmung und natürlicher Pluralismus ... 153
   eee) Institutioneller Schutz ... 153
   fff) Ergebnis ... 154
  ee) Verstärkung der Gefahren für die Ausübungsbedingungen der Pressefreiheit ... 155
   aaa) Netzwerkökonomie ... 155
   bbb) Verstärkende Wirkung auf bestehende Gefahren ... 157
4. Ergebnis ... 158

C. Staatsfreiheit der Massenmedien als Zulässigkeitsgrenze für die regierungsamtliche Öffentlichkeitsarbeit ... 159
 I. Einbeziehung medienverfassungsrechtlicher Überlegungen ... 160
 II. Ergänzung oder Substitution ... 163
  1. Vorteile der medienverfassungsrechtlichen Annäherung ... 163
  2. Kritik an den Grundannahmen und Kriterien der herrschenden Meinung 164
   a) Trennung zwischen Regierung und Regierungsparteien ... 164
   b) Zeitliche Begrenzung der Ausübung abgeleiteter Staatsgewalt ... 169
   c) Wahlnähe ... 171
   d) Missachtung des Gebots der Staatsfreiheit der Massenmedien ... 171
  3. Probleme der Anwendbarkeit der herrschenden Meinung auf Internet-Auftritte ... 171
  4. Ergebnis ... 174
 III. Konsequenzen für die Zulässigkeit regierungsamtlicher Öffentlichkeitsarbeit ... 174

IV. Finanzierung von Parteiwerbung durch Haushaltsmittel der Regierung 175

3. Kapitel. Ein rechtlicher Rahmen für die regierungsamtliche Öffentlichkeitsarbeit im Internet

A. Rechtliche Probleme im Zusammenhang mit den zulässigen Formen regierungsamtlicher Öffentlichkeitsarbeit im Internet 179
   I. Verantwortlichkeit der Regierung für Medieninhalte 180
      1. Das Urteil des Landgerichts Potsdam vom 8. Juli 1999 180
      2. Kritik und allgemeine Überlegungen 182
         a) Teledienst oder Mediendienst? 182
            aa) Websites 185
            bb) Suchmaschinen 186
            cc) Diskussionsforen 187
            dd) Zwischenergebnis 189
         b) Systematische Bedeutung der Verantwortlichkeitsregeln des Teledienstegesetzes und des Mediendienste-Staatsvertrags 189
         c) Verantwortlichkeit der Regierung für Hyperlinks 190
         d) Verantwortlichkeit der Regierung für Suchmaschinen 195
         e) Verantwortlichkeit der Regierung für Diskussionsbeiträge 196
         f) Rechtsprechung des Bundesgerichtshofs zur Verantwortlichkeit von Medienanbietern 198
      3. Aktuelles Recht 199
         a) Verantwortlichkeit für Diskussionsbeiträge 200
         b) Verantwortlichkeit für Hyperlinks und Suchmaschinen 201
   II. Von regierungsamtlichen Internet-Angeboten ausgehende Risiken für die individuelle und öffentliche Meinungsbildung 204
      1. Suchmaschinen 204
      2. Hyperlinks 207
      3. Diskussionsforen 207
      4. Zusammenfassung der Gefahrenmomente 212
   III. Bisheriger Lösungsansatz für den Ausschluss von Diskussionsteilnehmern .. 213
      1. Lösungsansatz im Zivilrecht 214
         a) Rechtsprechung zum Ausschluss von privaten Chatrooms: „Virtuelles Hausrecht" 214
         b) Der Eigentumsschutz für Computersoftware 215
      2. „Virtuelles Hausrecht" im öffentlichen Recht? 219
         a) Rechtscharakter regierungsamtlich veranstalteter Diskussionsforen ... 219

b) Rechtscharakter des Hausverbots in öffentlichen Verwaltungsgebäuden 220
　　　c) Zulässigkeit eines öffentlich-rechtlichen Hausverbots 222
　　　d) Berechtigtes Interesse, Beeinträchtigung des Art. 5 Abs. 1 S. 1 GG ... 223
　　3. Angemessenheit der Rechtsfigur des „virtuellen öffentlich-rechtlichen Hausrechts" für den Ausschluss von regierungsamtlich veranstalteten Diskussionsforen 225
　IV. Vielfalt- und Transparenzforderungen für regierungsamtliche Internet-Angebote 227
　　1. Differenzierte Anforderungen 228
　　2. Insbesondere: Transparenz von Diskussionsbedingungen 233

B. Versuch der Bestimmung einer „Positiven Ordnung" für die regierungsamtliche Öffentlichkeitsarbeit im Internet 236

　I. Mögliche Regelungsansätze 236
　　1. Regelungsfeindlichkeit durch Dynamik und Komplexität geprägter Lebenssachverhalte 236
　　　a) Dynamik und Komplexität des Internets 238
　　　b) Dynamik und Komplexität der gesellschaftlichen Vielfalt 240
　　2. Das Stichwort für eine Lösungsstrategie: Prozeduralisierung des Rechts. 241
　II. Die Bandbreite prozeduraler Regulierungsansätze anhand ausgewählter Referenzbereiche 246
　　1. Prozedurale Elemente im privaten Wirtschaftsrecht: Das „Best Practices"- bzw. Kodex-Modell – Am Beispiel der „Corporate Governance" ... 246
　　　a) Die Principles of Corporate Governance 248
　　　b) Deutsche Kodizes zur Corporate Governance 249
　　　c) Gesetzliche Regelungen in Deutschland 252
　　　　aa) Das Gesetz zur Verbesserung der Kontrolle und Transparenz im Unternehmensbereich 252
　　　　bb) Das Transparenz- und Publizitätsgesetz und der Deutsche Corporate Governance Kodex 254
　　　d) Ein Kodex für die regierungsamtliche Öffentlichkeitsarbeit im Internet? 258
　　　e) Eignung des Kodex-Modells für das Anwendungsgebiet der regierungsamtlichen Öffentlichkeitsarbeit im Internet 260
　　　f) Möglichkeit administrativer Normsetzung durch Verwaltungsvorschriften 262

Inhaltsverzeichnis XIII

2. Das Steuerungskonzept der „regulierten Selbstregulierung" –
   Am Beispiel des Jugendmedienschutzes 267
   a) Das Steuerungskonzept der „regulierten Selbstregulierung" 267
   b) Die Neukonzeption des Jugendmedienschutzes 269
   c) Eignung des Konzepts der regulierten Selbstregulierung für das Anwendungsgebiet der regierungsamtlichen Öffentlichkeitsarbeit im Internet 274
3. Prozedurale Elemente zum Zwecke der Eigenregulierung staatlichen Handelns – Am Beispiel der Markterkundungsverfahren im Kommunalwirtschaftrecht 277
   a) Die Situation 277
   b) Zulässigkeit kommunalwirtschaftlicher Betätigung 279
   c) Das Problem 280
   d) Verfahrensmäßige Lösungsansätze 281
      aa) Gesetzliche Regelungen 281
      bb) Lösungsansätze und Kritik in der Literatur 283
   e) Eignung einer mit den Markterkundungsverfahren vergleichbaren Lösung für den Anwendungsbereich der regierungsamtlichen Öffentlichkeitsarbeit im Internet 285
4. „Hybridisierung" von Entscheidungsvorgängen innerhalb staatlicher Strukturen: Das Gremien-Modell der Rundfunkorganisation 288
   a) Kontrolle durch staatsfreie und plurale Organisation 289
   b) Eignung hybrider Organisationsformen für den Anwendungsbereich der regierungsamtlichen Öffentlichkeitsarbeit im Internet: „Staatsfreie" staatliche Öffentlichkeitsarbeit? 292
   c) Probleme der herkömmlichen Rundfunkregulierung 297
   d) Lösungsvorschläge im Sinne des Prozeduralen Rundfunkrechts 299
   e) Eignung einzelner Verfahrenselemente des Prozeduralen Rundfunkrechts für den Anwendungsbereich der regierungsamtlichen Öffentlichkeitsarbeit im Internet 301
5. Kooperation zwischen dem Staat und privaten Akteuren bei Erhaltung beiderseitiger Autonomie: „Public Private Partnerships" 303
   a) Public Private Partnerships bei der Verwirklichung kommunaler Internet-Auftritte 305
   b) Rechtliche Mechanismen zur Wahrung der öffentlichen Interessen in Public Private Partnerships zur Verwirklichung kommunaler Internet-Auftritte 308
      aa) Wettbewerbsrecht 308
      bb) Gleichheitsgrundrecht 309

        cc) Kommunalrechtlicher Nutzungsanspruch.................................... 310
        dd) Möglichkeiten der Interessensicherung durch gesellschaftsrechtliche und vertragliche Ausgestaltungen....................... 311
    c) Wettbewerbsrechtliche Zulässigkeit von Kooperationen zur Verwirklichung kommunaler Internet-Auftritte.. 312
    d) Eignung des Kooperationsmodells für den Anwendungsbereich der regierungsamtlichen Öffentlichkeitsarbeit im Internet........................ 314
III. Vorschlag für ein Regulierungskonzept für die regierungsamtliche Öffentlichkeitsarbeit im Internet 315
  1. Autonome Strategiebestimmung und Normsetzung 316
  2. Kontrolle 317
  3. Beschwerdestelle 319

Zusammenfassung in Thesen 321

Abkürzungsverzeichnis

a.A. .... anderer Ansicht
a.a.O. .... am angegebenen Ort
ABl. .... Amtsblatt
Abs. .... Absatz
a.E. .... am Ende
a.F. .... alte Fassung
AfP .... Archiv für Presserecht
AG .... Aktiengesellschaft, Die Aktiengesellschaft
AK .... Alternativkommentar
AktG .... Aktiengesetz
allg. .... allgemein
ALM .... Arbeitsgemeinschaft der Landesmedienanstalten in der Bundesrepublik Deutschland
Anm. .... Anmerkung
AöR .... Archiv des öffentlichen Rechts
ArchivPT .... Archiv für Post und Telekommunikation
ARD .... Arbeitsgemeinschaft der öffentlich-rechtlichen Rundfunkanstalten der Bundesrepublik Deutschland
Art. .... Artikel
Aufl. .... Auflage
Aug. .... August

BayGO .... Bayerische Gemeindeordnung
BayObLG .... Bayerisches Oberstes Landesgericht
BayVBl. .... Bayerische Verwaltungsblätter
BayVerfGH .... Bayerischer Verfassungsgerichtshof
BayVGH .... Bayerischer Verwaltungsgerichtshof
BB .... Der Betriebs-Berater
BbgGO .... Brandenburgische Gemeindeordnung
Bd. .... Band
bearb. .... bearbeitet
BDSG .... Bundesdatenschutzgesetz
BGB .... Bürgerliches Gesetzbuch
BGBl. .... Bundesgesetzblatt
BGH .... Bundesgerichtshof
BGHZ .... Entscheidungen des Bundesgerichtshofs in Zivilsachen
BHO .... Bundeshaushaltsordnung
BImSchG .... Bundes-Immissionsschutzgesetz
BK .... Bonner Kommentar
BPA .... Presse- und Informationsamt der Bundesregierung

BR .... Bundesrat
BremStGH ...... Bremischer Staatsgerichtshof
BT .... Bundestag
Btx .... Bildschirmtext
Btx-StV .... Bildschirmtext-Staatsvertrag
BVerfG .... Bundesverfassungsgericht
BVerfGE .... Entscheidungen des Bundesverfassungsgerichts
BVerwG .... Bundesverwaltungsgericht
BVerwGE .... Entscheidungen des Bundesverwaltungsgerichts
BW .... Baden-Württemberg
bzw. .... beziehungsweise

CD .... Compact Disc
CERN .... Centre Européen pour la Recherche Nucléaire
CR .... Computer und Recht

DAB-T .... Digital Audio Broadcasting – Terrestrial
DB .... Der Betrieb
DCGK .... Deutscher Corporate Governance Kodex
ders. .... derselbe
Dez. .... Dezember
DGO .... Deutsche Gemeindeordnung
d.h. .... das heißt
dies. .... dieselbe, dieselben
Diss. .... Dissertation
DLM .... Direktorenkonferenz der Landesmedienanstalten
DÖV .... Die Öffentliche Verwaltung
Drs. .... Drucksache
DSL .... Digital Subscriber Line
DVBl. .... Deutsches Verwaltungsblatt
DVB-T .... Digital Video Broadcasting – Terrestrial
DVD .... Digital Versatile Disc

EG .... Europäische Gemeinschaften
EGG .... Gesetz über rechtliche Rahmenbedingungen für den elektronischen Geschäftsverkehr
Einf. .... Einführung
ESVGH .... Entscheidungssammlung des Hessischen Verwaltungsgerichtshofs und des Verwaltungsgerichtshofs Baden-Württemberg mit Entscheidungen der Staatsgerichtshöfe beider Länder
EU .... Europäische Union
EWiR .... Entscheidungen zum Wirtschaftsrecht

Abkürzungsverzeichnis XVII

f. .... folgende
FAZ .... Frankfurter Allgemeine Zeitung
ff. .... folgende
Fn. .... Fußnote
FS .... Festschrift
FSF .... Freiwillige Selbstkontrolle Fernsehen e.V.
FSM .... Freiwillige Selbstkontrolle Multimedia-Diensteanbieter e.V.
FTP .... File Transfer Protocol

GCCG .... German Code of Corporate Governance
GenTG .... Gentechnikgesetz
GewArch .... Gewerbearchiv
GG .... Grundgesetz für die Bundesrepublik Deutschland
GmbH .... Gesellschaft mit beschränkter Haftung
GO .... Gemeindeordnung
GVG .... Gerichtsverfassungsgesetz
GWB .... Gesetz gegen Wettbewerbsbeschränkungen

Habil. .... Habilitationsschrift
HAM .... Hamburgische Anstalt für Neue Medien
HmbMedienG . Hamburgisches Mediengesetz
HGB .... Handelsgesetzbuch
Hrsg. .... Herausgeber
Hz .... Hertz

ICANN .... Internet Corporation For Assigned Names and Numbers
insb. .... insbesondere
IP .... Internet Protocol
IRC .... Internet Relay Chat
i.S.d .... im Sinne des/der
ISDN .... Integrated Services Digital Network
ISP .... Internet Service Provider
IT .... Informationstechnologie
IuKDG .... Informations- und Kommunikationsdienste-Gesetz
i.V. .... in Verbindung

JMStV .... Jugendmedienschutz-Staatsvertrag
JuS .... Juristische Schulung
JZ .... Juristenzeitung

Kap.	Kapitel
KEF	Kommission zur Überprüfung und Ermittlung des Finanzbedarfs der Rundfunkanstalten
KEK	Kommission zur Ermittlung der Konzentration im Medienbereich
KG	Kammergericht, Kommanditgesellschaft
KJM	Kommission für Jugendmedienschutz
KonTraG	Gesetz zur Verbesserung der Kontrolle und Transparenz im Unternehmensbereich
KritV	Kritische Vierteljahresschrift für Gesetzgebung und Rechtsprechung
KrW-/AbfG	Kreislaufwirtschafts- und Abfallgesetz
K&R	Kommunikation und Recht
LCD	Liquid Crystal Display
LG	Landgericht
lit.	Buchstabe
LPG	Landespressegesetze
LT	Landtag
LVerfG	Landesverfassungsgericht
m.	mit
MABB	Medienanstalt Berlin-Brandenburg
MDStV	Staatsvertrag über Mediendienste
MHz	Megahertz
Mio.	Millionen
MMR	Multimedia und Recht
MP	Media Perspektiven
MV	Mecklenburg-Vorpommern
m.w.N.	mit weiteren Nachweisen
NDR	Norddeutscher Rundfunk
NDR-StV	Staatsvertrag über den Norddeutschen Rundfunk
NdsVBl.	Niedersächsische Verwaltungsblätter
NJW	Neue Juristische Wochenschrift
NJW-CoR	NJW Computerreport
NJW-RR	NJW Rechtsprechungs-Report Zivilrecht
Nr.	Nummer
NVwZ	Neue Zeitschrift für Verwaltungsrecht
NVwZ-RR	NVwZ Rechtsprechungs-Report
NW	Nordrhein-Westfalen
NWB	Neue Wirtschafts-Briefe für Steuer- und Wirtschaftsrecht
NWVBl.	Nordrhein-Westfälische Verwaltungsblätter

o.Ä.	oder Ähnliches
OECD	Organization for Economic Cooperation and Development, Organisation für wirtschaftliche Zusammenarbeit und Entwicklung
Okt.	Oktober
OLG	Oberlandesgericht
ORB	Ostdeutscher Rundfunk Brandenburg
OVG	Oberverwaltungsgericht
PCG	OECD Principles of Corporate Governance
PR	Public Relations
RBB	Rundfunk Berlin-Brandenburg
RFinStV	Rundfunkfinanzierungsstaatsvertrag
Rn.	Randnummer
ROM	Read Only Memory
RStV	Rundfunkstaatsvertrag
RuF	Rundfunk und Fernsehen
S.	Seite
s.	siehe
S.-A.	Sachsen-Anhalt
SaarlVGH	Saarländischer Verwaltungsgerichtshof
Sept.	September
SFB	Sender Freies Berlin
sog.	so genannt
StGB	Strafgesetzbuch
StGH	Staatsgerichtshof
TDG	Teledienstegesetz
TK	Telekommunikation
TKG	Telekommunikationsgesetz
TKMR	Telekommunikations- und Multimediarecht
TransPuG	Transparenz- und Publizitätsgesetz
ThürKO	Thüringische Kommunalordnung
TV	Television, Fernsehen
u.a.	und andere, unter anderem
überarb.	überarbeitet
UDRP	Uniform Dispute Resolution Policy
UFITA	Archiv für Urheber-, Film-, Funk- und Theaterrecht
UKW	Ultrakurzwellen
Univ.	Universität

URL	Uniform Resource Locator
usw.	und so weiter
u.U.	unter Umständen
UWG	Gesetz gegen den unlauteren Wettbewerb
v.	von, vom
VBlBW	Verwaltungsblätter für Baden-Württemberg
VerfGH	Verfassungsgerichtshof
VerwArch	Verwaltungsarchiv
VG	Verwaltungsgericht
vgl.	vergleiche
Vorb.	Vorbemerkung
VVDStRL	Veröffentlichungen der Vereinigung der Deutschen Staatsrechtslehrer
VwVfG	Verwaltungsverfahrensgesetz
WHG	Wasserhaushaltsgesetz
WWW	World Wide Web
z.B.	zum Beispiel
ZDF	Zweites Deutsches Fernsehen
ZDF-StV	Staatsvertrag über das Zweite Deutsche Fernsehen
ZG	Zeitschrift für Gesetzgebung
ZHR	Zeitschrift für das gesamte Handelsrecht und Wirtschaftsrecht
Ziff.	Ziffer
ZRP	Zeitschrift für Rechtspolitik
ZUM	Zeitschrift für Urheber- und Medienrecht

Literaturverzeichnis

Achterberg, Norbert: Allgemeines Verwaltungsrecht. Ein Lehrbuch, 2., völlig neu bearb. Aufl., Heidelberg 1986 [zitiert: Achterberg, Allgemeines Verwaltungsrecht]

Albrecht, Achim: Das Transparenz- und Publizitätsgesetz. Ein weiterer Schritt in der Reform des Aktien- und Bilanzrechts, in: NWB, Fach 18, S. 3877-3888 [zitiert: Albrecht, Transparenz- und Publizitätsgesetz]

Alternativkommentar (Hrsg. Rudolf Wassermann): Kommentar zum Grundgesetz für die Bundesrepublik Deutschland. In zwei Bänden. Band 1: Art. 1-37, 2. Aufl., Neuwied 1989 [zitiert: *Bearbeiter*, in: AK, GG (1989)]

Alternativkommentar (Hrsg. Erhard Denninger): Kommentar zum Grundgesetz für die Bundesrepublik Deutschland. Reihe Alternativkommentare. Loseblattsammlung, 3. Aufl., Neuwied/Kriftel 2001, Stand: 2. Aktualisierungslieferung, August 2002 [zitiert: *Bearbeiter*, in: AK, GG]

Arbeitsgemeinschaft der Landesmedienanstalten in der Bundesrepublik Deutschland (ALM): Medienregulierung im Wandel – Zum Rang und zur Rolle der Landesmedienanstalten. Ein Positionspapier der ALM, 1999 [zitiert: ALM, Positionspapier]

Arndt, Adolf: Das Werbefernsehen als Kompetenzfrage, in: JZ 1965, S. 337-341 [zitiert: Arndt, Werbefernsehen als Kompetenzfrage]

Badura, Peter: Zur grundrechtlichen, gebühren- und europarechtlichen Auslegung des Rundfunkbegriffs, in: Armin Dittmann, Frank Fechner, Gerald G. Sander (Hrsg.), Der Rundfunkbegriff im Wandel der Medien, Symposion zum 65. Geburtstag von Prof. Dr. iur. Dr. h.c. Thomas Oppermann, Berlin 1997, S. 117-119 [zitiert Badura, Rundfunkbegriff]

Bartl, Harald: Handbuch Btx-Recht. Mit einem Kommentar zum Bildschirmtext-Staatsvertrag, Heidelberg 1984 [zitiert: Bartl, Btx-Recht]

Beckmann, Martin: Die gerichtliche Überprüfung von Verwaltungsvorschriften im Wege der verwaltungsgerichtlichen Normenkontrolle, in: DVBl. 1987, S. 611-618 [zitiert: Beckmann, Überprüfung von Verwaltungsvorschriften]

Bethge, Herbert: Die Freiheit des privaten Rundfunks – Eine Bestandsaufnahme, in: DÖV 2002, S. 673-681 [zitiert: Bethge, Freiheit des privaten Rundfunks]

Bettermann, Karl August: Rundfunkfreiheit und Rundfunkorganisation. Kritische Bemerkungen zum Fernsehurteil des Bundesverfassungsgerichts, in: DVBl. 1963, S. 41-44 [zitiert: Bettermann, Rundfunkfreiheit und Rundfunkorganisation]

Bettinger, Torsten / Freytag, Stefan: Privatrechtliche Verantwortlichkeit für Links. Zugleich Anmerkung zum Urteil des LG Hamburg vom 12.5.1998, in: CR 1998, S. 545-556 [zitiert: Bettinger/Freytag, Verantwortlichkeit für Links]

Betzler, Christina: Finalität des Rundfunkbegriffs, in: Armin Dittmann, Frank Fechner, Gerald G. Sander (Hrsg.), Der Rundfunkbegriff im Wandel der Medien, Symposion zum 65. Geburtstag von Prof. Dr. iur. Dr. h.c. Thomas Oppermann, Berlin 1997, S. 155-169 [zitiert Betzler, Finalität]

Bilstein, Thomas: Rundfunksendezeiten für amtliche Verlautbarungen, Diss. Univ. Bochum 1991/92, München 1992 [zitiert: Bilstein, Rundfunksendezeiten für amtliche Verlautbarungen]

Bleckmann, Albert: Probleme des Grundrechtsverzichts, in: JZ 1988, S. 57-62 [zitiert: Bleckmann, Grundrechtsverzicht]

Bonner Kommentar (Hrsg. Rudolf Dolzer / Klaus Vogel): Kommentar zum Grundgesetz, Loseblattsammlung, Stand: 111. Lieferung, Mai 2004, Heidelberg [zitiert: *Bearbeiter*, in: BK, GG]

Bornemann, Roland: Der Jugendmedienschutz-Staatsvertrag der Länder, in: NJW 2003, S. 787-791 [zitiert: Bornemann, Jugendmedienschutz-Staatsvertrag]

Brand, Thorsten: Rundfunk im Sinne des Artikel 5 Abs. 1 Satz 2 GG. Eine Analyse der Reichweite des verfassungsrechtlichen Rundfunkbegriffs unter besonderer Berücksichtigung neuerer medialer Angebotsformen, Diss. Univ. Passau 2000/2001, Berlin 2002 [zitiert: Brand, Rundfunk]

Breuer, Rüdiger: Die öffentliche Anstalt, in: VVDStRL Heft 44 (1986), S. 211-243 [zitiert: Breuer, Öffentliche Anstalt]

Bröhl, Georg M.: Rechtliche Rahmenbedingungen für neue Informations- und Kommunikationsdienste, in: CR 1997, S. 73-79 [zitiert: Bröhl, Rechtliche Rahmenbedingungen]

Brunst, Phillip W.: Umsetzungsprobleme der Impressumspflicht bei Webangeboten, in: MMR 2004, S. 8-13 [zitiert: Brunst, Umsetzungsprobleme]

Bull, Hans Peter / Mehde, Veith: Allgemeines Verwaltungsrecht mit Verwaltungslehre, 7., völlig neu bearb. Aufl., Heidelberg 2005 [zitiert: Bull/Mehde, Allgemeines Verwaltungsrecht]

Bullinger, Martin: Kommunikationsfreiheit im Strukturwandel der Telekommunikation, 1. Aufl., Baden-Baden 1980 [zitiert: Bullinger, Kommunikationsfreiheit]

ders.: Vom Staatsmonopol des Rundfunks zur Bürgerfreiheit der audiovisuellen Kommunikation – Gesetzgebung für die Neuen Medien in Baden-Württemberg, in: VBlBW 1983, S. 57-64 [zitiert: Bullinger, Staatsmonopol des Rundfunks]

ders.: Der Rundfunkbegriff in der Differenzierung kommunikativer Dienste, in: AfP 1996, S. 1-8 [zitiert: Bullinger, Rundfunkbegriff]

ders.: Ordnung oder Freiheit für Multimediadienste, in: JZ 1996, S. 385-391 [zitiert: Bullinger, Ordnung oder Freiheit]

ders. / Mestmäcker, Ernst-Joachim: Multimediadienste. Struktur und staatliche Aufgaben nach deutschem und europäischem Recht, 1. Aufl., Baden-Baden 1997 [zitiert: Bullinger/Mestmäcker, Multimediadienste]

Calliess, Christian: Inhalt, Dogmatik und Grenzen der Selbstregulierung im Medienrecht, in: AfP 2002, S. 465-475 [zitiert: Calliess, Selbstregulierung im Medienrecht]

Christensen, Guido: Taschenkontrolle im Supermarkt und Hausverbot, in: JuS 1996, S. 873-878 [zitiert: Christensen, Hausverbot]

Classen, Claus Dieter: Der Rundfunk zwischen Wirtschaft und Kultur: Die Perspektive des europäischen Gemeinschaftsrechts, in: Armin Dittmann, Frank Fechner, Gerald G. Sander (Hrsg.), Der Rundfunkbegriff im Wandel der Medien, Symposion zum 65. Geburtstag von Prof. Dr. iur. Dr. h.c. Thomas Oppermann, Berlin 1997, S. 53-67 [zitiert: Classen, Rundfunk zwischen Wirtschaft und Kultur]

Conrad, Rainer: Rundfunk online, in: MP 2002, S. 114-114 [zitiert: Conrad, Rundfunk online]

Czajka, Dieter: Pressefreiheit und „öffentliche Aufgabe" der Presse, Diss. Univ. Göttingen 1965, Stuttgart/Berlin/Köln/Mainz 1968 [zitiert: Czajka, Pressefreiheit und „öffentliche Aufgabe" der Presse]

Degenhart, Christoph: Bayern auf dem Weg zur dualen Rundfunkordnung? Bayerisches Medienerprobungs- und -entwicklungsgesetz, Bayerische Verfassung und Grundgesetz – Zur Entscheidung des Bayerischen Verfassungsgerichtshofs vom 21.11.1986, in: AfP 1987, S. 371-375 [zitiert: Degenhart, Auf dem Weg zur dualen Rundfunkordnung?]

ders.: Programmauftrag Internet – Öffentlich-rechtliche Rundfunkanstalten und Online-Dienste, in: MMR 1998, S. 137-141 [zitiert: Degenhardt, Programmauftrag Internet]

ders.: Rundfunk und Internet, in: ZUM 1998, S. 333-349 [zitiert: Degenhart, Rundfunk und Internet]

Depenheuer, Otto: Informationsordnung durch Informationsmarkt. Rechtliche Rahmenbedingungen einer Informationsordnung, in: AfP 1997, S. 669-675 [zitiert: Depenheuer, Informationsordnung]

Determann, Lothar: Kommunikationsfreiheit im Internet. Freiheitsrechte und gesetzliche Beschränkungen, Habil. Freie Univ. Berlin 1999, 1. Aufl., Baden-Baden 1999, [zitiert: Determann, Kommunikationsfreiheit im Internet]

DiFabio, Udo: Information als hoheitliches Gestaltungsmittel, in: JuS 1997, S. 1-7 [zitiert: DiFabio, Information als hoheitliches Gestaltungsmittel]

Direktorenkonferenz der Landesmedienanstalten (DLM): Drittes Strukturpapier zur Unterscheidung von Rundfunk und Mediendiensten, November 2003 [zitiert: DLM, Strukturpapier 2003] *dies.*: Zweites Strukturpapier zur Unterscheidung von Rundfunk und Mediendiensten, Dezember 1998 [zitiert: DLM, Strukturpapier 1998]

Dittmann, Armin: Der Rundfunkbegriff im deutschen Recht – ein Kulturgut im multimedialen Wandel, in: Armin Dittmann, Frank Fechner, Gerald G. Sander (Hrsg.), Der Rundfunkbegriff im Wandel der Medien, Symposion zum 65. Geburtstag von Prof. Dr. iur. Dr. h.c. Thomas Oppermann, Berlin 1997, S. 19-40 [zitiert: Dittmann, Rundfunkbegriff]

Donsbach, Wolfgang: Legitimationsprobleme des Journalismus. Gesellschaftliche Rolle der Massenmedien und berufliche Einstellung von Journalisten, München 1982 [zitiert: Donsbach, Legitimationsprobleme des Journalismus]

Dörr, Dieter: „Multimedia" und der Rundfunkbegriff, in: Armin Dittmann, Frank Fechner, Gerald G. Sander (Hrsg.), Der Rundfunkbegriff im Wandel der Medien, Symposion zum 65. Geburtstag von Prof. Dr. iur. Dr. h.c. Thomas Oppermann, Berlin 1997, S. 121-128 [zitiert: Dörr, Rundfunkbegriff]

Dürig, Günter: Der Grundrechtssatz von der Menschenwürde. Entwurf eines praktikablen Wertsystems der Grundrechte aus Art. 1 Abs. 1 in Verbindung mit Art. 19 Abs. 2 des Grundgesetzes, in: AöR Bd. 81 (1956), S. 117-157 [zitiert: Dürig, Grundrechtssatz von der Menschenwürde]

Dürrenmatt, Friedrich: Labyrinth. Stoffe I-III. Der Winterkrieg in Tibet, Mondfinsternis, Der Rebell. Vom Autor revidierte Neuausgabe, Zürich 1990 [zitiert: Dürrenmatt, Labyrinth, Stoffe I-III]

Eberle, Carl-Eugen: Neue Übertragungstechniken und Verfassungsrecht, in: ZUM 1995, S. 249-256 [zitiert: Eberle, Übertragungstechniken]

ders.: Digitale Rundfunkfreiheit - Rundfunk zwischen Couch-Viewing und Online-Nutzung, in: CR 1996, S. 193-198 [zitiert: Eberle, Digitale Rundfunkfreiheit]

ders.: Rundfunk – Regelungsmodell für Online-Dienste? in: Armin Dittmann, Frank Fechner, Gerald G. Sander (Hrsg.), Der Rundfunkbegriff im Wandel der Medien, Symposion zum 65. Geburtstag von Prof. Dr. iur. Dr. h.c. Thomas Oppermann, Berlin 1997, S. 149-153 [zitiert Eberle, Regelungsmodell für Online-Dienste?]

ders.: Krise der Medienwirtschaft – Ein Fall für die Medienregulierung?, in: MMR 2003, S. 623-628 [zitiert: Eberle, Krise der Medienwirtschaft]

Ehlers, Dirk: Rechtsprobleme der Kommunalwirtschaft, in: DVBl. 1998, S. 497-508 [zitiert: Ehlers, Rechtsprobleme der Kommunalwirtschaft]

Ehmke, Horst: Verfassungsrechtliche Fragen einer Reform des Pressewesens, in: Horst Ehmke, Carlo Schmid, Hans Scharoun (Hrsg.), Festschrift für Adolf Arndt zum 65. Geburtstag, Frankfurt a.M. 1969, S. 77-118 [zitiert: Ehmke, Reform des Pressewesens]

Eifert, Martin: Electronic Government als gesamtstaatliche Aufgabe, in: ZG 2001, S. 115-129 [zitiert: Eifert, Electronic Government]

ders.: Regulierte Selbstregulierung und die lernende Verwaltung, in: Die Verwaltung, Beiheft 4, Berlin 2001, S. 137-157 [zitiert: Eifert, Lernende Verwaltung]

ders.: Die rechtliche Sicherung öffentlicher Interessen in Public Private Partnerships – Dargestellt am Beispiel der Internet-Aktivitäten von Städten und Kommunen, in: VerwArch Bd. 93 (2002), S. 561-584 [zitiert: Eifert, Sicherung öffentlicher Interessen]

Emmer, Martin / Kuhlmann, Christoph / Vowe, Gerhard / Wolling, Jens: Der 11. September – Informationsverbreitung, Medienwahl, Anschlusskommunikation, in: MP 2002, S. 166-177 [zitiert: Emmer/Kuhlmann/Vowe/Wolling, Der 11. September]

Engel, Christoph: Multimedia und das deutsche Verfassungsrecht, in: Wolfgang Hoffmann-Riem, Thomas Vesting (Hrsg.), Perspektiven der Informationsgesellschaft. Symposien des Hans-Bredow-Instituts Band 16, 1. Aufl., Baden-Baden 1995, S. 155-171 [zitiert: Engel, Multimedia und Verfassungsrecht]

ders.: Die Internet-Service-Provider als Geiseln deutscher Ordnungsbehörden. Eine Kritik an den Verfügungen der Bezirksregierung Düsseldorf, in: MMR Beilage 4/2003, S. 1-35 [zitiert: Ch. Engel, ISP als Geiseln deutscher Ordnungsbehörden]

Engel, Friedrich-Wilhelm: Produzentenhaftung für Software, in: CR 1986, S. 702-708 [zitiert: F.-W. Engel, Produzentenhaftung für Software]

Engel-Flechsig, Stefan / Maennel, Frithjof A. / Tettenborn, Alexander (Hrsg.): Beck'scher IuKDG-Kommentar, München 2001 [zitiert: *Bearbeiter*, in: Beck'scher IuKDG-Kommentar]

Enkler, Claus: Wirtschaftliche Betätigung der Kommunen in neuen Geschäftsfeldern, in: ZG 1998, S. 328-351 [zitiert: Enkler, Wirtschaftliche Betätigung der Kommunen]

Erichsen, Hans-Uwe / Ehlers, Dirk (Hrsg.): Allgemeines Verwaltungsrecht, 12., neu bearb. Aufl., Berlin/New York 2002 [zitiert: *Bearbeiter*, in: Erichsen, Allgemeines Verwaltungsrecht]

Ernst, Stefan: Rechtliche Fragen bei der Verwendung von Hyperlinks im Internet, in: NJW-CoR 1997, S. 224-228 [zitiert: Ernst, Hyperlinks im Internet]

ders.: Erst anmelden, dann surfen – Rundfunkgebühren für Internet-Anschlüsse?, in: NJW 1997, S. 3006-3007 [zitiert: Ernst, Rundfunkgebühren für Internet-Anschlüsse]

Europäische Kommission: Grünbuch zur Konvergenz der Branchen Telekommunikation, Medien und Informationstechnologie und ihren ordnungspolitischen Auswirkungen, KOM-(97) 623, Brüssel 1997 [zitiert: Europäische Kommission, Grünbuch Konvergenz]

Fiedler, Christoph: Die formale Seite der Äußerungsfreiheit. Zensurverbot und Äußerungsgrundrechte, Diss. Univ. Bonn 1997/98, Berlin 1999 [zitiert: Fiedler, Formale Seite der Äußerungsfreiheit]

ders.: Meinungsfreiheit in einer vernetzten Welt. Staatliche Inhaltskontrolle, gesetzliche Providerhaftung und die Inhaltsneutralität des Internet, 1. Aufl., Baden-Baden 2002 [zitiert: Fiedler, Meinungsfreiheit in einer vernetzten Welt]

Flechsig, Norbert P.: Rechtsprobleme internationaler Datennetze im Lichte des Persönlichkeits- und Äußerungsrechts, in: Jürgen Becker (Hrsg.), Rechtsprobleme internationaler Datennetze, Arbeitssitzung des Instituts für Urheber- und Medienrecht am 17. November 1995, UFITA-Schriftenreihe Band 137, Baden-Baden 1996, S. 57-86 [zitiert: Flechsig, Persönlichkeits- und Äußerungsrecht]

ders. / Gabel, Detlev: Strafrechtliche Verantwortlichkeit im Netz durch Einrichten und Vorhalten von Hyperlinks, in: CR 1998, S. 351-358 [zitiert: Flechsig/Gabel, Strafrechtliche Verantwortlichkeit im Netz]

Forsthoff, Ernst: Lehrbuch des Verwaltungsrechts, Erster Band: Allgemeiner Teil, 10., neu bearb. Aufl., München 1973 [zitiert: Forsthoff, Allgemeines Verwaltungsrecht]

Gabriel-Bräutigam, Karin: Rundfunkkompetenz und Rundfunkfreiheit – Eine Untersuchung über das Verhältnis der Rundfunkhoheit der Länder zu den Gesetzgebungszuständigkeiten des Bundes, Diss. Univ. Hamburg 1989, 1. Aufl., Baden-Baden 1990 [zitiert: Gabriel-Bräutigam, Rundfunkkompetenz und Rundfunkfreiheit]

dies.: Wahlkampf im Rundfunk – Ein Beitrag zur Problematik von Drittsendungsrechten, in: ZUM 1991, S. 466-478 [zitiert: Gabriel-Bräutigam, Drittsendungsrechte]

Geiger, Andreas: Die Einwilligung in die Verarbeitung von persönlichen Daten als Ausübung des Rechts auf informationelle Selbstbestimmung, in: NVwZ 1989, S. 35-38 [zitiert: A. Geiger, Einwilligung in die Verarbeitung persönlicher Daten]

Geiger, Wilhelm: Das Grundrecht der Pressefreiheit, in: Karl Forster (Hrsg.), Die Funktion der Presse im demokratischen Staat, München 1958, S. 9-40 [zitiert: W. Geiger, Grundrecht der Pressefreiheit]

Gersdorf, Hubertus: Staatsfreiheit des Rundfunks in der dualen Rundfunkordnung der Bundesrepublik Deutschland, Diss. Univ. Hamburg 1991, Berlin 1991 [zitiert: Gersdorf, Staatsfreiheit des Rundfunks]

ders.: Der verfassungsrechtliche Rundfunkbegriff im Lichte der Digitalisierung der Telekommunikation. Ein Rechtsgutachten im Auftrag der Hamburgischen Anstalt für neue Medien, Berlin 1995 [zitiert: Gersdorf, Verfassungsrechtlicher Rundfunkbegriff]

ders.: Multi-Media: Der Rundfunkbegriff im Umbruch?, in: AfP 1995, S. 565-574 [zitiert: Gersdorf, Rundfunkbegriff im Umbruch?]

ders.: Internationale Datennetze und Rundfunkrecht, in: Jürgen Becker (Hrsg.), Rechtsprobleme internationaler Datennetze, Arbeitssitzung des Instituts für Urheber- und Medienrecht am 17. November 1995, UFITA-Schriftenreihe Band 137, Baden-Baden 1996, S. 87-105 [zitiert: Gersdorf, Datennetze und Rundfunkrecht] *ders.*: Das Grundrecht der Rundfunkfreiheit als „Supergrundrecht"? Zur Notwendigkeit einer dogmatischen Weiterentwicklung des verfassungsrechtlichen Begriffsbildes, in: Armin Dittmann, Frank Fechner, Gerald G. Sander (Hrsg.), Der Rundfunkbegriff im Wandel der Medien, Symposion zum 65. Geburtstag von Prof. Dr. iur. Dr. h.c. Thomas Oppermann, Berlin 1997, S. 137-144 [zitiert: Gersdorf, Rundfunkfreiheit als „Supergrundrecht"?]

Goldhammer, Klaus / Zerdick, Axel: Rundfunk Online - Entwicklungen und Perspektiven des Internets für Hörfunk- und Fernsehanbieter, Berlin 1999 [zitiert: Goldhammer/Zerdick, Rundfunk Online]

Gounalakis, Georgios: Der Mediendienste-Staatsvertrag der Länder, in: NJW 1997, S. 2993-3000 [zitiert: Gounalakis, Mediendienste-Staatsvertrag]

ders. / Rhode, Lars: Elektronische Kommunikationsangebote zwischen Telediensten, Mediendiensten und Rundfunk, in: CR 1998, S. 487-492 [zitiert: Gounalakis/Rhode, Kommunikationsangebote]

Grajczyk, Andreas / Mende, Annette: Nichtnutzer von Online - Zugangsbarrieren bleiben bestehen, in: MP 2000, S. 350-358 [zitiert: Grajczyk/Mende, Nichtnutzer von Online]

Greiner, Arved: Sperrungsverfügungen als Mittel der Gefahrenabwehr im Internet, in: CR 2002, S. 620-623 [zitiert: Greiner, Sperrungsverfügungen]

Grimm, Dieter: Regulierte Selbstregulierung in der Tradition des Verfassungsstaats, in: Die Verwaltung, Beiheft 4, Berlin 2001, S. 9-19 [zitiert: Grimm, Regulierte Selbstregulierung]

Gröschner, Rolf: Öffentlichkeitsaufklärung als Behördenaufgabe, in: DVBl. 1990, S. 619-629 [zitiert: Gröschner, Öffentlichkeitsaufklärung]

Grote, Rainer: Kommunikative Selbstbestimmung im Internet und Grundrechtsordnung, in: KritV 1999, S. 27-56 [zitiert: Grote, Internet und Grundrechtsordnung]

Groß, Ingrid: Die Institution Presse. Zugleich ein Beitrag zum Wesen der Einrichtungsgarantie und ihrem Verhältnis zu den Individualgrundrechten, Diss. Univ. München 1969, Berlin 1971 [zitiert: I. Groß, Institution Presse]

Groß, Rolf: Presserecht. Einführung in Grundzüge und Schwerpunkte des deutschen Presserechts, 2. Aufl., Wiesbaden 1987 [zitiert: R. Groß, Presserecht]

Groß, Thomas: Öffentliche Verwaltung im Internet, in: DÖV 2001, S. 159-164 [zitiert: Th. Groß, Öffentliche Verwaltung im Internet]

Grünwald, Andreas: Analoger Switch-Off – Auf dem Weg zur Digitalisierung des terrestrischen Fernsehens, in: MMR 2001, S. 89-94 [zitiert: Grünwald, Analoger Switch-Off]

Grzeszick, Bernd: Neue Medienfreiheit zwischen staatlicher und gesellschaftlicher Ordnung. Das Beispiel des Internets, in: AöR Bd. 123 (1998), S. 173-200 [zitiert: Grzeszick, Neue Medienfreiheit]

Häberle, Peter: Öffentlichkeitsarbeit der Regierung zwischen Parteien- und Bürgerdemokratie. Zum Urteil des BVerfG vom 2. März 1977, in: JZ 1977, S. 361-371 [zitiert: Häberle, Öffentlichkeitsarbeit der Regierung]

Hackbarth, Jens: Anmerkung zum Urteil des LG München v. 26.02.1998 – Az. 29 U 4466/97, in: CR 1998, S. 302-303 [zitiert: Hackbarth, Anmerkung]

Hahn, Michael J.: Anmerkung zum Urteil des LVerfG S.-A. v. 22.02.1996, in: JZ 1996, S. 726-731 [zitiert: Hahn, Anmerkung]

Heintzen, Markus: Staatliche Warnungen als Grundrechtsproblem, in: VerwArch Bd. 81 (1990), S. 532-556 [zitiert: Heintzen, Staatliche Warnungen]

Henle, Victor: Das gesellschaftliche Ordnungs- und Kontrollmodell des deutschen Rundfunks. Überlegungen zu einer Reform, in: Wolfgang Schulz (Hrsg.), Arbeitspapiere des Hans-Bredow-Instituts Nr. 12: Staatsferne der Aufsichtsgremien öffentlich-rechtlicher Rundfunkanstalten. Materialien zur Diskussion um eine Reform, Hamburg 2002, S. 21-32 [zitiert: Henle, Gesellschaftliches Ordnungs- und Kontrollmodell]

Henneke, Hans Günter: Gewinnerzielung und Arbeitsplatzsicherung als Legitimation kommunalwirtschaftlicher Betätigung? – Verfassungsrechtliche Aspekte, in: NdsVBl. 1998, S. 273-283 [zitiert: Henneke, Legitimation kommunalwirtschaftlicher Betätigung]

ders.: Das Recht der Kommunalwirtschaft in Gegenwart und Zukunft, in: NdsVBl. 1999, S. 1-10 [zitiert: Henneke, Recht der Kommunalwirtschaft]

Herrmann, Günter: Fernsehen und Hörfunk in der Verfassung der Bundesrepublik Deutschland, Habil. Univ. Mainz 1973, Tübingen 1975 [zitiert: Herrmann, Fernsehen und Hörfunk] ders. / *Lausen, Matthias*: Rundfunkrecht - Fernsehen und Hörfunk mit Neuen Medien, München 2004 [zitiert: Herrmann/Lausen, Rundfunkrecht]

Herrmann, Tobias: Perspektiven eines grenzüberschreitenden Persönlichkeitsschutzes im Internet, in: AfP 2003, S. 232-242 [zitiert: T. Herrmann, Grenzüberschreitender Persönlichkeitsschutz im Internet]

Hesse, Albrecht: Zur aktuellen Entwicklung des Rundfunkrechts, in: BayVBl. 1997, S. 132-143 [zitiert: Hesse, Entwicklung des Rundfunkrechts]

ders.: Rundfunkrecht, 3. Aufl., München 2003 [zitiert: Hesse, Rundfunkrecht]

v. Heyl, Cornelius: Teledienste und Mediendienste nach Teledienstegesetz und Mediendienste-Staatsvertrag, in: ZUM 1998, S. 115-120 [zitiert: v. Heyl, Teledienste und Mediendienste]

Hill, Hermann: In welchen Grenzen ist kommunalwirtschaftliche Betätigung Daseinsvorsorge?, in: BB 1997, S. 425-431 [zitiert: Hill, Kommunalwirtschaftliche Betätigung]

Hirtz, Bernd: Anmerkung zum Urteil des KG Berlin v. 19.06.2001 – 5 U 10475/99, in: EWiR 2002, S. 127-128 [zitiert: Hirtz, Anmerkung]

Hochstein, Reiner: Teledienste, Mediendienste und Rundfunkbegriff - Anmerkungen zur praktischen Abgrenzung multimedialer Erscheinungsformen, in: NJW 1997, S. 2977-2981 [zitiert: Hochstein, Multimediale Erscheinungsformen]

Hoeren, Thomas: Das Internet für Juristen - eine Einführung, in: NJW 1995, S. 3295-3298 [zitiert: Hoeren, Internet für Juristen]

ders.: Suchmaschinen, Navigationssysteme und das Wettbewerbsrecht, in: MMR 1999, S. 649-652 [zitiert: Hoeren, Suchmaschinen und Wettbewerbsrecht]

ders. / Sieber, Ulrich: Handbuch Multimedia-Recht. Rechtsfragen des elektronischen Geschäftsverkehrs, München 1998, Stand: 1. Ergänzungslieferung Februar 2000 [zitiert: *Bearbeiter*, in: Hoeren/Sieber, Handbuch Multimedia-Recht]

Hoffmann, Helmut: Zivilrechtliche Haftung im Internet, in: MMR 2002, S. 284-289 [zitiert: Hoffmann, Haftung im Internet]

Hoffmann-Riem, Wolfgang / Plander, Harro: Rechtsfragen der Pressereform, Baden-Baden 1977 [zitiert: Hoffmann-Riem/Plander, Rechtsfragen der Pressereform]

Hoffmann-Riem, Wolfgang: Erosionen des Rundfunkrechts. Tendenzen der Rundfunkrechtsentwicklung in Westeuropa, München 1990 [zitiert: Hoffmann-Riem, Erosionen des Rundfunkrechts]

ders. / Vesting, Thomas: Ende der Massenkommunikation? Zum Strukturwandel der technischen Medien, in: MP 1994, S. 382-391 [zitiert: Hoffmann-Riem/Vesting, Ende der Massenkommunikation?]

ders.: Der Rundfunkbegriff in der Differenzierung kommunikativer Dienste, in: AfP 1996, S. 9-15 [zitiert: Hoffmann-Riem, Rundfunkbegriff]

ders.: Pay TV im öffentlich-rechtlichen Rundfunk – Eine verfassungsrechtliche Analyse auf der Grundlage der Rechtsprechung des Bundesverfassungsgerichts, 1. Aufl., Baden-Baden/Hamburg 1996 [zitiert: Hoffmann-Riem, Pay-TV]

ders. / Schulz, Wolfgang: Hamburgisches Medienrecht, Berlin 1997 [zitiert: Hoffmann-Riem/Schulz, Hamburgisches Medienrecht]

ders.: Modernisierung von Recht und Justiz, 1. Aufl., Frankfurt a.M. 2001 [zitiert: Hoffmann-Riem, Modernisierung von Recht und Justiz]

Holznagel, Bernd: Multimedia zwischen Regulierung und Freiheit, in: ZUM 1999, S. 425-435 [zitiert: Holznagel, Multimedia zwischen Regulierung und Freiheit]

ders. / Kussel, Stephanie: Möglichkeiten und Risiken bei der Bekämpfung rechtsradikaler Inhalte im Internet, in: MMR 2001, S. 347-352 [zitiert: Holznagel/Kussel, Bekämpfung rechtsradikaler Inhalte im Internet]

ders.: Regulierte Selbstregulierung im Medienrecht, in: Die Verwaltung, Beiheft 4, Berlin 2001, S. 81-100 [zitiert: Holznagel, Regulierte Selbstregulierung im Medienrecht]

ders.: Konvergenz der Medien – Herausforderung an das Recht, in: NJW 2002, S. 2352-2356 [zitiert: Holznagel, Konvergenz der Medien]

Hopf, Kristina: Jugendschutz im Rundfunk und das verfassungsrechtliche Zensurverbot des Art. 5 Abs. 1 S. 3 GG, in: ZUM 2000, S. 739-748 [zitiert: Hopf, Jugendschutz und Zensurverbot]

Hornung, Gerrit: Zwei runde Geburtstage: Das Recht auf informationelle Selbstbestimmung und das WWW, in: MMR 2004, S. 3-8 [zitiert: Hornung, Informationelle Selbstbestimmung und WWW]

Ihrig, Hans-Christoph / Wagner, Jens: Die Reform geht weiter: Das Transparenz- und Publizitätsgesetz kommt, in: BB 2002, S. 789-797 [zitiert: Ihrig/Wagner, Transparenz- und Publizitätsgesetz]

Irioni, Kristina / Schirmbacher, Martin: Netzzugang und Rundfunkgewährleistung im deutschen Kabelnetz. Der Bedarf an neuen Kabelbelegungsvorschriften nach dem Verkauf der Breitbandkabelnetze an vertikal integrierte Netzbetreiber, in: CR 2002, S. 61-68 [zitiert: Irioni/Schirmbacher, Rundfunkgewährleistung im deutschen Kabelnetz]

Isensee, Josef / Kirchhof, Paul: Handbuch des Staatsrechts der Bundesrepublik Deutschland, Band III: Das Handeln des Staates, 2., durchgesehene Aufl., Heidelberg 1996 [zitiert: *Bearbeiter*, in: Isensee/Kirchhof, Handbuch des Staatsrechts, Band III]

dies.: Handbuch des Staatsrechts der Bundesrepublik Deutschland, Band VI: Freiheitsrechte, 2., durchgesehene Aufl., Heidelberg 2001 [zitiert: *Bearbeiter*, in: Isensee/Kirchhof, Handbuch des Staatsrechts, Band IV]

Jachmann, Monika: Die Bindungswirkung normkonkretisierender Verwaltungsvorschriften. Anmerkungen zu einer Rechtsetzungsfunktion der rechtsanwendenden Verwaltung aus methodologischer sowie aus verfassungsrechtlicher Sicht, in: Die Verwaltung 1995, S. 17-31 [zitiert: Jachmann, Bindungswirkung normkonkretisierender Verwaltungsvorschriften]

Janal, Ruth: Abwehransprüche im elektronischen Markt der Meinungen – Zu den Erfolgschancen eines Vorgehens gegenüber den Betreibern von Bewertungsportalen, in: CR 2005, S. 873-878 [zitiert: Janal, Abwehransprüche im elektronischen Meinungsmarkt]

Jarass, Hans D.: Die Freiheit der Massenmedien. Zur staatlichen Einwirkung auf Presse, Rundfunk, Film und andere Medien, Habil. Univ. München 1976/77, Baden-Baden 1978 [zitiert: Jarass, Freiheit der Massenmedien] *ders.*: Die Freiheit des Rundfunks vom Staat. Gremienbesetzung, Rechtsaufsicht, Genehmigungsvorbehalte, staatliches Rederecht und Kooperationsformen auf dem verfassungsrechtlichen Prüfstand, Berlin 1981 [zitiert: Jarass, Freiheit des Rundfunks vom Staat]

ders.: Die Grenzen staatlicher Publikation, in: JZ 1981, S. 493-495 [zitiert: Jarass, Grenzen staatlicher Publikation]

ders.: Rundfunkbegriffe im Zeitalter des Internet. Zum Anwendungsbereich der Rundfunkfreiheit, des Rundfunkstaatsvertrags und des Mediendienste-Staatsvertrags, in: AfP 1998, S. 133-141 [zitiert: Jarass, Rundfunkbegriffe]

ders. / Pieroth, Bodo: Grundgesetz für die Bundesrepublik Deutschland, 7. Aufl., München 2004 [zitiert: *Bearbeiter*, in: Jarass/Pieroth, GG]

Jarren, Otfried: Medien- und Öffentlichkeitswandel im modernen Staat. Anmerkungen zum Öffentlichkeitsverständnis des Bundesverfassungsgerichts, in: AfP 1994, S. 191-196 [zitiert: Jarren, Medien- und Öffentlichkeitswandel]

Jauernig, Othmar (Hrsg.): Bürgerliches Gesetzbuch, 11. Aufl., München 2004 [zitiert: *Bearbeiter*, in: Jauernig, BGB]

Karpen, Ulrich: Medienrecht, in: Norbert Achterberg, Günter Püttner, Thomas Würtenberger (Hrsg.), Besonderes Verwaltungsrecht. Ein Lehrbuch. Band I: Wirtschafts-, Umwelt-, Bau-, Kultusrecht, 2., neu bearb. Aufl., Heidelberg 2000, S. 1186-1272 [zitiert: Karpen, Medienrecht]

Kaufmann, Noogie C. / Köcher, Jan K.: Anmerkung zum Urteil des AG Stuttgart v. 07.10.2004, in: MMR 2005, S. 335-336 [zitiert: Kaufmann/Köcher, Anmerkung]

Kempen, Otto Ernst: Zwischen Gemeinwohlpostulat und demokratischen Verfahrensgarantien. Das Urteil des Bundesverfassungsgerichts zur regierungsamtlichen Öffentlichkeitsarbeit, in: Der Staat 1979, S. 81-101 [zitiert: Kempen, Gemeinwohlpostulat und Verfahrensgarantien]

Kepplinger, Hans Mathias / Hartmann, Thomas: Stachel oder Feigenblatt? Rundfunk und Fernsehräte in der BRD. Eine empirische Untersuchung, Frankfurt a.M. 1989 [zitiert: Kepplinger/Hartmann, Stachel oder Feigenblatt?]

Kimminich, Otto: Bericht über die Staatsrechtslehrertagung 1963, in: JZ 1963, S. 769-772 [zitiert: Kimminich, Bericht]

Kissel, Otto Rudolf: Gerichtsverfassungsgesetz. Kommentar, 4., neu bearb. Aufl., München 2005 [zitiert: Kissel, GVG]

Kittler, Matthias: Die öffentliche Hand als Werbeträger im Internet, in: NJW 2000, S. 122-123 [zitiert: Kittler, Öffentliche Hand als Werbeträger]

Kloos, Bernhard: Anmerkung zum Urteil des LG Frankfurt a.M. v. 27.05.1998 – 3/12 O 173/97, in: CR 1999, S. 46-47 [zitiert: Kloos, Anmerkung]

Knauff, Matthias / Nolte, Frank: Narrenfreiheit für kommunale Unternehmen? Das Urteil des BGH vom 25. April 2002 betreffend die fehlende Wettbewerbswidrigkeit gemeindeordnungswidriger wirtschaftlicher Betätigung und seine Folgen, in: Verwaltungsrundschau 2003, S. 3-10 [zitiert: Knauff/Nolte, Narrenfreiheit für Kommunale Unternehmen?]

Knemeyer, Franz-Ludwig: Öffentlich-rechtliches Hausrecht und Ordnungsgewalt, in: DÖV 1970, S. 596-601 [zitiert: Knemeyer, Öffentlich-rechtliches Hausrecht]

ders.: Das Hausrecht der öffentlichen Verwaltung, in: VBlBW 1982, S. 249-252 [zitiert: Knemeyer, Hausrecht der öffentlichen Verwaltung]

Koch, Alexander: Strafrechtliche Verantwortlichkeit beim Setzen von Hyperlinks auf missbilligte Inhalte, in: MMR 1999, S. 704-710 [zitiert: A. Koch, Verantwortlichkeit für Hyperlinks]

ders.: Zur Einordnung von Internet-Suchmaschinen nach dem EGG. Zugleich ein Beitrag zum Haftungsrecht nach der Umsetzung der E-Commerce-Richtlinie, in: K&R 2002, S. 120-126 [zitiert: A. Koch, Einordnung von Internet-Suchmaschinen]

Koch, Frank A.: Zivilrechtliche Anbieterhaftung für Inhalte in Kommunikationsnetzen, in: CR 1997, S. 193-203 [zitiert: F. Koch, Anbieterhaftung]

ders.: Internet-Recht. Praxishandbuch mit dem neuen Medien- und Teledienstrecht, Checklisten und Musterverträgen, München 1998 [zitiert: F. Koch, Internet-Recht]

König, Eberhard: Die Teletexte, Diss. Univ. Bayreuth 1980, München 1980 [zitiert: König, Die Teletexte]

König, M. Michael: Software (Computerprogramme) als Sache und deren Erwerb als Sachkauf, in: NJW 1993, S. 3121-3124 [zitiert: M. König, Software als Sache]

Kochinke, Clemens / Tröndle, Rüdiger: Links, Frames und Meta-Tags. Urheber- und markenrechtliche Implikationen im Internet, in: CR 1999, S. 190-197 [zitiert: Kochinke/Tröndle, Links, Frames und Meta-Tags]

Köster, Oliver / Jürgens, Uwe: Haftung professioneller Informationsvermittler im Internet. Eine Bestandsaufnahme nach der Novellierung der Haftungsregelungen, in: MMR 2002, S. 420-425 [zitiert: Köster/Jürgens, Haftung professioneller Informationsvermittler]

dies.: Liability for Links in Germany. Liability of Information Location Tools under German law after the implementation of the European Directive on E-Commerce. Working Papers of the Hans Bredow Institute No. 14, Hamburg 2003 [zitiert: Köster/Jürgens, Liability for Links]

Kraft, Dennis / Meister, Johannes: Rechtsprobleme virtueller Sit-ins, in: MMR 2003, S. 366-374 [zitiert: Kraft/Meister, Rechtsprobleme virtueller Sit-ins]

Krause-Ablaß, Günter: Die Bedeutung des Fernsehurteils des Bundesverfassungsgerichts für die Verfassung des deutschen Rundfunks, in: JZ 1962, S. 158-160 [zitiert: Krause-Ablass, Bedeutung des Fernsehurteils]

Krebs, Walter: Zur Rechtsetzung der Exekutive durch Verwaltungsvorschriften, in: VerwArch Bd. 70 (1979), S. 259-273 [zitiert: Krebs, Rechtsetzung der Exekutive]

Kröger, Detlef / Moos, Flemming: Regelungsansätze für Multimedia – Mediendienstestaatsvertrag und Teledienstegesetz, in: ZUM 1997, S. 462-471 [zitiert: Kröger/Moos, Regelungsansätze]

dies.: Mediendienst oder Teledienst?, in: AfP 1997, S. 675-680 [zitiert: Kröger/Moos, Mediendienst oder Teledienst?]

Krotz, Friedrich: Fernsehen fühlen. Auf der Suche nach einem handlungstheoretischen Konzept für das emotionale Erleben des Fernsehens, in: RuF 1993, S. 477-496 [zitiert: Krotz, Fernsehen fühlen]

ders.: Zur Konzeption einer Stiftung Medientest, in: RuF 1996, S. 214-229 [zitiert: Krotz, Stiftung Medientest]

Krüger, Herbert: Allgemeine Staatslehre, 2., durchgesehene Aufl., Stuttgart 1966 [zitiert: Krüger, Allgemeine Staatslehre]

Kübler, Friedrich: Legitimationsfragen der Medienregulierung, in: AfP 2002, S. 277-283 [zitiert: Kübler, Legitimationsfragen]

Kuch, Hansjörg: Der Staatsvertrag über Mediendienste, in: ZUM 1997, S. 225-230 [zitiert: Kuch, Staatvertrag über Mediendienste]

Kuhlmann, Wolf-Dieter: Rechtsfragen des Bildschirmtext-Staatsvertrages vom 18. März 1983, Diss. Ruhr-Univ. Bochum 1985 [zitiert: Kuhlmann, Rechtfragen des Btx-Staatsvertrages]

Kunz, Sylvia: Rechtsfragen des Ausschlusses aus Internetforen, Diss. Univ. Hamburg 2005, Hamburg 2005 [zitiert: Kunz, Ausschluss aus Internetforen]

Lackner, Karl / Kühl, Kristian: Strafgesetzbuch mit Erläuterungen, 25., neu bearbeitete Auflage, München 2004 [zitiert: *Bearbeiter*, in: Lackner/Kühl, StGB]

v. Lackum, Jens: Verantwortlichkeit der Betreiber von Suchmaschinen, in: MMR 1999, S. 697-710 [zitiert: v. Lackum, Suchmaschinen]

Ladeur, Karl-Heinz: Anmerkung zum Urteil des VG Bremen v. 10.02.1978, in: NJW 1978, S. 1652-1653 [zitiert: Ladeur, Anmerkung]

ders.: Die Rundfunkfreiheit und der Wegfall der „besonderen Umstände" ihrer Ausübung, in: NJW 1982, S. 359-352 [zitiert: Ladeur, Wegfall der besonderen Umstände]

ders.: Anmerkung zur Entscheidung des BremStGH v. 30.11.1983, in: DVBl. 1984, S. 224-225 [zitiert: Ladeur, Anmerkung]

ders.: Verfassungsrechtliche Anforderungen an „vorläufige" und „Versuchsgesetze" im neueren Medienrecht. Kabelversuchs- und „Einspeisungsgesetze" der Bundesländer, in: MP 1985, S. 734-744 [zitiert: Ladeur, Versuchsgesetze im Medienrecht]

ders.: Untersagungsanordnungen gegen Btx-Informationsangebote, in: NJW 1986, S. 2748-2752 [zitiert: Ladeur, Untersagungsanordnungen]

ders.: Postmoderne Rechtstheorie: Selbstreferenz - Selbstorganisation - Prozeduralisierung, Berlin 1992 [zitiert: Ladeur, Postmoderne Rechtstheorie] ders.: Regulierung des Information Superhighway, in: CR 1996, S. 614-622 [zitiert: Ladeur, Information Superhighway]

ders.: Zur Kooperation von staatlicher Regulierung und Selbstregulierung des Internet – Zugleich ein Beitrag zum Entwurf eines Informations- und Kommunikationsdienste-Gesetzes des Bundes und eines Staatsvertrags über Mediendienste der Länder, in: ZUM 1997, S. 372-384 [zitiert: Ladeur, Regulierung des Internet]

ders.: Die vertikale Integration von Film-, Fernseh- und Video-Wirtschaft als Herausforderung der Medienregulierung. Zur Notwendigkeit einer neuen Form der Regulierung von Vielfaltsanforderungen auf der Programmebene, in: RuF 1998, S. 5-23 [zitiert: Ladeur, Vertikale Integration in der Medienwirtschaft]

ders.: Normkonkretisierende Verwaltungsvorschriften als Recht privat-öffentlicher Kooperationsverhältnisse – Das Beispiel der gemeinsamen Richtlinien der Landesmedienanstalten und die Perspektiven des Verwaltungsrechts der Informationsgesellschaft, in: DÖV 2000, S. 217-227 [zitiert: Ladeur, Normkonkretisierende Verwaltungsvorschriften]

ders.: Ausschluss von Teilnehmern an Diskussionsforen im Internet. Absicherung von Kommunikationsfreiheit durch „netzwerkgerechtes" Privatrecht, in: MMR 2001, S. 787-792 [zitiert: Ladeur, Diskussionsforen im Internet]

ders.: Verfassungsrechtliche Fragen regierungsamtlicher Öffentlichkeitsarbeit und öffentlicher Wirtschaftstätigkeit im Internet, in: DÖV 2002, S. 1-11 [zitiert: Ladeur, Regierungsamtliche Öffentlichkeitsarbeit im Internet]

ders.: „Regulierte Selbstregulierung" im Jugendmedienschutzrecht. Zugleich eine Anmerkung zum Urteil des Verwaltungsgerichts Berlin zum Fall „Der Soldat James Ryan", in: ZUM 2002, S. 859-868 [zitiert: Ladeur, Regulierte Selbstregulierung im Jugendmedienschutzrecht]

ders.: Reform der Rundfunkwerbung – Regulierung, Deregulierung oder regulierte Selbstregulierung?, in: AfP 2003, S. 385-391 [zitiert: Ladeur, Reform der Rundfunkwerbung]

ders.: Der Prozedurale Schutz der Medienfreiheit. Zur Bedeutung von Verfahren für den Schutz der öffentlichen Kommunikation, insbesondere im Internet, in: ZUM 2004, S. 1-13 [zitiert: Ladeur, Prozeduraler Schutz der Medienfreiheit]

Landesmedienanstalten: Positionspapier der Landesmedienanstalten „Eckwerte für den Übergang analog/digital im Kabel" vom 08. Juni 2001 [zitiert: Landesmedienanstalten, Positionspapier]

Langenfeld, Christine: Die Neuordnung des Jugendschutzes im Internet, in: MMR 2003, S. 303-310 [zitiert: Langenfeld, Neuordnung des Jugendschutzes]

Leibholz, Gerhard: Strukturprobleme der modernen Demokratie, 3., erweiterte Aufl., Karlsruhe 1967 [zitiert: Leibholz, Strukturprobleme moderner Demokratie]

ders. / Rinck, Hans-Justus / Hesselberger, Dieter: Grundgesetz für die Bundesrepublik Deutschland. Kommentar an Hand der Rechtsprechung des Bundesverfassungsgerichts. Band II. Loseblatt-Ausgabe, 7. Aufl., Köln 1993, Stand: 41. Lieferung, August 2003 [zitiert: Leibholz/Rinck/Hesselberger, GG]

Leisner, Walter: Öffentlichkeitsarbeit der Regierung im Rechtsstaat. Dargestellt am Beispiel des Presse- und Informationsamtes der Bundesregierung, Berlin 1966 [zitiert: Leisner, Öffentlichkeitsarbeit der Regierung]

Lensdorf, Lars / Steger, Udo: Auslagerung von IT-Leistungen auf Public Private Partnerships – Privatisierung und Vergaberecht bei der Aufgabenverlagerung auf gemischtwirtschaftliche Unternehmen, in: CR 2005, S. 161-169 [zitiert: Lensdorf/Steger, Auslagerung von IT-Leistungen]

Lent, Wolfgang: Rundfunk-, Medien-, Teledienste. Eine verfassungsrechtliche Untersuchung des Rundfunkbegriffs und der Gewährleistungsbereiche öffentlich-rechtlicher Rundfunkanstalten unter Berücksichtigung einfachrechtlicher Abgrenzungsfragen zwischen Rundfunkstaatsvertrag, Mediendienstestaatsvertrag und Teledienstegesetz, Diss. Univ. Leipzig 2000, Frankfurt a.M./Berlin/Bern/Bruxelles/New York/Oxford/Wien 2001 [zitiert: Lent, Rundfunk-, Medien-, Teledienste]

Lenz, Helmut: Rundfunkorganisation und öffentliche Meinungsbildungsfreiheit, in: JZ 1963, S. 338-350 [zitiert: Lenz, Rundfunkorganisation und Meinungsbildungsfreiheit]

Lerch, Janusz-Alexander: Der Gegendarstellungsanspruch im Internet – Findet der Gegendarstellungsanspruch auch auf die „elektronische" Presse Anwendung?, in: CR 1997, S. 261-269 [zitiert: Lerch, Gegendarstellung im Internet]

Libertus, Michael: Strafrechtliche und zivilrechtliche Verantwortlichkeit des Anbieters von Chatrooms, in: TKMR 2003, S. 179-186 [zitiert: Libertus, Verantwortlichkeit des Anbieters von Chatrooms]

Liesching, Marc: Das neue Jugendschutzgesetz, in: NJW 2002, S. 3281-3286 [zitiert: Liesching Das neue Jugendschutzgesetz]

Löffler, Martin: Mitteilung zur 47. Tagung des „Studienkreises für Presserecht und Pressefreiheit, in: NJW 1980, S. 1612-1613 [zitiert: Löffler, Mitteilung]

ders. / *Ricker, Reinhart*: Handbuch des Presserechts, 5., neu bearb. Aufl., München 2005 [zitiert: Löffler/Ricker, Handbuch des Presserechts]

ders. / *Wenzel, Karl Egbert / Sedelmeier, Klaus*: Presserecht, Kommentar zu des Landespressegesetzen der Bundesrepublik Deutschland, 4., neu bearb. und erweiterte Aufl., München 1997 [zitiert: *Bearbeiter*, in: Löffler, Presserecht]

Lohse, Wolfram: Verantwortung im Internet, Diss. Univ. Hamburg 2000, Hamburg 2000 [zitiert: Lohse, Verantwortung im Internet]

Lorenz, Dieter: Der Rechtsschutz des Bürgers und die Rechtsweggarantie, Habil. Univ. München 1971/72, München 1973 [zitiert: Lorenz, Rechtsschutz und Rechtsweggarantie]

Mallmann, W.: Bericht zur 36. und 37. Tagung des „Studienkreises für Presserecht und Pressefreiheit", in: JZ 1975, S. 386-390 [zitiert: Mallmann, Bericht]

Mandelartz, Herbert / Groteluschen, Henning: Das Internet und die Rechtsprechung des BVerfG zur Öffentlichkeitsarbeit der Regierung, in: NVwZ 2004, S. 647-650 [zitiert: Mandelartz/Groteluschen, Internet und Öffentlichkeitsarbeit]

v. Mangoldt, Hermann / Klein, Friedrich / Starck, Christian: Das Bonner Grundgesetz. Band 1: Präambel, Artikel 1 bis 19, 4., vollständig neu bearb. Aufl., München 1999 [zitiert: *Bearbeiter*, in: v. Mangoldt/Klein/Starck, GG]

Maunz, Theodor / Dürig, Günter: Kommentar zum Grundgesetz, Loseblattsammlung, Stand: 45. Ergänzungslieferung, Februar 2005, München [zitiert: *Bearbeiter*, in: Maunz/Dürig, GG]

Maurer, Hartmut: Allgemeines Verwaltungsrecht, 15., überarb. und ergänzte Aufl., München 2004 [zitiert: Maurer, Allgemeines Verwaltungsrecht]

Mayer, Franz C.: Recht und Cyberspace, in: NJW 1996, S. 1782-1791 [zitiert: F. Mayer, Recht und Cyberspace]

Mayer, Patrick G.: Das Internet im öffentlichen Recht, Diss. Univ. Tübingen 1998, Berlin 1999 [zitiert: P. Mayer, Internet im öffentlichen Recht]

Mecklenburg, Wilhelm: Internetfreiheit, in: ZUM 1997, S. 525-543 [zitiert: Mecklenburg, Internetfreiheit]

Mehde, Veith: Kooperatives Regierungshandeln, in: AöR, Bd. 127 (2002), S. 655-683 [zitiert: Mehde, Kooperatives Regierungshandeln]

Meier, Klaus / Wehlau, Andreas: Die zivilrechtliche Haftung für Datenlöschung, Datenverlust und Datenzerstörung, in: NJW 1998, S. 1585-1591 [zitiert: Meier/Wehlau, Datenlöschung]

Michel, Eva-Maria: Rundfunk und Internet, in: ZUM 1998, S. 350-357 [zitiert: Michel, Rundfunk und Internet]

dies.: Konvergenz der Medien, in: MMR 2005, S. 284-287 [zitiert: Michel, Konvergenz der Medien]

Moos, Flemming: Die Unterscheidung der Dienstformen Teledienst, Mediendienst und Rundfunk, in: Detlef Kröger / Marc Andre Gimmy, Handbuch zum Internetrecht. Electronic Commerce, Informations-, Kommunikations- und Mediendienste; Berlin/Heidelberg 2000, S. 37-62 [zitiert: Moos, Unterscheidung der Dienstformen]

Moritz, Hans-Werner / Niebler, Angelika: Internet-Telefonie im Spannungsfeld zwischen Sprachtelefondienst und Lizenzpflicht, in: CR 1997, S. 697-703 [zitiert: Moritz/Niebler, Internet-Telefonie]

Moritz, Hans-Werner / Dreier, Thomas (Hrsg.): Rechtshandbuch zum E-Commerce, Köln 2002 [zitiert: *Bearbeiter*, in: Moritz/Dreier, Rechtshandbuch zum E-Commerce]

Möstl, Markus: Politische Parteien als Medienunternehmer – Eine Beurteilung aus verfassungsrechtlicher Sicht, in: DÖV 2003, S. 106-113 [zitiert: Möstl, Parteien als Medienunternehmer]

Müller-Terpitz, Ralf: Verantwortung und Haftung der Anbieter, in: Detlef Kröger, Marc Andre Gimmy, Handbuch zum Internetrecht. Electronic Commerce, Informations-, Kommunikations- und Mediendienste; Berlin/Heidelberg 2000, S. 167-210 [zitiert: Müller-Terpitz, Verantwortung und Haftung]

Müller-Using, Detlev / Lücke, Richard: Neue Teledienste und alter Rundfunkbegriff, in: ArchivPT 1995, S. 32-45 [zitiert: Müller-Using/Lücke, Teledienste und Rundfunkbegriff]

Müller-Using, Detlev / Dammermann, Christine: Kritik an dem Urteil des Verwaltungsgerichts des Saarlandes zu Lasten der Firma Monitor-Journal Telecommunication Service GmbH (Az. 1 K 297/92 – „Monitor-Journal"), in: ZUM 1995, S. 611-614 [zitiert: Müller-Using/Dammermann, Kritik]

v. Münch, Ingo / Kunig, Philip (Hrsg.): Grundgesetz-Kommentar. Band 1. Präambel bis Art. 19, 5., neu bearb. Aufl., München 2000 [zitiert: *Bearbeiter*, in: v. Münch/Kunig, GG]

Murswiek, Dietrich: Staatliche Warnungen, Wertungen, Kritik, in: DVBl. 1997, S. 1021-1030 [zitiert: Murswiek, Staatliche Warnungen, Wertungen, Kritik]

Neuberger, Christoph: Massenmedien im Internet 1999, in: MP 2000, S. 102-109 [zitiert: Neuberger, Massenmedien im Internet]

Nickels, Sven: Neues Bundesrecht für den E-Commerce, in: CR 2002, S. 302-308 [zitiert: Nickels, E-Commerce]

Nowodsadtko, Volker: Umwidmung und Verlagerung einer Frequenz des öffentlich-rechtlichen Rundfunks, in: ZUM 1996, S. 223-226 [zitiert: Nowosadtko, Umwidmung und Verlagerung]

Ossenbühl, Fritz: Verwaltungsvorschriften und Grundgesetz, Habil. Univ. Köln 1967/68, Berlin/Zürich 1968 [zitiert: Ossenbühl, Verwaltungsvorschriften und Grundgesetz]

ders.: Rechtliche Probleme der Zulassung zu öffentlichen Stadthallen – Zur Dogmatik der Gewährung öffentlicher Leistungen, in: DVBl. 1973, S. 289-300 [zitiert: Ossenbühl, Zulassung zu öffentlichen Stadthallen]

ders.: Rundfunkfreiheit und Rechnungsprüfung, Frankfurt a.M. 1984 [zitiert: Ossenbühl, Rundfunkfreiheit und Rechnungsprüfung] *ders.*: Die Parteien im System des Grundgesetzes, in: BayVBl. 2000, S. 161-169 [zitiert: Ossenbühl, Parteien im System des Grundgesetzes]

Otting, Olaf: Öffentlicher Zweck, Finanzhoheit und fairer Wettbewerb – Spielräume kommunaler Erwerbswirtschaft, in: DVBl. 1997, S. 1258-1264 [zitiert: Otting, Kommunale Erwerbswirtschaft]

Palandt, Otto: Bürgerliches Gesetzbuch, 65., neu bearb. Aufl., München 2006 [zitiert: *Bearbeiter*, in: Palandt, BGB]

Palzer, Carmen: Co-Regulierung als Steuerungsform für den Jugendschutz in den audiovisuellen Medien – eine europäische Perspektive, in: ZUM 2002, S. 875-886 [zitiert: Palzer, Co-Regulierung als Steuerungsform für den Jugendschutz]

Papier, Hans-Jürgen: Recht der öffentlichen Sachen, 3., neu bearb. Aufl., Berlin/New York 1998 [zitiert: Papier, Recht der öffentlichen Sachen]

Peltzer, Martin / v. Werder, Axel: Der „German Code of Corporate Governance (GCCG)" des Berliner Initiativkreises, in: AG 2001, S. 1-15 [zitiert: Peltzer/v. Werder, German Code of Corporate Governance]

Pestalozza, Christian: Der Schutz vor der Rundfunkfreiheit in der Bundesrepublik Deutschland, in: NJW 1981, S. 2158-2166 [zitiert: Pestalozza, Schutz vor der Rundfunkfreiheit]

Peters, Hans: Die Rechtslage von Rundfunk und Fernsehen nach dem Urteil des Bundesverfassungsgerichts vom 28.2.1961, Gütersloh 1961 [zitiert: Peters, Rechtslage von Rundfunk und Fernsehen]

Pichler, Rufus: Haftung des Host Providers für Persönlichkeitsrechtsverletzungen vor und nach dem TDG, in: MMR 1998, S. 79-88 [zitiert: Pichler, Haftung des Host Providers]

Pielow, Johann-Christian: Gemeindewirtschaft im Gegenwind?, in: NWVBl. 1999, S. 369-380 [zitiert: Pielow, Gemeindewirtschaft im Gegenwind?]

Pieper, Antje Karin / Wiechmann, Peter: Der Rundfunkbegriff – Änderungen durch Einführung des interaktiven Fernsehens? in: ZUM 1995, S. 82-96 [zitiert: Pieper/Wiechmann, Rundfunkbegriff]

Pieroth, Bodo / Schlink, Bernhard: Staatsrecht II – Grundrechte, 21., neu bearb. Aufl., Heidelberg 2005 [zitiert: Pieroth/Schlink, Grundrechte]

Pietzcker, Jost: Die Rechtsfigur des Grundrechtsverzichts, in: Der Staat 1978, S. 527-551 [zitiert: Pietzcker, Grundrechtsverzicht]

Plenge, Burkard: Die Zulässigkeit staatlicher Zeitungen und Zeitschriften, Diss. Univ. Kiel 1974/75, Kiel 1975 [zitiert: Plenge, Zulässigkeit staatlicher Zeitungen und Zeitschriften]

Püttner, Günter: Die öffentlichen Unternehmen. Ein Handbuch zu Verfassungs- und Rechtsfragen der öffentlichen Wirtschaft, 2. Aufl., Stuttgart/München/Hannover 1985 [zitiert: Püttner, Die öffentlichen Unternehmen]

Rath-Glawatz, Michael: Betätigung öffentlich-rechtlicher Körperschaften und Anstalten im Online-Bereich, in: AfP 1998, S. 261-272 [zitiert: Rath-Glawatz, Öffentliche Betätigung im Online-Bereich]

Redeker, Konrad: Auf der Suche nach besserer Gesetzgebung, in: NJW 2002, S. 2756-2759 [zitiert: Redeker, Bessere Gesetzgebung]

Reimers, Ulrich: Öffentlich-rechtlicher Rundfunk unter sich wandelnden technischen Bedingungen, in: ZUM 1995, S. 523-529 [zitiert: Reimers, Technische Bedingungen]

ders.: Online: Was ist technisch möglich? in: MP 2002, S. 132-134 [zitiert: Reimers, Technische Möglichkeiten]

Reinermann, Heinrich: Vernetzte Verwaltung, in: Die Verwaltung 1995, S. 1-16 [zitiert: Reinermann, Vernetzte Verwaltung]

ders.: Das Internet und die öffentliche Verwaltung – Von der bürokratischen zur interaktiven Verwaltung?, in: DÖV 1999, S. 20-25 [zitiert: Reinermann, Internet und öffentliche Verwaltung]

Ricker, Reinhart: Das kommunale Amtsblatt in verfassungsrechtlicher Sicht, in: Studienkreis für Presserecht und Pressefreiheit (Hrsg.), Presserecht und Pressefreiheit. Festschrift für Martin Löffler zum 75. Geburtstag, München 1980 [zitiert: Ricker, Kommunales Amtsblatt]

ders.: Die Verfassungsrechtliche Problematik der staatlichen, insbesondere der kommunalen Pressepublikationen, in: AfP 1981, S. 320-325 [zitiert: Ricker, Staatliche Pressepublikationen]

ders. / Schiwy, Peter: Rundfunkverfassungsrecht, München 1997 [zitiert: Ricker/Schiwy, Rundfunkverfassungsrecht] *ders.*: Rundfunkgebühren für Computer mit Internet-Zugang?, in: NJW 1997, S. 3199-3205 [zitiert: Ricker, Rundfunkgebühren für Internet-Computer?]

ders.: Digitalisierung und interaktive Medienangebote – Grenzen für ARD und ZDF?, in: AfP 1998, S. 437-446 [zitiert: Ricker, Interaktive Medienangebote]

Ridder, Christa-Maria: Onlinenutzung in Deutschland, in: MP 2002, S. 121-131 [zitiert: Ridder, Onlinenutzung in Deutschland]

Riesenhuber, Karl: Medienfreiheit durch Medienvielfalt, Grundsätze des deutschen Pressekartellrechts und seine Auswirkungen in der Praxis, in: AfP 2003, S. 481-489 [zitiert: Riesenhuber, Medienfreiheit durch Medienvielfalt]

Robbers, Gerhard: Der Grundrechtsverzicht. Zum Grundsatz ‚volenti non fit iniuria' im Verfassungsrecht, in: JuS 1985, S. 925-931 [zitiert: Robbers, Grundrechtsverzicht]

Röger, Ralf: Internet und Verfassungsrecht, in: ZRP 1997, S. 203-211 [zitiert: Röger, Internet und Verfassungsrecht]

Rombach, Wolfgang: Killer-Viren als Kopierschutz. Vertragliche und deliktische Anspruchsgrundlagen der Betroffenen, in: CR 1990, S. 104-106 [zitiert: Rombach, Killer-Viren als Kopierschutz]

Ronellenfitsch, Michael: Das Hausrecht der Behörden, in: VerwArch Bd. 73 (1982), S. 465-478 [Ronellenfitsch, Hausrecht der Behörden]

Rössel, Markus / Rössel, Martina: Filterpflichten des Providers – Drittschutz durch Technik, in: CR 2005, S. 809, 815 [zitiert: Rössel/Rössel, Filterpflichten des Providers]

Roßnagel, Alexander (Hrsg.): Recht der Multimedia-Dienste, Kommentar zum IuKDG und MDStV, München 1999, Stand: 5. Ergänzungslieferung Dezember 2003 [zitiert: *Bearbeiter*, in: Roßnagel, Recht der Multimedia-Dienste]

ders.: Recht der Multimediadienste 1998/1999, in: NVwZ 2000, S. 622-633 [zitiert: Roßnagel, Recht der Multimediadienste]

ders.: Das elektronische Verwaltungsverfahren, in: NJW 2003, S. 469-475 [zitiert: Roßnagel, Elektronisches Verwaltungsverfahren]

Ruck, Silke: Zur Unterscheidung von Ausgestaltungs- und Schrankengesetzen im Bereich der Rundfunkfreiheit, in: AöR Bd. 117 (1992), S. 543-565 [zitiert: Ruck, Ausgestaltungs- und Schrankengesetze]

Sachs, Michael (Hrsg.): Grundgesetz. Kommentar, 3. Aufl., München 2003 [zitiert: *Bearbeiter*, in: Sachs, GG]

Satzger, Helmut: Strafrechtliche Verantwortlichkeit von Zugangsvermittlern. Eine Untersuchung der Verantwortlichkeit für rechtswidrige Inhalte im Internet vor dem Hintergrund der neuen E-Commerce-Richtlinie der EG, in: CR 2001, S. 109-117 [zitiert: Satzger, Strafrechtliche Verantwortlichkeit]

Schack, Haimo: Urheberrechtliche Gestaltung von Webseiten unter Einsatz von Links und Frames, in: MMR 2001, S. 9-17 [zitiert: Schack, Urheberrechtliche Gestaltung vom Webseiten]

Scherer, Joachim: Teletextsysteme und prozedurale Rundfunkfreiheit, in: Der Staat 22 (1983), S. 347-380 [zitiert: Scherer, Prozedurale Rundfunkfreiheit]

ders.: Rechtsprobleme des Staatsvertrags über Bildschirmtext, in: NJW 1983, S. 1832-1838 [zitiert: Scherer, Rechtsprobleme des Btx-StV]

ders.: Telekommunikationsrecht und Telekommunikationspolitik, Habil. Univ. Frankfurt a.M. 1985, 1. Aufl., Baden-Baden 1985 [zitiert: Scherer, Telekommunikationsrecht und Telekommunikationspolitik]

ders.: „Online" zwischen Telekommunikation und Medienrecht – Regulierungsprobleme von Online-Systemen im Internet und außerhalb, in: AfP 1996, S. 213-219 [zitiert: Scherer, Online]

Scheuner, Ulrich: Staatstheorie und Staatsrecht, Hrsg. Joseph Listl und Wolfgang Reifner, Berlin 1978 [zitiert: Scheuner, Staatstheorie und Staatsrecht]

ders.: Das Grundrecht der Rundfunkfreiheit, Berlin 1982 [zitiert: Scheuner, Rundfunkfreiheit]

Schmidt-Aßmann, Eberhard: Der Grundrechtsschutz gemischt-wirtschaftlicher Unternehmen nach Art. 19 Abs. 3 GG, in: BB Beilage 34 (1990), S. 1-14 [zitiert: Schmidt-Aßmann, Grundrechtsschutz gemischt-wirtschaftlicher Unternehmen]

Schmidt-Bleibtreu, Bruno / Klein, Franz: Kommentar zum Grundgesetz, 9. Aufl., Neuwied/Kriftel 1999 [zitiert: Schmidt-Bleibtreu/Klein, GG]

Schmittmann, Jens M.: Bannerwerbung - Rechtsprobleme insbesondere bei kammergebundenen Berufen, in: MMR 2001, S. 792-797 [zitiert: Schmittmann, Bannerwerbung]

Schmitz, Florian: Anmerkung zum Urteil des LG Potsdam v. 08.07.1999, in: CR 2000, S. 124-125 [zitiert: Schmitz, Anmerkung]

Schmitz, Peter / Dierking, Laura: Inhalte- und Störerverantwortlichkeit bei Telekommunikations- und Telemediendiensten – Anregungen für das geplante neue Telemediengesetz, in: CR 2005, S. 420-428 [zitiert: Schmitz/Dierking, Inhalte und Störerverantwortlichkeit]

Schneider, Jens-Peter: Der Staat als Wirtschaftssubjekt und Steuerungsakteur, in: DVBl. 2000, S. 1250-1260 [zitiert: J.-P. Schneider, Wirtschaftssubjekt und Steuerungsakteur]

ders.: Regulierung staatsinterner Selbstregulierung am Beispiel des Haushaltswesens, in: Die Verwaltung, Beiheft 4, Berlin 2001, S. 177-190 [zitiert: J.-P. Schneider, Regulierung staatsinterner Selbstregulierung]

Schneider, Uwe H. / Strenger, Christian: Die „Corporate Governance-Grundsätze" der Grundsatzkommission Corporate Governance (German Panel on Corporate Governance), in: AG 2000, S. 106-113 [zitiert: Schneider/Strenger, Corporate Governance-Grundsätze]

Schoch, Friedrich: Der Beitrag des kommunalen Wirtschaftsrechts zur Privatisierung öffentlicher Aufgaben, in: DÖV 1993, S. 377-383 [zitiert: Schoch, Privatisierung öffentlicher Aufgaben]

ders.: Privatisierung von Verwaltungsaufgaben, in: DVBl. 1994, S. 962-977 [zitiert: Schoch, Privatisierung von Verwaltungsaufgaben]

ders.: Betätigung öffentlich-rechtlicher Anstalten und Körperschaften im Online-Bereich in: AfP 1998, S. 253-261 [zitiert: Schoch, Öffentliche Betätigung im Online-Bereich]

Scholz, Rupert: Neue Entwicklungen im Gemeindewirtschaftsrecht – Strukturfragen und Verfassungskritik, in: DÖV 1976, S. 441-449 [zitiert: Scholz, Gemeindewirtschaftsrecht] *ders.*: Zukunft von Rundfunk und Fernsehen: Freiheit der Nachfrage oder reglementiertes Angebot?, in: AfP 1995, S. 357-362 [zitiert: Scholz, Zukunft von Rundfunk und Fernsehen]

Schroeder, Werner: Teleshopping und Rundfunkfreiheit – Zur Anwendbarkeit rundfunkrechtlicher Normen auf Teleshopping-Kanäle, in: ZUM 1994, S. 471-482 [zitiert: Schroeder, Teleshopping und Rundfunkfreiheit]

Schubert, Uwe: Die verfassungsrechtliche Vereinbarkeit des kommunalen Amtblattes mit der Lokalpresse, Diss. Univ. Würzburg 1973 [zitiert: Schubert, Amtsblatt und Lokalpresse]

Schulz, Winfried: Medienwirklichkeit und Medienwirkung. Aktuelle Entwicklungen der Massenkommunikation und ihre Folgen, in: Aus Politik und Zeitgeschichte B40/93, S. 16-26 [zitiert: Winfried Schulz, Medienwirklichkeit und Medienwirkung]

ders.: Wird die Wahl im Fernsehen entschieden? Der „getarnte Elefant" im Lichte der neueren Forschung, in: MP 1994, S. 318-327 [zitiert: Winfried Schulz, Wird die Wahl im Fernsehen entschieden?]

Schulz, Wolfgang: Jenseits der „Meinungsrelevanz" – Verfassungsrechtliche Überlegungen zu Ausgestaltung und Gesetzgebungskompetenzen bei neuen Kommunikationsformen, in: ZUM 1996, S. 487-497 [zitiert: Wolfgang Schulz, Jenseits der Meinungsrelevanz]

ders.: Jugendschutz bei Tele- und Mediendiensten, in: MMR 1998, S. 182-187 [zitiert: Wolfgang Schulz, Jugendmedienschutz]

ders. / Held, Thorsten: Arbeitspapiere der Hans-Bredow-Instituts Nr. 10: Regulierte Selbstregulierung als Form modernen Regierens, Hamburg 2002 [zitiert: Schulz/Held, Regulierte Selbstregulierung]

Schulze-Fielitz, Helmuth: Kooperatives Recht im Spannungsfeld von Rechtsstaatsprinzip und Verfahrensökonomie, in: DVBl. 1994, S. 657-667 [zitiert: Schulze-Fielitz, Kooperatives Recht]

ders.: Betätigung öffentlich-rechtlicher Institutionen im Onlinebereich, in: AfP 1998, S. 447-457 [zitiert: Schulze-Fielitz, Öffentlich-rechtliche Betätigung im Onlinebereich]

Schumann, Harald: Digitales Schweigen, in: Der Spiegel, Heft 10/2000, S. 40 f. [zitiert: Schumann, Digitales Schweigen]

Schuppert, Gunnar Folke: Grundzüge eines zu entwickelnden Verwaltungskooperationsrechts. Regelungsbedarf und Handlungsoptionen eines Rechtsrahmens für Public Private Partnership. Rechts- und verwaltungswissenschaftliches Gutachten, erstellt im Auftrag des Bundesministeriums des Innern, Juni 2001 [zitiert: Schuppert, Verwaltungskooperationsrecht]

Schürmann, Frank: Öffentlichkeitsarbeit der Bundesregierung. Strukturen, Medien, Auftrag und Grenzen eines informalen Instruments der Staatsleitung, Diss. Univ. Bonn 1991, Berlin 1992 [zitiert: Schürmann, Öffentlichkeitsarbeit der Bundesregierung]

ders.: Regierungsamtliche Öffentlichkeitsarbeit im Wahlkampf – Kritische Anmerkungen zu den Müllkampagnen-Urteilen des NRWVerfGH, in: NVwZ 1992, S. 852-856 [zitiert: Schürmann, Öffentlichkeitsarbeit im Wahlkampf]

ders.: Staatliche Mediennutzung – Staatspresse, amtliche Verlautbarungen, Staatsrundfunk, Rundfunksponsoring, in: AfP 1993, S. 435-446 [zitiert: Schürmann, Staatliche Mediennutzung]

Schütz, Raimund / Attendorn, Thorsten: Anmerkung zu den Urteilen des OLG Schleswig v. 19.12.2000 und des LG Frankenthal v. 28.11.2000, in: MMR 2001, S. 401-405 [zitiert: Schütz/Attendorn, Anmerkung]

Schwarze, Jürgen: Zur Pflicht der Presse, politische Anzeigen zu veröffentlichen, in: DVBl. 1976, S. 557-564 [zitiert: Schwarze, Veröffentlichungspflicht der Presse]

Schwarzer, Markus Maximilian: Staatliche Öffentlichkeitsarbeit. Eine juristische Untersuchung, wie der Staat bzw. staatliche Institutionen Öffentlichkeitsarbeit betreiben dürfen, Diss. Univ. Tübingen 1999 [zitiert: Schwarzer, Staatliche Öffentlichkeitsarbeit]

Schwintowski, Hans-Peter: Corporate Governance im öffentlichen Unternehmen, in: NVwZ 2001, S. 607-612 [zitiert: Schwintowski, Corporate Governance im öffentlichen Unternehmen]

Seibert, Ulrich: OECD Principles of Corporate Governance – Grundsätze der Unternehmensführung und -kontrolle für die Welt, in: AG 1999, S. 337-350 [zitiert: Seibert, Principles of Corporate Governance]

L Literaturverzeichnis

ders.: Im Blickpunkt: Der Deutsche Corporate Governance Kodex ist da, in: BB 2002, S. 581-584 [zitiert: Seibert, Deutscher Corporate Governance Kodex]

Seidel, Norbert / Libertus, Michael: Rundfunkökonomie: Organisation, Finanzierung und Management von Rundfunkunternehmen, Wiesbaden 1993 [zitiert: Seidel/Libertus, Rundfunkökonomie]

Seifert, Karl-Heinz: Anmerkung zum Urteil des BVerfG v. 02.03.1977, in: DÖV 1977, S. 288-290 [zitiert: Seifert, Anmerkung]

Sewczyk, Jürgen: Online aus Sicht eines kommerziellen Anbieters, in: MP 2002, S. 115-116 [zitiert: Sewczyk, Online kommerziell]

Sieber, Ulrich: Kontrollmöglichkeiten zur Verhinderung rechtswidriger Inhalte in Computernetzen - Zur Umsetzung von § 5 TDG am Beispiel der Newsgroups im Internet, in: CR 1997, S. 581-598, 653-669 [zitiert: Sieber, Kontrollmöglichkeiten]

ders.: Verantwortlichkeit im Internet. Technische Kontrollmöglichkeiten und multimediarechtliche Regelungen. Zugleich eine Kommentierung von § 5 TDG und § 5 MDStV, München 1999 [zitiert: Sieber, Verantwortlichkeit im Internet]

Sobola, Sabine / Kohl Kathrin: Haftung von Providern für fremde Inhalte. Haftungsprivilegierung nach § 11 TDG – Grundsatzanalyse und Tendenzen der Rechtsprechung, in: CR 2005, S. 443-450 [zitiert: Sobola/Kohl, Haftung für fremde Inhalte]

Spindler, Gerald: Haftungsrechtliche Probleme der neuen Medien, in: NJW 1997, S. 3193-3199 [zitiert: Spindler, Haftungsrechtliche Grundprobleme]

ders.: E-Commerce in Europa – Die E-Commerce-Richtlinie in ihrer endgültigen Fassung, in: MMR Beilage 7/2000, S. 4-21 [zitiert: Spindler, E-Commerce in Europa]

ders. / Schmittmann, Jens M.: Unerwünschte E-Mail-Werbung - Zivil- und wettbewerbsrechtliche Zulässigkeit in Europa, in: MMR Beilage 8/2001, S. 10-19 [zitiert: Spindler/Schmittmann, Unerwünschte E-Mail-Werbung]

ders.: Verantwortlichkeit und Haftung für Hyperlinks im neuen Recht, in: MMR 2002, S. 495-503 [zitiert: Spindler, Verantwortlichkeit für Hyperlinks] *ders.*: Das Gesetz zum elektronischen Geschäftsverkehr – Verantwortlichkeit der Diensteanbieter und Herkunftslandprinzip, in: NJW 2002, S. 921-927 [zitiert: Spindler, Verantwortlichkeit der Diensteanbieter]

ders. / Volkmann, Christian: Anmerkung zum Beschluss des OVG Münster v. 19.03.2003 – 8 B 2567/02, in: MMR 2003, S. 353-355 [zitiert: Spindler/Volkmann, Anmerkung]

ders.: Die Verantwortlichkeit der Provider für „Sich-zu-Eigen-gemachte" Inhalte und für beaufsichtigte Nutzer, in: MMR 2004, S. 440-444 [zitiert: Spindler, Verantwortlichkeit der Provider]

ders.: Haftung und Verantwortlichkeit im IT-Recht – Ein Rück- und Ausblick zu den Bewährungsproben der allgemeinen Grundsätze des Haftungsrechts, in: CR 2005, S. 741-747 [zitiert: Spindler, Haftung und Verantwortlichkeit]

Spieker, Oliver: Verantwortlichkeit von Internetsuchdiensten für Persönlichkeitsrechtsverletzungen in ihren Suchergebnislisten, in: MMR 2005, S. 727-732 [zitiert: Spieker, Verantwortlichkeit von Internetsuchdiensten]

Stammler, Dieter: Kabelfernsehen und Rundfunkbegriff, in: AfP 1975, S. 742-751 [zitiert: Stammler, Kabelfernsehen und Rundfunkbegriff]

ders.: Paradigmenwechsel im Medienrecht, in: ZUM 1995, S. 104-114 [zitiert: Stammler, Paradigmenwechsel]

Starck, Christian: „Grundversorgung" und Rundfunkfreiheit, in: NJW 1992, S. 3257-3263 [zitiert: Starck, Grundversorgung und Rundfunkfreiheit]

Stender, Jutta: „Staatsferne" und „Gruppenferne" in einem außenpluralistisch organisierten privaten Rundfunksystem, Diss. Univ. Regensburg 1987, Regensburg 1987 [zitiert: Stender, Staatsferne und Gruppenferne]

Stern, Klaus: Das Staatsrecht der Bundesrepublik Deutschland, Band I: Grundbegriffe und Grundlagen des Staatsrechts, Strukturprinzipien der Verfassung, 2., völlig neu bearb. Aufl., München 1984 [zitiert: Stern, Staatsrecht I]

ders.: Das Staatsrecht der Bundesrepublik Deutschland, Band III/1: Allgemeine Lehren der Grundrechte. Grundlagen und Geschichte, nationaler und internationaler Grundrechtskonstitutionalismus, juristische Bedeutung der Grundrechte, Grundrechtsberechtigte, Grundrechtsverpflichtete, München 1988 [zitiert: Stern, Staatsrecht III/1] *ders.*: Das Staatsrecht der Bundesrepublik Deutschland, Band III/2: Allgemeine Lehren der Grundrechte. Grundrechtstatbestand, Grundrechtsbeeinträchtigungen, und Grundrechtsbegrenzungen, Grundrechtsverluste und Grundpflichten, Schutz der Grundrechte, Grundrechtskonkurrenzen, Grundrechtssystem, München 1994 [zitiert: Stern, Staatsrecht III/2]

Stettner, Rupert: Ist es den öffentlich-rechtlichen Rundfunkanstalten, insbesondere dem Zweiten Deutschen Fernsehen (ZDF), gestattet, Pay-TV zu veranstalten?, in: ZUM 1995, S. 293-306 [zitiert: Stettner, Veranstaltung von Pay-TV]

Stock, Martin: Medienfreiheit als Funktionsgrundrecht. Die journalistische Freiheit des Rundfunks als Voraussetzung allgemeiner Kommunikationsfreiheit, Habil. Univ. München 1974, München 1985 [zitiert: Stock, Medienfreiheit]

Storr, Stefan: Elektronische Kommunikation in der öffentlichen Verwaltung – Die Einführung des elektronischen Verwaltungsakts, in: MMR 2002, S. 579-584 [zitiert: Storr, Elektronische Kommunikation]

Sturm, Gerd: Probleme eines Verzichts auf Grundrechte, in: Gerhard Leibholz, Hans Joachim Faller, Paul Mikat, Hans Reis (Hrsg.) Menschenwürde und freiheitliche Rechtsordnung. Festschrift für Willi Geiger zum 65. Geburtstag, Tübingen 1974, S. 173-198 [zitiert: Sturm, Verzicht auf Grundrechte]

Stürner, Rolf: Privatrechtliche Gestaltungsformen bei der Verwaltung öffentlicher Sachen, Diss. Univ. Tübingen 1968, Tübingen 1969 [zitiert: Stürner, Privatrechtliche Gestaltungsformen]

ders.: Anmerkung zum Urteil des BVerwG v. 13.03.1970 – VII C 80.67, in: JZ 1971, S. 98-99 [zitiert: Stürner, Anmerkung]

ders.: Anmerkung zum Urteil des BayObLG v. 14.09.1976 – 3 St 99/76, in: JZ 1977, S. 312-313 [zitiert: Stürner, Anmerkung]

Tettenborn, Alexander: Die Evaluierung des IuKDG. Erfahrungen, Erkenntnisse und Schlussfolgerungen, in: MMR 1999, S. 516-522 [zitiert: Tettenborn, Evaluierung des IuKDG]

Tettinger, Peter J.: Aktuelle Fragen der Rundfunkordnung, in: JZ 1986, S. 806-813 [zitiert: Tettinger, Aktuelle Fragen der Rundfunkordnung] *ders.*: Rechtsschutz gegen kommunale Wettbewerbsteilnahme, in: NJW 1998, S. 3473-3474 [zitiert: Tettinger, Rechtsschutz]

ders.: Verfassungsrecht und Wirtschaftsordnung – Gedanken zur Freiheitsentfaltung am Wirtschaftsstandort Deutschland, in: DVBl. 1999, S. 679-687 [zitiert: Tettinger, Verfassungsrecht und Wirtschaftsordnung]

Tröndle, Herbert / Fischer, Thomas: Strafgesetzbuch mit Nebengesetzen, 53. Aufl., München 2006 [zitiert: Tröndle/Fischer, StGB]

Trute, Hans-Heinrich: Öffentlich-rechtliche Rahmenbedingungen einer Informationsordnung, in: VVDStRL, Heft 57 (1998), S. 216-268 [zitiert: Trute, Informationsordnung]

Ulmer, Peter: Der Deutsche Corporate Governance Kodex – ein neues Regulierungsinstrument für börsennotierte Aktiengesellschaften, in: ZHR 166 (2002), S. 150-181 [zitiert: Ulmer, Deutscher Corporate Governance Kodex]

Vassilaki, Irini: Strafrechtliche Haftung nach §§ 8 ff. TDG, in: MMR 2002, S. 659-662 [zitiert: Vassilaki, Strafrechtliche Haftung]

Verheugen, Günter: Wesen und Wirken der Rundfunk-Gremien in Deutschland, in: Hans Joachim Berg (Hrsg.), Rundfunk-Gremien in Deutschland. Namen. Organe. Institutionen, Berlin 1995, S. 9-24 [zitiert: Verheugen, Wesen und Wirken der Rundfunk-Gremien]

Vesting, Thomas: Prozedurales Rundfunkrecht. Grundlagen – Elemente – Perspektiven, Habil. Univ. Hamburg 1996, 1. Aufl., Baden-Baden / Hamburg 1997 [zitiert: Vesting, Prozedurales Rundfunkrecht]

ders.: Soziale Geltungsansprüche in fragmentierten Öffentlichkeiten. Zur neueren Diskussion über das Verhältnis von Ehrenschutz und Meinungsfreiheit, in: AöR Bd. 122 (1997), S. 337-371 [zitiert: Vesting, Soziale Geltungsansprüche]

ders.: Subjektive Freiheitsrechte als Elemente von Selbstorganisations- und Selbstregulierungsprozessen in der liberalen Gesellschaft. Dargestellt am Beispiel der Bedeutung der Intellectual Property Rights in der neuen Netzwerkökonomie, in: Die Verwaltung, Beiheft 4, Berlin 2001, S. 21-57 [zitiert: Vesting, Freiheitsrechte als Elemente von Selbstorganisation]

Vogel, Klaus: Gesetzgeber und Verwaltung, in: VVDStRL Heft 24 (1966), S. 125-179 [zitiert: Vogel, Gesetzgeber und Verwaltung]

Voßkuhle, Andreas: Verwaltungsrecht und Verwaltungsprozessrecht in der Informationsgesellschaft, in: Wolfgang Hoffmann-Riem / Eberhard Schmidt-Aßmann (Hrsg.), Verwaltungsrecht in der Informationsgesellschaft, 1. Auflage, Baden-Baden 2000, S. 349-404 [zitiert: Voßkuhle, Verwaltungsrecht in der Informationsgesellschaft]

ders.: „Schlüsselbegriffe" der Verwaltungsrechtsreform, in: VerwArch Bd. 92 (2001), S. 184-215 [zitiert: Voßkuhle, Schlüsselbegriffe der Verwaltungsrechtsreform]

Waldenberger, Arthur: Teledienste, Mediendienste und die „Verantwortlichkeit" ihrer Anbieter, in: MMR 1998, S. 124-129 [zitiert: Waldenberger, Verantwortlichkeit]

ders. / Hoß, Dirk: Das Recht der „elektronischen Presse", in: AfP 2000, S. 237-248 [zitiert: Waldenberger/Hoß, Elektronische Presse]

ders.: Darf's noch ein bisschen mehr sein? – Deutscher Jugendschutz in globalen Kommunikationsnetzen, in: MMR 2002, S. 413-414 [zitiert: Waldenberger, Jugendschutz in globalen Kommunikationsnetzen]

Weber, Rolf H.: Internet als Subventionsnetz?, in: CR 1997, S. 203-209 [zitiert: Weber, Internet als Subventionsnetz?]

Weisser, Ralf: Dienstleistungen zum Vertrieb digitaler Pay TV-Angebote, in: ZUM 1997, S. 877-898 [zitiert: Weisser, Digitale Pay TV-Angebote]

Weißnicht, Elmar: Die Nutzung des Internet am Arbeitsplatz, in: MMR 2003, S. 448-453 [zitiert: Weißnicht, Internet am Arbeitsplatz]

Wilhelmi, Martin: Verfassungsrechtliche Probleme des öffentlich-rechtlichen Rundfunks in den neuen Bundesländern. Lokale Grundversorgung, Staatsfreiheit, Finanzierung. Diss. Univ. Potsdam 1994, Berlin 1995 [zitiert: Wilhelmi, Verfassungsrechtliche Probleme des Rundfunks]

Woitke, Thomas: Web-Bugs – Nur lästiges Ungeziefer oder datenschutzrechtliche Bedrohung?, in: MMR 2003, S. 310-314 [zitiert: Woitke, Web-Bugs]

Wufka, Eduard: Die verfassungsrechtlich-dogmatischen Grundlagen der Rundfunkfreiheit. Zugleich ein Beitrag zu Problemen der Rundfunkorganisation und Staatsaufsicht, Diss. Univ. München 1969, Frankfurt a.M./Berlin 1971 [zitiert: Wufka, Grundlagen der Rundfunkfreiheit]

Zeiler, Horst: Das Hausrecht an Verwaltungsgebäuden, in: DVBl. 1981, S. 1000-1004 [zitiert: Zeiler, Hausrecht an Verwaltungsgebäuden]

Zerdick, Axel / Picot, Arnold / Schrape, Klaus / Artopé, Alexander / Goldhammer, Klaus / Lange, Ulrich T. / Vierkant, Eckart / López-Escobar, Esteban / Silverstone, Roger: Die Internet-Ökonomie. Strategien für die digitale Wirtschaft, Berlin/Heidelberg/New York/Barcelona/Hongkong/London/Mailand/Paris/Singapur/Tokio 1999 [zitiert: Zerdick u.a., Internet-Ökonomie]

Zimmer, Daniel: Das Gesetz zur Kontrolle und Transparenz im Unternehmensbereich, in: NJW 1998, S. 3521-3534 [zitiert: Zimmer, KonTraG]

Zimmermann, Andreas: Polizeiliche Gefahrenabwehr und das Internet, in: NJW 1999, S. 3145-3152 [zitiert: Zimmermann, Polizeiliche Gefahrenabwehr und Internet]

Zoll, Ralf / Hennig, Eike: Massenmedien und Meinungsbildung, München 1970 [zitiert: Zoll/Hennig, Massenmedien und Meinungsbildung]

Zuck, Rüdiger: Zulässige Öffentlichkeitsarbeit und unzulässige Wahlwerbung, in: ZRP 1977, S. 144-148 [zitiert: Zuck, Öffentlichkeitsarbeit und Wahlwerbung]

ders.: Anmerkung zum Urteil des BVerfG v. 02.03.1977 – 2 BvE 1/76, in: NJW 1977, S. 1054-1054 [zitiert: Zuck, Anmerkung]

1. Kapitel. Grundlegungen

A. Einleitung und Problemstellung

I. Entwicklung des Internets

Netz der Netze. Information Superhighway. Virtuelle Realität. Cyberspace. Das Internet ist *das* Kommunikationsphänomen unserer Zeit, und es mangelt offensichtlich nicht an griffigen Schlagworten und Superlativen, wenn darüber gesprochen wird[1]. Was in den späten sechziger Jahren des vorigen Jahrhunderts als technische Antwort auf die Furcht, aus dem kalten könne wieder ein heißer Krieg werden, als dezentrales und damit vermeintlich unzerstörbares Forschungs- und Nachrichtennetzwerk zwischen einigen wenigen Großrechnern[2] des amerikanischen Militärs begann (ARPA-Net = Advanced Research Projects Agency Network) und später vor allem von zivilen Forschungseinrichtungen – vorrangig solchen der Kernforschung – vorangetrieben wurde[3], ist bis zum heutigen Tag zum Sinnbild unserer Informations- und Kommunikationsgesellschaft geworden[4]. Das Internet hat sich insbesondere durch die Freigabe des *World Wide Web* durch das europäische Kernforschungszentrum CERN im April 1993 und durch die in den darauf folgenden Jahren gemachten Fortschritte in Fernmeldetechnik, Verbreitung und Bedienbarkeit zu einem für potentiell jedermann zugänglichen Kommunikations- und Informationsnetzwerk entwickelt[5], dessen zukünftige Entwicklung zum jetzigen Zeitpunkt noch nicht annähernd abzusehen ist. Dass es sich dabei noch für einige Zeit um eine ausgesprochen rasante

---

[1] S. nur *Trute*, Informationsordnung, VVDStRL 57 (1998), S. 218. Der Begriff „Network of Networks" stammt vermutlich von *Eli M. Noam*, vgl. *Ladeur*, Regulierung des Internet, ZUM 1997, S. 374 Fn. 12; *ders.*, Information Superhighway, CR 1996, S. 614 Fn. 8. Der Begriff „Cyberspace" entstammt der 1984 erschienenen Novelle „Neuromancer" von *William Gibson*, vgl. *F. Mayer*, Recht und Cyberspace, NJW 1996, S. 1783.

[2] *Hoeren*, Internet für Juristen, NJW 1995, S. 3295 spricht von 23 Rechnern im Jahre 1971. Begonnen hat es mit der Vernetzung von nur vier Rechnern im Jahre 1969, vgl. *Gersdorf*, Datennetze und Rundfunkrecht, in: Becker, Rechtsprobleme internationaler Datennetze, S. 88 Fn. 9; *Hornung*, Informationelle Selbstbestimmung und WWW, MMR 2004, S. 4.

[3] Vgl. *Determann*, Kommunikationsfreiheit im Internet, S. 55; *Hornung*, Informationelle Selbstbestimmung und WWW, MMR 2004, S. 4; *F. Mayer*, Recht und Cyberspace, NJW 1996, S. 1783; *Mecklenburg*, Internetfreiheit, ZUM 1997, S. 531; *Goldhammer/Zerdick*, Rundfunk Online, S. 32 f.

[4] *T. Herrmann*, Grenzüberschreitender Persönlichkeitsrechtsschutz im Internet, AfP 2003, S. 232.

[5] Vgl. *Hornung*, Informationelle Selbstbestimmung und WWW, MMR 2004, S. 4; *Sieber*, Kontrollmöglichkeiten, CR 1997, S. 594; *Röger*, Internet und Verfassungsrecht, ZRP 1997, S. 203 f.; *F. Mayer*, Recht und Cyberspace, NJW 1996, S. 1783.

1. Kapitel. Grundlegungen

Entwicklung handeln wird, wird man jedoch schon heute als sicher voraussagen können: Man kann davon ausgehen, dass sich sowohl die Zahl der Rechner, die im Internet Dienste und Informationen anbieten (*Hosts*) als auch die Zahl der Internet-Nutzer weltweit jährlich nahezu verdoppelt[6]. Im Juli 1999 gab es weltweit rund 50 Mio. Internet-Hosts[7]. Im selben Jahr benutzten knapp 30 % der Erwachsenen in Deutschland zumindest gelegentlich das Internet[8]. Im Jahr 2001 betrug die Zahl der Internet-Nutzer in Deutschland bereits knapp 24,8 Mio., was einem Bevölkerungsanteil von 38,3 % entsprach[9]. Für das Jahr 2003 hat eine Emnid-Studie ergeben, dass mittlerweile mehr als 32 Mio. Bundesbürger über 14 Jahren das Internet nutzen; eine von *ARD* und *ZDF* durchgeführte Studie kam sogar auf 34,4 Mio. – das entspricht einem Bevölkerungsanteil von über 53,5 % und einem Zuwachs von 22 % gegenüber dem Jahr 2002[10]. Damit besitzt das noch verhältnismäßig junge Medium Internet in Deutschland eine mehr als beachtliche Reichweite, wenngleich sich diese noch nicht mit der der klassischen elektronischen Massenmedien messen kann[11]. Vor allem ist das Internet schon heute für immer breitere Teile der Bevölkerung neben Presse, Hörfunk und Fernsehen zum selbstverständlichen Bestandteil des Medienalltags geworden[12]. Aus globaler Perspektive kann man die *grenzenlose* Reichweite des Internets nur als einzigartig bezeichnen.

---

[6] Vgl. *T. Herrmann*, Grenzüberschreitender Persönlichkeitsrechtsschutz im Internet, AfP 2003, S. 232; *P. Mayer*, Internet im öffentlichen Recht, S. 23 Fn. 2; *Roßnagel*, Recht der Multimediadienste, NVwZ 2000, S. 622 Fn. 1; *Goldhammer/Zerdick*, Rundfunk Online, S. 27 sprechen hinsichtlich des übertragenen Datenvolumens sogar von jährlichen Wachstumsraten in Höhe von 300-400 %.
[7] *Lohse*, Verantwortung im Internet, S. 30; *Goldhammer/Zerdick*, Rundfunk Online, S. 29.
[8] *Grajczyk/Mende*, Nichtnutzer von Online, MP 2000, S. 350.
[9] *Ridder*, Onlinenutzung in Deutschland, MP 2002, S. 121; die Zuwachsrate ist dabei allerdings aufgrund zunehmender Sättigung leicht rückläufig, vgl. *Ridder* a.a.O. S. 123.
[10] Vgl. die Meldungen im Hamburger Abendblatt vom 24. Juni 2003, S. 16 und vom 10. Sept. 2003, S. 30.
[11] Die technische Versorgung der Bevölkerung mit Rundfunkempfangsgeräten betrug im Jahre 1999 jeweils etwa 98 %, *Hoffmann-Riem*, in: AK, GG, Art. 5 Abs. 1, 2 Rn. 131; Hör- und Fernsehfunk erreichen damit täglich zwischen 70 und 80 % der Bevölkerung, Tageszeitungen etwa 65 %, *Hoffmann-Riem*, a.a.O. Rn. 124, 133.
[12] *Ridder*, Onlinenutzung in Deutschland, MP 2002, S. 124. Dabei ergab die Studie von ARD und ZDF, dass sich das Internet vor allem bei der jungen Generation seinen Platz erkämpft hat: 92,1 % der 14- bis 19-Jährigen sind online, dagegen nur 13,3 % der über 60-Jährigen, vgl. die Meldung im Hamburger Abendblatt vom 10. Sept. 2003, S. 30.

II. Internet-Auftritte gehören zum Alltag

Wer etwas auf sich hält, besitzt heute eine eigene Homepage[13], und eine E-Mail-Adresse vorweisen zu können, ist in der geschäftlichen wie in der privaten Kommunikation beinahe unabdingbar. Der Auftritt im Internet ist mittlerweile in allen Bereichen des gesellschaftlichen Lebens zu einer Selbstverständlichkeit geworden: Unternehmen versuchen, sich und ihre Produkte ins beste Licht zu rücken. Verlage veröffentlichen elektronische Versionen ihrer gedruckten Publikationen oder haben sich bereits ausschließlich auf die elektronische Veröffentlichung im Internet verlegt (*Online Publishing*). Die etablierten Rundfunksender verbreiten ihre Programmangebote auch, kleinere Mitbewerber mitunter sogar ausschließlich im Internet (*Webcasting*) und bieten dort außerdem Hintergrundinformationen zu ihren Beiträgen und Sendungen an. Parteien, Gewerkschaften, Verbände und Interessengruppen werben für ihre Ideen, Initiativen und Standpunkte zu den Fragen, die die Gesellschaft bewegen – oder sie ihrer Ansicht nach bewegen sollen. Forschungseinrichtungen berichten über ihre Bemühungen und Fortschritte. Sogar Privatpersonen – hierin liegt im Vergleich mit anderen Massenmedien vielleicht eine der interessantesten und folgenreichsten Entwicklungen – präsentieren sich und ihre Meinungen über das Internet erstmals in den verschiedensten Zusammenhängen einer breiten Öffentlichkeit[14].

Die beschriebene Entwicklung macht selbstverständlich nicht im gesellschaftlich-privaten Bereich halt. Auch *staatliche* Stellen sind mit einer Vielzahl von Angeboten im Internet vertreten und präsentieren sich so den Bürgern. Dies wird allerdings auch von ihnen erwartet[15]: Insbesondere die Angehörigen der jüngeren Generationen erwarten vom Staat umfassende Informationen über dessen Leistungen und Aktivitäten, über den Einsatz von Ressourcen und Finanzen, und dies möglichst unter Einsatz aller zur Verfügung stehenden Medientechnologien[16]. Wären staatliche Stellen nicht im Internet präsent, so setzten sie sich da-

---

[13] So bereits *Hoeren*, Internet für Juristen, NJW 1995, S. 3295.
[14] Zum Ganzen *Determann*, Kommunikationsfreiheit im Internet, S. 55; *Hoffmann-Riem*, in: AK, GG, Art. 5 Art. 1, 2 Rn. 130; *Hoffmann-Riem/Schulz*, Hamburgisches Medienrecht, S. 36; *P. Mayer*, Internet im öffentlichen Recht, S. 37; *F. Mayer*, Recht und Cyberspace, NJW 1996, S. 1784; *Neuberger*, Massenmedien im Internet, MP 2000, S. 102 ff.; *Waldenberger/Hoß*, Elektronische Presse, AfP 2000, S. 237.
[15] *Th. Groß*, Öffentliche Verwaltung im Internet, DÖV 2001, S. 159.
[16] *Reinermann*, Internet und öffentliche Verwaltung, DÖV 1999, S. 22.

mit angesichts solch hoher Erwartungen beinahe zwangsläufig dem Vorwurf aus, sie seien bürgerfern und technologiefeindlich, rückständig und irgendwie noch nicht in der multimedialen Gegenwart angekommen. Deshalb sind sie mittlerweile fast ausnahmslos mit eigenen Informations- und Serviceangeboten im Internet vertreten – von den Organen, Behörden und Einrichtungen des Bundes und der Länder bis hinunter auf die kommunale Ebene[17]. Die staatlichen Internet-Angebote im Einzelnen aufzählen zu wollen, wäre angesichts ihrer Vielgestaltigkeit und der für das Internet typischen hohen Fluktuation der dargebotenen Inhalte müßig. Allein die Website der Bundesregierung[18] wird nach Angaben des Presse- und Informationsamts der Bundesregierung (Bundespresseamt, BPA) jeden Monat von rund drei Millionen Menschen aus dem In- und Ausland besucht[19] und umfasst Mitte 2004 rund 15.000 Textseiten[20]. Einzelne Bundesministerien und -behörden unterhalten ergänzend dazu eigene, aufgabenspezifische Angebote[21].

Dabei zeigen sich die regierungsamtlichen Internet-Auftritte sowohl vom Inhalt als auch von der Umsetzung her ausgesprochen vielgestaltig. Sie reichen von typischen Maßnahmen der Öffentlichkeitsarbeit, die in vergleichbarer Weise auch im Offline-Bereich zu finden sind, bis hin zu Formen der Eigenpräsentation und der Kommunikation und Interaktion mit dem Bürger, die überhaupt erst durch die Technologien des Internets möglich geworden sind und daher keine Entsprechung in der bisherigen Offline-Kommunikation der Regierungsstellen finden. Hierzu gehören beispielsweise das Angebot von Suchmaschinen und Datenbanken, die dem interessierten Bürger den Zugang zu Informationen über aktuelle Themen im Internet erleichtern sollen, oder die Veranstaltung unterschiedlichster Formen von Diskussionsforen zu umstrittenen Themen von gesellschaftlicher

---

[17] *Th. Groß*, Öffentliche Verwaltung im Internet, DÖV 2001, S. 159; *Roßnagel*, Recht der Multimediadienste, NVwZ 2000, S. 623.
[18] URL: http://www.bundesregierung.de/ (Stand: Dez. 2005).
[19] Vgl. BPA-Broschüre „Kommunikation als Dienstleistung. Arbeit und Aufgaben des Bundespresseamtes"; *Mandelartz/Groteluschen*, Internet und Öffentlichkeitsarbeit, NVwZ 2004, S. 648.
[20] *Mandelartz/Groteluschen*, Internet und Öffentlichkeitsarbeit, NVwZ 2004, S. 648.
[21] Z.B. URL: http://www.bundesfinanzministerium.de/; http://www.bundeswehr.de/; http://www.bundesverwaltungsamt.de/; http://www.bundesnetzagentur.de/ (Stand: Dez. 2005). Im Jahre 1996 war das noch anders, vgl. *Gersdorf*, Datennetze und Rundfunkrecht, in: Becker, Rechtsprobleme internationaler Datennetze, S. 87.

Bedeutung[22]. Insgesamt ist seitens der Bundesregierung eine deutliche Tendenz erkennbar, ihre Internet-Präsenz in Zukunft noch erheblich auszuweiten und zu vertiefen. Das BPA versteht sich als moderner Dienstleister für Bürger und Medien und setzt seit 1999 für die Erfüllung dieser Aufgabe vor allem auf das Internet[23]. Dazu gehört das Angebot einer aktuellen, zeitungsähnlichen Eingangsseite genauso wie der verstärkte Einsatz von Querverweisen (*Hyperlinks*) auf Hintergrundinformationen zu den behandelten Themen[24]. Speziell für Vertreter der Medien bietet das BPA seit Mitte 2000 im Internet einen besonderen Service an, der sie durch Pressemitteilungen, Hintergrundartikel und eine Datenbank mit Informationen zur Arbeit der Bundesregierung versorgen soll[25]. Bis Mitte 2004 haben sich fast 4000 Journalisten für diesen Service angemeldet[26].

Unter den Aspekten der Bürgernähe von Regierung und Verwaltung, der informationellen Teilhabe des Bürgers an staatlichen und gesellschaftlichen Prozessen[27], der Transparenz des Handelns öffentlicher Stellen und der Orientierung von Staat und Gesellschaft an den Herausforderungen der Informationsgesellschaft sind diese Online-Aktivitäten der Regierungsstellen – auch angesichts der oben beschriebenen Erwartungshaltung seitens der Bürger – ohne Frage als erfreulich zu begrüßen. Aber wie in vielen anderen Bereichen stellen die Weite und die Un(be)greifbarkeit des virtuellen Raums, der grenzenlose Informationsfluss und die damit einhergehenden Veränderungen im Kommunikationsverhalten von Kommunikatoren und Rezipienten das Recht auch hier vor ganz neue Herausforderungen.

---

[22] So unterstützt die Bundesregierung zur Zeit beispielsweise ein Diskussionsforum zum Thema Gentechnologie und deren Nutzung, vgl. URL: http://www.lebenswissen.de/forum/ubb/Forum5/HTML/000001.html / (Stand: Dez. 2005).
[23] Vgl. BPA-Broschüre „Kommunikation als Dienstleistung. Arbeit und Aufgaben des Bundespresseamtes".
[24] *Schumann*, Digitales Schweigen, Der Spiegel, Heft 10/2000, S. 40 f.
[25] Vgl. BPA-Broschüre „Kommunikation als Dienstleistung. Arbeit und Aufgaben des Bundespresseamtes"; *Mandelartz/Groteluschen*, Internet und Öffentlichkeitsarbeit, NVwZ 2004, S. 648.
[26] *Mandelartz/Groteluschen*, Internet und Öffentlichkeitsarbeit, NVwZ 2004, S. 648.
[27] Zu diesem Aspekt *Voßkuhle*, Schlüsselbegriffe der Verwaltungsrechtsreform, VerwArch 92 (2001), S. 201 f.

1. Kapitel. Grundlegungen

III. Probleme regierungsamtlicher Internet-Präsenz

Muss der staatliche Einsatz massenmedialer Mittel aus die Funktionsbedingungen der Demokratie betreffenden Überlegungen schon immer zu Bedenken führen, so werfen bereits die gegenwärtigen Internet-Aktivitäten von Bundes- und Landesregierungen und Kommunalverwaltungen eine Vielzahl neuer verfassungsrechtlicher Fragen und Probleme auf. Beispielsweise: Müssen Datenbanken, Hyperlink-Listen und Suchergebnisse einen repräsentativen Überblick über das in der Gesellschaft vorhandene Meinungsspektrum wiedergeben oder dürfen sie sich auf die Auswahl solcher Informationen beschränken, die den Kurs der Regierungspolitik unterstützen? Berichte über die tatsächliche Handhabung von Internet-Kommunikation durch Verwaltungsstellen auf kommunaler Ebene wecken besondere Bedenken. Danach entspricht es offenbar der gängigen Praxis, dass Bürgermeister oder eigens dafür eingesetztes Verwaltungspersonal darüber entscheiden, welche Beiträge in den von ihnen veranstalteten Diskussionsforen verbleiben dürfen und welche nicht[28]. Dürfen aber Meinungsbeiträge aus öffentlichen Diskussionsforen entfernt werden, nur weil sie inhaltlich den von der veranstaltenden Stelle vertretenen Ansichten widersprechen? Wenn ja, wer genau darf das? Und unter welchen, wie zu bestimmenden Voraussetzungen? Wie noch zu zeigen sein wird, lässt sich die Liste derartiger Fragen fortsetzen. Dabei wird es unter anderem auch um die rechtliche Verantwortlichkeit der veranstaltenden Stellen für Diskussionsbeiträge und andere Online-Inhalte gehen[29].

Zudem stellt sich – und dies wird erstaunlicherweise nur selten ausdrücklich angesprochen – bei all dem die übergeordnete Frage, ob Regierungsstellen sich überhaupt ohne weiteres des Internets als Mittel ihrer Öffentlichkeitsarbeit bedienen dürfen, oder ob sich das vornehmlich im Demokratieprinzip wurzelnde Verfassungsgebot der *Staatsfreiheit* der öffentlichen Meinungsbildung, insbesondere in seiner durch die kommunikationsgrundrechtlichen Gewährleistungen in Art. 5 Abs. 1 S. 2 GG weiter konkretisierten Ausprägung für das Gebiet der

---

[28] Vgl. etwa Frankfurter Rundschau Online vom 28.05.2001: „In Oberursel diskutiert der Bürgermeister mit – in Königstein wacht ein Zensor über das Netz" (zitiert nach *Ladeur*, Regierungsamtliche Öffentlichkeitsarbeit im Internet, DÖV 2002, S. 9 Fn. 57).
[29] Um die Frage nach einer Verpflichtung zum Löschen eines Diskussionsbeitrags geht es in der Entscheidung des LG Potsdam, CR 2000, 123; dazu unten Kap. 3 A. I. 1.

A. Einleitung und Problemstellung

Massenmedien auf die Zulässigkeit regierungsamtlicher Internet-Aktivitäten auswirkt.

Die neueren Entwicklungen bieten somit genügend Anlass, sich unter diesen veränderten Bedingungen erneut mit der schon einige Male behandelten Frage nach der Zulässigkeit regierungsamtlicher Öffentlichkeitsarbeit[30] zu beschäftigen. Neben einer kritischen Bestandsaufnahme der bisherigen Diskussion und deren Anwendung auf das Internet wird es vor allem darum gehen, die neuen Formen regierungsamtlicher Öffentlichkeitsarbeit verfassungsrechtlich und einfachgesetzlich einzuordnen und zu bewerten. Das Internet hat zwar in bisherigen Arbeiten zur Zulässigkeit regierungsamtlicher Öffentlichkeitsarbeit bereits Erwähnung gefunden[31], besondere Konsequenzen, die sich aus dessen massenmedialen Eigenheiten ergeben könnten, sind dabei aber noch nicht eingehend untersucht worden.

Es wird jeweils den Fragen nach der Zulässigkeit verschiedener denkbarer Formen regierungsamtlicher Internet-Aktivitäten sowie nach deren Voraussetzungen und Grenzen nachzugehen sein. Ziel der Untersuchung soll es dann sein, mögliche (gesetzliche) Regelungsmechanismen aufzuzeigen, die geeignet erscheinen, sowohl den bis dahin gefundenen rechtlichen Ergebnissen als auch den besonderen tatsächlichen Eigenheiten des Internets Rechnung zu tragen. Besonderes Augenmerk wird dabei auf die Regulierungsprobleme zu richten sein, die sich aus der unvergleichlichen Dynamik der Materie Internet ergeben können. An dieser Stelle sei bereits das Stichwort „Proceduralisierung" erwähnt. Der prozeduralisierten Rechtsform wird nämlich bei der Lösung dieser Probleme eine große Bedeutung zukommen.

---

[30] Vgl. etwa *Leisner*, Öffentlichkeitsarbeit der Regierung; *Schürmann*, Öffentlichkeitsarbeit der Bundesregierung; *Schwarzer*, Staatliche Öffentlichkeitsarbeit.
[31] *Schwarzer*, Staatliche Öffentlichkeitsarbeit, S. 97, 180, 197.

B. Gegenstand der Untersuchung

Die in dieser Untersuchung zu beantwortende Frage lautet, ob und inwieweit es den Regierungsstellen des Bundes und der Länder sowie den Gemeindeverwaltungen erlaubt ist, sich – abseits solcher Maßnahmen, die dem Kreise des hoheitlichen Verwaltungshandelns im weiteren Sinne (E-Government) zuzurechnen sind – via Internet an den Bürger zu wenden und mit ihm in kommunikativen Kontakt zu treten. Die Frage nach der Zulässigkeit solcher Kontaktaufnahme stellt sich aber auch auf einer grundsätzlicheren Ebene: Unter welchen Voraussetzungen und innerhalb welcher Grenzen ist es Regierungs- und Verwaltungsstellen überhaupt erlaubt, sich mit Informationen und ähnlichen Maßnahmen an den Bürger zu wenden? Mit dieser Frage waren Rechtsprechung[32] und Literatur[33] in der Vergangenheit bereits häufiger befasst. Die Frage nach der grundsätzlichen Zulässigkeit und den Grenzen der „regierungsamtlichen Öffentlichkeitsarbeit" soll auch den Einstieg in diese Untersuchung bilden. Diese Überlegungen werden helfen, sich der Beantwortung der Frage, ob, inwieweit und unter welchen Voraussetzungen sich Regierung und Verwaltung des Internets als Medium für ihre Kommunikation mit dem Bürger bedienen dürfen, zu nähern.

I. Begriff der „regierungsamtlichen Öffentlichkeitsarbeit"

Wenn über die Zulässigkeit regierungsamtlicher Öffentlichkeitsarbeit gesprochen werden soll, so ist zunächst zu klären, was unter dem Begriff „Öffentlichkeitsarbeit" überhaupt zu verstehen ist. Das Schrifttum bietet eine unüberschaubare Anzahl an Definitionen für diesen Begriff. Darunter finden sich sowohl juristische als auch betriebswirtschaftliche, sozialwissenschaftliche, kommunikationswissenschaftliche und interdisziplinäre Versuche einer allgemeinen Begriffsbestimmung[34]. Sie auch nur annähernd in ihrer ganzen Breite wiedergeben zu wollen, erscheint angesichts ihrer enormen Zahl und wegen ihres breitgefächerten Gegenstandsbezugs nicht sinnvoll. Der Versuch, sich dem Inhalt des Begriffs der Öffentlichkeitsarbeit zu nähern, soll sich deshalb an dieser Stelle

---

[32] S. etwa BVerfGE 20, 56 ff.; 44, 125 ff.; 63, 230 ff.; SaarlVGH, NJW 1980, 2181 ff.; BremStGH, DVBl. 1984, 221 ff.; OVG Münster, NVwZ-RR 1989, 149 ff.; BVerwG, NVwZ-RR 1989, 262 ff.
[33] S. oben Fn. 30.
[34] Vgl. *Schürmann*, Öffentlichkeitsarbeit der Bundesregierung, S. 53 ff. m.w.N.

B. Gegenstand der Untersuchung

von vornherein darauf beschränken, herauszuarbeiten, was damit gemeint sein kann, wenn er für Formen des Regierungshandelns gebraucht wird – wenn eben speziell von „regierungsamtlicher Öffentlichkeitsarbeit" die Rede ist.

Die Gesetzgeber des Bundes und der Länder verwenden den Begriff Öffentlichkeitsarbeit in diesem Kontext unzählige Male in den Haushaltsplänen, ohne ihn jedoch zu definieren. Der Exekutive werden damit zwar die notwendigen *Mittel* für ihre Öffentlichkeitsarbeit an die Hand gegeben, eine Orientierung, was mit Öffentlichkeitsarbeit gemeint ist, welche Art von Maßnahmen also aus diesen Mitteln finanziert werden dürfen und sollen, bieten die Haushaltspläne aber nicht.

Das BPA verwendet den Begriff Öffentlichkeitsarbeit unter anderem im Impressum der von ihm veröffentlichten Druckschriften. Dort heißt es dann erläuternd: „Diese Broschüre ist Teil der Öffentlichkeitsarbeit der Bundesregierung [...]."[35] Bei der Eingrenzung des Begriffsinhalts kann diese jeweils auf eine einzelne Publikation bezogene Aussage allerdings nur mittelbar von Nutzen sein, indem sie bei einer Gesamtschau Auskunft darüber gibt, welche Arten von Veröffentlichungen das BPA als zum Bereich der Öffentlichkeitsarbeit gehörend ansieht.

Auch in der Rechtsprechung findet der Begriff der regierungsamtlichen Öffentlichkeitsarbeit in den unterschiedlichsten Fällen Verwendung, so z.B. im Zusammenhang mit der werbenden Selbstdarstellung der Regierung[36], aber auch im Zusammenhang mit der Aufklärung über und mit Warnungen vor Gefahren, wie sie etwa von religiösen Sekten[37] oder von kontaminierten Lebensmitteln[38] ausgehen können, oder mit Verhaltensempfehlungen an die Bevölkerung, die auf Verhaltensänderungen abzielen und damit beispielsweise Zwecken wie der Müllvermeidung zu dienen bestimmt sind[39]. In jüngster Zeit stellte das Bundesverfassungsgericht noch einmal ausdrücklich fest, regierungsamtliche Öffentlichkeitsarbeit sei zwar herkömmlich insbesondere auf die Darstellung von

---

[35] Vgl. etwa die Dokumentation des BPA zum Urteil des BVerfG vom 2. März 1977, Karlsruhe 1979 oder die Broschüre „Chancen durch Multimedia", Bonn 1997.
[36] BVerfGE 44, 125 ff.; 63, 230 ff.
[37] BVerfG, NJW 2002, 2626, 2629; BVerwGE 82, 76 ff.; 90, 112 ff.
[38] BVerfG, NJW 2002, 2621, 2623.
[39] VerfGH NW, DÖV 1992, 215 ff.

Maßnahmen und Vorhaben der Regierung, die Darlegung und Erläuterung ihrer Vorstellungen über künftig zu bewältigende Aufgaben und die Werbung um Unterstützung bezogen gewesen, Informationshandeln unter heutigen Bedingungen gehe aber über eine solche Öffentlichkeitsarbeit vielfach hinaus[40]. Die Bundesregierung habe die Aufgabe, im Rahmen ihrer Öffentlichkeitsarbeit auch auf aktuelle streitige, die Öffentlichkeit erheblich berührende Fragen einzugehen[41]. Gründe für die umfassende Zurechnung regierungsamtlicher Informationsmaßnahmen zum Bereich der Öffentlichkeitsarbeit sieht das Bundesverfassungsgericht in der gewachsenen Bedeutung der Massenmedien, im Ausbau moderner Informations- und Kommunikationstechniken und in der Entwicklung neuer Informationsdienste[42]. Eine Definition des Begriffs bietet die Rechtsprechung aber ebenfalls nicht. Nachdem zunächst nur von „so genannter" Öffentlichkeitsarbeit die Rede war[43] – ein Zeichen dafür, dass es sich gerade nicht um einen feststehenden Rechtsbegriff handelt[44] – verwenden die Richter den Begriff Öffentlichkeitsarbeit später ohne diese Hinzufügung[45] und übernehmen so den von ihnen selbst begründeten Sprachgebrauch als festen Bestandteil ihrer Rechtsprechung.

Ähnlich weit gefasst ist der Anwendungsbereich des Begriffs der regierungsamtlichen Öffentlichkeitsarbeit in der Literatur. *Schürmann* fasst in seiner Arbeit zur Öffentlichkeitsarbeit der Bundesregierung die von fast allen anderen Gerichten übernommene Rechtsprechung des Bundesverfassungsgerichts und des Bundesverwaltungsgerichts zustimmend unter der Bezeichnung „Subjektslehre" zu folgender Definition zusammen: Staatliche Öffentlichkeitsarbeit sei all das, was der Staat zum Zwecke der Information, Werbung, Aufklärung und Warnung an die Öffentlichkeit adressiere[46]. *Schwarzer* hingegen hält diese Definition für zu weit, weil nicht alles zum Aufgezählten gehörende von der Rechtsprechung zur legitimen Öffentlichkeitsarbeit gezählt werde, sondern insbesondere bei der werbenden Darstellung eigener Politik strenge Zulässigkeitsgrenzen gezogen

---

[40] BVerfG, NJW 2002, 2621, 2623; NJW 2002, 2626, 2629.
[41] BVerfG, NJW 2002, 2626, 2629.
[42] BVerfG, NJW 2002, 2621, 2623; NJW 2002, 2626, 2629.
[43] BVerfGE 20, 56, 100.
[44] *Schürmann*, Öffentlichkeitsarbeit im Wahlkampf, NVwZ 1992, S. 853; *Zuck*, Zulässige Öffentlichkeitsarbeit und unzulässige Wahlwerbung, ZRP 1977, S. 145.
[45] So bereits BVerfGE 44, 125, 147.
[46] *Schürmann*, Öffentlichkeitsarbeit der Bundesregierung, S. 60, 74; *ders.*, Öffentlichkeitsarbeit im Wahlkampf, NVwZ 1992, S. 853.

B. Gegenstand der Untersuchung

würden[47]. Dem ist jedoch entgegenzuhalten, dass es bei diesen Einschränkungen lediglich um die *Zulässigkeit* von Öffentlichkeitsarbeit geht. Die Unzulässigkeit einer Maßnahme kann diese aber nicht schon aus dem Begriff der Öffentlichkeitsarbeit herausnehmen. Es ist vielmehr zwischen zulässiger und unzulässiger Öffentlichkeitsarbeit zu unterscheiden, nicht zwischen Öffentlichkeitsarbeit und anderen Erscheinungen wie Wahlwerbung[48]. Letztlich gelangt auch *Schwarzer* zu dem Ergebnis, unter staatlicher Öffentlichkeitsarbeit sei jede Maßnahme einer Staatsgewalt zu verstehen, die für die Öffentlichkeit informativen und/oder werbenden Charakter habe, wozu sowohl die reine Sympathiewerbung als auch amtliche Warnungen, Empfehlungen und Appelle zählten[49].

Gerade die von der Rechtsprechung und dem überwiegenden Teil der Literatur angenommene Zugehörigkeit von Warnungen, Appellen, Empfehlungen und Aufklärung zu dem als regierungsamtliche Öffentlichkeitsarbeit bezeichneten Handlungsbereich wird aber zum Teil auch heftig bestritten. Öffentlichkeitsarbeit sei streng akzessorisch und setze staatliche Aktivität voraus, um diese dann öffentlich zu vermitteln. Öffentliche Warnungen, Aufklärung und Ähnliches seien dagegen nicht eine Information der Öffentlichkeit über eine staatliche Aktivität, sondern die staatliche Aktivität selbst[50]. Nach einer weiteren Ansicht ist zwischen Öffentlichkeitsarbeit und Öffentlichkeitsaufklärung zu unterscheiden. Während erstere als Unterrichtung der Allgemeinheit über die eigene Regierungstätigkeit zu verstehen sei und primär auf die Willensbildung des politisch handelnden Bürgers ziele, sei letztere die Unterrichtung der Allgemeinheit über Vorgänge außerhalb des nach eigenem politischen Ermessen gestalteten Tätigkeitsbereichs der Regierung, deren primäres Ziel die Bewusstseinsbildung des privat als Verbraucher handelnden Individuums sei[51]. Dabei dient der Begriff Öffentlichkeits*aufklärung* abweichend vom herrschenden Sprachgebrauch als Oberbegriff für politische Öffentlichkeitsarbeit und verbraucherbezogene Aufklärung. Nach beiden Ansichten bleibt also für Warnungen, Empfehlungen, Ap-

---

[47] *Schwarzer*, Staatliche Öffentlichkeitsarbeit, S. 12 f.
[48] So auch *Häberle*, Öffentlichkeitsarbeit der Regierung, JZ 1977, S. 367.
[49] *Schwarzer*, Staatliche Öffentlichkeitsarbeit, S. 16, 25.
[50] *Heintzen*, Staatliche Warnungen, VerwArch 81 (1990), S. 552.
[51] *Gröschner*, Öffentlichkeitsarbeit als Behördenaufgabe, DVBl. 1990, S. 620.

pelle und Aufklärung innerhalb des Begriffs der regierungsamtlichen Öffentlichkeitsarbeit kein Raum.

Ohne dass die komplexe grundrechtliche Problematik staatlicher Warnungen, Aufklärung usw.[52] in dieser Untersuchung vertieft werden soll, sei zum Begriff der Öffentlichkeitsarbeit Folgendes gesagt: Begriffsbildungen und Begriffsverwendungen erfolgen in der Rechtswissenschaft, der nur die Sprache als „Werkzeug" zur Verfügung steht, nicht selten zielorientiert. Häufig geht es bereits auf der rein begrifflichen Ebene um die Vorwegnahme der Diskussion über die rechtlichen Voraussetzungen dessen, was dort eigentlich zunächst nur benannt werden soll. Kann dadurch eine in der Sache weiterführende Klärung erreicht werden, so spricht grundsätzlich nichts gegen dieses Vorgehen. Gegen eine Differenzierung bereits auf der Ebene der Begriffsbildung sprechen im Falle der regierungsamtlichen Öffentlichkeitsarbeit jedoch verschiedene Gründe: Regierungsamtliche Warnungen, Empfehlungen oder Aufklärung dienen zwar in der Tat in erster Linie dem Ziel, die Bevölkerung vor Gefahren zu schützen. Diese Maßnahmen vermitteln dem Bürger aber zugleich auch das Gefühl, vom Staat Schutz zu erfahren, und sind somit geeignet, sein Vertrauen in den Staat zu erhöhen[53]. Würde sich die Regierung in Krisenfällen ihrer Aufgabe entziehen, den Bürgern durch Aufklärung, Beratung und Verhaltensempfehlungen Orientierung zu geben, so befürchtet das Bundesverfassungsgericht, könne dies von den Bürgern als Versagen gewertet werden und zu Legitimationsverlusten führen[54]. Nebenbei dient die öffentliche Information immer auch der Selbstdarstellung des hoheitlichen Akteurs, und sei es lediglich als Beleg für sein politisches Handeln[55]. Damit beinhalten regierungsamtliche Warnungen, Empfehlungen und Aufklärung genau das integrative Element, mit dem das Bundesverfassungsgericht regierungsamtliche Öffentlichkeitsarbeit in Form der Darstellung von Regierungspolitik nicht nur rechtfertigt sondern darüber hinaus sogar für notwendig erklärt[56]: Auch sie sind in der Lage, die Identifikation der Bürger mit dem

---

[52] Vgl. hierzu nur *DiFabio*, Information als hoheitliches Gestaltungsmittel, JuS 1997, S. 1 ff. m.w.N. in Fn. 4, sowie *Murswiek*, Staatliche Warnungen, Wertungen, Kritik, DVBl. 1997, S. 1021 ff. m.w.N. in Fn. 2.
[53] *Schwarzer*, Staatliche Öffentlichkeitsarbeit, S. 25.
[54] BVerfG, NJW 2002, 2621, 2623; NJW 2002, 2626, 2629.
[55] *DiFabio*, Information als hoheitliches Gestaltungsmittel, JuS 1997, S. 7.
[56] Vgl. BVerfGE 44, 125, 147 f.; 20, 56, 99 f.; s. dazu unten Kap. 2 A. I. 1.

B. Gegenstand der Untersuchung

Staat und mit der Regierung als dessen Leitungsorgan zu fördern und damit letztlich den in der Demokratie erforderlichen Grundkonsens in der Bevölkerung zu stärken. Eine klare Unterscheidung zwischen den verschiedenen Erscheinungen staatlicher Kommunikation ist somit nur schwer möglich, und Überschneidungen in der Wirkung sind nicht zu vermeiden.

Für ein umfassendes Verständnis des Begriffs der regierungsamtlichen Öffentlichkeitsarbeit spricht zudem, dass es sich sowohl bei der Darstellung der Regierungstätigkeit als auch bei Warnungen usw. um Phänomene der nichtimperativen, informierenden Kommunikation des Staates mit seinen Bürgern handelt. Es ist kein Grund ersichtlich, verschiedene Erscheinungsformen dieser Kommunikation nicht zunächst unter einem einheitlichen Oberbegriff zusammen zu fassen. Im Gegenteil: Der Begriff der regierungsamtlichen Öffentlichkeitsarbeit beschreibt im – vor allem durch die Kommunikatoren und die Rechtsprechung geprägten – tatsächlichen Sprachgebrauch sowohl amtliche Selbstdarstellung als auch amtliche Warnungen, Empfehlungen und Aufklärung. Durch diesen Sprachgebrauch ist ein Oberbegriff mit einem umfassenden Sinngehalt in einem natürlichen Prozess entstanden. Diese gewachsene Bedeutung durch einschränkende Definitionen auseinander zu reißen oder den Begriff der Öffentlichkeitsarbeit durch den der Öffentlichkeitsaufklärung zu ersetzen, erscheint dagegen künstlich und trägt eher zur Verwirrung denn zur Klärung von Rechtsfragen bei. Eine notwendige Differenzierung zwischen verschiedenen Erscheinungsformen regierungsamtlicher Öffentlichkeitsarbeit kann auf der Ebene der Voraussetzungen und Grenzen stattfinden, auf der Begriffsebene ist er dagegen nicht erforderlich. Der Begriff der Öffentlichkeitsarbeit ist aus den genannten Gründen in dem oben aufgezeigten umfassenden Sinne zu verstehen.

Im Ergebnis ist deshalb festzuhalten, dass es sich bei dem Begriff der regierungsamtlichen Öffentlichkeitsarbeit nicht um einen normativen Rechtsbegriff handelt, sondern um einen deskriptiven, d.h. die Rechtswirklichkeit lediglich umschreibenden Begriff, der eine Vielzahl von unterschiedlichen Erscheinungen regierungsamtlicher, nichtimperativer, informierender Maßnahmen gegenüber dem Bürger zusammenfasst. Zu diesen Erscheinungen gehören sowohl die Verbreitung von Informationen und Meinungen zur – unter Umständen werbenden – Darstellung der Regierungstätigkeit als auch die Verbreitung von Informationen zum Zwecke der Unterrichtung, Warnung und Aufklärung über Sachfragen, Probleme und Gefahren. In dieser Untersuchung wird es hauptsächlich um die regierungsamtliche Öffentlichkeitsarbeit als Mittel der werbenden Selbstdarstellung, der Aufklärung und der Vermittlung von Informationen gehen, nicht dagegen um die spezifischen grundrechtlichen Probleme staatlicher Warnungen und Empfehlungen mit Bezug auf konkrete Produkte, Dienstleistungen, Weltanschauungen oder Ähnliches.

II. Mittel der regierungsamtlichen Öffentlichkeitsarbeit in der Offline-Welt

Dem Staat stehen für die Durchführung seiner Öffentlichkeitsarbeit zahlreiche mediale Mittel und Wege zur Verfügung: Regierungsamtliche Öffentlichkeitsarbeit kann beispielsweise stattfinden durch die Verteilung eigener Druckschriften (zumeist Informationen über die Regierungspolitik, rechtliche Ratgeber oder Dokumentationen), mittels typischer Print-Werbeformen wie Plakate oder Anzeigen und Beilagen in Zeitungen oder Zeitschriften, durch Werbespots im Kino, durch finanzielle oder inhaltliche Beteiligungen an Drittpublikationen, durch Direktwerbung wie Informationsstände sowie durch klassische Pressearbeit wie Pressekonferenzen, Interviews, Presse- oder Materndienste[57]. Ein relativ neues Offline-Medium für die regierungsamtliche Öffentlichkeitsarbeit ist die CD-ROM, die auch in diesem Bereich – nachdem zuvor schon Computerdisketten mit Informationsinhalten beim Bundespresseamt angefordert werden konnten – endgültig den Übergang von den herkömmlichen Medien und Inhalten hin zu Multimedia und Interaktivität eingeleitet hat[58]. Wenngleich die Möglichkeiten also zahlreich sind, und die Aufzählung keinesfalls erschöpfend ist, so zeigt sich doch, dass ein großer Teil der herkömmlichen regierungsamtlichen Öffentlichkeitsarbeit direkt oder indirekt über die Printmedien erfolgt.

---

[57] Vgl. den Überblick bei *Schürmann*, Öffentlichkeitsarbeit der Bundesregierung, S. 106 ff.
[58] Beispielhaft erwähnt sei hier die – mit dem Deutschen PR-Preis „Goldene Brücke 1998" in der Kategorie „PR mit Hilfe neuer Medien" ausgezeichnete – CD-ROM „Auftrag: Frieden", die vom Bundesministerium der Verteidigung herausgegeben worden ist und vor allem über die Grundlagen deutscher Sicherheitspolitik und die Rolle der Bundeswehr in der Gesellschaft unterrichten soll.

III. Mittel der regierungsamtlichen Öffentlichkeitsarbeit im Internet

In umfassender Weise verstanden kommt es aber bei dem Begriff der Öffentlichkeitsarbeit auf das verwendete Kommunikationsmedium nicht an. Er ist vielmehr entwicklungsoffen, auch in Richtung der sog. „Neuen Medien"[59]. Regierungsamtliche Öffentlichkeitsarbeit kann also auch im Internet stattfinden, und zwar mit allen dort zur Verfügung stehenden Mitteln. Über das Internet können Text-, Sprach-, Audio-, Standbild-, Bewegtbild- und Dateninhalte vermittelt werden[60]. Deshalb bietet sich neben dem Vertrieb von Offline-Publikationen mit Hilfe des Internets vor allem das Angebot aller erdenklichen Arten von Online-Publikationen zur unmittelbaren Betrachtung oder zum Download[61] auf den heimischen Rechner an. Hierdurch werden die spezifischen Vorteile des Online-Mediums überhaupt erst genutzt. Durch sog. Banner-Werbung[62] besteht außerdem die Möglichkeit, ähnlich wie in Zeitungen und Zeitschriften Anzeigen in fremden Informationsangeboten zu schalten. Die Pop-Up-Technik[63] bietet ein elektronisches Äquivalent zur Pressebeilage. Werbung kann im Internet praktisch überall platziert werden[64]. Es können aber nicht nur Texte und Fotos, sondern auch Mitschnitte von Reden, Interviews oder Regierungserklärungen in Ton und bewegten Bildern im Internet angeboten werden. Zu denken wäre weiterhin an die Möglichkeit, Computerspiele, Bildschirmschoner, Hintergrundbilder oder Ähnliches von der Regierungswebsite herunterzuladen. Die Aufzählung ließe sich beliebig fortsetzen. Grenzen für die Ausgestaltung regierungsamtlicher Öffentlichkeitsarbeit im Internet ergeben sich lediglich aus den Grenzen des technisch Machbaren, und die erweitern sich ständig.

---

[59] *Schwarzer*, Staatliche Öffentlichkeitsarbeit, S. 18 zählt die Neuen Medien bereits zu den hauptsächlichen Verbreitungsmitteln für regierungsamtliche Öffentlichkeitsarbeit, und auch das BPA setzt für die Erfüllung seiner Aufgaben vor allem auf das Internet, vgl. oben Kap. 1 A. II.
[60] Vgl. *Gersdorf*, Verfassungsrechtlicher Rundfunkbegriff, S. 18; *P. Mayer*, Internet im öffentlichen Recht, S. 35.
[61] Übermittlung von Dateien von Computer zu Computer mittels eines Datenübertragungsdienstes (FTP = File Transfer Protocol), vgl. *P. Mayer*, Internet im öffentlichen Recht, S. 38; *Lohse*, Verantwortung im Internet, S. 30.
[62] Anbieter von Internetinhalten stellen hier bestimmte Flächen ihrer Internetseiten für die Einblendung fremder Werbeinhalte zur Verfügung, vgl. *Schmittmann*, Bannerwerbung, MMR 2001, S. 792.
[63] Dabei öffnet sich beim Aufruf einer bestimmten Internetseite automatisch und unangefordert ein weiteres Fenster, das auf diese Weise – im Gegensatz zur Bannerwerbung – äußerlich nicht Teil der aufgerufenen Seite wird.
[64] *Determann*, Kommunikationsfreiheit im Internet, S. 58.

Im Internet stehen den Regierungen also viele Formen der Öffentlichkeitsarbeit zur Verfügung, die es schon früher in verkörperter Form gab. Diese erreichen durch den Einsatz des neuen Mediums zur unverkörperten elektronischen Verbreitung vor allem einen Zuwachs an Aktualität und Breitenwirkung. Die Möglichkeiten der Regierungen haben sich durch die Entwicklung des Internets aber noch in anderer Hinsicht wesentlich erweitert: Eine besonders bedeutende Entwicklung sind die für das Internet typischen Möglichkeiten der Interaktivität und Personalisierung der Kommunikation sowie der Verknüpfung von Informationen. Die wichtigsten Internet-Dienste und -Technologien, die dies ermöglichen, sind Suchmaschinen, Hyperlinks und verschiedene Arten von Diskussionsforen. Ihre Funktion soll an dieser Stelle kurz vorgestellt werden, soweit dies zum Verständnis der damit verbundenen rechtlichen Probleme erforderlich ist.

Suchmaschinen (*Search Engines*) sind im Internet verfügbare Computerprogramme, die durch ihre Dienstleistung den angesichts der gigantischen, unüberschaubaren Datenmenge, die das Internet mittlerweile zur Verfügung stellt, oft schwierigen Zugang zu konkreten Informationen unterstützen. Um die Inhalte des Internets zugänglich zu machen, stehen grundsätzlich zwei Möglichkeiten zur Verfügung: Eine – als *Spider* oder *Crawler* bezeichnete – Möglichkeit besteht in der durch spezielle Computerprogramme (sog. *Robots*) durchgeführten Erstellung eines Volltext-Index aller in die Suche einbezogenen Internet-Inhalte, der dann vom Benutzer nach beliebigen Stichworten durchsucht werden kann. Nach dieser Methode arbeitende Suchmaschinen werden gelegentlich auch als „echte" Suchmaschinen bezeichnet. Der Nachteil dieser sehr formalen Methode ist eine relativ große Zahl von Zufalls- und Fehltreffern. Die andere Möglichkeit besteht in von Menschenhand erstellten und nach Kategorien sortierten Datenbanken (sog. Suchkataloge oder Web-Verzeichnisse), in denen die Dokumente nach Schlagwörtern und/oder Themen geordnet sind[65]. Diese Methode der redaktionellen Bearbeitung ermöglicht es, die Zahl der durch zufälliges Auftreten des Suchbegriffs verursachten Fehltreffer erheblich zu reduzieren. Ihre Zuverlässigkeit hängt jedoch stark von der Qualität der redaktionellen Arbeit ab. Un-

---

[65] Vgl. zum Ganzen *Hoeren*, Suchmaschinen und Wettbewerbsrecht, MMR 1999, S. 649; *A. Koch*, Einordnung von Internet-Suchmaschinen, K&R 2002, S. 120 f.; *Köster/Jürgens*, Liability for Links, S. 7; *dies.*, Haftung professioneller Informationsvermittler, MMR 2002, S. 421; *v. Lackum*, Suchmaschinen, MMR 1999, S. 697 f.; *P. Mayer*, Internet im öffentlichen Recht, S. 37 f.

B. Gegenstand der Untersuchung

abhängig von der gewählten Methode können sich Suchmaschinen entweder auf Informationsangebote ihres Anbieters beschränken, ein darüber hinausgehendes, jedoch nach bestimmten Kriterien (beispielsweise thematisch oder nach Dateitypen) begrenztes Informationsangebot in die Suche einbeziehen oder aber das gesamte im Internet zur Verfügung stehende Informationsangebot erschließen[66].

Hyperlinks oder kurz Links sind Sprungmarken in der Hypertext-Umgebung des *World Wide Web* (WWW)[67]. Sie verweisen durch Nennung oder durch ein Symbol auf andere Inhalte und verknüpfen zugleich mit ihnen. „Klickt" der Benutzer auf einen Hyperlink, so ist dies für das Browser-Programm der Befehl, die dahinterstehende Internet-Adresse aufzurufen[68]. Es kann sich bei den Zielinhalten genau wie bei den Suchmaschinen um Inhalte desselben oder eines anderen Anbieters handeln[69]. Das Setzen von Hyperlinks geschieht – sofern es nicht gerade durch eine automatisierte Suchmaschine erfolgt – stets durch Menschenhand und somit „redaktionell". Das Hyperlinksystem wurde erst im Jahre 1991 von *Tim Berners-Lee* am europäischen Kernforschungszentrum CERN entwickelt[70]. Hyperlinks gehören zu den wesensbestimmenden Merkmalen des WWW, die das sog. „Surfen" im Internet, also das mal gezielte, mal mehr oder weniger ziellose Durchstreifen seiner Inhalte durch die Verfolgung interessant erscheinender Verweisungen, erst ermöglichen. Allem voran ist die erfolgreiche Verbreitung des WWW dieser Technik zu verdanken[71]. Teilweise werden ganze Listen von Hyperlinks zu einem bestimmten Thema zusammengestellt, so dass umfangreiche Datenbanken zu diesem Thema entstehen.

Newsgroups sind thematisch geordnete und benannte Diskussionsgruppen, die mit mehr oder minder öffentlich zugänglichen „Schwarzen Brettern" vergleichbar sind, an die ein Beitrag angeheftet und von anderen Teilnehmern eingesehen werden kann. Diese haben dann die Möglichkeit, auf den Beitrag mit eigenen

---

[66] Vgl. *Köster/Jürgens*, Liability for Links, S. 7; *dies.*, Haftung professioneller Informationsvermittler, MMR 2002, S. 421. Die Betreiber der Suchmaschine *Google* sprechen im Sept. 2004 auf ihrer Homepage von mehr als vier Milliarden in die Suche einbezogenen Internetseiten.
[67] *P. Mayer*, Internet im öffentlichen Recht, S. 36 f.
[68] *A. Koch*, Verantwortlichkeit für Hyperlinks, MMR 1999, S. 705.
[69] *Grote*, Internet und Grundrechtsordnung, KritV 1999, S. 31; *Schack*, Urheberrechtliche Gestaltung von Webseiten, MMR 2001, S. 13.
[70] *Hornung*, Informationelle Selbstbestimmung und WWW, MMR 2004, S. 4.
[71] Vgl. *Hornung*, Informationelle Selbstbestimmung und WWW, MMR 2004, S. 4.

Meinungsäußerungen oder Nachfragen zu reagieren. Entstanden ist diese spezielle Kommunikationsform im *Usenet,* einem eigenständigen frühen Netzprotokoll[72]. Mittlerweile findet zwar auch hier das Internet-Protokoll (IP) Verwendung, die Herkunft belegt aber, dass es sich bei Newsgroups um einen besonders ursprünglichen Interaktionstypus handelt. In sog. **Chatrooms**, die wie Newsgroups entweder für die Allgemeinheit oder nur für eine geschlossene Benutzergruppe zugänglich sein können, findet eine schriftliche Diskussion in Echtzeit, d.h. bei gleichzeitiger „virtueller" Anwesenheit der Kommunikationsteilnehmer statt. Die jeweiligen Beiträge erscheinen hier fast ohne zeitliche Verzögerung nach ihrer Eingabe auf den Bildschirmen der übrigen Teilnehmer[73]. Newsgroups, Chatrooms und vergleichbare Angebote, die auf die öffentliche Kundgabe von Meinungen angelegt sind (wie etwa Aufsatzwettbewerbe oder die häufig auf Websites vorzufindenden „Gästebücher"), werden im Folgenden – soweit es nicht auf besondere Merkmale der unterschiedlichen Diskussionsformen ankommt – zusammenfassend als **Diskussionsforen** bezeichnet.

Die eben beschriebenen Technologien können selbstverständlich auch Mittel der regierungsamtlichen Öffentlichkeitsarbeit sein. Die neuen Möglichkeiten müssen deshalb mit ihren individuellen Gefahrenmomenten in die Zulässigkeitsüberlegungen zur regierungsamtlichen Öffentlichkeitsarbeit mit einbezogen werden. Zu diesen besonderen Gefahrenmomenten gehört auch der Umstand, dass im Internet viel leichter als in der Offline-Welt verschiedene Kommunikationsformen miteinander kombiniert und dadurch besondere Anreize zur Rezeption geschaffen werden können[74].

IV. Verwendung der Begriffe „Internet" und „Online"

Beim Internet handelt es sich um ein weltweites Netzwerk von Computern und kleineren Computernetzwerken, die sich über ein gemeinsames Protokoll (das

---

[72] *Grote,* Internet und Grundrechtsordnung, KritV 1999, S. 30; *Lent,* Rundfunk-, Medien-, Teledienste, S. 153; *P. Mayer,* Internet im öffentlichen Recht, S. 39; *F. Mayer,* Recht und Cyberspace, NJW 1996, S. 1784 f.
[73] *Goldhammer/Zerdick,* Rundfunk Online, S. 194; *Libertus,* Verantwortlichkeit des Anbieters von Chatrooms, TKMR 2003, S. 179; *P. Mayer,* Internet im öffentlichen Recht, S. 42; *Grote,* Internet und Grundrechtsordnung, KritV 1999, S. 30 f.; *F. Mayer,* Recht und Cyberspace, NJW 1996, S. 1785; LG Bonn, CR 2000, 245, 245.
[74] *Determann,* Kommunikationsfreiheit im Internet, S. 58.

B. Gegenstand der Untersuchung 19

Internet Protocol, abgekürzt IP), eine Art gemeinsamer Sprache, über verschiedenartige Telekommunikationsleitungen miteinander verständigen und die sich gegenseitig genau adressieren können[75]. Für die rechtlichen Betrachtungen im Zusammenhang mit modernen Erscheinungsformen regierungsamtlicher Öffentlichkeitsarbeit ist aber nicht so sehr die technische Struktur des Internets interessant, sondern vielmehr die innerhalb dieses Datennetzwerks angebotenen *Dienste*, die sich in vielerlei Hinsicht erheblich voneinander unterscheiden. Wenn ohne die genauere Bezeichnung eines bestimmten Dienstes bloß vom „Internet" gesprochen wird, so ist in der Regel das bereits erwähnte WWW gemeint[76], der sicherlich vielseitigste und bekannteste aller zur Verfügung stehenden Dienste im Internet, der für die meisten Nutzer die Erscheinung des Netzes insgesamt prägt. *File Transfer Protocol* (FTP), *E-Mail*, *Internet Relay Chat* (IRC) und *Newsgroups* stellen weitere, in Wirklichkeit eigenständige Dienste innerhalb des Internets dar, die aber für den Anwender im tagtäglichen Umgang mit dem Internet kaum merklich aus dem beherrschenden Umfeld des WWW hervortreten[77]. Um die Ausführungen in dieser Arbeit nicht über das erforderliche Maß hinaus zu verkomplizieren, soll dem üblichen Sprachgebrauch folgend der Begriff Internet als Sammelbezeichnung für das eigentliche Computernetz und seine unterschiedlichen Dienste verstanden werden, solange nicht spezifische Umstände in Technik oder Leistung eine differenzierte rechtliche Betrachtung der Dienste erfordern. In diesem Fall muss selbstverständlich auch der Sprachgebrauch die erforderliche Genauigkeit aufweisen. Der Begriff *online* deutet allgemein auf das Bestehen einer aktiven Datenleitung zwischen zwei oder mehr Computern hin. In ihren Komposita werden die Begriffe Internet und Online aber meistens gleichbedeutend verwendet. So besteht etwa zwischen „Internet-Dienst" und „Online-Dienst" oder zwischen „Internet-Inhalt" und „Online-Inhalt" in der Regel kein inhaltlicher Unterschied.

---

[75] Vgl. *F. Mayer*, Recht und Cyberspace, NJW 1996, S. 1783; *Mecklenburg*, Internetfreiheit, ZUM 1997, S. 526; *Scherer*, Online, AfP 1996, S. 213; *Zerdick u.a.*, Internet-Ökonomie, S. 76 f.
[76] *A. Koch*, Verantwortlichkeit für Hyperlinks, MMR 1999, S. 704; *F. Mayer*, Recht und Cyberspace, NJW 1996, S. 1784.
[77] Zum Ganzen Fiedler, Meinungsfreiheit in einer vernetzten Welt, S. 37 f.; *Sieber*, Kontrollmöglichkeiten, CR 1997, S. 588 ff.; *P. Mayer*, Internet im öffentlichen Recht, S. 34 ff.; *F. Mayer*, Recht und Cyberspace, NJW 1996, S. 1784.

V. Wirtschaftlich relevante Dienstleistungen und „elektronische Verwaltung"

Gerade die Informationsdienstleistungen des Internets, z.B. der Betrieb sog. Internet-Portale[78], das Angebot von Suchmaschinen und E-Mail-Adressen und die Bereitstellung von Ressourcen für die Einrichtung von Internet-Auftritten (*Hosting*), insbesondere aber die Zugangsvermittlung zum Internet werden in der Regel in Form privater wirtschaftlicher Betätigung betrieben[79]. Die Finanzierung solcher Dienste erfolgt typischerweise durch Kundenentgelte und/oder durch Werbeeinnahmen. Deshalb ergibt sich zum Themenkomplex Staat und Internet weiterhin das Problem, inwieweit es Regierungen und anderen staatlichen Einrichtungen erlaubt ist, im Zusammenhang mit dem Internet in den wirtschaftlichen Wettbewerb mit privaten Dienstleistern einzutreten oder den Wettbewerb zwischen privaten Anbietern durch eigene Leistungen zu beeinflussen. Diesem Aspekt der regierungsamtlichen Präsenz im Internet wird im Schrifttum starkes Interesse entgegen gebracht[80]. Die wirtschaftlichen Aspekte amtlicher Internet-Präsenz bilden jedoch ein eigenes komplexes Thema und sollen allenfalls am Rande Gegenstand der vorliegenden Untersuchung sein[81].

Ähnliches gilt für den weiten Bereich der „elektronischen Verwaltung", häufig dem modernen, um die Verwendung griffiger Anglizismen bemühten Sprachgebrauch folgend als *E(lectronic)-Government* bezeichnet und damit sprachlich in die Nähe von E-Mail, E-Commerce, E-Business und ähnlichen Erscheinungen

---

[78] Dabei handelt es sich um redaktionell betreute „Eingangsseiten" zum Internet, auf denen zumeist aktuelle Informationen oder Verknüpfungen zu thematisch geordneten Inhalten angeboten werden. Oftmals ist auch eine einfache Suchmaschine Bestandteil dieser Eingangsseite. Portale bieten darüber hinaus häufig die Möglichkeit, die auf ihnen dargebotenen Informationen und Nachrichten zu personalisieren, so dass etwa Wetter- und Verkehrsmeldungen aus der Heimatregion des Nutzers oder das seinem Sternzeichen entsprechende Horoskop ohne weitere Auswahlschritte bereits beim Aufruf der Seite angezeigt werden.

[79] Allg. zur Kommerzialisierung des Internets *F. Mayer*, Recht und Cyberspace, NJW 1996, S. 1784.

[80] Vgl. etwa *Schoch*, Öffentliche Betätigung im Online-Bereich, AfP 1998, S. 260; *Rath-Glawatz*, Öffentliche Betätigung im Online-Bereich, AfP 1998, S. 261; *Schulze-Fielitz*, Öffentlich-rechtliche Betätigung im Onlinebereich, AfP 1998, S.447. Zum Problem der Subventionierung privater Unternehmen durch die Überlassung öffentlicher Leitungsnetze unter wettbewerbsrechtlichen Gesichtspunkten *Weber*, Internet als Subventionsnetz?, CR 1997, S. 203 ff. Zum Problem der Lieferung exklusiver Inhalte durch staatliche Stellen *Eifert*, Sicherung öffentlicher Interessen, VerwArch 93 (2002), S. 580 sowie unten Kap. 3 B. II, 5. c). Zum Problem der Wirtschaftswerbung in öffentlich-rechtlichen Internetauftritten *Kittler*, Öffentliche Hand als Werbeträger, NJW 2000, S. 122 f.

[81] S. unten Kap. 3 B. II. 3. und Kap. 3 B. II. 5.

B. Gegenstand der Untersuchung

der Multimedia-Welt gerückt. Darunter ist im Kern[82] eine Form des Verwaltungsverfahrens zu verstehen, die sich ganz oder teilweise des Internets als Medium für die Kommunikation zwischen Bürger und Behörde sowie der behördlichen Stellen untereinander bedient. Der Bürger kann beispielsweise vom heimischen Computer aus online oder per E-Mail einen Antrag stellen oder Widerspruch einlegen und erhält dann gegebenenfalls den entsprechenden Bescheid gleichfalls in der gewählten elektronischen Form. So können heute bereits Steuererklärungen via Internet eingereicht werden (ELSTER, ELektronische STeuerERklärung)[83]; weitere Beispiele ließen sich leicht finden. In Zukunft werden sich die Möglichkeiten des elektronischen Verwaltungsverfahrens – wenn erst die rechtlichen und technischen Voraussetzungen dafür in größerem Umfang geschaffen worden sind – weiter vermehren. Im Gegensatz zur regierungsamtlichen Öffentlichkeitsarbeit findet das Internet also im Zusammenhang mit dem Verwaltungsverfahren hauptsächlich als Mittel der Individualkommunikation Verwendung. Der materielle Brief- oder Aktenverkehr oder der persönliche Gang zur Behörde werden durch die elektronische Kommunikation ersetzt („Die Daten sollen laufen, nicht die Bürgerinnen und Bürger"[84]). Dies alles dient der Modernisierung und der Steigerung der Effektivität, Effizienz und Attraktivität der Verwaltung und hat dadurch für das Verhältnis zwischen der Wirtschaft und den Bürgern auf der einen und der Verwaltung auf der anderen Seite wichtige Folgen[85]. Auch die mit diesem Aspekt staatlicher Internet-Präsenz verbundenen Probleme, von denen die Einhaltung von Formvorschriften, die Beweisbarkeit, die Dauerhaftigkeit, die Kompatibilität und der Datenschutz nur einige Beispiele darstellen[86], gehören nicht zum Problemkreis der regierungsamtlichen Öffentlichkeitsarbeit und sollen deshalb ebenfalls nicht Gegenstand dieser Arbeit sein.

---

[82] Zu einem umfassenderen Gehalt von E-Government *Eifert*, Electronic Government, ZG 2001, S. 116 ff.
[83] Vgl. URL: http://www.elster.de/ (Stand: Dez. 2005).
[84] Das Zitat stammt aus der BPA-Broschüre „Internet für alle. Bilanz und Perspektiven".
[85] Zu den Vorteilen elektronischer Kommunikation in der Verwaltung ausführlich *Reinermann*, Vernetzte Verwaltung, Die Verwaltung 1995, S. 1 ff.
[86] Vgl. zum Ganzen etwa *Th. Groß*, Öffentliche Verwaltung im Internet, DÖV 2001, S. 159, 161 ff.; *Hornung*, Informationelle Selbstbestimmung und WWW, MMR 2004, S. 5; *Reinermann*, Internet und öffentliche Verwaltung, DÖV 1999, S. 20 ff.; *Roßnagel*, Elektronisches Verwaltungsverfahren, NJW 2003, S. 469 ff.; *Storr*, Elektronische Kommunikation, MMR 2002, S. 579 ff.

2. Kapitel. Die Zulässigkeit regierungsamtlicher Öffentlichkeitsarbeit

A. Voraussetzungen und Grenzen regierungsamtlicher Öffentlichkeitsarbeit in Rechtsprechung und Literatur

Es besteht Einigkeit darüber, dass die in ihren Erscheinungsformen so vielfältige und tagtäglich mit großem Aufwand betriebene regierungsamtliche Öffentlichkeitsarbeit aufgrund ihrer zahlreichen verfassungsrechtlich relevanten Bezüge und Wechselwirkungen rechtlichen Grenzen unterliegen muss. Wo diese Grenzen zu ziehen sind, ist allerdings durchaus umstritten. Sie sollen zunächst anhand der dazu ergangenen Rechtsprechung aufgezeigt werden, um dieser anschließend alternative Eingrenzungsversuche einzelner Gerichte und der Literatur gegenüber zu stellen. Schließlich wird es darum gehen, die unterschiedlichen Konzepte im Hinblick auf ihre Konsequenzen für die Zulässigkeit regierungsamtlicher Öffentlichkeitsarbeit insbesondere im Internet zu bewerten.

I. Ständige Rechtsprechung zur Zulässigkeit regierungsamtlicher Öffentlichkeitsarbeit

1. Bundesverfassungsgericht

Zunächst soll die Rechtsprechung des Bundesverfassungsgerichts zur Zulässigkeit und zu den Grenzen regierungsamtlicher Öffentlichkeitsarbeit – hauptsächlich im Hinblick auf die Selbstdarstellung der Regierung – dargelegt werden. Zugleich besteht die erste Gelegenheit, der für die vorliegende Untersuchung grundlegenden Frage nachzugehen, inwieweit der Prozess der öffentlichen Meinungs- und Willensbildung von staatlichen Einflüssen frei zu bleiben hat. Im Hinblick auf den Einsatz der Massenmedien wird diese Frage an späterer Stelle erneut aufgegriffen und vertieft werden müssen[87].

Grundlegende Bedeutung für den Bereich der regierungsamtlichen Öffentlichkeitsarbeit haben die Äußerungen des Bundesverfassungsgerichts in seinem Urteil vom 2. März 1977[88]. Das Gericht hatte sich mit einer massiven Zahl teils

---

[87] S. unten Kap. 2 B.
[88] BVerfGE 44, 125 ff.

mehrseitiger Anzeigen der Bundesregierung in verschiedenen großen Tageszeitungen und Zeitschriften und mit der Verteilung von Druckschriften der Bundesregierung durch die sie tragenden Parteien zu befassen, in denen die bisherige Regierungspolitik positiv bewertet und mit der Politik der die Regierung tragenden Parteien in Verbindung gebracht wurde. Das finanzielle Gesamtvolumen dieser Veröffentlichungen betrug umgerechnet rund fünf Millionen Euro aus öffentlichen Geldern.

Das Bundesverfassungsgericht hatte schon in seinem Urteil zur Parteienfinanzierung vom 19. Juli 1966[89] festgestellt, dass sich die politische Willensbildung vom Volk hin zu den Staatsorganen, nicht aber umgekehrt zu vollziehen habe. Eine Betätigung in diesem Prozess sei den Staatsorganen verwehrt; dieser müsse grundsätzlich staatsfrei bleiben[90]. Diese Feststellung bildet auch den Ausgangspunkt für das Urteil zur Öffentlichkeitsarbeit. Das Gericht leitet den Grundsatz der Staatsfreiheit des politischen Willensbildungsprozesses zuvorderst aus dem in Art. 20 Abs. 1 und 2 GG verankerten Demokratieprinzip ab. Er gelte insbesondere im Zusammenhang mit Wahlen[91]. Dass es in der Realität vielfältige Wechselwirkungen zwischen der Willensbildung des Volkes und der der Staatsorgane und damit Einflüsse der Regierungstätigkeit auf die Meinungsbildung des Volkes gibt, wird als immanent und unvermeidbar hingenommen. Eine darüber hinausgehende Einflussnahme der Regierung auf die politische Willensbildung des Volkes sei jedoch unzulässig[92]. Des weiteren stützt das Bundesverfassungsgericht den Grundsatz der Staatsfreiheit der politischen Willensbildung auf das aus Art. 21 Abs. 1 und 38 Abs. 1 GG folgende Prinzip der Chancengleichheit der Parteien[93], das verletzt werde, wenn die Regierung zu Gunsten oder zu Lasten bestimmter politischer Parteien oder Wahlbewerber Partei ergreife[94], und schließlich auf den Grundsatz der zeitlich begrenzten Ausübung abgeleiteter Staatsgewalt, der es verbiete, dass die im Amt befindliche Regierung als Verfas-

---

[89] BVerfGE 20, 56 ff.
[90] BVerfGE 20, 56, 99; ähnlich, bezogen auf den Rundfunk, schon BVerfGE 12, 205, 262 f.
[91] BVerfGE 44, 125, 140.
[92] BVerfGE 44, 125, 140 f.
[93] Nach a.A. folgt dieser Grundsatz aus Art. 3 Abs. 1 und 38 Abs. 1 GG, vgl. *Schwarzer*, Staatliche Öffentlichkeitsarbeit, S. 167 f. m.w.N.
[94] BVerfGE 44, 125, 144.

A. Voraussetzungen und Grenzen

sungsorgan im Wahlkampf sich gleichsam zur Wiederwahl stelle und dafür werbe, „als Regierung wiedergewählt" zu werden[95].

Aus besonderen, sie verfassungsrechtlich legitimierenden Gründen kämen jedoch Ausnahmen vom Grundsatz der Staatsfreiheit des politischen Willensbildungsprozesses in Betracht[96]. Die Öffentlichkeitsarbeit der Regierungen stelle, soweit diese – bezogen auf ihre Organtätigkeit – der Öffentlichkeit ihre Politik, ihre Maßnahmen und Vorhaben sowie künftig zu lösende Fragen darlegten und erläuterten, eine solche Ausnahme dar[97]. Unter den genannten Voraussetzungen sieht das Bundesverfassungsgericht die regierungsamtliche Öffentlichkeitsarbeit nicht nur als ausnahmsweise *zulässig*, sondern innerhalb der sogleich aufzuzeigenden Grenzen sogar als *notwendig* an, um den in der Demokratie erforderlichen Grundkonsens im Bewusstsein der Bevölkerung aufrecht und lebendig zu erhalten. Dieser Grundkonsens ist dabei zu verstehen als weitgehendes Einverständnis der Bürger mit der vom Grundgesetz geschaffenen Staatsordnung[98]. Verantwortliche Politik könne unpopuläre Maßnahmen erfordern, deren Notwendigkeit nicht unmittelbar einsichtig sei. Hier sei es erforderlich, Zusammenhänge offen zu legen und für Verständnis zu werben[99]. Später wurde der Gedanke der Integration und der Konsensbildung vom Bundesverfassungsgericht auch zur Legitimation staatlicher Warnungen und Appelle angeführt: Würde sich die Regierung in Krisenfällen ihrer Aufgabe entziehen, den Bürgern durch Aufklärung, Beratung und Verhaltensempfehlungen Orientierung zu geben, so könne dies von den Bürgern als Versagen gewertet werden und zu Legitimationsverlusten führen[100]. Auch sei es erforderlich, den Bürger mit sachgerechter Information über das ihn unmittelbar angehende Recht zu versorgen, damit dieser seinen Platz in der Rechtsordnung bestimmen könne[101]. Wegen der integrativen Funktion der regierungsamtlichen Öffentlichkeitsarbeit sei stets deren Bezug zum „Staatsganzen" erforderlich[102].

---

[95] BVerfGE 44, 125, 141.
[96] BVerfGE 20, 56, 99.
[97] BVerfGE 20, 56, 100.
[98] BVerfGE 44, 125, 147.
[99] BVerfGE 44, 125, 148.
[100] BVerfG, NJW 2002, 2621, 2623; NJW 2002, 2626, 2629; vgl. auch oben Kap. 1 B. I.
[101] BVerfGE 44, 125, 148.
[102] Vgl. BVerfGE 44, 125, 143.

2. Kapitel. Zulässigkeit regierungsamtlicher Öffentlichkeitsarbeit

a) Die Grenzen zulässiger Öffentlichkeitsarbeit

Die regierungsamtliche Öffentlichkeitsarbeit befindet sich nach der Konzeption des Bundesverfassungsgerichts also in einem Spannungsfeld zwischen verfassungsrechtlichem Legitimationsbedarf und verfassungsrechtlicher Notwendigkeit[103]. Der Staat darf als institutionalisiertes Ergebnis des gesellschaftlichen Meinungs- und Willensbildungsprozesses an selbigem nicht als gleichberechtigter Faktor teilnehmen, die Gesellschaft ist aber andererseits auf Informationen als Grundlage für ihre Willensbildung angewiesen, die ihr niemand anderes als der Staat selbst zur Verfügung stellen kann. Dieser Interessenkonflikt bedarf eines angemessenen Ausgleichs, den das Bundesverfassungsgericht durch eine föderale, inhaltliche und formale Grenzziehung zu erreichen versucht. Die Grenze des Zulässigen liegt nach Ansicht des Bundesverfassungsgerichts zum einen in der Beachtung der jeweiligen Verbandskompetenz, zum anderen im Verbot eines von der Regierung geführten parteiergreifenden Wahlkampfs und der bloßen Sympathiewerbung für die amtierende Regierung.

aa) Verbandskompetenz

Zur Verbandskompetenz führt das Bundesverfassungsgericht kurz aus, dass auch im Zusammenhang mit Öffentlichkeitsarbeit die föderale Kompetenzaufteilung zwischen Bund und Ländern zu wahren sei[104]. Die Bundesregierung darf also mit ihrer Öffentlichkeitsarbeit nicht in Angelegenheiten der Länder, und die Landesregierungen mit ihrer nicht in die Angelegenheiten des Bundes hineinwirken. Gleiches muss auch für das Verhältnis der Länder untereinander gelten.

bb) Abgrenzung zum unzulässigen Wahlkampf und zur unzulässigen Sympathiewerbung

Zu der Frage, wann die Grenze zum parteiergreifenden Wahlkampf (d.h. zur offenen oder versteckten Werbung für einzelne der miteinander konkurrierenden politischen Parteien oder sonstigen an der politischen Meinungsbildung beteilig-

---

[103] *Schürmann*, Öffentlichkeitsarbeit der Bundesregierung, S. 368 bezeichnet das Urteil des Bundesverfassungsgerichts deshalb als „Gratwanderung zwischen Publizitätspflicht und Neutralitätsgebot".
[104] BVerfGE 44, 125, 149.

ten Gruppen[105]) bzw. zur bloßen Sympathiewerbung für die amtierende Regierung überschritten ist, hat das Bundesverfassungsgericht eine Reihe von Kriterien entwickelt, denen Indizwirkung für eine Grenzüberschreitung zukommen soll.

Inhaltlich könne die Grenze überschritten sein, wenn die Regierung sich offen oder versteckt als von einer bestimmten Partei getragen darstelle, für sie werbe oder sich negativ oder herabsetzend über die Opposition und deren Wahlbewerber äußere. Das gleiche gelte, wenn die Regierung deutlich zum Ausdruck bringe, „im Amt bleiben zu wollen", etwa durch positive Bilanzen der bisherigen Leistung und durch die Versicherung, für eine gute Zukunft zu sorgen[106]. Ein weiteres Indiz für eine Grenzüberschreitung könne in der **Form und Aufmachung** der Öffentlichkeitsarbeit liegen, beispielsweise wenn der informative Gehalt eines Druckwerks eindeutig hinter seiner reklamehaften Aufmachung zurückbleibe, oder wenn Druckwerke ohne konkreten Bezug zur Regierungspolitik primär der Sympathiewerbung für die Regierung oder einzelne ihrer Mitglieder dienten, etwa durch Abbildungen oder durch die Herausstellung persönlicher Qualitäten von Regierungsmitgliedern[107]. Ein drittes Anzeichen für eine Grenzüberschreitung sei in einem **Anwachsen** der Öffentlichkeitsarbeit **in Wahlkampfnähe** zu sehen, gleichgültig ob durch eine größere Zahl von Einzelmaßnahmen ohne akuten Anlass, durch deren Ausmaß oder durch den gesteigerten Einsatz öffentlicher Mittel[108]. Unzulässig sei zudem die **Bereitstellung von Druckwerken**, die als Wahlkampfmittel taugen, zur Verteilung durch die die Regierung tragenden Parteien, weil dies die Wahlkampfmittel dieser Parteien aus öffentlichen Mitteln erhöhe und somit einen Verstoß gegen die Chancengleichheit der politischen Parteien darstelle[109]. Bedingt durch die näherrückende Wahl könne die Grenze zur Unzulässigkeit in der **unmittelbaren Vorwahlzeit** sogar dann überschritten sein, wenn sich dies nach den oben genannten Maßstäben weder aus dem Inhalt noch aus der Aufmachung der Veröffentlichung erge-

---

[105] BVerfGE 44, 125, 149.
[106] BVerfGE 44, 125, 150.
[107] BVerfGE 44, 125, 150 f.
[108] BVerfGE 44, 125, 151.
[109] BVerfGE 44, 125, 153 f.

28   2. Kapitel. Zulässigkeit regierungsamtlicher Öffentlichkeitsarbeit

be[110]. Dies folge daraus, dass in unmittelbarer zeitlicher Nähe zu Wahlen jede Veröffentlichung – auch sachlicher Informationen, insbesondere in Form sog. Arbeits-, Leistungs- oder Erfolgsberichte – eine die regierungstragenden Parteien begünstigende Wirkung entfalten könne, die gegen die oben dargestellten Prinzipien verstoße[111]. Hieraus folgert das Bundesverfassungsgericht ein **Gebot äußerster Zurückhaltung** in der „heißen Phase des Wahlkampfs", für deren Beginn der Zeitpunkt als Anhaltspunkt dienen soll, an dem der Bundespräsident gemäß § 16 BWahlG den Wahltag bestimmt[112]. Eine Ausnahme gelte lediglich für informierende, wettbewerbsneutrale Veröffentlichungen, die aus akutem Anlass geboten seien[113]. Dadurch soll die Arbeitsfähigkeit der Regierung während des Wahlkampfs gewährleistet werden. Für die Feststellung eines Verfassungsverstoßes müsse jeweils eine „ins Gewicht fallende Häufung und Massivität offenkundiger Grenzüberschreitungen" (**Erheblichkeit**) nach den oben dargestellten Kriterien vorliegen, weil die Abgrenzung zwischen zulässiger Öffentlichkeitsarbeit und verfassungswidrigem Wahlkampf im Einzelfall schwierig sein könne[114]. Dies führt dazu, dass nicht einzelne Maßnahmen der Regierung für verfassungswidrig erklärt werden können, sondern dass stets eine Gesamtschau aller Öffentlichkeitsmaßnahmen vorgenommen werden muss.

b) Geltungsreichweite

Die aufgezeigten Grenzen gelten für alle aus öffentlichen Mitteln finanzierten Anzeigen, Broschüren, Faltblätter und sonstigen *Druckwerke*. Sie schließen jedoch weder aus, dass sich Regierungsmitglieder über Rundfunk und Fernsehen an die Öffentlichkeit wenden oder Presseerklärungen abgeben, noch dass sie sich außerhalb ihrer amtlichen Funktion im Wahlkampf für eine Partei engagieren[115].

Öffentlichkeitsarbeit, die sich mit Pressekonferenzen, Pressemitteilungen, Auskünften oder Interviews zunächst an die Vertreter der Massenmedien wendet

---

[110] BVerfGE 44, 125, 151.
[111] BVerfGE 44, 125, 151 f.
[112] BVerfGE 44, 125, 152 f.
[113] BVerfGE 44, 125, 153.
[114] BVerfGE 44, 125, 155 f.
[115] BVerfGE 44, 125, 154 f.

A. Voraussetzungen und Grenzen

und erst durch deren Vermittlung den Weg zum Bürger findet, wird als *mittelbare* Öffentlichkeitsarbeit bezeichnet[116]. *Unmittelbare* Öffentlichkeitsarbeit richtet sich dagegen ohne die Einschaltung Dritter direkt an den Bürger, kann sich dabei aber gleichwohl massenmedialer Mittel bedienen, beispielsweise der Presse durch die Herausgabe *eigener* Printerzeugnisse[117]. Wendet man diese Unterscheidung auf das eben Gesagte an, so zeigt sich, dass nur die unmittelbare Öffentlichkeitsarbeit der Regierungen, nicht aber die mittelbare den oben aufgezeigten Grenzen unterliegen soll.

c) Bestätigung der ersten Entscheidung

Die dargelegten Kriterien hat das Bundesverfassungsgericht später in einer zweiten Entscheidung zur regierungsamtlichen Öffentlichkeitsarbeit fast wörtlich wiederholt[118]. Es ging dabei wieder um eine aus öffentlichen Mitteln finanzierte, groß angelegte Anzeigenkampagne in überregionalen und regionalen Tageszeitungen, diesmal in einem finanziellen Umfang von insgesamt knapp 1,5 Mio. Euro. Das Gericht hat an seiner bisherigen Rechtsprechung lediglich eine kleine Modifikation vorgenommen: Es erkennt in dieser Entscheidung auch schlagwortartige, in Richtung des Reklamehaften gehende Aussagen als zulässig an, wenn diese dazu dienen, Politik zu erläutern und Verständnis für unpopuläre Maßnahmen zu wecken, soweit diese Aussagen neutral gehalten sind und keinen unmittelbaren Bezug zur Opposition aufweisen. Mögliche Rückschlüsse auf die Regierungsmeinung zur Opposition seien dabei unvermeidbar[119]. Ein gewisses Maß an reklamehafter Aufmachung kann nach Ansicht des Bundesverfassungsgerichts also im Dienste des Grundkonsenses auch dann zulässig sein, wenn der informative Gehalt dahinter zurückbleibt.

2. Andere Gerichte

Das Bundesverwaltungsgericht und die ganz überwiegende Zahl der Verfassungs- und Verwaltungsgerichte der Länder haben die vom Bundesverfassungs-

---

[116] *Mandelartz/Groteluschen*, Internet und Öffentlichkeitsarbeit, NVwZ 2004, S. 649 unterscheiden stattdessen Öffentlichkeitsarbeit von Pressearbeit.
[117] *Schürmann*, Öffentlichkeitsarbeit der Bundesregierung, S. 106 ff.; *Schwarzer*, Staatliche Öffentlichkeitsarbeit, S. 17.
[118] BVerfGE 63, 230, 243 f.
[119] BVerfGE 63, 230, 245.

30   2. Kapitel. Zulässigkeit regierungsamtlicher Öffentlichkeitsarbeit

gericht entwickelten Grundsätze und Maßstäbe übernommen[120], ohne sie jedoch wesentlich weiter zu entwickeln[121]. Der bremische Staatsgerichtshof hat zwar in seiner Entscheidung vom 30. November 1983[122] für den Fall einer gravierenden Verletzung der Neutralitätspflicht auf das Merkmal der Massivität und Häufigkeit offenkundiger Grenzüberschreitungen verzichtet: Je stärker der beanstandete Inhalt parteiergreifende Wahlkampfaussage sei, desto mehr seien die Anforderungen an die Massivität und Häufigkeit zu senken. Damit hat das Gericht aber ausdrücklich nicht von der Rechtsprechung des Bundesverfassungsgerichts abweichen, sondern lediglich der besonderen Fallgestaltung Rechnung tragen wollen[123]. Das Oberverwaltungsgericht Münster hat in seinem Urteil vom 19. August 1988[124] einige der Abgrenzungskriterien noch einmal ausführlich begründet.

3. Anwendbarkeit der Rechtsprechung auf das Internet

Wie bereits erwähnt, bezieht sich die Rechtsprechung ausdrücklich nur auf *Druckwerke* unmittelbar regierungsamtlicher Herkunft. Die ihr bisher zur Entscheidung vorliegenden Fälle haben auch keinen Anlass geboten, sich mit anderen Verbreitungswegen auseinander zu setzen. In die dargestellte Rechtsprechung fließen jedoch an keiner Stelle Überlegungen zu verfassungsrechtlichen Besonderheiten der Massenmedien im Allgemeinen oder gar bestimmter Massenmedien ein. Daraus folgt, dass sich die Geltung der aufgestellten Maßstäbe nicht auf Druckerzeugnisse beschränkt, sondern auch auf andere Medien bis hin zum Internet erstreckt. Dies ist zunächst nur der unmittelbar aus der Rechtsprechung folgende Befund. Auf die Frage, ob die Anwendung der von ihr entwickelten Kriterien auf im Internet verbreitete Maßnahmen regierungsamtlicher

---

[120] Vgl. BVerwG, NVwZ-RR 1989, 262 f.; SaarlVerfGH, NJW 1980, 2181; BremStGH, DVBl. 1984, 221 m. Anm. *Ladeur*; OVG Münster, NVwZ-RR 1989, 149; HessStGH, NVwZ 1992, 465; VerfGH NW, NVwZ 1992, 467; StGH BW, ESVGH 31, 81; zu zwei Ausnahmen unten Kap. 2 A. II. 2.
[121] Vgl. *Schürmann*, Öffentlichkeitsarbeit der Bundesregierung, S. 44; *Schwarzer*, Staatliche Öffentlichkeitsarbeit, S. 57.
[122] BremStGH, DVBl. 1984, 221.
[123] BremStGH, DVBl. 1984, 221, 224.
[124] OVG Münster, NVwZ-RR 1989, 149; bestätigt durch BVerwG, NVwZ-RR 1989, 262.

A. Voraussetzungen und Grenzen 31

Öffentlichkeitsarbeit tatsächlich ohne Probleme möglich ist, wird an anderer Stelle noch einzugehen sein[125].

II. Kritik und Weiterentwicklung in Rechtsprechung und Literatur

Die Rechtsprechung des Bundesverfassungsgerichts ist vom Schrifttum zunächst im Großen und Ganzen zustimmend – teils sogar begeistert – begrüßt worden[126]. Die Judikatur sieht sich aber auch einiger Kritik ausgesetzt, deren Ansätze im Folgenden dargestellt und auf ihre Relevanz für die Problemstellung hin untersucht werden sollen.

1. Sondervoten zum Urteil des Bundesverfassungsgerichts vom 2. März 1977

Der ersten Kritik sah sich die das Urteil vom 2. März 1977 tragende Senatsmehrheit bereits aus den eigenen Reihen ausgesetzt. Die Richter *Geiger*, *Hirsch* und *Rottmann* verfassten in unterschiedliche Richtungen abweichende Sondervoten.

Geiger und *Hirsch* stimmen der Entscheidung der Senatsmehrheit im Wesentlichen, insbesondere im Ergebnis zu. Auch sie sehen die Problematik der in Rede stehenden Maßnahmen mit gleicher Begründung in Verstößen gegen das Prinzip der zeitlichen Begrenzung der Ausübung abgeleiteter Staatsgewalt, gegen das Demokratiegebot aus Art. 20 Abs. 1, Abs. 2 S. 1 GG und gegen das Prinzip der Chancengleichheit der Parteien[127]. Sie betonen aber stärker die Notwendigkeit einer Gesamtbetrachtung aller fraglichen Maßnahmen, um aus deren Massierung die hinreichende Evidenz einer Grenzüberschreitung gewinnen zu können[128]. Die stärkere Betonung des auch von der Senatsmehrheit angenommenen Evidenzerfordernisses hat ihre Ursache in einer abweichenden Einschätzung zur Wirkung von Wahlkampfmaterial. *Geiger* und *Hirsch* halten es für unmöglich, zwischen werbewirksamen und neutralen Maßnahmen zu unterscheiden, weil letztlich *jede* Maßnahme den einen oder den anderen Einfluss auf die Mei-

---

[125] S. unten Kap. 2 C. II. 3.
[126] *Seifert*, Anmerkung, DÖV 1977, S. 288 ff.; *Zuck*, Zulässige Öffentlichkeitsarbeit, ZRP 1977, S. 144 ff.; *Häberle*, Öffentlichkeitsarbeit der Regierung, JZ 1977, S. 361 spricht von einem „Markstein in der Geschichte des deutschen Parlamentarismus"; zur Begründung kritisch *Kempen*, Gemeinwohlpostulat und Verfahrensgarantien, Der Staat 1979, S. 81 ff.
[127] BVerfGE 44, 125, 171 ff., 181.
[128] BVerfGE 44, 125, 171, 181.

nungsbildung der Bürger haben könne: „Es kommt insbesondere nicht allein auf den Inhalt einer Anzeige oder einer Schrift an – sie mag „objektiv" oder „nichtssagend" sein –; es kommt auch nicht allein entscheidend auf die „Aufmachung" an – sie mag den einen negativ motivieren und den anderen positiv beeindrucken –; es kommt u.U. einfach auf die „Menge Papier" an, mit der der Bürger überschüttet wird, – dann nämlich, wenn die eine Seite einen Aufwand an Propaganda treibt, den die andere schlicht mitmachen muss, damit sie nicht den Eindruck erweckt, sie sei der anderen unterlegen."[129] Weil also die Bedeutung einzelner Maßnahmen kaum zu bestimmen sei und gleichzeitig keine von ihnen als bedeutungslos vernachlässigt werden könne[130], komme es in besonderem Maße auf die Gesamtheit aller Maßnahmen an, und sei diese auch im Wesentlichen bestimmt durch die bloße Menge. Diese starke Betonung der Notwendigkeit einer Gesamtbetrachtung mit besonderem Augenmerk auf die *Quantität* der Maßnahmen stellt die Bedeutung der von der Senatsmehrheit entwickelten formal-inhaltlichen, *qualitativen* Einzelkriterien ein Stück weit in Frage: Kann schon die Menge des verbreiteten Materials zur Unzulässigkeit von Öffentlichkeitsmaßnahmen führen, so erscheint der in diesem Sondervotum dargelegte Maßstab diesbezüglich strenger, was die Zulässigkeit einzelner Maßnahmen angeht dagegen großzügiger als der von der Senatsmehrheit entwickelte. Dies wird noch deutlicher, wenn man im Vergleich dazu sieht, dass der bremische Staatsgerichtshof in Anwendung der Rechtsprechung des Bundesverfassungsgerichts bei hinreichender inhaltlich-formaler Neutralitätspflichtverletzung sogar ganz auf das Merkmal der Massivität und Häufigkeit der Rechtsverletzungen verzichten will[131].

Weitreichender und grundsätzlicher in der Kritik zeigt sich das abweichende Votum *Rottmanns*. Nach dessen Ansicht verletzten die im Verfahren angegriffenen Maßnahmen das Demokratieprinzip überhaupt nicht und das Prinzip der Chancengleichheit der politischen Parteien im Wahlkampf in geringerem Umfang als von der Senatsmehrheit angenommen[132]. Deren Ansicht werde der parteienstaatlichen Struktur und der Verfassungswirklichkeit in der Bundesrepublik

---

[129] BVerfGE 44, 125, 169 f., 181.
[130] BVerfGE 44, 125, 170, 181.
[131] S. oben Kap. 2 A. I. 2.
[132] BVerfGE 44, 125, 181.

A. Voraussetzungen und Grenzen 33

nicht gerecht. *Rottmann* legt ausführlich die besondere Stellung der Parteien in der Demokratie des Grundgesetzes dar. Es handele sich dabei um eine Parteiendemokratie. Infolge dessen könne die Bundesregierung nicht eine neutrale, über den Parteien schwebende Exekutivspitze sein[133]. Die Verquickung der Interessen von Regierung und Regierungspartei sieht *Rottmann* in der Demokratie des Grundgesetzes als wesentlichen und charakteristischen Bestandteil des politischen Lebens an[134]. Falsch sei vor allem die Ansicht, die Regierung müsse sich neutral verhalten, um das Gemeinwohl zu verwirklichen. Was das Gemeinwohl ist, sei nämlich unter den Parteien umstritten. Eine mit Mehrheit gewählte Regierung könne nur *das* Gemeinwohl zu verwirklichen versuchen, das dem politischen Programm der sie tragenden Parteien als eine der in der Gesellschaft vertretenen Vorstellungen vom Gemeinwohl entspreche. Dies sei gerade Ausfluss des Demokratieprinzips[135].

Die Ansicht *Rottmanns* zur Stellung der Parteien im Verfassungsleben lehnt sich offenkundig an die insbesondere durch *Leibholz* geprägte Lehre von der parteienstaatlichen Demokratie an[136]. Danach kommt den Parteien im Staats- und Verfassungsleben moderner Demokratien (wie auch in parteidominierten Diktaturen wie dem Dritten Reich und der Deutschen Demokratischen Republik) die politisch entscheidende Rolle zu[137]. In einer parteienstaatlichen Demokratie sei es unmöglich, die Willensbildung des in politischen Parteien verfassten Volkes von der des Staates essentiell zu unterscheiden oder gar in einen Gegensatz zueinander zu bringen[138]. Zerstöre man die Verschränkungen zwischen Staat und Volk, so rüttele man zugleich an den Grundlagen der Demokratie[139]. Die Parteien nehmen nach Ansicht von *Leibholz* nicht nur als „Wahlvorbereitungsorganisationen", sondern mit Hilfe der *von ihnen gebildeten*, institutionalisierten staatlichen *Organe* am Prozess der staatlichen Willensbildung unmittelbar teil[140].

---

[133] BVerfGE 44, 125, 182 ff.
[134] BVerfGE 44, 125, 185.
[135] BVerfGE 44, 125, 183, 186.
[136] So auch *Schürmann*, Öffentlichkeitsarbeit der Bundesregierung, S. 40.
[137] *Leibholz*, Strukturprobleme moderner Demokratie, S. 72.
[138] *Leibholz*, Strukturprobleme moderner Demokratie, Vorwort zur 3. Aufl., S. IX.
[139] *Leibholz*, Strukturprobleme moderner Demokratie, Vorwort zur 3. Aufl., S. X.
[140] *Leibholz*, Strukturprobleme moderner Demokratie, Vorwort zur 3. Aufl., S. X; zum Ganzen auch *Leibholz/Rinck/Hesselberger*, GG, Art. 21 Rn. 46 ff.

34   2. Kapitel. Zulässigkeit regierungsamtlicher Öffentlichkeitsarbeit

Das Parlament und die Fraktionen führt er dabei nur beispielhaft an. Die Ausführungen können somit gleichermaßen mit Bezug auf die Regierung verstanden werden.

Rottmann sieht es auch als unproblematisch an, wenn sich Träger eines Staatsamts um ihre Wiederwahl bemühen[141]. Dass die Regierung darum werbe, im Amt zu bleiben, sei in der Verfassungswirklichkeit selbstverständlich[142]. Durch die Ansicht, auch nach Form und Inhalt nicht zu beanstandende Publikationen seien in der unmittelbaren Vorwahlzeit unzulässig, werde dagegen trotz der von der Senatsmehrheit anerkannten Ausnahme bei akuten Anlässen die Handlungsfähigkeit der Regierung unzumutbar eingeschränkt[143]. Alles in allem könne die Regierung in Wahlkampfzeiten nicht „politisch entmannt" werden, während der Opposition alle Möglichkeiten verblieben[144]. Zustimmung erhält die Senatsmehrheit dagegen von *Rottmann*, wenn es darum geht, dass eine Regierung das für ihre Öffentlichkeitsarbeit bestimmte Material für den Parteienwahlkampf zur Verfügung stellt: „Die unvermeidliche parteipolitische Färbung des regierungsamtlichen Öffentlichkeitsmaterials wird erst dann zum Problem, wenn die Bundesregierung in Wahlkampfzeiten dieses Material in großem Umfang über die sie tragenden politischen Parteien in den Wahlkampf einführt und durch diese Parteien verteilen lässt." In dieser zusätzlichen Hilfe neben der allen am Wahlkampf beteiligten Parteien zu Gute kommenden Wahlkampfkostenerstattung liege tatsächlich eine Verletzung der Chancengleichheit der Parteien[145].

2. Verfassungsgerichte der Länder Nordrhein-Westfalen und Sachsen-Anhalt

Mit einer beachtenswerten Abgrenzung hat der Verfassungsgerichtshof des Landes Nordrhein-Westfalen in seinem Urteil vom 15. Oktober 1991[146] auf die Ansicht des Bundesverfassungsgerichts reagiert, in unmittelbarer Wahlnähe gelte ein Gebot äußerster Zurückhaltung, das sogar neutrale, formal und inhaltlich nicht zu beanstandende Veröffentlichungen von Leistungs-, Arbeits- und Er-

---

[141] BVerfGE 44, 125, 184 f.
[142] BVerfGE 44, 125, 191 f.
[143] BVerfGE 44, 125, 193.
[144] BVerfGE 44, 125, 187.
[145] BVerfGE 44, 125, 195.
[146] VerfGH NW, DÖV 1992, 215 ff.; kritisch dazu *Schmidt-Bleibtreu/Klein*, GG, Art. 38 Rn. 12c; vgl. auch *Schürmann*, Öffentlichkeitsarbeit im Wahlkampf, NVwZ 1992, S. 852 ff.

folgsberichten als unzulässig erscheinen lassen könne, weil ein Einfluss auf die öffentliche Meinung nicht auszuschließen sei[147]. Dabei ging es um eine vom Landesumweltminister in Tageszeitungen und Boulevardblättern veröffentlichte Kampagne mit Empfehlungen zur Hausmüllvermeidung und zur Wiederverwertung von Abfällen. Der Gerichtshof folgte dem Bundesverfassungsgericht zwar grundsätzlich in der Ansicht, dass die unmittelbare zeitliche Nähe von Wahlen einen Einfluss auf die Zulässigkeit von Öffentlichkeitsarbeit haben könne, erklärte diesen Befund aber zugleich für nicht auf Veröffentlichungen in der Art der beanstandeten Maßnahmen anwendbar. Die Veröffentlichungen des Umweltministers hätten weder eine Werbung für zur Wahl stehende Parteien oder Personen enthalten noch sei durch sie für oder gegen ein parteipolitisch umstrittenes Ziel geworben worden. Es sei einzig und allein um das verfassungs- und gesetzesbestimmte Sachziel der Müllvermeidung gegangen. Hierin unterscheide sich der Sachverhalt grundlegend von den üblicherweise zur Beurteilung stehenden Fällen regierungsamtlicher Öffentlichkeitsarbeit[148]. Hinsichtlich solcher Maßnahmen, die inhaltlich-formal nicht als Wahlwerbung zu beanstanden sind, unterscheidet der Gerichtshof in seinem Urteil zwischen Öffentlichkeitsarbeit durch sympathiefördernde politische Maßnahmen und Politik durch Öffentlichkeitsaufklärung[149]. Beides müsse als Handlungsform primärer staatlicher Aufgabenerfüllung auch im „zeitlichen Bannkreis" bevorstehender Parlamentswahlen zulässig sein, um die Fähigkeit der Regierung, bis zum Ende ihrer Amtszeit und damit ihrer Regierungsverantwortung politische Sachziele verwirklichen zu können, nicht zu gefährden[150]. Dabei komme es entgegen der Ansicht des Bundesverfassungsgerichts[151] auch nicht darauf an, ob für die jeweilige Maßnahme ein akuter konkreter Anlass bestehe[152]. Anderes gelte nur für den Fall des Missbrauchs, wenn also die Verfolgung eines Sachziels ausschließlich ein Vorwand

---

[147] Vgl. oben Kap. 2 A. I. 1. a) bb).
[148] VerfGH NW, DÖV 1992, 215, 215.
[149] Vgl. *Schmidt-Bleibtreu/Klein*, GG, Art. 38 Rn. 12c; *Schürmann*, Öffentlichkeitsarbeit im Wahlkampf, NVwZ 1992, S. 853.
[150] VerfGH NW, DÖV 1992, 215, 216 f.; kritisch dazu *Schmidt-Bleibtreu/Klein*, GG, Art. 38 Rn. 12c.
[151] BVerfGE 44, 125, 153.
[152] VerfGH NW, DÖV 1992, 215, 217.

wäre, um zum Nachteil am Wahlkampf Beteiligter werbenden Einfluss auf die Willensbildung der Bürger zu nehmen[153].

Indem er – abgesehen von Missbrauchsfällen – verhaltenslenkende und aufklärende Maßnahmen, die auf ein parteipolitisch unumstrittenes Ziel gerichtet sind, von der übrigen Öffentlichkeitsarbeit, die ja stets Gefahr laufen kann, die Grenze zur unerlaubten Wahlkampfmaßnahme zu überschreiten, ausdrücklich ausnimmt und ihnen auf diese Weise weite Anwendungsräume auch in Wahlkampfzeiten eröffnet, unterscheidet der Verfassungsgerichtshof deutlicher als das Bundesverfassungsgericht verschiedene Sachbereiche regierungsamtlicher Öffentlichkeitsarbeit (nämlich Sympathieförderung auf der einen und ressortmäßige Aufgabenerfüllung auf der anderen Seite) voneinander und führt zugleich unterschiedliche Zulässigkeitsmaßstäbe für die verschiedenen Bereiche ein.

Noch weiter löste sich der Verfassungsgerichtshof des Landes Sachsen-Anhalt in seinem Urteil vom 22. Februar 1996[154] vom Wahlkampf als Dreh- und Angelpunkt des Problems der regierungsamtlichen Öffentlichkeitsarbeit, als er entschied, ein erheblicher Verstoß gegen das Gebot parteipolitischer Neutralität könne die Chancengleichheit der Parteien auch außerhalb von Vorwahlzeit und Wahlkampf verletzen. Das Gericht begründet diese Erweiterung gegenüber der bisherigen Rechtsprechung damit, dass das parteipolitische Neutralitätsgebot im demokratischen Prinzip der Gewaltenteilung wurzele, das immer gelte, nicht nur in Zeiten des Wahlkampfs[155]. Im Gegensatz zur bisherigen Rechtsprechung verzichtet das Gericht in seiner Begründung auf das Element einer im weitesten Sinne bevorstehenden Wahl, weil der zu schützende Prozess freier politischer Willensbildung sich stets in vielfältigen Formen vollziehe und nicht auf den Wahlakt beschränkt sei[156].

Damit beinhaltet die Entscheidung des sachsen-anhaltinischen Verfassungsgerichts einen begründeten Schritt weg von der Grundhaltung der bisherigen

---

[153] VerfGH NW, DÖV 1992, 215, 217.
[154] LVerfG S.-A., JZ 1996, 723 m. Anm. *Hahn*.
[155] LVerfG S.-A., JZ 1996, 723, 724 f.
[156] LVerfG S.-A., JZ 1996, 723, 725; insoweit zustimmend *Hahn*, Anmerkung, JZ 1996, S. 729.

Rechtsprechung, regierungsamtliche Öffentlichkeitsarbeit hauptsächlich unter den Aspekten des Wahlkampfs und der offenen oder versteckten Wahlwerbung zu problematisieren. Die Wahlnähe tritt in dieser Entscheidung nur noch am Rande als einer von vielen Faktoren für die *Erheblichkeit* eines Verstoßes in Erscheinung. Das Gericht betont stärker die allgemeine Bedeutung der einschlägigen Verfassungsprinzipien (Demokratieprinzip, Chancengleichheit der politischen Parteien, Neutralität des Staates) und öffnet dadurch das Problem der regierungsamtlichen Öffentlichkeitsarbeit einer allgemeiner an diesen Prinzipien orientierten Behandlung. Gleichzeitig bleibt das Gericht allerdings dabei, die Unzulässigkeit von Öffentlichkeitsmaßnahmen an deren parteinehmendem Inhalt festzumachen.

Da es sich bei den beiden vorgestellten, von der Linie der bisherigen Rechtsprechung abweichenden Urteilen um Einzelfälle handelt, kann darin bisher keine Änderung der ständigen Rechtsprechung gesehen werden. Beide Entscheidungen weisen aber Aspekte auf, die sich in der Auseinandersetzung mit der Richtigkeit der von der ständigen Rechtsprechung vertretenen Auffassung als wertvoll erweisen können.

3. Literatur

Auch im Schrifttum wird Kritik an der zur regierungsamtlichen Öffentlichkeitsarbeit ergangenen Rechtsprechung des Bundesverfassungsgerichts geäußert. Diese ist teils von sehr grundsätzlicher Natur, anderenteils eng an der Sachfrage orientiert. *Zuck* etwa sieht das Urteil vom 2. März 1977 als Glied in einer Kette von Entscheidungen, die vom wachsenden Selbstbewusstsein und Machtanspruch des Bundesverfassungsgerichts zeugen, und befürchtet wegen der mit solchen „politischen" Entscheidungen einhergehenden Gewaltverschiebung von der Legislative und Exekutive hin zur Judikative einen Schaden an der Demokratie[157]. Der überwiegende Teil der Kritik richtet sich jedoch wie die abweichende Rechtsprechung gegen einzelne der vom Bundesverfassungsgericht zur Abgrenzung zwischen zulässiger Öffentlichkeitsarbeit und unzulässigem Wahlkampf herangezogenen Kriterien sowie gegen einige der diesen Kriterien zu-

---

[157] *Zuck*, Anmerkung, NJW 1977, S. 1054.

grunde liegenden Annahmen[158]. Zum Teil wird die hinter den Entscheidungen des Bundesverfassungsgerichts stehende Sichtweise aber auch gänzlich in Zweifel gezogen[159].

a) Schürmann

Schürmann belegt unter Zuhilfenahme von Ergebnissen der Medienwirkungsforschung, dass die grundlegenden Annahmen des Bundesverfassungsgerichts zur Wirkung regierungsamtlicher Äußerungen innerhalb und außerhalb des Wahlkampfs nicht nur eine empirische Grundlage vermissen lassen, sondern zum Teil den vorhandenen empirischen Forschungserkenntnissen zur Medienwirkung sogar zuwiderlaufen. Der vom Bundesverfassungsgericht unterstellte Wirkungszusammenhang zwischen regierungsamtlicher Öffentlichkeitsarbeit und der Wahlentscheidung der Bürger und damit auch das der weiteren Rechtsprechung zugrunde liegende Gefahrenmoment für den demokratischen Prozess sei jedenfalls – genau wie das Gegenteil – nicht nachgewiesen. Ein „non liquet" sei aber keine geeignete Entscheidungsgrundlage für eine so weitreichende Reglementierung der regierungsamtlichen Öffentlichkeitsarbeit[160]. Würde man die Annahmen des Bundesverfassungsgerichts zur Wirkung regierungsamtlicher Öffentlichkeitsarbeit als bloßen Gefahrenverdacht und die daraus abgeleiteten Folgerungen als „Vorsorgemaßnahme" begreifen, so habe es dabei angesichts der äußerst niedrigen Intensität eines möglichen Verdachts jedenfalls den Grundsatz der Verhältnismäßigkeit nicht gewahrt und die komplexen widerstreitenden Interessen nicht zu einem angemessenen Ausgleich gebracht[161]. Letztlich liefen die vom Bundesverfassungsgericht bestimmten Grenzen regierungsamtlicher Öffentlichkeitsarbeit auf eine Fremdbestimmung nicht nur der Regierung, sondern auch des mündigen Bürgers hinaus[162].

---

[158] *Schürmann*, Öffentlichkeitsarbeit der Bundesregierung, S. 367 ff.; *Schwarzer*, Staatliche Öffentlichkeitsarbeit, S. 174 ff.
[159] *Ladeur*, Regierungsamtliche Öffentlichkeitsarbeit im Internet, DÖV 2002, S. 1 ff.
[160] *Schürmann*, Öffentlichkeitsarbeit der Bundesregierung, S. 371 ff., 382; *ders.*, Öffentlichkeitsarbeit im Wahlkampf, NVwZ 1992, S. 854.
[161] *Schürmann*, Öffentlichkeitsarbeit der Bundesregierung, S. 383; *ders.*, Öffentlichkeitsarbeit im Wahlkampf, NVwZ 1992, S. 854 f.
[162] *Schürmann*, Öffentlichkeitsarbeit der Bundesregierung, S. 388; *ders.*, Öffentlichkeitsarbeit im Wahlkampf, NVwZ 1992, S. 855.

A. Voraussetzungen und Grenzen 39

Eine Bilanzierung der in der Vergangenheit erbrachten Leistungen müsse der Regierung schon deshalb erlaubt sein, weil der Bürger solche Informationen für seine eigene Bewertung der Regierungsleistung und damit auch für seine Wahlentscheidung benötige[163]. Eine gewisse Verflechtung zwischen der Regierung und den sie tragenden Parteien sei nicht zu verhindern, weil deren Politik an den vergangenen Leistungen der Regierung gemessen werde[164]. Das Verbot, darum zu werben, als Regierung im Amt bleiben zu können, kollidiere zwangsläufig mit der Notwendigkeit, im Interesse des anzustrebenden Grundkonsenses Vertrauenswerbung für anstehende unpopuläre Maßnahmen zu betreiben[165]. Sachlich-nüchterne Information aus akutem Anlass sei keineswegs weniger geeignet, den Wählerwillen zu beeinflussen, als reklamehaft aufgemachte Sympathiewerbung. Eine präzise Grenzziehung zwischen erlaubter Information und unzulässiger Wahlwerbung ist daher nach Ansicht von *Schürmann* kaum zu bewerkstelligen[166]. Das zeitliche Kriterium der Wahlkampfzeit schließlich sei angesichts der Tatsache, dass es sich beim politischen Willensbildungsprozess um einen kontinuierlichen Vorgang handele, willkürlich gewählt, weil die Annahme, in zeitlicher Nähe zur Wahl vergrößere sich die Wirksamkeit von Wahlwerbung, eines wissenschaftlichen Nachweises entbehre[167].

Aus diesen Gründen hält *Schürmann* das vom Bundesverfassungsgericht entwickelte Konzept insgesamt für nicht geeignet, den „diametral betroffenen Gütern Publizitätsgebot und Neutralitätsgebot" Geltung zu verschaffen. Der Bundesregierung müsse jedenfalls wahrheitsgemäße, nicht unmittelbar parteibezogene, aber gleichwohl werbende Öffentlichkeitsarbeit auch in der Vorwahlzeit zugebilligt werden, soweit die erteilte Information die Identifikation mit dem Staat als Ganzem anstrebe[168]. In seinem Gegenvorschlag sieht *Schürmann* lediglich ein Verbot kollusiven Zusammenwirkens zwischen Regierungen und den sie tragenden Parteien vor, das in gleichsam arbeitsteiligem Tätigwerden innerhalb des Wahlkampfs zu sehen sei, das sich als finanzielle Entlastung der Regie-

---

[163] *Schürmann*, Öffentlichkeitsarbeit der Bundesregierung, S. 386.
[164] *Schürmann*, Öffentlichkeitsarbeit der Bundesregierung, S. 387.
[165] *Schürmann*, Öffentlichkeitsarbeit der Bundesregierung, S. 387, 392.
[166] *Schürmann*, Öffentlichkeitsarbeit der Bundesregierung, S. 393.
[167] *Schürmann*, Öffentlichkeitsarbeit der Bundesregierung, S. 393 f. unter Verweis auf BVerfGE 20, 56, 98; *ders.*, Öffentlichkeitsarbeit im Wahlkampf, NVwZ 1992, S. 855.
[168] *Schürmann*, Öffentlichkeitsarbeit der Bundesregierung, S. 396.

rungsparteien erweise und deren Wahlkampfmittel so erweitere[169]. Als Indizien hierfür nennt er zwischen den Parteien und der Regierung abgestimmte Aktionen und die Verteilung amtlichen Materials auf Parteiveranstaltungen. Es soll aber auch bereits ein einheitlicher Sprachgebrauch als Indiz für eine kollusive Zusammenarbeit von Regierung und Parteien ausreichen[170], obwohl *Schürmann* an anderer Stelle eine „gewisse Verflechtung" zwischen beiden für unvermeidbar hält[171].

Zusammenfassend lässt sich somit sagen, dass auch nach dieser Ansicht der Kern des Problems regierungsamtlicher Öffentlichkeitsarbeit in der Einmischung der Regierung in den Parteienwettbewerb liegt, und zwar durch einseitige Parteinahme für und planmäßige Zusammenarbeit mit den die Regierung tragenden Parteien, wobei der Aspekt der politischen Chancengleichheit der Parteien hier zum großen Teil auf seine finanzielle Dimension reduziert wird.

b) Schwarzer

Näher an den Kriterien der Rechtsprechung orientiert sich die Kritik *Schwarzers*, der lediglich an einigen Stellen Modifikationen vornehmen möchte. So fordert er wie das Landesverfassungsgericht Sachsen-Anhalts und *Schürmann* eine Ausdehnung des Neutralitätsgebots auch auf Zeiten außerhalb des Wahlkampfs[172] und betont stärker die Bedeutung eines Verbots der Darstellung von Politikerbildern und der Nennung von Parteinamen in staatlich finanzierten Veröffentlichungen jeglicher Art[173]. Im Gegenzug fordert *Schwarzer* den Verzicht auf das Kriterium einer ins Gewicht fallenden Massivität und Häufung offenkundiger Grenzüberschreitungen[174] und tritt wie *Rottmann* und *Schürmann* für die jederzeitige Zulässigkeit von Arbeits-, Leistungs- und Erfolgsberichten der Regierungen ein[175]. Dem Vorschlag *Schürmanns* bestätigt *Schwarzer* einen richtigen Ansatz, soweit es darum geht, dass Parteien staatlich finanzierte Öffent-

---

[169] *Schürmann*, Öffentlichkeitsarbeit der Bundesregierung, S. 396, unter Verweis auf *Ladeur*, Anmerkung, DVBl. 1984, S. 225 und das Sondervotum *Geigers*, BVerfGE 44, 125, 176 f.
[170] *Schürmann*, Öffentlichkeitsarbeit der Bundesregierung, S. 396.
[171] Vgl. abermals *Schürmann*, Öffentlichkeitsarbeit der Bundesregierung, S. 387.
[172] *Schwarzer*, Staatliche Öffentlichkeitsarbeit, S. 175 f.; vgl. dazu LVerfG S.-A., JZ 1996, 723.
[173] *Schwarzer*, Staatliche Öffentlichkeitsarbeit, S. 179.
[174] *Schwarzer*, Staatliche Öffentlichkeitsarbeit, S. 177.
[175] *Schwarzer*, Staatliche Öffentlichkeitsarbeit, S. 181.

A. Voraussetzungen und Grenzen 41

lichkeitsarbeit nicht für ihre eigene Sympathiewerbung nutzen dürfen. Auch er spricht sich für ein Verbot der Verteilung amtlicher Druckwerke durch die Parteien aus[176]. Einem Verbot kollusiven Zusammenwirkens und seinen Kriterien fehle es jedoch an Praktikabilität. So sei ein kritischer Grad an Abstimmung kaum zu bestimmen und ein einheitlicher Sprachgebrauch teilweise unvermeidlich, so dass dem eine echte Indizwirkung nicht zukommen könne[177].

c) Ladeur

Anders als die bisher dargestellten kritischen Stimmen in Rechtsprechung und Literatur richtet sich *Ladeur* mit seiner Kritik am Konzept des Bundesverfassungsgerichts gegen dessen grundlegendes Verständnis von der Rolle der Medien im Prozess der öffentlichen Meinungsbildung. Aus dieser Kritik entwickelt er ein eigenständiges Konzept insbesondere für die Zulässigkeit solcher regierungsamtlichen Öffentlichkeitsarbeit, die sich massenmedialer Verbreitungsmittel bedient.

aa) Umgehung der Massenmedien: Verstoß gegen das Funktionsverbot für den Staat

Das Bundesverfassungsgericht geht nach Ansicht von *Ladeur* in seiner Rechtsprechung zur regierungsamtlichen Öffentlichkeitsarbeit von einem einseitigen, gestuften Prozess der politischen Willensbildung aus, in dem die öffentliche Meinung im Volk entsteht, von den Medien ausgewählt und gebündelt, von den Parteien in politische Dimensionen umgesetzt und letztlich durch Regierung und Parlament zu bindenden Entscheidungen verarbeitet wird. Diesem unidirektionalen Konzept folgend messe das Bundesverfassungsgericht den Medien eine Funktion im Prozess der Meinungsbildung nur vom Volk hin zum Staat, nicht aber in der umgekehrten Richtung bei[178], und übersehe damit ihre wichtige Rolle in der Kommentierung, Analyse, Bewertung und Darstellung staatlichen Handelns. Dadurch übersehe das Bundesverfassungsgericht aber zugleich das eigentliche Problem der unmittelbaren Öffentlichkeitsarbeit der Regierungen, das

---

[176] *Schwarzer*, Staatliche Öffentlichkeitsarbeit, S. 174, 181.
[177] *Schwarzer*, Staatliche Öffentlichkeitsarbeit, S. 173 f.
[178] *Ladeur*, Regierungsamtliche Öffentlichkeitsarbeit im Internet, DÖV 2002, S. 3; *ders.*, Anmerkung, NJW 1978, S. 1652; vgl. auch *Lenz*, Rundfunkorganisation und Meinungsbildungsfreiheit, JZ 1963, S. 342.

42   2. Kapitel. Zulässigkeit regierungsamtlicher Öffentlichkeitsarbeit

nämlich in der *Umgehung der freien Presse und des Rundfunks* liege: Nicht die parteiische und werbende Darstellung der Regierungspolitik sei problematisch, sondern die Tatsache dass die Darstellung an den Medien vorbei unmittelbar gegenüber den Bürgern geschehe[179].

Das gleiche Problem spricht *Leisner* an, wenn er schreibt, ein Informationsmonopol des Staates sei nur dann nicht zu befürchten, wenn kritische nicht-staatliche Nachrichtenträger die Vermittlerfunktion übernähmen, weil diese, um nicht aus einem nicht-monopolisierten Meinungskampf auszuscheiden, versuchen würden, auch anderweitige Informationen zu erhalten oder ein etwaiges Informationsmonopol der Regierung durch kritische Wertungen praktisch zu brechen[180]. Aus diesem Grunde dürfe nicht grundsätzlich-allgemein der werbende Weg unter Ausschaltung der Nachrichtenträger gewählt werden[181]. Der werbende Charakter der Öffentlichkeitsarbeit sei dagegen geradezu Bestandteil der demokratischen Staatsform, in der es stets darum gehe, dass Diskussionswahrheiten anderen ähnlichen Thesen gegenübertreten[182].

Die Bedeutung der Vermittlerfunktion der Medien klingt auch in einer Entscheidung des Oberverwaltungsgerichts Münster an. Das Gericht begründet dort die ständige Rechtsprechung, wonach die mittelbare Öffentlichkeitsarbeit von Regierungsmitgliedern durch Interviews oder Presseerklärungen auch in unmittelbarer Wahlnähe zulässig ist, ausführlich wie folgt: „Seinen wesentlichen Grund hat dies darin, dass Erklärungen gegenüber der Presse nicht unmittelbar auf die Meinungsbildung der Bürger Einfluss nehmen, sondern Öffentlichkeitswirkung erst in der Gestalt entfalten können, die sie nach ihrer Umsetzung durch die Presse erhalten. [...] Die Mittlerfunktion, die den Presseorganen in diesem Falle zukommt, hat zur Folge, dass amtliche Verlautbarungen des Hoheitsträgers sich zunächst der kritischen Betrachtung einer unabhängigen dritten Stelle aussetzen müssen, bevor sie an die Öffentlichkeit gelangen"[183]. Die Regierungen müssten sogar eine kritische Berichterstattung über einen zu großen Umfang oder einen

---

[179] *Ladeur*, Regierungsamtliche Öffentlichkeitsarbeit im Internet, DÖV 2002, S. 4.
[180] *Leisner*, Öffentlichkeitsarbeit der Regierung, S. 139.
[181] *Leisner*, Öffentlichkeitsarbeit der Regierung, S. 140.
[182] *Leisner*, Öffentlichkeitsarbeit der Regierung, S. 85.
[183] OVG Münster, NVwZ-RR 1989, 149, 152.

zu tendenziösen Inhalt der Pressearbeit befürchten. Dadurch sei die Gefahr einer werbenden Einflussnahme durch mittelbare Öffentlichkeitsarbeit insgesamt wesentlich gemildert und könne deshalb vernachlässigt werden[184]. Aus dieser Feststellung zieht das Gericht indes keine neuen Konsequenzen für die Frage der Zulässigkeit unmittelbarer Öffentlichkeitsarbeit.

Ladeur konkretisiert seine Theorie weiter, indem er die allgemein anerkannten Ausnahmen vom Funktionsverbot des Staates im Bereich der Massenmedien[185] mit Blick auf die besondere Situation der regierungsamtlichen Öffentlichkeitsarbeit modifiziert: Die unmittelbare massenmediale Betätigung der Regierungen im Rahmen ihrer Öffentlichkeitsarbeit verstoße nicht gegen das Funktionsverbot, wenn es sich um sachliche Information über technische Sachverhalte handele, die von längerfristigem Interesse seien, und wenn es um Kommunikationskampagnen gehe, die auf die Veränderung von Einstellungen und Verhaltensweisen gerichtet seien, sofern es sich dabei um politisch nicht kontroverse Ziele handele[186]. Diese Ansicht erinnert an die Entscheidung des nordrhein-westfälischen Verfassungsgerichtshofs, der die angegriffene Maßnahme unter anderem mit dem Argument rechtfertigte, es habe sich dabei nicht um Werbung für oder gegen ein parteipolitisch umstrittenes Ziel gehandelt[187], wenngleich der Gerichtshof dies im Gegensatz zu *Ladeur* nicht als Grenze eines staatlichen *Funktionsverbots* begreift, sondern als Grund dafür, solche Maßnahmen grundsätzlich vom Verdikt des Verstoßes gegen das *Neutralitätsgebot* freizusprechen.

bb) Einseitige Parteinahme

Genau wie *Rottmann* sieht *Ladeur* das Problem der regierungsamtlichen Öffentlichkeitsarbeit nicht in deren Parteilichkeit begründet. Entgegen der Umgehung der freien Medien sei das Problem der einseitigen Parteinahme gar nicht so groß. So bestehe weniger die Gefahr der Identifizierung der Regierung mit politischen Parteien oder Wahlbewerbern, wie sie die Rechtsprechung annehme, sondern eher umgekehrt die Gefahr, dass sich eine Partei auf der Suche nach Wähler-

---

[184] OVG Münster, NVwZ-RR 1989, 149, 152 mit Verweis auf *Ladeur*, Anmerkung, DVBl. 1984, S. 225.
[185] Dazu ausführlich unten Kap. 2 B.
[186] *Ladeur*, Regierungsamtliche Öffentlichkeitsarbeit im Internet, DÖV 2002, S. 4.
[187] Vgl. oben Kap. 2 A. II. 2.

stimmen mit der Regierung als über den Parteien stehendes Staatsorgan identifiziere[188]. Auch sei es häufig so, dass die Regierungen in latentem oder offenem Gegensatz zu den sie tragenden Parteien stünden, insbesondere wenn es sich um eine Koalition von Parteien handele. Die Richtlinienpolitik des Bundeskanzlers stimme nicht immer mit der Parteipolitik überein. Deshalb sei eine Gleichsetzung von Regierung und Mehrheitspartei(en) bloße Fiktion[189]. Jeder politisch denkende Bürger nehme zudem unmittelbare parteinehmende Öffentlichkeitsarbeit als eben solche wahr[190]. Die unausgesprochene Folgerung aus dieser Feststellung muss lauten, dass das Bewusstsein der Parteilichkeit den Regierungsaussagen einen Teil ihres Gefahrenpotentials für die freie politische Meinungsbildung nehmen kann, weil es dem Bürger einen Rückschluss auf die Vertrauenswürdigkeit der Aussagen erlaubt[191]. Das Gleiche gilt in der Wirtschaft, wo niemand ernstlich damit rechnen kann, dass ein Unternehmer die eigene Website nur zur objektiven Information der potentiellen Konsumenten und nicht auch zur Werbung und Reklame nutzt[192].

cc) Finanzierung des Parteiwahlkampfs

Unabhängig von der Umgehung der Massenmedien ist auch nach Ansicht von *Ladeur* die Grenze zulässiger Öffentlichkeitsarbeit dann erreicht, wenn der Regierungsapparat vom Regierungschef oder von Ministern genutzt wird, um den von ihnen durchgeführten Parteiwahlkampf zu organisieren oder zu finanzieren[193].

4. Zwischenbetrachtung

Betrachtet man die Kritik an der ständigen Rechtsprechung zur Zulässigkeit regierungsamtlicher Öffentlichkeitsarbeit, so lässt sich auf der einen Seite feststellen, dass sich ein großer Teil davon – bei allen Unterschieden im Detail – sehr stark an deren Grundkonzept orientiert, in dessen Mittelpunkt das Neutralitäts-

---

[188] *Ladeur*, Anmerkung, DVBl. 1984, S. 224.
[189] So – in der Konsequenz allerdings abweichend – *Leisner*, Öffentlichkeitsarbeit der Regierung, S. 158.
[190] *Ladeur*, Anmerkung, DVBl. 1984, S. 225.
[191] Vgl. auch *Möstl*, Parteien als Medienunternehmer, DÖV 2003, S. 110; *Schürmann*, Öffentlichkeitsarbeit der Bundesregierung, S. 374 ff., *ders.*, Staatliche Mediennutzung, AfP 1993, S. 436.
[192] Vgl. *Ernst*, Hyperlinks im Internet, NJW-CoR 1997, S. 227.
[193] *Ladeur*, Regierungsamtliche Öffentlichkeitsarbeit im Internet, DÖV 2002, S. 4.

A. Voraussetzungen und Grenzen

gebot für Regierungsäußerungen und eine enge Verbindung zu den parteipolitischen Auseinandersetzungen des Wahlkampfs stehen. Auf der anderen Seite zeichnen sich aber auch zwei unterschiedliche, von diesem Grundkonzept abweichende Tendenzen ab.

Die eine Tendenz geht dahin, sich vom Wahlkampf als Dreh- und Angelpunkt der Frage nach der Zulässigkeit regierungsamtlicher Öffentlichkeitsarbeit zu lösen und darin ein Problem zu sehen, das zu jeder Zeit gleichermaßen besteht. Das Verfassungsgericht des Landes Sachsen-Anhalt hat einen Schritt in diese Richtung vollzogen, als es entschieden hat, ein erheblicher Verstoß gegen das Gebot parteipolitischer Neutralität könne die Chancengleichheit der Parteien auch außerhalb von Vorwahlzeit und Wahlkampf verletzen, und auch *Schwarzer* fordert in seiner Arbeit, das Neutralitätsgebot auf Zeiten außerhalb des Wahlkampfs auszudehnen. Das parteipolitische Neutralitätsgebot ist aber auch nach diesen beiden Ansichten entscheidend für die Zulässigkeit regierungsamtlicher Öffentlichkeitsarbeit und gewinnt durch den Verzicht auf das Kriterium der Wahlnähe der Äußerungen sogar noch an Bedeutung. Nach Ansicht von *Ladeur* ist regierungsamtliche Öffentlichkeitsarbeit dagegen nicht nur kein Problem allein des Wahlkampfs, sondern überhaupt kein Problem von Identifikation oder Neutralität in der parteipolitischen Auseinandersetzung.

Die zweite in der Kritik erkennbare Tendenz geht in Richtung einer Unterscheidung zwischen verschiedenen Sachbereichen regierungsamtlicher Öffentlichkeitsarbeit, aus der auch eine Differenzierung hinsichtlich der Zulässigkeitsvoraussetzungen gefolgert wird. Der Verfassungsgerichtshof des Landes Nordrhein-Westfalen nimmt in seiner Entscheidung verhaltenslenkende und aufklärende Maßnahmen regierungsamtlicher Öffentlichkeitsarbeit, die auf ein parteipolitisch unumstrittenes Ziel gerichtet sind, von der Notwendigkeit, die formalen und inhaltlichen Kriterien der ständigen Rechtsprechung zu erfüllen, aus[194]. *Ladeur* konkretisiert die von ihm geforderte Einhaltung des im Bereich der Massenmedien geltenden Funktionsverbots für den Staat ebenfalls in Richtung solcher Maßnahmen, die entweder nur technische Sachverhalte in sachlicher Weise erläutern oder auf die Veränderung von Verhalten und Einstellungen gerichtet

---

[194] VerfGH NW, DÖV 1992, 215 ff.; s. oben Kap. 2 A. II. 2.

46 2. Kapitel. Zulässigkeit regierungsamtlicher Öffentlichkeitsarbeit

sind, solange es sich um politisch nicht kontroverse Ziele handelt[195]. Die sachliche, „technische" Information und die Kampagne, die auf ein politisch allgemein anerkanntes Ziel gerichtet ist, stellen sich danach als eigene Bereiche der regierungsamtlichen Öffentlichkeitsarbeit dar, die von Zulässigkeitsbeschränkungen weitgehend befreit sind. Auf der anderen Seite verbleibt der „klassische" Bereich werbender Öffentlichkeitsarbeit, der – je nach Auffassung – den formal-inhaltlichen Zulässigkeitskriterien der herrschenden Ansicht oder dem staatlichen Funktionsverbot im Bereich der Massenmedien unterliegt.

Soweit sich die an der Rechtsprechung des Bundesverfassungsgerichts geäußerte Kritik lediglich gegen einzelne Kriterien zur Abgrenzung zwischen zulässiger und unzulässiger regierungsamtlicher Öffentlichkeitsarbeit wendet, sich aber dem Grundkonzept anschließt, lassen sich daraus für die Beantwortung der speziell mit Blick auf die Verwendung des Internets gestellten Frage nach der Zulässigkeit regierungsamtlicher Öffentlichkeitsarbeit keine weitergehenden Erkenntnisse gewinnen. Die von den Kritikern aufgezeigten Grenzen gelten jeweils für alle Formen unmittelbarer Öffentlichkeitsarbeit. Eine Differenzierung hinsichtlich verschiedener Verbreitungsmedien findet wie in der Rechtsprechung nicht statt.

In der jüngeren Literatur findet man zum Teil die explizite Feststellung, es handele sich bei der Bereitstellung von Internet-Inhalten lediglich um ein funktionales Äquivalent früherer Mittel der Öffentlichkeitsarbeit (insb. der Bereitstellung von Druckerzeugnissen), weshalb sich ihre Zulässigkeit nach den bekannten Regeln zur unmittelbaren Öffentlichkeitsarbeit richte[196]. Neue, eigenständige Probleme bereite die Online-Verbreitung nicht. Entscheidend sei auch hier allein, dass die von der Rechtsprechung aufgestellten Regeln uneingeschränkte Berücksichtigung fänden. Es bestünden keinerlei Bedenken dagegen, dass sich die Kommunen unter Beachtung dieser Vorgaben auch in Form von Online-Auftritten selbst repräsentierten und ihre Aufgaben und deren Erfüllung darstell-

---

[195] *Ladeur*, Regierungsamtliche Öffentlichkeitsarbeit im Internet, DÖV 2002, S. 4; s. oben Kap. 2 A. II. 3. c) aa).
[196] *Th. Groß*, Öffentliche Verwaltung im Internet, DÖV 2001, S. 160; *Kittler*, Öffentliche Hand als Werbeträger, NJW 2000, S. 122.

ten[197]. *Mandelartz* und *Grotelüschen* halten lediglich die vom Bundesverfassungsgericht speziell für die Vorwahlzeit aufgestellten quantitativ-inhaltlichen Beschränkungen für nicht auf solche Internet-Inhalte anwendbar, die der Bürger gezielt abrufen muss[198]. Dabei wird kaum einmal auf die verfassungsrechtlichen Besonderheiten eingegangen, die sich speziell im Bereich der Massenmedien ergeben. Erstaunlicherweise wird zwar stets die Frage nach der Notwendigkeit der Staatsfreiheit des öffentlichen politischen Meinungs- und Willensbildungsprozesses im Allgemeinen gestellt, nur selten und zumeist allzu großzügig wird aber die Frage nach dem Erfordernis der Staatsfreiheit der Massenmedien behandelt, obwohl diese nach der ständigen Rechtsprechung des Bundesverfassungsgerichts und nach weit überwiegender Ansicht in der Literatur dringend geboten ist und – zumindest grundsätzlich – zu einem gegen den Staat gerichteten Verbot führt, sich unmittelbar massenmedial zu betätigen. Hinzu kommt, dass schon die praktische Anwendbarkeit der herkömmlichen, hauptsächlich am Gebrauch von Druckerzeugnissen ausgerichteten Zulässigkeitskriterien unmittelbarer Öffentlichkeitsarbeit auf die Bereitstellung von Internet-Angeboten in einigen Bereichen durchaus fraglich ist[199].

Anderes gilt für die am deutlichsten von *Ladeur* vorgebrachte Kritik an der Grundkonzeption der herrschenden Ansicht. Diese basiert gerade auf den von der Rechtsprechung für den Bereich der Massenmedien entwickelten Grundsätzen der Staatsfreiheit und des daraus folgenden Funktionsverbots für die Regierung und nimmt diese als Ausgangspunkt für eine differenzierte Beurteilung der Zulässigkeit regierungsamtlicher Öffentlichkeitsarbeit unter Einsatz massenmedialer Mittel. Diese Vorgehensweise verbindet *Ladeur* mit dem vom nordrhein-westfälischen Verfassungsgerichtshof in ähnlicher Weise zum Ausdruck gebrachten Gedanken, dass unterschiedliche Sachbereiche der Öffentlichkeitsarbeit durchaus eine unterschiedliche Behandlung rechtfertigen können. Aus diesem Konzept könnten sich weitreichende Konsequenzen für die Zulässigkeit regierungsamtlicher Öffentlichkeitsarbeit im Internet ergeben. *Ob* das wirklich so ist und *welche* Konsequenzen das im Einzelnen sind, kann allerdings erst ermit-

---

[197] *Rath-Glawatz*, Öffentliche Betätigung im Onlinebereich, AfP 1998, S. 264.
[198] *Mandelartz/Grotelüschen*, Internet und Öffentlichkeitsarbeit, NVwZ 2004, S. 650.
[199] Vgl. dazu unten Kap. 2 C. II. 3.

2. Kapitel. Zulässigkeit regierungsamtlicher Öffentlichkeitsarbeit

telt werden, nachdem man sich den Ursprung und die Reichweite des gegen den Staat gerichteten Verbots, sich massenmedial zu betätigen, vor Augen geführt hat. Das ursprünglich für die Bereiche des Rundfunks und der Presse entwickelte Funktionsverbot soll zu diesem Zweck zunächst anhand dieser beiden klassischen Massenmedien vorgestellt werden, um dann jeweils zu prüfen, wie es sich auf die Zulässigkeit regierungsamtlicher Öffentlichkeitsarbeit auswirkt[200]. Daran anschließend wird zu untersuchen sein, ob und inwieweit sich die gewonnenen Erkenntnisse auch auf das Internet übertragen lassen[201]. Die so erarbeiteten Ergebnisse müssen schließlich dem Konzept der herrschenden Meinung gegenübergestellt und im Vergleich mit ihm bewertet werden[202].

---

[200] Unten Kap. 2 B. I. und II.
[201] Unten Kap. 2 B. III.
[202] Unten Kap. 2 C.

B. Das Funktionsverbot für den Staat im Bereich der Massenmedien und seine Konsequenzen für die Zulässigkeit regierungsamtlicher Öffentlichkeitsarbeit

Um ihre Konsequenzen für die Zulässigkeit regierungsamtlicher Öffentlichkeitsarbeit ermitteln zu können, sollen in diesem Abschnitt zunächst die verfassungsrechtlichen Besonderheiten dargestellt werden, denen die Medien der Massenkommunikation nach dem Grundgesetz und den daraus von Rechtsprechung und Literatur abgeleiteten Konzepten unterliegen. Der Begriff der Massenkommunikation beschreibt eine für die Allgemeinheit oder einen Teil von ihr zugängliche Kommunikation, deren Inhalte durch besondere, zur Kommunikation an die Allgemeinheit geeignete Verbreitungsmedien (Massenmedien) verbreitet werden[203]. Die herkömmlichen Massenmedien sind (neben dem Film, der aber in der verfassungsrechtlichen Erörterung stets eine untergeordnete Rolle spielt) die Presse und der Rundfunk. Für beide gilt nach ganz herrschendem Verständnis – wenngleich aus unterschiedlichen Gründen – das Gebot der Staatsfreiheit, das zu Funktionsverboten mit unterschiedlicher Reichweite führt. Bei der Frage nach den Konsequenzen von Staatsfreiheit und Funktionsverboten handelt es sich um ein in bisherigen Untersuchungen zur Zulässigkeit regierungsamtlicher Öffentlichkeitsarbeit meist nur am Rande und oft sehr nachsichtig behandeltes Problem[204]. Bevor schließlich der Blick mit der gleichen Fragestellung auf das neuere Medium Internet gerichtet wird, soll zunächst untersucht werden, welche Konsequenzen sich aus den Funktionsverboten für die Zulässigkeit regierungsamtlicher Öffentlichkeitsarbeit in den klassischen Offline-Medien ergeben.

I. Staatsfreiheit des Rundfunks und Funktionsverbot für den Staat

Begonnen werden soll diese Untersuchung mit dem Rundfunk – dem Massenmedium, das wie kein anderes den Medienalltag in unserer Gesellschaft beherrscht.

---

[203] *Hoffmann-Riem*, in: AK, GG, Art. 5 Abs. 1, 2 Rn. 139; *Jarass*, Freiheit der Massenmedien, S. 29 ff.; jeweils m.w.N.; zum Begriff der Massenmedien vgl. auch *Löffler/Ricker*, Handbuch des Presserechts, Kap. 1 Rn. 14.
[204] Vgl. insb. *Leisner*, Öffentlichkeitsarbeit der Regierung; *Schwarzer*, Staatliche Öffentlichkeitsarbeit; ausführlicher *Schürmann*, Öffentlichkeitsarbeit der Bundesregierung; *ders.*, Staatliche Mediennutzung, AfP 1993, S. 435 ff.

50 2. Kapitel. Zulässigkeit regierungsamtlicher Öffentlichkeitsarbeit

1. Grundsatz

a) Herleitung des Bundesverfassungsgerichts

Für den Rundfunk hat das Bundesverfassungsgericht das Gebot der Staatsfreiheit erstmals in der sog. Ersten Rundfunkentscheidung[205] aus den im einzelnen darzustellenden Besonderheiten dieses Mediums hergeleitet. Seither ist es in zahlreichen Ausprägungen ein nicht mehr hinwegzudenkender Gegenstand der ständigen Rechtsprechung.

aa) Medium- und Faktorfunktion

Das Gericht stellt zunächst fest, der Rundfunk sei seiner Funktion nach nicht nur *Medium*, sondern auch selbst ein *eminenter Faktor* des durch Art. 5 Abs. 1 GG insgesamt geschützten individuellen und öffentlichen Meinungsbildungsprozesses[206]. Er gebe dem Einzelnen und den gesellschaftlichen Gruppen Gelegenheit zum meinungsbildenden Wirken und sei selbst am Prozess der Meinungsbildung beteiligt[207], der als Voraussetzung sowohl der Persönlichkeitsentfaltung als auch der demokratischen Ordnung ohne Medien, die Informationen und Meinungen verbreiten und selbst Meinungen äußern, nicht aufrecht erhalten werden könnte[208]. Die Funktionsfähigkeit des Meinungsbildungsprozesses sowie der damit verbundenen Ausübung der öffentlichen Kontrolle über die Staatsgewalt, so die Überlegung des Gerichts, sind in erheblichem Maße von der Freiheit der Massenmedien, insbesondere von der des Rundfunks abhängig, und dies eben nicht nur wegen dessen bis heute unerreichter Distributionsleistung, will heißen der bloßen Verteilung beliebiger Inhalte auf eine möglichst große Vielzahl von Rezipienten (Rolle des Rundfunks als Medium), sondern vor allem auch wegen seiner inhaltlichen Leistung im Bereich der Darstellung, Kritik und Kommentierung öffentlichen Handelns (Rundfunk als Faktor)[209]. Nur derjenige, der möglichst frei, umfassend und authentisch über die anstehenden Fragen und Probleme, über mögliche Antworten und Lösungen informiert ist, ist überhaupt zu einer begründeten Meinungs- und Willensbildung in der Lage. Die Funktionsfä-

---

[205] BVerfGE 12, 205 ff.
[206] BVerfGE 12, 205, 260.
[207] BVerfGE 73, 118, 152.
[208] BVerfGE 90, 60, 87.
[209] Zur Rolle des Rundfunks vgl. erneut *Gersdorf*, Staatsfreiheit des Rundfunks, S. 58 ff.

B. Funktionsverbot für den Staat im Bereich der Massenmedien 51

higkeit von Staat und Gesellschaft ist nicht nur im politischen Bereich, sondern in *allen* Lebensbereichen auf die freie Kommunikation insbesondere im Rundfunk angewiesen[210]. Die Gewährleistung der größtmöglichen Objektivität der über den Rundfunk verbreiteten Informationen und vor allem die Verhinderung staatlichen Einflusses auf den Teil des Meinungsbildungsprozesses, der das Handeln des Staates selbst zum Gegenstand hat, sind die Ziele des Gebots der Staatsfreiheit.

bb) Sondersituation des Rundfunks

Zu der so begründeten hervorragenden Bedeutung, die dem Rundfunk für die unbeeinträchtigte Funktionsfähigkeit des demokratischen Gemeinwesens zukommt, gesellt sich nach Ansicht des Bundesverfassungsgerichts die sog. *Sondersituation des Rundfunks*, die sich durch die Knappheit der zur Verfügung stehenden Frequenzen und durch den im Verhältnis zu anderen Medien außergewöhnlich großen finanziellen Aufwand für seine Veranstaltung auszeichne[211].

aaa) Knappheit der zur Verfügung stehenden Frequenzen

Der Rundfunk ist in seiner gewohnten Verbreitungsart auf geeignete Übertragungsfrequenzen angewiesen. Die Nutzbarmachung und Bewirtschaftung „neuer", bisher noch ungenutzter Frequenzen ist selten, und die technischen Anforderungen an Rundfunkfrequenzen sind vergleichsweise hoch. Zum besseren technischen Verständnis ist zu sagen, dass man im Telekommunikationsbereich das Wort Frequenz nicht allein in seiner physikalischen Bedeutung als Schwingungszahl einer Welle verstehen darf. Es kommen zahlreiche weitere Aspekte hinzu, die für die Eignung einer Frequenz zur Übertragung bestimmter Funkdienste eine Rolle spielen. Dazu gehören unter anderem die Sendestärke, die Abstrahlrichtung, die Reichweite und die Lage im Frequenzspektrum[212]. Die Frequenz 94,2 MHz etwa kann eine ganz andere sein, je nachdem, ob sie vom niedersächsischen Echem bei Lauenburg aus nach Schleswig-Holstein oder aber

---

[210] Vgl. BVerfGE 90, 60, 87; 79, 118, 152, sowie *Hoffmann-Riem*, Pay-TV, S. 29.
[211] BVerfGE 12, 205, 261.
[212] *Hoffmann-Riem/Schulz*, Hamburgisches Medienrecht, S. 52.

von Hamburg-Moorfleet aus ins hamburgische Stadtgebiet ausgestrahlt wird[213]. Dies führt dazu, dass vor allem terrestrische, also erdgebundene, über eine herkömmliche „Antenne empfangbare Frequenzen bloß in sehr geringer Anzahl zur Verfügung stehen. Terrestrische Frequenzen haben in der Zeit, in der sich die Rundfunkrechtsprechung des Bundesverfassungsgerichts entwickelt hat, die einzige Möglichkeit zur Rundfunkübertragung dargestellt. Heute spielen sie hauptsächlich für den mobilen Empfang von Hörfunk noch eine große Rolle. Für den stationären Rundfunkempfang bilden mittlerweile Breitbandkabelnetze und Rundfunksatelliten die vorrangigen Verbreitungswege[214]. Dennoch bleibt die terrestrische Verbreitung auch für den stationären Empfang das Mittel der technischen Grundversorgung, denn sie reicht kostengünstig überall dorthin, wo Kabelnetze nicht existieren[215], und wo Satellitenempfang nicht gewünscht wird. Ob und wie sich die Weiterentwicklungen in den Verbreitungstechnologien auf das verfassungsrechtliche Erfordernis der Staatfreiheit des Rundfunks auswirken können, wird noch zu erörtern sein[216].

bbb) Hohe Kosten für die Veranstaltung von Rundfunk

Die außerordentlich hohen Kosten der Rundfunkveranstaltung resultierten lange Zeit hauptsächlich aus der Exklusivität der erforderlichen Studiotechnik. Die Kameras, Aufnahmegeräte, Mischpulte, Schnittgeräte usw. mussten speziell für ihren jeweiligen Zweck entwickelt werden, wurden aber nur in geringer Stückzahl benötigt. Die Technik war zudem sehr wartungsintensiv und ihre Bedienung erforderte hochqualifizierte Spezialisten[217]. Auch in diesem Bereich haben in neuerer Zeit Veränderungen stattgefunden, auf deren Bedeutung noch einzugehen sein wird[218].

---

[213] Dies zeigte der Rechtsstreit zwischen dem *NDR* und dem privaten Hamburger Hörfunkveranstalter *OK Radio*, vgl. OVG Hamburg, ZUM 1995, S. 221 ff., insb. S. 225; VG Hamburg und OVG Hamburg, ZUM 1994, S. 565 ff., 569 ff.; dazu *Nowosadtko*, Umwidmung und Verlagerung einer Frequenz, ZUM 1996, S. 223 ff.
[214] Im Jahre 2001 verfügten 55,3 % der Haushalte über einen Kabelanschluss und 35,9 % über ein Satellitenempfangsgerät, vgl. *Grünwald*, Analoger Switch-Off, MMR 2001, S. 90. Nur knapp 10 % der Haushalte nutzten also ausschließlich den terrestrischen Verbreitungsweg.
[215] Die Errichtung des Rundfunk-Breitbandkabelnetzes erfolgte nicht flächendeckend, sondern in Form sog. „Kabelinseln" im Gebiet von Ballungsräumen, die untereinander durch Fernmeldesatelliten verbunden sind. vgl. *Hesse*, Rundfunkrecht, Kap. 1 Rn. 83.
[216] S. unten Kap. 2 B. I. 3.
[217] *Reimers*, Technische Bedingungen, ZUM 1995, S. 523.
[218] S. unten Kap. 2 B. I. 3.

B. Funktionsverbot für den Staat im Bereich der Massenmedien

cc) Folgerung: Funktionsverbot für den Staat

Aus der in Art. 5 Abs. 1 S. 2 GG gewährleisteten Rundfunkfreiheit folgert das Bundesverfassungsgericht, dass das so bedeutende Massenmedium Rundfunk mit seinen knappen technischen und finanziellen Ressourcen weder dem Staat noch einer gesellschaftlichen Gruppe ausgeliefert werden dürfe, damit alle in Betracht kommenden Kräfte der Gesellschaft Einfluss haben und im Gesamtprogramm gleichberechtigt zu Wort kommen können[219]. Jegliche Indienstnahme und Instrumentalisierung des Rundfunks, vor allem die politische, sei mit den Zielen des Art. 5 Abs. 1 GG unvereinbar[220]. Er müsse insbesondere frei bleiben von staatlicher Beherrschung und Einflussnahme[221]. In dem hier interessierenden Zusammenhang bedeutet das vor allem, dass sich der Staat der *eigenen Veranstaltung* von Rundfunk zu enthalten hat. Der Staat darf weder selbst Rundfunkveranstalter sein noch bestimmenden (beherrschenden) Einfluss auf das Programm eines dritten Veranstalters ausüben können[222]. Mit dieser Grundsatzentscheidung folgt das Bundesverfassungsgericht dem von den Alliierten nach dem Ende des zweiten Weltkriegs wegen der Erfahrungen um die Rolle des Rundfunks in der Weimarer Republik und unter der NS-Diktatur eingeschlagenen Weg[223]. Soweit das Gebot der Staatsfreiheit bedeutet, dass der Staat selbst keinen Rundfunk veranstalten darf, kann man von einem *absoluten* Funktionsverbot des Staates im Bereich des Rundfunks sprechen.

b) Rezeption und abweichende Begründungen in der Literatur

Insbesondere zu Anfang wurde das vom Bundesverfassungsgericht hergeleitete Gebot der Staatfreiheit und das damit verbundene Funktionsverbot für den Staat im Bereich des Rundfunks von einigen Stimmen in der Literatur – hauptsächlich mit dem Argument, die Grundrechte böten in keinem Falle Schutz vor staatlicher Konkurrenz – bestritten[224]. Die mehrheitlich in der Literatur vertretene Auf-

---

[219] BVerfGE 90, 60, 88; 60, 53, 65; 12, 205, 262 f.
[220] BVerfGE 90, 60, 87 f.; 87, 181, 201; vgl. auch *Hoffmann-Riem*, in: AK, GG, Art. 5 Abs. 1, 2 Rn. 140.
[221] BVerfGE 73, 118, 152.
[222] BVerfGE 90, 60, 88; 83, 238, 330; 12, 205, 263 f.
[223] Vgl. hierzu *Hesse*, Rundfunkrecht, Kap. 1 Rn. 24 ff.
[224] *Bettermann*, Rundfunkfreiheit und Rundfunkorganisation, DVBl. 1963, S. 42; *Pestalozza*, Schutz vor der Rundfunkfreiheit, NJW 1981, S. 2160 f.; *Peters*, Rechtslage von Rundfunk und Fernsehen, S. 26; *Scheuner*, Staatstheorie und Staatsrecht, S. 769.

54   2. Kapitel. Zulässigkeit regierungsamtlicher Öffentlichkeitsarbeit

fassung hat sich jedoch der Argumentation des Bundesverfassungsgerichts angeschlossen und geht im Grundsatz von einem Funktionsverbot aus[225], wenngleich die Reichweite dieses Verbots, insbesondere im Hinblick auf die staatliche Beherrschung *dritter* Rundfunkveranstalter, im Einzelnen umstritten ist. Andere Schwerpunkte als in der Rechtsprechung werden in der Literatur zum Teil auch bei der verfassungsrechtlichen Herleitung des Staatsfreiheitsgebots gesetzt. Zwei Ansichten, die im weiteren Verlauf der Untersuchung von Bedeutung sein werden, sollen hier kurz vorgestellt werden.

aa) Gersdorf: Volkssouveränität und politische Chancengleichheit

Während das Bundesverfassungsgericht das Gebot der Staatsfreiheit wie dargestellt aus einem mit der Sondersituation und der besonderen Bedeutung für den Prozess der öffentlichen Meinungsbildung begründeten rundfunkspezifischen Pluralitätsgebot, also aus dem aus der Rundfunkfreiheit entwickelten Gebot umfassender Repräsentanz der Gruppen und dem Verbot einseitiger Beherrschung herleitet, liegt nach Ansicht von *Gersdorf* die dogmatische Grundlage für das Gebot der Staatsfreiheit stärker in einem Nebeneinander der Rundfunkfreiheit (Art. 5 Abs. 1 S. 2 GG) und der Verfassungsprinzipien der Volkssouveränität und der Chancengleichheit bei der politischen Mitwirkung (Art. 20 Abs. 1 und 2 GG). Hinsichtlich der Volkssouveränität ergebe sich das Gebot der Staatsfreiheit aus der Funktion des Rundfunks als „Rückkopplungskanal" zwischen dem Volk und der Exekutive, die dieser nur dann wirksam erfüllen könne, wenn der Staat als Adressat des Vorgangs den Rückkopplungsprozess nicht beeinflusse. Die Rückkopplung zwischen Volk und Regierung als „Vorformung" des politischen Willens des Volkes sei ein wesentliches Element der repräsentativen Demokratie. Der Rundfunk diene diesem Rückkopplungsprozess als wichtigstes Verbindungs- und Kontrollorgan, indem er die öffentliche Meinung bündele und den Staatsorganen so zugänglich mache. Aus diesem Grunde sei es dem Staat versagt, Einfluss auf die publizistische Tätigkeit des Rundfunks zu nehmen[226]. Die-

---

[225] S. etwa *Henle*, Gesellschaftliches Ordnungs- und Kontrollmodell, in: *Wolfgang Schulz* (Hrsg.), Staatsferne der Aufsichtsgremien, S. 24; *Jarass*, Die Freiheit des Rundfunks vom Staat, S. 13; *Herzog*, in: Maunz/Dürig, GG, Art. 5 Abs. 1, 2 Rn. 213; *Ricker/Schiwy*, Rundfunkverfassungsrecht, S. 91; *Wilhelmi*, Verfassungsrechtliche Fragen des Rundfunks, S. 209; *Wufka*, Grundlagen der Rundfunkfreiheit, S. 95 ff.
[226] *Gersdorf*, Staatsfreiheit des Rundfunks, S. 58 ff., 72.

B. Funktionsverbot für den Staat im Bereich der Massenmedien

ses Verständnis des Rundfunks als Rückkopplungskanal kann seine Ähnlichkeit mit dem der Rechtsprechung vom Rundfunk als Medium und Faktor der Meinungsbildung und von der Meinungsbildung „von unten nach oben" nicht verhehlen, so dass hier insoweit in der Sache kein Unterschied zu sehen ist. Aus dem Prinzip der Volkssouveränität folge weiterhin als dessen personale Ausprägung, dass jeder zu gleichen Teilen an der Herrschaft beteiligt sein müsse. Für die politischen Parteien stelle sich diese Gleichheit als Chancengleichheit bei der politischen Willensbildung und bei Wahlen dar. Hieraus folge ein Verbot für staatliche Organe, den Wettbewerb zwischen konkurrierenden Bürgern, Organisationen und Parteien zu beeinträchtigen, was z.B. dadurch möglich sei, dass bestimmten Gruppierungen größere Einwirkungsmöglichkeiten eröffnet würden als anderen[227]. Nimmt man die Tatsache hinzu, dass gerade die Veranstaltung von Rundfunk mit erheblichem finanziellen und organisatorischen Aufwand verbunden ist, so ergibt sich, dass der Staat ein strukturelles Machtungleichgewicht nicht zu seinen Zwecken ausnutzen darf.

Schließlich nehme das Prinzip der Staatsfreiheit des Rundfunks am grundrechtlichen Schutz der Rundfunkfreiheit aus Art. 5 Abs. 1 S. 2 GG teil, weil sich der Demokratiebezug ihrer objektiv-rechtlichen Dimension in ihrer subjektiv-rechtlichen Dimension widerspiegele, so dass auch die Rundfunkfreiheit selbst *einen* Ableitungsstrang für das Prinzip der Staatsfreiheit bilde[228]. Allein aus einem rundfunkspezifischen Pluralismusgebot sei das Prinzip der Staatsfreiheit dagegen nicht herzuleiten, weil so das Prinzip der Staatsfreiheit lediglich als Unterfall des Pluralismusgebots erscheine und keine eigenständige normative Bedeutung hätte. Dieser komme aber deshalb ein besonderes Gewicht zu, weil der Staat nicht in gleicher Weise wie gesellschaftliche Gruppen berechtigt sei, am Meinungsbildungsprozess teilzunehmen. Das aus dem Vielfaltsgebot lediglich folgende, für alle gleichermaßen geltende Beherrschungsverbot greife daher für den Staat zu kurz[229].

---

[227] *Gersdorf*, Staatsfreiheit des Rundfunks, S. 73 ff.
[228] *Gersdorf*, Staatsfreiheit des Rundfunks, S. 78 f.; zur Staatsfreiheit als Ausfluss der Abwehrrechtlichen Komponente der Rundfunkfreiheit vgl. auch *Hoffmann-Riem*, in: AK, GG, Art. 5 Abs. 1, 2 Rn. 154 f.
[229] *Gersdorf*, Staatsfreiheit des Rundfunks, S. 80 ff.

bb) Jarass: Vermittlungsfunktion

Jarass stellt in seinem Konzept von der Staatsfreiheit stärker auf die spezifischen Funktionen des Mediums ab. Die in Art. 5 Abs. 1 S. 1 GG enthaltenen Grundrechte der Meinungsfreiheit und der Informationsfreiheit seien Konnexe Gewährleistungen, nämlich wechselseitig Zweck und Mittel. Zwischen dem Äußerungswilligen und dem Informationswilligen bestehe in der Massengesellschaft aber in der Regel keine direkte Beziehung. Die fehlende Beziehung zwischen den gesellschaftlich relevanten Kommunikatoren und ihren Rezipienten vermittle der Rundfunk als Massenmedium, der gleichzeitig die von ihm vermittelten Informationen einer Integration, Strukturierung und Kompensation unterziehe. Diese Effekte erschienen als integrale Bestandteile der Vermittlung. Und da Vermittlung gar nicht wertfrei möglich sei, gehöre eine gewisse Beeinflussung der gesellschaftlichen Diskussion mit zum Vermittlungsprozess, solange sie nicht im Vordergrund stehe[230]. Die Vermittlungsaufgabe könne aber nur erfüllt werden, wenn der Rundfunk unabhängig von den gesellschaftlich relevanten Kommunikatoren sei. Weil der Staat ein Kommunikator erheblicher gesellschaftlicher Relevanz sei, dem ein Beachtungsüberschuss entgegengebracht werde, sei insbesondere ein staatlicher Einfluss auf den Rundfunk auszuschließen[231]. Aus diesem Grunde sei eine *primär vermittelnde* staatliche Eigenbetätigung im Bereich des Rundfunks absolut unzulässig[232]. Von der beschriebenen Vermittlungsfunktion, die *Jarass* als „Aktualvermittlung" bezeichnet, unterscheidet er weitere Kommunikationsfunktionen der Massenmedien, namentlich die der Bildung und Beratung dienende „Lehrfunktion", die „Autopräsentationsfunktion" zum Zwecke der Selbstdarstellung und die „Konsumfunktion"[233]. Für diese Funktionen soll anders als für die Vermittlungsfunktion das Gebot der Staatsfreiheit nicht gelten. Die Staatsfreiheit des Rundfunks hat nach *Jarass* also im Hinblick auf das Verbot der Eigenbetätigung des Staates eine erheblich geringere Reichweite als nach der Auffassung des Bundesverfassungsgerichts.

---

[230] *Jarass*, Freiheit des Rundfunks vom Staat, S. 28 ff.
[231] *Jarass*, Freiheit des Rundfunks vom Staat, S. 30.
[232] *Jarass*, Freiheit des Rundfunks vom Staat, S. 36; ders., Freiheit der Massenmedien, S. 215 f.
[233] *Jarass*, Freiheit der Massenmedien, S. 167 ff., 172 ff., 175 f., 177 ff.

c) Stellungnahme

Jarass greift mit seinem Konzept den Pluralitätsgedanken des Bundesverfassungsgerichts nur für einen Teilbereich der Rundfunkbetätigung auf, nämlich für die Vermittlung fremder Inhalte. In diesem Bereich sollen alle Kräfte gleichermaßen zu Wort kommen können; nur hier soll der Staat sein besonderes Gewicht nicht in die Waagschalen der gesellschaftlichen Kommunikation legen dürfen. *Jarass'* Theorie beinhaltet damit eine wesentliche Relativierung der vom Bundesverfassungsgericht angenommenen gleichwertigen Bedeutung aller Arten von Rundfunkinhalten (etwa Nachrichtensendungen, politische Kommentare, Hörspiele und musikalische Darbietungen) für den Meinungsbildungsprozess[234]. Warum die Faktor-Funktion des Rundfunks aber nur geschützt sein soll, wenn sie bei Gelegenheit der primär der Medium-Funktion zuzuordnenden „Aktualvermittlung" erfüllt wird, ist schwer nachzuvollziehen: Eine herausragende Bedeutung für den Prozess der Meinungsbildung kommt dem Rundfunk nicht nur dann zu, wenn er Inhalte dritter Kommunikatoren an die Rezipienten vermittelt („Aktualvermittlung"), sondern sogar in besonderem Maße dann, wenn der Veranstalter selbst in belehrender Absicht („Lehrfunktion") oder gleichsam in eigener Sache („Autopräsentation") als Kommunikator tätig wird[235]. Die mit Blick auf unterschiedliche Kommunikationsfunktionen differenzierende Bewertung des Erfordernisses der Staatsfreiheit ist deshalb abzulehnen. Das Funktionsverbot für den Staat muss unabhängig davon gelten, welche der gar nicht immer klar voneinander zu unterscheidenden Kommunikationsfunktionen der Rundfunk für den Staat im Einzelfall gerade erfüllt.

Für *Gersdorfs* ausdrückliche Einbeziehung der Verfassungsprinzipien der Volkssouveränität und der Chancengleichheit bei der politischen Mitwirkung in die Herleitung der Staatsfreiheit des Rundfunks spricht dagegen die Richtigkeit seiner Feststellung, dass das rundfunkrechtliche Pluralismusgebot zu kurz greife, wenn es darum gehe, den gesellschaftlichen Kommunikationsprozess auf dem Felde des Rundfunks vor einer Beeinträchtigung durch staatliche Betätigung zu schützen.

---

[234] BVerfGE 12, 205, 260; dazu *Bullinger*, Kommunikationsfreiheit, S. 35 Fn. 68.
[235] So auch *Gersdorf*, Staatsfreiheit des Rundfunks, S. 87 f.

Der Staat ist gerade nicht „Stand unter den Ständen der Gesellschaft" und hat deshalb für sich kein eigenes Gruppeninteresse, das als Meinungsfaktor im Wege des Pluralismusgebots in den Rundfunk integriert werden müsste[236]. Die gleichberechtigte Berücksichtigung auf diesem Wege ist allein den gesellschaftlichen Kräften vorbehalten. So kommt nach richtiger Auffassung der Volkssouveränität und der Chancengleichheit bei der politischen Mitwirkung die entscheidende Bedeutung für das an alle staatlichen Stellen gerichtete Verbot zu, selbst Rundfunksendungen zu veranstalten. Dass dem Staat im Prozess der Meinungsbildung generell und nicht nur im Rundfunk eine besondere, von den übrigen gesellschaftlichen Gruppen verschiedene Stellung zukommt, entspricht auch der Rechtsprechung des Bundesverfassungsgerichts zur regierungsamtlichen Öffentlichkeitsarbeit[237]. In der auf die Besonderheiten des Mediums konzentrierten Rechtsprechung zur Staatsfreiheit des Rundfunks tritt dieser Aspekt aber häufig hinter die Berücksichtigung dieser Besonderheiten zurück.

d) „Staatsferne"

Teilweise wird in der Literatur Kritik an dem vor allem durch die Rechtsprechung des Bundesverfassungsgerichts geprägten Begriff der Staats*freiheit* des Rundfunks geäußert. Richtiger sei die Bezeichnung Staats*ferne*, weil angesichts von in der Gesamtkonzeption des Bundesverfassungsgerichts enthaltenen Elementen wie Genehmigungsvorbehalt, Rechtsaufsicht, Verlautbarungsrecht und Staatsfinanzierung nicht von vollkommener Freiheit des Rundfunks vom Staat gesprochen werden könne[238]. Neben der berechtigten Klarstellung dieser eigentlich selbstverständlichen Tatsache, um die es auch dann geht, wenn in der Rechtsprechung bisweilen die Rede von „Staatsferne", „Staatsunabhängigkeit" oder „Verbot der Staatsnähe" ist[239], scheint es manchem darüber hinaus daran gelegen zu sein, mit einer abgeschwächten Formulierung zugleich die vom Bundesverfassungsgericht entwickelte Reichweite des Verbots staatlicher Einflussnahme deutlich einzuschränken. Dies betrifft insbesondere das daraus abgeleite-

---

[236] *Krause-Ablaß*, Bedeutung des Fernsehurteils, JZ 1962, S. 160.
[237] Vgl. oben Kap. 2 A. I. 1.
[238] *Schürmann*, Staatliche Mediennutzung, AfP 1993, S. 439; *ders.*, Öffentlichkeitsarbeit der Bundesregierung, S. 179 Fn. 496; *Ossenbühl*, Rundfunkfreiheit und Rechnungsprüfung, S. 37 m.w.N.; *Stock*, Medienfreiheit, S. 365; vgl. auch *Stender*, Staatsferne und Gruppenferne, S. 31 ff.
[239] S. etwa BVerfGE 73, 118, 147, 190; BayVerfGH, NJW 1990, 311, 313.

B. Funktionsverbot für den Staat im Bereich der Massenmedien 59

te strikte Funktionsverbot für den Staat im Bereich des Rundfunks. Eine solche Einschränkung bedarf jedoch einer grundlegenden wissenschaftlichen und politischen Diskussion, die nicht durch sprachliche Kunstgriffe präjudiziert werden sollte. Es soll hier aus diesem Grunde bei der etablierten Bezeichnung *Staatsfreiheit* des Rundfunks bleiben.

2. Verlautbarungsrecht

Eine Ausnahme vom Grundsatz der Staatsfreiheit in Gestalt des Funktionsverbots bildet das sog. Verlautbarungsrecht, das Bundes- und Landesregierungen einen Rechtsanspruch auf Einräumung angemessener Sendezeit für die Verbreitung amtlicher Verlautbarungen im öffentlich-rechtlichen wie im privaten Rundfunk gewährt[240]. In der vom Bundesverfassungsgericht (nicht nur) zur Rundfunkfreiheit entwickelten Grundrechtsdogmatik mit der Unterscheidung zwischen das Grundrecht ausgestaltenden und in das Grundrecht eingreifenden Regelungen[241] stellt sich das Verlautbarungsrechts als Grundrechtseingriff dar[242] und unterliegt damit dem strengen Gebot der Verhältnismäßigkeit. Während manche Stimmen den Regierungen über das Verlautbarungsrecht die Möglichkeit einräumen wollen, beispielsweise auch Sitzungen des Bundestags und andere staatliche Veranstaltungen zu übertragen[243], unterliegt das Verlautbarungsrecht deshalb nach richtiger Ansicht engen inhaltlichen und quantitativen Grenzen: Es ist lediglich zur Bekanntgabe von Gesetzen, Verordnungen und staatlichen Entscheidungen sowie – hierin dürfte seine hauptsächliche Bedeutung zu sehen sein – zur schnellen Information der Bevölkerung durch Durchsagen in Katastrophenfällen vorgesehen[244]. Würde man die Grenzen zulässiger Verlautbarungen weiter ziehen, bliebe vom staatlichen Funktionsverbot im Bereich des

---

[240] S. etwa § 32 HmbMedienG; § 11 NDR-StV; § 10 ZDF-StV.
[241] Zu den dogmatischen Fragen dieser Unterscheidung ausführlich *Ruck*, Ausgestaltungs- und Schrankengesetze, AöR 117 (1992), S. 543 ff.
[242] *Bilstein*, Rundfunksendezeiten für amtliche Verlautbarungen, S. 60.
[243] *Krause-Ablaß*, Bedeutung des Fernsehurteils, JZ 1962, S. 158; zwischen privatem und öffentlich-rechtlichem Rundfunk differenzierend *Bilstein*, Rundfunksendezeiten für amtliche Verlautbarungen, S. 148 ff.; *Schürmann*, Staatliche Mediennutzung, AfP 1993, S. 440 f.; *ders.*, Öffentlichkeitsarbeit der Bundesregierung, S. 173 ff.; weiter auch *Lenz*, Rundfunkorganisation und Meinungsbildungsfreiheit, JZ 1963, S. 342 f.
[244] *Jarass*, Freiheit des Rundfunks, S. 73 f.; *Hesse*, Rundfunkrecht, Kap. 4 Rn. 67, Kap. 5 Rn. 61; *Herrmann/Lausen*, Rundfunkrecht, § 10 Rn. 64, 66; *Hoffmann-Riem/Schulz*, Hamburgisches Medienrecht, S. 107; *Ricker/Schiwy*, Rundfunkverfassungsrecht, S. 91; *Schwarzer*, Staatliche Öffentlichkeitsarbeit, S. 21.

Rundfunks wenig übrig. Für darüber hinausgehende Zwecke regierungsamtlicher Öffentlichkeitsarbeit bleibt deshalb im Rundfunk auf Grundlage des Verlautbarungsrechts kein Raum[245].

3. Neuere Entwicklungen im Bereich des Rundfunks

Seit den grundlegenden Entscheidungen des Bundesverfassungsgerichts zur Rundfunkfreiheit hat sich in technischer Hinsicht vieles verändert. Dies ist zum einen auf die bereits erwähnte Einführung der Kabel- und Satellitenverbreitung zurückzuführen, die größere für die Rundfunkübertragung geeignete Kapazitäten bietet als die terrestrische Übertragungstechnik, vor allem aber auf die Entwicklungen im Bereich der Digitalisierung und der dadurch ermöglichten Datenkompression und -reduktion. Diese beiden Technologien ermöglichen es, die Übertragung redundanter Informationen zu vermeiden und so die Menge der zu übertragenden Daten zu reduzieren. Für den Menschen wegen seiner psychoakustischen und psychooptischen Eigenschaften nicht wahrnehmbare oder verarbeitungsfähige Informationen werden aus dem digitalen Datenstrom herausgefiltert, bei Bewegtbildern werden jeweils nur die in bezug auf das vorige Bild veränderten Größen übertragen. Der zu übertragende Datenstrom wird so ausgedünnt (Reduktion) und wieder verdichtet (Kompression), ohne dass damit ein wahrnehmbarer Qualitätsverlust einherginge. Dies alles führt zu einer Vervielfachung der bisher für den Rundfunk zur Verfügung stehenden Übertragungskapazitäten um den Faktor vier bis sechzehn[246].

a) Reaktion des Bundesverfassungsgerichts

Auf diese Entwicklungen in der technischen Situation des Rundfunks hat das Bundesverfassungsgericht – nachdem es die Frage, wie sich ein Ende der sog. Sondersituation auf die Rundfunkordnung auswirken würde, zunächst offen ge-

---

[245] Eine wesentlich weitere Auffassung vertritt *Schürmann*, Staatliche Mediennutzung, AfP 1993, S. 438 ff.; *ders.*, Öffentlichkeitsarbeit der Bundesregierung, S. 173 ff.; zum Anspruch politischer *Parteien* auf Einräumung angemessener Sendezeit im Wahlkampf *Gabriel-Bräutigam*, Drittsendungsrechte, ZUM 1991, S. 466 ff.
[246] Vgl. *Determann*, Kommunikationsfreiheit im Internet, S. 61 f.; *Gersdorf*, Verfassungsrechtlicher Rundfunkbegriff, S. 17 ff.; *ders.*, Rundfunkbegriff im Umbruch, AfP 1995, S. 565 f. (beachte dort Fn. 3); *Hesse*, Rundfunkrecht, Kap. 3 Rn. 7; *ders.*, Entwicklung des Rundfunkrechts, BayVBl. 1997, S. 133; *Irioni/Schirmbacher*, Rundfunkgewährleistung im deutschen Kabelnetz, CR 2002, S. 61 f.; *Vesting*, Prozedurales Rundfunkrecht, S. 182; *Zerdick u.a.*, Internet-Ökonomie, S. 43.

lassen hatte²⁴⁷ – dadurch reagiert, dass es in jüngeren Entscheidungen zur Begründung verfassungsrechtlicher Notwendigkeiten statt auf die Sondersituation des Rundfunks stärker auf die ihm eigene besondere *Breitenwirkung, Aktualität und Suggestivkraft* abstellt²⁴⁸ und damit die Bedeutung des Rundfunks für die individuelle und öffentliche Meinungsbildung noch stärker in den Mittelpunkt seiner Argumentation rückt²⁴⁹. Im Übrigen hat das Bundesverfassungsgericht an seiner Rechtsprechung zum Grundsatz der Staatsfreiheit des Rundfunks aber nichts geändert. Es hat vielmehr schon früh klargestellt, dass es auch nach einem Wegfall der Sondersituation bei den bisherigen verfassungsrechtlichen Erfordernissen bliebe²⁵⁰. Später sprach das Bundesverfassungsgericht dann von einem Fortbestehen der Sondersituation unter veränderten Bedingungen²⁵¹. Dagegen, dass juristische Personen des öffentlichen Rechts – abgesehen von den mit besonderer Rechtsstellung ausgestatteten öffentlich-rechtlichen Rundfunkanstalten – von der Rundfunkveranstaltung ausgeschlossen seien, gebe es vor dem Hintergrund der Staatsfreiheit nichts zu erinnern²⁵².

b) Literaturstimmen für die Zulässigkeit von „Staatsfernsehen"

In der Literatur gibt es dagegen Stimmen, die in den Veränderungen der Rundfunklandschaft eine Rechtfertigung dafür sehen, vom Grundsatz der Staatsfreiheit des Rundfunks, insbesondere in der Ausprägung des strengen staatlichen Funktionsverbots, in weitem Umfang Abstand zu nehmen und künftig unmittelbaren „Staatsrundfunk" zumindest in Kabelnetzen und über Satelliten zuzulassen²⁵³. Es sei dort – angelehnt an die bekannte Formulierung des Bundesverfassungsgerichts zur Staatsfreiheit der Presse²⁵⁴ – bald ein Zustand erreicht, in dem sich durch Regierungsrundfunk wegen der Konkurrenz mit der Fülle der vom Staat unabhängigen privaten und öffentlich-rechtlichen Rundfunkveranstalter

---

[247] BVerfGE 31, 314, 326.
[248] BVerfGE 90, 60, 87 ff; vgl. auch *Grote*, Internet und Grundrechtsordnung, KritV 1999, S. 32.
[249] Zu dieser Vorgehensweise des Bundesverfassungsgerichts *Hoffmann-Riem*, Erosionen des Rundfunkrechts, S. 43.
[250] BVerfGE 57, 295, 322 f.
[251] BVerfGE 73, 118, 121.
[252] BVerfGE 73, 118, 190 f.
[253] *Schürmann*, Öffentlichkeitsarbeit der Bundesregierung, S. 326 ff., *ders.*, Staatliche Mediennutzung, AfP 1993, S. 443 f.
[254] BVerfGE 12, 205, 260.

am Bild des freien Rundfunks nichts ändern würde[255]. Zumindest müsse man der Regierung die subsidiäre Nutzung freier Kanäle gestatten – gegebenenfalls in Form reiner, unredigierter und unkommentierter Direktübertragung als Spartenprogramm ohne jegliche Programmgestaltung, d.h. ohne Auswahl und Ordnung der dargebotenen Sendungen. Zulässig sei demzufolge etwa die simultane Übertragung von Regierungserklärungen, Parlamentsdebatten und Presseerklärungen in Originalton und -bild, da es sich bei derartigem „Tatsachenrundfunk" um die bloße Präsentation der Wirklichkeit handele, und ein kalkulierbarer Inhaltseinfluss der Regierung praktisch ausgeschlossen sei[256].

Ähnliche Ansichten wurden schon früher vertreten. *Herrmann*, der sich ebenfalls auf die Formulierung des Bundesverfassungsgerichts bezog, nach der staatliche Presse zulässig sei, solange sich am Bild der freien Presse substanziell nichts verändere, sah „Staatsrundfunk" für den Fall als zulässig an, dass einmal so viele Rundfunkunternehmen technisch möglich wären wie Presseunternehmen, so dass das staatlich veranstaltete Programm nur eins von vielen wäre[257]. *Peters* hielt ebenfalls mit Blick auf die für die Presse geltende Rechtslage Sender für zulässig, „die Staatsmeinungen produzieren, wenn unter zehn Sendern ein der Zuständigkeit des Bundes unterstehender sich befände"[258]. Zusätzliche Voraussetzung für die Zulässigkeit von Staatsrundfunk sei allerdings, dass sich die veranstalteten Sendungen im Rahmen der staatlichen Aufgaben hielten. Deshalb kämen auch nach Ansicht *Herrmanns* nur Berichterstattung und Kommentare über Handlungen und Vorgänge in der staatlichen Organisation, also etwa Übertragungen von Parlamentssitzungen und Staatsakten oder Berichte über Regierungsmaßnahmen in Frage[259].

---

[255] *Schürmann*, Staatliche Mediennutzung, AfP 1993, S. 443; *ders.*, Öffentlichkeitsarbeit der Bundesregierung, S. 324 f.; ähnlich *Bullinger*, Staatsmonopol des Rundfunks, VBlBW 1983, S. 61.
[256] *Schürmann*, Staatliche Mediennutzung, AfP 1993, S. 443 f.; *ders.*, Öffentlichkeitsarbeit der Bundesregierung, S. 326 f.
[257] *Herrmann*, Fernsehen und Hörfunk, S. 249 f.; *ders./Lausen*, Rundfunkrecht, § 7 Rn. 82.
[258] *Peters*, Rechtslage von Rundfunk und Fernsehen, S. 26.
[259] *Herrmann*, Fernsehen und Hörfunk, S. 250.; *ders./Lausen*, Rundfunkrecht, § 7 Rn. 82.

B. Funktionsverbot für den Staat im Bereich der Massenmedien 63

c) Stellungnahme

Ob diese Ansicht zutreffend ist, erscheint aber sowohl im Hinblick auf ihre Voraussetzungen als auch im Hinblick auf ihre Folgerungen aus verschiedenen Gründen fraglich.

aa) Technische Dimension der Sondersituation

Zunächst kann man bereits eine Verkürzung der Wirklichkeit darin sehen, wegen der Weiterentwicklung der Übertragungstechnik das Ende der Sondersituation des Rundfunks zu proklamieren. Analoge terrestrische Frequenzen sind unverändert knapp. Hieran wird sich auch kaum noch etwas ändern[260], weil die technischen Möglichkeiten, etwa durch eine erhöhte Trennschärfe näher bei einander liegende Frequenzen nutzen zu können, weitestgehend ausgereizt sind. Ähnlich sieht die Situation bei der analogen Rundfunkübertragung über Breitbandkabelnetze aus. Die herkömmliche Kapazität der deutschen Breitbandkabelnetze reicht lediglich aus für die Übertragung von 28 analogen Fernsehprogrammen und rund 30 UKW-Radioprogrammen[261]. Auch die *EU-Kommission* geht von einem Weiterbestehen von Kapazitätsengpässen im Rundfunkbereich jedenfalls bis zum vollständigen Übergang von der analogen zur digitalen Übertragungstechnologie aus[262]. Frequenzen für die digitale terrestrische Verbreitung von Rundfunk (für Fernsehen *Digital Video Broadcasting, Terrestrial* = DVB-T, für Radio *Digital Audio Broadcasting, Terrestrial* = DAB-T) werden aber so lange nicht in großer Zahl zur Verfügung stehen, wie die Kapazitäten noch für den (hauptsächlich mobilen[263]) analogen Empfang benötigt werden[264]. Dies wird sich erst nach einer schwierigen Phase der Umstellung auf die digitale Verbreitung grundlegend ändern, die mit dem sog. „analogen Switch-Off", der vollständigen Beendigung analoger Übertragungen, enden soll. Diese ist in Deutschland flächendeckend erst für das Jahr 2010 geplant, wobei lange Zeit nur wenig ge-

---

[260] *Eberle*, Übertragungstechniken, ZUM 1995 S. 250; *Hoffmann-Riem/Vesting*, Ende der Massenkommunikation?, MP 1994, S. 382; *Vesting*, Prozedurales Rundfunkrecht, S. 182.
[261] *Irioni/Schirmbacher*, Rundfunkgewährleistung in deutschen Kabelnetzen, CR 2002, S. 61 f.
[262] Europäische Kommission, Grünbuch Konvergenz, S. 23 f.
[263] Autoradios, portable Radio- und Fernsehempfänger; vgl. *Grünwald*, Analoger Switch-Off, MMR 2001, S. 90.
[264] *Hesse*, Rundfunkrecht, Kap. 3 Rn. 7; *ders.*, Entwicklung des Rundfunkrechts, BayVBl. 1997, S. 133; *Reimers*, Technische Bedingungen, ZUM 1995, S. 525.

schen ist, um ihn bis dahin tatsächlich zu realisieren[265]. Erste groß angelegte DVB-T Projekte geben mittlerweile wieder Anlass zur Hoffnung, dass sich die neue Technik in der erhofften Weise entwickeln wird, und der endgültige Umstieg vielleicht sogar noch vor dem ursprünglich geplanten Termin verwirklicht werden kann.

Das weltweit erste DVB-T-Projekt, das über das Versuchs- und Erprobungsstadium hinausgewachsen ist, ging am 31. Oktober 2002 vom Funkturm am Berliner Alexanderplatz aus im Regelbetrieb auf Sendung. Es versorgte zu Beginn den Großraum Berlin/Potsdam und weite Teile Brandenburgs mit gut 20 Fernsehkanälen (ausgestrahlt wurden unter anderem die öffentlich-rechtlichen Programme *ARD*, *ZDF*, *ORB* und *SFB* sowie die überregionalen privaten Programme *RTL*, *RTL 2*, *Sat.1* und *ProSieben*), für deren Empfang entweder ein auf den Empfang digitaler Programme vorbereitetes Fernsehgerät oder ein spezieller Decoder (sog. Set-Top-Box) und eine normale Haus- oder Zimmerfernsehantenne benötigt werden. Bis zu 36 Kanäle sollen es einmal werden – knapp drei mal so viele wie bisher (in Berlin wurden 13 analoge Fernsehprogramme terrestrisch ausgestrahlt), gleichzeitig aber auch nicht viel mehr als schon seit längerem in durchschnittlichen analogen Kabelnetzen zur Verfügung stehen. Um genügend freie Kapazitäten für die Umstellung zu erlangen, wurde bereits im Februar 2003 der analoge Sendebetrieb der überregionalen privaten Fernsehprogramme *RTL*, *RTL 2*, *ProSieben*, *Sat.1* und *VOX* eingestellt. Am 4. August 2003 wurde der terrestrische Fernsehempfang im Ballungsgebiet Berlin schließlich vollständig auf die digitale Verbreitungstechnik umgestellt; die Verbreitung der letzten analogen Programme (es handelte sich um die Programme der öffentlich-rechtlichen Rundfunkanstalten *ARD*, *ZDF* und *RBB*), die bis zu diesem Zeitpunkt sowohl analog als auch digital verbreitet wurden (*Simulcast*)[266], wurde um acht Uhr morgens eingestellt; 25 digitale Fernsehprogramme wurden dafür von den Funktürmen am Alexanderplatz, am Scholzplatz und am Schäfersberg ausgestrahlt. Etwa 20000 Menschen im Sendegebiet waren auf den analogen Switch-Off

---

[265] Ausführlich zum analogen Switch-Off *Grünwald*, Analoger Switch-Off, MMR 2001, S. 89 ff.; vgl. außerdem Landesmedienanstalten, Positionspapier sowie die Broschüre „Berlin sieht digital" der Medienanstalt Berlin-Brandenburg, S. 1.
[266] § 52 a RStV ermöglicht es den öffentlich-rechtlichen Rundfunkanstalten, den Übergang von der analogen zur digitalen Verbreitung ihres Programms schrittweise zu vollziehen.

B. Funktionsverbot für den Staat im Bereich der Massenmedien 65

technisch nicht vorbereitet und besaßen zu diesem Zeitpunkt weder ein digitales Fernsehgerät noch eine Set-Top-Box[267]. In den Breitbandkabelnetzen blieb es allerdings bei der herkömmlichen analogen Übertragung. Die Nutzer der Satellitenverbreitung waren von der Umstellung ebenfalls nicht betroffen, so dass die Umstellung für insgesamt rund 90 % der Bevölkerung keinerlei negative Auswirkungen mit sich gebracht hat. Der zeitweilige Reichweitenverlust der vorhandenen Rundfunkprogramme sowie die übrigen – vor allem finanziellen – Belastungen für Veranstalter und Rezipienten während des Übergangs von der analogen zur digitalen Verbreitungstechnik werden von den Landesmedienanstalten als hinnehmbar eingeschätzt[268]. In Berlin wurde den finanziellen Mehrbelastungen der privaten Rundfunkveranstalter durch von der Medienanstalt Berlin-Brandenburg (MABB) vergebene Zuschüsse Rechnung getragen. Sozialhilfeempfängern, die einen Rechtsanspruch auf ein Fernsehgerät geltend machen konnten und die nachweisbar auf den terrestrischen Empfang angewiesen waren, wurde die Set-Top-Box im Rahmen einer Kooperation zwischen der MABB und den zuständigen Sozialhilfeträgern zur Verfügung gestellt. Etwa 6000 Decoder wurden auf diese Weise verteilt. Die Umstellung der öffentlich-rechtlichen Programme ist bereits in den von der Kommission zur Überprüfung und Ermittlung des Finanzbedarfs der Rundfunkanstalten (KEF) ermittelten Rundfunkgebühren berücksichtigt, so dass hierfür keine weiteren Zuschüsse vorgesehen waren[269]. Nach dem erfolgreichen Start in und um Berlin ist die weitere Einführung von DVB-T in Deutschland nun ab dem Jahr 2004 geplant. Als nächste Gebiete sollen Norddeutschland und Nordrhein-Westfalen im Herbst 2004 auf die digitale terrestrische Verbreitungstechnik für Fernsehprogramme umgestellt werden. 24 Programme (zwölf öffentlich-rechtliche und zwölf private) werden von Beginn an für diejenigen Rezipienten, die sich zuvor mit der notwendigen Technik ausgestattet haben, zum Empfang bereitstehen. Mit dem Gebiet Berlin-Brandenburg

---

[267] Zur Umstellung im Großraum Berlin vgl. die von der Medienanstalt Berlin-Brandenburg (MABB) herausgegebene Broschüre „Berlin sieht digital", URL: http://www.mabb.de/content/pdf/berlin _sieht_digital.pdf/, die Pressemeldungen der MABB vom 16. Juli und vom 4. Aug. 2003, URL: http://www.mabb.de/start.cfm?content=Meldungen&template=pressemeldungen/ sowie den von der MABB am 25. Aug. 2003 vorgelegten vorläufigen Projektbericht „Berlin goes Digital", URL: http://www.mabb.de/bilder/Projektbericht-250803.pdf/ (Stand: Dez. 2005).
[268] Landesmedienanstalten, Positionspapier, C 8.1 und „Ausgangspunkt".
[269] Vgl. den Projektbericht der MABB „Berlin goes digital", URL: http://www.mabb.de/bilder/Projektbericht-250803.pdf/ (Stand: Dez. 2005).

wird das digitale Fernsehen dann in etwa einem Drittel der Bundesrepublik verfügbar sein[270].

All dies zeigt, dass auch in Zeiten digitaler terrestrischer Verbreitung im Verhältnis zu den in Breitbandkabel und Satellit bestehenden Alternativen eine relative Knappheit der Übertragungswege bestehen bleiben wird. In der Übergangsphase ist – auch dies zeigt das Beispiel von Berlin – nicht einmal die terrestrische Grundversorgung der gesamten Bevölkerung gewährleistet[271]. Das bisherige Prinzip der voll flächendeckenden terrestrischen Versorgung steht für die digitale Zukunft sowieso zur Disposition[272]. In Kabelnetzen oder auf Satelliten werden digitale Rundfunkkapazitäten zwar in größerer Zahl zur Verfügung stehen, so dass auf 100 herkömmlichen Kanälen die Übertragung von 400 oder 500, vielleicht sogar von 900 Rundfunkprogrammen technisch möglich erscheint[273]. In *beliebiger* Anzahl werden aber auch sie nicht verfügbar sein. Wenn man Knappheit im Rundfunkbereich – mit Blick auf die ursprünglich zum Vergleich herangezogene, fundamental unterschiedliche Situation der Presse – im Sinne von *Endlichkeit* versteht, kann man deshalb auch bei digitalen Kapazitäten von Knappheit sprechen, weil sie nach erfolgter Zuteilung nur von den Begünstigten genutzt werden können[274]. Je mehr Kapazitäten aber zur Verfügung stehen, desto mehr interessierte Anbieter wird es geben, die diese zur Verbreitung ihrer Dienste nutzen wollen – und das nicht nur zur Übertragung von Rund-

---

[270] Vgl. hierzu die Pressemeldung der Hamburgischen Anstalt für Neue Medien (HAM) vom 20. Okt. 2003, abrufbar unter URL: http://www.ham-online.de/presse_publika/pressemeldungen.html/ (Stand: Dez. 2005).

[271] *Irioni/Schirmbacher*, Rundfunkgewährleistung im deutschen Kabelnetz, CR 2002, S. 61 f. gehen für die Umstellung der Breitbandkabelnetze in Deutschland ebenfalls von einem Nebeneinander von analoger und digitaler Übertragungstechnik nur solange aus, bis die Umstellung auf neue Endgeräte *mehrheitlich* abgeschlossen ist. Die Landesmedienanstalten sprechen in ihrem Positionspapier Kabel, 2001, Ziff. C 8.2 in diesem Zusammenhang von einem Anteil von 90 %. Dies würde neben der erheblich weiteren Verbreitung des Kabelempfangs im Vergleich zur terrestrischen Umstellung zu einer erheblich größeren Anzahl von Rundfunkteilnehmern führen, die wenigstens eine Zeit lang völlig auf den Fernsehempfang verzichten müssen. Aus diesem Grunde wird vorgeschlagen, zur Sicherung einer „Restversorgung" ein analoges Frequenzband mit einer Kapazität von sieben Programmen zu belassen, Landesmedienanstalten, a.a.O.

[272] Vgl. den Projektbericht der MABB, „Berlin goes digital", S. 14, abrufbar unter URL: http://www.mabb.de/bilder/Projektbericht-250803.pdf/ (Stand: Dez. 2005).

[273] Vgl. nur *Depenheuer*, Informationsordnung, AfP 1997, S. 670; *Eberle*, Übertragungstechniken, ZUM 1995, S. 250; *Hesse*, Rundfunkrecht, Kap. 3 Rn. 7; *ders.*, Entwicklung des Rundfunkrechts, BayVBl. 1997, S. 133; *Holznagel*, Konvergenz der Medien, NJW 2002, S. 2352; *Irioni/Schirmbacher*, Rundfunkgewährleistung im deutschen Kabelnetz, CR 2002, S. 61 f.; Landesmedienanstalten, Positionspapier, A.

[274] Vgl. *P. Mayer*, Internet im öffentlichen Recht, S. 48.

funk[275]. Einen regelrechten „Frequenzüberfluss"[276] werden wir deshalb auch in Zukunft nicht erleben.

bb) Ökonomische Dimension der Sondersituation

Wenn man diesem Verständnis von technischer Knappheit nicht folgen mag, gibt es eine Reihe ökonomischer Faktoren, die ein grenzenloses Wachstum im Rundfunkbereich auch weiterhin verhindern und so zu einer natürlichen Limitierung der Anbieterzahl führen werden: Die Veranstaltung eines konkurrenzfähigen Rundfunkprogramms ist nach wie vor mit einem immensen finanziellen Aufwand verbunden, den zu erbringen nur wenige in der Lage sind[277]. Dies gilt jedenfalls für das Fernsehen[278], in abgeschwächtem Maße aber auch für den Hörfunk, und vielleicht heute mehr denn je. Die hohen Kosten der Rundfunkveranstaltung resultieren heute allerdings nicht mehr so sehr wie in früherer Zeit aus der für die Produktion erforderlichen technischen Ausstattung. Die Rundfunktechnik hat einen großen Teil ihrer Exklusivität verloren. Statt teurer Magnetbandgeräte dienen heute CD- und DVD-Geräte und Computerfestplatten, die sich häufig kaum von solchen aus dem Bereich der Unterhaltungselektronik unterscheiden, als Signalquellen und Aufzeichnungsgeräte. Ähnliches gilt in gewissen Bereichen auch für die Kameratechnik[279]. Die Bild- und Tonmischung, der Schnitt und sonstige Nachbearbeitungen der Inhalte erfordern keine aufwändigen Spezialgeräte mehr, sondern lassen sich mittels leistungsfähiger Personalcomputer und entsprechender Software bewältigen. Und in dem gleichen Maße, in dem die Studiotechnik sich der des täglichen Lebens annähert, entfällt, weil etwa die Redakteure immer mehr Bearbeitungsschritte selbst durchführen können, auf manchen Produktionsebenen auch der Bedarf an spezialisierten und gut bezahlten Fachkräften[280].

---

[275] So auch *Irioni/Schirmbacher*, Rundfunkgewährleistung im deutschen Kabelnetz, CR 2002, S. 61 f.; vgl. weiterhin Landesmedienanstalten, Positionspapier, C 5. Nach der in § 52 RStV enthaltenen „(non)-must-carry"-Regelung geht dem Rundfunk ein Teil der zur Verfügung stehenden Verbreitungskapazitäten zugunsten von Mediendiensten verloren.
[276] So *Bullinger*, Rundfunkbegriff, AfP 1996, S. 1.
[277] Vgl. hierzu BVerfGE 78, 118, 123.
[278] *Müller-Using/Lücke*, Teledienste und Rundfunkbegriff, ArchivPT 1995, S. 35.
[279] *Reimers*, Technische Bedingungen, ZUM 1995, S. 523 f., 527.
[280] *Reimers*, Technische Bedingungen, ZUM 1995, S. 526 f.

2. Kapitel. Zulässigkeit regierungsamtlicher Öffentlichkeitsarbeit

Dies alles führt jedoch noch nicht dazu, dass die Veranstaltung von Rundfunk in seinem herkömmlichen Erscheinungsbild für jedermann erschwinglich würde. Bedeutendster Kostenfaktor im Rundfunk ist heute das Programm an sich. Allein mit (relativ) kostengünstig zu produzierenden Inhalten wie den Talk- und Gerichtsshows, die zur Mittagszeit und am frühen Nachmittag auf vielen privaten Fernsehsendern zu sehen sind, ist noch kein konkurrenzfähiges Programm zu machen, und dass das Angebot konkurrenzfähiger Inhalte enorm teuer ist, zeigt ein Blick auf die steigenden Summen, die von den Fernsehveranstaltern für hochwertige Spielfilm-, Serien- oder Sportlizenzen gezahlt werden müssen[281]. Es ist auch beispielsweise eine Entwicklung dahin zu beobachten, mit Show- und Spielkonzepten um den Zuschauer und Zuhörer zu werben, die außerordentlich hohe Geldgewinne beinhalten. Die Sender scheinen dabei zu versuchen, sich gegenseitig zu übertreffen. Mit aufwändigen Veranstaltungen innerhalb und außerhalb des Programms wird versucht, die Aufmerksamkeit der Rezipienten auf die „Marke Rundfunksender" zu lenken. Zu den Kosten für die Programminhalte und publikumswirksame Maßnahmen im Programmumfeld kommen außerdem trotz der allgemeinen Verbilligung der Rundfunktechnik in der Zukunft neue Kosten, um am Übergang ins digitale Zeitalter des Rundfunks überhaupt teilnehmen zu können[282] (z.B. für das sog. *Multiplexing*, das Einfügen des Programms in den digitalen Datenstrom[283]). Im Ergebnis hat sich also im Hinblick auf den erheblichen finanziellen Aufwand an der Sondersituation des Rundfunks nur wenig verändert.

Dieser Aufwand lohnt sich bei ausschließlich werbe- oder zuschauerentgeltfinanziertem, mit anderen Worten kommerziellem Rundfunk nur dann, wenn mit dem Programm genügend Rezipienten erreicht werden können, um für Werbekunden attraktiv zu sein. Aus diesem Grunde kommt es ja – sieht man einmal vom meist zurücktretenden publizistischen Interesse der Veranstalter ab – überhaupt auf die Konkurrenzfähigkeit des Programms an. So gehören denn Reich-

---

[281] Vgl. *Hesse*, Entwicklung des Rundfunkrechts, BayVBl. 1997, S. 142; *Ladeur*, Vertikale Integration in der Medienwirtschaft, RuF 1998, S. 5 ff.
[282] *Grünwald*, Analoger Switch-Off, MMR 2001, S. 90 m.w.N.; *Hesse*, Rundfunkrecht, Kap. 2 Rn. 46 m.w.N.; die Landesmedienanstalten, Positionspapier, A gehen dagegen davon aus, dass die digitale Übertragungstechnik günstiger ist als die bisherige analoge.
[283] Vgl. *Hesse*, Rundfunkrecht, Kap. 6 Rn. 5.

B. Funktionsverbot für den Staat im Bereich der Massenmedien 69

weitenstudien schon lange zu den von Rundfunkveranstaltern zu erbringenden Vorleistungen, um Werbeaufträge zu bekommen[284]. Eine sehr große Anzahl von Rundfunkprogrammen würde zu einer entsprechenden Diversifikation des Rezipientenverhaltens führen; einzelnen Veranstaltern würde es zunehmend schwer fallen, mit ihrem Programm genügend große Rezipientengruppen zu erreichen. Wenngleich sich die im Kommen befindlichen Spartenprogramme mit im Wesentlichen gleichartigen Inhalten (vgl. § 2 Abs. 2 Nr. 2 RStV) auch mit geringeren Rezipientenzahlen finanzieren lassen[285], ist es nach einem enormen Wachstum in den vergangenen Jahren[286] für die Zukunft doch fraglich, ob das seitens der Werbewirtschaft für Rundfunkwerbung insgesamt zur Verfügung stehende Finanzvolumen ausreichend sein wird, um die Finanzierung der technisch möglichen oder auch nur einer gegenüber heute wesentlich größeren Programmzahl zu gewährleisten[287]. Aktuell zeigen sich sogar eher deutliche Einbrüche sowohl in den von den privaten Rundfunkveranstaltern als auch in den von den öffentlich-rechtlichen Rundfunkanstalten erzielten Werbeeinnahmen. Zwischen den Jahren 2000 und 2002 gingen die Werbeeinnahmen beim *ZDF* um 35 %, bei der *ARD* um 29 %, bei *Sat.1* um 19 %, bei *RTL* um zwölf Prozent und bei *ProSieben* um elf Prozent zurück[288]. Auch wenn es sich dabei tatsächlich nur um einen kurzfristigen Effekt handeln sollte[289], wird das Finanzvolumen jedenfalls nicht im dem Maße wachsen wie die technischen Übertragungskapazitäten. Zwar ist immer wieder von Veränderungen der Medienlandschaft mit einer Entwicklung hin zum Bezahlfernsehen (*Pay-TV*) die Rede. Diese Entwicklung vollzieht sich jedoch nur zögernd und nicht mit dem ursprünglich erwarteten Erfolg[290]. Derzeit

---

[284] *Zoll/Hennig*, Massenmedien und Meinungsbildung, S. 60.
[285] Vgl. *Hoffmann-Riem/Vesting*, Ende der Massenkommunikation?, MP 1994, S. 385; *Vesting*, Prozedurales Rundfunkrecht, S. 191; *Weisser*, Digitale Pay TV-Angebote, ZUM 1997, S. 881. Die Kosten für ein Spartenfernsehprogramm herkömmlicher Erscheinung werden jedoch immer noch auf 50-75 Mio. Euro pro Jahr geschätzt. Selbst nach optimistischeren Prognosen werden Wirtschaftlichkeitschancen (nur) für mindestens vier Programme gesehen, vgl. *Hoffmann-Riem*, Pay-TV, S. 15 unter Berufung auf Prognos-Studien.
[286] Vgl. *Seidel/Libertus*, Rundfunkökonomie, S. 69 ff.; *Eberle*, Krise der Medienwirtschaft, MMR 2003, S. 624.
[287] Vgl. *Hesse*, Rundfunkrecht, Kap. 3 Rn. 7; *ders.*, Entwicklung des Rundfunkrechts, BayVBl. 1997, S. 133; *Hoffmann-Riem*, in: AK, GG (1989), Art. 5 Abs. 1, 2 Rn. 171; *Ladeur*, Reform der Rundfunkwerbung, AfP 2003, S. 385; mit Blick auf die Konzentration im Pressebereich *ders.*, Wegfall der besonderen Umstände, NJW 1982, S. 361. Hinsichtlich der Vollprogramme sieht *Vesting*, Prozedurales Rundfunkrecht, S. 191 die Grenze der Werbefinanzierung sogar bereits als erreicht an.
[288] *Eberle*, Krise der Medienwirtschaft, MMR 2003, S. 624.
[289] So *Eberle*, Krise der Medienwirtschaft, MMR 2003, S. 624.
[290] Vgl. etwa die Äußerungen von *Alfred Hürmer* im Hamburger Abendblatt vom 8. April 2002, S. 9.

gibt es in Deutschland (nach einem kurzen Zwischenspiel mit *DF1*) mit *Premiere* nur einen einzigen Fernsehveranstalter, der sich durch Zuschauerentgelte zu finanzieren versucht. Und dessen von Anfang an desolate finanzielle Situation gilt als eine der maßgeblichen Ursachen der Insolvenz des *KirchMedia*-Konzerns im April 2002, die als die größte Firmenpleite in der Geschichte der (deutschen) Medienwirtschaft gilt. Anders als etwa in Frankreich, Spanien und Italien, wo es jeweils nur eine geringe Zahl öffentlich-rechtlicher oder privater Free-TV-Angebote gibt, kann der Fernsehzuschauer in deutschen Kabelnetzen meist zwischen mehr als 30 kostenlos zu empfangenden Programmen wählen, die auch in den Bereichen der angeblichen Kernkompetenz des Bezahlfernsehens – Spielfilme und Sport – ein reichhaltiges Angebot zur Verfügung stellen, so dass Pay-TV in der Kosten-Nutzen-Analyse der Zuschauer in Deutschland schlecht abschneidet[291]. Davon abgesehen dürfte die Finanzierung über Zuschauerentgelte bei steigender Programmanzahl auf ähnliche Probleme stoßen wie die Werbefinanzierung. Zwar ist damit zu rechnen, dass die privaten Haushalte in Zukunft durchaus bereit sein werden, einen größeren Teil ihrer Mittel auf den Kommunikationsbereich zu verwenden[292], aber letztlich wird auch der in den privaten Haushalten für Mediennutzungsentgelte zur Verfügung stehende Betrag endlich sein. Dass die Rezipienten bereit sein werden, in Zukunft mehr Geld für den Kommunikationsbereich auszugeben, bedeutet schließlich auch nicht, dass diese Mehrausgaben allein dem Rundfunk zu Gute kämen. Dieser wird sich die Ressourcen mit anderen Informations- und Kommunikationsangeboten teilen müssen, insbesondere mit den vielfältigen Online-Angeboten und immer neuen Angeboten der mobilen Individualkommunikation, die immer höhere Ausgaben erfordern. Besser mag der wirtschaftliche Ausblick für solche entgeltfinanzierten Angebote sein, die nicht ein Gesamtprogramm anbieten, sondern auf das Angebot einzelner Beiträge gegen individuelle Bezahlung setzen (*Pay per View*) und damit funktionell die traditionell kostenpflichtigen Unterhaltungsangebote wie das Ausleihen von Filmen aus der Videothek oder den

---

[291] Vgl. abermals *Hürmer*, Hamburger Abendblatt v. 8. April 2002, S. 9, sowie *Zerdick u.a.*, Internet-Ökonomie, S. 40 f.
[292] *Hoffmann-Riem*, Pay-TV, S. 14 unter Berufung auf eine Prognos-Studie; vgl. auch *Winfried Schulz*, Medienwirklichkeit und Medienwirkung, Aus Politik und Zeitgeschichte B40/93, S. 16. Skeptisch dagegen *Holznagel*, Konvergenz der Medien, NJW 2002, S. 2352, nach dessen Ansicht die Verbraucher in weit geringerem Maße bereit sind, für die neue Medienwelt Geld auszugeben, als erwartet wurde; ähnlich *Zerdick u.a.*, Internet-Ökonomie, S. 44.

B. Funktionsverbot für den Staat im Bereich der Massenmedien 71

Gang ins Kino ersetzen und auf diese Weise spezielle Zuschauerinteressen befriedigen[293]. Ob solche Angebote allerdings noch dem herkömmlichen Rundfunk zuzuordnen sind, erscheint fraglich. Wenn auch bestimmte Formen von Pay-TV-Angeboten also durchaus neben den herkömmlichen werbe- oder gebührenfinanzierten Rundfunk treten mögen, scheint eine revolutionsartige Veränderung der Rundfunklandschaft trotz technischer Möglichkeiten an mangelnder Akzeptanz seitens der Rezipienten zu scheitern[294]. Insgesamt wird man mit *Sewczyk* sagen können, dass der Kuchen, der in den neuen Medien aufgeteilt werden kann, eben nicht unendlich groß, sondern überschaubar ist[295].

Mit der „digitalen Revolution" im Rundfunk ist dem Anschein nach aus den genannten technischen, finanziellen und Verhaltensgründen in näherer Zukunft nicht zu rechnen[296]. Es sind und bleiben nur wenige, die sich die Veranstaltung von Rundfunk in einer Weise, die seinem herkömmlichen Erscheinungsbild gleichkommt, leisten können[297]. Von einem Ende der Sondersituation des Rundfunks kann deshalb auch in finanzieller Hinsicht bisher nicht die Rede sein. Und selbst wenn die Zahl der Rundfunkprogramme künftig in dem von einigen prophezeiten Maß ansteigen sollte, bergen die ebenfalls wachsende kommerzielle Orientierung des Rundfunks und allgemeine gesellschaftliche Entwicklungen eher die Gefahr, dass sich das Gesamtangebot auf ein massentaugliches und werbewirksames Einheitsprogramm verengt, als dass sich eine echte Chance für größere Vielfalt durch Wettbewerb bietet[298]. Sichtbares Zeichen einer solchen Entwicklung ist die fast augenblickliche Übernahme neuer, gleichsam standardisierter Fernsehformate durch alle Sender, egal ob privat oder öffentlich-rechtlich.

---

[293] Vgl. Landesmedienanstalten, Positionspapier, A.
[294] *Vesting*, Prozedurales Rundfunkrecht, S. 192 f.; vgl. *Hoffmann-Riem/Vesting*, Ende der Massenkommunikation?, MP 1994, S. 385.
[295] *Sewczyk*, Online kommerziell, MP 2002, S. 116.
[296] *Hesse*, Rundfunkrecht, Kap. 3 Rn. 17; *ders.*, Entwicklung des Rundfunkrechts, BayVBl. 1997, S. 137; *Holznagel*, Konvergenz der Medien, NJW 2002, S. 2351 f.
[297] So auch *Fiedler*, Meinungsfreiheit in einer vernetzten Welt, S. 27 f.
[298] Vgl. etwa ALM, Positionspapier, Ziff. 3.1; *Betzler*, Finalität, in: Dittmann u.a., Rundfunkbegriff im Wandel der Medien, S. 156, 160; *Dörr*, Rundfunkbegriff, in: Dittmann u.a., Rundfunkbegriff im Wandel der Medien, S. 127; *Ladeur*, Vertikale Integration in der Medienwirtschaft, RuF 1998, S. 9 ff.; *Vesting*, Prozedurales Rundfunkrecht, S. 199 ff., 317 f. m.w.N.; vgl. auch *Winfried Schulz*, Medienwirklichkeit und Medienwirkung, Aus Politik und Zeitgeschichte B40/93, S. 17; a.A. *Scholz*, Zukunft von Rundfunk und Fernsehen, AfP 1995, S. 358.

72 2. Kapitel. Zulässigkeit regierungsamtlicher Öffentlichkeitsarbeit

cc) Besondere Meinungsrelevanz des Rundfunks

Hinzu kommt – und hierin liegt die gewichtigere Ursache von Bedenken gegen die Ansicht, man könne angesichts der technischen Veränderungen zumindest teilweise vom staatlichen Funktionsverbot im Rundfunk abrücken –, dass die Sondersituation des Rundfunks nur ein (und weder früher noch heute das vorrangige[299]) Argument in der Begründung der besonderen verfassungsrechtlichen Konstruktion der Rundfunkfreiheit darstellt. Das andere, weit bedeutendere Element ist die Bedeutung des Rundfunks als Medium und Faktor im Prozess der öffentlichen Meinungsbildung[300]. Diese Bedeutung ist es auch, worauf das Bundesverfassungsgericht in jüngerer Zeit wieder stärker abstellt, wenn es die besondere *Aktualität*, *Breitenwirkung* und *Suggestivkraft* des Rundfunks als seine hervorragenden Merkmale in der Welt der Massenkommunikationsmittel betont[301]. *Pieper* und *Wiechmann* weisen zu Recht darauf hin, dass eine Gefahr für die freie Meinungsbildung nicht nur von einem Mangel an Vielfalt droht, sondern auch von der Möglichkeit der gezielten Manipulation der durch die Massenmedien verbreiteten Informationen[302]. Gerade diese Möglichkeit soll staatlichen Stellen durch das Prinzip der Staatsfreiheit so weit wie irgend möglich genommen werden. Hierin besteht der eigentliche unmittelbare Zusammenhang zwischen dem Prinzip der Staatsfreiheit und dem Demokratieprinzip, wogegen das Argument der Sondersituation, wie oben bereits festgestellt wurde, eher auf pluralistische Überlegungen als ein *Teil*element dieses Verhältnisses verweist[303].

An der Bedeutung des Rundfunks für den demokratischen Prozess wird sich aber auch dann nichts ändern, wenn Programme in viel größerer Zahl als bisher zur Verfügung stehen[304]. Es ist sogar ganz im Gegenteil davon auszugehen, dass die mit der technischen Entwicklung möglicherweise einhergehende Entwick-

---

[299] Vgl. nur *Hoffmann-Riem*, Pay-TV, S. 31; *Ladeur*, Wegfall der besonderen Umstände, NJW 1982, S. 359; *Möstl*, Parteien als Medienunternehmer, DÖV 2003, S. 108; *Vesting*, Prozedurales Rundfunkrecht, S. 154 f.
[300] Vgl. oben Kap. 2 B. I. 1. a) aa) und Kap. 2 B. 1. b) aa).
[301] BVerfGE 90, 60 , 87; kritisch gegenüber dem Begriff „Suggestivkraft" *Lent*, Rundfunk-, Medien-, Teledienste, S. 65 f., der stattdessen die Bezeichnung „rundfunkspezifische Wirkungskraft" verwenden möchte.
[302] *Pieper/Wiechmann*, Rundfunkbegriff, ZUM 1995, S. 89.
[303] Vgl. oben Kap. 2 B. I. 1 b) aa).
[304] Zur gleichbleibenden Bedeutung des Rundfunks im Wahlkampf *Winfried Schulz*, Wird die Wahl im Fernsehen entschieden?, MP 1994, S. 325 f.

B. Funktionsverbot für den Staat im Bereich der Massenmedien 73

lung hin zu Programmen, die ganz gezielt die spezifischen Informations- und Kulturinteressen spezieller Zielgruppen befriedigen, zu einer noch größeren „kulturellen Dominanz" des Rundfunks führen würde[305]. Durch die zunehmende Individualisierung wird zwar die Breitenwirkung des einzelnen Programms abnehmen[306], die Suggestivkraft, die Identifikation des Rezipienten mit den kommunizierten Inhalten und damit auch seine Empfänglichkeit für das Gesehene und Gehörte wird aber wachsen[307]. Zugleich ist zu beobachten, dass sich die Wirklichkeitswahrnehmung der Menschen zunehmend nach der Mediendarstellung richtet, ja dass massenmediale Inhalte durch die Aufhebung des Raum-Zeit-Gefüges und durch die „simultane Omnipräsenz" der Ereignisse geradezu zu einer neuen Realität geworden sind, und dass der Rundfunk infolgedessen allgemein zum „kulturellen Leitmedium des Wissens und der Werte" avanciert[308]. Weltumspannende Live-Berichterstattung sorgt zusammen mit der entsprechenden Nachrichtentechnik und -infrastruktur dafür, dass Geschehnisse in den entlegensten Flecken der Erde fast zeitgleich miterlebt werden können[309]. Der Rundfunk wirkt in dieser Rolle ein auf das Orientierungs- und Qualifikationswissen und den Wertehaushalt, auf Plausibilitätsstrukturen, auf gesellschaftlich verankerte Stereotypen und auf die soziale Wirklichkeitskonstruktion und ist so zentrale Instanz der Sozialisation und Enkulturation[310]. Diese gesellschaftlichen Umstände sind es letztlich auch, die sich hinter der unscharfen Formel des Bundesverfassungsgerichts von der Aktualität, Breitenwirkung und Suggestivkraft des Rundfunks verbergen. Und die Bedeutung dieses Begründungselements wird eben in Zukunft nicht ab-, sondern zunehmen. Die Forderung nach dem Ende der Staatsfreiheit des Rundfunks und des Funktionsverbots für den Staat lässt sich vor diesem Hintergrund allein mit den veränderten *technischen*

---

[305] *Vesting*, Prozedurales Rundfunkrecht, S. 17; a.A. *Weisser*, Digitale Pay TV-Angebote, ZUM 1997, S. 882.
[306] *Dittmann*, Rundfunkbegriff, in: ders. u.a., Rundfunkbegriff im Wandel der Medien, S. 33.
[307] Vgl. *Vesting*, Prozedurales Rundfunkrecht, S. 17.
[308] *Vesting*, Prozedurales Rundfunkrecht, S. 17 ff., 120 m.w.N. aus dem Bereich der Sozialwissenschaften. Deshalb kritisiert *Vesting* an gleicher Stelle die Fixierung des Bundesverfassungsgerichts auf die Bedeutung des Rundfunks für die *politische* Meinungsbildung.
[309] Vgl. *Winfried Schulz*, Medienwirklichkeit und Medienwirkung, Aus Politik und Zeitgeschichte B40/93, S. 20.
[310] *Hoffmann-Riem*, Pay-TV, S. 30, 49; *ders.*, Rundfunkbegriff, AfP 1996, S. 11 f. *Winfried Schulz*, Medienwirklichkeit und Medienwirkung, Aus Politik und Zeitgeschichte B40/93, S. 19 ff. hält die Wirkung insb. des Fernsehens auf Individuum und Gesellschaft dagegen für oftmals überschätzt. *Bullinger*, Kommunikationsfreiheit, S. 53 ff. erwartet aufgrund der zunehmenden Individualisierung insgesamt eher eine Banalisierung der Telekommunikation.

74   2. Kapitel. Zulässigkeit regierungsamtlicher Öffentlichkeitsarbeit

Bedingungen des Rundfunks nicht begründen. Vielmehr erfordern die besonderen Umstände des Rundfunks auch heute noch dessen unbedingte Staatsfreiheit[311].

dd) Parallelfall: Die „positive Ordnung" für den Rundfunk

Häufiger als das Ende der Staatsfreiheit wird in Zeiten der Digitalisierung das Ende, zumindest aber eine deutliche Aufweichung des Erfordernisses einer funktions- und vielfaltsichernden „positiven Ordnung" für den Rundfunk zugunsten eines rein marktmäßig ausgerichteten Vielfaltmodells gefordert[312]. Bei dem Erfordernis einer positiven Ordnung handelt es sich im Gegensatz zur vorwiegend abwehrrechtlich begründeten Staatsfreiheit um eine Folge der objektivrechtlichen Gewährleistungsdimension der Rundfunkfreiheit, deren Ziel die Schaffung möglichst optimaler Voraussetzungen für die Grundrechtsverwirklichung ist[313]. Unter dem Begriff der positiven Ordnung ist die Gesamtheit aller materiellen, organisatorischen und prozeduralen Regelungen zu verstehen, die dafür sorgen sollen, dass der Rundfunk dadurch seiner hervorragenden Bedeutung für den demokratischen Prozess gerecht werden kann, dass die Vielfalt der in der Gesellschaft vorhandenen Themen und Meinungen dort in möglichster Breite und Vollständigkeit und frei von inneren und äußeren Störungen ihren Ausdruck finden kann[314]. Diese Ordnung, so wird vor dem Hintergrund der oben aufgezeigten Veränderungen gesagt, gehöre einer Medienstruktur an, die sich angesichts der marktwirtschaftlichen Öffnung des Kommunikationssystems und der faktischen Schwierigkeiten nationaler Regelungen als wahrhaft von gestern erwiesen habe und deshalb aufgegeben werden müsse, um den Anschluss an die Entwicklungen der modernen Kommunikation nicht zu verpassen[315].

---

[311] So auch *Bethge*, Freiheit des privaten Rundfunks, DÖV 2002, S. 679.
[312] S. etwa *Engel*, Multimedia und Verfassungsrecht, in: Hoffmann-Riem/Vesting, Perspektiven der Informationsgesellschaft, S. 160 ff; *Goldhammer/Zerdick*, Rundfunk Online, passim; *Karpen*, Medienrecht, in: Achterberg/Püttner/Würtenberg, Besonderes Verwaltungsrecht I, S. 1245; *Schoch*, Öffentliche Betätigung im Online-Bereich, AfP 1998, S. 257; *Scholz*, Zukunft von Rundfunk und Fernsehen, AfP 1995, S. 357 ff.; *Weisser*, Digitale Pay TV-Angebote, ZUM 1997, S. 881 ff.
[313] Vgl. *Herzog*, in: Maunz/Dürig, GG, Art. 5 Abs. 1, 2 Rn. 216 ff.; *Hoffmann-Riem*, in: AK, GG, § 5 Abs. 1, 2 Rn. 156; *Starck*, in: v. Mangoldt/Klein/Starck, GG, Art. 5 Abs. 1, 2 Rn. 110 ff.
[314] BVerfGE 90, 60, 88; 73, 118, 152 f.; 57, 295, 320.
[315] *Scholz*, Zukunft von Rundfunk und Fernsehen, AfP 1995, S. 357 ff. *Depenheuer*, Informationsordnung, AfP 1997, S. 669 spricht von einer „überlebten Rundfunkordnung".

B. Funktionsverbot für den Staat im Bereich der Massenmedien 75

Die Argumentation, mit der das Bundesverfassungsgericht die Notwendigkeit einer positiven Ordnung für den Rundfunk herleitet, ist die gleiche, mit der auch das Erfordernis der Staatsfreiheit des Rundfunks begründet wird: Auch sie folge aus der herausragenden Bedeutung des Rundfunks als Medium und Faktor der Meinungsbildung einerseits und aus seiner Sondersituation andererseits[316]. Insofern lassen sich die für oder gegen das eine Prinzip vorgebrachten Argumente auch für die Frage nach der Legitimität des anderen fruchtbar machen. Und der Forderung nach einer Lockerung der positiven Ordnung werden immer wieder gewichtige Argumente entgegengehalten: Im Positionspapier der *Arbeitsgemeinschaft der Landesmedienanstalten* (ALM) zum Rang und zur Rolle der Landesmedienanstalten heißt es etwa, Medienregulierung sei auch in Zukunft unverzichtbar und werde nicht überflüssig, wenn aufgrund des technischen Fortschritts – insbesondere der Digitalisierung – künftig kein Mangel an Übertragungskapazitäten mehr herrsche, denn weiterhin müsse dafür Sorge getragen werden, dass eine freie und individuelle gesellschaftliche Werte- und Meinungsbildung möglich bleibe[317]. *Hoffmann-Riem* schreibt, die Gefahren einseitigen Einflusses seien auch infolge technologischer Änderungen nicht entfallen. Weil zudem der Zugang zum Rundfunk trotz allem real nicht jedem offen stehe, seien besondere Vorkehrungen schon zur Sicherung kommunikativer Chancengleichheit weiterhin gerechtfertigt[318]. Der Schutzbedarf des Publikums entfalle selbst dann nicht, wenn der bisherige Frequenzmangel als Zugangshindernis für die Kommunikatoren und die finanziellen Zugangshindernisse geringer werden sollten[319]. Auch nach Ansicht von *Hesse* sei kaum zu erwarten, dass angesichts größerer Auswahlmöglichkeiten eine Angebotssteuerung nicht mehr erforderlich sei, weil es auch in der digitalen Welt zahlreiche Gefahren für die öffentliche Meinungsbildung geben werde[320]. Wieder liegt das Schwergewicht der Argumentation auf der Bedeutung des Rundfunks für den demokratischen Prozess. Der aufbrechende Markt wird auch in Zukunft allein nicht in der Lage sein, Stö-

---

[316] BVerfGE 12, 205, 261.
[317] ALM, Positionspapier, Ziff. 1.3; a.A. *Depenheuer*, Informationsordnung, AfP 1997, S. 673 f.
[318] *Hoffmann-Riem*, Erosionen des Rundfunkrechts, S. 43; *ders.*, Rundfunkbegriff, AfP 1996, S. 10.
[319] *Hoffmann-Riem*, in: AK, GG (1989), Art. 5 Abs. 1, 2 Rn. 169.
[320] *Hesse*, Entwicklung des Rundfunkrechts, BayVBl. 1997, S. 137.

rungen dieses Prozesses durch einseitige Einflussnahme zu verhindern[321]. Dabei ist einzuräumen, dass sich die Gefahren für die Meinungsvielfalt im Rundfunk durch die technischen und wirtschaftlichen Entwicklungen in Richtung „Medienkonzentration durch horizontale und vertikale Anbieterverflechtungen" und „diskriminierungsfreier Zugang zu digitalen Rundfunkangeboten" verlagern[322]. Diesen neuen Problemfeldern ist bei der *Weiterentwicklung* der Rundfunkordnung besondere Aufmerksamkeit zu schenken; sie werden deutliche Veränderungen in der konkreten Gestalt der positiven Ordnung des Rundfunks erfordern. Schon heute zeichnet sich eine Entwicklung hin zum Steuerungskonzept der „regulierten Selbstregulierung" ab. Ein frühes Anzeichen dafür war die Einführung der in den §§ 52, 53 RStV getroffenen Regelungen zur Weiterverbreitung von Fernsehprogrammen in digitalisierten Kabelanlagen und zum Diskriminierungsverbot für Zugangs- und Navigationsdienste. Eine *Ende* der gesetzlichen Rundfunkordnung jedoch – dies wurde gleichfalls deutlich – ist keinesfalls zwingende Folge der technischen Veränderungen, wenn man weiterhin auf die überragende Bedeutung des Rundfunks im Meinungsprozess abstellt; die gewichtigeren Gründe sprechen dagegen.

Wenn aber das Potenzial des Rundfunks, den Prozess der öffentlichen Meinungsbildung in besonderer Weise zu beeinflussen und seine Freiheit durch einseitige Einflussnahme zu gefährden, weiterhin eine besondere (wenn auch veränderte) vielfaltschaffende positive Ordnung für den Rundfunk zu rechtfertigen vermag, so muss dies für das Prinzip der Staatsfreiheit des Rundfunks und das damit verbundene Funktionsverbot für den Staat erst recht gelten, denn hierbei handelt es sich über die innergesellschaftliche Sicherung von Vielfalt und kommunikativer Chancengleichheit hinaus um die speziell dem Staat gegenüber bestehende Sicherung eines ungestörten Meinungsbildungsprozesses[323]. Bei dem Argument vom Ende der Sondersituation handelt es sich letztlich um ein Beispiel für die häufig zu beobachtende Vorgehensweise, technische Entwicklun-

---

[321] Vgl. *Dörr*, Rundfunkbegriff, in: Dittmann u.a., Rundfunkbegriff im Wandel der Medien, S. 126 f.; *Kübler*, Legitimationsfragen, AfP 2002, S. 281 ff.
[322] Vgl. *Holznagel*, Regulierte Selbstregulierung im Medienrecht, Die Verwaltung, Beiheft 4 (2001), S. 90; zur vertikalen Verflechtung *Ladeur*, Vertikale Integration in der Medienwirtschaft, RuF 1998, S. 1 ff.
[323] Vgl. oben Kap. 2 B. I. 1. b) aa) und Kap. 2 B. I. 1. c).

B. *Funktionsverbot für den Staat im Bereich der Massenmedien* 77

gen zum Anlass zu nehmen, um Forderungen *politischer* Natur zu rechtfertigen[324].

d) Angebote mit geringerem Beeinflussungspotential: „Staatsfernsehen" ein „Mediendienst"?

Hält man mit *Herrmann, Schürmann* und anderen unredigierte und unkommentierte staatliche Direktübertragungen ohne Programmgestaltung in den dargestellten Grenzen für zulässig, so kann man ihre Zulässigkeit also nicht allein mit der Veränderung der technischen und finanziellen Rahmenverhältnisse des Rundfunks begründen. Man muss solchen Übertragungen vielmehr die besondere Relevanz und potentielle Gefährlichkeit für den ungestörten Prozess öffentlicher Meinungs- und Willensbildung absprechen, die den zentralen Grund für das Gebot der Staatsfreiheit darstellt. Darin muss auch der Grund liegen für die von den Vertretern dieser Ansicht vorgenommene enge inhaltliche und formale Eingrenzung der für zulässig erachteten Übertragungen und für die implizite Behauptung, die von ihnen ausgehende Manipulationsgefahr sei – bei Beachtung dieser Grenzen – nur gering und unter demokratischen Gesichtspunkten zu vernachlässigen. *Schürmann* bezieht sich in der Begründung seiner Ansicht auch nicht nur auf das vermeintliche Ende der Sondersituation des Rundfunks, sondern auch auf *Jarass'* oben vorgestelltes Konzept zur Staatsfreiheit der Massenmedien[325]. Direktübertragungen der beschriebenen Art wären nach dessen Differenzierung zwischen verschiedenen Medienfunktionen nicht der für den Staat unzulässigen „Aktualvermittlung", sondern der „Autopräsentation" zuzuordnen, für die nach Ansicht von *Jarass* das Verbot der staatlichen Eigenbetätigung wegen geringerer Gefährdung des Meinungsbildungsprozesses nicht gilt. Diese differenzierende Betrachtungsweise wurde jedoch an früherer Stelle bereits abgelehnt[326]. Spricht man der Übertragung von Regierungserklärungen, Parlamentsdebatten und ähnlichen staatlichen Veranstaltungen eine mit dem übrigen Rundfunk vergleichbare Meinungsrelevanz ab, so ist die daraus zu ziehende Konsequenz nach dem oben Gesagten nicht etwa das Ende des Gebots der Staatsfreiheit des Rundfunks und damit das Ende des rundfunkspezifischen

---

[324] Vgl. *Hoffmann-Riem*, Erosionen des Rundfunkrechts, S. 42 f.
[325] *Schürmann*, Öffentlichkeitsarbeit der Bundesregierung, S. 327; dazu oben Kap. 2 B. I. 1 b) bb).
[326] S. oben Kap. 2 B. I. 1. c).

78 2. Kapitel. Zulässigkeit regierungsamtlicher Öffentlichkeitsarbeit

Funktionsverbots für den Staat. Es gilt dann vielmehr die Frage zu beantworten, ob es sich dabei überhaupt um *den* Rundfunk handelt, für den so strenge verfassungsrechtliche Vorgaben gelten.

Herrmann hat denn auch schon früh Zweifel daran zum Ausdruck gebracht, dass es sich bei Übertragungen der fraglichen Art angesichts der beschränkten Programmgestaltung und der fehlenden Universalität der Aussagengestaltung überhaupt um Rundfunk handeln könne. Er hat diese Zweifel allerdings sogleich mit der Feststellung entkräftet, es handele sich immerhin um eine geordnete Folge von Aussagen, die funktechnisch verbreitet würden und an die Allgemeinheit gerichtet seien, was für die Rundfunkeigenschaft ausreiche[327]. Dieser Erklärung liegt ersichtlich ein Rundfunkbegriff zugrunde, der zwar auf technische und inhaltliche Merkmale sowie auf Umstände der Herstellung und der Verbreitung abstellt[328], aber noch kein besonderes Merkmal der Meinungsrelevanz beinhaltet. In der heutigen Medienlandschaft, in der die „Neuen Medien" auf dem Sektor der Massenkommunikation neben den Rundfunk und die Presse getreten sind, ist indes fraglich, ob es für die Rundfunkeigenschaft mit der Folge des Funktionsverbots ausreichen kann, dass geordnete Inhalte funktechnisch an die Allgemeinheit verbreitet werden. Dass Inhalte an die Allgemeinheit verbreitet werden, versteht sich als Inbegriff der Massenkommunikation von selbst. Danach blieben als bestimmende Merkmale des Rundfunks also nur noch die Ordnung der Inhalte und deren fernmeldetechnische Verbreitung. Dieses Verständnis ist jedoch mittlerweile überholt[329]: Das wesentliche Merkmal des verfassungsrechtlichen Rundfunkbegriffs, das den Rundfunk von anderen, auf technisch gleichartige Weise an die Allgemeinheit verbreiteten Diensten unterscheidet, ist die Meinungsrelevanz seiner Inhalte. Inhalte ganz ohne Meinungsrelevanz sind auch bei entsprechender Verbreitungsart kein Rundfunk[330]. Auf ein bestimmtes Maß an Meinungsrelevanz kommt es für diese grundrechtliche Zuordnung indes nach ganz vorherrschender Ansicht nicht an. Vielmehr kommt

---

[327] *Herrmann*, Fernsehen und Hörfunk, S. 250.
[328] Vgl. hierzu *Herrmann*, Fernsehen und Hörfunk, S. 47.
[329] Vgl. auch *Gersdorf*, Verfassungsrechtlicher Rundfunkbegriff, S. 143.
[330] *Gersdorf*, Verfassungsrechtlicher Rundfunkbegriff, S. 92 ff.; *Hoffmann-Riem*, Pay-TV, S. 50; *Pieper/Wiechmann*, Rundfunkbegriff, ZUM 1995, S. 89; *Ricker*, Rundfunkgebühren für Internet-Computer?, NJW 1997, S. 3200; kritisch *Brand*, Rundfunk, S. 79 ff.

B. Funktionsverbot für den Staat im Bereich der Massenmedien 79

danach allen meinungsrelevanten, telekommunikationstechnisch an die Allgemeinheit verbreiteten Inhalten der Schutz der Rundfunkfreiheit zugute[331]. Diese Feststellung soll an dieser Stelle, an der es ausschließlich um Bewegtbild- und Audioinhalte geht, zunächst genügen. An späterer Stelle wird aber noch zu fragen sein, ob es nicht einer weiteren Differenzierung nach funktionalen Gesichtspunkten und daher einer Klärung des Verhältnisses zwischen den Gewährleistungsbereichen der Rundfunk- und der Pressefreiheit bedarf[332]. Die Zuordnung eines Dienstes zum Schutzbereich der Rundfunkfreiheit bedeutet indes nicht, dass nicht auf der Rechtsfolgenseite hinsichtlich der Reichweite des Schutzes nach der jeweiligen Bedeutung der kommunizierten Inhalte für den demokratischen Meinungsbildungsprozess differenziert werden könnte[333]. Mit anderen Worten folgt aus der Zuordnung von Diensten oder Inhalten zum verfassungsrechtlichen Rundfunkbegriff nicht zwingend, dass darauf auch die herkömmlichen Regeln des Rundfunkrechts Anwendung finden müssen. Soweit damit eine den jeweiligen Gefahrenpotenzialen angemessene Lösung erreicht wird, ist eine an der unterschiedlichen Bedeutung der Angebote für die Meinungsbildung ori-

---

[331] Vgl. nur *Gersdorf*, Verfassungsrechtlicher Rundfunkbegriff, S. 94; *ders.*, Rundfunkbegriff im Umbruch, AfP 1995, S. 569; *Hoffmann-Riem*, in: AK, GG, Art. 5 Abs. 1, 2 Rn. 149; *ders.*, Pay-TV, S. 51 m.w.N.; *ders.*, Rundfunkbegriff, AfP 1996, S. 12; a.A. *Badura*, Rundfunkbegriff, in: Dittmann u.a., Rundfunkbegriff im Wandel der Medien, S. 117 ff., *Conrad*, Rundfunk online, MP 2002, S. 114, sowie *Degenhart*, Programmauftrag Internet, MMR 1998, S. 137, die einen engeren, am klassischen Programmauftrag orientierten verfassungsrechtlichen Rundfunkbegriff vertreten; ähnlich *Lent*, Rundfunk-, Medien-, Teledienste, S. 82; *Hesse*, Entwicklung des Rundfunkrechts, BayVBl. 1997, S. 135. Dabei ist zu beachten, dass ein enger Rundfunkbegriff zumeist entweder im Zusammenhang mit dem Streit um die Zulässigkeit von Online-Aktivitäten öffentlich-rechtlicher Rundfunkanstalten oder zum Zwecke der Umgehung des aus der Rundfunkzugehörigkeit vermeintlich folgenden Zulassungs- und Beaufsichtigungsregimes diskutiert wird. Stärker einschränkend auch *Bullinger*, Rundfunkbegriff, AfP 1996, S. 1 ff. Kritisch zur Einschränkung des Rundfunkbegriffs wiederum *Gersdorf*, Rundfunkfreiheit als „Supergrundrecht"?, in: Dittmann u.a., Rundfunkbegriff im Wandel der Medien, S. 138; *ders.*, Rundfunkbegriff im Umbruch, AfP 1995, S. 568; *Pieper/Wiechmann*, Rundfunkbegriff, ZUM 1995, S. 93; *Scherer*, Online, AfP 1996, S. 218.
[332] S. unten Kap. 2 B. III. 3. c).
[333] Vgl. nur *Betzler*, Finalität, in: Dittmann u.a., Rundfunkbegriff im Wandel der Medien, S. 169; *Brand*, Rundfunk, S. 68 ff.; *Dörr*, Rundfunkbegriff, in: Dittmann u.a., Rundfunkbegriff im Wandel der Medien, S. 127; *Gersdorf*, Rundfunkfreiheit als „Supergrundrecht"?, in: Dittmann u.a., Rundfunkbegriff im Wandel der Medien, S. 138; *ders.*, Rundfunkrecht, in: Becker, Rechtsprobleme internationaler Datennetze, S. 89; *ders.*, Rundfunkbegriff im Umbruch, AfP 1995, S. 568; *Hoffmann-Riem*, in: AK, GG, Art. 5 Abs. 1, 2 Rn. 144, 148 f., 175; *ders.*, Pay-TV, S. 51; *ders.*, Rundfunkbegriff, AfP 1996, S. 12; *Jarass*, Rundfunkbegriffe, AfP 1998, S. 134; *Lent*, Rundfunk-, Medien-, Teledienste, S. 81; *Pieper/Wichmann*, Rundfunkbegriff, ZUM 1995, S. 93; *Scherer*, Online, AfP 1996, S. 217 f.; *Schürmann*, Staatliche Mediennutzung, AfP 1993, S. 443.

80   2. Kapitel. Zulässigkeit regierungsamtlicher Öffentlichkeitsarbeit

entierte Differenzierung grundrechtlich unbedenklich, ja sogar zur interessengerechten Umsetzung der Rundfunkfreiheit geboten[334].

Solch eine an der Bedeutung der Dienste und am daraus folgenden Gefährdungspotential für den demokratischen Prozess orientierte Differenzierung auf der Rechtsfolgenseite haben die Gesetzgeber auf einfachgesetzlicher Ebene auch tatsächlich vorgenommen: Neben den Rundfunk sind mit dem Inkrafttreten des Mediendienste-Staatsvertrags der Länder (MDStV) am 1. August 1998 die Mediendienste getreten. Seitdem findet durch das in der Rundfunkdefinition des § 2 Abs. 1 S. 1 RStV, nicht aber in der Definition des § 2 Abs. 1 S. 1 MDStV vorkommende Merkmal der „Darbietung" eine Differenzierung hinsichtlich des Ausmaßes der Meinungsrelevanz statt: Mittels Telekommunikationstechnik an die Allgemeinheit gerichtete Informations- und Kommunikationsdienste in Text, Ton oder Bild sind, soweit es sich dabei nicht um Darbietungen i.S. des § 2 Abs. 1 S. 1 RStV und damit um Rundfunk im einfachgesetzlichen Sinne handelt, Mediendienste i.S. des § 2 Abs. 1 S. 1 MDStV. Seit Inkrafttreten des MDStV ist das Merkmal der Darbietung also auf *einfachgesetzlicher* Ebene zum wesentlichen Merkmal für die Unterscheidung des Rundfunks von anderen telekommunikationstechnisch verbreiteten Massenkommunikationsdiensten geworden[335].

Von einer Darbietung wird auf dieser Ebene erst dann gesprochen, wenn die kommunizierten Inhalte *in besonderer Weise* dazu bestimmt und geeignet sind, den Prozess der individuellen und öffentlichen Meinungsbildung zu beeinflussen[336]. Anders als auf der grundrechtlichen Ebene kommt es auf der einfachgesetzlichen also sehr wohl auf das Maß der Meinungsrelevanz des jeweiligen Angebots an. Mediendienste verfügen im Gegensatz zum klassischen, einfachgesetzlichen Rundfunk über eine geringere Meinungsrelevanz. Sie sind nicht im gleichen Maße wie der Rundfunk geeignet, einen Einfluss auf die öffentliche

---

[334] *Hoffmann-Riem*, in: AK, GG, Art. 5 Abs. 1, 2 Rn. 148 f.; *ders.*, Rundfunkbegriff, AfP 1996, S. 12; *Gersdorf*, Verfassungsrechtlicher Rundfunkbegriff, S. 149 ff.
[335] Vgl. DLM, Strukturpapier 2003, Ziff. 2.2; *Hesse*, Entwicklung des Rundfunkrechts, BayVBl. 1997, S. 136; *Hoffmann-Riem*, in: AK, GG, Art. 5 Abs. 1, 2 Rn. 146, 149; *Jarass*, Rundfunkbegriffe, AfP 1998, S. 140 Fn. 120; *Kröger/Moos*, Regelungsansätze, ZUM 1997, S. 465; *Kuch*, Staatsvertrag über Mediendienste, ZUM 1997, S. 228; *Wolfgang Schulz*, Jugendschutz bei Tele- und Mediendiensten, MMR 1998, S. 184; a.A. *Waldenberger/Hoß*, Elektronische Presse, AfP 2000, S. 239; allg. zum Relevanzkriterium *Dittmann*, Rundfunkbegriff, in: ders. u.a., Rundfunkbegriff im Wandel den Medien, S. 32 ff.
[336] *Goldhammer/Zerdick*, Rundfunk Online, S. 88.

B. *Funktionsverbot für den Staat im Bereich der Massenmedien*

Meinungsbildung auszuüben[337]. Da aber letztlich nahezu jeder Inhalt geeignet sein kann, die Meinungsbildung in irgendeiner Form zu beeinflussen[338], bedarf es weiterer Anhaltspunkte für die Bestimmung der konkreten Meinungsrelevanz.

Das Bundesverfassungsgericht hat die Aktualität, die Breitenwirkung und die besondere Suggestivkraft des Rundfunks als Ursachen seiner besonderen Meinungsrelevanz ausgemacht[339]. Zu den Mediendiensten sind folglich nur solche Angebote zu rechnen, die diese drei Kriterien *nicht in gleicher Weise* wie der klassische Rundfunk erfüllen[340]. Als Beispiel für einen Mediendienst, der der Verbreitungsart und der äußeren Erscheinung nach auf den ersten Blick wie Rundfunk erscheint, tatsächlich aber hinter dessen Meinungsrelevanz zurückbleibt, mag der sog. Fernseheinkauf (Teleshopping) dienen, wie er von Anbietern wie *H.O.T.* (Home Order Television), *QVC* oder *HSE* (Homeshopping Europe) betrieben wird: Diese Angebote werden wie Fernsehfunk über Breitbandkabelnetze oder Rundfunksatelliten verbreitet und mit dem Fernsehgerät empfangen. Es werden dort moderierte Beiträge gezeigt, in denen alle erdenklichen Produkte und Dienstleistungen aus verschiedenen Konsumbereichen angeboten werden, begleitet von Studiogesprächen und eingespielten Filmaufzeichnungen, in denen die Leistungen der angebotenen Gegenstände beworben werden. Dem Fernseheinkauf wird jedoch wegen seiner engen inhaltlichen Begrenzung eine größere Bedeutung für die gesellschaftlich relevante öffentliche Meinungsbildung abgesprochen[341]; er bewege sich eher auf dem Waren- und Dienstleistungs- denn auf dem Meinungsmarkt[342]. Insoweit kann es also doch – wie *Herrmann* zunächst zwar angedacht, dann aber verworfen hat – auf die „Universalität" der Inhalte ankommen, wenn die Frage zu beantworten ist, ob es sich bei einem Angebot um Rundfunk im klassischen Sinne handelt oder nicht.

---

[337] Vgl. etwa *Dittmann*, Rundfunkbegriff, in: ders. u.a., Rundfunkbegriff im Wandel der Medien, S. 36; DLM, Strukturpapier 2003, Ziff. 2.2; *Grzeszick*, Neue Medienfreiheit, AöR 123 (1998), S. 189; *Hoffmann-Riem*, in: AK, GG, Art. 5 Abs. 1, 2 Rn. 149, 180; *Holznagel*, Multimedia zwischen Regulierung und Freiheit, ZUM 1999, S. 427; *P. Mayer*, Internet im öffentlichen Recht, S. 217.
[338] Vgl. *Brand*, Rundfunk, S. 74 ff.; DLM, Strukturpapier 2003, Ziff. 2.2; *Hoffmann-Riem*, Pay-TV, S. 48 f.; *Pieper/Wiechmann*, Rundfunkbegriff, ZUM 1995, S. 90.
[339] BVerfGE 90, 60, 87.
[340] Vgl. etwa *Jarass*, Rundfunkbegriffe, AfP 1998, S. 140; ausführlich DLM, Strukturpapier 2003, Ziff. 2.2 ff.
[341] DLM, Strukturpapier 2003, Ziff. 3.2; a.A. *Lent*, Rundfunk-, Medien-, Teledienste, S. 133.
[342] *Schroeder*, Teleshopping und Rundfunkfreiheit, ZUM 1994, S. 477.

Die Unterscheidung zwischen Rundfunk und Mediendiensten scheint zunächst für die Beantwortung der Frage nach der Staatsfreiheit minder meinungsrelevanter Dienste nicht weiterzuhelfen, nachdem doch bereits festgestellt worden ist, dass beide Erscheinungen gleichermaßen dem grundrechtlichen Schutz der Rundfunkfreiheit unterfallen. In der Tat unterscheiden sich Rundfunk und Mediendienste in der einfachgesetzlichen Umsetzung hauptsächlich durch die unterschiedliche Regelungsdichte der von der objektiv-rechtlichen Dimension der Rundfunkfreiheit geforderten, die Rundfunkfreiheit ausgestaltenden und primär auf die Erzeugung von Vielfalt und die Verhinderung schädlicher Einflüsse angelegten „positiven Ordnung". Ist ein Dienst kein Rundfunk im engeren Sinne, braucht er die organisatorischen Anforderungen des Rundfunkrechts nicht zu erfüllen[343]. Genauso führt eine unterschiedliche Meinungsrelevanz aber auch zu einer abgestuften Bedeutung des aus der Abwehrdimension der Rundfunkfreiheit folgenden Erfordernisses der Staatsfreiheit des betroffenen Dienstes, und damit auch auf den Umfang eines etwaigen Funktionsverbots für den Staat in dem jeweiligen Bereich: Ist die Bedeutung des Dienstes für die Meinungsbildung geringer, so gilt das Gleiche für das von seiner staatlichen Nutzung ausgehende Gefährdungspotential für den Prozess freier Meinungsbildung. Die abgestufte Bedeutung der Staatsfreiheit lässt sich ebenfalls anhand der einfachgesetzlichen Rechtslage nachvollziehen: Die Überwachung der Einhaltung der Vorschriften des MDStV obliegt unmittelbar staatliche Stellen. Über die Einhaltung der Datenschutzbestimmungen wacht die entsprechende bereichsspezifische Behörde (§ 22 Abs. 1 S. 1 MDStV), über die Einhaltung der übrigen Bestimmungen eine nach Landesrecht bestimmte Behörde (§ 22 Abs. 1 S. 2 MDStV, üblicherweise die Staats- bzw. Senatskanzlei). Auch über die Einhaltung der Jugendschutzbestimmungen des MDStV wachte bis zur Neuregelung durch den am 1. April 2003 in Kraft getretenen Staatsvertrag über den Schutz der Menschenwürde und den Jugendschutz in Rundfunk und Telemedien (Jugendmedienschutz-Staatsvertrag, JMStV) die nach Landesrecht zuständige Fachbehörde. Nach der Konzeption des JMStV übt jetzt die Kommission für Jugendmedienschutz (KJM) als Organ der zuständigen Landesmedienanstalt die Aufsicht

---

[343] *Hesse*, Entwicklung des Rundfunkrechts, BayVBl. 1997, S. 135; vgl. auch *Gersdorf*, Datennetze und Rundfunkrecht, in: Becker, Rechtsprobleme internationaler Datennetze, S. 96 ff.

B. Funktionsverbot für den Staat im Bereich der Massenmedien

über die Inhalte der sog. Telemedien, zu denen neben den Tele- auch die Mediendienste gehören, in staatsferner Weise aus, vgl. §§ 13, 14 JMStV. Die staatsferne Jugendschutzaufsicht über Tele- und Mediendienste ist jedoch aus verfassungsrechtlicher Sicht nicht zwingend geboten[344]. Soweit sie noch zur Aufsicht berufen sind, sind die unter umfassender Fach- und Rechtsaufsicht stehenden Behörden nach § 22 Abs. 2 MDStV unmittelbar zur Vornahme der erforderlichen Maßnahmen befugt – ein Zustand, der im Bereich des klassischen Rundfunks undenkbar wäre. Genauso wie der Umstand, um den es hier eigentlich geht, dass es nämlich staatlichen Stellen grundsätzlich freisteht, Mediendienste anzubieten[345]. Die einfachgesetzliche Unterscheidung zwischen Rundfunk und Mediendienst vollzieht also nicht nur bei der konkreten Ausgestaltung, sondern auch im Hinblick auf das Erfordernis der Staatsfreiheit die verfassungsrechtlich zulässige Rechtsfolgendifferenzierung nach.

aa) Aktualität, Breitenwirkung und Suggestivkraft des „Staatsfernsehens"

Es ist deshalb zu überlegen, wie es um die Aktualität, Breitenwirkung und Suggestivkraft der in Rede stehenden staatlichen Direktübertragungen steht, mit anderen Worten, ob es sich dabei um einen Mediendienst oder um Rundfunk im engeren Sinne handelt.

Die besondere **Breitenwirkung** des herkömmlichen Rundfunks hat ihren Ursprung darin, dass seine Inhalte einer unüberschaubaren Vielzahl von Menschen zeitgleich vermittelt werden, und dass er als klassischer Verteildienst theoretisch in allen Haushalten ständig präsent ist. So kann in kurzer Zeit auf einen großen Rezipientenkreis Einfluss genommen werden[346]. Durch die intendierte subsidiäre Inanspruchnahme freier Rundfunkfrequenzen bestünde bei den staatlichen Direktübertragungen an einer identischen Reichweite kein Zweifel. Es könnte die

---

[344] *Langenfeld*, Neuordnung des Jugendschutzes, MMR 2003, S. 307 f.; generell kritisch gegenüber staatlicher Aufsicht über Medieninhalte *Ch. Engel*, ISP als Geiseln deutscher Ordnungsbehörden, MMR Beilage 4/2003, S. 2 f.; *Hoffmann-Riem/Schulz*, Hamburgisches Medienrecht, S. 149 f.; *Ladeur*, Prozeduraler Schutz der Medienfreiheit, ZUM 2004, S. 11; *ders.*, Regulierung des Internet, ZUM 1997, S. 382 f.; *ders.*, Untersagungsanordnungen, NJW 1986, S. 2748 ff.; *Wolfgang Schulz*, Jugendschutz bei Tele- und Mediendiensten, MMR 1998, S. 184 f. Die Länder Berlin, Brandenburg, Bremen und Saarland hatten schon vor der Neuregelung des Jugendmedienschutzes die diesbezügliche Anwendung des MDStV ihren Landesmedienanstalten überlassen, vgl. *Ch. Engel*, ISP als Geiseln deutscher Ordnungsbehörden, MMR Beilage 4/2003, S. 2.
[345] *Roßnagel*, Recht der Multimediadienste, NVwZ 2000, S. 624.
[346] DLM, Strukturpapier 2003, Ziff. 2.3.; vgl. auch *Lent*, Rundfunk-, Medien-, Teledienste, S. 63.

gleiche unübersehbare Vielzahl von Menschen zeitgleich über dieselben Endgeräte erreicht werden. An Breitenwirkung stünden diese Übertragungen dem herkömmlichen Rundfunk deshalb in nichts nach. Und an **Aktualität**, also am Wirklichkeits- und Zeitbezug der Inhalte, der beim Rezipienten den Eindruck der Teilhabe am Geschehen erzeugt und ihn dazu motiviert, sich meinungsbildend damit auseinander zu setzen[347], dürften unmittelbar aus dem politischen Bereich stammende Direktübertragungen kaum zu übertreffen sein; auch insoweit stünden sie dem klassischen Rundfunk in nichts nach.

Die entscheidende Bedeutung muss hier deshalb ihrer **Suggestivkraft** zukommen. Was hat es aber mit diesem nebulösen Gebilde auf sich? Die *Direktorenkonferenz der Landesmedienanstalten* (DLM) hat in ihrem Dritten Strukturpapier zur Unterscheidung von Rundfunk und Mediendiensten vom 6. November 2003 eine Reihe differenzierter Kriterien entwickelt, um den Begriff der Meinungsrelevanz unter den durch den technischen Fortschritt im Bereich der elektronischen Massenmedien geschaffenen Bedingungen auf der Grundlage der vom Bundesverfassungsgericht entwickelten Merkmale Aktualität, Breitenwirkung und Suggestivkraft weiter zu konkretisieren[348]. Danach bemisst sich die Meinungsrelevanz eines Dienstes danach, wie hoch die Wirkintensität der verbreiteten Inhalte als solche ist, wie stark ihre redaktionelle Gestaltung ist, wie realistisch die Inhalte präsentiert werden, wie groß seine Reichweite, seine tatsächliche Nutzung und die Möglichkeit gleichzeitiger Rezeption sind und wie wenig Interaktivität des Nutzers den Rezeptionsvorgang bestimmt[349]. Während die Kriterien Reichweite, tatsächliche Nutzung und Gleichzeitigkeit der Rezeption das Merkmal der Breitenwirkung ausfüllen[350], die oben für die staatlichen Direktübertragungen bereits bejaht worden ist, wird das Merkmal der Suggestivkraft hauptsächlich durch die Kriterien Wirkintensität, Realität der Darstellung, redaktionelle Gestaltung und Interaktivität bestimmt. Je mehr und je stärker einzelne dieser Kriterien erfüllt sind, desto rundfunktypischer ist ein Dienst. Ist dann ein bestimmter Schwellenwert überschritten, handelt es sich um Rundfunk

---

[347] DLM, Strukturpapier 2003, Ziff. 2.3.
[348] DLM, Strukturpapier 2003, Ziff. 2.4 ff.
[349] DLM, Strukturpapier 2003, Ziff. 2.4.1.
[350] DLM, Strukturpapier 2003, Ziff. 2.4.2.

B. Funktionsverbot für den Staat im Bereich der Massenmedien 85

im herkömmlichen Sinne[351]. Der Vorteil dieses Ansatzes zur Bestimmung der Meinungsrelevanz eines Dienstes liegt in seiner in der Diskussion um die Unterscheidung zwischen Rundfunk und Mediendiensten zuvor kaum erreichten Flexibilität. Den genannten Kriterien kommt jeweils lediglich indizielle Bedeutung zu. Keines von ihnen muss erfüllt sein, damit ein Dienst als Rundfunk im engeren Sinne einzustufen ist, solange andere in einer Weise erfüllt sind, die insgesamt zu einer mit dem herkömmlichen Rundfunk vergleichbaren Meinungsrelevanz führt. Es handelt sich um ein System fließender Übergänge[352].

Einige sehen die Ursache der besonderen suggestiven Wirkung des Rundfunks vor allem in der für ihn typischen Programmgestaltung, der planvoll arrangierten zeitlichen Abfolge der Beiträge, die – auch in Zeiten der Programmvielfalt – durch die Bindung an das jeweilige Angebot zu einer „Fesselungswirkung" führe. Der vom Programm „gefangen genommene" Bürger (*Captive Audience*[353]) ließe sich politisch und kulturell anleiten und werde mit seiner ganzen Persönlichkeit in den Rezeptionsvorgang eingebunden[354]. Die Meinungsrelevanz der in Rede stehenden staatlichen Direktübertragungen ohne eine durch einen Veranstalter mit Bedacht vorgenommene Programmgestaltung könnte also, sollte sich die Programmgestaltung als der bestimmende Faktor der Wirkmacht des Rundfunks erweisen, tatsächlich unter die Schwelle des herkömmlichen Rundfunks absinken. Es bestehen allerdings Zweifel daran, dass diese Voraussetzung tatsächlich zutrifft. Die Beobachtung, dass die Programmgestaltung die Entscheidung des Rezipienten, beim Angebot eines bestimmten Veranstalters zu verweilen, positiv beeinflussen kann, trifft für den Rundfunk in Form von klassischen Voll- oder auch Spartenprogrammen im Grundsatz sicherlich zu. Bereits heute „zappt" der Rezipient jedoch häufig durch das zur Verfügung stehende Gesamtangebot, d.h. er schaltet seinem momentanen Interesse folgend spontan von einem Programm zum anderen und nimmt die unterschiedlichen Programm-

---

[351] DLM, Strukturpapier 2003, Ziff. 2.4.2.
[352] Vgl. DLM, Strukturpapier 2003, Ziff. 2.4.1.
[353] *Hoffmann-Riem*, in: AK, GG (1989), Art. 5 Abs. 1, 2 Rn. 169.
[354] *Bullinger*, Rundfunkbegriff, AfP 1996, S. 7; *ders.*, Ordnung oder Freiheit, JZ 1996, S. 387; ähnlich *Degenhart*, Rundfunk und Internet, ZUM 1998, S. 343; *Depenheuer*, Informationsordnung, AfP 1997, S. 672; *Grote*, Internet und Grundrechtsordnung, KritV 1999, S. 34; *Lent*, Rundfunk-, Medien-, Teledienste, S. 60 f., 66, 118 ff.; *Roßnagel*, Recht der Multimediadienste, NVwZ 2000, S. 625; vgl. auch *Weisser*, Digitale Pay TV-Angebote, ZUM 1997, S. 881 f., der zusätzlich die Bedeutung der gleichzeitigen Rezeption für die Massensuggestionswirkung des Rundfunks betont.

angebote nicht mehr im Ganzen, sondern nur noch selektiv war. Er erkennt die „sinnstiftende Autorität" der Programmmacher damit in zunehmendem Maße nicht mehr an[355]. Insbesondere die häufigen Werbepausen leisten ihren Beitrag zur Unterbrechung des Programmflusses[356] und regen den Rezipienten zum Ab- oder Umschalten an[357]. Mit einer Entwicklung hin zum interaktiven Rundfunkprogramm, das es dem Rezipienten mehr und mehr ermöglichen wird, auch in zeitlicher Hinsicht eine eigene Auswahl des Gesehenen oder Gehörten zu treffen, wird sich die Fesselungswirkung des Gesamtzusammenhangs noch weiter relativieren, so dass sie – ganz im Sinne des Konzepts der DLM – zwar als *ein*, aber nicht als das bestimmende Kriterium der besonderen Suggestivkraft des Rundfunks herangezogen werden kann. Eine gewisse Bedeutung wird die den Rezipienten an das jeweilige Angebot bindende Programmgestaltung gleichwohl auch weiterhin haben, denn auch in einem weitgefächerten Bouquet von digitalen Rundfunkangeboten wird der Anbieter schon aus ökonomischem Interesse versuchen, den Rezipienten auf die eine oder die andere Weise an das eigene Angebot zu binden[358]. Das bedeutsamere Motiv für den Versuch, den Rezipienten an sein Angebot zu „fesseln", dürfte dabei allerdings im wirtschaftlichen, nicht im publizistischen Bereich zu finden sein.

Nachdem die Fesselungswirkung eines geplanten Programmablaufs für die Begründung der Suggestivkraft also nicht die entscheidende Rolle spielen, und sein Fehlen deshalb einem Dienst nicht von vornherein die dem Rundfunk eigene besondere Suggestivkraft nehmen kann, muss ein anderer Faktor die Hauptrolle spielen, der dem Rundfunk eigen ist und ihn zugleich von anderen Medien und Diensten unterscheidet. Tatsächlich beruht die besondere Wirkmacht des Rundfunks neben seiner Breitenwirkung, der Aktualität seiner Inhalte und seinem mehr oder weniger stark ausgeprägten Vermögen, den Zuschauer an das Ange-

---

[355] ALM, Positionspapier, Ziff. 4.4.1.; *Determann*, Kommunikationsfreiheit im Internet, S. 87; *Engel*, Multimedia und Verfassungsrecht, in: Hoffmann-Riem/Vesting, Perspektiven der Informationsgesellschaft, S. 162; *Hoffmann-Riem*, Pay-TV, S. 19 f.; *Weisser*, Digitale Pay TV-Angebote, ZUM 1997, S. 882; vgl. auch *Winfried Schulz*, Medienwirklichkeit und Medienwirkung, Aus Politik und Zeitgeschichte B40/93, S. 18 f.
[356] Vgl. *Determann*, Kommunikationsfreiheit im Internet, S. 410; *Engel*, Multimedia und Verfassungsrecht, in: Hoffmann-Riem/Vesting, Perspektiven der Informationsgesellschaft, S. 162.
[357] Anders *Lent*, Rundfunk-, Medien-, Teledienste, S. 60.
[358] *Hoffmann-Riem*, Rundfunkbegriff, AfP 1996, S. 14; *Gersdorf*, Rundfunkbegriff im Umbruch?, AfP 1995, S. 571 sieht in den zeitlichen Rezeptionsoptionen des digitalen Rundfunks einen Weg, die Bindung des Rezipienten an ein Angebot sogar zu vertiefen.

B. Funktionsverbot für den Staat im Bereich der Massenmedien 87

bot des Veranstalters zu binden, ganz entscheidend auf der Macht des *gesprochenen Wortes* und – in noch stärkerem Maß – auf der Macht der *bewegten Bilder*[359]. Diese Macht bewirkt im Zusammenspiel mit der Aktualität der Darbietung und der ständigen Präsenz des Mediums[360] beim Zuschauer das Gefühl, unmittelbar am Geschehen teilzunehmen und erzeugt auf diese Weise starke emotionale Bindungen[361]. Der Moment, in dem die Bilder „laufen lernten", bezeichnet wohl einen der bedeutendsten Entwicklungsschritte in der Medienwirkung überhaupt. Als es dann noch gelang, Ton und bewegte Bilder auf elektronischem Wege in die Wohnzimmer der Öffentlichkeit zu bringen, war die Schwelle zum „Medienzeitalter" überschritten.

Das Gefühl des unmittelbaren Erlebens, der sinnlichen Wahrnehmung von Ereignissen, das sich beim Rezipienten einstellt, obwohl ihm durch die audiovisuellen Medien in Wahrheit lediglich Erfahrungen „aus zweiter Hand" vermittelt werden[362], nutzen auch die Werbestrategen der Rundfunkveranstalter aus. So kommen Slogans zustande wie „Bei ARD und ZDF sitzen Sie in der ersten Reihe", „Mittendrin statt nur dabei" (*Premiere*) oder „Werden Sie Augenzeuge" (*N24*). Anders als dem geschriebenen Wort oder der Fotografie kommen dem Ton und den bewegten Bildern, insbesondere im Zusammenspiel als *audiovisueller* Inhalt, in den Augen der Rezipienten eine besondere Authentizität und

---

[359] So auch BVerfGE 97, 228, 259; *Dittmann*, Rundfunkbegriff, in: ders. u.a., Rundfunkbegriff im Wandel der Medien, S. 32; DLM, Strukturpapier 2003, Ziff. 2.3; *Gersdorf*, Datennetze und Rundfunkrecht, in: Becker, Rechtsprobleme internationaler Datennetze, S. 91; ders., Verfassungsrechtlicher Rundfunkbegriff, S. 146; *Jarass*, Rundfunkbegriffe, AfP 1998, S. 134; *Pieper/Wiechmann*, Rundfunkbegriff, ZUM 1995, S. 88; *Starck*, Grundversorgung und Rundfunkfreiheit, NJW 1992, S. 3263; *Waldenberger/Hoß*, Elektronische Presse, AfP 2000, S. 239.

[360] Insb. das Zusammenwirken dieser drei Faktoren und nicht so sehr die programmmäßige Abfolge als ein Teilmoment der Suggestivkraft unterscheidet den Rundfunk vom Kino; a.A. *Bullinger*, Rundfunkbegriff, AfP 1996, S. 6 f., der die suggestive „Einzelwirkung" des (Kino-)Films der „Gesamtwirkung" des Rundfunks gegenüberstellt. Ähnlich wie hier *Hoffmann-Riem*, in: AK, GG (1989), Art. 5 Abs. 1, 2 Rn. 169, der die besondere Gefährdungslage des Rundfunks mit dem umfassenden Nebeneinander von Gleichzeitigkeit von Verbreitung und Empfang, problemloser Überbrückung von Raum und Zeit, ‚Fesselung' des Zuschauers, meist fester Zeitstruktur des empfangenen Programms und besonderer Wirkintensität eines im häuslichen Bereich empfangenen Programms begründet, sowie *Lent*, Rundfunk-, Medien-, Teledienste, S. 67.

[361] *Vesting*, Prozedurales Rundfunkrecht, S. 292; ähnlich *Eberle*, Regelungsmodell für Online-Dienste?, in: Dittmann u.a., Rundfunkbegriff im Wandel der Medien, S. 150; *Winfried Schulz*, Medienwirklichkeit und Medienwirkung, Aus Politik und Zeitgeschichte B40/93, S. 22; *Wolfgang Schulz*, Jenseits der Meinungsrelevanz, ZUM 1996, S. 493; ausführlich *Krotz*, Fernsehen fühlen, RuF 1993, S. 477 ff. Auch *Bullinger*, der die besondere Suggestivkraft des Rundfunks eher der Zuschauerbindung zuschreibt, spricht von der besonderen Faszinationskraft der „Bewegtbildsendungen des Fernsehens": Kommunikationsfreiheit, S. 34.

[362] So zutreffend *Winfried Schulz*, Medienwirklichkeit und Medienwirkung, Aus Politik und Zeitgeschichte, B40/93, S. 20.

88   2. Kapitel. Zulässigkeit regierungsamtlicher Öffentlichkeitsarbeit

Glaubwürdigkeit zu[363], obwohl die Manipulationsmöglichkeiten in diesen Bereichen hinlänglich bekannt sein dürften. Dies beruht vor allem darauf, dass der Zuschauer und Zuhörer, anders als der Leser eines geschriebenen Berichts, für seine eigene Erkenntnis keine in Sprache gekleidete und dabei bereits von anderen gedeutete Wirklichkeit zurückübersetzen muss – wobei er ganz anderen Wahrnehmungsbedingungen unterläge als der unmittelbare Beobachter der Ereignisse[364] –, sondern diesem ähnlich visuelle Anschauung und/oder akustische Wahrnehmung der Geschehnisse erfährt[365] und sich somit vermeintlich auf seine wichtigsten *Sinne* verlassen kann. Für die Wirkung audiovisueller Inhalte ist es zunächst auch gleichgültig, ob das Gesehene und Gehörte wirklich ist und ob der Zusammenhang der Geschehnisse richtig dargestellt wird. Auch Täuschungen können wirkungsvoller geschehen, wenn sie durch bewegte Bilder und Ton vermittelt werden[366]. Bewegten Bildern kann durch die Wahl des Ausschnitts und der Perspektive, durch Zeiteffekte (Zeitlupe, Zeitraffer), durch den Zusammenschnitt der Bilder und durch die Wahl der akustischen Untermalung eine mit der der Sprache verwandte Symbolik innewohnen, die zu einer stärkeren oder schwächeren, gewollten oder ungewollten Verfremdung der Wirklichkeit führen kann[367]. Ähnliches gilt für Tonaufzeichnungen. Das Gesehene und Gehörte kann also genau wie das Gelesene in einem nicht unerheblichem Maße von der Realität abweichen. Der Zugang der Rezipienten zur Wirklichkeit wird in diesen Fällen durch die audiovisuelle Berichterstattung nicht verbessert, sondern vermindert[368]. Die Manipulationen an der Wirklichkeit, die durch die Vermittlung einer mit den Mitteln der „Bildersprache" erzeugten „Medienwirklichkeit" ermöglicht werden, wiegen angesichts der beschriebenen Wahrnehmung von Bewegtbildern als unmittelbares Erleben um so schwerer. Die Erkenntnis, dass gerade das

---

[363] BVerfGE 97, 228, 256; DLM, Strukturpapier 2003, Ziff. 2.3; *Lent*, Rundfunk-, Medien-, Teledienste, S. 69; *Pieper/Wiechmann*, Rundfunkbegriff, ZUM 1995, S. 88; ähnlich *Winfried Schulz*, Medienwirklichkeit und Medienwirkung, Aus Politik und Zeitgeschichte B40/93, S. 21; ders., Wird die Wahl im Fernsehen entschieden?, MP 1994, S. 320.
[364] Vgl. *Winfried Schulz*, Medienwirklichkeit und Medienwirkung, Aus Politik und Zeitgeschichte B40/93, S. 20.
[365] *Starck*, Grundversorgung und Rundfunkfreiheit, NJW 1992, S. 3263; vgl. auch DLM, Strukturpapier 1998, Ziff. 2.1.2; *Lent*, Rundfunk-, Medien-, Teledienste, S. 69 f. m.w.N.
[366] Vgl. DLM, Strukturpapier 2003, Ziff. 2.3.
[367] Vgl. *Winfried Schulz*, Medienwirklichkeit und Medienwirkung, Aus Politik und Zeitgeschichte B40/93, S. 20 f.
[368] *Winfried Schulz*, Medienwirklichkeit und Medienwirkung, Aus Politik und Zeitgeschichte B40/93, S. 22.

B. Funktionsverbot für den Staat im Bereich der Massenmedien

Fernsehen in der Lage ist, den Zuschauer glauben zu machen, er sei bei den gesehenen Geschehnissen unmittelbar dabei gewesen, findet nicht nur in der wissenschaftlichen, sondern auch in der belletristischen Literatur ihren Ausdruck: *Friedrich Dürrenmatt* schreibt in seinem im Jahre 1981 erstmals erschienenen autobiographischen Werk „Labyrinth – Stoffe I-III" nicht ohne Ironie, es komme ihm bisweilen so vor – vom Fernsehen und von unseren immer perfekteren Kommunikationssystemen verführt – als habe er selbst den Vietnam-Krieg erlebt und auf dem Mond Experimente durchgeführt, und resümiert: „So leicht bilden wir uns heute ein, im Bilde zu sein."[369]

Hinsichtlich der Wirkmacht der bewegten Bilder und des gesprochenen Wortes ist aber ebenfalls kein Unterschied zwischen den mittels Fernseh- oder Radiotechnik erfolgenden staatlichen Übertragungen und herkömmlichem Rundfunk festzustellen. Nach allem kommt ihnen im Hinblick auf die Kriterien der Breitenwirkung, der Aktualität *und* der Suggestivkraft die für diesen typische Meinungsmacht zu. Auch für eine abweichende Beurteilung, wie sie etwa im Hinblick auf die begrenzte Bedeutung der Inhalte für die gesellschaftlich relevante öffentliche Meinungsbildung im Zusammenhang mit dem Fernseheinkauf vorgenommen wird[370], ist hier kein Raum: Eine größere Bedeutung für die Meinungsbildung ist trotz der relativ engen inhaltlichen Begrenzung der Übertragungen kaum denkbar. Die Tatsache, dass es sich um Live-Übertragungen handeln soll, erhöht noch das Beeinflussungspotential[371].

Es handelt sich bei den in Rede stehenden staatlichen Direktübertragungen daher im Ergebnis um Rundfunk im engeren Sinne. Infolgedessen gilt das Erfordernis der Staatsfreiheit in diesem Zusammenhang ohne Einschränkung.

bb) Keine Manipulationsgefahr ohne redaktionelle Gestaltung?

Die oben angestellten Überlegungen zur Zulässigkeit staatlicher Direktübertragungen gingen – auch im Zusammenhang mit der eben erörterten Frage nach der Bedeutung eines planvollen zeitlichen Programmablaufs für die Suggestivkraft

---

[369] *Dürrenmatt*, Labyrinth, Stoffe I-III, S. 62.
[370] Siehe oben S. 81.
[371] Vgl. DLM, Strukturpapier 2003, Ziff. 2.4.2.

90 2. Kapitel. Zulässigkeit regierungsamtlicher Öffentlichkeitsarbeit

der Inhalte – von dem insbesondere von *Schürmann* vorausgesetzten Fall aus, dass es sich bei den in Rede stehenden Direktübertragungen um Sendungen ohne jegliche redaktionelle Programmgestaltung handele, weshalb Meinungsmanipulationen durch einen kalkulierbaren Einfluss auf die Inhalte von staatlicher Seite ausgeschlossen seien. Dabei ist jedoch zu bedenken, dass zu den redaktionellen Leistungen bereits die Auswahl der Inhalte gehört, über die berichtet werden soll[372]. Sofern also nicht wirklich *jede* beispielsweise im Plenarsaal des Bundestags stattfindende Veranstaltung übertragen wird, ist schon allein in der Auswahl des Gesendeten (bzw. dessen, was nicht gesendet wird) eine Form von redaktioneller Gestaltung zu sehen. Würde wiederum tatsächlich jede in Frage kommende Veranstaltung übertragen, so könnte dies im Extremfall sogar dazu führen, dass die Gestaltung von Tagesordnungen zu Zwecken der Programmgestaltung missbraucht wird, etwa um für bestimmte Ereignisse eine „bessere" oder „schlechtere" Sendezeit zu erreichen. Politik wäre dann noch mehr als sonst in Gefahr, zum Schauspiel auf großer Bühne zu verkommen[373]. So wären entgegen der oben vorgestellten Ansicht selbst bei einem alle in Frage kommenden Veranstaltungen umfassenden Live-Programm aus dem Berliner Reichstagsgebäude Meinungsmanipulationen nicht vollkommen ausgeschlossen.

Die schon seit langem erkannte Tatsache, dass sich in unserer modernen Demokratie die Debatten im Deutschen Bundestag weniger an dessen Mitglieder, sondern vielmehr unmittelbar an den Bürger wenden, und dass der Rundfunk das erforderliche Mittel dafür ist[374], bestärkt die eben vorgebrachte These nur; sie taugt jedenfalls nicht dazu, die Notwendigkeit des staatlichen Funktionsverbots im Bereich des Rundfunks unter dem Vorwand, durch die Übertragungen ein Mehr an Demokratie zu ermöglichen, in Frage zu stellen. Die außerordentliche Bedeutung des Rundfunks für die politische Willensbildung des Volkes ist

---

[372] Vgl. *Schubert*, Amtsblatt und Lokalpresse, S. 75 m.w.N.; *Brand*, Rundfunkrecht, S. 114 f. vertritt unter Verweis auf BVerfGE 12, 205, 206 die weitergehende Auffassung, auch in der Entscheidung, eine Originalquelle nicht zu bearbeiten, sei eine redaktionelle Entscheidung zu sehen. Es gebe folglich keine bewusste Übermittlung von Inhalten, die nicht auf eine planende Auslese des Kommunikators zurückzuführen sei.
[373] Zur Gefahr der Politik, im Medienzeitalter zur Inszenierung zu verkommen *Vesting*, Prozedurales Rundfunkrecht, S. 15, 131; zur Entstehung „synthetischer Realität" durch die Inszenierung von Ereignissen zum alleinigen Zweck der Verbreitung durch die Massenmedien *Winfried Schulz*, Medienwirklichkeit und Medienwirkung, Aus Politik und Zeitgeschichte B40/39, S. 21.
[374] *Leibholz*, Strukturprobleme moderner Demokratie, S. 95; s. auch unten Kap. 2 C. I.

B. Funktionsverbot für den Staat im Bereich der Massenmedien 91

schließlich gerade die Ursache des Funktionsverbots und kann deshalb nicht als Argument dagegen ins Feld geführt werden. Dass das bloße Vorhandensein der „Bühnen" Radio und Fernsehen unter Umständen sogar Einfluss auf die Inhalte und Abläufe von Veranstaltungen unserer Staatsorgane nehmen könnte, dass diese Veranstaltungen unter Vernachlässigung ihrer eigentlichen Bestimmung als Medienereignisse inszeniert werden könnten, stellt eines der überzeugendsten Argumente dafür dar, dass eine solche Bühne dem Staat jedenfalls nicht ohne Analyse, kritische Bewertung und Kommentierung zur freien Verfügung überlassen werden darf, wie sie etwa in dem unter anderem auf Live-Übertragungen aus dem Bundestag spezialisierten öffentlich-rechtlichen Fernsehprogramm *Phoenix* stattfindet. Insofern schützt die Staatsfreiheit des Rundfunks mittelbar auch die Funktionsfähigkeit staatlicher Veranstaltungen und Verfahren. Die Regelung des § 169 S. 2 GVG, der zufolge in gerichtlichen Verfahren „Ton- und Fernsehrundfunkaufnahmen sowie Ton- und Filmaufnahmen zum Zwecke der öffentlichen Vorführung oder Veröffentlichung ihres Inhalts" nicht zulässig sind, entspringt der gleichen Ratio[375].

Wenn man innerhalb des Bereichs „Staatsfernsehen" noch differenzieren wollte, weil man die Gefahren eines „Parlamentsfernsehens" geringer einschätzte als die eines „Regierungsfernsehens", so würde auch dies die Bedenken gegen die Inanspruchnahme des Rundfunks durch die Regierung eher bestätigen als entkräften. Zwischen den beiden Organen besteht ein bedeutender Unterschied: Das Parlament hat als plural zusammengesetztes Organ in der Regel keinen *einheitlichen* politischen Willen, den es – gegebenenfalls in manipulativer Absicht – nach außen kommunizieren könnte. Das Parlament lebt vielmehr gerade vom Diskurs, so dass abseits aller auch dort vorhandenen Inszenierungsgefahren jedenfalls im Grundsatz die Chance besteht, dass dort die unterschiedlichen Ansichten in der Debatte zum Ausdruck gebracht werden können. Dies ist bei der Regierung als Kollegialorgan mit einer einheitlichen Willensbildung anders. Die Zusammenkünfte der Regierungsmitglieder sind außerdem – abgesehen von gemeinsamen Pressekonferenzen und Regierungserklärungen – im Gegensatz zu den im Parlament stattfindenden Ereignissen in den meisten Fällen gar nicht für

---

[375] Vgl. *Kissel*, GVG, § 169 Rn. 62.

92   2. Kapitel. Zulässigkeit regierungsamtlicher Öffentlichkeitsarbeit

die öffentlichen Ohren bestimmt, so dass die Vorstellung, eine Auswahl der gesendeten Ereignisse müsse hier nicht stattfinden, an der Realität vorbeigeht. Die gegen die Zulässigkeit von „Regierungsrundfunk" gehegten Bedenken sind deshalb mit dem Argument der fehlenden redaktionellen Gestaltung nicht zu entkräften.

cc) „Parlamentsfernsehen" aus dem Reichstagsgebäude

Wie so oft im Medienbereich hat auch in diesem Fall die Realität die rechtliche Diskussion bereits ein gutes Stück weit überholt: Seit November 2000 gibt es selbstproduzierte Live-Übertragungen aus dem Deutschen Bundestag im Fernsehen zu sehen. Mit aufwändiger Studiotechnik wird im Reichstagsgebäude in Berlin das als parlamentarischer Dokumentationskanal konzipierte „Parlamentsfernsehen" produziert und im Internet als wichtiger Beitrag zur Demokratie beworben. Neben den mitunter ganztägigen Übertragungen der Sitzungen des Deutschen Bundestags und öffentlicher Anhörungen der Ausschüsse umfasst das Programm auch Sondersendungen wie z.B. die Diskussionsveranstaltung zum Thema Filmförderung unter Beteiligung von Mitgliedern des Ausschusses für Kultur und Medien, die im Februar 2004 im Rahmen der Berlinale stattgefunden hat. Das Parlamentsfernsehen ist über das Internet und in einem Teilausbaugebiet des Berliner Kabelnetzes zu empfangen. Die Kabelübertragung findet in digitaler Technik statt, was zum Empfang mit herkömmlichen Fernsehgeräten eine Set-Top-Box erforderlich macht. Das Programm wird um Videotext mit Programminformationen ergänzt. Eine Programmvorschau ist außerdem dem Internet zu entnehmen[376]. Nach der hier vertretenen Auffassung stellt die Fernsehausstrahlung des „Parlamentsfernsehens" einen Verstoß gegen das staatliche Funktionsverbot für den Bereich des Rundfunks dar[377].

e) Zwischenergebnis

Für ein Ende der Staatsfreiheit des Rundfunks spricht die von *Schürmann*, *Herrmann* und anderen vertretene Ansicht aus den genannten Gründen nicht.

---

[376] Mehr Informationen zum Ganzen unter URL: http://www.bundestag.de/bic/webTVLink.html/ sowie unter URL: http://www.mabb.de/start.cfm?content=Fernsehen-Die_Programme&template=programmanzeige&id=387/ (Stand: Dez. 2005).
[377] Zur Zulässigkeit der Internet-Übertragung s. unten Kap. 2 B. III. 3 b) dd).

Auch soweit losgelöst von der Frage eines etwaigen Endes der Staatsfreiheit begrenzte staatliche Direktübertragungen der dargestellten Art für zulässig gehalten werden, ist dieser Ansicht nicht zu folgen.

4. Ergebnis

Am Grundsatz der Staatsfreiheit des Rundfunks in seiner besonderen Ausprägung des an den Staat gerichteten absoluten Verbots, selbst Rundfunk zu veranstalten, ist auch unter den veränderten Bedingungen des Rundfunks festzuhalten. Regierungen dürfen sich deshalb zum Zwecke der Öffentlichkeitsarbeit – jedenfalls jenseits der Grenzen des Verlautbarungsrechts – nicht unmittelbar des Rundfunks bedienen.

Der dargestellte Streit um ein Ende der Staatsfreiheit des Rundfunks wegen technischer Weiterentwicklungen wird erneut eine Rolle spielen bei der Frage nach einer Übertragbarkeit dieses Grundsatzes auf das Internet. Dort gibt es kaum eine Limitierung der technischen Ressourcen, mithin keine „Sondersituation". Es wird deshalb bei der Argumentation verstärkt auf die Bedeutung der kommunizierten Inhalte für den Prozess der öffentlichen Meinungsbildung ankommen[378].

II. Staatsfreiheit der Presse und Funktionsverbot für den Staat

1. Grundsatz

Im Bereich der Presse gab es zumindest in der jüngeren Geschichte keine mit der des Rundfunks vergleichbare Sondersituation, vielmehr existierte stets eine große Zahl miteinander im publizistischen Wettbewerb stehender Presseerzeugnisse[379]. Von einer Knappheit der Herstellungs- und Verbreitungsmöglichkeiten kann – wenn diese nicht (wie etwa in der Zeit der nationalsozialistischen Herrschaft) durch staatliche Repression oder durch Marktversagen herbeigeführt

---

[378] S. unten Kap. 2 B. III. 3. b).
[379] BVerfGE 12, 205, 261; 57, 295, 323. Dazu ist allerdings heute anzumerken, dass es auf dem Pressesektor im Laufe der Jahre *wirtschaftlich* zu einer erheblichen Konzentration gekommen ist, und dass die Erfolgsaussichten einer Zeitungsneugründung wegen der festgefügten Strukturen im Pressesektor als eher gering einzuschätzen sind, vgl. *Hoffmann-Riem*, in: AK, GG, Art. 5 Abs. 1, 2 Rn. 124 f.

wird[380] – für die Presse von Natur aus keine Rede sein. Papier, Druckfarben und Vertriebswege standen und stehen anders als Telekommunikationskapazitäten und hochspezialisierte Technik in nahezu jeder benötigten Menge zur Verfügung. Und auch mit den Kosten verhält es sich anders als beim Rundfunk. Zwar ist es selbstverständlich immens teuer, eine inhaltlich umfangreiche, regelmäßig erscheinende Zeitung oder Zeitschrift zu verlegen, deren Herstellung einen qualifizierten Mitarbeiterstab und eine komplexe Organisation erfordert, vielleicht bis hin zu einem Korrespondentennetz im Ausland. Auch für den massenhaften Druck und den Vertrieb einer solchen Publikation können erhebliche Kosten anfallen, so dass sich der finanzielle Aufwand dann durchaus mit dem für die Veranstaltung von Rundfunk notwendigen Aufwand messen kann. Andererseits ist es aber jedem möglich, seine Meinung oder sonst etwas auf mit einfachster Technik erstellten Plakaten, auf ein paar zusammengehefteten Seiten oder auf einfachen Flugblättern oder Handzetteln zu verbreiten – auch dies fällt in den grundrechtlich geschützten Bereich der Presse[381]. Eine hiermit vergleichbare Minimallösung gab und gibt es im Bereich des herkömmlichen Rundfunks nicht. Damit hat für die Presse im Gegensatz zum Rundfunk stets eine äußerst niedrige Einstiegsschwelle bestanden.

Andererseits fand das Bundesverfassungsgericht bei der Anwendung des aus Art. 5 Abs. 1 S. 2 GG folgenden Grundrechts der Pressefreiheit eben diese differenzierte, nach Tendenz, politischer Färbung und weltanschaulicher Grundhaltung vielfältige Presselandschaft vor und leitete aus deren Existenz und aus der Bedeutung, die der Mitwirkung einer freien Presse als dem zweiten bedeutenden Massenmedium für die öffentliche Meinungsbildung in der Demokratie zukommt[382], eine diesen im demokratischen Interesse liegenden Zustand konservierende Garantie der institutionellen Eigenständigkeit und Freiheit der Presse ab, der es widerspräche, wenn von staatlicher Seite Einfluss auf die Presse genommen würde. Etwas anderes soll nur dann gelten, wenn eine solche Betätigung am Bild der freien Presse substanziell nichts ändern würde[383]. Durch das

---

[380] Vgl. hierzu *Löffler/Ricker*, Handbuch des Presserechts, Kap. 9 Rn. 5.
[381] Vgl. *Jarass*, in: Jarass/Pieroth, GG, Art. 5 Rn. 25; *Herzog*, in: Maunz/Dürig, GG, Art. 5 Abs. 1, 2 Rn. 132; *Wendt*, in: v. Münch/Kunig, GG, Art. 5 Rn. 30.
[382] Dazu *Schmidt-Bleibtreu/Klein*, GG, Art. 5 Rn. 7.
[383] BVerfGE 12, 205, 260.

B. Funktionsverbot für den Staat im Bereich der Massenmedien 95

„Institut Freie Presse" ist über den Schutz des einzelnen Presseunternehmens und der dort Beschäftigten hinaus die Funktionsfähigkeit des Pressewesens in seiner *Gesamtheit* unter den umfassenden Schutz der Grundrechtsordnung gestellt worden[384]. Diese institutionelle Garantie der freien Presse verbietet es dem Staat nicht nur, die Freiheit der Presse durch irgendeine Form von Einflussnahme zu beeinträchtigen, sondern es folgt daraus auch, dass die Presse grundsätzlich von privatrechtlicher Struktur zu sein hat[385]. Aus diesem Grunde ist es dem Staat und seinen Untergliederungen verwehrt, sich als Konkurrent der privaten Presse mit eigenen Zeitungen oder Zeitschriften maßgeblich an der öffentlichen Meinungsbildung zu beteiligen[386]. Diesen Umstand kann man als Funktionsverbot des Staates für den Bereich der Presse bezeichnen.

Daraus, dass dieses Funktionsverbot aber eben dann nicht gelten soll, wenn sich am Bild der freien Presse *substanziell* nichts ändern würde, und dass sich der Staat lediglich nicht *maßgeblich* und in Konkurrenz mit der freien Presse durch die Verbreitung von Presseerzeugnissen an der öffentlichen Meinungsbildung beteiligen darf, ergibt sich die folgende Einschränkung: Das Funktionsverbot des Staates im Bereich der Presse ist anders als das Gebot der Staatsfreiheit des Rundfunks nicht als absolutes, sondern als *beschränktes* Betätigungsverbot zu verstehen. Staatliche Stellen dürfen innerhalb bestimmter Grenzen – sowohl einmalig als auch periodisch erscheinende – Druckwerke herstellen und verbreiten, soweit sie damit die objektive Garantie der institutionellen Eigenständigkeit der freien Presse nicht beeinträchtigen. Insofern besteht weitgehende Einigkeit. Über die Frage, wo die Grenzen zwischen zulässiger Betätigung und Funktionsverbot genau zu ziehen sind, herrscht indes Streit, der im Folgenden dargestellt werden soll.

2. Amtliche Verkündungen und Mitteilungen

Die Zulässigkeit amtlicher Verkündungen und Mitteilungen von Gesetzen, Verordnungen, Satzungen, Staatsverträgen, Kommuniqués und Beschlüssen ohne

---

[384] Vgl. *Löffler/Ricker*, Handbuch des Presserechts, Kap. 9 Rn. 1 ff.
[385] BVerfGE 66, 116, 133; 20, 162, 175; kritisch zur verfassungsrechtlichen Notwendigkeit einer privatwirtschaftlichen Struktur für die Presse *Hoffmann-Riem/Plander*, Rechtsfragen der Pressereform, S. 68 ff.; *Hoffmann-Riem*, AK, GG, Art. 5 Abs. 1, 2 Rn. 205.
[386] *Bullinger*, in: Löffler, Presserecht, LPG § 1 Rn. 44.

jegliche redaktionelle Aufbereitung kann mittlerweile als unumstritten angesehen werden, soweit die herausgebende staatliche Stelle mit der Veröffentlichung ihre jeweilige öffentliche Aufgabe erfüllt[387]. Seinen Grund hat dies darin, dass es sich bei dieser Art von Inhalten um originäre staatliche Informationen handelt, deren Veröffentlichung durch die freie Presse gar nicht wahrgenommen werden könnte, so dass für diese keine Beeinträchtigung entsteht[388]. Im Gegenteil: Die Veröffentlichung bindender staatlicher Entscheidungen ist verbindliche Staatsaufgabe. Gesetze und Rechtsverordnungen etwa bedürfen bereits für ihre bloße Existenz der Verkündung in dem dafür vorgesehenen *amtlichen* Blatt[389]. Die Existenz des Bundesgesetzblatts wird als Verkündungsmittel für Bundesgesetze und von Bundesorganen erlassene Rechtsverordnungen durch seine Erwähnung in Art. 82 Abs. 1 S. 1 GG vorausgesetzt. Das gleiche gilt für die in den Landesverfassungen vorgesehenen Gesetz- und Verordnungsblätter, vgl. etwa Art. 52 der Hamburgischen Verfassung. Die Veröffentlichung von Gesetzen und Rechtsverordnungen könnte der freien Presse mithin überhaupt nicht überlassen werden. Viele der mehreren Tausend regelmäßig erscheinenden Amts- und Mitteilungsblätter beschränken sich aber nicht auf die bloße Mitteilung amtlicher Entscheidungen, sondern weisen auch einen redaktionellen Teil mit belehrendem und unterhaltendem, folglich auch Meinungen beinhaltendem Charakter auf[390].

3. Redaktionelle staatliche Veröffentlichungen

Die Zulässigkeit solcher redaktionell bearbeiteten, zeitungs- oder zeitschriftenähnlichen Veröffentlichungen ist umstritten. Die Anforderungen an die journalistische Leistung der veröffentlichenden Regierungsstelle sind dabei äußerst gering: Unter redaktioneller Bearbeitung ist jede Form auch nur geringfügiger Eigenarbeit an der ursprünglichen Quelle zu verstehen. Redaktionelle Leistungen

---

[387] Der notwendige Bezug zur Organtätigkeit wurde schon betont in BVerfGE 20, 56, 100.
[388] Vgl. etwa *Bullinger*, in: Löffler, Presserecht, LPG § 1 Rn. 44; *Degenhart*, in: BK, GG, Art. 5 Abs. 1 und 2 Rn. 556; *I. Groß*, Institution Presse, S. 154; *R. Groß*, Presserecht, S. 51; *Wendt*, in: v. Münch/Kunig, Art. 5 Rn. 43; *Ricker*, Kommunales Amtsblatt, in: FS für Löffler, S. 291, 292, 296, 300; *Schubert*, Amtsblatt und Lokalpresse, S. 68 ff.; *Schürmann*, Öffentlichkeitsarbeit der Bundesregierung, S. 316; *ders.*, Staatliche Mediennutzung, AfP 1993, S. 437.
[389] Vgl. etwa *Pieroth*, in: Jarass/Pieroth, GG, Art. 82 Rn. 5 m.w.N.
[390] *Jarass*, Grenzen staatlicher Publikation, JZ 1981, S. 494; *Ricker*, Kommunales Amtsblatt, in: FS für Löffler, S. 289.

B. *Funktionsverbot für den Staat im Bereich der Massenmedien*

sind z.b. die Auswahl der Themen, über die berichtet wird, das Zusammenfassen oder Streichen von Beiträgen oder – hierbei handelt es allerdings bereits um die Kernaufgabe der *freien* Medien – das Aufzeigen und Bewerten von Zusammenhängen[391].

a) Ablehnende oder befürwortende Ansichten

Die am weitesten gehende Ansicht hält staatliche Pressearbeit (wie auch Staatsrundfunk) bis hin zur Herausgabe von Tageszeitungen für uneingeschränkt zulässig. Die grundrechtliche Freiheit sei eine Freiheit von staatlichem Zwang und von öffentlich-rechtlichen Bindungen, nicht aber auch Freiheit von staatlicher Konkurrenz[392]. Diese allein auf die klassische Abwehrdimension beschränkte Ansicht zu den Grundrechten der Massenkommunikation wird aber in jüngerer Zeit, soweit ersichtlich, nicht mehr vertreten. Auch heute noch vertreten wird dagegen die entgegengesetzte Ansicht, der zufolge dem Staat, insbesondere auf gemeindlicher Ebene, eine redaktionelle Pressetätigkeit gänzlich verboten ist[393]. Nach dieser Ansicht sind also ausschließlich die oben erwähnten amtlichen Verkündungen und Mitteilungen ohne jegliche redaktionelle Gestaltung und meinungsbezogene Inhalte zulässig.

b) Differenzierende Ansicht

Nach einer dritten Auffassung bedarf die Zulässigkeit redaktioneller staatlicher Pressetätigkeit einer differenzierten Betrachtung. Es ist danach zu unterscheiden zwischen solchen Veröffentlichungen, die ausschließlich der Vermittlung eigener Informationen und der Selbstdarstellung dienen und die zweifelsfrei als staatliche Publikation erkennbar sind, die also nicht einmal den Eindruck der staatsfreien Aufarbeitung und Interpretation von Tatsachen vermitteln, und sol-

---

[391] Vgl. *Schubert*, Amtsblatt und Lokalpresse, S. 75 m.w.N.; *Schürmann*, Öffentlichkeitsarbeit der Bundesregierung, S. 316; *ders.*, Staatliche Mediennutzung, AfP 1993, S. 436.

[392] *Bettermann*, Rundfunkfreiheit und Rundfunkorganisation, DVBl. 1963, S. 42; *W. Geiger*, Grundrecht der Pressefreiheit, in: Forster, Funktion der Presse im demokratischen Staat, S. 15 f.; *Peters*, Rechtslage von Rundfunk und Fernsehen, S. 26; *Scheuner*, Staatstheorie und Staatsrecht, S. 769; für die Zulässigkeit rundfunkähnlich organisierter staatlicher Pressetätigkeit *Krüger*, Allgemeine Staatslehre, S. 566.

[393] *Degenhart*, in: BK, GG, Art. 5 Abs. 1 und 2 Rn. 556; *Ehmke*, Reform des Pressewesens, in: FS für Arndt, S. 117 f.; *Ricker*, Kommunales Amtsblatt, in: FS für Löffler, S. 291, 292, 296, 300; *ders.*, Staatliche Pressepublikationen, AfP 1981, S. 322; *Schubert*, Amtsblatt und Lokalpresse, S. 73, 78 ff.; solange die freie Presse ihrer Aufgabe gerecht wird auch *I. Groß*, Institution Presse, S. 154.

chen, in denen (auch) fremde Informationen und Meinungen gesammelt, aufbereitet und der Öffentlichkeit dargeboten werden. Während letztere dem Funktionsverbot unterfallen sollen, weil sie in den publizistischen und wirtschaftlichen Wettbewerb mit der freien Presse treten, werden erstere als notwendige Ergänzung zur freien Presse (Komplementärfunktion der Staatspresse) als zulässig angesehen[394]: Auf ein Mindestmaß an redaktioneller Gestaltung könne bei einer Publikation, die sich auf dem Informationsmarkt wirksam zu behaupten hat, gar nicht verzichtet werden, wenn sie für den Rezipienten interessant sein soll[395]. Staatlichen Publikationen komme darüber hinaus im Konzert der Printmedien nur ein begrenzter Wirkungsgrad zu[396].

c) Stellungnahme

Dürften sich Regierungen abgesehen von amtlichen Mitteilungen und Verkündungen überhaupt nicht im Wege der massenhaften gedruckten Vervielfältigung an die Öffentlichkeit wenden, wäre ihnen also nicht nur die Nutzung des Rundfunks, sondern auch die der redaktionellen Presse gänzlich versagt, so hätten sie tatsächlich nur dieses eine, sehr begrenzte Mittel zur Hand, um Informationen ohne die Vermittlung durch die freien berichterstattenden Medien an die Öffentlichkeit zu kommunizieren. Im Übrigen wären sie in diesem Fall vollkommen darauf angewiesen, dass die Vertreter der freien Presse und des Rundfunks die anstehenden politischen und gesellschaftlichen Probleme, Herausforderungen usw. in einer Weise aufgreifen und bearbeiten, die geeignet ist, das Volk ausreichend und angemessen darüber zu unterrichten. Es darf nun aber an dieser Stelle nicht vergessen werden, dass Regierungen nicht nur ein vitales Eigeninteresse an der Möglichkeit haben, Öffentlichkeitsarbeit „in eigener Sache" zu betreiben, sondern dass ihnen das Betreiben von Öffentlichkeitsarbeit sogar als verfassungsrechtliche, aus dem Rechtsstaats- und dem Demokratieprinzip des Grund-

---

[394] *Plenge*, Zulässigkeit staatlicher Zeitungen und Zeitschriften, S. 124; *Schürmann*, Öffentlichkeitsarbeit der Bundesregierung, S. 315 ff., insb. S. 318 f.; *ders.*, Staatliche Mediennutzung, AfP 1993, S. 436 f.; ähnlich *Bullinger*, in: Löffler, Presserecht, LPG § 1 Rn. 44; unter Hinweis auf die verfassungsrechtlicher Pflicht der Regierung, Öffentlichkeitsarbeit zu betreiben, *R. Groß*, Presserecht, S. 51.
[395] Vgl. *Schürmann*, Öffentlichkeitsarbeit der Bundesregierung, S. 307 ff. m.w.N.; *ders.*, Staatliche Mediennutzung, AfP 1993, S. 437 m.w.N.
[396] *Schürmann*, Staatliche Mediennutzung, AfP 1993, S. 437; für Veröffentlichungen auf Bundes- und Landesebene auch *Ricker*, Staatliche Pressepublikationen, AfP 1981, S. 322.

B. Funktionsverbot für den Staat im Bereich der Massenmedien 99

gesetzes folgende *Pflicht* auferlegt ist[397]. Ist den Regierungen aber auf der einen Seite die Pflicht zur Öffentlichkeitsarbeit auferlegt, so kann nicht auf der anderen Seite die Erfüllung dieser Pflicht vollkommen in die Abhängigkeit von den berichterstattenden Medien gestellt werden. Auf diese Weise hätten die Regierungen, die wegen des Grundsatzes der Staatsfreiheit keine inhaltlichen Einwirkungsmöglichkeiten auf die Drittmedien haben[398], auf die ordnungsgemäße Erfüllung ihrer eigenen Aufgabe nämlich keinerlei Einfluss. Einige Stimmen warnen in diesem Zusammenhang zu Recht vor der Gefahr der „informationellen Isolation des Staates von der Bevölkerung"[399]. Amtliche Mitteilungen und Verkündungen, deren möglicher Inhalt klaren immanenten Beschränkungen unterliegt, reichen allein nicht aus, damit die Regierungen ihrer verfassungsmäßigen Pflicht zur Öffentlichkeitsarbeit und damit ihrer Verantwortung gegenüber den Bürgern vollumfänglich nachkommen können. Die Zulässigkeit redaktionell bearbeiteter Veröffentlichungen, die der Vermittlung *regierungseigener* Informationen und der Selbstdarstellung der Regierungen dienen, ist daher notwendig vorgegeben.

Diese Begründung zeigt bereits deutlich, dass der Bereich des Zulässigen klar umgrenzt ist durch das Erfordernis strenger Konnexität zur Regierungstätigkeit und durch das damit korrespondierende strikte Verbot der Berichterstattung über sonstige, außerhalb der eigenen Handlungssphäre angesiedelte Themen. Genau wie bei den amtlichen Mitteilungen und Verkündungen handelt es sich bei den zulässigen Inhalten redaktioneller regierungsamtlicher Pressetätigkeit letztlich um Informationen, die zu liefern die freien Medien zumindest nicht in gleichwertiger Weise bereit oder in der Lage sind. Um Informationsleistungen, die in der freien Presse aufgrund deren spezifischer publizistischer Funktionsweise kaum oder gar nicht zu finden sind, handelt es sich auch bei den von *Ladeur* angesprochenen Bereichen „sachliche Information über technische Sachverhalte von längerfristigem Interesse" und „Kommunikationskampagnen zu parteipoli-

---

[397] Vgl. BVerfGE 44, 125, 147 f.; *R. Groß*, Presserecht, S. 51.
[398] Vgl. oben Kap. 2 B. I. 1. a) cc).
[399] *Schürmann*, Öffentlichkeitsarbeit der Bundesregierung, S. 317; *ders.*, Staatliche Mediennutzung, AfP 1993, S. 436; *Kimminich*, Bericht, JZ 1963, S. 770; *Plenge*, Zulässigkeit staatlicher Zeitungen und Zeitschriften, S. 36, 101; *Czajka*, Pressefreiheit und „öffentliche Aufgabe" der Presse, S. 166; *I. Groß*, Institution Presse, S. 154 vertritt hingegen die Auffassung, dass den Interessen des Staates und der Bürger durch die Möglichkeit zur mittelbaren Öffentlichkeitsarbeit genügt sei.

tisch nicht umstrittenen Zielen", etwa Aids-Prävention, Verkehrssicherheit oder Toleranz gegenüber Minderheiten[400]. In beiden Fällen nimmt die Regierung Funktionen war, die die auf Aufmerksamkeit angewiesenen Medien – anders als in politisch kontrovers diskutierten Gesellschaftsbereichen – oftmals nicht angemessen zu erfüllen imstande sind. Ohne die beschriebene Beschränkung der regierungsamtlichen Pressetätigkeit bestünde in der Tat die vom Bundesverfassungsgericht beschriebene Gefahr, dass der Staat mit seiner Pressetätigkeit in den publizistischen (und wirtschaftlichen) Wettbewerb mit den Organen der freien Presse eintritt und damit deren Unabhängigkeit und Existenz beeinträchtigt. Hält sich die Öffentlichkeitsarbeit aber in den aufgezeigten Grenzen, so ist eine solche beeinträchtigende Wettbewerbssituation nicht zu befürchten. Anders als im Bereich des Rundfunks ist die Eigenbetätigung des Staates aufgrund der andersartigen publizistischen Bedeutung der Presse im Vergleich zum Rundfunk (geringe Suggestivkraft des geschriebenen Wortes) auch nicht grundsätzlich bedenklich. Aus diesen Gründen ist der differenzierenden Ansicht zur Zulässigkeit redaktioneller staatlicher Pressetätigkeit zuzustimmen.

Das so beschränkte Funktionsverbot erinnert zwar im Ergebnis an das oben abgelehnte Staatsfreiheitsmodell von *Jarass* mit seiner Unterscheidung zwischen den Medienfunktionen Selbstdarstellung („Autopräsentation") und Berichterstattung („Aktualvermittlung"), die Hintergründe sind jedoch verschieden: Während *Jarass* mit der Bedeutung unterschiedlicher abstrakter Kommunikationsfunktionen für den Meinungsbildungsprozess argumentiert, liegt die Ursache der Differenzierung hier im Gedanken der Vermeidung publizistischer Konkurrenz zwischen dem Staat und den Organen der freien Presse, einer Beeinträchtigungssituation, die durch die objektiv-rechtliche Dimension der Pressefreiheit verhindert werden soll.

d) Ergebnis

Anders als im Bereich des Rundfunks existiert im Bereich der Presse kein absolutes Betätigungsverbot für staatliche Stellen. Sie dürfen zur Erfüllung ihrer Aufgaben im Wege amtlicher Verkündungen und Mitteilungen amtliche Texte

---

[400] *Ladeur*, Regierungsamtliche Öffentlichkeitsarbeit im Internet, DÖV 2002, S. 4; vgl. auch oben Kap. 2 A. II. 3. c) aa).

B. Funktionsverbot für den Staat im Bereich der Massenmedien 101

ohne redaktionelle Aufbereitung mit pressemäßigen Mitteln (Gesetz- und Verordnungsblätter, Amtsanzeiger usw.) an die Allgemeinheit verbreiten. Um ihrer aus dem Demokratie- und Rechtsstaatsprinzip folgenden Pflicht zur Öffentlichkeitsarbeit in angemessenem Umfang nachkommen zu können, dürfen sie darüber hinaus auch redaktionell bearbeitete Presseerzeugnisse (Informationsbroschüren, Ratgeber, „Regierungszeitungen" usw.) verbreiten, sofern sie sich dabei auf die Darstellung von Informationen zu Themen beschränken, die ausschließlich ihre eigene Handlungssphäre betreffen oder aus anderen Gründen nicht von der freien Presse besetzt werden, so dass es nicht zu einer Konkurrenzsituation zwischen deren Arbeit und der staatlichen Publikationstätigkeit kommen kann.

4. Weitere problematische staatliche Aktivitäten im Bereich der Presse

Damit scheinen die Grenzen zulässiger *unmittelbarer* regierungsamtlicher Pressetätigkeit im Rahmen der Öffentlichkeitsarbeit bestimmt. Ist aber damit das Funktionsverbot zum Schutz der „Institution Freie Presse" schon ausgeschöpft? Die Frage zielt zum einen auf einen Sonderfall unmittelbarer Pressetätigkeit, nämlich die Anzeigenschaltung, zum anderen auf die von der herrschenden Meinung als generell unbedenklich angesehene *mittelbare* regierungsamtliche Öffentlichkeitsarbeit[401], die sich der freien Presse als Multiplikator bedient.

a) Pressedienstähnliche Angebote und Materndienste

Auch im Bereich der mittelbaren Öffentlichkeitsarbeit gibt es nämlich Regierungsaktivitäten, die im Hinblick auf die institutionelle Dimension der Pressefreiheit des Art. 5 Abs. 1 S. 2 GG problematisch erscheinen, obwohl es anders als bei der regierungsamtlichen Eigenbetätigung zunächst nicht zu einer Konkurrenzsituation zwischen Staat und freier Presse auf dem Felde der Meinungsbildung kommt. Im Gegenteil: Bei diesen bedenklichen Maßnahmen handelt es sich namentlich um Informationsangebote mit pressedienstähnlichen Charakter und um sog. Materndienste und damit um zwei Angebote, die sich auf den ersten Blick als ein Dienst des Staates an der freien Presse darstellen. Mit pressedienstähnlichen Angeboten sind Informationsangebote gemeint, die aktuelle

---

[401] Vgl. oben Kap. 2 A. I. 1. b).

102 2. Kapitel. Zulässigkeit regierungsamtlicher Öffentlichkeitsarbeit

Nachrichten (allgemeine oder auch nur solche zu bestimmten regierungspolitischen Themen) in einer Weise aufbereiten und zusammenstellen, die sich nicht in erster Linie unmittelbar an die Allgemeinheit richtet, sondern in besonderer Weise dazu bestimmt und geeignet ist, dass die dargebotenen Informationen von Organen der freien Presse als Quelle für ihre eigene Berichterstattung genutzt werden. Dazu gehört auch der bereits angesprochene Internet-Service des BPA, der sich speziell an Medienvertreter richtet und sie mit Informationen zur Arbeit der Bundesregierung versorgen soll[402]. Unter Materndiensten ist weitergehend das Angebot vorgefertigter Druckvorlagen zu verstehen (herkömmlicherweise in Form von druckfähiger Fotofolie, in jüngerer Zeit auch in Form von Computerdateien, die auf Datenträgern oder online zur Verfügung gestellt werden), die in großer Auflage und in aller Regel kostenlos zum Abdruck an Presseorgane verteilt werden[403].

Bedenken gegenüber solchen Informationsangeboten beruhen auf dem Umstand, dass insbesondere Lokal- und Regionalzeitungen wegen des wachsenden Konkurrenzdrucks und wegen der für sie abnehmenden Bedeutung politischer Informationen immer mehr dazu übergehen, vorgefundene Informationen unmittelbar zu übernehmen, ohne selbst ihrer journalistischen Sorgfaltspflicht nachzukommen, und ohne dass die Informationen vorher durch eine zuverlässige Stelle, wie etwa die etablierten Nachrichtenagenturen, auf ihre Qualität hin überprüft worden wären[404]. Von Seiten des BPA wird die Unmittelbarkeit der den Medien zur Verfügung gestellten Information offenbar als Vorteil sowohl für die eigene Arbeit als auch für die der Journalisten angesehen[405]. Wenn Regierungen in der beschriebenen Situation Pressedienste o.Ä. anbieten und sich auf diese Weise als „Versorger" der freien Presse betätigen, besteht aber die Gefahr, dass die auf diese Weise zur Verfügung gestellten Informationen von kleineren Presseunternehmen (und nicht nur von diesen, vgl. oben Fn. 404) ungefiltert über-

---

[402] Vgl. oben Kap. 1 A. II.
[403] Vgl. *Schürmann*, Öffentlichkeitsarbeit der Bundesregierung, S. 109.
[404] *Ladeur*, Regierungsamtliche Öffentlichkeitsarbeit im Internet, DÖV 2002, S. 5; *Vesting*, Prozedurales Rundfunkrecht, S. 298 f. m.w.N.; *Vesting* beobachtet eine solche Entwicklung nicht nur in der Presse, sondern sogar im öffentlich-rechtlichen Rundfunk und fordert hierfür die Kenntlichmachung der Übernahme von Fremdbeiträgen, a.a.O. S. 299; vgl. auch *Schwarzer*, Staatliche Öffentlichkeitsarbeit, S. 146.
[405] Vgl. *Mandelartz/Grotelüschen*, Internet und Öffentlichkeitsarbeit, NVwZ 2004, S. 648.

B. Funktionsverbot für den Staat im Bereich der Massenmedien 103

nommen und diese dadurch zu bloßen Multiplikatoren von Regierungsinformationen würden, ohne dabei ihrer Aufgabe der Analyse, Bewertung und Kommentierung des Regierungshandelns nachzukommen. Die gleiche Gefahr besteht bei Materndiensten, die für kleine Presseunternehmen besonders attraktiv sind, weil in diesem Fall nicht nur das journalistisch-redaktionelle, sondern zudem auch das technische Erfordernis an Eigenleistung auf ein Minimum reduziert ist. Gegenüber der Presse betriebene, mittelbare regierungsamtliche Öffentlichkeitsarbeit darf aber nie zur Uniformierung der Information führen – eine Gefahr, die deshalb so groß ist, weil die Verbreitung durch die Presse „das Kleinste zur Lawine werden lässt"[406]. Dabei fehlt es in aller Regel bei der schließlich verbreiteten Information auch noch an einer Kenntlichmachung der staatlichen Urheberschaft, so dass diese für den Leser, der eine redaktionelle Eigenleistung der Presse erwartet, nicht zu erkennen ist[407]. Vor diesen tatsächlichen Hintergründen resultiert aus dem regierungsamtlichen Angebot von Presse- und Materndiensten die Gefahr der faktischen Lenkung der Meinungsbildung durch die Regierung und – unter dem Gesichtspunkt der objektiv-rechtlichen Garantie der Funktion des Instituts freie Presse – eine Gefährdung für die Ausübungsbedingungen der Pressefreiheit[408].

Das Problem der Übernahme von Regierungsinformationen durch die örtliche Presse wird auch in der schon einmal zitierten Entscheidung des Oberverwaltungsgerichts Münster angesprochen. Das Gericht berichtet dort von dem von den Klägern vorgebrachten Argument, es sei eine nicht selten anzutreffende Praxis örtlicher Presseorgane, von Regierungsseite stammende Erklärungen – in der Entscheidung geht es um Presseerklärungen zur eigenen Tätigkeit – unverändert und ohne Kenntlichmachung ihres Urhebers als redaktionelle Meldungen abzudrucken[409]. Das Gericht lehnt es jedoch generell ab, aus diesem Gedanken etwas zur Zulässigkeit mittelbarer regierungsamtlicher Öffentlichkeitsarbeit herzuleiten, weil die Grenze des Zulässigen nicht von den Gepflogenheiten der ört-

---

[406] *Leisner*, Öffentlichkeitsarbeit der Regierung, S. 126.
[407] *Schürmann*, Öffentlichkeitsarbeit der Bundesregierung, S. 109.
[408] *Ladeur*, Regierungsamtliche Öffentlichkeitsarbeit im Internet, DÖV 2002, S. 5; *Schwarzer*, Staatliche Öffentlichkeitsarbeit, S. 147 sieht die Pressefreiheit hingegen erst dann gefährdet, wenn durch die Verbindung mit Anzeigenaufträgen finanzieller Druck auf die Presse ausgeübt wird.
[409] OVG Münster, NVwZ-RR 1989, 149, 152.

lichen Presse abhängen könne, und es von der Regierung nicht erwartet werden könne, ihre Öffentlichkeitsarbeit auf komplexe örtliche Verhältnisse abzustimmen. Mit keinem Wort wird auf eine mögliche Gefährdung der objektivrechtlichen Dimension der Pressefreiheit eingegangen. Entgegen der Annahme des Gerichts handelt es sich aber bei der ungeprüften Informationsübernahme durch Presseorgane nicht lediglich um eine nicht weiter zu beachtende „örtliche Gepflogenheit", sondern um eine allgemein zu beobachtende Entwicklung, deren Ausmaß durchaus geeignet ist, Bedenken zu erwecken[410].

Regierungsamtliche Öffentlichkeitsarbeit kann also die Funktionsfähigkeit der freien Presse nicht nur dadurch beeinträchtigen, dass sie sich unter Nutzung der gleichen publizistischen Mittel mit Informationen unmittelbar an die Bevölkerung wendet und so mit der freien Presse konkurriert, sondern auch durch presseunterstützende Informationsdienstleistungen, die dazu führen, dass sich insbesondere mit geringen Geldmitteln ausgestattete Presseorgane an den von der Regierung zur Verfügung gestellten Informationen bedienen, und die Regierungsinformationen auf diese Weise zwar vermittelt, aber ungefiltert in den Meinungsbildungsprozess gelangen.

Sieht man in der Lieferung druckfertiger Informationen einen Vorteil für die betroffenen Presseunternehmen, so drängt sich zudem ein Vergleich mit dem Problemkreis der Pressesubventionierung auf. Auch dort hat das Presseunternehmen die Wahl, ob es die Leistung annehmen will oder nicht[411]. Für den gebenden Staat gelten jedoch zum Schutze der Pressefreiheit strenge Regeln: Ergreift er Maßnahmen zur Förderung der Presse, so obliegt ihm dabei eine aus der institutionellen Garantie der freien Presse folgende inhaltliche Neutralitätspflicht, die zur Folge hat, dass sowohl die Einflussnahme auf den Inhalt und die Gestaltung einzelner Presseerzeugnisse als auch Verzerrungen des publizistischen Wettbewerbs im Ganzen unbedingt vermieden werden müssen. Aus Art. 5 Abs. 1 S. 2 GG folgt zwar für die Träger der Pressefreiheit kein subjektiver Anspruch auf Gewährung bestimmter staatlicher Leistungen, aus der Neutralitätspflicht des

---

[410] Vgl. erneut *Ladeur*, Regierungsamtliche Öffentlichkeitsarbeit im Internet, DÖV 2002, S. 5; *Vesting*, Prozedurales Rundfunkrecht, S. 298 f.
[411] Vgl. *Ladeur*, Regierungsamtliche Öffentlichkeitsarbeit im Internet, DÖV 2002, S. 7.

Staates ergibt sich für sie aber ein subjektives Abwehrrecht gegen etwaige inhaltslenkende Wirkungen von durchgeführten Fördermaßnahmen sowie ein Anspruch auf Gleichbehandlung im publizistischen Wettbewerb. Pressefördernde Maßnahmen bedürfen zudem einer konkreten gesetzlichen Ermächtigungsgrundlage, die Bereitstellung von Mitteln im Haushaltsplan reicht insoweit nicht aus[412].

Wenn man nach den Konsequenzen dieser Gefahrenanalyse fragt, muss allerdings, soweit es die Ausübungsbedingungen der Pressefreiheit angeht, berücksichtigt werden, dass die Beeinträchtigungen in erster Linie von den Vertretern der freien Presse selbst zu verantworten sind. Sie sind es, die der ihnen in der Demokratie zufallenden Aufgabe der Analyse, Bewertung und Kommentierung nicht hinreichend nachkommen. Der Regierung ist insoweit nur der Vorwurf zu machen, ein für die Presse besonders komfortables Informationsangebot zur Verfügung zu stellen. Ein generelles Verbot für regierungsamtliche Presse- und Materndienste erscheint deshalb nicht geboten. Soweit es dadurch, dass freie Presseorgane bei der Veröffentlichung regierungsamtlicher Informationen ihrer Aufgabe nicht nachkommen, zur Gefahr der faktischen Meinungslenkung durch die Regierung kommt, so kann dem dadurch begegnet werden, dass man auch dem Angebot von Presse- und Materndiensten die für die unmittelbare Pressebetätigung entwickelten inhaltlichen Grenzen zieht. Zusätzlich ist es erforderlich, dass die regierungsamtliche Herkunft der Informationen unzweifelhaft kenntlich gemacht wird. Bei der Übernahme originärer Regierungsinformationen durch die freie Presse ist die Gefahr meinungslenkender Beeinflussung dann nicht größer, als wenn die Regierung solche Informationen selbst veröffentlichen würde. Presseerklärungen und Matern, deren Inhalt sich unmittelbar mit der Tätigkeit der sie veröffentlichenden Regierungsstelle befasst, sind daher wie die entsprechende unmittelbare Pressebetätigung als zulässig anzusehen, sofern die aufgrund des Neutralitätsgebots staatlichen Handelns gegenüber der Presse gebotene Gleichbehandlung der Presseorgane gewährleistet ist. Die Presse ist allerdings zu verpflichten, die regierungsamtliche Herkunft der Inhalte deutlich zu kennzeichnen. Enthalten Pressedienste und Matern dagegen allgemeine Nach-

---

[412] Vgl. BVerfGE 80, 124, 133 f.; *Löffler/Ricker*, Handbuch des Presserechts, Kap. 9 Rn. 7.

106   2. Kapitel. Zulässigkeit regierungsamtlicher Öffentlichkeitsarbeit

richten und Informationen, so nimmt die Regierung damit wie bei der eigenen Veröffentlichung solcher Inhalte unzulässigerweise eine Aufgabe war, die allein den Organen der freien Presse selbst zukäme. Dienste solchen Inhalts sind deshalb genauso unzulässig, wie dies auch bei unmittelbarer Verbreitung der Informationen der Fall wäre.

b) Anzeigenschaltung

Als „eine bemerkenswerte Sonderform" redaktioneller staatlicher Pressetätigkeit bezeichnet *Jarass* den regelmäßigen Kauf von Seiten in regionalen Tages- oder Wochenzeitungen durch die Gemeinden. Die Seiten würden zwar zumeist durch das Wort „Anzeige" gekennzeichnet, seien im Übrigen aber wie redaktionelle Seiten gestaltet und dürften von den Lesern nicht selten für solche gehalten werden[413]. Wie die Gemeinden wenden sich auch die Regierungen der Länder und die Bundesregierung gerne auf in Drittpublikationen gekauften Anzeigeflächen an die Bevölkerung. Gerade groß angelegte Anzeigenkampagnen in Zeitungen und Zeitschriften waren immer wieder Gegenstand der um die Zulässigkeit regierungsamtlicher Öffentlichkeitsarbeit geführten Rechtsstreitigkeiten[414].

Solche Regierungsanzeigen scheinen sich in einem Raum zwischen unmittelbarer und mittelbarer Pressetätigkeit zu bewegen: Anders als Rundfunkveranstalter, die gesetzlich zur Tendenzlosigkeit und politischen Neutralität ihrer Programme verpflichtet sind (was sich unter anderem in einem Diskriminierungsverbot bei der Ausstrahlung von Wahlwerbespots politischer Parteien ausdrückt, vgl. etwa § 13 Abs. 1 S. 2 HmbMedienG), sind die Verlage von Presseerzeugnissen bei der Auswahl von Nachrichten und der Verbreitung von Meinungen vollkommen frei[415]. Diese Freiheit schützt nicht nur den redaktionellen Teil ihrer Publikationen, sondern sie geht so weit, dass Zeitungen und Zeitschriften den Abdruck von Anzeigen bestimmter politischer Richtungen verweigern können, ohne dass darin ein Verstoß gegen die Chancengleichheit der politischen Meinungen zu sehen wäre. Die Tendenzfreiheit der Presse gilt grundsätzlich sogar

---

[413] *Jarass*, Grenzen staatlicher Publikation, JZ 1981, S. 494. Die Kennzeichnungspflicht für entgeltliche Veröffentlichungen ergibt sich aus § 10 der Landespressegesetze.
[414] Aus der Rechtsprechung zur Zulässigkeit regierungsamtlicher Öffentlichkeitsarbeit vgl. nur BVerfGE 63, 230 ff.; 44, 125 ff.; HessStGH, NVwZ 1992, 465 ff.
[415] BVerfGE 48, 271, 278; 42, 53, 62; 37, 84, 91.

B. Funktionsverbot für den Staat im Bereich der Massenmedien 107

für den Fall, dass es sich um die einzige vergleichbare Publikation in der Region handelt, die dadurch eine Monopolstellung inne hat[416]. Die Presse ist also keinesfalls verpflichtet, Anzeigenverträge mit der Regierung abzuschließen und auf diese Weise ein Forum für deren Öffentlichkeitsarbeit zur Verfügung zu stellen.

In der Entscheidung für oder gegen die Aufnahme einer Regierungsanzeige in die eigene Publikation kann daher eine Art von „Auswahlleistung" auch bezüglich der Anzeigeninhalte gesehen werden. Andererseits bezieht sich diese Leistung nur auf das „Ob", nicht aber auf das „Wie" der Veröffentlichung. Die Situation entspricht insoweit der Inanspruchnahme von Materndiensten[417]. Die bloße Entscheidung, eine Regierungsanzeige entweder zu drucken oder abzulehnen, ist jedoch in keiner Weise mit der kritischen Darstellung und Bewertung politischer Ereignisse gleichzusetzen, die die besondere Mittlerfunktion der freien Medien im politischen Meinungsprozess ausmacht und durch die bei nur mittelbar erfolgender regierungsamtlicher Öffentlichkeitsarbeit die Gefahr staatlicher Einflussnahme wesentlich gemildert wird[418]. In ihr liegt auch kein inhaltliches Bekenntnis zu den fremden Inhalten, keine Entscheidung, sich diese *publizistisch* zu Eigen zu machen, wie es beim Abdruck von Matern oder regierungsamtlichen Pressemeldungen immerhin noch der Fall ist. Obwohl die Regierung nicht selbst als Herausgeber von Presseerzeugnissen tätig wird, wird denn auch der Kauf von Anzeigenflächen in Drittpublikationen allgemein zur *un*mittelbaren regierungsamtlichen Öffentlichkeitsarbeit gerechnet. Es gelten dafür aus diesem Grunde die oben aufgezeigten inhaltlichen Schranken unmittelbarer regierungsamtlicher Pressebetätigung. Aus dem Umstand, dass Regierungsanzeigen in der Regel großformatig, wenn nicht gar seitenfüllend sind, ergibt sich – insbesondere, wenn man mögliche Folgeaufträge im Rahmen einer Kampagne mit in den Blick nimmt – für den Verlag ein starker finanzieller Anreiz zum Abdruck der Anzeigen[419]. Das Problem der faktischen Verhaltenslenkung zeigt sich hier des-

---

[416] BVerfGE 42, 53, 62; zur Diskussion *Mallmann*, Bericht, JZ 1975, S. 386 f. m.w.N. Später hat das Bundesverfassungsgericht seine großzügige Rechtsprechung in bezug auf die Tendenzfreiheit im Anzeigenteil von Presseerzeugnissen ein Stück weit relativiert (BVerfGE 48, 271, 278 f.): Eine Verpflichtung zum Abdruck von Anzeigen politischer Parteien sei denkbar, wenn deren Ablehnung bei Ausnutzung der Monopolstellung des Verlages eine Diskriminierung einzelner Parteien bedeute; ähnlich *Schwarze*, Veröffentlichungspflicht der Presse, DVBl. 1976, S. 564.
[417] Vgl. oben Kap. 2 B. II. 4. a).
[418] Vgl. erneut OVG Münster, NVwZ-RR 1989, 149, 152.
[419] Ähnlich *Schwarzer*, Staatliche Öffentlichkeitsarbeit, S. 147 f.

halb noch deutlicher als bei den Materndiensten, wo es über die bloße Arbeitsersparnis hinaus keinen weiteren finanziellen Anreiz für den Abdruck der Vorlagen gibt. Die in diesem Zusammenhang angestellten Überlegungen gelten deshalb für die Anzeigenschaltung entsprechend. Insbesondere ist auch hier auf strikte Neutralität bei der Vergabe von Anzeigenaufträgen zu achten.

5. Ergebnis

Die genannten staatlichen Betätigungen unterfallen wegen der aus ihnen folgenden Gefahren für das „Institut Freie Presse" und für den Prozess freier gesellschaftlicher Meinungs- und Willensbildung in dem aufgezeigten Umfang dem presserechtlichen Funktionsverbot und sind insoweit unzulässig. Jenseits der aufgezeigten Grenzen ist es staatlichen Stellen dagegen erlaubt, Druckwerke herzustellen und zu verbreiten oder sich in sonstiger Weise pressenah zu betätigen.

III. Staatsfreiheit des Internets?

Weil Art. 5 Abs. 1 S. 2 GG auch untypische, neuartige Kommunikationsformen erfasst[420], fallen auch die kommunikativen Betätigungen im Internet grundsätzlich in den Gewährleistungs- und Ausgestaltungsbereich der dort gesicherten Kommunikationsfreiheiten. Aus dieser Feststellung können jedoch noch keine weiteren Konsequenzen abgeleitet werden. Insbesondere kann auf dieser Grundlage noch keine Aussage darüber getroffen werden, ob und inwieweit die verfassungsrechtlichen Grundsätze der Staatsfreiheit der Massenmedien und des daraus folgenden Funktionsverbots für den Staat auch für das Internet Geltung beanspruchen. Nachdem diese für die Medien Rundfunk und Presse mit ihren jeweiligen Ursprüngen, Grenzen und Konsequenzen vorgestellt worden sind, soll nun mit Blick auf die Ausgangsfrage geprüft werden, ob sich diese im Bereich der herkömmlichen Massenmedien etablierten Grundsätze entweder ganz oder zumindest in Teilbereichen auf das Online-Medium Internet übertragen lassen, oder ob sie dort vielleicht schon „von Natur aus" gelten, weil es sich bei den dort vorzufindenden Angeboten letztlich um nichts anderes als Rundfunk oder Presse handelt. Vereinzelt wird auch die Erweiterung der in Art. 5 Abs. 1 S. 2

---

[420] *Hoffmann-Riem*, in: AK, GG, Art. 5 Abs. 1, 2 Rn. 149.

B. Funktionsverbot für den Staat im Bereich der Massenmedien

GG enthaltenen Trias der Medienfreiheiten (Rundfunk-, Presse- und Filmfreiheit) um eine eigenständige „Internetfreiheit" gefordert[421], die allein geeignet sein soll, den Besonderheiten des Internets gegenüber den herkömmlichen Massenmedien Rechnung zu tragen. Wieder andere sprechen sich für die Weiterbildung der klassischen Medienfreiheiten hin zu einer medienübergreifenden Kommunikationsfreiheit aus[422].

1. Medium Internet

Im Rahmen der Darstellung der zu den klassischen Massenmedien entwickelten verfassungsrechtlichen Grundsätze ist deutlich geworden, dass diese ihren Ursprung jeweils in bestimmten technischen und ökonomischen Besonderheiten des Mediums, vor allem aber in der ihm zukommenden Rolle im Prozess der individuellen und öffentlichen Meinungs- und Willensbildung haben. Überhaupt werden verfassungsrechtliche Beurteilungen im Bereich der Medien in großem Maße durch die Realitäten des jeweiligen Mediums beeinflusst[423]. Eine Anwendbarkeit der zu den herkömmlichen Massenmedien entwickelten Grundsätze auf das Internet kommt deshalb nur in soweit in Betracht, wie dort vergleichbare tatsächliche und verfassungsrechtliche Voraussetzungen und Interessenkonflikte herrschen, die nach einer entsprechenden rechtlichen Behandlung verlangen. Wenn man nach ihrer Anwendbarkeit auf das Internet fragt, so ist deshalb das „Besondere" des Internets zu untersuchen und mit den Besonderheiten von Rundfunk und Presse zu vergleichen.

Handelt es sich beim Internet also um ein neues (Massen-)Medium mit neuartigem, eigenständigem und einheitlichem (Grund-)Rechtsraum[424] oder bietet es lediglich eine neue, multifunktionale Distributionsmöglichkeit für herkömmliche Medieninhalte und ist damit bloß Ausdruck der im Zuge der Digitalisierung

---

[421] *Mecklenburg*, Internetfreiheit, ZUM 1997, S. 525 ff.; kritisch dazu *Brand*, Rundfunk, S. 234 ff.
[422] *Bullinger*, in: Isensee/Kirchhof, Handbuch des Staatsrechts, Band VI, § 142 Rn. 180; *ders.*, Kommunikationsfreiheit, S. 118; *Depenheuer*, Informationsordnung, AfP 1997, S. 673; *Engel*, Multimedia und Verfassungsrecht, in: Hoffmann-Riem/Vesting, Perspektiven der Informationsgesellschaft, S. 163; *Gabriel-Bräutigam*, Rundfunkkompetenz und Rundfunkfreiheit, S. 35; *Hoffmann-Riem* in: AK, GG (1989), Art. 5 Abs. 1, 2 Rn. 119, 122.
[423] *Hoffmann-Riem*, in: AK, GG, Art. 5 Abs. 1, 2 Rn. 123; *ders.*, Pay-TV, S. 31 f.
[424] So insb. *Mecklenburg*, Internetfreiheit, ZUM 1997, S. 530, 531, 542 (allerdings kritisch zur Verwendung des Wortes „Medium" und für die Bezeichnung als „Plattform"; ähnlich *Fiedler*, Meinungsfreiheit in einer vernetzten Welt, S. 26); vgl. auch *F. Mayer*, Recht und Cyberspace, NJW 1996, S. 1790.

der Telekommunikation zu beobachtenden „Konvergenz der Medien", bloß technische Substitution herkömmlicher Verteilungswege, ohne dass dies jedoch rechtliche Konsequenzen nach sich zöge? Unter Konvergenz der Medien versteht man die Fähigkeit verschiedener Netzplattformen, ähnliche Arten von Diensten zu übermitteln, sowie die Verschmelzung von Endgeräten wie Telefon, Fernsehgerät, Radioempfänger und Personal Computer, im Ergebnis also eine Entwicklung der technologischen Integration verschiedener Kommunikationsmedien, -netze, -dienste und -endgeräte[425]. Damit steht der Begriff der Konvergenz in engem inhaltlichen Zusammenhang mit der Erscheinung, die zumeist mit dem Schlagwort „Multimedia" beschrieben wird, nämlich der Integration von Computertechnologie, Telekommunikation und herkömmlichen Massenmedien und die integrierte Verwendung von Audio-, Video-, Text- und Dateninhalten[426].

Das Internet wird zum Teil als „drittes elektronisches Massenmedium" neben Radio und Fernsehen angesehen[427], als etwas funktional Neues und Anderes. Betrachtet man die im Internet bisher zur Verfügung stehenden Dienste genauer, so scheint aber eher die zweite der oben als denkbar vorgestellten Charakterisierungen zuzutreffen: Im Internet stehen sowohl individualkommunikative (E-Mail und Private Chat[428], Internet-Telefonie und Telebanking) als auch massenkommunikative Dienste (WWW mit seinen fast unbegrenzten Möglichkeiten, Usenet usw.) zur Verfügung. Das Internet ist somit kein *reines* Medium der Individual- *oder* der Massenkommunikation, es steht aber auch nicht vollkommen in einem eigenen Raum *zwischen* diesen beiden Polen, sondern es stellt sich als Medium *sowohl* der Individual- *als auch* der Massenkommunikation dar[429] und bietet *zusätzliche* Kommunikationsmöglichen, die keinem der beiden Bereiche ohne Probleme zuzuordnen sind. In den klassischen Bereichen der Individual-

---

[425] Vgl. hierzu Europäische Kommission, Grünbuch Konvergenz, S. 1; *Gersdorf*, Rundfunkbegriff im Lichte der Digitalisierung, S. 20.
[426] Vgl. *Depenheuer*, Informationsordnung, AfP 1997, S. 670; *Gersdorf*, Rundfunkbegriff im Umbruch?, AfP 1995, S. 566; *Hoffmann-Riem*, AK, GG, Art. 5 Abs. 1, 2 Rn. 149; *ders.*, Pay-TV, S. 12; *Karpen*, Medienrecht, in: Achterberg/Püttner/Würtenberg, Besonderes Verwaltungsrecht I, S. 1259 f.; *Michel*, Konvergenz der Medien, MMR 2005, S. 284 f.; *Vesting*, Prozedurales Rundfunkrecht, S. 184.
[427] *Goldhammer/Zerdick*, Rundfunk Online, S. 11; *Mecklenburg*, Internetfreiheit, ZUM 1997, S. 527.
[428] Vgl. *Wolfgang Schulz*, Jenseits der Meinungsrelevanz, ZUM 1996, S. 489, 491.
[429] So auch *Scherer*, Prozedurale Rundfunkfreiheit, Der Staat 1983, S. 348, 354.

B. Funktionsverbot für den Staat im Bereich der Massenmedien 111

und Massenkommunikation besteht die Möglichkeit, Texte und Bilder ähnlich wie mit der Briefpost oder durch die Presse zu verbreiten, aber auch die rundfunk- oder telefonähnliche Übertragung von Ton und Bewegtbildern ist möglich[430], wobei sich die noch limitierten technischen Möglichkeiten der Bewegtbildübertragung im Laufe der zukünftigen Entwicklung weiter verbessern werden[431]. Internet-Telefonie (*Web Phoning*) unterscheidet sich trotz bedeutsamer technischer Unterschiede bereits heute für den Benutzer nicht mehr merklich von der herkömmlichen Sprachtelefonie. Der kostengünstige, schnelle und vielseitige E-Mail-Dienst ersetzt im privaten wie im geschäftlichen Bereich schon seit langem einen großen Teil des früheren Briefpost- und Telefaxverkehrs – eine Entwicklung, die insbesondere der *Deutsche Post AG* zu schaffen macht. Praktisch jedes herkömmliche Medium der Individual- oder Massenkommunikation lässt sich im Internet mit seinen bisherigen spezifischen Leistungsmerkmalen, jedoch stets unverkörpert und zudem um weitere nützliche Funktionen ergänzt, wiederfinden[432]. Man kann insoweit von einer technischen Substitution, zumindest aber von einer Ergänzung traditioneller Medien durch das Internet sprechen[433], keinesfalls aber sind alle Äußerungsmöglichkeiten im Internet „neu"[434].

Und dennoch haben auch die Autoren Recht, die im Internet etwas Neues, Eigenständiges sehen, denn es ist in der Tat *mehr* als nur die Summe seiner Dienste, *mehr* als eine Kopie der bisherigen Medienlandschaft[435]: Die Grenzen zwischen den verschiedenen Medientypen verschwimmen dort stellenweise oder verlieren an Bedeutung[436], genauso wie die Rollen von „Sender" und „Empfän-

---

[430] *P. Mayer*, Internet im öffentlichen Recht, S. 55 f., 87 f.
[431] Hauptsächliches Problem ist die zu niedrige Übertragungsrate im schmalbandigen Kabelnetz („Telefonnetz"), die zu ruckelnder Darstellung von Bewegtbildern und zu Mängeln in der Tonübertragung führen kann, vgl. *Goldhammer/Zerdick*, Rundfunk Online, S. 27. Mit digitalen Datenleitungen wie DSL können diese Schwierigkeiten jedoch schon heute weitgehend überwunden werden; vgl. unten Kap. 2 B. III. 3. b) cc) ccc) (1).
[432] Vgl. zum Ganzen *Goldhammer/Zerdick*, Rundfunk Online, S. 34, 79; *Determann*, Kommunikationsfreiheit im Internet, S. 87; *Fiedler*, Meinungsfreiheit in einer vernetzten Welt, S. 26 f.
[433] So auch *Eberle*, Regelungsmodell für Online-Dienste?, in: Dittmann u.a., Rundfunkbegriff im Wandel der Medien, S. 152; *Hoffmann-Riem*, in: AK, GG, Art. 5 Abs. 1, 2 Rn. 135; *ders./Vesting*, Ende der Massenkommunikation?, MP 1994, S. 383 f.
[434] So auch *Fiedler*, Meinungsfreiheit in einer vernetzten Welt, S. 24.
[435] *Neuberger*, Massenmedien im Internet, MP 2000, S. 102.
[436] *Bullinger*, Kommunikationsfreiheit, S. 31 ff.; *Depenheuer*, Informationsordnung, AfP 1997, S. 670; *Determann*, Kommunikationsfreiheit im Internet, S. 108 ff.; *Grote*, Internet und Grundrechtsordnung, KritV 1999, S. 31; *Hoffmann-Riem*, Pay-TV, S. 15; *Karpen*, Medienrecht, in: Ach-

ger" häufig kaum festzulegen sind[437]. Das Internet wird zum „Hybrid-Medium"[438]. Deshalb wird in der Literatur teilweise die Ansicht vertreten, das Internet müsse einer eigenen, ganzheitlichen, gleichwohl gegebenenfalls in sich differenzierten verfassungsrechtlichen Betrachtung unterliegen[439] und könne nicht lediglich in eine Summe von unterschiedlichen Diensten aufgelöst werden[440].

Die Dienste des Internets sind aber doch, wie bereits aufgezeigt wurde, außerordentlich verschiedenartig und vielschichtig und weisen gleichzeitig unübersehbare Ähnlichkeiten mit bisherigen Kommunikationsformen und Medieninhalten auf. Wenn auch die Grenzen in manchen Randbereichen tatsächlich undeutlich werden, und die Kommunikationsformen im Zuge der Konvergenz immer näher zusammen rücken, so lassen sie sich doch in der Mehrzahl der Fälle ohne größere Probleme den konventionellen Kategorien von Individual- und Massenkommunikation zuordnen. Ein einfaches Beispiel für Internet-Dienste, deren Charakter in einem Raum zwischen diesen Kommunikationsformen anzusiedeln ist, bilden die sog. *Mailinglisten*. Dabei handelt es sich um elektronische Rundbriefe[441], zu deren Verbreitung sich die Verfasser des E-Mail-Dienstes bedienen – eines Dienstes, der grundsätzlich als Online-Äquivalent zur Briefpost oder zum Telefax den typischen Medien der Individualkommunikation zuzurechnen ist. Erfolgt jedoch eine Verbreitung von E-Mails mittels offener Verteilerlisten als Rundbrief an eine unbestimmte Öffentlichkeit, und ist ihr Inhalt von Relevanz für den Prozess öffentlicher Meinungsbildung, so kann dies mit guten Gründen als Massenkommunikation angesehen werden; der Weg zur Abonnementpresse ist dann nicht mehr weit[442]. Einzelne Dienste im Internet geraten so in ein Spannungsfeld zwischen Individual- und Massenkommunikation[443]. Auf der anderen Seite ist ein ähnlicher Effekt in den Offline-Medien zu beobachten, wenn der

---

terberg/Püttner/Würtenberg, Besonderes Verwaltungsrecht I, S. 1259; *Ladeur*, Information Superhighway, CR 1996, S. 614, 618; *Schoch*, Öffentliche Betätigung im Online-Bereich, AfP 1998, S. 255; *Trute*, Informationsordnung, VVDStRL 57 (1998), S. 239.

[437] Vgl. *P. Mayer*, Internet im öffentlichen Recht, S. 46.
[438] *Hoffmann-Riem*, in: AK, GG, Art. 5 Abs. 1, 2 Rn. 136.
[439] *Mecklenburg*, Internetfreiheit, ZUM 1997, S. 525 ff., insb. S. 535 ff; *Trute*, Informationsordnung, VVDStRL 57 (1998), S. 241, insb. Fn. 99.
[440] *Ladeur*, Regulierung des Internet, ZUM 1997, S. 383.
[441] Vgl. *P. Mayer*, Internet im öffentlichen Recht, S. 41.
[442] *Determann*, Kommunikationsfreiheit im Internet, S. 49.
[443] *Hoffmann-Riem*, in: AK, GG, Art. 5 Abs. 1, 2 Rn. 135; *Ch. Engel*, ISP als Geiseln deutscher Ordnungsbehörden, MMR Beilage 4/2003, S. 14; vgl. zum Ganzen auch *Ladeur*, Information Superhighway, CR 1996, S. 614 ff.

B. Funktionsverbot für den Staat im Bereich der Massenmedien

grundsätzlich der Individualkommunikation zuzurechnende Brief zum Vehikel von Medienerzeugnissen wird, die selbst dem Pressebegriff zuzuordnen sind. Hier wie dort können vernünftige Ergebnisse dadurch erzielt werden, dass man bei der Beurteilung des Vorgangs auf die Intention des Kommunikators abstellt: Besteht zwischen Kommunikator und Empfängern eine individuelle Beziehung, kommt es ihm aus einem Interesse heraus, das nicht lediglich darin besteht, Informationen an eine möglichst große Zahl von Empfängern zu verbreiten, darauf an, bestimmte Empfänger zu erreichen, so handelt es sich um Individualkommunikation. Richtet der Kommunikator sein Angebot dagegen wie oben beschrieben an einen öffentlichen Adressatenkreis, so handelt es sich um Massenkommunikation.

Im Ergebnis ist der Ansicht, beim Internet handele es sich um eine neue Art von Medium, das einer eigenen verfassungsrechtlichen Betrachtung bedarf, nur insoweit zuzustimmen, wie es darum geht, dass die technischen und kommunikativen Besonderheiten des Internets und seine Unterschiede zu den herkömmlichen Medien stets Beachtung finden und alle gesetzlichen Regelungen ihnen Rechnung tragen müssen. Eindeutig individualkommunikative Dienste wie Internet-Telefonie oder E-Mail bedürfen aber auch im Internet einer anderen Behandlung als eindeutig massenkommunikative Dienste, innerhalb derer gegebenenfalls wieder nach der jeweiligen Gefährdungslage für den Meinungsbildungsprozess Unterschiede in der Behandlung gerechtfertigt sein können. Unterschiedliche Internet-Dienste unterliegen danach spezifischen verfassungsrechtlichen Voraussetzungen[444]. Soll *einheitliche* und *eigenständige* Betrachtung dagegen die *unterschiedslose* Regulierung aller möglichen Internet-Dienste und die Nivellierung ihrer Verschiedenheit bedeuten, dann ist diese Ansicht aus den genannten Gründen abzulehnen. Aus den gleichen Gründen sind auch Versuche abzulehnen, das Internet nicht einer neuen einheitlichen verfassungsrechtlichen Betrachtung zu unterwerfen, sondern es insgesamt und mit allen sich daraus ergebenden Konsequenzen entweder dem Rundfunk oder der Presse im herkömm-

---

[444] Für eine gesonderte rechtliche Beurteilung auch *Bullinger*, Rundfunkbegriff, AfP 1996, S. 4; *Hoffmann-Riem*, Rundfunkbegriff, AfP 1996, S. 9; *Kröger/Moos*, Regelungsansätze, ZUM 1997, S. 465; *Rath-Glawatz*, Öffentliche Betätigung im Online-Bereich, AfP 1998, S. 263; *Riesenhuber*, Medienfreiheit durch Medienvielfalt, AfP 2003, S. 482; *Scherer*, Online, AfP 1996, S. 217 f.

114 2. Kapitel. Zulässigkeit regierungsamtlicher Öffentlichkeitsarbeit

lichen Sinne zuzuordnen, oder gar im Ganzen dem Telekommunikationsrecht zu unterwerfen[445].

Nach all dem ist eine Charakterisierung des komplexen, multifunktionellen, sich ständig weiterentwickelnden „Multi-Mediums" Internet als neues und eigenständiges Medium allenfalls eingeschränkt und eine undifferenzierte verfassungsrechtliche Betrachtung der dort zur Verfügung stehenden Dienste überhaupt nicht möglich[446]. Vielmehr greifen im Internet trotz des technischen Zusammenwachsens der Medien unterschiedliche Rechtsmaterien ineinander, namentlich das Telekommunikations-, das Rundfunk-, das Presse- und das sonstige Medienrecht [447]. Diese Sichtweise harmoniert mit der Behandlung des Konvergenzphänomens auf der europäischen Ebene: Die in den auf dem von der EU-Kommission vorgelegten „Grünbuch Konvergenz" beruhenden Konsultationsprozessen entwickelten Eckpunkte sehen eine Unterscheidung zwischen der Netz- und der Inhaltsregulierung vor. Eine integrative Regulierung wird dabei nur für die zusammenwachsenden *Netze* angestrebt, für die *Inhalte* soll es dagegen bei der herkömmlichen gesonderten Regulierung bleiben[448].

Es ist also nur folgerichtig, wenn die deutschen Gesetzgeber verschiedene Dienste innerhalb des Verbreitungsmediums Internet unterscheiden. Die meisten der im MDStV der Länder und im Teledienstegesetz des Bundes (TDG) namentlich genannten Dienste sind Bestandteil des Internets[449]. Die Gesetzgeber haben damit zwischen (telekommunikationsdienstleistungsähnlichen und individualkommunikativen) Telediensten und (massenkommunikativen, publizistisch bedeutsamen) Mediendiensten unterschieden. Daneben gelten die Regelungen, die den Rundfunk betreffen, gegebenenfalls auch für das Internet[450]: Dass nicht der technische Distributionsweg das maßgebende Unterscheidungskriterium zwi-

---

[445] Kritisch hierzu auch *Bullinger*, Ordnung oder Freiheit, JZ 1996, S. 386; *Grzeszick*, Neue Medienfreiheit, AöR 123 (1998), S. 188; *F. Mayer*, Recht und Cyberspace, NJW 1996, S. 1788; *Trute*, Informationsordnung, VVDStRL 57 (1998), S. 241 Fn. 99.
[446] Vgl. auch *Fiedler*, Meinungsfreiheit in einer vernetzten Welt, S. 27: „Die Vorstellung *einer* multimedialen Kommunikationsform bleibt Einbildung [...]. Konvergenz [...] findet auch innerhalb der Datennetze nur eingeschränkt statt."
[447] *Hoffmann-Riem*, in: AK, GG, Art. 5 Abs. 1, 2 Rn. 136; *Kröger/Moos*, Regelungsansätze, ZUM 1997, S. 468; s. auch *Tettenborn*, Evaluierung des IuKDG, MMR 1999, S. 751.
[448] Vgl. *Holznagel*, Konvergenz der Medien, NJW 2002, S. 2353; Europäische Kommission, Grünbuch Konvergenz, S. 23, 36 f., 39 ff.
[449] *Ladeur*, Regulierung des Internet, ZUM 1997, S. 382.
[450] Dazu eingehend unten Kap. 2 B. III. 3. b).

schen Rundfunk und Mediendienst darstellt, zeigt § 20 Abs. 2 RStV, der sich mit dem „gleitenden" Übergang zwischen beiden Dienstformen befasst[451]. Die Internet-Telefonie unterliegt schließlich, zumindest soweit es die in § 4 TKG geregelte Anzeigepflicht für die Erbringung von Telekommunikationsdienstleistungen betrifft, dem Regime des Telekommunikationsgesetzes[452].

Während es, um den kommunikativen Charakter des Internets als Gesamterscheinung zu begreifen, entscheidend darauf ankommt, die beschriebene Ambivalenz des Mediums zu erkennen, wird es für die Fragestellung der vorliegenden Untersuchung im Weiteren nur auf verfassungsrechtliche Einordnung der massenkommunikativen Dienste des Internets ankommen.

2. Exkurs: Bildschirmtext und Videotext

Das Problem, ein neues elektronisches Medium verfassungsrechtlich einzuordnen, ist nicht neu. Vor dem Siegeszug des Internets gab es mit dem Bildschirmtext (Btx) schon einmal ein Informations- und Kommunikationssystem, das sich zur Datenübertragung des bestehenden schmalbandigen Telefonnetzes bediente, und dessen Zukunft als ausgesprochen vielversprechend angesehen wurde[453]. Die verfassungsrechtliche Behandlung dieses Systems stellte die Rechtswissenschaft damals vor ganz ähnliche Herausforderungen wie das Internet heute. Die Frage lautete schon damals, ob eine rechtliche Zuordnung des Btx-Systems zur Presse oder zum Rundfunk möglich war, oder ob es sich dabei vielmehr um ein Medium neuer, eigener Art handelte[454]. Ein wesentlicher Unterschied zur heutigen Situation besteht allerdings darin, dass mit dem damaligen System die Übertragung von Bewegtbildern technisch nicht möglich und zudem vom Begriff Btx ausdrücklich ausgenommen war, § 1 S. 2 Bildschirmtext-Staatsvertrag (Btx-StV). Auch Audioübertragungen waren weder möglich noch sollten sie definitionsgemäß vom Btx-Dienst umfasst sein. Beim Btx handelte es sich folglich lediglich um die Übertragung von Informationen in Schriftform, sowie einfacher

---

[451] Kritisch *Ricker*, Rundfunkgebühren für Internet-Computer?, NJW 1997, S. 3201 f.
[452] *Moritz/Niebler*, Internet-Telefonie, CR 1997, S. 703.
[453] *Bartl*, Btx-Recht, S. 3 ff.
[454] Vgl. etwa *Bullinger*, Kommunikationsfreiheit, S. 99 ff.; *König*, Die Teletexte, S. 114 ff.; *Kuhlmann*, Rechtsfragen des Btx-Staatsvertrages, S. 52 ff.; *Bartl*, Btx-Recht, S. 3, 41; *Tettinger*, Aktuelle Fragen der Rundfunkordnung, JZ 1986, S. 811; *Scherer*, Rechtsprobleme des Btx-StV, NJW 1983, S. 1833 ff.

116 2. Kapitel. Zulässigkeit regierungsamtlicher Öffentlichkeitsarbeit

aus Sonderzeichen erstellter grafischer Darstellungen, mithin um ein reines Lesemedium. Von der Erscheinung her ähnelte Btx damit dem heute noch existierenden Videotext. die Zugehörigkeit zum Rundfunk drängte sich folglich dem Äußeren nach nicht unbedingt auf, naheliegender war hier ein Vergleich mit der herkömmlichen Presse. Für die Zugehörigkeit zum Rundfunk sprach dagegen die elektronische Verbreitung über die Telekommunikationsinfrastruktur[455].

Wenn es beim Btx um die Frage nach der Möglichkeit einer Einordnung in den Kanon der herkömmlichen Messenmedien ging, so stellte sich auch die – allerdings selten konkret geäußerte – Frage, wie es dort mit einem Betätigungsverbot für den Staat stand[456]. Ein absolutes Funktionsverbot für den Staat wäre nach dem Gesagten denkbar gewesen, wenn Btx wie herkömmlicher Rundfunk zu behandeln gewesen wäre. Andererseits hätte die Zuordnung zum Bereich der Presse zur Anwendung des dafür geltenden eingeschränkten Funktionsverbots führen können.

In der Literatur war die Frage der Zuordnung mit den oben genannten Argumenten umstritten. Das Bundesverfassungsgericht hat sich zumindest für eine Zuordnung „rundfunkähnlicher Kommunikationsdienste", die sich wie herkömmlicher Rundfunk dadurch auszeichnen, dass Darbietungen gleichzeitig über Telekommunikationswege an die Allgemeinheit verbreitet werden, zum Schutzbereich der Rundfunkfreiheit entschieden[457]. Obwohl das Gericht in dieser Entscheidung an einer Stelle tatsächlich den Begriff „Bildschirmtext" verwendet[458], wird bei genauerer Betrachtung des Entscheidungszusammenhangs deutlich, dass es sich dabei nicht auf den Btx-, sondern auf den Videotext-Dienst bezieht, der parallel zu Fernsehprogrammen in deren Abtastlücken ausgestrahlt und mit Hilfe eines Decoders auf dem Bildschirm des Fernsehgeräts dargestellt wird[459]. Es scheint deshalb eher so, als habe das Bundesverfassungsgericht den Begriff Bildschirmtext lediglich untechnisch für solche Textdienste verwendet, die über

---

[455] Vgl. Fn. 454.
[456] Explizit wird die Frage nach dem Erfordernis der Staatfreiheit des Btx-Dienstes aufgeworfen von *Schürmann*, Öffentlichkeitsarbeit der Bundesregierung, S. 329 ff.; *ders.*, Staatliche Mediennutzung, AfP 1993, S. 442.
[457] BVerfGE 74, 297, 350 ff.
[458] BVerfGE 74, 297, 350.
[459] Die streitgegenständlichen Vorschriften des baden-württembergischen Landesmediengesetzes beziehen sich einzig auf Videotext, auf Ton- und Bewegtbilddienste, vgl. BVerfGE 74, 297, 305 f., 350 ff.

B. Funktionsverbot für den Staat im Bereich der Massenmedien 117

den Fernsehbildschirm zu empfangen sind. Dennoch sieht *Schürmann* in der Entscheidung auch eine Zuordnung des Btx-Dienstes zum Schutzbereich der Rundfunkfreiheit. Vor diesem Hintergrund nimmt er eine an der Gefährdungslage orientierte Rechtsfolgendifferenzierung vor und kommt zu dem Ergebnis, dass es aus verschiedenen Gründen der Staatsfreiheit des Btx-Dienstes zum Schutze der Kommunikationsordnung nicht bedürfe. Er weist darauf hin, dass das Bundesverfassungsgericht in seiner Entscheidung lediglich den Zweck verfolgt habe, den öffentlich-rechtlichen Rundfunkanstalten die Veranstaltung von Textdiensten zu ermöglichen[460]. Bildschirmtext unterscheide sich erheblich vom herkömmlichen Rundfunk, weil es sich dabei um einen *Abruf*dienst handele, wogegen Rundfunk ein *Verteil*dienst sei. Der Rezipient sei der Information aus diesem Grunde nicht wie dem Rundfunk gleichsam „ausgeliefert", sondern könne selbst entscheiden, welche Informationen er abrufen wolle. Die Gefahr einer Meinungsmanipulation sei aus diesen Gründen nahezu ausgeschlossen. Es bestehe de facto kein Unterschied, ob der Bürger Informationen per Postkarte anfordere und dann verkörpert zugesandt bekomme, oder ob er sie per Bildschirmtext anfordere und unverkörpert zur Verfügung gestellt bekomme[461]. Eine mit dem herkömmlichen Rundfunk vergleichbare Sondersituation sei beim Btx zudem auch nicht zu verzeichnen, da seine Kapazitäten lediglich durch das Speichervermögen der Datenbank begrenzt seien[462].

Der Btx-StV sah – wie heute der MDStV und das TDG – im Gegensatz zu allen Rundfunkgesetzen und -staatsverträgen keine Einschränkung der Zulässigkeit öffentlich-rechtlicher Veranstalter vor. Im Gegenteil: „Informationen von Behörden", insbesondere Besuchszeiten, Sitzungstermine kommunaler Parlamente, lokale Verordnungen, Adressen-, Straßen-, Tarif- und Gebührenverzeichnisse, wurden in der amtlichen Begründung zum Btx-StV ausdrücklich als Anwendungsbeispiel des Bildschirmtextes genannt[463]. Der Btx-StV enthielt außerdem

---

[460] *Schürmann*, Öffentlichkeitsarbeit der Bundesregierung, S. 330; *ders.*, Staatliche Mediennutzung, AfP 1993, S. 442. Dies ist in Bezug auf die Video- und Radiotext-Dienste, um die es in der Entscheidung ging, durchaus zutreffend, vgl. BVerfGE 74, 297, 353 ff. Später wurden diese Dienste auch vom Gesetzgeber zum Rundfunk gerechnet, vgl. die Definition in § 2 Abs. 1 RStV vor ihrer Änderung durch § 22 lit. a MDStV a.F.
[461] *Schürmann*, Öffentlichkeitsarbeit der Bundesregierung, S. 330 f.; *ders.*, Staatliche Mediennutzung, AfP 1993, S. 442.
[462] *Schürmann*, Staatliche Mediennutzung, AfP 1993, S. 442 m.w.N.
[463] S. etwa Drs. 11/668 der Bürgerschaft der Freien und Hansestadt Hamburg, S. 8.

118   2. Kapitel. Zulässigkeit regierungsamtlicher Öffentlichkeitsarbeit

in den §§ 13 f. wie seine Nachfolger[464] Vorschriften zu einer staatlichen Aufsicht. Das Btx-System der Deutschen Bundespost ist später in „Datex-J" umbenannt worden und schließlich in den proprietären Internet-Dienst „T-Online" der *Deutsche Telekom AG* übergegangen. Im Laufe der technischen Entwicklung hat es seine ursprüngliche, maßgeblich durch die eingeschränkten technischen Gegebenheiten bestimmte Identität vollständig eingebüßt[465]. Der Btx-StV ist zum 1. August 1997 außer Kraft getreten und durch den MDStV und das TDG ersetzt worden. Weil es das Btx-System in seiner ursprünglichen Form nicht mehr gibt, soll an dieser Stelle keine Stellungnahme zur verfassungsrechtlichen Einordnung und einem eventuell daraus folgenden Erfordernis der Staatsfreiheit des Btx--Systems erfolgen. Der Streit um die verfassungsrechtliche Behandlung des „Internet-Vorgängers" Btx ist aber in der Lage, Denkanstöße für die Behandlung des Internets zu liefern, die in die folgenden Überlegungen einfließen sollen. Einige der Argumente leben in der heutigen Diskussion um das Internet wieder auf.

3. Verfassungsrechtliche Vergleichbarkeit des Internets mit den herkömmlichen Massenmedien

Im Folgenden soll in zwei Schritten überprüft werden, inwieweit sich der Grundsatz der Staatsfreiheit und die für die herkömmlichen Massenmedien bestehenden Funktionsverbote wegen vergleichbarer von einer möglichen staatlichen Betätigung ausgehender Gefahren für die öffentliche Meinungsbildung oder wegen Beeinträchtigungen der Grundrechtsausübung auf das Internet übertragen lassen. Im ersten Schritt soll gefragt werden, ob und gegebenenfalls unter welchen Voraussetzungen Internet-Dienste eine tatsächliche Ähnlichkeit mit dem Rundfunk im herkömmlichen Sinne aufweisen können, die zu einem an den Staat gerichteten absoluten Verbot führen könnte, sich überhaupt oder in einer speziellen Art und Weise im Internet zu betätigen. Im zweiten Schritt wird dann der Frage nachzugehen sein, ob es im Internet für bestimmte Betätigungsformen ein mit der Situation der Presse vergleichbares begrenztes Funktionsverbot für den Staat gibt. In der folgenden Darstellung kann und soll es nicht darum gehen,

---

[464] Vgl. oben Kap. 2 B. I. 3. d).
[465] Vgl. Siemens Online Lexikon, URL: http://www.networks.siemens.de/solutionprovider/_online _lexikon/, Suchbegriffe „Btx", „Datex-J" und „T-Online" (Stand: Dez. 2005).

B. Funktionsverbot für den Staat im Bereich der Massenmedien 119

das Internet im Ganzen dem einen oder dem anderen grundrechtlichen Gewährleistungsbereich zuzuordnen. Dass eine verallgemeinernde Zuordnung gar nicht möglich wäre, ist oben bereits anhand der Vielfalt der zur Verfügung stehenden Dienste gezeigt worden[466]. Es ist auch nicht das Ziel, einzelne Angebote einfachgesetzlichen Dienstarten zuzuordnen, denn die einfachgesetzliche Zuordnung taugt nicht als Grundlage für verfassungsrechtliche Überlegungen[467]. Es geht vielmehr darum, herauszuarbeiten, unter welchen Voraussetzungen und inwieweit eine mit den herkömmlichen Massenmedien vergleichbare *tatsächliche* Ausgangslage gegeben ist, so dass daraus Rückschlüsse auf verfassungsrechtliche Erfordernisse und Rechtsfolgen gezogen werden können. Eine gewisse Parallelität insbesondere zur einfachgesetzlichen Abgrenzung zwischen Rundfunk und Mediendiensten ist dabei allerdings, weil sich diese ebenfalls an der jeweils von den Diensten ausgehenden Gefährdungslage orientiert, nicht zu vermeiden. Im Interesse der Entwicklungsoffenheit der hier gefundenen Ergebnisse sollen nicht konkrete Internet-Dienste beurteilt, sondern abstrakte Kriterien herausgearbeitet werden.

a) Auswahl- und Strukturierungsleistung

Zunächst geht es noch um einen allgemeinen Gedanken zur Rolle und Bedeutung des Internets in der Massenkommunikation, der sein Verhältnis zum Rundfunk und zur Presse gleichermaßen betrifft: Eine wesentliche Eigenschaft der herkömmlichen Massenmedien, die entscheidend zu deren Bedeutung für die öffentliche Meinungsbildung beiträgt, wird in der durch sie erbrachten Auswahl- und Strukturierungsleistung sowie einer Art „institutioneller Überformung" gesehen[468]. Dabei geht es um die Bedeutung der Auswahl derjenigen Themen und Ereignisse, die zum Gegenstand der Berichterstattung gemacht werden. Aufgegriffene Themen geraten in das öffentliche Bewusstsein. Was in den Massenmedien thematisiert wird, erscheint auch der Öffentlichkeit diskussionswürdig und wird so einer breiteren gesellschaftlichen Auseinandersetzung zugeführt. Gerade auch bei der Selektion und Definition politischer Probleme spielen die Massen-

---

[466] Oben Kap. 2 B. III. 1.
[467] Vgl. *Wolfgang Schulz*, Jenseits der Meinungsrelevanz, ZUM 1996, S. 488.
[468] Vgl. etwa *Mecklenburg*, Internetfreiheit, ZUM 1997, S. 527.

120   2. Kapitel. Zulässigkeit regierungsamtlicher Öffentlichkeitsarbeit

medien eine wichtige Rolle[469]. Von den Massenmedien nicht aufgegriffene Themen entziehen sich dagegen oft dauerhaft der öffentlichen Kenntnisnahme[470]. Kurz gesagt: Berichterstattung „macht Meinung" (Faktorfunktion der Massenmedien). Beim Internet, so sagen einige Stimmen in der Literatur, handele es sich dagegen lediglich um eine offene Kommunikationsplattform, die zwar der Vermittlung von Informationen diene, auf der eine mit den herkömmlichen Massenmedien vergleichbare Auswahl- und Strukturierungsleistung aber nicht stattfinde, weil jedermann beliebige Inhalte kommunizieren könne (Medium- bzw. Forumfunktion des Internets)[471].

Die Annahme, im Internet finde eine Auswahl und Strukturierung der kommunizierten Inhalte nicht statt, geht jedoch schon im Ansatz fehl: In der Tat ist fast jeder mit geringem technischen und finanziellen Aufwand theoretisch dazu in der Lage, beliebige Inhalte über das Internet zu verbreiten[472]. Dies bedeutet aber nicht, dass dort keine inhaltliche Auswahl stattfindet. Das Internet kann in seiner Gesamtheit nicht mit *einem* Rundfunkveranstalter oder *einem* Presseunternehmen verglichen werden, sondern allenfalls mit dem Rundfunk oder der Presse *schlechthin*. Jeder einzelne Kommunikator ist Veranstalter, jeder einzelne ist Verleger oder Redakteur. Und jeder Kommunikator wählt in dieser Rolle die von ihm vermittelten Inhalte aus und strukturiert sie für die Darstellung[473]. Nicht das Medium an sich erbringt die Auswahlleistung (und auch nicht die technischen oder ökonomischen Grenzen des Mediums; eine solche Auffassung könnte nur auf einem Missverständnis dessen beruhen, was Auswahl bedeutet), sondern diejenigen, die sich des Mediums bedienen.

---

[469] *Winfried Schulz*, Medienwirklichkeit und Medienwirkung, Aus Politik und Zeitgeschichte B40/93, S. 23 m.w.N.
[470] Vgl. dazu *Winfried Schulz*, Wird die Wahl im Fernsehen entschieden?, MP 1994, S. 321 f.
[471] *Ernst*, Hyperlinks im Internet, NJW-CoR 1997, S. 226; *Bullinger/Mestmäcker*, Multimediadienste, S. 24; *Mecklenburg*, Internetfreiheit, ZUM 1997, S. 527.
[472] Vgl. *Degenhart*, Programmauftrag Internet, MMR 1998, S. 138; *Determann*, Kommunikationsfreiheit im Internet, S. 55; *Fiedler*, Meinungsfreiheit in einer vernetzten Welt, S. 32 ff.; *Hornung*, Informationelle Selbstbestimmung und WWW, MMR 2004, S. 4; *Sewczyk*, Online kommerziell, MP 2002, S. 116. *F. Mayer*, Recht und Cyberspace, NJW 1996, S. 1784 bezeichnet das Internet als „das Massenkommunikationsmittel mit der geringsten Zugangsschwelle in der Geschichte der Menschheit", ähnlich *Mecklenburg*, Internetfreiheit, ZUM 1997, S. 528.
[473] Ähnlich *Brand*, Rundfunk, S. 97 f.; *Depenheuer*, Informationsordnung, AfP 1997, S. 670; *Scherer*, Prozedurale Rundfunkfreiheit, Der Staat 1983, S. 358 m.w.N.; *Pieper/Wiechmann*, Rundfunkbegriff, ZUM 1995, S. 85.

B. Funktionsverbot für den Staat im Bereich der Massenmedien 121

Was im Internet dagegen tatsächlich wegen der niedrigen Zugangsschwelle und der daraus resultierenden unüberschaubaren Vielzahl von Anbietern in weiten Teilen fehlt, ist die im herkömmlichen Rundfunk stets, aber auch im Bereich der Presse in aller Regel vorzufindende, die Massenmedien bisher kennzeichnende[474] Professionalisierung, Institutionalisierung und Zentralisierung der Auswahl und Aufbereitung von Informationen durch eine gewisse Anzahl etablierter Vermittler. Die Bedeutung von Verlagen und Redaktionen nimmt im Internet im Vergleich zu den Offline-Medien ab[475]. *Mecklenburg* spricht in diesem Zusammenhang von einer „Entprofessionalisierung" und vom fehlenden „journalistischen packaging" im Internet[476]. Der gewachsene Zustand der Institutionalisierung von Presse und Rundfunk ist aber auf schon mehrfach beschriebene technische oder ökonomische Faktoren zurückzuführen. Mit deren Folgen – das sei hier noch einmal ausdrücklich erwähnt – darf Auswahlleistung jedoch nicht verwechselt werden. Ein hohes Maß an Professionalität war zwar bisher stets *typisch* für den Bereich der Massenmedien, jedoch letztlich bloß Folge der äußeren Umstände und deshalb keinesfalls *wesensbestimmend*. Daneben ist zu beachten, dass unter den zahlreichen anderen sowohl die etablierten Informationsvermittler der Offline-Medienwelt im Internet präsent sind, die hier wie dort ihre professionelle Auswahl- und Strukturierungsleistung erbringen, als auch eine Reihe von Anbietern, die erst mit der Entwicklung des Internets begonnen haben, den Nutzern in professioneller Weise Informationen zu vermitteln[477]. Wieder zeigt sich, dass jede undifferenzierte Betrachtungsweise im Internet unangebracht ist. Auswahl und Strukturierung finden im Internet wie in den herkömmlichen Massenmedien statt, jedoch unter den Bedingungen gesunkener Zugangsschwellen.

---

[474] Vgl. *Ruck*, Ausgestaltungs- und Schrankengesetze, AöR 117 (1992), S. 546.
[475] *Trute*, Informationsordnung, VVDStRL 57 (1998), S. 245.
[476] *Mecklenburg*, Internetfreiheit, ZUM 1997, S. 529.
[477] S. auch *Michel*, Konvergenz der Medien, ZUM 2005, S. 287 zum Problem der Medienkonzentration.

2. Kapitel. Zulässigkeit regierungsamtlicher Öffentlichkeitsarbeit

b) Vergleichbarkeit mit dem Rundfunk im herkömmlichen Sinne

aa) Limitierung der technischen Ressourcen

Im Internet gibt es keine mit dem herkömmlichen Rundfunk vergleichbare, aus der Bindung an bestimmte Frequenzen resultierende und unüberwindliche Limitierung der technischen Ressourcen. Die dem Internet zur Verfügung stehenden Ressourcen hängen hauptsächlich von der Kapazität bzw. der Anzahl der mit dem Internet verbundenen Computer (Server) ab[478], die theoretisch jederzeit dem Bedarf entsprechend erhöht werden kann. Eine Art von technischer Begrenzung kann sich zwar durch ungenügende Übertragungskapazitäten in den für den Datentransport genutzten Telekommunikationsleitungen ergeben, diese erzeugen aber wegen der Netzwerkstruktur des Internets allenfalls zeitliche Verzögerungen bei der Übermittlung der angeforderten Informationen (den oft beklagten „Stau auf der Datenautobahn") oder im schlimmsten Fall zeitweilige, begrenzte Ausfälle bei starker Nachfrage nach den Inhalten einzelner Anbieter, sie können jedoch nicht erreichen, dass Inhalte auf Dauer überhaupt nicht kommuniziert werden können[479]. Dies beruht auf dem Umstand, dass im Internet – anders als in der herkömmlichen analogen und digitalen Rundfunkübertragung – nicht bestimmte Übertragungskapazitäten (Frequenzen oder Kanäle) ständig mit einem Programm oder mit einem Strom von digitalen Datencontainern belegt sind, sondern durch die für das Internet typische Paketvermittlung außerordentlich flexibel und dadurch besonders effektiv genutzt werden, ohne dass für die Zeitdauer des Kommunikationsvorgangs eine feste Verbindung zwischen den Kommunikationsteilnehmern geschaltet wird, die andere von der gleichzeitigen Nutzung ausschließt[480]. Dadurch dass die zur Verfügung stehenden Kapazitäten nicht mehr bestimmten Anbietern dauerhaft zugewiesen und dadurch für andere ebenso dauerhaft unzugänglich gemacht werden, haben sie anders als die weiter oben beschriebenen Übertragungskapazitäten des analogen und des digitalen

---

[478] *Mecklenburg*, Internetfreiheit, ZUM 1997, S. 528.
[479] In dieser Frage pessimistischer *Mecklenburg*, Internetfreiheit, ZUM 1997, S. 535.
[480] Vgl. Fiedler, Meinungsfreiheit in einer vernetzten Welt, S. 125. Zur technischen Gestaltung der Datenübertragung im Internet vgl. die ausführlichen und anschaulichen Darstellungen bei *Fiedler*, Meinungsfreiheit in einer vernetzten Welt, S. 38 ff. und *Sieber*, Kontrollmöglichkeiten, CR 1997, S. 593 f.

B. Funktionsverbot für den Staat im Bereich der Massenmedien 123

Kabel-, Satelliten- und terrestrischen Rundfunks ihre „Endlichkeit" verloren[481]. Damit bringt die Internet-Technik die Telekommunikation nach der Entwicklung der digitalen Datenübertragung einen weiteren, entscheidenden Schritt aus der Limitierung der technischen Ressourcen heraus. Das Internet unterscheidet sich damit erheblich vom analogen, aber auch vom digitalen Rundfunk und ähnelt von der Verfügbarkeit der Verteilungswege her eher der Presse, die ja ebenfalls keinen immanenten technischen, sondern allenfalls logistischen Begrenzungen unterliegt. Unter dem Gesichtspunkt der technischen Sondersituation ist ein absolutes Funktionsverbot für den Staat im Bereich des Internets also nicht geboten.

bb) Ökonomischer Aufwand

Der ökonomische Aufwand, der erforderlich ist, um eine einfache Internet-Präsenz zu erstellen und sich so an die weltweite Öffentlichkeit zu wenden, ist im Grundsatz denkbar gering. Benötigt werden lediglich ein Personalcomputer, ein Telefonanschluss, der durch einen *Access Provider* vermittelte Zugang zum Internet und Software, die zum Teil bereits in den Paketen der großen Anbieter enthalten oder als preiswerte *Shareware* erhältlich ist. Am einfachsten und kostengünstigsten geht es, wenn der *Access Provider* nicht nur den Zugang zum Internet vermittelt, sondern zugleich als *Service Provider* die Software und den Speicherplatz für die Website des Nutzers auf seinem eigenen Server zur Verfügung stellt[482]. In jedem Fall kann der Anwender im Rahmen der technischen Möglichkeiten mit geringem finanziellen Aufwand und darüber hinaus oftmals sogar ohne Programmierkenntnisse einen Internet-Auftritt mit beliebigen Inhalten generieren und weltweit zugänglich machen. Die Verzichtbarkeit von Produktionsstätte und Vertrieb im herkömmlichen Sinne ermöglicht es so dem Einzelnen, mit begrenzten Ressourcen einen unbegrenzten Adressatenkreis zu erreichen[483]. Auch in diesem Punkt ähneln die Möglichkeiten des Internets also eher

---

[481] Vgl. oben Kap. 2 B I. 3. c) aa).
[482] Vgl. *Fiedler*, Meinungsfreiheit in einer vernetzten Welt, S. 32.
[483] *F. Meyer*, Recht und Cyberspace, NJW 1996, S. 1785; zum geringen technischen und finanziellen Aufwand für eine Internetpräsenz vgl. auch *Grzeszick*, Neue Medienfreiheit, AöR 123 (1998), S. 182 f.; *Röger*, Internet und Verfassungsrecht, ZRP 1997, S. 207.

den traditionellen „Minimallösungen" im Schutzbereich der Pressefreiheit[484] als dem herkömmlichen Rundfunk, gehen aber gleichzeitig noch weit über die Möglichkeiten der Presse hinaus. Auch unter dem Gesichtspunkt der finanziellen Sondersituation ist ein absolutes staatliches Funktionsverbot im Internet deshalb nicht erforderlich.

cc) Besondere Meinungsrelevanz: Aktualität, Breitenwirkung und Suggestivkraft von Internet-Angeboten

Da aber die technische und finanzielle Sondersituation – auch im Vergleich zur Situation der Presse – nicht den ausschlaggebenden Grund für das absolute Funktionsverbot für den Staat im Bereich des Rundfunks darstellt, sondern sich dessen Erfordernis vorrangig aus der besonderen medialen Wirkung, der aus seiner Aktualität, Breitenwirkung und Suggestivkraft resultierenden Meinungsmacht erklärt[485], muss weiter gefragt werden, wie es sich mit der medialen Wirkung von Internet-Angeboten im Vergleich zum herkömmlichen Rundfunk verhält. Hierbei kann allerdings, wie schon weiter oben am Charakter des Internets aufgezeigt worden ist[486], keine allgemeine Aussage getroffen werden. Es muss vielmehr mittels abstrakter Kriterien zwischen verschiedenen Arten von Diensten und Inhalten differenziert werden. Mit der Meinungsrelevanz des herkömmlichen Rundfunks können allenfalls einige der verfügbaren Internet-Angebote konkurrieren. Andererseits spielt gerade die Suggestivkraft von Online-Diensten, soweit sie denn vorhanden ist, eine wesentliche Rolle für ihre verfassungsrechtliche Beurteilung[487]. Internet-Inhalten wird aber häufig eine mit dem herkömmlichen Rundfunk vergleichbare publizistische Bedeutung aus verschiedenen Gründen generell abgesprochen.

---

[484] Vgl. oben Kap. 2 B. II. 1. Das gilt allerdings auch für die dort getroffene Feststellung, dass die Herstellung eines anspruchsvollen und attraktiven kommerziellen Angebots gleichwohl mit erheblichen Kosten verbunden ist. Besonders kostenintensiv ist die parallele Verbreitung herkömmlicher Rundfunkprogramme via Internet (*Streaming*), vgl. *Sewczyk*, Online kommerziell, MP 2002, S. 115 f.
[485] S. oben Kap. 2 B. I. 3. c) cc).
[486] S. oben Kap. 2 B. III. 1.
[487] Vgl. *Wolfgang Schulz*, Jenseits der Meinungsrelevanz, ZUM 1996, S. 493.

B. Funktionsverbot für den Staat im Bereich der Massenmedien

aaa) Bedeutung des Abruferfordernisses

Klassischer Rundfunk wird rein passiv konsumiert, sobald das Rundfunkgerät erst einmal eingeschaltet ist; der Rezipient wird von den Inhalten gleichsam „berieselt"[488], eine Auswahl erfolgt lediglich hinsichtlich eines gerade laufenden Programms. Der Rezipient hat jedoch keinerlei Einfluss auf den Rezeptionszeitpunkt einzelner Sendungen. Online-Dienste erfordern dagegen in der Regel den individuellen Abruf bestimmter Inhalte durch den Rezipienten. Zur Erinnerung: Die Notwendigkeit und Möglichkeit des individuellen Abrufs diente *Schürmann* als Argument dafür, ein Staatsfreiheitserfordernis für das Btx-System abzulehnen[489]. Die mit dem individuellen Abruf verbundene zeitliche Dispositionsmöglichkeit bezüglich der Rezeption einzelner Inhalte wird im Kampf um das Verhältnis zwischen herkömmlichem Rundfunk und Online-Diensten vorwiegend in den folgenden drei Zusammenhängen problematisiert.

(1) Allgemeinadressierung

Zunächst wird bereits bestritten, dass es sich bei den im Internet vorherrschenden Abrufdiensten überhaupt um eine für die Allgemeinheit bestimmte Verbreitung von Angeboten (vgl. § 2 Abs. 1 S. 1 RStV) und damit um Massenkommunikation handelt. Bei dem an die Öffentlichkeit gerichteten Angebot von Inhalten auf dem Server des Anbieters handele es sich lediglich um eine „invitatio ad offerendum", die entscheidende Bedeutung für den Kommunikationsvorgang komme aber der Abrufentscheidung des Rezipienten zu. Es handele sich deshalb um Individualkommunikation[490]. Nach anderer Ansicht kann es für die Unterscheidung zwischen Medien der für die Allgemeinheit bestimmten Massenkommunikation und denen der Individualkommunikation allein auf die Intention des Kommunikators ankommen, entweder eine möglichst breite Öffentlichkeit

---

[488] *Determann*, Kommunikationsfreiheit im Internet, S. 448.
[489] S. oben Kap. 2 B. III. 2.
[490] *Ricker/Schiwy*, Rundfunkverfassungsrecht, S. 77 ff.; *Ricker*, Rundfunkgebühren für Internet-Computer?, NJW 1997, S. 3200; *ders.*, Interaktive Medienangebote, AfP 1998, S. 443; ähnlich *Degenhart*, Auf dem Weg zur dualen Rundfunkordnung?, AfP 1987, S. 374; *Flechsig*, Persönlichkeits- und Äußerungsrecht, in: Becker, Rechtsprobleme internationaler Datennetze, S. 66 f.; *Müller-Using/Lücke*, Teledienste und Rundfunkbegriff, ArchivPT 1995, S. 36, 40; *Stammler*, Kabelfernsehen und Rundfunkbegriff, AfP 1975, S. 750; *Stettner*, Veranstaltung von Pay-TV, ZUM 1995, S. 295; wohl auch *Classen*, Rundfunk zwischen Wirtschaft und Kultur, in: Dittmann u.a., Rundfunkbegriff im Wandel der Medien, S. 64. Vgl. zudem EuGH MMR 2005, S. 517, 518.

oder einen oder mehrere individuelle Rezipienten zu erreichen[491], nicht aber auf die Schritte, die der Rezipient unternehmen muss, um das Angebot tatsächlich wahrnehmen zu können.

In der Tat kann der Umstand, dass der Rezipient aus einem Angebot von Inhalten zeitlich wie auch sonst frei auswählen kann, der *Adressierung* der Inhalte an eine unbestimmte Vielzahl von Empfängern und damit an die Allgemeinheit nicht entgegenstehen[492]. Der individuelle Abruf seiner Inhalte kann einen Dienst deshalb auch nicht von vornherein vom Schutz des auf die Freiheit der Massenmedien gerichteten Art. 5 Abs. 1 S. 2 GG ausnehmen[493]. Die Möglichkeit der zeitlichen Auswahl besitzen letztlich auch der Zeitungsleser oder der Kinobesucher, ohne dass es deswegen an der für die Eigenschaft als Massenmedium erforderlichen Allgemeinadressierung von Zeitung oder Film fehlen oder dass auch nur jemand daran zweifeln würde[494]. Das Ein-, Aus- oder Umschalten des herkömmlichen Rundfunkgeräts, das einfache Hin- oder Weghören und die Aufnahme von Sendungen mit einem Video- oder DVD-Rekorder stellen gleichfalls Formen einer individuellen Auswahl der Inhalte dar[495], die die gleichzeitige und vollständige Wahrnehmung des Gesamtprogramms der gesendeten Inhalte durch die Rezipienten verhindern, ohne dass der herkömmliche Rundfunk dadurch seine Eigenschaft als Massenmedium verlieren könnte[496]. Hält man sich dies vor Augen, erscheint der Gedanke, ein Medium könne nur dann Massenmedium sein, wenn es von der gesamten Öffentlichkeit gleichzeitig wahrgenommen werden könne, abwegig und wird in dieser pointierten Form auch nicht

---

[491] *Brand*, Rundfunk, S. 149; *Gersdorf*, Rundfunkbegriff im Umbruch?, AfP 1995, S. 569 ff.; *Lent*, Rundfunk-, Medien-, Teledienste, S. 36; *Michel*, Rundfunk und Internet, ZUM 1998, S. 352.
[492] Vgl. *Michel*, Rundfunk und Internet, ZUM 1998, S. 352 f.: „Verbreiten" bedeutet lediglich Übermittlung an ein beliebiges Publikum, unabhängig davon ob durch Verteil-, Zugriffs- oder Abrufdienst; ähnlich *Gersdorf,* Datennetze und Rundfunkrecht, in: Becker, Rechtsprobleme internationaler Datennetze, S. 90 f.
[493] Vgl. VG Saarland, ZUM 1995, 642, 646 f.; *Dörr*, Rundfunkbegriff, in: Dittmann u.a., Rundfunkbegriff im Wandel der Medien, S. 125; *Hoffmann-Riem*, in: AK, GG (1989), Art. 5 Abs. 1, 2 Rn. 151; *ders./Vesting*, Ende der Massenkommunikation?, MP 1994, S. 388 sprechen von einem „naturalistischen Fehlschluss".
[494] *Hoffmann-Riem*, Rundfunkbegriff, AfP 1996, S. 14; *ders./Vesting*, Ende der Massenkommunikation?, MP 1994, S. 386 f.; *Jarass*, Rundfunkbegriffe, AfP 1998, S. 134; *Pieper/Wiechmann*, Rundfunkbegriff, ZUM 1995, S. 84.
[495] *Brand*, Rundfunk, S. 98, 148; *Hoffmann-Riem*, Rundfunkbegriff, AfP 1996, S. 14; *Winfried Schulz*, Medienwirklichkeit und Medienwirkung, Aus Politik und Zeitgeschichte B40/93, S. 19.
[496] Nach Ansicht von *Wolfgang Schulz*, Jenseits der Meinungsrelevanz, ZUM 1996, S. 494 spricht sogar viel dafür, dass Abrufdienste „nur um wenige Grade ‚interaktiver' als klassischer Rundfunk sind".

B. Funktionsverbot für den Staat im Bereich der Massenmedien

vertreten[497]. Warum für das Verhältnis von Rundfunk und Online-Diensten etwas anderes gelten sollte, ist nicht ersichtlich[498]. Schließlich kommt hinzu, dass die für Individualkommunikation erforderliche individuelle Beziehung zwischen Kommunikator und Rezipient bei den meisten Arten von Abrufdiensten fehlt.

Im Ergebnis kann die Notwendigkeit des Abrufs einzelner Inhalte durch den Rezipienten an der massenmedialen Eigenschaft eines Angebots nichts ändern, solange die Inhalte nur für die Allgemeinheit bestimmt sind. Die Gleichzeitigkeit des Empfangs ist hierzu nicht erforderlich.

(2) Breitenwirkung

Auch die für den herkömmlichen Rundfunk typische Breitenwirkung soll nach Ansicht einiger Autoren die Gleichzeitigkeit des Empfangs voraussetzen[499]. Sie sei die Ursache seiner besonderen publizistischen Wirkung[500]; ihr Fehlen verändere die Wirkung der Inhalte in qualitativ bedeutsamer Weise[501]. Nach Ansicht des Bundesverfassungsgerichts wird es für die rundfunkmäßige Behandlung eines Dienstes dagegen „schwerlich als bedeutsam betrachtet werden können", dass der Zeitpunkt des Empfangs durch den Rezipienten bestimmt werden kann[502]. Der individuelle Abruf schließt folglich die vom Bundesverfassungsgericht als besonderes Merkmal des Rundfunks ausgemachte Breitenwirkung nicht von vornherein aus. Auch nach Ansicht des Landgerichts Saarbrücken spielt es für die Gefahr einseitiger Einflussnahme auf die öffentliche Meinungsbildung keine Rolle, „ob eine Sendung zeitversetzt oder zeitgleich bei den Empfängern

---

[497] Auch wenn ein solcher Gedanke bei *Degenhart*, Auf dem Weg zur dualen Rundfunkordnung?, AfP 1987, S. 374 anzuklingen scheint, wenn er zum Rundfunk schreibt, durch die Möglichkeit individueller Auswahl entfalle „das für Massenkommunikation kennzeichnende Element der Gleichzeitigkeit". Auch *Stammler*, Kabelfernsehen und Rundfunkbegriff, AfP 1975, S. 750 schreibt, erst durch das Merkmal der Gleichzeitigkeit werde der Rundfunk „im eigentlichen Sinne zum Massenmedium".
[498] Ähnlich *Brand*, Rundfunk, S. 148 f.
[499] *Classen*, Rundfunk zwischen Wirtschaft und Kultur, in: Dittmann u.a., Rundfunkbegriff im Wandel der Medien, S. 65; *Degenhart*, Programmauftrag Internet, MMR 1998, S. 138; *Degenheuer*, Informationsordnung, AfP 1997, S. 670; *Herrmann/Lausen*, Rundfunkrecht, § 2 Rn. 10 ff.; *Langenfeld*, Neuordnung des Jugendschutzes, MMR 2003, S. 306; *Lent*, Rundfunk-, Medien-, Teledienste, S. 103; *Ricker*, Rundfunkgebühren für Internet-Computer?, NJW 1997, S. 3200.
[500] *Degenheuer*, Informationsordnung, AfP 1997, S. 670.
[501] *Classen*, Rundfunk zwischen Wirtschaft und Kultur, in: Dittmann u.a., Rundfunkbegriff im Wandel der Medien, S. 65.
[502] BVerfGE 74, 297, 351.

ankommt"[503]. Die Möglichkeit, den gesamten potentiellen Rezipientenkreis gleichzeitig zu erreichen, stellt nur *einen* Aspekt der Breitenwirkung des Rundfunks dar. Weitere Anhaltspunkte ergeben sich aus den bequemen Rezeptionsbedingungen elektronischer Medien (insb. einfache Rezeption im häuslichen Umfeld) und aus der tatsächlichen technischen Verbreitung des Mediums[504]. Auch die oben dargestellten, bereits im Zusammenhang mit dem herkömmlichen Rundfunk bestehenden Selektionsmöglichkeiten sprechen gegen die Annahme, die zeitliche Disposition durch den Rezipienten könnte in verfassungsrechtlich bedeutsamer Weise etwas an der Breitenwirkung eines Angebots ändern.

Die zeitliche Dispositionsmöglichkeit, die die Abrufdienste des Internets dem Rezipienten bieten, sprechen deshalb im Ergebnis auch nicht von vornherein gegen eine mit der des herkömmlichen Rundfunks vergleichbare Breitenwirkung der bereitstehenden Inhalte. Selbst wenn man die Breitenwirkung von Internet-Angeboten mangels Gleichzeitigkeit der Rezeption als geringer ansehen müsste, wäre daraus im Übrigen noch nicht der Schluss zu ziehen, dem entsprechenden Angebot könne keine mit der des herkömmlichen Rundfunks vergleichbare Meinungsrelevanz zukommen, solange andere Kriterien dafür erfüllt sind[505].

(3) Suggestivkraft

Drittens, und dies erscheint angesichts des eingangs Gesagten als der bedeutendste Einwand im Zusammenhang mit dem Abruferfordernis, soll das Fehlen einer zeitlich festgelegten Abfolge der Inhalte mangels Fesselungswirkung und Gleichzeitigkeit der Rezeption dazu führen, dass Abrufdienste keine mit dem herkömmlichen Rundfunk vergleichbare Suggestivkraft entfalten können[506]. Die Vertreter dieser Ansicht erkennen bei den Abrufdiensten vielmehr eine Ähnlich-

---

[503] LG Saarbrücken, ZUM 1997, 491, 493.
[504] Vgl. DLM, Strukturpapier 2003, Ziff. 2.3.; vgl. auch BVerfGE 97, 228, 256.
[505] Vgl. DLM, Strukturpapier 2003, Ziff. 2.4.1 ff.
[506] *Bullinger*, Rundfunkbegriff, AfP 1996, S. 7 f.; *Degenhart*, Programmauftrag Internet, MMR 1998, S. 137 f.; *ders.*, Rundfunk und Internet, ZUM 1998, S. 342 Fn. 105; *Flechsig*, Persönlichkeits- und Äußerungsrecht, in: Becker, Rechtsprobleme internationaler Datennetze, S. 66 f.; *Grote*, Internet und Grundrechtsordnung, KritV 1999, S. 34: „E-Mail, Chatforen und Newsgroups haben keinerlei Fesselungswirkung"; *Roßnagel*, Recht der Multimediadienste, NVwZ 2000, S. 625; Stammler, Kabelfernsehen und Rundfunkbegriff, AfP 1975, S. 750; zur Bedeutung der Programmgestaltung für die Rundfunkeigenschaft auch *Herrmann/Lausen*, Rundfunkrecht, § 2 Rn. 10 ff.; *Karpen*, Medienrecht, in: Achterberg/Püttner/Würtenberg, Besonderes Verwaltungsrecht I, S. 1191; *Lent*, Rundfunk-, Medien-, Teledienste, S. 102 ff., 118 ff.; *Scheuner*, Rundfunkfreiheit, S. 48; vgl. auch oben Kap. 2 B. I. 3. d) aa).

B. Funktionsverbot für den Staat im Bereich der Massenmedien

keit mit der Presse, deren Inhalte auch typischerweise selektiv und in beliebiger Reihenfolge wahrgenommen werden, und der eine mit dem Rundfunk vergleichbare Suggestivkraft anerkanntermaßen nicht zukommt. Nach anderer Ansicht steht die Möglichkeit der Disposition über die Auswahl und den Wahrnehmungszeitpunkt der Inhalte einer mit der des Rundfunk vergleichbaren Meinungsmacht jedoch nicht entgegen[507]. Der Inhalt bleibe trotz Autonomiegewinns seitens des Rezipienten weiterhin einseitig vom Kommunikator bestimmt[508]. Der Abruf ermögliche lediglich die zeitliche Selektion und Kombination der Einzelinhalte; deren spezifische Wirkweise sei davon aber genau wie die Allgemeinadressierung nicht betroffen[509]. Der mit Aktualität, Breitenwirkung und gesteigerter Suggestivkraft des Bildes korrelierende rundfunkrechtliche Regelungsbedarf könne in gleicher Weise für konservierte Inhalte, die zeitversetzt ausgestrahlt würden, bestehen[510]. Werde beispielsweise die aktuelle „Tagesschau" der *ARD* im Internet zum beliebigen Abruf bereit gestellt, habe sie dasselbe Wirkungspotenzial, als wenn sie um 20 Uhr im herkömmlichen Rundfunk zeitgleich ausgestrahlt werde oder ab 20 Uhr in periodischer Wiederholung zur Verfügung stehe[511]. Der typischerweise zeitlich festgelegte Ablauf klassischer Rundfunkprogramme sei lediglich bedingt durch die Grenzen der herkömmlichen Übertragungstechnik[512], eine Bedeutung für die verfassungsrechtliche Behandlung wird diesem Umstand von den Vertretern dieser Ansicht nicht zuerkannt.

Und in der Tat: Die Wahrnehmung einzelner Inhalte als Teil eines sie umgebenden Gesamtprogramms nimmt auch im herkömmlichen Fernsehen bereits seit Jahren ab, der Zuschauer „zappt" im Gesamtangebot hin und her und wählt nur die Inhalte aus, die für ihn von besonderem Interesse sind. Diese Entwicklung

---

[507] *Eberle*, Übertragungstechniken, ZUM 1995, S. 254; *Jarass*, Rundfunkbegriffe, AfP 1998, S. 136; vgl. auch *Wolfgang Schulz*, Jenseits der Meinungsrelevanz, ZUM 1996, S. 492.
[508] *Wolfgang Schulz*, Jenseits der Meinungsrelevanz, ZUM 1996, S. 492; ähnlich *Brand*, Rundfunk, S. 97; *Hoffmann-Riem/Vesting*, Ende der Massenkommunikation?, MP 1994, S. 387.
[509] *Betzler*, Finalität, in: Dittmann u.a., Rundfunkbegriff im Wandel der Medien, S. 158, 161; vgl. auch *Hoffmann-Riem/Vesting*, Ende der Massenkommunikation?, MP 1994, S. 388.
[510] *Betzler*, Finalität, in: Dittmann u.a., Rundfunkbegriff im Wandel der Medien, S. 158 f. unter Verweis auf BVerfGE 90, 60, 87.
[511] *Gersdorf*, Rundfunkfreiheit als „Supergrundrecht"?, in: Dittmann u.a., Rundfunkbegriff im Wandel der Medien, S. 140; *Hesse*, Entwicklung des Rundfunkrechts, BayVBl. 1997, S. 135; ähnlich *Brand*, Rundfunk, S. 92, 103, 181; *Michel*, Konvergenz der Medien, MMR 2005, S. 285; *Pieper/Wiechmann*, Rundfunkbegriff, ZUM 1995, S. 84; a.A. *Degenhart*, Rundfunk und Internet, ZUM 1998, S. 341 f.; *Lent*, Rundfunk-, Medien-, Teledienste, S. 103 f.
[512] *Pieper/Wiechmann*, Rundfunkbegriff, ZUM 1995, S. 83.

wird in Zukunft eher noch zunehmen, so dass die Fernsehzuschauer schon zu Zeiten des Programmfernsehens die „sinnstiftende Autorität" der Programmmacher immer weniger anerkennen[513]. Dieses veränderte Rezipientenverhalten kann jedoch nichts daran ändern, dass es sich beim klassischen Programmfernsehen weiter um Rundfunk im engeren Sinne handelt. Der Verlust zeitlicher Einbindung muss auch nicht zwangsläufig bedeuten, dass die Bindung des Rezipienten an ein bestimmtes Angebot gleichfalls verloren ginge. Die zeitlichen Rezeptionsoptionen von Abrufdiensten können vielmehr gerade dazu beitragen, die Bindung des Rezipienten an das jeweilige Angebot dadurch zu erhöhen, dass sie ihm eine flexiblere und individuellere Mediennutzung ermöglichen[514]. Sie stellen insofern die Antwort auf geänderte Anforderungen seitens der Rezipienten dar. Die Anbieter von Online-Diensten sind jedenfalls nachhaltig darum bemüht, die verlorengegangene Herrschaft über die Rezipienten auf andere Weise zurückzugewinnen[515]. Eine größere Bedeutung mag der Programmstruktur noch dort zukommen, wo ein Medium (wie vor allem der Hörfunk, in zunehmendem Maße aber auch das Fernsehen[516]) als ganztägiges Begleitmedium genutzt wird, denn hier findet eine Auswahl konkreter Inhalte kaum statt. Der Rezipient entscheidet sich lediglich für das Programm, das seinem Interesse insgesamt am nächsten kommt, und konsumiert dieses dann „nebenbei", d.h. neben der Verrichtung seiner eigentlichen Beschäftigung. Die Nutzung als Begleitmedium geht aber wiederum mit einer wesentlich geringeren Aufmerksamkeit des Rezipienten gegenüber den gebotenen Inhalten einher, so dass sich eine mögliche Fesselungswirkung des Programms durch die Beiläufigkeit des Medienkonsums wieder relativiert und ihre Bedeutung daher ebenfalls nicht zu hoch einzuschätzen ist[517].

---

[513] ALM, Positionspapier, Ziff. 4.4.1; *Determann*, Kommunikationsfreiheit im Internet, S. 410; *Engel*, Multimedia und Verfassungsrecht, in: Hoffmann-Riem/Vesting, Perspektiven der Informationsgesellschaft, S. 162; *Hoffmann-Riem*, Pay-TV, S. 19 f.; *ders.*, Rundfunkbegriff, AfP 1996, S. 14; ähnlich, jedoch mit anderer Schlussfolgerung *Bullinger*, Kommunikationsfreiheit, S. 45 f.; *Depenheuer*, Informationsordnung, AfP 1997, S. 673; vgl. auch oben Kap. 2 B. I. 3. d) aa).
[514] *Brand*, Rundfunk, S. 90, 100; *Eberle*, Digitale Rundfunkfreiheit, CR 1996, S. 195; *Gersdorf*, Rundfunkbegriff im Umbruch?, AfP 1995, S. 571; *Michel*, Rundfunk und Internet, ZUM 1998, S. 352; vgl. auch *dies.*, Konvergenz der Medien, MMR 2005, S. 285.
[515] *Hoffmann-Riem*, Rundfunkbegriff, AfP 1996, S. 14.
[516] Vgl. *Winfried Schulz*, Medienwirklichkeit und Medienwirkung, Aus Politik und Zeitgeschichte B40/93, S. 18 f.
[517] Vgl. *Bullinger*, Kommunikationsfreiheit, S. 46.

B. Funktionsverbot für den Staat im Bereich der Massenmedien 131

Das Bundesverfassungsgericht betont in seiner fünften Rundfunkentscheidung, dass der Rundfunkbegriff des Art. 5 Abs. 1 S. 2 GG nicht statisch, sondern vielmehr durch Auslegung jeweils neu zu bestimmen und für technische Entwicklungen flexibel und offen zu halten sei[518]. Für eine mit der des herkömmlichen Rundfunks vergleichbare Behandlung eines Dienstes kann es angesichts dieses Entwicklungsgebots für den Rundfunkbegriff bei einer entsprechenden Weiterentwicklung der Verbreitungstechnik nicht für immer auf den zeitlichen Ablauf der Beiträge ankommen, der tatsächlich auf den bisherigen Grenzen des technisch machbaren beruht: Solange die Möglichkeit, Inhalte zeitgleich zur freien Auswahl anzubieten, nicht besteht, verbleibt von Natur aus nur die Alternative, sie nacheinander in zeitlicher Folge anzubieten.

Ausschlaggebend ist auch hier letztlich, dass audiovisuellen Inhalten die für den herkömmlichen Rundfunk charakteristische Suggestivkraft zukommen kann, ohne dass es dafür auf die vermeintliche Fesselungswirkung eines planvoll gestalteten zeitlichen Programmablaufs ankäme[519]. Auch auf die Wahrnehmung zeitgleich mit den Geschehnissen oder zu einem bestimmten Zeitpunkt des Tages kommt es für die Wirkung von bewegten Bildern und Tönen nicht zwingend an. Die Bilder der am 11. September 2001 in die Türme des World Trade Centers in New York rasenden Flugzeuge, der verzweifelten Fenstersprünge der in den Gebäuden eingeschlossenen Opfer und schließlich des Zusammenbruchs der gigantischen Bauwerke haben bei den Zuschauern ihre Wirkung sicherlich nicht verfehlt, und zwar unabhängig davon, ob sie sie in den aktuellen Sonderberichten, in den Hauptnachrichten am Abend, in einer der zahlreichen Zusammenfassungen der Ereignisse oder aber im Internet zum ersten Mal gesehen haben. Insbesondere für die jüngere, höhergebildete, berufstätige Bevölkerungsschicht hatte das Internet bei der Suche nach Informationen zu den Anschlägen die gleiche Bedeutung wie das Radio. Dies ist durch die Verfügbarkeit des Mediums am Arbeitsplatz, aber auch durch den Wunsch nach *visueller* Information zu erklären[520]. Die mögliche Fesselungswirkung eines abgestimmten Programmablaufs

---

[518] BVerfGE 74, 297, 350.
[519] Vgl. abermals oben Kap. 2 B. I. 3. d) aa).
[520] Vgl. *Emmer/Kuhlmann/Vowe/Wolling*, Der 11. September, MP 2002, S. 171, 173, 175. Die Internet-Nutzer waren außerdem besonders früh von den Ereignissen informiert, vgl. *Emmer/Kuhlmann/Vowe/Wolling*, Der 11. September, MP 2002, S. 168 f., 175.

132   2. Kapitel. Zulässigkeit regierungsamtlicher Öffentlichkeitsarbeit

ist nach allem *nicht* der bestimmende Aspekt rundfunkspezifischer Suggestivkraft[521]; an ihr allein kann die Antwort auf die Frage, ob ein Internet-Dienst in seiner medialen Wirkung mit dem herkömmlichen Rundfunk vergleichbar ist, deshalb nicht festgemacht werden.

Im Ergebnis kann die Notwendigkeit des Abrufs einzelner Inhalte durch den Rezipienten auch an einer mit der des herkömmlichen Rundfunks vergleichbaren Suggestivkraft der Angebote nichts ändern.

(4) Zwischenergebnis

Das Abruferfordernis muss also unter keinem der genannten Aspekte von vornherein dazu führen, dass Internet-Inhalte eine mit dem herkömmlichen Rundfunk vergleichbare publizistische Relevanz nicht aufweisen können. Auch ihnen kann diese *unter Umständen* zukommen, und bei diesen Umständen handelt es sich um die Erfüllung der allgemeinen Kriterien der besonderen Meinungsrelevanz: Breitenwirkung, Aktualität und Suggestivkraft. Der Abruf hat auf die Erfüllung dieser Kriterien keinen bestimmenden Einfluss.

bbb) Audiovisuelle Inhalte als Teil eines qualifizierten Gesamtangebots

Der bedeutendste Faktor der für den Rundfunk typischen medialen Relevanz ist die Suggestivkraft audiovisueller Inhalte. Aus der einfachen Anwendung dieser Erkenntnis und der soeben getroffenen Feststellungen zu folgern, dass Internet-Inhalten eine dem herkömmlichen Rundfunk vergleichbare Suggestivkraft schon und immer dann zukommt, wenn es sich dabei um audiovisuelle Inhalte handelt, wäre allerdings voreilig. In der Konsequenz würde das bedeuten, dass ein Internet-Dienst bereits dann wie herkömmlicher Rundfunk zu behandeln wäre, wenn einzelne Audioaufzeichnungen wie Musikstücke, Interviews und Mitschnitte von Reden oder Tonfilmaufzeichnungen wie Spielfilme, Videoclips, „Trailer" genannte Vorankündigungen für Kinofilme und Produktpräsentationen zum Abruf bereitstünden. Wäre dies der Fall, so würden der Internet-Nutzer, der auf seiner privaten Homepage Videoaufnahmen von seiner letzten Urlaubsreise oder von seiner letzten Geburtstagsfeier bereitstellt, und die Schülerband, die sich auf

---

[521]   S. auch oben Kap. 2 B. I. 3. d) aa).

B. Funktionsverbot für den Staat im Bereich der Massenmedien

ihrer Homepage mit Aufnahmen ihrer selbstgeschriebenen Stücke ihrem potentiellen Publikum präsentiert, zu Rundfunkveranstaltern – nicht nur im weiten verfassungsrechtlichen, sondern auch im engeren Sinne. Sie müssten dann in der Konsequenz mit ihren Angeboten der ganzen Strenge des Rundfunkrechts unterliegen. Und wäre diese Form der Internet-Präsentation wie herkömmlicher Rundfunk zu behandeln, so würde das auch bedeuten, dass der Staat sich ihrer nicht bedienen dürfte. Auf Regierungswebsites dürften dann keine Tonmitschnitte von Reden des Bundeskanzlers und keine Aufnahmen von Interviews mit Ministern zum Abruf bereitgestellt werden, geschweige denn Filmaufnahmen von solchen oder ähnlichen Ereignissen.

Es ist jedoch bereits am Beispiel Teleshopping deutlich geworden, dass auch audiovisuellen Inhalten nicht *immer* die dem herkömmlichen Rundfunk eigentümliche meinungsbildende und kulturelle Relevanz zukommt[522]. Es muss deshalb einen weiteren Faktor geben, der die besondere Meinungsmacht eines Informationsdienstes bestimmt. Wenn die Aktualität, die Breitenwirkung und die durch Ton und Bewegtbilder erzeugte Suggestivkraft eines einzelnen Internet-Inhalts allein nicht ausreichen, um dem Dienst insgesamt die publizistische Relevanz des herkömmlichen Rundfunks zu vermitteln, die neben der Notwendigkeit der Ausgestaltung auch die Staatsfreiheit mit ihrem Funktionsverbot nach sich zieht, dann muss dieser Faktor im Umfeld des Einzelinhalts angesiedelt sein, in seiner Beziehung zu den übrigen Inhalten des Angebots. Eine der denkbaren Beziehungen zwischen Einzelinhalten, ihre planvolle zeitliche Abfolge nämlich, wurde aber gerade als Voraussetzung für die rundfunktypische Meinungsrelevanz abgelehnt. Daher stellt sich die Frage, worin die gesuchte Beziehung sonst zu sehen sein kann.

Das Bundesverfassungsgericht spricht bei der Definition des Begriffs „Programm" von „auf längere Dauer angelegter, planmäßiger und strukturierter Abfolge von Sendungen und Beiträgen". Die Veranstaltung eines Programms umfasse folglich die Festlegung der Struktur, die Planung der Abfolge, die Zusammenstellung der Sendungen und das Angebot unter einer einheitlichen Bezeich-

---

[522] S. oben Kap. 2 B. 3. d).

nung[523]. Es beschreibt damit ausdrücklich das *herkömmliche* Verständnis vom Rundfunkprogramm[524]. Während die Verwendung des Begriffs „Abfolge" dafür zu sprechen scheint, dass das Bundesverfassungsgericht dabei an eine zeitliche Folge denkt, schließt *Jarass* aus diesen Äußerungen, dass diese gerade nicht zwingender Bestandteil des Programmbegriffs sein soll[525]. In der Tat hatte sich das Bundesverfassungsgericht selbst bereits in der fünften Rundfunkentscheidung von der Vorstellung gelöst, dass es sich beim Rundfunk um einen eine zeitliche Abfolge beinhaltenden Verteildienst handeln müsse[526]. Kann man sich also unter veränderten technischen Bedingungen gedanklich vom Verständnis eines Programms als zeitliche Folge von Inhalten lösen, so bleiben nach den Ausführungen des Bundesverfassungsgerichts als Merkmale des Programmbegriffs eine festgelegte Struktur, eine bestimmte Zusammenstellung von Beiträgen, letztlich das Angebot einer Gesamtheit von Einzelinhalten unter einer einheitlichen Bezeichnung. Danach ist jedenfalls eine systematische Einbettung einzelner Angebote in einen qualifizierten Gesamtzusammenhang erforderlich. Es kommt für die Beurteilung der Meinungsrelevanz eines Dienstes mithin entscheidend auf den Kontext an, in den die audiovisuellen Einzelinhalte eingebettet sind[527].

Damit ein Online-Dienst eine mit dem herkömmlichen Rundfunk vergleichbare Bedeutung entfalten kann, muss sich folglich bei einer zusammennehmenden Betrachtung seiner audiovisuellen Inhalte eine Gesamtheit ergeben, die mit ihrem Unterhaltungs- und Informationsangebot ein Äquivalent zu einem herkömmlichen Rundfunkprogramm darstellt. Bietet ein Online-Angebot Ton- und/oder Bewegtbildinhalte, die in umfassender Weise dem klassischen Kanon der Rundfunkinhalte mit Beiträgen aus den Bereichen Information, Unterhaltung, Bildung und Beratung entsprechen, dann kommt ihm die gleiche Bedeutung für den gesellschaftlichen Kommunikationsprozess zu wie einem herkömmlichen Rundfunkprogramm. Dieses Erfordernis erfüllen möglicherweise

---

[523] BVerfG, DVBl. 1998, 469, 470.
[524] BVerfG, DVBl. 1998, 469, 470.
[525] *Jarass*, Rundfunkbegriffe, AfP 1998, S. 136.
[526] BVerfGE 74, 297, 351.
[527] Ähnlich *Jarass*, Rundfunkbegriffe, AfP 1998, S. 135 zur Darbietungsqualität i.S. des verfassungsrechtlichen Rundfunkbegriffs.

B. Funktionsverbot für den Staat im Bereich der Massenmedien 135

diejenigen Dienste nicht, die – einer „digitalen Videothek" gleich – ausschließlich Spielfilme oder Episoden von Fernsehserien, Musikstücke oder Videoclips, einige wenige Interviews und Redenmitschnitte, und damit nur einen eng umrissenen Beitrag zum umfassenden Meinungsbildungsprozess zum Abruf bereitstellen. Die Anforderungen an einen qualifizierten Gesamtzusammenhang dürfen vor dem Hintergrund der thematisch eingegrenzten, sich lediglich an Teilpublika wendenden Spartenprogrammen im klassischen Rundfunk jedoch auch nicht zu hoch angesetzt werden. Bereits ein hiermit vergleichbares Angebot von Ton- und/oder Bewegtbildinhalten muss deshalb dem Anspruch an einen ausreichenden Gesamtzusammenhang genügen. Gleiches gilt für Angebote, die mit den in der Zusammensetzung eher zufälligen, dabei aber vielseitigen Angeboten der „Offenen Kanäle" vergleichbar sind.

ccc) Darstellungsqualität

Eine mit dem herkömmlichen Rundfunk vergleichbare Suggestivkraft wird Internet-Inhalten aber auch bei Erfüllung der bisher dargestellten Voraussetzungen zum Teil mit Blick auf die Übertragungsqualität abgesprochen. Die teilweise zu geringe Datenübertragungsleistung im Internet und die begrenzte Leistungsfähigkeit älterer Personal Computer, die zu ruckelnder Bilddarstellung, Aussetzern in der Audioübertragung und einer geringen Bilddiagonale führe, mindere die Wirkmacht der Inhalte[528]. *Hochstein* spricht in diesem Zusammenhang von Bewegtbilddarstellungen, „die nicht einmal in Postkartengröße mit niedriger Auflösung und ruckelnd auf dem Computerbildschirm daherkommen" und mit dem gewohnten Fernsehbild in keiner Weise zu vergleichen seien. Man tue sich schwer, dabei von der Suggestivkraft der bewegten Bilder zu sprechen[529]. Die Kritiker räumen aber ein, dass Verbesserungen in der Übertragungsqualität hin

---

[528] DLM, Strukturpapier 1998, Ziff. 2.2.2.4 ff.; *Grote*, Internet und Grundrechtsordnung, KritV 1999, S. 35.
[529] *Hochstein*, Multimediale Erscheinungsformen, NJW 1997, S. 2980; zustimmend *Meier*, in: Roßnagel, Recht der Multimedia-Dienste, § 2 MDStV a.F. Rn. 43; in jüngster Zeit noch *Holznagel*, Konvergenz der Medien, NJW 2002, S. 2352.

zu hochauflösender, fließender Übertragung in voller Bildschirmgröße zu einer Neubewertung führen könnten[530].

(1) Technische Gegebenheiten

Eine solche Entwicklung, die Anlass zu einer anderen Bewertung gibt, ist aber nicht erst für eine ferne Zukunft zu erwarten – sie hat in bestimmten Bereichen der Medienübertragung über das Internet bereits stattgefunden: Qualitativ hochwertige Audiodatenströme, die die Übertragung eines hörfunkähnlichen Programms zulassen, können durch schnelle Internet-Zugänge wie ISDN und DSL und durch Datenreduktions- und -kompressionsverfahren wie dem verbreiteten, vom *Fraunhofer Institut* entwickelten MP3 bereits heute realisiert werden. Bei entsprechender Übertragungsrate ist kein Unterschied mehr zwischen der herkömmlichen Rundfunkverbreitung und der Verbreitung im Internet feststellbar. Auch mit einer akzeptablen Videoübertragungsqualität wird durch noch höhere Datenübertragungsraten bereits in nächster Zeit zu rechnen sein. Diese wird zwar in absehbarer Zeit noch keine technische Konkurrenz für den Großbildfernseher der Heimkinoanlage darstellen, aber die ansehnliche Darstellung von Videoclips, Trailern für Kinofilme oder aber der (Live-)Fernsehnachrichten ermöglichen. Vollkommen unabhängig von der Datenübertragungsrate ist die Qualität von Bewegtbild- und Audioübertragungen per Internet, wenn die Daten zunächst auf den heimischen Rechner heruntergeladen, gespeichert und erst danach abgespielt werden. Dies erfordert allerdings viel Speicherplatz und unter Umständen noch mehr Geduld, denn die Dauer des Ladevorgangs hängt ja wiederum von der Übertragungsrate ab[531].

(2) Erwartungshorizont

Ein Rezipient, der sich gezielt des Internets bedient, um an Informationen zu gelangen oder sich unterhalten zu lassen, kennt aber die technischen Schwächen dieses Medium und nimmt sie bei der Benutzung in Kauf. Dadurch, dass er sich

---

[530] DLM, Strukturpapier 1998, Ziff. 2.2.2.4.2 f.; *Grote*, Internet und Grundrechtsordnung, KritV 1999, S. 35; *Hochstein*, Multimediale Erscheinungsformen, NJW 1997, S. 2980; *Waldenberger/Hoß*, Elektronische Presse, AfP 2000, S. 240.
[531] Zum Ganzen *Reimers*, Technische Möglichkeiten, MP 2002, S. 133 f.; zur Übertragungsqualität im Internet auch *Brand*, Rundfunk, S. 180, 244; *Determann*, Kommunikationsfreiheit im Internet, S. 60; *Lent*, Rundfunk-, Medien-, Teledienste, S. 159 ff.

B. Funktionsverbot für den Staat im Bereich der Massenmedien 137

ganz bewusst auf die geringere Bilddarstellungsqualität oder die längeren Wartezeiten einlässt, müssen diese Umstände nicht zu einer Verringerung der Wirkmacht führen. Der Internet-Nutzer ist für die weniger hochwertigen Bilder sensibilisiert und deshalb empfänglich. Eine geringere Übertragungsqualität als die, die wir heute vom herkömmlichen Rundfunk gewöhnt sind, muss auch nicht zwangsläufig einen Verlust an Faszinationskraft bedeuten; dies gilt nicht nur für das Internet: Man denke nur an die Faszination, mit der die Menschen in der Frühzeit des Rundfunks einer quäkenden Stimme im Radio lauschten, die sich mühsam durch die atmosphärischen Störungen kämpfte. Noch größer war die Faszination derer, die vor kleinen, stark gewölbten, kontrastarmen Schwarz-weiß-Bildröhren saßen und die frühen Fernsehübertragungen ansahen. Der Rundfunk hatte damals schon – vielleicht gerade – eine enorme Faszinationskraft, die sich im Laufe der technischen Entwicklung kaum noch gesteigert haben dürfte, denn mit dem Fortschritt setzt stets auch die Gewöhnung ein. Auch als das Fernsehbild schon größer, flacher und farbig war, war die Empfangsqualität durch die terrestrische Verbreitung keineswegs immer optimal und mit den heute durch Kabel- und Satellitenverbreitung, 100-Hz-Technologie, Superflachbildschirmen und digitalem Raumklang gesetzten Maßstäben zu vergleichen. Selbst das Fernsehen, das uns heute als Maßstab unserer Beurteilungen dient, kann durch die weitere technische Entwicklung schon bald „alt" aussehen[532]. In den späten achtziger Jahren des letzten Jahrhunderts kamen tragbare Fernsehgeräte mit nur wenige Zentimeter großen LCD-Bildschirmen auf den Markt, und niemand hat ernstlich daran gezweifelt, dass es sich bei dem, was dort zu sehen war, um Rundfunk im herkömmlichen Sinne handelte. Die Technik war neu und faszinierte ihre Nutzer. Der durch das Fernsehen geprägte „Erwartungshorizont"[533] ist also keine starre Größe, sondern zeigt sich durchaus flexibel. Der Internet-Nutzer befindet sich heute wieder in einer technischen Pionierzeit, in der selbst unvollkommene Darstellungen faszinieren können. Wenn es eines weiteren Nachweises der Faszinationskraft qualitativ geringwertiger Bewegtbilddarstellungen bedürfte, so währen dies die grob gewürfelten Live-Bilder vom Vormarsch der alliierten Truppen und die in Grüntönen schimmernden Bilder

---

[532] *Winfried Schulz*, Medienwirklichkeit und Medienwirkung, Aus Politik und Zeitgeschichte B40/93, S. 16.
[533] *Determann*, Kommunikationsfreiheit im Internet, S. 60.

138   2. Kapitel. Zulässigkeit regierungsamtlicher Öffentlichkeitsarbeit

der Bombennächte von Bagdad während des Irak-Kriegs im Frühjahr 2003, die Fernsehzuschauer auf der ganzen Welt – teilweise trotz erheblicher innerer Anwiderung, den Krieg auf diese Weise „mitzuerleben" – an die Fernsehgeräte fesselten. Die im Internet zu sehenden Bilder mögen zwar kleiner gewesen sein, ihre Qualität war aber nicht geringer.

dd) Ergebnis

Wie sich gezeigt hat, *können* einzelne der vorgestellten Aspekte eine dem herkömmlichen Rundfunk vergleichbare Wirkmacht von Internet-Inhalten verhindern. Sie tun dies aber keinesfalls generell. Wenn Internet-Inhalte in ihrer medialen Wirkung dem herkömmlichen Rundfunk gleichkommen, dann sind sie auch wie dieser zu behandeln. Die Voraussetzungen hierfür wurden oben im Einzelnen aufgezeigt; es ist dabei stets eine Gesamtbetrachtung der Meinungsrelevanz, der programmähnlichen Einbindung und der vor allem durch Aktualität und Suggestivkraft vermittelten Wirkmacht der jeweiligen Inhalte erforderlich. Letztlich läuft es hinaus auf die Konkretisierung der vom Gesetzgeber auf einfachgesetzlicher Ebene abstrakt nachvollzogenen Unterscheidung zwischen Rundfunk im engeren Sinne und solchen Informations- und Kommunikationsangeboten, die nicht mit der ganzen Strenge der Folgen dem Schutz der Rundfunkfreiheit unterliegen. Dass die Übergänge bei all dem fließend und die Grenzen nicht immer einfach zu ziehen sind, zeigt auch die Regelung des § 20 Abs. 2 S. 1 RStV[534]. Die Kriterien für diese Abgrenzung aber wurden eben genannt.

Rundfunk im engeren Sinn stellen jedenfalls die Angebote im Internet dar, die als Beitrag für den herkömmlichen Rundfunk produziert worden sind. Für die zeitgleiche Übertragung von herkömmlichen Rundfunkprogrammen (*Streaming/Webcasting*) erkennen das sogar einige der Autoren an, die Online-Diensten sonst eine mit dem herkömmlichen Rundfunk vergleichbare Meinungsmacht absprechen[535], und auch die Landesgesetzgeber zeigen mit der in

---

[534] Vgl. dazu DLM, Strukturpapier 2003, Ziff. 2.4.2, 3.1; kritisch *Ricker*, Rundfunkgebühren für Internet-Computer?, NJW 1997, S. 3201 f.
[535] *Herrmann/Lausen*, Rundfunkrecht, § 2 Rn. 22: „Wenn aber das Internet zur gleichzeitigen Verbreitung eines im Übrigen definitionsgemäßen Rundfunkprogramms genutzt wird, sollte man nicht zögern, dies als Rundfunk zu bewerten und zu behandeln. So ist z.B. die (zeitgleiche) Verbreitung des Hörfunkprogramms BR 5 über Internet Rundfunk."; auch *Spindler*, E-Commerce in Europa, MMR Beilage 7/2000, S. 5 geht von der Existenz „originärer Internet-Rundfunk-

§ 5a Rundfunkgebührenstaatsvertrag enthaltenen (zeitlich befristeten) Gebührenfreistellung für Computer, „die Rundfunkprogramme ausschließlich über Angebote aus dem Internet wiedergeben können", dass sie jedenfalls im Grundsatz davon ausgehen, dass es sich bei dieser Verbreitungsart um Rundfunk im klassischen Sinn handelt[536]. Aber auch zeitversetzt aus Archiven verbreitete Rundfunkinhalte, die zugleich Teil eines umfassenden Informations- und/oder Unterhaltungsangebots sind, stellen Rundfunk im engeren Sinn dar. Prototypisches Beispiel ist die viel zitierte Tagesschau, die zunächst zeitgleich mit der Fernsehausstrahlung als *Livestream* über das Internet-Angebot der *ARD* zu empfangen ist und dort später zum Abruf bereit steht. Schließlich können auch originär für die Verbreitung über das Internet produzierte Inhalte, wenn sie in einem entsprechenden Kontext stehen, die Voraussetzungen an Aktualität, Breitenwirkung und Suggestivkraft erfüllen, an die eine rundfunkmäßige Behandlung anknüpft.

Würde man den „Internet-Rundfunk" anders als den herkömmlichen Offline-Rundfunk behandeln, so würde dies den Anbietern, aber auch dem Staat – und darum geht es hier ja in erster Linie – die Umgehung der verfassungsrechtlichen Bindungen des Rundfunks ermöglichen[537], und das, wo doch die entfernte Zukunft des Rundfunks angesichts der Konvergenzentwicklung mehr und mehr gerade im Online-Bereich liegen dürfte[538]. Besonders deutlich wird die Umgehungsgefahr dort, wo online und offline identische Inhalte verbreitet werden. Ob das existierende Rundfunkrecht im Einzelnen mit all seinen strengen Folgen und Forderungen auf den Internet-Rundfunk anwendbar ist, kann nicht Gegenstand

---

dienste" aus, die der Rundfunkaufsicht und der Gremienpflicht unterliegen; ähnlich *Fiedler*, Meinungsfreiheit in einer vernetzten Welt, S. 27 f.; vgl. auch *Lent*, Rundfunk-, Medien-, Teledienste, S. 161 ff.

[536] Diese Schlussfolgerung zieht auch *Brand*, Rundfunk, S. 103; kritisch zu einer Gebührenpflicht für internet-taugliche Computer *Ernst*, Rundfunkgebühren für Internet-Anschlüsse, NJW 1997, S. 3006 f.; *Ricker*, Rundfunkgebühren für Internet-Computer?, NJW 1997, S. 3199 ff. § 5a Rundfunkgebührenstaatsvertrag wurde mit Staatsvertrag vom 01.03.2005 aufgehoben. Nunmehr unterliegen auch internet-taugliche Computer grundsätzlich der Gebührenpflicht, was die neue, in § 5 Abs. 3 Rundfunkgebührenstaatsvertrag enthaltene Zweitgeräteregelung betreffend „neuartige Rundfunkempfangsgeräte (insbesondere Rechner, die Rundfunkprogramme ausschließlich über Angebote aus dem Internet wiedergeben können)" zeigt.

[537] So auch *Brand*, Rundfunk, S. 92.

[538] Vgl. *Determann*, Kommunikationsfreiheit im Internet, S. 73. *Brand*, Rundfunk, S. 101 spricht in diesem Zusammenhang von einem „automatischen Verfallsdatum" des Rundfunkbegriffs.

dieser Untersuchung sein[539]. Problematisch erscheinen in diesem Zusammenhang angesichts der Globalität des Internets (wie auch der des grenzüberschreitenden herkömmlichen Rundfunks) beispielsweise die Anwendbarkeit solcher Regeln, die auf die Erzeugung einer außenpluralen Meinungsvielfalt gerichtet sind[540], sowie die allgegenwärtige Möglichkeit, den nationalen Beschränkungen durch die Abwanderung ins Ausland zu entgehen[541]. Die Umgehung nationaler Anforderungen stellt sich bedingt durch den ubiquitären Charakter des Internets als besonders einfach dar. Solche Zweifel mögen jedoch die herkömmlichen Regulierungs*formen* in Frage stellen, nicht aber den Regulierungs*bedarf*. Die Umgehung des staatlichen Funktionsverbots durch Abwanderung ins Ausland sollte im Übrigen nicht zu den problematischen Aspekten gehören, wenn es um regierungsamtliche Öffentlichkeitsarbeit geht. An dieser Stelle genügt jedenfalls die Feststellung, dass Internet-Rundfunk den an den Rundfunk gestellten verfassungsrechtlichen Anforderungen genügen muss – das Gebot der Staatsfreiheit eingeschlossen. Es wurde bereits in anderem Zusammenhang darauf hingewiesen, dass schon der Forderung nach einem Ende des Erfordernisses einer positiven Ordnung für den Rundfunk in Zeiten der Digitalisierung und des Internets gewichtige Argumente entgegen gehalten werden können, und dass das Potenzial des Rundfunks, den Prozess der individuellen und öffentlichen Meinungsbildung zu beeinflussen, wenn es weiterhin eine positive Ordnung für den Rundfunk zu rechtfertigen vermag, erst recht für das Prinzip der Staatsfreiheit des Rundfunks und das damit einhergehende Funktionsverbot für den Staat streitet[542]. Daraus folgt hier, dass staatliche Stellen auch im Internet keine Inhalte verbreiten dürfen, bei denen es sich um Rundfunk im engeren Sinne handelt. Dass staatliche Stellen auch mit ihren Internet-Auftritten gegen das rundfunkspezifische Funktionsverbot verstoßen können, ist ein Umstand, der in der Literatur überraschenderweise – wenn überhaupt – allenfalls beiläufige Erwähnung findet[543].

---

[539] Allg. zu diesem Problem *Goldhammer/Zerdick*, Rundfunk Online, passim.
[540] Vgl. *Grote*, Internet und Grundrechtsordnung, KritV 1999, S. 50.
[541] *Goldhammer/Zerdick*, Rundfunk Online, S. 79, 271.
[542] Vgl. oben Kap. 2 B. 3. c) dd).
[543] Beispielsweise bei *Eifert*, Sicherung öffentlicher Interessen, VerwArch 93 (2002), S. 571; *Th. Groß*, Öffentliche Verwaltung im Internet, DÖV 2001, S. 161; *Roßnagel*, Recht der Multimediadienste, NVwZ 2000, S. 624; *Rath-Glawatz*, Öffentliche Betätigung im Onlinebereich, AfP

B. Funktionsverbot für den Staat im Bereich der Massenmedien 141

Vor diesem Hintergrund sind die Live-Übertragungen der Plenarsitzungen des Deutschen Bundestags, die nicht nur über Kabel und Satellit ausgestrahlt werden[544], sondern auch mittels eines schnellen ISDN- oder DSL-Anschlusses via Internet empfangen werden können[545], genau wie ihre Fernsehausstrahlung als unzulässig anzusehen. Der *Livestream* steht der Fernsehübertragung jedenfalls in Sachen Aktualität und Suggestivkraft in nichts nach. Die Breitenwirkung mag zwar durch die andere Übertragungstechnik eine andere Qualität haben, darauf kommt es jedoch, wie bereits gezeigt wurde[546], nicht an.

Die Schwierigkeiten, die manche Autoren mit der Bewertung haben, dass Online-Inhalte Rundfunk im engeren Sinne sein können, weil aus ihr auf der objektiv-rechtlichen Seite von Art. 5 Abs. 1 S. 2 GG das rundfunktypische Ausgestaltungserfordernis mit seinen strengen vielfaltsichernden Forderungen folgt, beruhen zum Teil auf einem zu undifferenzierten Verständnis dessen, was im Internet tatsächlich unter diesen engeren Rundfunkbegriff fallen soll. So leiten *Goldhammer* und *Zerdick* die Definition für „Onlinerundfunk" zwar zunächst aus *online = aktive Datenverbindung zwischen einem Empfangsgerät* und der *Definition in § 2 Abs. 1 RStV* – also unter Einbeziehung des einfachgesetzlichen Merkmals der Darbietung – ab und folgern daraus „Onlinerundfunk" seien „radio- oder fernsehähnliche Inhalte", die über aktive Datenverbindung und ein (Computer-)Netzwerk übermittelt werden, bzw. „klassischer Rundfunk und rundfunkähnliche Dienste"[547], was weitgehend mit der hier vertretenen Auffassung übereinstimmt. Sie zitieren aber an gleicher Stelle auch eine wesentlich weitere Definition, die dann ihren weiteren Ausführungen zugrunde zu liegen scheint. Danach ist Onlinerundfunk „das Senden, die Übertragung und der Empfang von Audio- und/oder Videodaten, vor allem über das Internet". Diese weite Definition umfasst nicht nur die mit dem Rundfunk im herkömmlichen Sinne vergleichbaren Erscheinungen, sondern reicht weit in den einfachgesetzlichen Bereich der Mediendienste und der Teledienste, ja sogar in den der Internet-Telefonie hin-

---

1998, S. 264; *Schulze-Fielitz*, Öffentlich-rechtliche Betätigung im Onlinebereich, AfP 1998, S. 451, 456.
[544] S. oben Kap. 2 B. I. 3 d) cc).
[545] URL: http://www.bundestag.de/bic/webTVLink.html/ (Stand: Dez. 2005).
[546] Oben Kap. 2 B. III. 3. b) cc) ccc) (2).
[547] *Goldhammer/Zerdick*, Rundfunk Online, S. 19.

ein, deren Unterschiede zum klassischen Rundfunk in der Tat eine unterschiedliche Behandlung nicht nur rechtfertigen, sondern sogar erfordern[548]. Bei Telediensten und Internet-Telefonie handelt es sich schließlich sogar um Dienste der Individual-, nicht der Massenkommunikation. Mit der innerhalb der Medien der Massenkommunikation möglichen und gegenüber denen der Individualkommunikation zwingend gebotenen Differenzierung in den rechtlichen Rahmenbedingungen der unterschiedlichen Dienste auch die besondere (d.h. rundfunkmäßige) Behandlung besonders meinungsrelevanter, die Merkmale des klassischen Rundfunks erfüllender Online-Dienste in Frage zu stellen, führt zu einer Verwässerung der Problematik. Ein Nachweis für die behauptete Überregulierung im Bereich des Online-Rundfunks lässt sich damit nicht führen; für mit Blick auf das Gebot der Staatsfreiheit gezogene Schlussfolgerungen gilt nichts anderes.

c) Vergleichbarkeit mit der Presse im herkömmlichen Sinne

Der Staat muss sich also nach dem bisher Gesagten nicht der Nutzung des Internets überhaupt, sondern nur der Veranstaltung solcher Internet-Dienste enthalten, die nicht nur nach herrschender Meinung dem weiteren verfassungsrechtlichen Rundfunkbegriff unterfallen, sondern darüber hinaus noch qualitativ mit dem herkömmlichen Rundfunk, dem Rundfunk im engeren, einfachgesetzlichen Sinne also, vergleichbar sind, so dass zum Schutze des freien und unbeeinträchtigten Meinungsbildungsprozesses für das Internet dieselben Vorkehrungen erforderlich sind, die diesen Prozess schon seit Jahrzehnten gegen die ihm durch die Möglichkeit des staatlichen Missbrauchs des Offline-Rundfunks drohenden Gefahren schützen. Damit verbleibt staatlichen Stellen zunächst noch ein weites Feld möglicher Online-Betätigungen, zu dem insbesondere das Angebot von Internet-Diensten gehört, die nie die erforderliche Suggestivkraft entfalten könnten, um schon wegen verbotener Rundfunkbetätigung des Staates unzulässig zu sein, weil es sich dabei lediglich um Textangebote – gegebenenfalls auch unter Einbeziehung von Standbildern, aber jedenfalls ohne in den Vordergrund rückende Bewegtbild- und Audioinhalte – handelt. Solche Dienste erinnern von

---

[548] Vgl. oben Kap. 2 B. I. 3. d).

B. Funktionsverbot für den Staat im Bereich der Massenmedien 143

der äußeren Erscheinung her auch weniger an Rundfunk, sondern vielmehr an die Presse – das klassische bildunterstützte Lesemedium.

Dieser Gedanke fordert zu der bereits angekündigten[549] kritischen Auseinandersetzung mit der herrschenden Meinung heraus, die alle Arten von massenkommunikativen Online-Diensten verfassungsrechtlich dem Rundfunk zuordnen will. Es ist zu fragen, ob nicht Online-Textdienste wegen der eben beschriebenen Ähnlichkeit stattdessen dem verfassungsrechtlichen Pressebegriff und damit dem Gewährleistungsbereich der Pressefreiheit unterfallen[550]. Aus dieser Zuordnung würde für derartige Angebote die Notwendigkeit eines begrenzten staatlichen Funktionsverbots folgen, das von der Reichweite her dem aus dem Bereich der Offline-Presse bekannten Funktionsverbot entspricht.

Der verfassungsrechtliche Pressebegriff steht bis heute im Kern im Zusammenhang mit Erzeugnissen aus Papier und Druckerschwärze; die materielle Verkörperung der Erzeugnisse war immer sein prägendes Merkmal. Im Laufe der Zeit wurde der Gehalt des Pressebegriffs um weitere verkörperte Massenmedien wie Schallplatten und Videokassetten erweitert[551]. Ob eine flüchtige Erscheinung wie der Inhalt eines Internet-Dienstes dem verfassungsrechtlichen Pressebegriff unterfallen oder in anderer Weise am Schutz der Pressefreiheit teilhaben kann, ist vor diesem Hintergrund heftig umstritten. Dabei zeigt sich auch, dass innerhalb der herrschenden Auffassung, die Online-Dienste grundsätzlich dem Schutzbereich der Rundfunkfreiheit zuordnet, durchaus ein differenziertes Meinungsbild besteht.

aa) Streng formale Ansicht: Online-Dienste verfassungsrechtlich stets Rundfunk
Nach einer engen, der klassischen streng formalen Unterscheidung zwischen Presse und Rundfunk folgenden Auffassung handelt es sich bei Online-Diensten unabhängig davon, ob Bewegtbilder und Audiosignale oder lediglich Texte und Fotos verbreitet werden, aus verfassungsrechtlicher Sicht stets um Rundfunk.

---

[549] Oben Kap. 2 B. I. 3. d).
[550] Vgl. auch *Gersdorf*, Verfassungsrechtlicher Rundfunkbegriff, S. 144.
[551] *Herzog*, in: Maunz/Dürig, GG, Art. 5 Abs. 1, 2 Rn. 129 ff.; *Hoffmann-Riem*, in: AK, GG, Art. 5 Abs. 1, 2 Rn. 145; *Löffler/Ricker*, Handbuch des Presserechts, Kap. 1 Rn. 7, 15; *Starck*, in: v. Mangoldt/Klein/Starck, GG, Art. 5 Abs. 1, 2 Rn. 59; a.A. hinsichtlich der Einbeziehung von Videokassetten *Jarass*, in: Jarass/Pieroth, GG, Art. 5 Rn. 25.

144   2. Kapitel. Zulässigkeit regierungsamtlicher Öffentlichkeitsarbeit

Nach der streng formalen Abgrenzung ist für die Zugehörigkeit eines Mediums zum Bereich der Presse allein auf die Herstellungs-, Vervielfältigungs- oder Verbreitungsmethode abzustellen: Handelt es sich um Druckerzeugnisse jeglicher Art oder um andere verkörperte, etwa auf Schallplatten, Videokassetten oder optischen Datenträger materiell fixierte Medieninhalte, so unterfallen diese Angebote dem Pressebegriff. Die körperlose Verbreitung von Medieninhalten mittels Telekommunikationstechnik fällt dagegen nach dieser Ansicht ausnahmslos in die Domäne der Rundfunkfreiheit[552]. Die verfassungsrechtlichen Unterschiede zwischen Presse und Rundfunk ergäben sich nicht zuletzt aus der höheren Aktualität und Breitenwirkung der elektronischen Verbreitung sowie aus deren besonders bequemen Rezeptionsbedingungen. Der Rezipient eines körperlosen elektronischen Textangebots könne dieses auf sich wirken lassen, ohne beispielsweise erst zum Kiosk gehen zu müssen, um ein Vervielfältigungsexemplar zu erwerben[553]. Für die formale Abgrenzung über den Verbreitungsweg sprächen zudem die Klarheit dieser Auffassung vor dem Hintergrund, dass in einer multimedialen Umgebung klare Grenzen sonst schwer zu ziehen seien, sowie der Umstand, dass es anderenfalls dazu kommen könne, dass Teile eines Dienstes von der Rundfunk- und andere von der Pressefreiheit erfasst würden[554]. Für die Anwendung der Pressefreiheit auf Online-Dienste bleibt deshalb nach dieser Ansicht kein Raum. Die Argumente, die von anderer Seite vorgebracht werden, um bestimmte Online-Textdienste vom verfassungsrechtlichen Rundfunkbegriff auszunehmen, werden von Vertretern der streng formalen Ansicht

---

[552] Vgl. *Brand*, Rundfunk, S. 154, 242 ff.; *Löffler/Ricker*, Handbuch des Presserechts, Kap. 1 Rn. 5 ff.; *Hoffmann-Riem*, in: AK, GG, Art. 5 Abs. 1, 2 Rn. 150; *Jarass*, in: Jarass/Pieroth, GG, Art. 5 Rn. 36; *Herzog*, in: Maunz/Dürig, GG, Art. 5 Abs. 1,2 Rn. 129; *Pieper/Wiechmann*, Rundfunkbegriff, ZUM 1995, S. 86; *Scherer*, Telekommunikationsrecht und Telekommunikationspolitik, S. 600 ff.; *ders.*, Prozedurale Rundfunkfreiheit, Der Staat 1983, S. 363; *ders.*, Rechtsprobleme des Btx-StV, NJW 1983, S. 1835 f.; *Spindler/Volkmann*, Anmerkung, MMR 2003, S. 355.
[553] Vgl. *Hoffmann-Riem*, Rundfunkbegriff, AfP 1996, S. 15, der aber gleichzeitig einräumt, dass die Zuordnungskraft des technischen Verbreitungsmediums aufgrund der technologischen Entwicklungen abgenommen hat, a.a.O. S. 13. Kritisch zur bloßen Betrachtung der Verbreitungsweise bei gleichzeitiger Außerachtlassung inhaltlicher Besonderheiten auch *Determann*, Kommunikationsfreiheit im Internet, S. 409.
[554] *Jarass*, Rundfunkbegriffe, AfP 1998, S. 137; vgl. auch *Gersdorf*, Verfassungsrechtlicher Rundfunkbegriff, S. 144.

B. *Funktionsverbot für den Staat im Bereich der Massenmedien* 145

als „suggestive Rhetorik", Begriffe wie „Bildschirmzeitung" oder „elektronische Presse" als „suggestive Kampfbegriffe" bezeichnet[555].

bb) Differenzierende Ansicht: Presse, wenn Offline-Version vorhanden

Nach anderer, differenzierender Ansicht unterliegen jedenfalls solche Online-Textdienste der Garantie der Pressefreiheit die ein inhaltliches Pendant in der herkömmlichen Presse besitzen („Faksimile-Zeitungen"), so dass das Internet nur einen *zusätzlichen* Verbreitungsweg neben der körperlichen Verbreitung der Erzeugnisse darstellt[556]. Gedacht ist dabei an den Fall, dass ein Verlag seine gedruckten Publikationen inhaltsgleich über das Internet zugänglich macht; allenfalls sollen nach dieser Ansicht noch solche Online-Inhalte der Pressefreiheit unterliegen, die in engem Zusammenhang mit einem herkömmlichen Presseprodukt stehen, auch wenn sie selbst nicht in verkörperter Form vorliegen. Hierunter können beispielsweise sog. Mehrwertangebote wie Zusatz- und Hintergrundinformationen zu den in den gedruckten Publikationen behandelten Themen fallen[557]. Begründet wird diese Ansicht damit, dass der Schutz der Pressefreiheit auch die Wahl des Verbreitungswegs für ein Presseerzeugnis mit umfasse. Die Form der Online-Zeitung stelle eine schnellere und preisgünstigere Vertriebsalternative zur körperlichen Verbreitung der Publikationen dar[558]. Die Online-Ausgabe nimmt danach also lediglich am Schutz der gedruckten Ausgabe teil. Weil bei originären Online-Publikationen ein Bezug zu einem herkömmlichen Presseerzeugnis aber nicht bestehe, seien diese von der Pressefreiheit auch nicht mit umfasst[559]. Sie unterfallen nach dieser Ansicht entweder der Garantie der

---

[555] *Scherer*, Online, AfP 1996, S. 213 f.; *ders.*, Prozedurale Rundfunkfreiheit, Der Staat 1983, S. 365; ähnlich *Hoffmann-Riem*, Rundfunkbegriff, AfP 1996, S. 15.
[556] *Eberle*, Regelungsmodell für Online-Dienste?, in: Dittmann u.a., Rundfunkbegriff im Wandel der Medien, S. 152 f.; *ders.*, Digitale Rundfunkfreiheit, CR 1996, S. 196 f.; *Gersdorf*, Verfassungsrechtlicher Rundfunkbegriff, S. 147 f.; *Hoffmann-Riem*, Pay-TV, S. 55 f.; *Lerch*, Gegendarstellung im Internet, CR 1997, S. 266; *Schulze-Fielitz*, Öffentlich-rechtliche Betätigung im Onlinebereich, AfP 1998, S. 453; vgl. auch *Determann*, Kommunikationsfreiheit im Internet, S. 415 sowie BGH, NJW 2004, 2158, 2159.
[557] *Grote*, Internet und Grundrechtsordnung, KritV 1999, S. 37.
[558] *Grote*, Internet und Grundrechtsordnung, KritV 1999, S. 37; *Lerch*, Gegendarstellung im Internet, CR 1997, S. 266.
[559] *Grote*, Internet und Grundrechtsordnung, KritV 1999, S. 38.

146   2. Kapitel. Zulässigkeit regierungsamtlicher Öffentlichkeitsarbeit

Rundfunkfreiheit des Art. 5 Abs. 1 S. 2 GG[560] oder der individuellen Meinungsfreiheit des Art. 5 Abs. 1 S. 1 GG[561].

cc) Rein funktionale Betrachtung: Auch originäre Online-Presse möglich

Nach einer dritten, im hier interessierenden Zusammenhang am nachdrücklichsten von *Bullinger* vertretenen Ansicht kommt es dagegen für die Zuordnung von Informations- und Kommunikationsdiensten zu einem der klassischen Freiheitsbereiche der Massenmedien auf eine rein funktionale Betrachtung dieser Dienste an[562]. Nach dieser Ansicht können auch originäre Online-Textangebote ohne Entsprechung in der gedruckten Pressewelt der Garantie der Pressefreiheit unterfallen. Einzig entscheidendes Zuordnungskriterium sei die „Funktionsnachfolge" bzw. die „Surrogatfunktion" der neuen Angebote. Ein Multimedia-Dienst sei dann einem der Freiheitsbereiche Rundfunk oder Presse zuzuordnen, wenn er diesen entweder *funktional ablöse oder ergänze*[563]. Text- und Bilddienste im Internet glichen in ihrer typischen Kommunikationsstruktur nicht dem Rundfunk, sondern der herkömmlichen verkörperten Presse. Es handle sich bei ihnen wie bei der Presse um ein Lese- und Aktivierungsmedium, das selektiv wahrgenommen werde und von einem natürlichen Pluralismus gekennzeichnet sei. Funktional stünden sie damit der herkömmlichen Presse gleich. Der Einsatz neuer Kommunikationsdienste stelle auch dann eine beschleunigte und verbilligte Verbreitungsvariante dieses Funktionsträgers dar, wenn die herkömmliche Verbreitung aufgegeben werde. Es handele sich nicht um „verfassungsrechtlich herrenlose Güter", die der Aneignung durch den Rundfunkbegriff offen stünden.

---

[560] Vgl. *Gersdorf*, Verfassungsrechtlicher Rundfunkbegriff, S. 148.
[561] *Grote*, Internet und Grundrechtsordnung, KritV 1999, S. 37; vgl. auch *Determann*, Kommunikationsfreiheit im Internet, S. 455. Die elektronische Übermittlung von Daten (Worte, Schrift, Bilder) ist nach herrschender Meinung von der allgemeinen Meinungsfreiheit umfasst, vgl. *Wendt*, in: v. Münch/Kunig, GG, Art. 5 Rn. 15 m.w.N.
[562] *Bullinger*, Rundfunkbegriff, AfP 1996, S. 3; *ders.*, Ordnung oder Freiheit, JZ 1996, S. 387 f.; im Ergebnis ähnlich bereits *ders.*, Kommunikationsfreiheit, S. 39 ff., 115; *Kaufmann/Köcher*, Anmerkung, MMR 2005, S. 335; *Lent*, Rundfunk-, Medien-, Teledienste, S. 114 ff.; *Michel*, Rundfunk und Internet, ZUM 1998, S. 353; *Waldenberger/Hoß*, Elektronische Presse, AfP 2000, S. 237. Auch nach Ansicht von *Hoffmann-Riem*, in: AK, GG (1989), Art. 5 Abs. 1, 2 Rn. 123 ist für die Einordnung neuer Massenmedien darauf abzustellen, „welchem der in Art. 5 Abs. 1 S. 2 GG erwähnten Medien das zu beurteilende in funktionaler Betrachtung am ehesten nahe kommt". Die funktionale Betrachtung gleicher Inhalte werde jedoch bei Verwendung unterschiedlicher Verbreitungstechnologien von diesen überlagert, vgl. oben Fn. 553. *Determann*, Kommunikationsfreiheit im Internet, S. 410 f. kritisiert die funktionale Abgrenzung der Medienformen als zu vage.
[563] *Bullinger*, Rundfunkbegriffe, AfP 1996, S. 3; *ders.*, Ordnung oder Freiheit, JZ 1996, S. 387; *Michel*, Rundfunk und Internet, ZUM 1998, S. 353.

B. Funktionsverbot für den Staat im Bereich der Massenmedien

Es sei vielmehr „von Hause aus" gerechtfertigt, den Schutz der Pressefreiheit trotz fehlender Verkörperung unmittelbar auch auf solche Dienste zu erstrecken, die kein inhaltsentsprechendes Offline-Äquivalent besäßen[564]. Die Wahl der elektronischen Verbreitung ist nach dieser Ansicht also auch als originärer Verbreitungsweg von der Pressefreiheit umfasst[565].

Wenn man dem wie die Vertreter der differenzierenden Ansicht nicht folgen wolle, so könnten in ihrer Kommunikationsstruktur und -funktion mit der Presse vergleichbare Multimedia-Dienste jedenfalls als „pressegleich" eingestuft und durch Analogieschluss wie Presse behandelt werden[566]. Die von *Bullinger* gleichsam als Kompromiss vorgeschlagene presseähnliche Behandlung bestimmter Online-Dienste als Folge einer nach Gefährdungspotentialen differenzierenden Betrachtungsweise innerhalb des Schutzbereichs der Rundfunkfreiheit ist durchaus auch mit der streng formalen Theorie vereinbar. Der Gesetzgeber ist nach Ansicht einiger ihrer namhaftesten Vertreter nicht daran gehindert, für einen Teil der vom Rundfunkbegriff umfassten Kommunikationsdienste Strukturen einzurichten, die den im Pressebereich bestehenden entsprechen[567].

Von Vertretern der differenzierenden Ansicht wird der Ansicht *Bullingers* entgegengehalten, es komme zwar in der Tat auf die funktionale Ablösbarkeit der gedruckten Presse durch Online-Dienste an, von einer funktionalen Ablösung

---

[564] *Bullinger*, Rundfunkbegriff, AfP 1996, S. 2 ff., *ders.*, Ordnung oder Freiheit, JZ 1996, S. 388; *ders.*, Kommunikationsfreiheit, S. 40; *ders./Mestmäcker*, Multimediadienste, 1997, S. 62 f.; vgl. auch *Pieper/Wiechmann*, Rundfunkbegriff, ZUM 1995, S. 88: „Ein Massenmedium, das keinem der drei genannten Begriffe im strengen Wortsinn nach unterfällt, ist dem Medium zuzuordnen, mit dem es wegen der Art der Informationsverbreitung hinsichtlich seiner Wirkung vergleichbar ist. [...] Durch die Zuordnung neuer Medien zu dem der drei benannten Massenmedien, dem es in seiner Wirkung entspricht, wird das Gewährleistungsgefüge des Art. 5 Abs. 1 GG offen für neue technische Entwicklungen." *Kull* hat sich schon sehr früh in einem Redebeitrag zur 47. Tagung des „Studienkreises für Presserecht und Pressefreiheit" dafür ausgesprochen, nicht mehr auf die Verbreitungsmethode, sondern auf den spezifischen Inhalt bzw. die Rezeption einer Information abzustellen, und daher Textmedien, die Tafeln mit feststehenden Zahlen und Buchstaben enthalten (damals Bildschirm- und Videotext), und damit als Lesemedium dem Wesen nach einer Zeitungsseite verwandt seien, im Rechtssinne als Presse zu qualifizieren, vgl. *Löffler*, Mitteilung, NJW 1980, S. 1612; ähnlich *Müller-Using/Dammermann*, Kritik, ZUM 1995, S. 612; *Tettinger*, Aktuelle Fragen der Rundfunkordnung, NJW 1986, S. 811 attestiert dem Bildschirmtext „starke Konnexitäten zum Pressesektor". Die *Freiwillige Selbstkontrolle Multimedia-Diensteanbieter e.V.* tritt laut der Präambel zu ihrem Verhaltenskodex (URL: http://www.fsm.de/de/Verhaltenskodex/, Stand: Dez. 2005) für das Grundrecht der Meinungs- und *Pressefreiheit*, nicht aber für das der Rundfunkfreiheit ein.

[565] Vgl. *Bullinger*, Rundfunkbegriff, AfP 1996, S. 3.

[566] *Bullinger*, Ordnung oder Freiheit, JZ 1996, S. 388; *ders./Mestmäcker*, Multimediadienste, S. 63; ähnlich *Fiedler*, Meinungsfreiheit in einer vernetzten Welt, S. 28 ff.

[567] *Hoffmann-Riem*, Rundfunkbegriff, AfP 1996, S. 9; *Jarass*, Rundfunkbegriffe, AfP 1998, S. 137.

der gedruckten Presse durch Online-Textdienste könne aber noch keine Rede sein. Würde man Zeitungen und Zeitschriften nur noch online verbreiten, so wäre ein großer Teil der Bevölkerung von der Informationszufuhr abgeschnitten. Aus diesem Grunde sei der Online-Vertrieb eben noch kein Ersatz, sondern lediglich ein weiterer Vertriebsweg für die herkömmliche Presse, weshalb er auch nur am Schutz der herkömmlichen Presse teilhaben könne. Für eine Ausweitung des verfassungsrechtlichen Pressebegriffs bestehe noch kein Bedürfnis[568].

dd) Stellungnahme

Dieser Kritik ist jedoch ihrerseits einiges entgegenzuhalten.

aaa) Surrogateigenschaft von Online-Textdiensten

Zunächst erweist es sich im Hinblick auf bereits absehbare technische Entwicklungen stets als problematisch, allzu sehr dem status quo verhaftet zu bleiben[569]. So wie die Tatsache, dass Bewegtbild- und Tonübertragungen über das Internet noch nicht immer die optimale Qualität erreichen, nichts an der Einordnung bestimmter Online-Dienste als Rundfunk im herkömmlichen, engeren Sinne ändern kann[570], so kann eine noch nicht flächendeckende Verbreitung von originären Online-Textangeboten nicht als Argument dafür dienen, solche Dienste stets aus dem Schutzbereich der Pressefreiheit herauszunehmen. Dies gilt besonders vor dem Hintergrund, dass die theoretische technische Reichweite des Internets in Wirklichkeit sehr viel größer ist als die von einzelnen Zeitungen oder Zeitschriften. Selbst eine bedeutende überregionale Tageszeitung wie die *Frankfurter Allgemeine* hat lediglich eine tägliche Auflage von ca. 500.000 Druckexemplaren[571], ein bundesweit verbreitetes Boulevard-Blatt wie die *Bild* kommt immerhin auf eine tägliche Auflage von etwa vier Millionen Druckexemplaren[572], wogegen die Anzahl der Menschen mit Internet-Zugang in Deutschland derzeit

---

[568] *Lerch*, Gegendarstellung im Internet, CR 1997, S. 267.
[569] So auch *Hoffmann-Riem*, Rundfunkbegriff, AfP 1996, S. 14; *Lent*, Rundfunk-, Medien-, Teledienste, S. 75.
[570] Dazu oben Kap. 2 B. III. 3. b) cc) ccc).
[571] Davon werden durchschnittlich rund 380.000 Exemplare verkauft. Die FAZ erreicht damit etwa eine Million Leser täglich, vgl. FAZ-Imagebroschüre „Dahinter steckt immer ein kluger Kopf", 2003.
[572] Die *Bild* erreicht damit nach eigenen Angaben täglich etwa zwölf Millionen Leser, vgl. die Image-Broschüre von *Bild.T-Online*, abrufbar unter URL: http://www.bild.t-online.de/BTO/corporate__site/Preise/Imagebrosch_C3_BCre,property=Download.pdf/ (Stand: Dez. 2005).

B. Funktionsverbot für den Staat im Bereich der Massenmedien 149

rund 35 Mio. beträgt[573]. Ein vergleichender Blick auf die Entwicklung des Fernsehens in der Bundesrepublik Deutschland nach dem zweiten Weltkrieg zeigt, dass die *ARD* im Jahre 1957 lediglich eine Million Zuschauer verzeichnen konnte, und auch sieben Jahre später war ihre Zahl erst auf rund zehn Millionen gestiegen[574]. Hinzu kommt die Tatsache, dass die Versorgung der Bevölkerung mit Presseerzeugnissen nicht nur wegen des anhaltenden Rückgangs der Einzelhandelsgeschäfte immer schwieriger, sondern außerdem ökonomisch wie ökologisch immer mehr zum Problem wird[575]. Aus diesem Grunde dürften im Offline-Bereich bald ähnliche Versorgungslücken zu befürchten sein, wie sie zur Zeit noch im Online-Bereich bestehen. Die Versorgung über die unterschiedlichen Verbreitungswege wird sich also ein Stück weit aufeinander zu bewegen. Auch werden gedruckte Zeitungen und Zeitschriften mit Kleinstauflagen nicht mit der Begründung aus dem Schutzbereich der Pressefreiheit herausgenommen, dass sie nicht jeden potentiellen Leser erreichen können[576], und niemand bezweifelt die Rundfunkeigenschaft von Kabel- und Satellitenrundfunk, obwohl zusätzlich noch die herkömmliche terrestrische Verbreitung erfolgt, und nicht jeder Rezipient eine Satellitenempfangsanlage oder einen Kabelanschluss besitzt[577].

Nach allem wird deutlich, dass es für die Ersetzbarkeit alter Verbreitungswege durch neue als Kriterium für deren Zuordnung zu den an den herkömmlichen Massenmedien orientierten Freiheitsbereichen der Kommunikationsgrundrechte nicht auf die Möglichkeit der Totalersetzung und der flächendeckenden Versorgung ankommen kann. Es muss vielmehr genügen, dass die neue Technik für einzelne Anbieter und Nutzer bereits eine gleichwertige Alternative darstellt, um mit dem herkömmlichen Medium funktional vergleichbare Inhalte zu verbreiten

---

[573] Vgl. oben Kap. 1 A. I. Die tatsächliche Reichweite von Online-Zeitungen bleibt freilich weit hinter den theoretischen Möglichkeiten zurück. So hatte die erfolgreiche *Netzeitung* im Mai 2004 erstmals über eine Million Leser, vgl. die von der *Netzeitung* veröffentlichten Mediadaten, abrufbar unter URL: http://www.netzeitung.de/sales/NZ_Mediadaten_0705.pdf/ (Stand: Dez. 2005). *Bild.T-Online* hat monatlich mehr als fünf Millionen Leser zu verzeichnen, vgl. die von *Bild.T-Online* veröffentlichten Mediadaten, abrufbar unter URL: http://www.bild.t-online.de/BTO/corporate_site/Preise/Imagebrosch_C3_BCre,property=Download.pdf/ (Stand: Dez. 2005).
[574] *Hesse*, Rundfunkrecht, Kap. 1 Rn. 40.
[575] Vgl. *Rath-Glawatz*, Öffentliche Betätigung im Online-Bereich, AfP 1998, S. 261, sowie *Kull*, zitiert nach *Löffler*, Mitteilung, 1980, S. 1612.
[576] Vgl. *Fiedler*, Meinungsfreiheit in einer vernetzten Welt, S. 33.
[577] Im Jahre 2001 verfügten 55,3 % der Haushalte über einen Kabelanschluss und 35,9 % über ein Satellitenempfangsgerät. Rund 10 % aller Haushalte nutzen also für den Rundfunkempfang noch immer allein den terrestrischen Verbreitungsweg; vgl. *Grünwald*, Analoger Switch-Off, MMR 2001, S. 90; Landesmedienanstalten, Positionspapier, B 4.

und zu empfangen. Dies ist in einigen Bereichen bei Online-Diensten und herkömmlicher Presse bereits der Fall. Menschen, die beispielsweise aus beruflichen Gründen täglich auf umfassende Information zu den für sie relevanten Themen angewiesen sind, aber nicht genügend Zeit haben, um sich diese durch die Lektüre der einschlägigen Tageszeitungen zu verschaffen, nutzen die Abonnementdienste der Online-Zeitungen oder ähnliche Angebote, um gezielt und ihrem jeweiligen Interesse entsprechend informiert zu werden[578]. Die Möglichkeit, das umfangreiche Informationsangebot nach bestimmten Vorgaben zu filtern und so zu personalisieren, spielt dabei für die Wahl des Online-Mediums genauso eine entscheidende Rolle wie die einfache Verfügbarkeit auf dem Computerbildschirm. Auch Jugendliche sind vielfach mit der gedruckten Presse kaum zu erreichen[579] und versorgen sich aus dem Internet mit dem nötigen Wissen. Vor allem für Fachverlage stellt die elektronische Publikation bereits seit Jahren eine nicht unerhebliche Einnahmequelle dar[580]. Die redaktionellen Informationsdienste des Internets haben also bereits für Teile der Bevölkerung die Informations-, aber auch die Unterhaltungsfunktion der herkömmlichen Presse übernommen und diese partiell verdrängt. Und auch nichtredaktionelle Angebote wie Kleinanzeigen, bisher ebenfalls zur Domäne der Zeitungen und Zeitschriften gehörend, wandern zunehmend ins Internet ab[581]. Online-Angebote zeigen sich so als Darbietungsform mit *eigenständiger* Bedeutung, die von sich aus – und nicht nur als „Anhängsel" gedruckter Publikationen – den selben grundrechtlichen Schutz verdienen[582].

Soweit sich im Übrigen einige Anhänger der differenzierenden Ansicht bezüglich solcher Online-Textangebote, die kein gedrucktes Pendant besitzen, – weil sie offenbar auch die Rundfunkfreiheit für nicht einschlägig halten – auf die Gewährleistung der individuellen Meinungsfreiheit zurückziehen, kann diese

---

[578] Die bereits erwähnte *Netzeitung* (oben Fn. 573) etwa berichtet, dass sich 50 % ihrer Leser ausschließlich aus ihrem Angebot informieren und das Angebot häufig während der Arbeitszeit nutzen, vgl. die von der *Netzeitung* veröffentlichten Mediadaten, abrufbar unter URL: http://www.netzeitung.de/sales/NZ_Mediadaten_0705.pdf/ (Stand: Dez. 2005).
[579] Vgl. die Äußerungen des ehemaligen Sprechers der Bundesregierung *Heye* in einem Interview mit der Zeitschrift „Horizont - Zeitschrift für Marketing", Ausgabe vom 10.2.2000 (zitiert nach *Ladeur*, Regierungsamtliche Öffentlichkeitsarbeit im Internet, DÖV 2002, S. 5).
[580] *Determann*, Kommunikationsfreiheit im Internet, S. 73.
[581] *Eberle*, Krise der Medienwirtschaft, MMR 2003, S. 623.
[582] So auch *Fiedler*, Meinungsfreiheit in einer vernetzten Welt, S. 34.

B. Funktionsverbot für den Staat im Bereich der Massenmedien

Zuordnung der *massenkommunikativen Eigenschaft* solcher Dienste nicht in ausreichendem Maß gerecht werden[583].

bbb) Mangelnde Verkörperung

Somit verbleibt als Haupteinwand gegen die Presseeigenschaft von Online-Textdiensten deren mangelnde Verkörperung und die damit vermeintlich einhergehenden Unterschiede in der kommunikativen Wirkung. Gegen diesen Einwand spricht aber die Richtigkeit des von *Bullinger* vorgebrachten Arguments, dass es sich bei den Textdiensten des Internets unabhängig von ihrer unkörperlichen Verbreitung wie bei der herkömmlichen Presse (die Zugehörigkeit von Ton- und Bildaufnahmen auf Datenträgern soll hier als Erscheinung, die eher den Charakter einer verfassungsrechtlichen „Notlösung" hat und einen Fremdkörper im Bereich der Presse darstellt, außer Betracht bleiben) um Lesemedien handelt, die eine „Übersetzung" der geschriebenen Worte durch den Leser erforderlich machen. Damit steht ihre Kommunikationsfunktion in diametralem Gegensatz zu der des herkömmlichen Rundfunks mit seinen Tönen und bewegten Bildern, die dem Rezipienten den Übersetzungsvorgang abnehmen und eben aus diesem Umstand ihre besondere Wirkung erzielen. Deshalb haben *Pieper* und *Wiechmann* Unrecht, wenn sie schreiben, dass *alle* elektronischen Medien neben ihrer Breitenwirkung und Aktualität auch eine mit dem herkömmlichen Rundfunk vergleichbare Suggestivkraft aufweisen[584]. Bei der Bewertung der medialen Wirkung von Online-Textdiensten allein auf deren aus der körperlosen elektronischen Verbreitung folgende Aktualität und Breitenwirkung abzustellen und von diesen Faktoren auf die Suggestivkraft schließen zu wollen, hieße der wichtigen, durch die Wirkung von Ton und Bewegtbildern erzeugten Überzeugungskraft des Rundfunks in deren Eigenständigkeit zu Gunsten der erstgenannten Kriterien zu wenig Beachtung zu schenken. Die Kommunikationsfunktion von Online-Textdiensten gleicht in der Regel der der gedruckten Presse, nicht der des Rundfunks. Hieran – und nicht an der unkörperlichen Verbreitung – sollte sich die grundrechtliche Verortung dieser Dienste orientieren. Auch nach den Vorstellungen der Europäischen Union soll der für die rechtliche Behandlung

---

[583] In anderem Zusammenhang ähnlich *Brand*, Rundfunk, S. 236.
[584] *Pieper/Wiechmann*, Rundfunkbegriffe, ZUM 1995, S. 89, 91; wie hier DLM, Strukturpapier 1998, Ziff. 2.1.3; *Jarass*, Rundfunkbegriffe, AfP 1998, S. 137.

von Medieninhalten entscheidende Faktor nicht deren Verbreitungsart, sondern ihre Wirkung im Meinungsbildungsprozess sein[585]. Die funktionale Betrachtung der Online-Textdienste setzt für den Bereich der Presse den gleichen Gedanken um, der oben zur Zuordnung bestimmter Ton- und Bewegtbilddienste zum Rundfunk im engeren Sinne geführt hat. Ihm ist auch hier der Vorzug zu geben. So zeigt sich letztlich, dass es nicht nur *vom Grunde her* nicht von Bedeutung sein kann, ob die Presse ihrer Aufgabe in gedruckter oder in elektronischer Form wahrnimmt[586]. Nur in den Fällen, in denen die pressegleiche Kommunikationsfunktion eines Online-Textdienstes etwa wegen seiner Akzessorietät zu einem Rundfunkprogramm in den Hintergrund tritt, kommt eine andere Bewertung in Betracht. Dann ist zu überlegen, ob nicht im Einzelfall der Textdienst an der verfassungsrechtlichen Einordnung des dominierenden Dienstes teilnimmt[587]. Damit bieten die unterschiedlichen Kommunikationsfunktionen von Internet-Inhalten sehr wohl einen gangbaren Weg für ihre Zuordnung zu den Gewährleistungsbereichen von Presse- oder Rundfunkfreiheit. Um eine klare Zuordnung eines Dienstes zu einem der Freiheitsbereiche zu Gewährleisten, ist der Rückgriff auf die Verkörperung also entgegen der streng formalen Ansicht nicht erforderlich.

ccc) Teilbarkeit von Online-Angeboten

Ein weiteres Argument der streng formalen Ansicht lautete, dass bei funktionaler Betrachtung möglicherweise einige Teile eines Dienstes als Rundfunk, andere aber als Presse anzusehen wären. Diese Beobachtung ist zwar in der Tat richtig, aber nicht problematisch. Bietet ein Anbieter einen Dienst an, der sowohl rundfunkähnliche als auch presseähnliche Elemente beinhaltet, so ist es durchaus denkbar, dass diese Elemente unterschiedlichen Voraussetzungen und Regeln unterliegen, gegebenenfalls sogar mit der Folge, dass ein Teil zulässig, der andere aber unzulässig ist. Hier gilt insoweit nichts anderes als in der vergleich-

---

[585] Vgl. *Holznagel*, Konvergenz der Medien, NJW 2002, S. 2353.
[586] So aber nach Ansicht von *Lerch*, Gegendarstellung im Internet, CR 1997, S. 267, der die Zuordnung dann an der Substituierbarkeit scheitern lässt.
[587] Vgl. *Bullinger*, Rundfunkbegriff, AfP 1996, S. 3, 6; ders., Kommunikationsfreiheit, S. 38 f.; *Gersdorf*, Rundfunkfreiheit als „Supergrundrecht"?, in: Dittmann u.a., Rundfunkbegriff im Wandel der Medien, S. 141; ders., Rundfunkrecht, in: Becker, Rechtsprobleme internationaler Datennetze, S. 91; ders., Verfassungsrechtlicher Rundfunkbegriff, S. 146 f.; *Schulze-Fielitz*, Öffentlich-rechtliche Betätigung im Onlinebereich, AfP 1998, S. 453.

B. Funktionsverbot für den Staat im Bereich der Massenmedien 153

baren Situation, dass sich einzelne Teile eines Online-Auftritts einfachgesetzlich als Mediendienst, andere aber als Teledienst darstellen[588]. Eine Ausnahme vom Grundsatz der Teilbarkeit von Diensten kommt nur dann in Betracht, wenn eines der Elemente eine deutlich untergeordnete Funktion einnimmt. In diesem Fall teilt es die Einordnung des dominierenden Elements[589]. Das gilt beispielsweise für Untertitel bei Nachrichtensendungen oder Filmen, den Vor- und Abspann von ausgestrahlten Spielfilmen und ähnliche Erscheinungen, die allesamt der Rundfunkfreiheit zuzurechnen sind[590]. Andererseits können einzelne Ton- oder Bewegtbildinhalte, die lediglich der Erläuterung und Illustration von Textdiensten dienen und denen über diese Funktion hinaus keine besondere eigene Meinungsrelevanz zukommt, an den Gewährleistungen der Pressefreiheit teilnehmen[591].

ddd) Selektive Wahrnehmung und natürlicher Pluralismus

Die von *Bullinger* weiterhin als Argument angeführte selektive Wahrnehmung von Online-Textdiensten ist für deren Zuordnung zum Schutzbereich der Pressefreiheit gegenüber der Kommunikationsfunktion zweitrangig. Sie ist nicht nur für die gedruckte Presse typisch, sondern ebenso im Bereich des Abrufrundfunks anzutreffen. Auch die Vergleichbarkeit des natürlichen Pluralismus in der herkömmlichen Presse und im Internet spielt nur eine untergeordnete Rolle, nachdem bereits gezeigt worden ist, dass einzelne Angebote im von Pluralismus geprägten Internets unter Umständen durchaus Rundfunk im engeren Sinne sein können[592], so dass der theoretische offene Pluralismus des Internets ein Stück weit in den Bereich des Rundfunks ausstrahlt.

eee) Institutioneller Schutz

Grote ist der Ansicht, der Schutz der Pressefreiheit könne wegen der Betonung ihrer institutionellen Dimension durch das Bundesverfassungsgericht originären Online-Textangeboten nur dann zukommen, wenn diese „institutionellen Auf-

---

[588] Vgl. unten Kap. 3 A. I. 2. a) aa).
[589] S. oben Fn. 587.
[590] *Bullinger*, Kommunikationsfreiheit, S. 38 f.
[591] *Gersdorf*, Verfassungsrechtlicher Rundfunkbegriff, S. 146; *ders.*, Rundfunkrecht, in: Becker, Rechtsprobleme internationaler Datennetze, S. 91.
[592] S. oben Kap. 2 B. III. 3. b).

wand" erforderten, alle anderen stünden dagegen allein unter dem Schutz der individuellen Meinungsfreiheit des Art. 5 Abs. 1 S. 1 GG[593]. Diese Ansicht erscheint jedoch mit Blick auf die gefestigte Rechtslage im Offline-Bereich zu eng. Die Pressefreiheit umfasst dort nämlich alle für die Allgemeinheit bestimmten Druckerzeugnisse – auch einfache Flugblätter und Handzettel[594] in kleiner Auflage, deren Herstellung keinerlei „institutionellen Aufwand" erfordert. Sie ergänzt so als Schutz der Tätigkeiten „von der Beschaffung der Information bis zur Verbreitung der Nachricht und Meinung"[595], der Voraussetzungen für die Erfüllung der Aufgabe der Presse im Kommunikationsprozess[596], die individuelle Meinungsfreiheit des Kommunikators[597]. Warum online etwas anderes gelten sollte, ist nicht ersichtlich[598].

Richtig ist allerdings, dass der speziell mit der Staatsfreiheit und dem Funktionsverbot bezweckte Schutz der „Institution Freie Presse" im Internet nur dort Platz greifen kann, wo es sich um mit dem Offline-Bereich vergleichbare institutionalisierte Formen der Pressebetätigung handelt. Daraus folgt für die Anwendung der Pressefreiheit auf Online-Textangebote, dass der Staat online ebenso wenig wie offline mit eigenen Publikationen mit der freien Presse konkurrieren darf. Mehr aber auch nicht: Genau wie der Staat, wenn diese Konkurrenz nicht zu befürchten ist, Prospekte, Plakate und Flugblätter verteilen und auf diese Weise über eigene Belange informieren darf, obwohl diese Tätigkeiten im Falle privater Ausübung unter den Schutz der Pressefreiheit fallen, darf er solche „einfachen" Pressetätigkeiten auch online ausüben.

fff) Ergebnis

Nach allem erscheint es geboten, an die Allgemeinheit gerichtete Online-Textangebote verfassungsrechtlich als Presse zu behandeln. Das daraus folgende

---

[593] *Grote*, Internet und Grundrechtsordnung, KritV 1999, S. 36 f.
[594] Vgl. nur *Jarass*, in: Jarass/Pieroth, GG, Art. 5 Rn. 25; *Herzog*, in: Maunz/Dürig, GG, Art. 5 Abs. 1, 2 Rn. 132; *Wendt*, in: v. Münch/Kunig, GG, Art. 5 Rn. 30.
[595] BVerfGE 20, 162, 176.
[596] BVerfGE 85, 1, 12.
[597] Zum Verhältnis zwischen individueller Meinungsfreiheit und Pressefreiheit BVerfGE 85, 1, 11 f.; 86, 122, 128; *Jarass*, in: Jarass/Pieroth, GG, Art. 5 Rn. 24; *Pieroth/Schlink*, Grundrechte, Rn. 571; a.A. *Herzog*, in: Maunz/Dürig, GG, Art. 5 Abs. 1, 2 Rn. 153 f., nach dessen Ansicht die Pressefreiheit nicht zur Meinungsäußerungsfreiheit hinzutritt, sondern sie kraft Spezialität verdrängt.
[598] Wohl auch für den Schutz „virtueller" Flugblätter durch die Pressefreiheit *Bullinger*, Rundfunkbegriff, AfP 1996, S. 4.

B. Funktionsverbot für den Staat im Bereich der Massenmedien

Funktionsverbot entspricht hinsichtlich seiner Grenzen dem oben zur Offline-Presse entwickelten[599].

ee) Verstärkung der Gefahren für die Ausübungsbedingungen der Pressefreiheit

Unter den Bedingungen des Internets ist außerdem eine Verstärkung der oben im Zusammenhang mit den Offline-Aktivitäten aufgezeigten Auswirkungen pressenaher regierungsamtlicher Öffentlichkeitsmaßnahmen auf die Ausübungsbedingungen der Pressefreiheit[600] zu verzeichnen. Aus sog. „Netzwerkeffekten" ergeben sich bedeutende Vorteile, unter Umständen aber zugleich auch nicht zu unterschätzende Gefahren des Internets. Oben ist dargelegt worden, dass die Versorgung der freien Presse mit regierungsamtlichen Informationen bereits unter Offline-Bedingungen zu einer Beeinträchtigung der Ausübungsbedingungen der Pressefreiheit führen kann, wenn dies in einer Weise geschieht, die die gelieferten Informationen im „Rohzustand" und ohne weitere Umstände in den gesellschaftlichen Meinungsbildungsprozess gelangen lässt[601]. Die Gefahr solcher Beeinträchtigungen tritt in Zeiten des Internets und unter den Bedingungen von „Netzwerkeffekten" stärker zu Tage als je zuvor.

aaa) Netzwerkökonomie

In den Wirtschaftswissenschaften ist das Phänomen der „Netzwerkeffekte" in Form der „Netzwerkökonomie" bekannt. Der Begriff bezeichnet einen ökonomischen Effekt, dessen Ursprung in den netzwerkartigen Strukturen eines Marktes liegt und der sich insbesondere durch zwei typische Erscheinungen auszeichnet: Masse als Wertquelle und geringe Distributionskosten. In der traditionellen ökonomischen Sichtweise führt die zunehmende Verbreitung zu einem sinkenden Wert des einzelnen Gutes. Knappheit erweist sich somit in der Regel als Wertquelle. In Netzwerkstrukturen ist dies umgekehrt: Der Wert eines Gutes steigt mit dessen zunehmender Verbreitung; Masse wird so zur Wertquelle[602]. Dieser Effekt wird durch ein Beispiel von *Goldhammer* und *Zerdick* gut illustriert: Während ein einziges Faxgerät überhaupt keinen Nutzen bringt, ermögli-

---

[599] S. oben Kap. 2 B. II.
[600] S. oben Kap. 2 B. II. 4.
[601] S. oben Kap. 2 B. II. 4.
[602] *Goldhammer/Zerdick*, Rundfunk Online, S. 204; *Zerdick u.a.*, Internet-Ökonomie, S. 15, 157.

chen zwei Geräte immerhin schon eine Kommunikation untereinander. Je mehr Geräte es gibt, desto mehr gewinnt die durch sie offerierte Kommunikationsmöglichkeit an Wert[603]. Im Medienbereich verhält es sich häufig nach diesem Muster: Die Auflagenstärke einer Zeitung oder die Reichweite eines Rundfunkprogramms sind jeweils die bestimmenden Faktoren für den Wert des Medienprodukts, etwa weil sich die wichtigen Werbeeinnahmen danach richten oder weil eine möglichst weite Verbreitung der Inhalte sonst von Interesse für den Kommunikator ist. Zu den denkbaren anderen Interessen gehört neben dem im Medienbereich wichtigen publizistischen Interesse auch das Interesse an Eigenwerbung. Netzwerkeffekte sind daher auch für politische Öffentlichkeitsarbeit interessant.

Der Effekt der Wertsteigerung durch Verbreitung trifft im Internet – und hier liegt die eigentlich neue Entwicklung – zusammen mit dem Umstand, dass es für den Kommunikator aus finanzieller Sicht kaum einen Unterschied macht, ob er über das Internet einen oder eine Million Rezipienten erreicht. Wollte man eine solche Anzahl von Rezipienten beispielsweise mit einer Druckschrift erreichen, so entstünden immense Kosten für deren Herstellung und Verbreitung. Im Internet muss ein Inhalt nur einmal auf einem Server zur Verfügung gestellt werden und kann dann von einer beliebigen Anzahl von Nutzern abgerufen werden, ohne dass für den Kommunikator weitere Kosten entstehen, die ins Gewicht fallen. Ein ähnlicher Kostenvorteil besteht zwar schon für den Rundfunk im Vergleich zur Presse[604]. Im Vergleich zwischen Rundfunk und Internet vergrößert sich dieser Vorteil aber noch einmal deutlich: Die *Deutsche Welle* etwa muss pro Jahr rund 76,7 Mio. Euro investieren, um weltweit über Kurzwelle und Satellit empfangbar zu sein, aber nur etwa 102.250 Euro für einen Server, der eine weltweite Verbreitung über das Internet ermöglicht[605]. Die Relation der Kosten spricht eine deutliche Sprache. Der Netzwerkeffekt führt letztlich zu „unendlich fallenden Durchschnittskosten"[606] für die Verbreitung von Kommunikationsinhalten an

---

[603] *Goldhammer/Zerdick*, Rundfunk Online, S. 204.
[604] Vgl. *Hoffmann-Riem*, in: AK, GG, Art. 5 Abs. 1, 2 Rn. 192, sowie *Ladeur*, Vertikale Integration in der Medienwirtschaft, RuF 1998, S. 14 f.
[605] *Goldhammer/Zerdick*, Rundfunk Online, S. 203.
[606] *Hoffmann-Riem*, in: AK, GG, Art. 5 Abs. 1, 2 Rn. 192.

B. Funktionsverbot für den Staat im Bereich der Massenmedien 157

den einzelnen Rezipienten. Die Grenzkosten für die Produktion weiterer Kopien tendieren gegen null[607].

Die bisher beschriebenen Vorteile kommen hauptsächlich dem *Kommunikator* zu Gute. Zu den wesentlichen ökonomischen Faktoren des Internets gehört jedoch weiterhin der Umstand, dass die per Internet verbreiteten Inhalte in vielen Fällen für den Empfänger im Rahmen seiner Tätigkeit unmittelbar weiterverarbeitungsfähig sind[608]. Hierin liegt der bedeutende ökonomische Vorteil der unverkörperten digitalen Verbreitung für den *Rezipienten*. Soll beispielsweise ein Presseunternehmen einen ihm zur Verfügung gestellten Beitrag ohne weitere Umstände sofort drucken können, so ist dies offline in analoger Technik nur durch den für den Kommunikator kostenaufwändigen Versand druckfertiger Repro-Folien möglich gewesen. Die Digitaltechnik erforderte offline immer noch den ebenso aufwändigen Versand von Datenträgern. Durch das Zusammenspiel von Digitaltechnik und Internet können Beiträge heute einfach und kostengünstig als Datei per E-Mail verschickt oder vom Rezipienten heruntergeladen und – Kompatibilität der Formate vorausgesetzt – unmittelbar und ebenso kostengünstig für den Satz verwendet werden, wobei die Digitaltechnik zusätzlich noch einen Zugewinn an Flexibilität für den Fall bedeutet, dass eine Weiterverarbeitung der Vorlage doch erforderlich sein sollte.

bbb) Verstärkende Wirkung auf bestehende Gefahren

Der Umstand, dass Beiträge zur Öffentlichkeitsarbeit per Internet schneller und kostengünstiger an die Multiplikatoren verteilt werden können als je zuvor, und dass diese die Beiträge ohne ins Gewicht fallenden eigenen Aufwand in einer für sie günstigen Weise weiter verarbeiten können, vergrößert sowohl auf Seiten der Anbieter als auch der Nachfrager den Reiz pressedienstähnlicher Angebote, was zu einer Verstärkung der oben[609] dargelegten negativen Auswirkungen auf die Ausübungsbedingungen der Pressefreiheit führt. Netzwerkeffekte begünstigen zudem die Bildung von für den Meinungsmarkt besonders gefährlichen Ange-

---

[607] *Zerdick u.a.*, Internet-Ökonomie, S. 15 f., 163 ff.
[608] *P. Mayer*, Internet im öffentlichen Recht, S. 41.
[609] Oben Kap. 2 B. II. 4.

botsmonopolen[610]. Im Internet müssen daher umso dringender die oben aufgezeigten Grenzen regierungsamtlicher Pressebetätigung[611] eingehalten werden.

4. Ergebnis

Im Ergebnis gilt auch für das Internet ein Funktionsverbot für den Staat, soweit sich andernfalls eine Beeinträchtigung der Rundfunk- oder Pressefreiheit des Art. 5 Abs. 1 S. 2 GG ergeben würde. Jenseits dieses begrenzten Funktionsverbots sind staatliche Betätigungen im Internet jedenfalls unter diesem Gesichtspunkt zulässig.

---

[610] Vgl. *Vesting*, Freiheitsrechte als Elemente von Selbstorganisation, Die Verwaltung, Beiheft 4 (2001), S. 49 ff.
[611] Vgl. oben Fn. 509.

C. Staatsfreiheit der Massenmedien als Zulässigkeitsgrenze für die regierungsamtliche Öffentlichkeitsarbeit

Die Untersuchung hat bisher aufgezeigt, dass im gesamten Bereich der Massenmedien – in den herkömmlichen wie auch im Internet – Funktionsverbote für den Staat gelten, innerhalb deren Grenzen er sich nicht kommunikativ betätigen darf. Die Reichweite der Funktionsverbote variiert je nachdem, um welches Medium es sich handelt. Mit dieser Erkenntnis kann man sich nun wieder der eingangs gestellten Frage zuwenden, inwieweit sich die Funktionsverbote für den Staat im Bereich der Massenmedien auf die Zulässigkeit unmittelbarer regierungsamtlicher Öffentlichkeitsarbeit auswirken, beziehungsweise, weil diese Frage für die einzelnen Bereiche bereits beantwortet ist, ob nicht in der Umgehung der Massenmedien das eigentliche Kernproblem dieser Form von Öffentlichkeitsarbeit liegt, wie *Ladeur* im Gegensatz zur herrschenden Auffassung meint[612].

Zur Erinnerung: Die Rechtsprechung hat für die *unmittelbare*, unter Einsatz massenmedialer Mittel durchgeführte regierungsamtliche Öffentlichkeitsarbeit ein differenziertes System inhaltlicher und formaler Zulässigkeitskriterien und -grenzen entwickelt. *Mittelbare* Öffentlichkeitsarbeit sei dagegen unproblematisch und zu vernachlässigen[613]. Noch einmal sei zur Begründung hierfür das Oberverwaltungsgericht Münster zitiert: „Seinen wesentlichen Grund hat dies darin, dass Erklärungen gegenüber der Presse nicht unmittelbar auf die Meinungsbildung der Bürger Einfluss nehmen, sondern Öffentlichkeitswirkung erst in der Gestalt entfalten können, die sie nach ihrer Umsetzung durch die Presse erhalten. [...] Die Mittlerfunktion, die den Presseorganen in diesem Falle zukommt, hat zur Folge, dass amtliche Verlautbarungen des Hoheitsträgers sich zunächst der kritischen Betrachtung einer unabhängigen dritten Stelle aussetzen müssen, bevor sie an die Öffentlichkeit gelangen."[614] Die von der unmittelbaren regierungsamtlichen Öffentlichkeitsarbeit ausgehende Gefahr wird von der Rechtsprechung neben der generellen Gefährdung des freien und unbeeinfluss-

---

[612] S. oben Kap. 2 A. II. 3. c).
[613] Vgl. erneut BVerfGE 44, 125, 154 f.
[614] OVG Münster, NVwZ-RR 1989, 149, 152.

ten Prozesses öffentlicher politischer Meinungs- und Willensbildung durch staatliche Meinungsbeiträge vor allem in der Gefährdung des Demokratieprinzips und der Chancengleichheit der politischen Parteien gesehen. Die Rechtsprechung ist bemüht, die unter Umgehung der institutionalisierten Massenmedien unmittelbar an die Bürger gerichtete Massenkommunikation der Regierungen durch die von ihr entwickelten formalen und inhaltlichen Vorgaben zu neutralisieren, um ihr dadurch das Gefährdungspotential für die genannten Teilmomente des demokratischen Prozesses zu nehmen. Die Literatur hat sich mit einzelnen Abweichungen im Detail ganz überwiegend diesem Grundkonzept angeschlossen. Das Problem der regierungsamtlichen Öffentlichkeitsarbeit wurde mithin von der herrschenden Meinung richtig erkannt. Ob die bisher angebotenen Lösungen wirklich die dem Problem angemessenen sind, erscheint allerdings zweifelhaft.

I. Einbeziehung medienverfassungsrechtlicher Überlegungen

Wie oben ausführlich gezeigt worden ist[615], hat das Bundesverfassungsgericht parallel zu seiner Rechtsprechung zur Zulässigkeit unmittelbarer regierungsamtlicher Öffentlichkeitsarbeit in seiner ebenfalls weitestgehend von der Literatur angenommenen Rechtsprechung zur Presse- und Rundfunkfreiheit aus Art. 5 Abs. 1 S. 2 GG das Erfordernis der Staatsfreiheit der Massenmedien hergeleitet, aus dem für diese gesellschaftlichen Betätigungsbereiche jeweils ein Funktionsverbot für den Staat resultiert. Dass dieses Verbot auch dann gilt, wenn es um staatliche Öffentlichkeitsarbeit geht, ist selbstverständlich – gerade von dieser informierend-werbenden, auf das politische Meinen und Wollen der Bürger zielenden Form staatlicher Kommunikation ist ja die Gefahr der Beeinflussung des demokratischen Meinungsbildungsprozesses zu befürchten. Dennoch scheinen zwischen diesen beiden ausgeprägten Linien in der Rechtsprechung des Bundesverfassungsgerichts keinerlei Berührungspunkte zu bestehen; die Gefährdung der freiheitlichen Institutionen Presse und Rundfunk wird anders als die Gefährdung des Meinungsbildungsprozesses im Allgemeinen nicht als eine der von unmittelbarer regierungsamtlicher Öffentlichkeitsarbeit ausgehenden Gefahren identifiziert. Die Rechtsprechung geht wie die ihr folgende herrschende Ansicht

---

[615] Oben Kap. 2 B.

C. Staatsfreiheit der Massenmedien als Zulässigkeitsgrenze

in der Literatur in diesem Zusammenhang nie auf die naheliegenden, von ihr selbst entwickelten, übernommenen oder anerkannten Grundsätze der Staatsfreiheit der Massenmedien und des damit verbundenen Funktionsverbots ein – nicht nur in den häufigeren Fällen der Anzeigenschaltung in Drittpublikationen, sondern selbst dann, wenn sie es mit einer von ihr selbst so bezeichneten „Regierungszeitung" zu tun hat[616].

Dies muss verwundern, denn sieht man, dass unmittelbare und mittelbare Öffentlichkeitsarbeit unterschiedlicher Behandlung bedürfen, so ist nicht verständlich, dass allgemeine medienverfassungsrechtliche Überlegungen, denen an anderer Stelle stets *überragende Bedeutung* für den Prozess freier Meinungsbildung und damit für die Demokratie an sich zugesprochen wird[617], an dieser Stelle vollkommen ausgeblendet werden. Und auch wenn die Rechtsprechung die Rolle der Massenmedien im Meinungsbildungsprozess im Zusammenhang mit der regierungsamtlichen Öffentlichkeitsarbeit hauptsächlich in der Richtung „von unten nach oben", – vom Volk hin zu den Staatsorganen also – sieht[618], widerspricht dies nicht nur ein gutes Stück weit der politischen und der Medienrealität, sondern auch der sonst so starken Betonung der *Faktor*funktion der Massenmedien im Meinungsbildungsprozess. Sie stellen nämlich in Wirklichkeit in beiden Richtungen dieses komplexen Prozesses eine Wirkkraft und eine bestimmende Größe dar, auch und gerade in der Richtung „von oben nach unten", von den Staatsorganen hin zum Volk. Bereits *Gerhard Leibholz* hat richtig festgestellt, dass sich die Parlamentsdebatten im Deutschen Bundestag nicht mehr in erster Linie an die andersdenkenden Mitglieder des Hauses, sondern gleichsam „zum Fenster heraus" direkt an die Aktivbürgerschaft, mithin den Wähler wenden, und dass das Radio und das Fernsehen die technischen Mittel sind, mit deren Hilfe dieser Effekt noch in zunehmendem Maße gesichert und verstärkt wird[619]. Dass staatliche Meinungsäußerungen mitunter unmittelbar auf die gesellschaftliche Willensbildung gerichtet sind, jedenfalls aber einen maßgeblichen Einfluss darauf auszuüben imstande sind, der nicht, wie es das Bundesverfassungsgericht in seiner Rechtsprechung zur regierungsamtlichen Öffent-

---

[616] So etwa in BremStGH, DVBl. 84, 221 ff.
[617] Zur Bedeutung von Art. 5 Abs. 1 GG s. nur BVerfGE 7, 198, 208.
[618] S. oben Kap. 2 A. I. 1.
[619] *Leibholz*, Strukturprobleme moderner Demokratie, S. 95.

2. Kapitel. *Zulässigkeit regierungsamtlicher Öffentlichkeitsarbeit*

lichkeitsarbeit annimmt, lediglich als immanente Wechselwirkung betrachtet werden kann, die nun einmal nicht zu vermeiden ist[620], dass politische Meinungs- und Willensbildung also in Wirklichkeit auch vom Staat hin zum Bürger ganz offen stattfindet, und dass die Massenmedien diesen Prozess maßgeblich unterstützen, ist in der politischen Realität eine kaum zu übersehende Tatsache. Gäbe es keine Massenmedien, so hätte der Bürger kaum eine Möglichkeit, überhaupt zu erfahren, was gerade Gegenstand der staatlichen Meinungs- und Willensbildung ist. Diese bloße Vermittlung ist aber nur Ausdruck der Mediumfunktion der Massenmedien. Daneben nehmen sie ihre Rolle als Faktor der Meinungsbildung durch die Kommentierung, die Analyse und die Bewertung staatlichen Handelns wahr. Journalisten begreifen sich in ihrem Berufsethos nicht in erster Linie als neutrale Berichterstatter, sondern als „Kritiker an Missständen" und als „Wächter der Demokratie"[621]. Bei alldem darf nicht vergessen werden, dass regierungsamtliche Öffentlichkeitsarbeit – mittelbare wie unmittelbare – nicht auch, sondern *hauptsächlich* unter Einsatz massenmedialer Mittel stattfindet, denn erst durch sie lässt sich das Ziel der regierungsamtlichen Öffentlichkeitsarbeit, nämlich der demokratische Grundkonsens, die Integration in Staat und Gesellschaft, überhaupt erreichen[622].

Um diesen Umständen Rechnung zu tragen, ist es erforderlich, die von allen Seiten bewusst oder unbewusst vorgenommene, in Wirklichkeit jedoch kaum mögliche Trennung zwischen der verfassungsrechtlichen Behandlung der massenmedialen Eigenbetätigung des Staates *im Allgemeinen* und im Zusammenhang mit der regierungsamtlichen Öffentlichkeitsarbeit *im Besonderen* aufzugeben, und die Zulässigkeit regierungsamtlicher Öffentlichkeitsarbeit eventuell *ganz*, jedenfalls aber *auch* von den Grenzen des massenmedialen Funktionsverbots für den Staat abhängig zu machen[623]. Durch die Handhabung der regierungsamtlichen Öffentlichkeitsarbeit durch die herrschende Meinung in Rechtsprechung und Literatur entsteht eine geduldete Grauzone regierungsamtlicher Massenme-

---

[620] BVerfGE 44, 125, 140 f.; vgl. auch oben Kap. 2 A. I. 1.
[621] *Winfried Schulz*, Medienwirklichkeit und Medienwirkung, Aus Politik und Zeitgeschichte B40/93, S. 23 unter Verweis auf *Donsbach*, Legitimationsprobleme des Journalismus, S. 180.
[622] *Eberle*, Digitale Rundfunkfreiheit, CR 1996, S. 194.
[623] Dazu sogleich unter Kap. 2 C. II.

C. Staatsfreiheit der Massenmedien als Zulässigkeitsgrenze 163

dienpräsenz, und damit eine Situation, die nach all dem Gesagten den Gewährleistungen des Art. 5 Abs. 1 S. 2 GG und dem Demokratieprinzip zuwider läuft.

II. Ergänzung oder Substitution

Fraglich kann daher nur sein, ob das Funktionsverbot in der Weise *ergänzend* neben die Zulässigkeitskriterien der herrschenden Meinung treten soll, dass sich die Zulässigkeit unmittelbarer regierungsamtlicher Öffentlichkeitsarbeit einerseits nach den Grenzen des Funktionsverbots bemisst, es aber andererseits – innerhalb des nach dem Funktionsverbot zulässigen Bereichs – bei den von der Rechtsprechung und Literatur entwickelten formalen und inhaltlichen Kriterien bleibt, oder ob das Funktionsverbot *vollkommen* an die Stelle dieser Zulässigkeitskriterien treten kann (Substitution).

1. Vorteile der medienverfassungsrechtlichen Annäherung

Die Staatsfreiheit der Massenmedien und das daraus folgende Funktionsverbot für den Staat finden ihren Ursprung neben den grundrechtlichen Gewährleistungen des Art. 5 Abs. 1 S. 2 GG auch im Demokratieprinzip und im Prinzip der Chancengleichheit bei der politischen Mitwirkung[624] – in eben jenen Prinzipien also, auf die sich auch die herrschende Meinung zur Zulässigkeit regierungsamtlicher Öffentlichkeitsarbeit beruft. Sie ist für den Bereich der Massenmedien die spezifische Antwort auf die diesen Verfassungsprinzipien von Seiten staatlicher Betätigung drohenden Gefahren: Der chancengleiche Zugang zu den Massenmedien ist eines der Hauptanliegen des Medienrechts. Die medienverfassungsrechtliche Annäherung an die Frage der Zulässigkeit unmittelbarer regierungsamtlicher Öffentlichkeitsarbeit trägt aus diesem Grunde dem Schutz von Demokratie und politischer Chancengleichheit in ebenso wirksamer Weise Rechnung wie die Herangehensweise der herrschenden Meinung. Der eingangs aufgezeigte Grundkonflikt der im Spannungsfeld zwischen verfassungsrechtlichem Legitimationsbedarf und verfassungsrechtlicher Notwendigkeit oszillierenden regierungsamtlichen Öffentlichkeitsarbeit[625] wird auf diese Weise jedenfalls gelöst: Die Regierung kann ohne die unbeschränkte Instrumentalisierung der Massen-

---

[624] Vgl. die Herleitung der Staatsfreiheit nach *Gersdorf*, oben Kap. 2 B. I. 1. c) aa).
[625] Vgl. oben Kap. 2 A. I. 1. a).

medien nicht als gleichberechtigter oder gar übermächtiger Faktor am Prozess der gesellschaftlichen Meinungs- und Willensbildung teilnehmen. Sie ist aber dennoch in der Lage, die Gesellschaft mit den für das Funktionieren des demokratischen Gesamtprozesses notwendigen Informationen zu versorgen. Zusätzlich bezieht die medienverfassungsrechtliche Annäherung aber noch den Schutz der in Art. 5 Abs. 1 S. 2 GG enthaltenen Kommunikationsgrundrechte in die Überlegungen mit ein[626] und verwirklicht so die objektiv-rechtliche Gewährleistung freier Massenmedien. Eben in der ausdrücklichen Einbeziehung dieser für das Funktionieren des demokratischen Systems überragend wichtigen Gewährleistung liegt der wesentliche Unterschied zur und der entscheidende Vorteil gegenüber der herrschenden Meinung, die darauf für den Bereich der regierungsamtlichen Öffentlichkeitsarbeit offenbar verzichtet. Unter Zugrundelegung des Funktionsverbots erübrigt sich auch die in Literatur und Landesrechtsprechung auf berechtigte Kritik[627] gestoßene, vom Bundesverfassungsgericht aber als notwendig erachtete Gesamtbetrachtung aller in Frage kommenden Maßnahmen. Am Maßstab des Funktionsverbots kann jede einzelne Maßnahme unmittelbarer Öffentlichkeitsarbeit gemessen werden. So ist es möglich, auch einzelnen Rechtsverletzungen zu begegnen.

Diese Gründe sprechen in der Konsequenz dafür, sich der Antwort auf die Frage nach der Zulässigkeit regierungsamtlicher Öffentlichkeitsarbeit über den Weg des Medienverfassungsrechts zu nähern, und diesen Ansatz dem von der herrschenden Meinung gewählten vorzuziehen.

2. Kritik an den Grundannahmen und Kriterien der herrschenden Meinung

Neben die Vorteile der medienverfassungsrechtlichen Annäherung treten Bedenken gegen die Grundannahmen und einzelne Kriterien der herrschenden Meinung.

a) Trennung zwischen Regierung und Regierungsparteien

Die herrschende Meinung geht zur Begründung der von ihr vertretenen Zulässigkeitskriterien offenbar von zwei grundlegenden, als wahr unterstellten An-

---

[626] Vgl. abermals die Herleitung der Staatsfreiheit nach *Gersdorf*, oben Kap. 2 B. I. 1. b) aa).
[627] BremStGH, DVBl. 1984, 221 ff.; *Schwarzer*, Staatliche Öffentlichkeitsarbeit, S. 177.

C. Staatsfreiheit der Massenmedien als Zulässigkeitsgrenze 165

nahmen aus, nämlich erstens, dass es rechtlich notwendig und in der Lebenswirklichkeit möglich sei, *im Hinblick auf ihre Äußerungen* klar zwischen der Regierung und den die Regierung tragenden Parteien zu unterscheiden, und zweitens, dass sowohl seitens der Regierung als auch der Regierungsparteien ein großes gegenseitiges Interesse daran bestehe, miteinander identifiziert zu werden, d.h. dass die Regierungsparteien für ihre eigene Außendarstellung ein grundlegendes Interesse daran hätten, mit der Arbeit der Regierung in Zusammenhang gebracht zu werden, und dass es andererseits stets im Interesse der Regierung liege, sich als von den Regierungsparteien und ihren Ideen getragen zu präsentieren.

Die Annahme, man könne in der öffentlichen Wahrnehmung klar zwischen der Regierung und der sie tragenden Partei bzw. den sie tragenden Parteien unterscheiden, ist jedoch von einem gewissen Maß an Idealismus geprägt und in der Verfassungswirklichkeit einer parlamentarischen Demokratie nicht wiederzufinden[628]. In dieser Feststellung könnte man zwar eine Überbetonung der realen Stellung der Parteien im Verfassungsleben gegenüber dem theoretischen, die Parteien lediglich einer gleichsam zwischen dem staatlichen und dem gesellschaftlichen Raum angesiedelten Sphäre zuordnenden Verfassungskonzept sehen[629], aber auch wenn man nicht bereit ist, der Theorie vom Parteienstaat mit allen sich daraus ergebenden Konsequenzen zu folgen, wird man die Verfassungswirklichkeit in einer Frage wie der nach dem Verhältnis zwischen der Regierung und den sie tragenden Parteien nicht völlig außer Acht lassen können. Nach der Erkenntnis von *Leibholz* ist es gerade „die Wirklichkeit, die mit der ihr innewohnenden Dynamik uns weitgehend ihren Willen auferlegt"[630]. Bei dieser Sachlage sei es kein Wunder, dass die Theorie häufig mit der Wirklichkeit in Konflikt gerate. Für das Verfassungsrecht gelte dies in besonderem Maße[631].

Eine Unterscheidung zwischen Äußerungen eines Politikers in seiner Eigenschaft als Regierungsmitglied oder als Parteipolitiker ist vom Empfängerhori-

---

[628] BVerfGE 44, 125, 187 (Sondervotum *Rottmann*); Krüger, Allgemeine Staatslehre, S. 218; *Ladeur*, Regierungsamtliche Öffentlichkeitsarbeit im Internet, DÖV 2002, S. 4.
[629] Zur Stellung der Parteien nach dem Konzept des Grundgesetzes ausführlicher unten S. 168
[630] *Leibholz*, Strukturprobleme moderner Demokratie, S. 78.
[631] *Leibholz*, Strukturprobleme moderner Demokratie, S. 79.

zont des Bürgers aus oft gar nicht möglich[632]. Der Bundeskanzler ist und bleibt in der öffentlichen Wahrnehmung Bundeskanzler, auch wenn er in seiner Eigenschaft als Parteivorsitzender in Erscheinung tritt. Gleiches gilt für die übrigen Regierungsmitglieder: Auch das Ministeramt ist für den Bürger von solcher Bedeutung, dass es sich nicht einfach aus seiner Wahrnehmung ausblenden lässt, wenn sich ein Minister in seiner Parteifunktion zu Fragen äußert, die wie die meisten gleichzeitig Gegenstand der Parteipolitik *und* der Regierungspolitik sind[633]. Dass sie in der einen Eigenschaft für die Wiederwahl ihrer Partei – und damit in der Regel zugleich auch für ihre eigene und die der Regierung, der sie angehören – werben oder sich negativ über den politischen Gegner äußern dürfen sollen, in der anderen aber nicht, erscheint deshalb konstruiert.

Auf der anderen Seite ist aber auch die Annahme unzutreffend, die Politik der Regierung stimme stets mit der Politik der Regierungsparteien überein. Parteipolitik hat zumindest im Grundsatz die Freiheit, dogmatisch und theoretisch sein zu können, eine Art „reiner Lehre". Diese Freiheit hat die Regierungspolitik ganz entschieden nicht. Sie ist vielmehr den Zwängen der anstehenden Probleme und den Grenzen des politisch, rechtlich[634] und tatsächlich, oft vor allem finanziell, Machbaren unterworfen. Häufig sind Kompromisse zwischen der (partei-)politischen Überzeugung und der tatsächlichen Durchsetzbarkeit erforderlich, zuweilen müssen Überzeugungen im Interesse größerer Zusammenhänge sogar weitgehend aufgegeben werden. Wie sehr dies zu internen Unstimmigkeiten zwischen der Parteibasis und der in der Regierungsverantwortung stehenden Parteispitze führen kann, war in jüngster Vergangenheit unter der Regierung von Bundeskanzler *Gerhard Schröder* am Beispiel der Partei *Bündnis 90/Die Grünen* in den Fragen des Ausstiegs aus der Kernenergie und der im Kosovo, in Afghanistan und am Horn von Afrika durchgeführten exterritorialen Einsätze der Bundeswehr im Rahmen des Nordatlantischen Bündnisses eindrucksvoll zu beobachten.

---

[632] BVerfGE 44, 125, 186 f. (Sondervotum *Rottmann*); *Ladeur*, Regierungsamtliche Öffentlichkeitsarbeit im Internet, DÖV 2002, S. 4.
[633] *Winfried Schulz*, Wird die Wahl im Fernsehen entschieden?, MP 1994, S. 321, 325 spricht vom „Kanzler-" bzw. „Amtsbonus" der Regierungsmitglieder bei der Wahlkommunikation.
[634] Vgl. *Ossenbühl*, Parteien im System des Grundgesetzes, BayVBl. 2000, S. 164 zum Atomausstieg.

C. Staatsfreiheit der Massenmedien als Zulässigkeitsgrenze

Der der Partei *Bündnis 90/Die Grünen* angehörende Bundesaußenminister *Joschka Fischer* musste sich auf Parteitagen von Delegierten unter anderem als „Kriegstreiber" beschimpfen und mit Farbbeuteln bewerfen lassen. Solche Vorgänge legen beredtes Zeugnis ab über die mögliche Existenz von Interessenkonflikten zwischen Partei- und Regierungspolitik. Beide eingangs aufgezeigten Grundannahmen der herrschenden Meinung zum Verhältnis zwischen der Regierung und den sie tragenden Parteien sind also mit einem Blick auf die Lebenswirklichkeit widerlegbar und taugen daher nur eingeschränkt als Fundament für ein System von Zulässigkeitskriterien für die regierungsamtliche Öffentlichkeitsarbeit.

Der hier vertretenen Ansicht, eine strenge Unterscheidung zwischen Regierung und Regierungsparteien sei in Wirklichkeit wegen der öffentlichen Wahrnehmung und wegen politischer Realitäten kaum sinnvoll zu treffen und müsse überdies aus den genannten Gründen auch gar nicht getroffen werden, könnte wiederum entgegengehalten werden, diese vermeintlich unmögliche Trennung werde doch genauso vorgenommen, wenn man zwar den Parteien, nicht aber der Regierung die massenmediale Eigenbetätigung erlauben wolle. Worin soll der Unterschied bestehen? Besteht denn nach dem Gesagten nicht auch die Möglichkeit, dass die Öffentlichkeitsarbeit der Parteien als solche der von ihnen getragenen Regierung wahrgenommen wird? Läuft es nicht auf das gleiche hinaus, ob die Regierung oder mit gleicher Botschaft die Regierungsparteien für die Wiederwahl werben? Zunächst: So rigide, wie es auf den ersten Blick scheinen mag, ist die Unterscheidung zwischen Regierung und Parteien im Hinblick auf das Funktionsverbot überhaupt nicht, denn so wie es der Regierung durchaus erlaubt ist, sich unter Einhaltung gewisser Grenzen der Massenmedien Presse und Internet zu bedienen[635], und wie sich die Gemeinden sogar in geringem Umfang an Rundfunkbetriebsgesellschaften beteiligen dürfen[636], so ist es auch den politischen Parteien und von ihnen abhängigen Unternehmen, Personen und Vereinigungen ganz überwiegend gesetzlich verboten, Rundfunk im engeren Sinne zu

---

[635] Ausführlich oben Kap. 2 B. II. und Kap. 2 B. III.
[636] BVerfGE 83, 238, 331.

betreiben (vgl. etwa § 18 Abs. 3 Nr. 3 HmbMedienG)[637]. Wenn politischen Parteien und den von ihnen abhängigen Unternehmen, Personen und Vereinigungen eine Rundfunkerlaubnis nach Landesrecht nicht erteilt werden darf, so ist das nach Ansicht des Bundesverfassungsgerichts durch die Prinzipien der Staatsferne und Überparteilichkeit des Rundfunks gerechtfertigt und auch im Hinblick auf den besonderen verfassungsrechtlichen Status der Parteien nicht zu beanstanden[638]. Wo diese Sonderfälle des staatlichen Funktionsverbots nicht greifen, lautet die Antwort: Selbstverständlich gibt es aus verfassungsrechtlicher Sicht einen bedeutenden Unterschied zwischen Regierung und Parteien. Er ergibt sich aus ihren gänzlich unterschiedlichen Rollen im Staatsaufbau: Während die Regierung Staatsorgan und Spitze der vollziehenden Gewalt ist, befinden sich die Parteien als „verfassungsrechtlich notwendige Instrumente für die politische Willensbildung des Volkes"[639] an einer Schnittstelle zwischen Staat und Gesellschaft. Sie haben ihren ursprünglichen extra-konstitutionellen Status verloren und sind zu Elementen des staatlichen Bereichs geworden[640]. Sie sorgen für eine ständige lebendige Verbindung zwischen dem Volk und den Staatsorganen[641], ganz im Sinne der vom Bundesverfassungsgericht angenommenen Meinungsbildung „von unten nach oben". Auf der einen Seite wirken sie bei der staatlichen Entscheidungsfindung in den Bereich institutionalisierter Staatlichkeit hinein (aus dieser staatsnahen Komponente folgt das Rundfunkverbot für politische Parteien[642]), auf der anderen Seite handelt es sich dabei um Gruppen, die ihre Wurzeln im politisch-*gesellschaftlichen* Bereich haben[643] und die stärker als andere Organisationen und Verbände die Interessen der Allgemeinheit repräsentieren[644]. Die aus dieser Ambivalenz resultierende besondere Rolle der Parteien als verfassungsrechtliche Institution[645] findet in Art. 21 GG ihren Ausdruck. Der in

---

[637] Vgl. hierzu *Möstl*, Parteien als Medienunternehmer, DÖV 2003, S. 106; *Herrmann/Lausen*, Rundfunkrecht, § 18 Rn. 26 ff.
[638] BVerfGE 73, 118, 190; a.A. *Wufka*, Grundlagen der Rundfunkfreiheit, S. 97 f.
[639] BVerfGE 52, 63, 82; 41, 399, 416; 20, 56, 100.
[640] *Leibholz*, Strukturprobleme moderner Demokratie, S. 72.
[641] *Schmidt-Bleibtreu/Klein*, GG, Art. 21 Rn. 4.
[642] Vgl. *Hoffmann-Riem/Schulz*, Hamburgisches Medienrecht, S. 75.
[643] Vgl. BVerfGE 20, 56, 101; *Ossenbühl*, Parteien im System des Grundgesetzes, BayVBl. 2000, S. 164.
[644] *Johannes Rau*, zitiert nach *Verheugen*, Wesen und Wirken der Rundfunk-Gremien, in: Berg, Rundfunk-Gremien in Deutschland, S. 16.
[645] Vgl. BVerfGE 44, 125, 145; 24, 252, 264; 13, 54, 81 f.; 11, 266, 273; 11, 232, 241; 5, 85, 133; 2, 1, 73.

C. Staatsfreiheit der Massenmedien als Zulässigkeitsgrenze 169

der jeweiligen Stellung im Staatsaufbau begründete Unterschied zwischen Regierungen und Parteien wirkt sich aber nicht etwa in der öffentlichen *Wahrnehmung* der Inhaber von Regierungs- und Parteiämtern, wohl aber im Umfeld der Kommunikationsfreiheiten aus. Diese richten sich als Abwehrrechte gegen die Träger staatlicher Gewalt, aber nur in einem viel geringeren Maße gegen die zwar teils zur staatlichen Sphäre zu rechnenden, gleichzeitig aber im Gesellschaftlichen wurzelnden politischen Parteien. Aus diesem Grunde widerspricht die hier vorgenommene Unterscheidung nicht dem zuvor Gesagten.

Soweit zwar den Parteien, nicht aber der Regierung die unmittelbare massenmediale Betätigung erlaubt ist, hängt dies maßgeblich auch mit der Frage der Finanzierung, genauer mit der Verwendung von aus Mitgliedsbeiträgen und Spenden stammendem Parteivermögen oder von durch Steuern finanzierten öffentlichen Mitteln zusammen. Hier kann man anders als bei der öffentlichen Wahrnehmung leicht eine eindeutige Zuordnung vornehmen. Den Parteien soll im kostenintensiven Bereich der massenmedialen Präsenz für die Durchsetzung parteipolitisch umstrittener Vorstellungen nicht zusätzlich die aus öffentlichen Mitteln gespeiste Finanzkraft der Regierungen zur Verfügung stehen. Das Funktionsverbot berührt an dieser Stelle das unbestrittene Verbot, öffentliche Mittel für den Parteiwahlkampf zur Verfügung zu stellen[646].

b) Zeitliche Begrenzung der Ausübung abgeleiteter Staatsgewalt

Wegen des repräsentativ-demokratischen Prinzips der zeitlichen Begrenzung der Ausübung abgeleiteter Staatsgewalt soll es einer Regierung nach herrschender Auffassung verwehrt sein, für ihren Verbleib im Amt werben zu dürfen. Auch diese Ansicht erscheint jedoch zweifelhaft. Unzweifelhaft ist zunächst Folgendes: Repräsentative Demokratie bedeutet verantwortete Ausübung von Herrschaft auf Zeit[647]. Die im Voraus festgelegte zeitliche Begrenzung der Ausübung abgeleiteter Staatsgewalt dient dazu, die Verantwortlichkeit der (unmittelbar wie mittelbar) gewählten Organe gegenüber dem Volk als unmittelbarem Träger der

---

[646] S. unten Kap. 2 C. IV.
[647] *Maunz/Klein*, in: Maunz/Dürig, GG, Art. 39 Rn. 22; ähnlich *Kretschmer*, in: BK, GG, Art. 39 Rn. 1.

Staatsgewalt sicherzustellen[648] und ist deshalb nicht nur eine Ausprägung[649], sondern vielmehr Grundgedanke[650] und Kernelement[651] des Prinzips repräsentativer Demokratie. Es wäre deshalb mit dem Demokratieprinzip des Grundgesetzes ohne Frage unvereinbar, wenn Mandatsträger ihr eigenes laufendes Mandat *selbst* durch einfaches oder verfassungsänderndes Gesetz *rechtsverbindlich* verlängern wollten[652].

Aus dem Grundsatz der zeitlichen Begrenzung und dem daraus selbstverständlich folgenden Verbot einer eigenmächtigen Verlängerung des Mandats aber schließen zu wollen, dass die gewählten Organwalter nicht einmal für ihre Wiederwahl durch das Volk werben und dem Wunsch, für eine weitere Wahlperiode im Amt zu verbleiben, Ausdruck verleihen dürfen, geht auch angesichts seiner herausragenden Bedeutung zu weit. Das repräsentativ-demokratische Prinzip der regelmäßig wiederkehrenden Wahlentscheidung des Volkes wird durch ein solches Verhalten nämlich nicht in Frage gestellt[653]. Die Entscheidung über die weitere Herrschaftsausübung verbleibt anders als bei der unzulässigen eigenmächtigen Verlängerung derselben beim Volk als dem Souverän im Staate; gerade ihm obliegt die Entscheidung, dem Werben der amtierenden Regierung nachzugeben oder aber einen Regierungswechsel herbeizuführen. An dieser Stelle zeigt sich erneut, dass eine strenge Unterscheidung zwischen Amt und Amtsträger im Hinblick auf werbende Äußerungen kaum sinnvoll zu treffen ist, wenn letzterer zwar als Parteipolitiker, nicht aber in seiner Eigenschaft als Regierungsmitglied für die Wahl seiner Partei werben dürfte. Die herrschende Meinung beruht offenbar auf der Vorstellung, es gehe in der Politik, wenn erst einmal Regierungsverantwortung erreicht sei, nicht mehr um das Werben für bestimmte Ansichten und um die Möglichkeit, diese (auch weiterhin) durchsetzen zu können, sondern allein um die höhere Aufgabe der Verwirklichung des allgemeinen Wohls. Diese Vorstellung geht jedoch an der Lebenswirklichkeit vorbei. Politik ist die Kunst der Staatsführung, der Gestaltung und Regelung des

---

[648] *Magiera*, in: Sachs, GG, Art. 39 Rn. 3.
[649] So *Pieroth*, in: Jarass/Pieroth, GG, Art. 39 Rn. 1.
[650] *Kretschmer*, in: BK, GG, Art. 39 Rn. 2.
[651] *Magiera*, in: Sachs, GG, Art. 39 Rn. 3.
[652] *Maunz/Klein*, in: Maunz/Dürig, GG, Art. 39 Rn. 22.
[653] So zutreffend BVerfGE 44, 125, 186 (Sondervotum *Rottmann*).

C. Staatsfreiheit der Massenmedien als Zulässigkeitsgrenze 171

staatlichen Lebens. Dabei spielen „Machtverteilungs-, Machterhaltungs- oder Machtverschiebungsinteressen"[654] stets eine wichtige Rolle. Politik bedeutet daher auch ein fortwährendes Werben für Ideen und Standpunkte, für das *jeweilige Konzept* vom allgemeinen Wohl. Genügend Anhänger für dieses Konzept zu finden, um es dauerhaft in die Realität umsetzen zu können, ist somit eine Hauptaufgabe der Politik. Die Neutralität der öffentlichen Darstellung von Regierungspolitik kann deshalb nicht verlangt werden.

c) Wahlnähe

Dass die Nähe von Wahlen für die Beantwortung der Frage der Zulässigkeit regierungsamtlicher Öffentlichkeitsarbeit nur eingeschränkt oder gar nicht taugt, weil die politische Meinungs- und Willensbildung ein permanenter, zeitlich nicht eingrenzbarer Prozess ist, sieht neuerdings auch die Rechtsprechung[655]. Dazu kommt der Umstand, dass in einem föderalistischen Staat beinahe zu jeder Zeit irgendwo ein Wahlkampf stattfinden, so dass zumindest Wechselwirkungen zwischen Bund und Ländern und unter den Ländern nie auszuschließen sind[656].

d) Missachtung des Gebots der Staatsfreiheit der Massenmedien

Nach allem muss der herrschenden Meinung zudem vorgeworfen werden, dass sie dem Gebot der Staatsfreiheit der Massenmedien keine hinreichende Beachtung schenkt.

3. Probleme der Anwendbarkeit der herrschenden Meinung auf Internet-Auftritte

Zu den grundsätzlichen Bedenken gegen die der herrschenden Meinung zugrunde liegenden Annahmen und ihre Kriterien kommen im Zusammenhang mit dem Internet solche, die sich daraus ergeben, dass sich die Zulässigkeitskriterien der herrschenden Meinung nicht ohne Umstände auf die im Internet anzutreffenden Formen der Öffentlichkeitsarbeit anwenden lassen. Dabei wird man allerdings aufgrund der technischen Besonderheiten des Internets gegenüber herkömmli-

---

[654] *Max Weber*, zitiert nach *Stern*, Staatsrecht I, S. 18.
[655] LVerfG S.-A., JZ 1996, 723, 724 f.; dazu oben Kap. 2 A. II. 2.
[656] Vgl. *Schürmann*, Öffentlichkeitsarbeit der Bundesregierung, S. 394; *ders.*, Öffentlichkeitsarbeit im Wahlkampf, NVwZ 1992, S. 855.

chen Druckerzeugnissen zwischen den einzelnen Kriterien differenzieren müssen: Gegen die Anwendbarkeit der inhaltlich-formalen Kriterien, also offene oder versteckte Parteiwerbung, Herabsetzung des politischen Gegners, Ausdruck des Willens im Amt bleiben zu wollen, positive Bilanzen zur bisherigen Regierungspolitik sowie überwiegend reklamehafte Aufmachung und reine Sympathiewerbung, bestehen insoweit keine Bedenken. All dies ist in elektronischer Form genauso möglich wie in gedruckter Form, so dass die genannten Kriterien – lässt man einmal die grundsätzlich dagegen gehegten Bedenken beiseite – durchaus zur Beurteilung der Zulässigkeit regierungsamtlicher Internet-Angebote geeignet wären.

Hinsichtlich des Kriteriums der Wahlnähe weisen *Mandelartz* und *Groteluschen* dagegen zu Recht darauf hin, dass es wegen des archivähnlichen Charakters regierungsamtlicher Websites nicht verlangt werden kann und muss, in der Vorwahlzeit ältere Inhalte zu löschen und nur solche vorzuhalten, die aus akutem Anlass geboten sind[657]. Auch die Anwendung der Kriterien Massivität, Häufigkeit und Anwachsen in Wahlkampfnähe bereitet einige Schwierigkeiten, weil diese quantitativen Merkmale im Internet in großem Maße vom gezielten Abruf der Angebote durch die Adressaten abhängig sind. Das bloße Bereithalten von Online-Informationen tritt im Vergleich zur körperlichen Verbreitung von Informationsmaterial, insbesondere in Form von Plakaten, Wurfsendungen, Flugblättern, Informationsbroschüren und Ähnlichem, ohne ihren Abruf kaum in Erscheinung; der Bürger wird nicht gleichsam mit Informationen überschwemmt[658]. Dabei hängt die Menge der im Internet zur Verfügung gestellten Informationsangebote selbstverständlich nicht davon ab, wie häufig die Angebote abgerufen werden. Sie kann durchaus als groß oder eher gering einzuschätzen sein oder in zeitlicher Nähe zum Wahlkampf sprunghaft ansteigen. Es kann aber auch ein einziges Informationsangebot von so vielen Bürgern wahrgenommen werden, dass die Kriterien Massivität und Häufigkeit diesbezüglich als erfüllt anzusehen wären. Andererseits kann es auch passieren, dass eine große Anzahl unterschiedlicher Angebote unter Umständen kaum oder sogar überhaupt nicht zu den anvisierten Empfänger gelangt und infolgedessen von diesen auch nicht

---

[657] *Mandelartz/Groteluschen*, Internet und Öffentlichkeitsarbeit, NVwZ 2004, S. 650.
[658] Ähnlich *Mandelartz/Groteluschen*, Internet und Öffentlichkeitsarbeit, NVwZ 2004, S. 650.

wahrgenommen wird. Entscheidend ist, dass zur Bestimmung von Massivität und Häufigkeit von Öffentlichkeitsarbeit im Internet nicht auf relativ einfach zu bestimmende Faktoren wie die Anzahl verteilter oder zur Verteilung bereitstehender Vervielfältigungsexemplare körperlichen Informationsmaterials, auf die Auflagenzahl der eine Anzeige oder Beilage enthaltenden Zeitung oder Ähnliches zurückgegriffen werden kann. Die technisch ohne weiteres feststellbare Zugriffshäufigkeit, die Häufigkeit also, mit der die Bürger die im Internet zur Verfügung gestellten Informationen der Regierung tatsächlich abgerufen haben, ist als Kriterium für die Zulässigkeit regierungsamtlicher Öffentlichkeitsarbeit ungeeignet, weil die Unzulässigkeit einer Maßnahme dann nicht in den Händen der Regierungen, sondern in denen der Bürger läge. Anknüpfungspunkt für den Vorwurf der Unzulässigkeit können aber nur die Informationsmaßnahmen der Regierung selbst sein.

Vom gezielten Zugriff der Bürger unabhängig und allein vom Verhalten der Regierungen abhängig ist allerdings die Schaltung sog. Werbe-„Banner", die unangefordert und in fremde Informationsangebote eingeblendet zum Internet-Nutzer gelangen[659]. Dieses Mittel ist in seiner Verbreitungsweise mit Anzeigen in Zeitungen und Zeitschriften vergleichbar. Ähnliches gilt für die sog. „Pop-Up"-Technik, die es ermöglicht, Werbeinhalte auf dem Bildschirm des Internet-Nutzers darzustellen, die nicht Teil der aufgerufenen Internet-Seite sind, und damit funktional eine deutliche Ähnlichkeit mit Zeitungs- und Zeitschriftenbeilagen aufweisen. Hier könnten Massivität, Häufigkeit und eventuelles Anwachsen in Wahlkampfnähe auch unabhängig von gezielten Zugriffen zu verzeichnen sein. Die Ungereimtheiten im Übrigen zeigen aber, dass sich die herrschende Meinung zu sehr an den Gegebenheiten einer Zeit orientiert, in der das hauptsächliche Mittel und zugleich das hauptsächliche Problem regierungsamtlicher Öffentlichkeitsarbeit die Verteilung verkörperter Druckerzeugnisse war, und infolgedessen nicht ausreichend auf den Einsatz der „Neuen Medien" und die spezifischen Eigenheiten elektronischer Massenkommunikation vorbereitet ist.

---

[659] Diese Methode wird vom BPA durchaus genutzt, vgl. *Mandelartz/Grotelüschen*, Internet und Öffentlichkeitsarbeit, NVwZ 2004, S. 648.

4. Ergebnis

Zu der Beziehungslosigkeit zwischen der Rechtsprechung zur Staatsfreiheit der Massenmedien und der zur regierungsamtlichen Öffentlichkeitsarbeit und zu den Vorteilen des medienverfassungsrechtlichen Lösungsansatzes kommen also verschiedene Schwächen im Konzept der Rechtsprechung und der herrschenden Ansicht in der Literatur. Im Ergebnis sprechen die besseren Argumente für eine Beantwortung der Frage nach der grundsätzlichen Zulässigkeit regierungsamtlicher Öffentlichkeitsarbeit allein nach den Kriterien des Medienverfassungsrechts.

III. Konsequenzen für die Zulässigkeit regierungsamtlicher Öffentlichkeitsarbeit

Dies alles hat für die Zulässigkeit regierungsamtlicher Öffentlichkeitsarbeit folgende Konsequenzen, die in ihrem jeweiligen Zusammenhang bereits ausführlich dargestellt worden sind und an dieser Stelle noch einmal zusammengefasst werden sollen:

Unmittelbare Öffentlichkeitsarbeit, die sich massenmedialer Mittel bedient, darf nur jenseits der Grenzen der für den Bereich der Massenmedien geltenden staatlichen Funktionsverbote stattfinden. Speziell für das Internet bedeutet dies, dass die dort durchgeführten Maßnahmen regierungsamtlicher Öffentlichkeitsarbeit *weder* Rundfunk im engeren Sinne darstellen *noch* in Konkurrenz zur freien Presse treten dürfen. Jenseits der Grenzen darf regierungsamtliche Öffentlichkeitsarbeit aber entgegen der herrschenden Ansicht auch parteinehmend sein oder um die Sympathie der Bürger – auch in ihrer Rolle als Wähler – werben. So dürfen beispielsweise Veröffentlichungen von Berichten über die Regierungsarbeit, die nicht mit der freien Presse konkurrieren und deshalb nicht dem Funktionsverbot unterliegen, die Regierungsarbeit einseitig positiv und als von einer bestimmten Parteipolitik getragen darstellen und sich kritisch mit der Arbeit der Oppositionsparteien auseinandersetzen. Auch auf die eventuelle zeitliche Nähe zu einer bevorstehenden Wahl kommt es nach der hier vertretenen Auffassung für die Zulässigkeit solcher Maßnahmen nicht an. Regierungsamtliche Öffentlichkeitsarbeit unterliegt also, abgesehen von den sich aus der allgemeinen

Rechtsordnung – etwa aus Gründen des Ehrenschutzes – und aus dem Funktionsverbot ergebenden Grenzen, keinen besonderen inhaltlichen oder formalen Beschränkungen. Hierin liegt einer der wesentlichsten Unterschiede zwischen der hier vertretenen und der herrschenden Meinung.

Mittelbare regierungsamtliche Öffentlichkeitsarbeit unterliegt dagegen – dies ist der zweite wesentliche Unterschied – nach der hier vertretenen Ansicht viel weitreichenderen Beschränkungen als nach der herrschenden Ansicht in Rechtsprechung und Literatur. In diesem von ihr stets als unproblematisch angesehenen Bereich werden nämlich die staatsfrei organisierten Massenmedien ihrer ureigenen (Kontroll-)Aufgabe – der Auswahl, der Überprüfung und der Kommentierung der von ihnen kommunizierten Inhalte – tatsächlich nur in einem weit geringerem Umfang gerecht, als es die Vertreter der herrschenden Auffassung offenbar von ihnen erwarten. Der Kreis der zulässigen Maßnahmen mittelbarer Öffentlichkeitsarbeit ist aus diesem Grunde in einigen Bereichen deutlich enger zu ziehen, als dies üblicherweise angenommen wird: Presse- und Materndienste als typische Maßnahmen dieser Art von Öffentlichkeitsarbeit erweisen sich wegen der Gefahr der Beeinträchtigung der Ausübungsbedingungen der Kommunikationsgrundrechte für die „Institution Freie Presse" ebenfalls als unzulässig, wenn sie die für die unmittelbare Öffentlichkeitsarbeit geltenden Grenzen überschreiten[660].

Auch bei Beachtung dieser Grundsätze sind von regierungsamtlichen Internet-Aktivitäten ausgehende Gefahren für die öffentliche Meinungs- und Willensbildung oder für die Grundrechtsverwirklichung der Bürger selbstverständlich nicht vollkommen auszuschließen. Nach angemessenen Lösungen für diese Probleme zu suchen, wird die Aufgabe des dritten Kapitels dieser Untersuchung sein[661].

IV. Finanzierung von Parteiwerbung durch Haushaltsmittel der Regierung

Allen vertretenen Ansichten gemeinsam ist die Überzeugung, dass regierungsamtliche Öffentlichkeitsarbeit über die nicht auszuschließenden Wechselwir-

---
[660] Eingehend oben Kap. 2 B. II. 4.
[661] S. insb. unten Kap. 3 B.

kungen hinaus nicht zur Finanzierung der Parteiwerbung bzw. des Parteiwahlkampfs führen darf, weil darin ohne Zweifel ein Verstoß gegen die Chancengleichheit der Parteien läge[662]. Hiergegen gibt es nichts zu erinnern. Wenn eine Regierung die ihr für ihre Aufgabenerfüllung zur Verfügung stehenden finanziellen und personellen Mittel *unmittelbar* in den Parteienwahlkampf einbringt, um so der Regierungspartei bzw. den Regierungsparteien einen Vorteil gegenüber den übrigen Parteien zu verschaffen, dann ist die Grenze des Zulässigen überschritten. Eine unzulässige Parteienunterstützung ist immer dann anzunehmen, wenn für die regierungsamtliche Öffentlichkeitsarbeit hergestelltes Material den Regierungsparteien zur eigenen Verwendung überlassen wird[663] oder wenn personelle oder finanzielle Mittel der Regierung unmittelbar zur Organisation oder zur Ausstattung des – unter Umständen von Regierungsmitgliedern geführten – Parteiwahlkampfs gebraucht werden[664]. Während mediale Wechselwirkungen zwischen der regierungsamtlichen Öffentlichkeitsarbeit und der Parteiwerbung wegen der personellen Identität nicht auszuschließen sind, ist die direkte Zuwendung von Geld oder sonstigen Mitteln unzulässig.

Wenn es um die Finanzierung des Wahlkampfs geht, ist auch nach der hier vertretenen Ansicht streng zwischen der Regierung und den sie tragenden Parteien zu unterscheiden. Diese Aussage steht wiederum nicht im Widerspruch zu dem weiter oben zur Unterscheidbarkeit zwischen Regierung und Regierungsparteien Gesagten, denn hier geht es nicht um Personen und deren Rezeption in der Öffentlichkeit, sondern um Geld, Personal und Sachmittel. Diesbezüglich ist eine eindeutige rechtliche und tatsächliche Zuordnung ohne Probleme möglich. Der Verstoß gegen die Chancengleichheit der Parteien durch die Finanzierung des Parteienwahlkampfs aus Regierungsmitteln kann anders als die Gefährdung der kommunikativen Chancengleichheit der Parteien bei der politischen Mitwirkung durch regierungsamtliche Öffentlichkeitsarbeit nicht durch das medienspezifi-

---

[662] Vgl. BVerfGE 44, 125, 153 f.; 44, 125, 175, 181 (Sondervotum *Geiger/Hirsch*); 44, 125, 195 (Sondervotum *Rottmann*); *Ladeur*, Regierungsamtliche Öffentlichkeitsarbeit im Internet, DÖV 2002, S. 4; *Schürmann*, Öffentlichkeitsarbeit der Bundesregierung, S. 396; *Schwarzer*, Staatliche Öffentlichkeitsarbeit, S. 174, 181.
[663] Vgl. BVerfGE 44, 125, 153 f.; 44, 125, 195 (Sondervotum *Rottmann*), *Schürmann*, Öffentlichkeitsarbeit der Bundesregierung, S. 396; *Schwarzer*, Staatliche Öffentlichkeitsarbeit, S. 174, 181.
[664] Vgl. BVerfGE 44, 125, 175, 181 (Sondervotum *Geiger/Hirsch*); *Ladeur*, Regierungsamtliche Öffentlichkeitsarbeit im Internet, DÖV 2002, S. 4; *Schwarzer*, Staatliche Öffentlichkeitsarbeit, S. 186.

C. Staatsfreiheit der Massenmedien als Zulässigkeitsgrenze 177

sche Funktionsverbot verhindert werden, weil dieses die politische Chancengleichheit der Parteien zwar in kommunikativer und publizistischer, nicht aber in jedweder finanzieller Hinsicht verwirklichen helfen kann. Die finanzielle Chancengleichheit der Parteien lässt sich im Funktionsverbot allenfalls im Bereich des Rundfunks und auch dort nur in engem Zusammenhang mit dessen untergeordneten Teilmoment der finanziellen Sondersituation wiederfinden. Da sich die Gewährung sachlicher, personeller und finanzieller Mittel auch auf solche Maßnahmen richten kann, die im grundsätzlich zulässigen Bereich massenmedialer Betätigung der Regierung angesiedelt sind, kann das Funktionsverbot hier eine finanzielle Chancengleichheit der Parteien nicht gewährleisten. Das Problem der Finanzierung des Parteiwahlkampfs aus öffentlichen Mitteln tritt daher neben das Problem der Umgehung der freien Massenmedien sowie deren Auswirkungen auf den demokratischen Prozess und bildet eine zusätzliche Grenze zulässiger regierungsamtlicher Öffentlichkeitsarbeit neben dem Funktionsverbot, die für online wie offline betriebene Öffentlichkeitsarbeit gleichermaßen gilt.

An dieser Stelle ergibt sich aber durch den Einsatz des Internets wiederum ein Problem: Wie kann man kontrollieren, ob die Regierung den sie tragenden Parteien Online-Inhalte zur Verfügung stellt? Während die Lieferung regierungsamtlicher Druckwerke zur Verteilung durch die Parteien noch (relativ) einfach nachzuvollziehen ist, wird die Kontrolle beim Einsatz personeller und finanzieller Mittel zur Erstellung von Parteimaterial bereits schwieriger. Die dort bestehenden Schwierigkeiten verstärken sich durch den Einsatz des Internets noch einmal erheblich. Hier wird die „Belieferung" der Parteien mit ursprünglich für den Regierungsbedarf erstellten Angeboten kaum noch nachvollziehbar, und auch die Unterstützung mit eigens für die Parteien erstellten Angeboten dürfte schwieriger nachzuweisen sein als im Bereich der körperlich verbreiteten Öffentlichkeitsarbeit. Der Anbieter von Online-Inhalten hat außerdem keinerlei Einfluss darauf, ob jemand anderes – sei es eine Partei, eine Organisation, ein Unternehmen oder sonst irgendjemand – einen Hyperlink zu seinen Angeboten einrichtet und so dem Internet-Nutzer die angebotenen Inhalte im eigenen Interesse zugänglich macht. Viel leichter als bei der körperlichen Verbreitung könnten Regierungsparteien also das für die regierungsamtliche Öffentlichkeitsarbeit erstellte Online-Informationsmaterial zu eigenen Zwecken nutzen, ohne dass die Regierung mit diesem Verhalten einverstanden sein muss oder es verhindern könnte. Technisch ist dies von ihrer Seite jedenfalls nicht auszuschließen, und die Unzulässigkeit einer regierungsamtlichen Maßnahme läge damit erneut in den Händen Dritter.

Letztlich können diese Probleme nur durch die Schaffung von Transparenz gelöst werden. Die regierungsamtliche Herkunft von Online-Inhalten muss – wie auch die Herkunft von Regierungsinhalten in allen übrigen Medien[665] – stets zweifelsfrei erkennbar sein. Dies ist allein durch eine Kennzeichnungspflicht zu erreichen, die immer dann greift, wenn Inhalte entweder regierungsamtlichen Ursprungs sind oder wenn ihre Herstellung durch Regierungsstellen finanziell oder personell unterstützt worden ist, und die deutlich über die Anforderungen der in den §§ 6 TDG und 10 MDStV enthaltenen, vornehmlich dem Verbraucherschutz dienenden[666] Informationspflichten hinauszugehen hat, denen trotz des in beiden Normen formulierten Erfordernisses leichter Erkennbarkeit und unmittelbarer Erreichbarkeit bereits dann genügt sein kann, wenn die Anbieterinformation erst nach der Verfolgung zweier Hyperlinks mit den Bezeichnungen „Kontakt" und „Impressum" auszumachen ist[667]. Damit ist zwar dem Verbraucher gedient, der gegen eine Rechtsverletzung vorgehen und zu diesem Zweck seinen Anspruchsgegner ausfindig machen will. Um die regierungsamtliche Herkunft von Internet-Inhalten offen zu legen, muss diese jedoch erkennbar sein, ohne dass man sich erst auf die Suche nach dem Anbieter machen muss. Häufig besteht ja überhaupt kein Anlass, nach dem Anbieter von Internet-Inhalten zu forschen.

---

[665] Vgl. oben zur Presse Kap. 2 B. II. 4.
[666] OLG München, MMR 2004, 36, 37; OLG München, MMR 2004, 321, 322; *Brunst*, Umsetzungsprobleme, MMR 2004, S. 10.
[667] OLG München, MMR 2004, 36, 37; vgl. jedoch auch OLG München, MMR 2004, 321, 322 m. Anm. *Ott*, wonach es den Anforderungen an die leichte Erkennbarkeit und unmittelbare Erreichbarkeit der Anbieterinformationen nicht genügt, wenn der mit „Impressum" beschriftete Hyperlink erst durch Scrollen auf der vierten Bildschirmseite sichtbar wird; nach Ansicht des OLG Hamburg, MMR 2003, 105, 106 m. Anm. *Klute* ist den Anforderungen schon nicht genügt, wenn der Hyperlink zu den Anbieterinformationen überhaupt erst durch Scrollen sichtbar wird; allg. zu den Anbieterkennzeichnungspflichten im TDG und MDStV *Brunst*, Umsetzungsprobleme, MMR 2004, S. 8 ff.

3. Kapitel. Ein rechtlicher Rahmen für die regierungsamtliche Öffentlichkeitsarbeit im Internet

A. Rechtliche Probleme im Zusammenhang mit den zulässigen Formen regierungsamtlicher Öffentlichkeitsarbeit im Internet

Nunmehr ist die Frage nach den äußeren Zulässigkeitsgrenzen regierungsamtlicher Internet-Präsenz beantwortet. Geht man nach der bisherigen Untersuchung jenseits der wegen des Funktionsverbots und der Gefährdung der Ausübungsbedingungen der Kommunikationsfreiheiten für unzulässig befundenen Formen staatlicher Öffentlichkeitsarbeit von einer grundsätzlichen Zulässigkeit staatlicher Betätigung im Internet aus, so ist es mit dieser Erkenntnis noch nicht getan. Im Internet stehen zahlreiche Kommunikationsmöglichkeiten zur Verfügung, die weder dem Rundfunk im engeren Sinne noch der verbotenen Pressetätigkeit zugerechnet werden können. Dabei ist insbesondere an den vielfältigen Bereich zulässiger Presse- und presseähnlicher Betätigungen zu denken. Innerhalb solcher Informationsangebote zu Regierungspolitik und Sachfragen kommt beispielsweise der Gebrauch der für das Internet wesensbestimmenden Hyperlink-Technik zur Verknüpfung mit Hintergrundinformationen in Frage. Ein zulässiges Mittel regierungsamtlicher Öffentlichkeitsarbeit ist auch das Angebot von Suchmaschinen, die es dem Bürger ermöglichen sollen, Zugang zu weiterführenden Informationen zu erhalten. Schließlich gehört auch die Veranstaltung aller möglichen Formen von Diskussionsforen zu den Kommunikationsangeboten, die keinem Funktionsverbot unterfallen[668], weil sie weder die besondere Wirkkraft des Rundfunks entfalten noch im publizistischen Wettbewerb mit der freien Presse stehen. Es bleibt den Regierungen somit für ihre Internet-Präsenz ein weiter Handlungsspielraum, dessen besondere Erscheinungsformen sich hauptsächlich im Bereich der durch das Internet neu geschaffenen technischen Möglichkeiten der weitläufigen Vernetzung von Informationen und der vereinfachten Interaktion mit dem Rezipienten verorten lassen.

---

[668] So auch *Ladeur*, Regierungsamtliche Öffentlichkeitsarbeit im Internet, DÖV 2002, S. 9.

Im Zusammenhang mit diesen neuen Mitteln der regierungsamtlichen Öffentlichkeitsarbeit stellt sich eine ganze Reihe von Rechtsfragen. Im Bereich der Online-Diskussionen, aber auch im Zusammenhang mit dem Gebrauch von Hyperlinks und dem Angebot von Suchmaschinen stellt sich – wie stets im Internet – die Frage nach der rechtlichen Verantwortlichkeit des Diensteanbieters für die von ihm bereitgehaltenen oder vermittelten Inhalte (dazu sogleich). Grundrechtliche Bedeutung kommt möglichen Verhaltensweisen beim Umgang mit den neuen Kommunikationstechniken zu, die geeignet sind, die Verwirklichung der Kommunikationsfreiheit und den Prozess freier öffentlicher Meinungs- und Willensbildung zu gefährden[669].

I. Verantwortlichkeit der Regierung für Medieninhalte

Zunächst soll ein Blick auf die Frage nach der Verantwortlichkeit von Regierungen für die Inhalte ihrer Internet-Auftritte geworfen werden. Dabei soll ein Urteil des Landgerichts Potsdam, das sich mit der Verantwortlichkeit einer Regierung für einen Beitrag zu einem von ihr initiierten Online-Diskussionswettbewerb beschäftigt, als Einstieg dienen, um Fragen der Verantwortlichkeit von Regierungen als Anbieter von Online-Diensten umfassend zu erörtern. Es geht dabei um die Verantwortlichkeit für eigene Inhalte, für Teilnehmerbeiträge in Diskussionsforen sowie für mittels Hyperlinks zugänglich gemachte und von Suchmaschinen aufgefundene Inhalte Dritter.

1. Das Urteil des Landgerichts Potsdam vom 8. Juli 1999[670]

Das Gericht hatte über folgenden Fall zu befinden: Das Land Brandenburg initiierte ein „Handlungskonzept gegen Gewalt, Rechtsextremismus und Ausländerfeindlichkeit" namens „Tolerantes Brandenburg", das der Förderung von Meinungsvielfalt und Toleranz dienen sollte und unter anderem einen Online-Aufsatzwettbewerb beinhaltete. Träger des Wettbewerbs war ein von der Landesregierung geförderter eingetragener Verein. Die Landesregierung stellte für den Wettbewerb eine Website zur Verfügung, die über einen Hyperlink auf ihrer Homepage zu erreichen war. Sie wies an verschiedenen Stellen ihres Internet-

---

[669] Dazu unten Kap. 3 A. III.
[670] LG Potsdam, CR 2000, 123 f.

Auftritts ausdrücklich darauf hin, für den Inhalt der Wettbewerbsbeiträge keinerlei Verantwortung übernehmen zu wollen. Eines der erklärten Ziele des Wettbewerbs war es, kontroverse Standpunkte zu formulieren. Zu einer tatsächlichen Kontroverse führte ein Wettbewerbsbeitrag, in dem einer im Bundestag vertretenen Partei vorgeworfen wurde, mit ihrer Politik faschistische Themen zu besetzen. Ein Mitglied des brandenburgischen Landesverbands der Partei verlangte von der zuständigen Ministerin, den Beitrag aus dem Internet zu entfernen. Die Ministerin lehnte dies mit der Begründung ab, es handele sich bei dem Wettbewerb nicht um einen Regierungswettbewerb, und die Landesregierung identifiziere sich in keiner Weise mit der politischen Zielsetzung des Beitrags. Das Parteimitglied stellte daraufhin beim Landgericht Potsdam einen Antrag auf Erlass einer einstweiligen Verfügung gegen die Landesregierung[671]. Das Gericht wies den Antrag zurück. Die Landesregierung habe keinen Tatbeitrag geleistet, der einen Unterlassungsanspruch rechtfertigen könnte. Zwar könne nach der Rechtsprechung des Bundesgerichtshofs ein Medienbetreiber auch für fremde Inhalte verantwortlich gemacht werden, die durch sein Medium verbreitet würden. Allerdings mache der Bundesgerichtshof hiervon zwei Ausnahmen: Erstens dann, wenn ein Medium gleichsam nur als „Markt" der Meinungen in Erscheinung trete, weil es dann dem Wesen des Mediums widerspräche, den Betreiber für die fremden Inhalte in Anspruch zu nehmen. Dies solle jedenfalls solange gelten, wie es sich lediglich um eine Art Dokumentation des Meinungsstands handele. Zweitens sei nach der Rechtsprechung eine Ausnahme von der Haftung zu machen, wenn sich der Medieninhaber deutlich und ernsthaft von den Inhalten seines Mediums distanziere[672]. Diese Grundsätze überträgt das Gericht auf das Internet und kommt zu der Auffassung, dass die Landesregierung, weil sie lediglich ein Forum für die gesellschaftliche Diskussion zur Verfügung gestellt und sich zudem deutlich von den Inhalten der Beiträge distanziert habe, für den fraglichen Beitrag nicht haftbar gemacht werden könne[673]. Nur hilfsweise begründet das Gericht seine Entscheidung mit der Erwägung, dass die Landesregierung einen Teledienst angeboten und in diesem Rahmen lediglich den Zugang zur Nut-

---

[671] Vgl. LG Potsdam, CR 2000, 123, 123 f.
[672] Das Gericht bezieht sich bei seinen Ausführungen auf BGH, NJW 1996, 1131, 1132; NJW 1976, 1198, 1199 und NJW 1970, 187, 187.
[673] LG Potsdam, CR 2000, 123, 124.

zung fremder Inhalte vermittelt habe und sei deshalb gemäß § 5 Abs. 3 TDG a.F. für diese Inhalte nicht verantwortlich.

2. Kritik und allgemeine Überlegungen

Die Entscheidung des Landgerichts Potsdam wirft einige Fragen auf. Dabei geht es sowohl um die Anwendung der Rechtsprechung des Bundesgerichtshofs zur Haftungsfreistellung für Medienbetreiber als auch um die Rolle und die Anwendung des § 5 Abs. 3 TDG a.F.[674]. Sowohl die Anwendung des TDG anstelle des MDStV als auch die Auswahl der konkreten Verantwortlichkeitsnorm erscheinen zweifelhaft. Nach der im Dezember 2001 erfolgten Änderung des TDG durch das Gesetz über rechtliche Rahmenbedingungen für den elektronischen Geschäftsverkehr (EGG) und der zum Juli 2002 in Kraft getretenen Änderung des MDStV besteht zudem die Notwendigkeit, zu fragen, wie sich die jeweils vorgenommenen Änderungen im Bereich der Verantwortlichkeit von Dienstanbietern auf das hier zu behandelnde Problem auswirken. Beachtenswert im Rahmen einer kritischen Auseinandersetzung erscheint letztlich auch der Umstand, dass das Gericht mit keinem Wort darauf eingegangen ist, dass als Veranstalter des Diskussionsforums nicht die Landesregierung selbst, sondern ein von ihr finanziell geförderter eingetragener Verein aufgetreten ist.

a) Teledienst oder Mediendienst?

Das Landgericht Potsdam stellt in seinem Urteil – und zwar lediglich zur Bestätigung des von ihm nach allgemeinen Regeln gefundenen Ergebnisses[675] – auf § 5 TDG a.F. ab, der die Verantwortlichkeit des Anbieters von Telediensten geregelt hat. Das TDG wäre aber nur anzuwenden gewesen, wenn es sich entweder beim Diskussionswettbewerb „Tolerantes Brandenburg" oder beim Internet-Auftritt der brandenburgischen Landesregierung um einen Teledienst gehandelt hätte[676]. Die Abgrenzung zwischen Telediensten und Mediendiensten ist trotz

---

[674] Vgl. *Schmitz*, Anmerkung, CR 2000, S. 124 f.; *Ladeur*, Regierungsamtliche Öffentlichkeitsarbeit im Internet, DÖV 2002, S. 9.
[675] Damit folgt das Gericht der in der Rechtsprechung allg. zu beobachtenden Tendenz, möglichst unter Anwendung allgemeiner und unter Außerachtlassung kommunikationsrechtlicher Normen zu einer Entscheidung zu kommen, vgl. *Determann*, Kommunikationsfreiheit im Internet, S. 484; *Hoffmann*, Haftung im Internet, MMR 2002, S. 284.
[676] Als Anknüpfungspunkt für eine Anbieterhaftung der Regierung kommen beide Angebote in Betracht. Für den Internet-Auftritt, über dessen Homepage der Wettbewerb zu erreichen war, versteht

A. Rechtliche Probleme zulässiger reg.-amtl. Öffentlichkeitsarbeit 183

der Legaldefinitionen in den §§ 2 TDG/MDStV schwierig und umstritten[677]. Die Landesgesetzgeber haben im Bereich des Jugendmedienschutzes auf diese Problematik mit der Vereinigung von Tele- und Mediendiensten unter dem Begriff „Telemedien" reagiert (vgl. § 3 Abs. 2 Nr. 1 JMStV). Wenn es um die Verantwortlichkeit für Medieninhalte geht, ist man jedoch nach wie vor auf die Einordnung des betreffenden Dienstes angewiesen. Dass es dabei nicht auf technische Merkmale, sondern allein auf seine Zwecksetzung ankommt, geht zweifelsfrei aus den Legaldefinitionen hervor[678]: Bei Mediendiensten handelt es sich um Angebote, die sich mit einem *Beitrag zur Meinungsbildung an die Allgemeinheit richten* (vgl. § 2 Abs. 1 S. 1 MDStV), dabei aber freilich keine „Darbietungen" enthalten und deshalb nicht die Schwelle zum einfachgesetzlichen Rundfunk überschreiten (vgl. §§ 2 Abs. 1 S. 2 MDStV, 20 Abs. 2 RStV), wogegen Teledienste zur *individuellen Nutzung* von Informations- und Kommunikationsangeboten bestimmt sind (§ 2 Abs. 1 TDG). Dass die Zweckbeschreibung dabei aus unterschiedlichen Blickwinkeln erfolgt – die Allgemeinadressierung durch den Kommunikator auf der einen Seite, die individuelle Nutzung durch den Rezipienten auf der anderen –, bereitet bei wörtlichem Verständnis der Normen allerdings erhebliche Abgrenzungsschwierigkeiten, weil im Internet typischerweise auch an die Allgemeinheit gerichtete Inhalte individuell vom Rezipienten angefordert werden müssen[679], so dass beide Regelwerke gleichermaßen einschlägig zu sein scheinen. Dies kann jedoch nicht zuletzt wegen der unterschiedlichen Gesetzgebungskompetenzen für Teledienste (Bund: Telekommunikation gemäß Art. 73 Nr. 7 GG, „technische Seite") und Mediendienste (Länder: „Kulturhoheit", „inhaltliche Seite") nicht angehen[680].

---

sich das von selbst. Für den Wettbewerb scheint dagegen auf den ersten Blick der Trägerverein als Anbieter zu haften; dazu unten Kap. 3 A. I. 2. e).
[677] *Ch. Engel*, ISP als Geiseln deutscher Ordnungsbehörden, MMR Beilage 4/2003, S. 13 spricht von einem „dogmatischen Irrgarten", *Langenfeld*, Neuordnung des Jugendschutzes, MMR 2003, S. 306 von „praktischer Undurchführbarkeit"; vgl. auch *Determann*, Kommunikationsfreiheit im Internet, S. 521 f. m.w.N.
[678] Vgl auch *Roßnagel*, in: ders., Recht der Multimedia-Dienste, Einf. Rn. 44.
[679] Vgl. *Determann*, Kommunikationsfreiheit im Internet, S. 109, 530; *Ch. Engel*, ISP als Geiseln deutscher Ordnungsbehörden, MMR Beilage 4/2003, S. 14; *Flechsig/Gabel*, Strafrechtliche Verantwortlichkeit im Netz, CR 1998, S. 353; *v. Heyl*, Teledienste und Mediendienste, ZUM 1998, S. 117; *Kröger/Moos*, Regelungsansätze, ZUM 1997, S. 467.
[680] Ausführlich zu den Gesetzgebungskompetenzen im Medienbereich *Determann*, Kommunikationsfreiheit im Internet, S. 216 ff.; *Ricker/Schiwy*, Rundfunkverfassungsrecht, S. 146 ff.

Die nach der geltenden Rechtslage erforderliche Unterscheidung[681] kann nur dadurch sinnvoll getroffen werden, dass § 2 Abs. 1 TDG, in dem von individueller *Nutzung* die Rede ist, teleologisch ausgelegt und wie in § 2 Abs. 1 S. 1 MDStV auf die *Adressierung* des Angebots abgestellt wird[682]. Folglich kommt es für die Einordnung zunächst allein auf die Intention des Kommunikators an. Richtet sich dieser mit seinem Angebot an die Allgemeinheit, so handelt es sich dabei um einen Mediendienst. Richtet er sein Angebot dagegen an einen individuellen Empfänger oder Empfängerkreis, so handelt es sich um einen Teledienst[683]. Es geht also im Kern um die Unterscheidung zwischen Diensten der Massen- und der Individualkommunikation[684]. An die Allgemeinheit gerichtete Dienste sind ausnahmsweise dann den Telediensten zuzuordnen, wenn ihnen über die sachliche Information hinaus keine oder nur äußerst geringe eigene Relevanz für die individuelle oder öffentliche Meinungsbildung zukommt (siehe insb. § 2 Abs. 2 Nr. 2, 4 und 5 TDG). Als Beispiel hierfür mögen reine Warenkataloge oder unkommentierte Verzeichnisse wie Online-Telefonbücher dienen. Das Kriterium der Meinungsrelevanz[685] tritt so neben die Unterscheidung zwischen Individual- und Massenkommunikation. Nur diese Auslegung der Abgrenzungsnormen trägt auch der Kompetenzverteilung zwischen Bund und Ländern Rechnung, wonach der Bund für die technische Dimension der Telekommunikation ausschließlich (Art. 73 Nr. 7 GG) und für die rein wirtschaftlichen Belange der Kommunikation konkurrierend (Art. 74 Abs. 1 Nr. 11 GG) zuständig ist, wogegen die Rege-

---

[681] Zur Kritik an der Unterscheidung zwischen Individual- und Massenkommunikation in Zeiten von Multimedia vgl. nur *Ladeur*, Information Superhighway, CR 1996, S. 616; *Kröger/Moos*, Regelungsansätze, ZUM 1997, S. 471.
[682] *Kröger/Moos*, Mediendienst oder Teledienst?, AfP 1997, S. 680; *Hesse*, Rundfunkrecht, Kap. 3 Rn. 16.
[683] BT-Drs. 13/7385, S. 17 ff.; *Brunst*, Umsetzungsprobleme, MMR 2004, S. 8; *Holznagel*, Multimedia zwischen Regulierung und Freiheit, ZUM 1999, S. 427; *Spindler*, in: Hoeren/Sieber, Handbuch Multimediarecht, Kap. 29 Rn. 43; vgl. auch OVG Münster, MMR 2003, 348, 349.
[684] VG Düsseldorf, MMR 2003, S. 205, 206; DLM, Strukturpapier 2003, Einleitung; *Hesse*, Entwicklung des Rundfunkrechts, BayVBl. 1997, S. 136; *v. Heyl*, Teledienste und Mediendienste, ZUM 1998, S. 118; *Köster/Jürgens*, Liability for Links, S. 4; *Kröger/Moos*, Regelungsansätze, ZUM 1997, S. 466; *dies.*, Mediendienst oder Teledienst, AfP 1997, S. 680; *P. Mayer*, Internet im öffentlichen Recht, S. 186 f.; *Weißnicht*, Internetnutzung am Arbeitsplatz, MMR 2003, S. 450; a.A. *Ch. Engel*, ISP als Geiseln deutscher Ordnungsbehörden, MMR Beilage 4/2003, S. 14; vgl. auch BT-Drs. 14/1191, S. 7.
[685] Dazu etwa *Holznagel*, Multimedia zwischen Regulierung und Freiheit, ZUM 1999, S. 427; *Zimmermann*, Polizeiliche Gefahrenabwehr und Internet, NJW 1999, S. 3146.

A. Rechtliche Probleme zulässiger reg.-amtl. Öffentlichkeitsarbeit 185

lung der publizistisch-inhaltlichen Dimension der Massenmedien gemäß Art. 70 Abs. 1 GG den Ländern obliegt[686].

Während Angebote wie Internet-Telefonie, E-Mail oder Instant Massaging relativ eindeutig als Angebote der Individualkommunikation i.S. des § 2 Abs. 2 Nr. 1 TDG identifiziert werden können[687], sind Websites und Diskussionsforen wesentlich schwieriger einzuordnen. Häufig werden beide Angebote wie vom Landgericht Potsdam als Teledienste angesehen[688]. Wendet man das oben zur Unterscheidung zwischen Mediendiensten und Telediensten Gesagte auf Websites und Diskussionsforen an, so muss jeweils gefragt werden, ob sich die Diensteanbieter mit ihren Angeboten an die Allgemeinheit richten oder ob sie sie nur individuellen Empfängern zur Verfügung stellen wollen. Sind sie an die Allgemeinheit gerichtet, so ist ergänzend nach der Meinungsrelevanz der Inhalte zu fragen.

aa) Websites

Homepages, die „Eingangsseiten" von Internet-Websites, dienen häufig als Angebot zum Beginn einer Interaktion des Nutzers mit dem Anbieter, so dass es sich dabei um Teledienste handeln könnte. Andererseits geht es demjenigen, der sich im Internet präsentiert, häufig gerade darum, mit der von ihm gestalteten Website eine möglichst breite Öffentlichkeit zu erreichen, so dass das Angebot als Mediendienst einzustufen wäre. Für eine Entscheidung muss daher die im Vordergrund stehende Intention des Anbieters im Einzelfall ermittelt werden[689].

---

[686] Zu den Gesetzgebungskompetenzen im Medienbereich vgl. erneut *Determann*, Kommunikationsfreiheit im Internet, S. 216 ff. und *Ricker/Schiwy*, Rundfunkverfassungsrecht, S. 146 ff.
[687] In Randbereichen (z.B. Mailinglisten) besteht durchaus eine Nähe zu den Diensten der Massenkommunikation, vgl. oben Kap. 2 B. III. 1.
[688] Vgl. *Flechsig/Gabel*, Strafrechtliche Verantwortlichkeit im Netz, CR 1998, S. 353; *Libertus*, Verantwortlichkeit des Anbieters von Chatrooms, TKMR 2003, S. 182; *Schack*, Urheberrechtliche Gestaltung von Webseiten, MMR 2001, S. 15; *Spindler*, in: Roßnagel, Recht der Multimedia-Dienste, § 5 TDG a.F. Rn. 108 ff.; *Kröger/Gimmy*, Handbuch zum Internetrecht, S. 51 und *P. Mayer*, Internet im öffentlichen Recht, S. 201 ff., die allerdings moderierte Newsgroups den Mediendiensten zurechnen wollen; vgl. auch die zahlreichen Nachweise bei *Holznagel/Kussel*, Bekämpfung rechtsradikaler Inhalte im Internet, MMR 2001, S. 348; *Roßnagel*, Recht der Multimediadienste, NVwZ 2000, S. 625 rechnet Newsgroups und Chatrooms den Telediensten, sonstige Webauftritte dagegen den Mediendiensten zu.
[689] VG Düsseldorf, MMR 2003, 205, 206; *Brunst*, Umsetzungsprobleme, MMR 2004, S. 9; *v. Heyl*, Teledienste und Mediendienste, ZUM 1998, S. 118 f.; *Kröger/Moos*, Mediendienst oder Teledienst?, AfP 1997, S. 679; *Waldenberger*, Verantwortlichkeit, MMR 1998, S. 125; *Zimmermann*, Polizeiliche Gefahrenabwehr und Internet, NJW 1999, S. 3146; kritisch gegenüber einer Einord-

Handelt es sich bei einem Internet-Auftritt um eine Maßnahme der regierungsamtlichen Öffentlichkeitsarbeit, so ist davon auszugehen, dass wegen des dem Zwecke der Öffentlichkeitsarbeit innewohnenden Öffentlichkeitsbezugs die Allgemeinadressierung der Inhalte deutlich im Vordergrund steht. Auch an der Relevanz der regierungsamtlichen Internet-Inhalte für die allgemeine Meinungsbildung kann hier kein Zweifel bestehen – sie zu unterstützen muss gerade das Ziel regierungsamtlicher Öffentlichkeitsarbeit sein. Ihr dienende Websites sind deshalb grundsätzlich als Mediendienste i.S. des § 2 Abs. 1 S. 1 MDStV anzusehen[690]. Einzelne Angebote einer Regierungs-Website, die der Allgemeinheit nicht zur Verfügung stehen sollen und die sich lediglich an individuelle Benutzer richten, sind als besonders ausgestaltete Teile des Internet-Auftritts gegebenenfalls als Teledienst zu behandeln[691]. Dabei ist beispielsweise an ein nur den Behördenmitarbeitern zugängliches *Intranet* zu denken. Auch in eine Website eingebettete Werbebanner sind als Teledienste einzustufen, weil es sich dabei um die Verbreitung von Informationen über Waren und Dienstleistungen i.S. des § 2 Abs. 2 Nr. 2 TDG handelt, bei denen die Meinungsbildung nicht im Vordergrund steht[692].

bb) Suchmaschinen

Auch bei Suchmaschinen handelt es sich – unabhängig davon, ob sie im Rahmen einer Website oder als eigenständiger Dienst angeboten werden – um Teledienste. Der Anbieter stellt sie zwar in der Regel der Allgemeinheit zur Verfügung, sie bieten aber keine eigenen Inhalte und leisten deshalb selbst keinen

---

nung nach dem im Vordergrund stehenden Charakter des Angebots *Tettenborn*, Evaluierung des IuKDG, MMR 1999, S. 518.

[690] Für die grundsätzliche Einordnung staatlicher Internetangebote als Mediendienste auch *Th. Groß*, Öffentliche Verwaltung im Internet, DÖV 2001, S. 160; insb. für Maßnahmen der Öffentlichkeitsarbeit *Kittler*, Öffentliche Hand als Werbeträger, NJW 2000, S. 122; *Roßnagel*, Recht der Multimediadienste, NVwZ 2000, S. 3146; a.A. *Brunst*, Umsetzungsprobleme, MMR 2004, S. 9; *Determann*, Kommunikationsfreiheit im Internet, S. 530; *Flechsig/Gabel*, Strafrechtliche Verantwortlichkeit im Netz, CR 1998, S. 353; *Waldenberger/Hoß*, Elektronische Presse, AfP 2000, S. 238.

[691] Für die Teilbarkeit von Internetauftritten auch *Ch. Engel*, ISP als Geiseln deutscher Ordnungsbehörden, MMR Beilage 4/2003, S. 14; *v. Heyl*, Teledienste und Mediendienste, ZUM 1998, S. 118; *Pichler*, Haftung des Host Providers, MMR 1998, S. 80; *Zimmermann*, Polizeiliche Gefahrenabwehr und Internet, NJW 1999, S. 3146; a.A. *Brunst*, Umsetzungsprobleme, MMR 2004, S. 9; *Determann*, Kommunikationsfreiheit im Internet, S. 530; *Flechsig/Gabel*, Strafrechtliche Verantwortlichkeit im Netz, CR 1998, S. 353; *Waldenberger/Hoß*, Elektronische Presse, AfP 2000, S. 238.

[692] *Woitke*, Web-Bugs, MMR 2003, S. 312.

A. Rechtliche Probleme zulässiger reg.-amtl. Öffentlichkeitsarbeit 187

Beitrag zur Meinungsbildung; es handelt sich dabei vielmehr um Angebot zur Nutzung des Internets i.S. des § 2 Abs. 2 Nr. 3 TDG[693].

cc) Diskussionsforen

Auf regierungsamtlich veranstaltete Diskussionsforen angewendet ergibt die Differenzierung zwischen Individual- und Massenkommunikation nichts anderes: Richtet sich das Angebot mit der Möglichkeit, an der Diskussion teilzunehmen oder die Diskussionsbeiträge einzusehen, an die Allgemeinheit, so handelt es sich dabei um einen Mediendienst[694], obwohl die Diskussion zwischen Dritten stattfindet, und man daher auch an ein Angebot im Bereich der Individualkommunikation i.S. des § 2 Abs. 2 Nr. 1 TDG denken könnte. Soll dagegen nur der beschränkte Kreis der Diskussionsteilnehmer Zugang zu den Beiträgen der anderen erhalten und wird nicht potentiell jedermann zur Teilnahme zugelassen, richten sich die Beiträge an einen anderen individualisierten Empfängerkreis oder können sich einzelne Diskussionsteilnehmer beim Chat aus der Gesamtdiskussion in einen Zustand der Abgeschiedenheit zurückziehen (*private chat*), so ist die Veranstaltung als Individualkommunikation (in Form von Einzel- oder Gruppenkommunikation) und damit als Teledienst einzustufen[695], weil in diesen Fällen der individuelle Charakter der Kommunikation deutlich in den Vordergrund rückt. In aller Regel wird eine Regierung mit dem Angebot einer Internet-Diskussion aber nicht ein Medium der Individualkommunikation für ihre Bürger bereitstellen, sondern ein Forum für eine *öffentliche* Diskussion schaffen wollen, deren Beiträge an ein über den Kreis der Teilnehmer hinausgehendes Publikum gerichtet sind. Handelt es sich bei dem Angebot von Diskussionsforen wie im vorliegenden Fall um eine Maßnahme regierungsamtlicher Öffentlichkeitsarbeit,

---

[693] *Determann*, Kommunikationsfreiheit im Internet, S. 531; *Flechsig/Gabel*, Strafrechtliche Verantwortlichkeit im Netz, CR 1998, S. 353; *A. Koch*, Einordnung von Internet-Suchmaschinen, K&R 2002, S. 121, 126 Fn. 69; *v. Lackum*, Suchmaschinen, MMR 1999, S. 698.

[694] Ebenfalls für die Einordnung öffentlicher Diskussionsforen als Mediendienste *Determann*, Kommunikationsfreiheit im Internet, S. 531; *Holznagel/Kussel*, Bekämpfung rechtsradikaler Inhalte im Internet, MMR 2001, S. 348 m.w.N.; *F. Koch*, Internet-Recht, S. 227; *ders*., Anbieterhaftung, CR 1997, S. 199; *Kröger/Moos*, Regelungsansätze, ZUM 1997, S. 468; *dies*., Mediendienst oder Teledienst, AfP 1997, S. 679; *Lent*, Rundfunk-, Medien-, Teledienste, S. 154, 159; zur Allgemeinadressierung von Diskussionsforen auch *Brand*, Rundfunk, S. 245 f.; für die Einordnung als Teledienste hingegen *Tettenborn*, Beck'scher IuKDG-Kommentar, § 2 TDG Rn. 69; vgl. auch BT-Drs. 14/1191, S. 7; BT-Drs. 13/7385, S. 18 f.

[695] So auch *Kröger/Moos*, Regelungsansätze, ZUM 1997, S. 468; *dies*., Mediendienst oder Teledienst, AfP 1997, S. 679; vgl. auch *Brand*, Rundfunk, S. 245 f.

so ist deshalb grundsätzlich von einer im Vordergrund stehenden Allgemeinadressierung des Dienstes auszugehen.

Teilweise wird die Einordnung von Diskussionsforen davon abhängig gemacht, ob dort eine Moderation stattfindet. Wenn dies der Fall sei, handele es sich bei der Diskussion um einen Mediendienst, anderenfalls um einen Teledienst[696]. Diese Ansicht beruht auf den §§ 2 Abs. 2 Nr. 2 und 2 Abs. 4 Nr. 3 TDG, wonach Angebote zur Information und Kommunikation dem TDG unterfallen, soweit nicht die redaktionelle Gestaltung zur Meinungsbildung für die Allgemeinheit im Vordergrund steht. Die Auswahl der veröffentlichten Beiträge wird als redaktionelle Gestaltung in diesem Sinne verstanden. Werden dagegen die Einzelbeiträge „ungefiltert" in das Angebot aufgenommen, soll es sich um eine individuelle Nutzung handeln[697]. Diskussionsforen sind jedoch mit den in § 2 Abs. 2 Nr. 2 TDG beispielhaft aufgezählten *Daten*diensten (Verkehrs-, Wetter-, Umwelt- oder Börsendaten sowie Informationen über Waren und Dienstleistungen), die über die bloße Tatsachenbeschreibung und Faktenvermittlung hinaus keinen besonderen Beitrag zu Meinungsbildung leisten, nicht zu vergleichen. Ihnen kommt schon kraft ihres Inhalts und ihrer Forumfunktion eine ungleich größere Relevanz für die Meinungsbildung zu. Der Anspruch an eine redaktionelle Gestaltung sollte angesichts dieses fundamentalen Unterschieds nicht zu hoch angesetzt werden[698]. Das Fehlen einer Moderation ändert auch nichts an der Zielsetzung, ein öffentliches Forum für die Diskussionsbeiträge bereitzustellen. Dienste, die unter die beispielhaften Aufzählungen in den §§ 2 Abs. 2 TDG und MDStV fallen, können nur dann Teledienst oder Mediendienst sein, wenn sie der jeweils in § 2 Abs. 1 enthaltenen Definition entsprechen. Die Definition des § 2 Abs. 1 TDG ist aber nach dem oben Gesagten richtigerweise so auszulegen, dass es sich bei Telediensten um Angebote handeln muss, die entweder der

---

[696] *Moos*, Unterscheidung der Dienstformen, in: Kröger/Gimmy, Handbuch zum Internetrecht, S. 51.
[697] *Moos*, Unterscheidung der Dienstformen, in: Kröger/Gimmy, Handbuch zum Internetrecht, S. 51; vgl. auch *Kröger/Moos*, Mediendienst oder Teledienst?, AfP 1997, S. 679; kritisch dazu, dass nach dieser Differenzierung auch geschlossene Foren als Mediendienst einzuordnen sein können *Tettenborn*, Evaluation des IuKDG, MMR 1999, S. 517 Fn. 9.
[698] Vor diesem Hintergrund erscheint es etwa überzogen, wenn *Stadler*, Anmerkung, MMR 2003, S. 209 dem Propagandaauftritt einer rechtsradikalen Organisation die für einen Mediendienst erforderliche redaktionelle Gestaltung zur Meinungsbildung unter anderem mit dem Argument abspricht, dass der Teledienst die Regel und der Mediendienst lediglich die Ausnahme darstellen solle.

A. Rechtliche Probleme zulässiger reg.-amtl. Öffentlichkeitsarbeit

Individualkommunikation zuzurechnen sind oder als massenkommunikative Dienste *keinerlei* oder bloß *äußerst geringe* Meinungsrelevanz aufweisen. Letzteres trifft auf Diskussionsforen jedoch keinesfalls zu. Es handelt sich deshalb dabei – sofern die Voraussetzung der Öffentlichkeit erfüllt ist – unabhängig vom Stattfinden einer Moderation um Mediendienste.

dd) Zwischenergebnis

Auf den Fall bezogen ist somit festzuhalten, dass es sich sowohl bei dem an die Allgemeinheit gerichteten Internet-Auftritt der brandenburgischen Landesregierung als auch bei dem Diskussionswettbewerb zum Thema „Tolerantes Brandenburg", das dazu gedient hat, die Beiträge der Diskussionsteilnehmer ohne Zugangsschranken der Öffentlichkeit zu präsentieren, um Mediendienste gehandelt hat, so dass zur Klärung der Frage nach der Verantwortlichkeit für die Diskussionsbeiträge § 5 MDStV a.f. hätte Anwendung finden müssen. Nach neuem Recht richtet sich die Verantwortlichkeit von Mediendiensteanbietern nach den §§ 6-9 MDStV. Lediglich für das Ergebnis einer von ihr angebotenen Suchmaschine hätte die Regierung gemäß § 5 TDG a.F. (§§ 8-11 TDG) einstehen müssen.

b) Systematische Bedeutung der Verantwortlichkeitsregeln des Teledienstegesetzes und des Mediendienste-Staatsvertrags

Die systematische Bedeutung der im TDG und MDStV enthaltenen Verantwortlichkeitsregeln ist umstritten. Die Rechtsprechung[699] und ein Teil der Literatur[700] gehen im Anschluss an die Regierungsbegründung zur alten Fassung des TDG[701] davon aus, dass es sich dabei um sog. „Vorfilter" handelt, deren Voraus-

---

[699] BGH, MMR 2004, 166, 167 m. Anm. *Hoeren*; OLG Düsseldorf, MMR 2004, 315, 315 m. Anm. *Leupold*.
[700] *Determann*, Kommunikationsfreiheit im Internet, S. 575 ff. m.w.N. S. 576 Fn. 481; *Müller-Terpitz*, Verantwortung und Haftung, in: Kröger/Gimmy, Handbuch zum Internetrecht, S. 173; *Sieber*, Verantwortlichkeit im Internet, Rn. 246, 249; *Vassilaki*, Strafrechtliche Haftung, MMR 2002, S. 660; zur Neufassung *A. Koch*, Einordnung von Internet-Suchmaschinen, K&R 2002, S. 121; *Libertus*, Verantwortlichkeit des Anbieters von Chatrooms, TKMR 2003, S. 184; *Nickels*, E-Commerce, CR 2002, S. 305; a.A. *Hoffmann*, Haftung im Internet, MMR 2002, S. 285: „Nachfilter", unter Verweis auf die Regierungsbegründung zum EGG, BT-Drs. 14/6098, S. 23: „Sind im Einzelfall die Voraussetzungen der allgemeinen Vorschriften für eine Haftung erfüllt, so ist der Diensteanbieter für die Rechtsgutsverletzung gleichwohl nicht verantwortlich, wenn er sich auf das Eingreifen der §§ 9, 10 oder 11 TDG berufen kann."
[701] BT-Drs. 13/7385, S. 20: „Liegen die Voraussetzungen der Verantwortlichkeit für rechtswidrige fremde Inhalte vor, bestimmen sich die Rechtsfolgen nach der geltenden Rechtsordnung; im Be-

setzungen vor der Anwendung der allgemeinen Haftungsnormen zu prüfen sind. Nach anderer Ansicht sind die Haftungsprivilegierungen dagegen in den Tatbestand der allgemeinen Haftungsnormen mit einzubeziehen[702]. Unabhängig von ihrer dogmatischen Einordnung schließen die im TDG und MDStV enthaltenen Verantwortlichkeitsregeln jedenfalls die Haftung für Medieninhalte aus, wenn ihre Tatbestandsvoraussetzungen erfüllt sind. Soweit es sich um die Verantwortlichkeitsregeln des MDStV handelt, stellt sich jedoch die Frage, ob diese staatsvertraglichen Vorschriften überhaupt in der Lage sind, die Haftung nach bundesrechtlichen Vorschriften zu modifizieren. Teilweise wird dies mit Blick auf die Kompetenzverteilung zwischen Bund und Ländern bezweifelt[703]. Nach anderer Ansicht modifizieren die Verantwortlichkeitsregeln des MDStV die Haftung in allen Rechtsbereichen, vom Presse- und Polizeirecht bis hin zu den Normen des Straf- und Zivilrechts[704]. Dieses Ergebnis legen insbesondere der klare Wille des Gesetzgebers[705] und der wortgleiche Kompromiss zwischen Bundes- und Landesregelung nahe[706]. Man wird deshalb davon ausgehen können, dass die Haftungsprivilegierungen des MDStV jedenfalls analog anzuwenden sind, soweit ihre Reichweite überschritten ist[707].

c) Verantwortlichkeit der Regierung für Hyperlinks

Während die Einordnung eines Angebots in das System der Informations- und Kommunikationsdienste für die hier behandelte Frage wegen der gleichlautenden Vorschriften zur Verantwortlichkeit im TDG und MDStV weder nach altem

---

[702] reich des Strafrechts ist dies z.B. die Strafbarkeit, im Bereich der deliktischen Haftung die Schadensersatzpflicht des Diensteanbieters."
Spindler, Verantwortlichkeit der Diensteanbieter, NJW 2002, S. 922 m.w.N.; *Bettinger/Freytag*, Verantwortlichkeit für Links, CR 1998, S. 548; ähnlich *Satzger*, Strafrechtliche Verantwortlichkeit, CR 2001, S. 110; vgl. auch *Waldenberger*, Verantwortlichkeit, MMR 1998, S. 126.
[703] *Determann*, Kommunikationsfreiheit im Internet, S. 582 f.; *F. Koch*, Anbieterhaftung, CR 1997, S. 193 f., 198; *Pichler*, Haftung des Host Providers, MMR 1998, S. 81; *Schack*, Urheberrechtliche Gestaltung von Webseiten, MMR 2001, S. 14 f.; *Spindler*, Haftungsrechtliche Grundprobleme, NJW 1997, S. 3194. Gounalakis, Mediendienste-Staatsvertrag, NJW 1997, S. 2995 will stattdessen aus § 5 Abs. 2 eine gesetzliche Garantenstellung herleiten; *Determann*, Kommunikationsfreiheit im Internet, S. 580 f. hält diesem Vorschlag zu Recht entgegen, dass der Vorwurf gegenüber den Anbietern nicht in einem Unterlassen besteht; vgl. auch *Pichler*, Haftung des Host Providers, MMR 1998, S. 82.
[704] *Müller-Terpitz*, Verantwortung und Haftung, in: Kröger/Gimmy, Handbuch zum Internetrecht, S. 172 f. m.w.N.; für das Straf- und Zivilrecht auch *Waldenberger/Hoß*, Elektronische Presse, AfP 2000, S. 243.
[705] S. etwa Drs. 15/7276 der Bürgerschaft der Freien und Hansestadt Hamburg, S. 12 f.
[706] Vgl. *Müller-Terpitz*, Verantwortung und Haftung, in: Kröger/Gimmy, Handbuch zum Internetrecht, S. 177 ff.
[707] *Determann*, Kommunikationsfreiheit im Internet, S. 583 f.

A. Rechtliche Probleme zulässiger reg.-amtl. Öffentlichkeitsarbeit 191

noch nach neuem Recht im Ergebnis eine Änderung mit sich bringt[708], wirkt sich die Antwort auf die ebenfalls vom Gericht zu beantwortende Frage, ob es sich bei den Leistungen der Landesregierung, die für den Wettbewerb eine Website zur Verfügung gestellt und auf ihrer Homepage einen Hyperlink dorthin eingerichtet hat, um „Zugangsvermittlung" i.S. der §§ 5 Abs. 3 TDG/MDStV a.F. oder um „Bereithalten" von eigenen oder fremden Inhalten im Sinne der Absätze 1 und 2 der Vorschriften gehandelt hat, wesentlich auf ihre Verantwortlichkeit für die Wettbewerbsbeiträge aus. Für zur Nutzung bereitgehaltene *eigene* Inhalte haftet der Anbieter gemäß den §§ 5 Abs. 1 TDG/MDStV a.f. nach den allgemeinen Gesetzen. Für *fremde* Inhalte, die er zur Nutzung bereithält, ist der Anbieter eines Mediendienstes gemäß §§ 5 Abs. 2 TDG/MDStV a.F. verantwortlich, wenn er sie kennt und es ihm technisch möglich und zumutbar ist, ihre Nutzung zu verhindern. Für fremde Inhalte, zu denen der Anbieter lediglich den Zugang zur Nutzung vermittelt, ist er gemäß §§ 5 Abs. 3 S. 1 TDG/MDStV a.F. nicht verantwortlich. Ganz ähnlich verhält es sich nach der neuen Rechtslage[709]. Weil die alte Rechtslage dem Urteil des Landgerichts Potsdam zugrunde liegt und zudem wertvolle Hinweise zum Verständnis des neuen Rechts liefern kann[710], soll diese zunächst erläutert werden, bevor wir uns den neuen Verantwortlichkeitsregeln zuwenden.

Das Landgericht Potsdam geht in seiner Entscheidung ohne nähere Begründung davon aus, dass die Landesregierung durch den Hyperlink auf ihrer Homepage den Zugang zu den Diskussionsbeiträgen vermittelt habe und deshalb nicht für deren Inhalte hafte. Diese Bewertung entspricht der von einem Teil der Rechtsprechung[711] vertretenen Ansicht zur haftungsrechtlichen Einordnung von Hyperlinks. In anderen Entscheidungen heißt es dagegen lapidar, die Einrichtung von Hyperlinks geschehe bewusst und der Anbieter mache sich dadurch die in Bezug genommenen Inhalte zu Eigen, weshalb er nach §§ 5 Abs. 1 TDG/MD-

---

[708] Vgl. *Determann*, Kommunikationsfreiheit im Internet, S. 575 f.; *Sieber*, Verantwortlichkeit im Internet, Rn. 269. In anderen Fragen kann sich die Einordnung dagegen durchaus als bedeutsam erweisen. So enthält der MDStV in der alten wie in der neuen Fassung einen umfangreichen Katalog von Ordnungswidrigkeiten, wogegen im alten TDG gar keine Sanktionen vorgesehen waren, in der aktuellen Fassung nur eine einzige.
[709] Dazu unten Kap. 3 A. I. 3.
[710] So auch *Ch. Engel*, ISP als Geiseln deutscher Ordnungsbehörden, MMR Beilage 4/2003, S. 17.
[711] S. etwa OLG Schleswig, MMR 2001, S. 399, 400; LG Frankenthal, MMR 2001, S. 401.

StV a.F. dafür verantwortlich sei[712]. Auch die Literaturansichten reichen von der Anwendung des Abs. 1[713] bis hin zu der des Abs. 3[714]. Nach einer differenzierenden Ansicht macht sich ein Anbieter, der sog. *Deep-* oder *Inline-Links*[715] benutzt, die fremde Inhalte unter Aufhebung ihres ursprünglichen Kontexts in die eigene Darstellung einbinden, ohne dass dies für den Rezipienten ersichtlich wird, diese Inhalte *technisch* zu Eigen und haftet dafür nach Abs. 1. Das gleiche soll für den Fall gelten, dass er sich die Inhalte *inhaltlich* zu Eigen macht, indem er sie ausdrücklich oder konkludent für zutreffend erklärt. In den übrigen Fällen soll Abs. 3 Anwendung finden[716]. Die genannten Ansichten verzichten jedoch offenbar auf eine eigenständige Bedeutung der Tatbestandsmerkmale *zur Nutzung bereithalten* und *Zugang zu Nutzung vermitteln*, obwohl es angesichts des Normwortlauts zunächst gerade darum gehen muss, diese voneinander abzugrenzen. Um eine Zugangsvermittlung i.S. des § 5 Abs. 3 MDStV a.F. handelt es sich nur, wenn der Diensteanbieter dem Nutzer fremde Inhalte lediglich in einer mit Telekommunikationsdienstleistungen vergleichbaren Weise technisch zugänglich macht und so keinerlei Einfluss auf die vermittelten Inhalte nehmen kann[717]. Im Einrichten von Hyperlinks wird zum Teil solch eine rein technische, telekommunikationsdienstleistungsähnliche Handlung gesehen[718]. Durch das bedachte Einrichten von Hyperlinks werden Inhalte aber nicht lediglich *technisch* zugänglich gemacht, sondern es findet eine konkrete *inhaltliche* Auswahl statt, und der Nutzer wird von demjenigen, der den Hyperlink eingerichtet hat, auf die betreffenden Inhalte überhaupt erst aufmerksam gemacht.

---

[712] LG München I, MMR 2000, 566, 568; LG Frankfurt/Main, CR 1999, 45, 46 m. Anm. *Kloos*; wohl auch LG München I, MMR 2001, 56, 57; LG Hamburg, NJW 1998, 3650, 3650.
[713] *Flechsig/Gabel*, Strafrechtliche Verantwortlichkeit im Netz, CR 1998, S. 354.
[714] *Fiedler*, Meinungsfreiheit in einer vernetzten Welt, S. 108; *F. Koch*, Anbieterhaftung, CR 1997, S. 198, 200.
[715] Zu den Unterschieden *Schack*, Urheberrechtliche Gestaltung von Webseiten, MMR 2001, S. 13.
[716] LG Lübeck, MMR 1999, 686, 686; *Determann*, Kommunikationsfreiheit im Internet, S. 584; *Kloos*, Anmerkung, CR 1999, S. 47; *Schütz/Attendorn*, Anmerkung, MMR 2001, S. 403; *Sieber*, Verantwortlichkeit im Internet, Rn. 307 ff.; vgl. auch *Kochinke/Tröndle*, Links, Frames und Meta-Tags, CR 1999, S. 191.
[717] *Bettinger/Freytag*, Verantwortlichkeit für Links, CR 1998, S. 549; *Bröhl*, Rechtliche Rahmenbedingungen, CR 1997, S. 75; *v. Lackum*, Suchmaschinen, MMR 1999, S. 700; *Müller-Terpitz*, Verantwortung und Haftung, in: Kröger/Gimmy, Handbuch zum Internetrecht, S. 200; *Schmitz*, Anmerkung, CR 2000, S. 125; *Schütz/Attendorn*, Anmerkung, MMR 2001, S. 403 m.w.N.; a.A. *Sieber*, Verantwortlichkeit im Internet, Rn. 263.
[718] *Müller-Terpitz*, Verantwortung und Haftung, in: Kröger/Gimmy, Handbuch zum Internetrecht, S. 205; wohl auch *F. Koch*, Anbieterhaftung CR 1997, S. 200, 202; ähnlich *Fiedler*, Meinungsfreiheit in einer vernetzten Welt, S. 179; *Spindler*, in: Hoeren/Sieber, Handbuch Multimediarecht, Kap. 29, Rn. 132 f.

A. Rechtliche Probleme zulässiger reg.-amtl. Öffentlichkeitsarbeit 193

Die Privilegierung dieses Verhaltens entspricht nach anderer Ansicht gerade nicht der Ratio des Abs. 3, die bloße Durchleitung von Daten und Zugangsvermittlung haftungsrechtlich freizustellen[719]. Tatsächlich kann es nicht gewollt sein, dass jemand gezielt nach rechtswidrigen Inhalten sucht, andere mittels Hyperlinks bewusst und gewollt zu diesen Inhalten führt und dafür selbst letztlich nicht zur Verantwortung gezogen werden kann. Die Anwendung des Abs. 3 scheidet aus diesem Grunde aus. Der Anbieter, der einen Hyperlink einrichtet, hält den verlinkten Inhalt aber auch nicht zwangsläufig im Sinne der Abs. 1 und 2 zur Nutzung bereit, denn darunter ist nur das Vorhalten im eigenen Speicher zu verstehen[720]. Verlinkte Inhalte sind jedoch häufig gerade auf fremden Rechnern gespeichert, und nur in diesem Fall kommt es überhaupt darauf an, ob ein Hyperlink als Anknüpfungspunkt für eine Verantwortlichkeit des Anbieters dienen kann. Hält der Anbieter die verlinkten Inhalte selbst vor, richtet sich seine Verantwortlichkeit nämlich unproblematisch nach den Abs. 1 und 2[721]. Es zeigt sich somit, dass die typische Problemkonstellation im Zusammenhang mit der Verantwortlichkeit für Hyperlinks mit den Vorschriften der §§ 5 TDG/MDStV a.F. entgegen der Überzeugung des Gesetzgebers[722] nicht sachgerecht zu erfassen ist. Es liegt somit an entscheidender Stelle eine planwidrige Regelungslücke vor, die den Weg zur Analogie eröffnet. Die dafür erforderliche vergleichbare Interessenlage findet sich wiederum in den Regelungen zum Bereithalten von Inhalten. Der Anbieter, der bewusst Inhalte auswählt und einen Hyperlink einrichtet, um Dritte zu diesen Inhalten zu führen, ist mit demjenigen vergleichbar, der ihm bekannte Inhalte unmittelbar in seinem eigenen Speicher vorrätig hält[723]. Für das Internet ist es gerade wesensbestimmend, dass letztlich nicht der physikalische Ort der Daten die entscheidende Rolle spielt, sondern die Tatsache, dass man sie überhaupt findet. Nicht ohne Grund spricht man vom „Cyberspace", einem bloß virtuellen Raumgefüge. Zwar erscheint eine rigide Haftung

---

[719] *V. Lackum*, Suchmaschinen, MMR 1999, S. 700; *Schack*, Urheberrechtliche Gestaltung von Webseiten, MMR 2001, S. 15; *Schütz/Attendorn*, Anmerkung, MMR 2001, S. 403.
[720] *Müller-Terpitz*, Verantwortung und Haftung, in: Kröger/Gimmy, Handbuch zum Internetrecht, S. 190; *Schack*, Urheberrechtliche Gestaltung von Webseiten, MMR 2001, S. 15; *Schütz/Attendorn*, Anmerkung, MMR 2001, S. 404; *Waldenberger*, Verantwortlichkeit, MMR 1998, S. 128.
[721] Vgl. *Schack*, Urheberrechtliche Gestaltung von Webseiten, MMR 2001, S. 14.
[722] Vgl. BT-Drs. 14/1191, S. 11.
[723] *Bettinger/Freytag*, Verantwortlichkeit für Links, CR 1998, S. 550; *Schütz/Attendorn*, Anmerkung, MMR 2001, S. 404.

für verlinkte Inhalte angesichts der Tatsache, dass die Verknüpfung von Inhalten mittels Hyperlinks wesentlich zur Identität des Internets beiträgt und zudem wegen der Erleichterung des Informationszugangs sozial erwünschtes Verhalten darstellt[724], auf der einen Seite problematisch. Auf der anderen Seite darf aber der Einsatz von Hyperlinks, gerade weil es für den Nutzer nicht darauf ankommt, in wessen Speicher sich der von ihm gesuchte Inhalt befindet, nicht zu einer generellen Haftungsfreistellung führen. Anderenfalls wären Umgehungsversuchen Tür und Tor geöffnet. Eine sinnvolle Haftungsbegrenzung – auch vor dem Hintergrund der grundrechtlich gesicherten Meinungsfreiheit – wird durch die unterschiedliche Handhabung von eigenen und fremden Inhalten erreicht[725]. Die Gleichbehandlung des Einrichtens von Hyperlinks und des Bereithaltens von Inhalten erscheint daher geboten. Aus diesem Grunde können die Regelungen der §§ 5 Abs. 1 und 2 TDG/MDStV a.F. auf die Einrichtung von Hyperlinks entsprechend angewendet werden[726]. Zu klären ist daher noch, ob es sich bei den verlinkten Inhalten für den Anbieter um fremde oder eigene Inhalte handelt. Wie sich aus den Regelungen ergibt, führt das bloße Vorhalten im eigenen Speicher noch nicht dazu, dass auch die Inhalte zu eigenen werden. Eigene Inhalte sind vielmehr nur die, deren Urheber der Anbieter ist, oder die er sich technisch oder inhaltlich zu Eigen gemacht hat. Für die Beurteilung der Frage, ob ein Zueigenmachen vorliegt, kommt es auf eine Einzelfallabwägung von einem verobjektivierten Empfängerhorizont aus an[727]. Urheber der Beiträge in dem verlinkten Diskussionswettbewerb waren im Ausgangsfall ersichtlich die Teilnehmer. Der Diskussionswettbewerb wurde durch die Einbindung in den Internet-Auftritt der brandenburgischen Landesregierung aber immerhin zu einem Teil ihrer Öffentlichkeitsarbeit, weshalb sich die Frage stellt, ob sie sich die Beiträge dadurch zu Eigen gemacht haben könnte. Ein *technisches* Zueigenmachen fremder Inhalte

---

[724] *Bettinger/Freytag*, Verantwortlichkeit für Links, CR 1998, S. 552; *Schack*, Urheberrechtliche Gestaltung von Webseiten, MMR 2001, S. 16.
[725] Dazu sogleich; vgl. auch *Schütz/Attendorn*, Anmerkung, MMR 2001, S. 404.
[726] So auch *A. Koch*, Verantwortlichkeit für Hyperlinks, MMR 1999, S. 707; *Schütz/Attendorn*, Anmerkung, MMR 2001, S. 404; *Waldenberger*, Verantwortlichkeit, MMR 1998, S. 128; *ders./Hoß*, Elektronische Presse, AfP 2000, S. 243; *Bettinger/Freytag*, Verantwortlichkeit für Links, CR 1998, S. 550 gehen dagegen von der direkten Anwendbarkeit aus.
[727] LG Potsdam, ZUM 2003, 152, 154 m. Anm. *Gercke*; *Köster/Jürgens*, Haftung professioneller Informationsvermittler, MMR 2002, S. 422; *Müller-Terpitz*, Verantwortung und Haftung, in: Kröger/Gimmy, Handbuch zum Internetrecht, S. 192; *Schütz/Attendorn*, Anmerkung, MMR 2001, S. 403.

kann dadurch erfolgen, dass die verlinkten Inhalte in einer Weise dargestellt werden, die sie ihres ursprünglichen Kontexts beraubt und die fremde Urheberschaft nicht mehr erkennbar werden lässt[728]. Dass die Urheberschaft der in einem Diskussionsforum gesammelten Beiträge bei den Diskussionsteilnehmern liegt, ist jedoch in der Regel für den Benutzer deutlich zu erkennen[729], und so verhielt es sich auch im vorliegenden Fall. Die Landesregierung hat sich die Beiträge daher nicht technisch zu Eigen gemacht. Dafür dass sie sich die Beiträge durch Identifizierung mit den vertretenen Meinungen *inhaltlich* zu Eigen gemacht haben könnte[730], sind ebenfalls keine Anhaltspunkte ersichtlich. Im Gegenteil: Die Regierung hat ausdrücklich darauf hingewiesen, für den Inhalt der Wettbewerbsbeiträge keinerlei Verantwortung übernehmen zu wollen. Solch ein ausdrücklicher distanzierender Hinweis (*Disclaimer*) ist ein deutliches Indiz gegen die Identifizierung mit Aussagen Dritter[731]. In der bloßen Nutzung des Diskussionswettbewerbs im Rahmen der Öffentlichkeitsarbeit kann kein Zueigenmachen gesehen werden. Es handelte sich bei den Diskussionsbeiträgen folglich um für die Regierung fremde Inhalte, so dass die §§ 5 Abs. 2 TDG/MDStV a.F. entsprechende Anwendung hätten finden müssen. Weil es ihr technisch möglich und zumutbar war, die Nutzung eines einzelnen Beitrags durch Löschen zu verhindern, war die Regierung also ab Kenntnis des Inhalts nach den allgemeinen Grundsätzen für den beanstandeten Beitrag verantwortlich und gegebenenfalls gemäß §§ 1004, 823 Abs. 2 BGB i.V. mit §§ 185 ff. StGB zur Löschung verpflichtet.

d) Verantwortlichkeit der Regierung für Suchmaschinen

Wenn es eben auf das *bewusste* Setzen von Hyperlinks angekommen ist, so liegt hierin ein wesentlicher Unterschied zum Ergebnis einer echten, d.h. automatisch

---

[728] *Bettinger/Freytag*, Verantwortlichkeit für Links, CR 1998, S. 550; *Müller-Terpitz*, Verantwortung und Haftung, in: Kröger/Gimmy, Handbuch zum Internetrecht, S. 192; *Schütz/Attendorn*, Anmerkung, MMR 2001, S. 403.
[729] So auch *Müller-Terpitz*, Verantwortung und Haftung, in: Kröger/Gimmy, Handbuch zum Internetrecht, S. 192; *Pichler*, Haftung des Host Providers, MMR 1998, S. 82.
[730] Kritisch zur Möglichkeit inhaltlichen Zueigenmachens *Schütz/Attendorn*, Anmerkung, MMR 2001, S. 403.
[731] OLG Schleswig, MMR 2001, 399, 400; LG Hamburg, MMR 1998, 547, 548; *Müller-Terpitz*, Verantwortung und Haftung, in: Kröger/Gimmy, Handbuch zum Internetrecht, S. 192; *Schmitz*, Anmerkung, CR 2000, S. 125; *Spindler*, Haftungsrechtliche Grundprobleme, NJW 1997, S. 3196; vgl. auch BGH, NJW 1996, 1131, 1132; BGH, NJW 1997, 1148, 1149, jeweils m.w.N.; zurückhaltender OLG München, MMR 2002, 611, 613.

arbeitenden Suchmaschine. Zwar werden auch hier die gefundenen Inhalte als Hyperlinks angezeigt[732]. Der Suchmaschinenbetreiber sucht die konkret in Bezug genommenen Inhalte aber nicht willkürlich aus, sondern stellt lediglich eine Dienstleistung nach (mehr oder weniger) objektiven Kriterien zur Verfügung. Er vermittelt auf Anwendungsebene den Zugang zur Nutzung anderer Inhalte[733] und ist daher als Zugangsvermittler i.S. des § 5 Abs. 3 TDG a.F. anzusehen[734]. Er haftet folglich nicht für die fremden Inhalte. Wenn das Suchergebnis allerdings bereits Auszüge der nachgewiesenen Websites enthält, werden insoweit fremde Inhalte zur Nutzung bereitgehalten[735]. Bei redaktionell betreuten Suchkatalogen oder Web-Verzeichnissen werden die aufgenommenen Inhalte dagegen von Menschenhand zusammengetragen, gesichtet und bewusst entsprechenden Kategorien und Suchbegriffen zugeordnet. Diese mit dem Einrichten einzelner Hyperlinks vergleichbaren Tätigkeiten rechtfertigen es, auf die Anbieter solcher Kataloge und Verzeichnisse § 5 Abs. 1 oder 2 TDG a.F. entsprechend anzuwenden, je nachdem, ob es sich um fremde oder zu Eigen gemachte Inhalte handelt[736].

e) Verantwortlichkeit der Regierung für Diskussionsbeiträge

Es stellt sich weiterhin die Frage, ob die Landesregierung im Beispielsfall auch als Anbieter des Diskussionswettbewerbs hätte zur Verantwortung gezogen werden können. Das Landgericht Potsdam ist auf den Umstand, dass nicht die Landesregierung, sondern ein eingetragener Verein als Veranstalter des Wettbewerbs aufgetreten ist, obwohl die Landesregierung im Prozess unter anderem ausdrücklich vorgebracht hat, sie sei für den streitgegenständlichen Beitrag schon deshalb nicht verantwortlich, weil es sich gar nicht um einen Regierungswettbewerb gehandelt habe, in seiner Entscheidung genauso wenig eingegangen wie auf den Umstand, dass die Regierung nicht nur einen Hyperlink auf den

---

[732] Vgl. *Köster/Jürgens*, Haftung professioneller Informationsvermittler, MMR 2002, S. 421; *v. Lackum*, Suchmaschinen, MMR 1999, S. 698.
[733] *Greiner*, Sperrungsverfügungen, CR 2002, S. 621; *F. Koch*, Anbieterhaftung, CR 1997, S. 200.
[734] So auch LG Frankfurt/Main, MMR 2001, 405, 405 f.; *Determann*, Kommunikationsfreiheit im Internet, S. 584; *Fiedler*, Meinungsfreiheit in einer vernetzten Welt, S. 108; *Spindler*, in: Roßnagel, Recht der Multimedia-Dienste, § 5 TDG a.F. Rn. 128; *Waldenberger/Hoß*, Elektronische Presse, AfP 2000, S. 244; wohl auch LG München I, MMR 2001, 56, 57; a.A. *v. Lackum*, Suchmaschinen, MMR 1999, S. 700, der stets § 5 Abs. 2 TDG a.F. für anwendbar hält.
[735] *Spindler*, in: Roßnagel, Recht der Multimedia-Dienste, § 5 TDG a.F. Rn. 128.
[736] Vgl. *Waldenberger/Hoß*, Elektronische Presse, AfP 2000, S. 244.

Diskussionswettbewerb eingerichtet, sondern auch eine Website dafür zur Verfügung gestellt hatte. Anbieter eines Tele- oder Mediendienstes ist gemäß §§ 3 (S. 1) Nr. 1 TDG/MDStV, wer eigene oder fremde Dienste zur Nutzung bereithält oder den Zugang zur Nutzung vermittelt. Die Beiträge zum Diskussionswettbewerb lagen dauerhaft auf dem Server der Landesregierung zum Abruf bereit, und das Vorhalten im eigenen Speicher ist „Bereithalten" von Inhalten sowohl im Sinne der Verantwortlichkeitsnormen[737] als auch im Sinne der Anbieterdefinition. Dabei kommt es nicht auf die an dem Server bestehenden Eigentumsverhältnisse, sondern allein auf die tatsächliche und rechtliche Kontrolle darüber an[738]. Die Regierung war offenbar als einzige überhaupt technisch in der Lage, die Diskussionsbeiträge zu sperren oder zu löschen[739]. Sie ist deshalb als Anbieter des Diskussionswettbewerbs anzusehen.

In der Literatur wird zum Teil die Auffassung vertreten, bei der Veranstaltung von Diskussionsforen handele es sich lediglich um eine Zugangsvermittlung i.S. der §§ 5 Abs. 3 MDStV/TDG a.F., weil die Beiträge oft nur für kurze Zeiträume von wenigen Tagen vorrätig gehalten würden. Zumindest sei eine analoge Anwendung des Abs. 3 aus Gründen des Schutzes der Meinungsfreiheit verfassungsrechtlich geboten[740]. Das Argument der bloß kurzzeitigen Bereithaltung der Inhalte verfängt indes nicht, wenn die Inhalte des Diskussionsforums wie im Beispielsfall doch für längere Zeit zum Abruf bereitstehen. Nach den eben im Zusammenhang mit der Haftung für Hyperlinks und der Anbietereigenschaft dargestellten allgemeinen Regeln handelt es sich bei der Veranstaltung von Diskussionsforen auf dem eigenen Server vielmehr um ein Bereithalten fremder Inhalte i.S. der §§ 5 Abs. 2 MDStV/TDG a.F.[741], und zwar unabhängig davon, ob es sich um einen Aufsatzwettbewerb, eine Newsgroup oder einen Chatroom

---

[737] *Müller-Terpitz*, Verantwortung und Haftung, in: Kröger/Gimmy, Handbuch zum Internetrecht, S. 190; *Schütz/Attendorn*, Anmerkung, MMR 2001, S. 404; *Waldenberger*, Verantwortlichkeit, MMR 1998, S. 128.
[738] *Müller-Terpitz*, Verantwortung und Haftung, in: Kröger/Gimmy, Handbuch zum Internetrecht, S. 190 f.
[739] *Schmitz*, Anmerkung, CR 2000, S. 125.
[740] Vgl. *Spindler*, in: Roßnagel, Recht der Multimedia-Dienste, § 5 TDG a.F. Rn. 108.
[741] So auch BT-Drs. 14/1191, S. 11; LG Trier, MMR 2002, 694, 695 m. Anm. *Gercke*; *F. Koch*, Anbieterhaftung, CR 1997, S. 199; *Pichler*, Haftung des Host Providers, MMR 1998, S. 82, 86 f.; *Spindler*, in: Roßnagel, Recht der Multimedia-Dienste, § 5 TDG a.F. Rn. 109.

handelt. Den Belangen der Meinungsfreiheit wird durch die Haftungsvoraussetzung der positiven Kenntnis der Inhalte hinreichend Rechnung getragen.

f) Rechtsprechung des Bundesgerichtshofs zur Verantwortlichkeit von Medienanbietern

Nach dem Gesagten war die Landesregierung im Beispielsfall, spätestens nachdem ihr der Inhalt des Diskussionsbeitrags durch den offenen Brief zur Kenntnis gebracht worden war, grundsätzlich nach den allgemeinen Regeln dafür verantwortlich. Nach der Rechtsprechung des Bundesgerichtshofs schließen aber die bereits erwähnte ausdrückliche Distanzierung des Medienbetreibers von den von ihm verbreiteten Inhalten und das Vorliegen eines bloßen „Marktplatzes der Meinungen", auf dem lediglich eine Dokumentation des Meinungsstands erfolgt, eine Haftung aus[742]. Dieser Ausschluss gilt jedoch, wie sich aus der Ratio dieser Rechtsprechung ergibt, nur für die verschuldensabhängige Verursacherhaftung. Der Medienbetreiber soll als bloßer Vermittler durch die Rechtswidrigkeit der vermittelten Inhalte keine *Nachteile* erleiden, also etwa Schadensersatz leisten oder eine Äußerung widerrufen müssen. Eine solche Pflicht soll nur den Urheber der Inhalte treffen. Etwas anderes ergibt sich dagegen für die verschuldensunabhängigen Unterlassungspflichten, durch die dem Medienbetreiber über die Beschränkung hinaus keine Nachteile entstehen. Es ist kein Grund ersichtlich, warum ein Medienbetreiber als Mitstörer nicht verpflichtet sein sollte, die Störung im Rahmen seiner Möglichkeiten künftig zu unterlassen. Dieser Ratio entsprach auch die gesetzgeberische Klarstellung in § 5 Abs. 4 TDG a.F., nach der die allgemeine Verpflichtung des Anbieters von Telediensten zur Sperrung der Nutzung rechtswidriger Inhalte von den Haftungsprivilegien unberührt blieb[743]. Dass eine entsprechende Vorschrift im MDStV a.F. nicht enthalten war, beruht lediglich auf einem Redaktionsversehen[744]. Die Privilegierung des Medienanbieters, der den verschiedenen Meinungen ein Forum bieten will, schließt also einen auf § 1004 BGB analog gestützten quasinegatorischen Unterlassungsan-

---

[742] BGH, NJW 1996, 1131, 1132 f.; NJW 1976, 1198, 1199 f.
[743] Vgl. dazu *Determann*, Kommunikationsfreiheit im Internet, S. 589, 591; *Fiedler*, Meinungsfreiheit in einer vernetzten Welt, S. 109 f.; *Hackbarth*, Anmerkung, CR 1998, S. 303; a.A. OLG Düsseldorf, MMR 2004, 315, 316 m. Anm. *Leupold*. Auf den bloßen Klarstellungscharakter des § 5 Abs. 4 TDG a.F. weisen *Bröhl*, Rechtliche Rahmenbedingungen, CR 1997, S. 75 und *Hackbarth*, Anmerkung, CR 1998, S. 303 hin.
[744] *Bettinger/Freytag*, Verantwortlichkeit für Links, CR 1998, S. 547.

spruch wegen einer Persönlichkeitsrechtsverletzung nicht aus[745]. Der Unterlassungsanspruch setzt jedoch die Rechtswidrigkeit des beeinträchtigenden Zustands voraus[746]. Dabei ist im Zusammenhang mit Medieninhalten stets zu beachten, dass die Rechtswidrigkeitsschwelle für Meinungsäußerungen wegen der grundrechtlichen Gewährleistung des Art. 5 Abs. 1 S. 1 GG insbesondere in der politischen Meinungsauseinandersetzung und im Bereich der öffentlichen Meinungsbildung relativ hoch anzusetzen ist. Die Rechtswidrigkeit der im vorliegenden Fall streitigen Äußerung ist daher zumindest zweifelhaft[747].

3. Aktuelles Recht

Mit den bereits angesprochenen Gesetzesänderungen durch das EGG wurde das deutsche Multimedia-Recht an die Erfordernisse der europäischen Richtlinie über den elektronischen Geschäftsverkehr[748] angepasst. Die dort in den Art. 12 ff. zur nationalstaatlichen Umsetzung vorgesehenen Regelungen zur Verantwortlichkeit von Diensteanbietern („Vermittlern") sind nahezu wortgleich in das deutsche Recht übernommen worden und finden sich heute in den §§ 8-11 TDG bzw. 6-9 MDStV mit identischem Wortlaut wieder. Die §§ 8 Abs. 1 TDG; 6 Abs. 1 MDStV stellen wie zuvor die §§ 5 Abs. 1 TDG/MDStV a.F. klar, dass Diensteanbieter für *eigene* Informationen (früher: Inhalte), die sie zur Nutzung bereithalten, nach Maßgabe der allgemeinen Gesetze verantwortlich sind. Die §§ 9 TDG; 7 MDStV befassen sich mit der Verantwortlichkeit der Anbieter für die Übermittlung und die Vermittlung des Zugangs zur Nutzung von *fremden* Informationen. Für diese sind sie nicht verantwortlich, sofern sie nicht durch eine der im Gesetz aufgezählten Verhaltensweisen die „publizistische Verantwortung" dafür übernommen haben[749]. Die §§ 10, 11 TDG; 8, 9 MDStV betreffen schließlich die Verantwortlichkeit der Anbieter für fremde Informationen, die sie aus den dort genannten Gründen speichern. Insbesondere sind sie für fremde Informationen, die sie für einen Nutzer speichern, gemäß §§ 11 S. 1 TDG; 9 S. 1

---

[745] So auch *Schmitz*, Anmerkung, CR 2000, S. 125.
[746] *Bassenge*, in: Palandt, BGB, § 1004 Rn. 12.
[747] So auch *Schmitz*, Anmerkung, CR 2000, S. 125.
[748] Richtlinie 2000/31/EG des Europäischen Parlaments und des Rates vom 08.06.2000 über bestimmte rechtliche Aspekte der Dienste der Informationsgesellschaft, insb. des elektronischen Geschäftsverkehrs, im Binnenmarkt („Richtlinie über den elektronischen Geschäftsverkehr"), ABl. EG Nr. L 178 v. 17.07.2000, S. 1.
[749] *Ch. Engel*, ISP als Geiseln deutscher Ordnungsbehörden, MMR Beilage 4/2003, S. 19.

MDStV nur eingeschränkt verantwortlich. Gemeint ist damit die Bereitstellung von Speicherplatz auf dem eigenen Server, damit Nutzer dort Informationen ablegen können, die dann für den Abruf durch Dritte zur Verfügung stehen[750]. Die Diensteanbieter treffen gemäß §§ 8 Abs. 2 S. 1 TDG; 6 Abs. 2 S. 1 MDStV keine laufenden Überwachungs- oder Erforschungspflichten. In Abs. 2 S. 2 enthalten beide Normen jedoch jeweils die Regelung, dass Verpflichtungen zur Entfernung oder Sperrung von Informationen auch im Falle der Nichtverantwortlichkeit nach TDG/MDStV bestehen.

a) Verantwortlichkeit für Diskussionsbeiträge

Der Anbieter eines Diskussionsforums speichert fremde Informationen für einen Nutzer. Seine Verantwortlichkeit für die enthaltenen Beiträge richtet sich deshalb nach den §§ 11 S. 1 TDG; 9 S. 1 MDStV[751]. Sie ist ausgeschlossen, wenn er keine positive Kenntnis von der rechtswidrigen[752] Information hat (Nr. 1) oder – soweit möglich und zumutbar[753] – unverzüglich tätig geworden ist, um die Information zu entfernen oder den Zugang zu ihr zu sperren, nachdem er Kenntnis davon erlangt hat (Nr. 2). Wegen der Echtzeitsituation ist letztere Voraussetzung bei Chatrooms so zu verstehen, dass die Verantwortlichkeit bei Kenntnis entfällt, wenn der Anbieter jedenfalls die Einstellung weiterer Inhalte durch den mit einer rechtswidrigen Information auffällig gewordenen Nutzer verhindert[754]. Die Privilegierung gilt gemäß §§ 8 Abs. 2 S. 2 TDG; 6 Abs. 2 S. 2 MDStV nicht für zivilrechtliche Unterlassungsansprüche[755]. Macht der Anbieter sich den Inhalt von Diskussionsbeiträgen nach den oben im Zusammenhang mit der Verantwortlichkeit für Hyperlinks nach dem alten Recht dargestellten Kriterien[756] zu Eigen, so ist er gemäß den §§ 8 Abs. 1 TDG; 6 Abs. 1 MDStV nach den all-

---

[750] *Hoffmann*, Haftung im Internet, MMR 2002, S. 288.
[751] So auch OLG München, MMR 2002, 611, 612; *Libertus*, Verantwortlichkeit des Anbieters von Chatrooms, TKMR 2003, S. 184.
[752] Die Normen müssen richtigerweise so gelesen werden, dass sich das Adjektiv „rechtswidrig" sowohl auf die Handlung als auch auf die Information bezieht, vgl. *Hoffmann*, Haftung im Internet, MMR 2002, S. 288; *Libertus*, Verantwortlichkeit des Anbieters von Chatrooms, TKMR 2003, S. 185; *Schmitz/Dierking*, Inhalte- und Störerverantwortlichkeit, CR 2005, S. 426; *Sobola/Kohl*, Haftung für fremde Inhalte, CR 2005, S. 447; a.A. *Nickels*, E-Commerce, CR 2002, S. 307.
[753] *Hoffmann*, Haftung im Internet, MMR 2002, S. 288 f.
[754] *Libertus*, Verantwortlichkeit des Anbieters von Chatrooms, TKMR 2003, S. 186.
[755] *Libertus*, Verantwortlichkeit des Anbieters von Chatrooms, TKMR 2003, S. 184.
[756] Oben Kap. 3 A. I. 2. c).

A. Rechtliche Probleme zulässiger reg.-amtl. Öffentlichkeitsarbeit 201

gemeinen Gesetzen dafür verantwortlich[757]. Die Verantwortlichkeit des Anbieters eines Diskussionsforums nach neuem Recht entspricht somit im Wesentlichen der nach der alten Rechtslage[758].

b) Verantwortlichkeit für Hyperlinks und Suchmaschinen

Hinsichtlich der Verantwortlichkeit für Hyperlinks und Suchmaschinen besteht entgegen der früheren Rechtslage im Lichte der Neuregelung im Wesentlichen Einigkeit, dass eine Anwendung der Verantwortlichkeitsregeln des TDG und MDStV darauf nicht mehr in Frage kommt. Die *direkte* Anwendung der Verantwortlichkeitsregeln scheidet wie früher von vornherein aus: Da es sich bei verlinkten Inhalten nicht um eigene, zur Nutzung bereitgehaltene Informationen i.S. der §§ 8 TDG; 6 MDStV handelt, kommt eine allgemeine Verantwortlichkeit nach diesen Vorschriften nicht in Frage[759]. Hyperlinks erfüllen wegen der gezielten Selektion der verlinkten Inhalte durch den Anbieter auch nicht die rein technisch zu verstehenden Merkmale der „Übermittlung" oder „Vermittlung" i.S. der §§ 9 TDG; 7 MDStV[760]. Die Regelungen der §§ 10, 11 TDG; 8, 9 MDStV sind ebenfalls nicht einschlägig, weil der Verwender von Hyperlinks die verlinkten, fremden Informationen nicht zur beschleunigten Übermittlung oder für einen Nutzer speichert[761]. Die *analoge* Anwendung und eine erweiterte Auslegung der Vorschriften verbieten sich angesichts der klaren gesetzgeberischen Entscheidung auf deutscher und europäischer Ebene, die mit der Hyperlink-Problematik in Zusammenhang stehenden Fragen nicht zu regeln, mangels einer

---

[757] Zweifel diesbezüglich formulieren *Hoffmann*, Haftung im Internet, MMR 2002, S. 288 und *Spindler*, Verantwortlichkeit der Provider, MMR 2004, S. 441 ff.
[758] Wegen des Fortgangs der Diskussion über die Providerverantwortlichkeit nach Abschluss des Manuskripts vgl. *Janal*, Abwehransprüche im elektronischen Meinungsmarkt, CR 2005, S. 873 ff.; *Rössel/Rössel*, Filterpflichten des Providers, CR 2005, S. 809 ff.; *Schmitz/Dierking*, Inhalte- und Störerverantwortlichkeit, CR 2005, S. 420 ff.; *Sobola/Kohl*, Haftung für fremde Inhalte, CR 2005, S. 443 ff.; *Spindler*, Haftung und Verantwortlichkeit, CR 2005, S. 741 ff., jeweils m.w.N.
[759] *Schütz/Attendorn*, Anmerkung, MMR 2001, S. 404 f.
[760] Ausführlich *A. Koch*, Einordnung von Internet-Suchmaschinen, K&R 2002, S. 123 ff.; *Schütz/Attendorn*, Anmerkung, MMR 2001, S. 404 f.; *Spindler*, Verantwortlichkeit des Diensteanbieters, NJW 2002, S. 922 ff., 924; *ders.*, Verantwortlichkeit für Hyperlinks, MMR 2002, S. 496 f.; *ders.*, E-Commerce in Europa, MMR Beilage 7/2000, S. 20; vgl. auch *Hoffmann*, Haftung im Internet, MMR 2002, S. 286, 289.
[761] *A. Koch*, Einordnung von Internet-Suchmaschinen, K&R 2002, S. 123, 125 f.; *Schütz/Attendorn*, Anmerkung, MMR 2001, S. 404 f.; *Spindler*, Verantwortlichkeit für Hyperlinks, MMR 2002, S. 497; a.A. *Hütig*, in: Moritz/Dreier, Rechtshandbuch zum E-Commerce, Kap. D Rn. 74 ff.

planwidrigen Regelungslücke[762]. Zwar haben es die Gesetzgeber Wissenschaft und Rechtsprechung anheim gestellt, die absichtlich offen gelassene Lücke zu schließen, diese Aufgabe kann jedoch im Unterschied zur früheren Rechtslage nicht mehr durch Analogieschluss bewältigt werden. Nach der gegenwärtigen *Gesetzes*lage ist die Verwendung von Hyperlinks deshalb nicht mehr privilegiert, der Anbieter haftet nach den allgemeinen Vorschriften[763]. Dabei sind insbesondere die zur Verbreiterhaftung in den Offline-Medien herausgearbeiteten Grundsätze zu berücksichtigen[764]. Die Haftung nach den allgemeinen Regeln bedeutet indes nicht, dass man nicht auch auf die weitgehend auf den Grundsätzen zur Verbreiterhaftung basierenden, in Rechtsprechung und Literatur zu den §§ 5 TDG/MDStV a.F. entwickelten Lösungsansätze und Wertungen bezüglich der Verantwortlichkeit für Hyperlinks und Suchmaschinen zurückgreifen könnte[765], und auch eine Berücksichtigung der der Neuregelung zugrunde liegenden Wertungen ist dadurch nicht ausgeschlossen[766].

Wendet man diese Rechtsgedanken an, so ergibt sich bezüglich der Verantwortlichkeit für Hyperlinks und Suchmaschinen die folgende Rechtslage: Verlinkte Inhalte sind für den Anbieter grundsätzlich fremd. Für „normale" Hyperlinks ist dieser deshalb erst ab Kenntnis der rechtswidrigen Inhalte verantwortlich[767]. Für das Zivilrecht kommt darüber hinaus auch eine Haftung für grob fahrlässige Unkenntnis der Rechtswidrigkeit in Betracht[768]. Dabei trifft den Anbieter in der Regel zwar keine Überwachungspflicht[769], jedoch hat er sich jedenfalls bei der

---

[762] Vgl. BT-Drs. 14/6098, S. 37; BGH, NJW 2004, 2158, 2159; *Köster/Jürgens*, Liability for Links, S. 6; *dies.*, Haftung professioneller Informationsvermittler, MMR 2002, S. 422; *Nickels*, E-Commerce, CR 2002, S. 308; *Spindler*, Verantwortlichkeit der Provider, MMR 2004, S. 440; *ders.*, Verantwortlichkeit des Diensteanbieters, NJW 2002, S. 924; *ders.*, Verantwortlichkeit für Hyperlinks, MMR 2002, S. 497 f.; a.A. *A. Koch*, Einordnung von Internet-Suchmaschinen, K&R 2002, S. 126, der von einer analogen Anwendbarkeit des § 10 TDG auf Suchmaschinen ausgeht.
[763] *Nickels*, E-Commerce, CR 2002, S. 308; *Schütz/Attendorn*, Anmerkung, MMR 2001, S. 405; *Spindler*, Verantwortlichkeit für Hyperlinks, MMR 2002, S. 498.
[764] Vgl. *Köster/Jürgens*, Haftung professioneller Informationsvermittler, MMR 2002, S. 422 ff.; *dies.*, Liability for Links, S. 6 ff.
[765] *Spindler*, Verantwortlichkeit für Hyperlinks, MMR 2002, S. 498.
[766] *Spindler*, Verantwortlichkeit der Provider, MMR 2004, S. 444; vgl. auch *Köster/Jürgens*, Haftung professioneller Informationsvermittler, MMR 2002, S. 423.
[767] *Nickels*, E-Commerce, CR 2002, S. 308; *Köster/Jürgens*, Liability for Links, S. 7.
[768] *Nickels*, E-Commerce, CR 2002, S.308; vgl. auch *Pichler*, Haftung des Host Providers, MMR 1998, S. 87.
[769] *Nickels*, E-Commerce, CR 2002, S. 308; nach *Köster/Jürgens*, Haftung professioneller Informationsvermittler, MMR 2002, S. 424; *dies.*, Liability for Links, S. 9 f. kommt eine Überwachungspflicht in Betracht, wenn Rahmenumstände auf die Rechtswidrigkeit von Inhalten schließen lassen; ähnlich *Pichler*, Haftung des Host Providers, MMR 1998, S. 86.

Einrichtung eines Hyperlinks mit der Rechtmäßigkeit der verlinkten Inhalte auseinander zu setzen[770]. Macht sich der Anbieter die verlinkten Inhalte dagegen durch eine besondere, die Erkennbarkeit der fremden Urheberschaft aufhebende technische Gestaltung (beispielsweise durch die Verwendung von Inline- oder Deep-Links) oder durch inhaltliche Identifikation mit hinreichend konkreten Inhalten zu Eigen, so ist er nach den allgemeinen Gesetzen dafür verantwortlich[771]. Um einer Verantwortlichkeit nach den von der Rechtsprechung entwickelten Regeln der Haftung „intellektueller Verbreiter"[772] zu entgehen, sollte sich der Anbieter, auch wenn keine Anhaltspunkte für ein Zueigenmachen vorliegen, ausdrücklich und ernsthaft, bei schwerwiegenden Verstößen auch hinreichend konkret von den haftungsrelevanten Inhalten distanzieren[773]. Bloße Unterlassungsansprüche werden durch die Haftungsprivilegierungen allerdings nicht ausgeschlossen[774]. Für die Ergebnisse echter Suchmaschinen ist der Anbieter in der Regel nicht verantwortlich, weil ihm angesichts der Masse zu berücksichtigender Inhalte weder eine laufende noch eine anlassbezogene Prüfungspflicht zugemutet werden kann[775]. Etwas anderes gilt auch hier für den Fall, dass sich der Anbieter die fremden Inhalte zu Eigen macht, wobei hier wegen der zumeist geringen intellektuellen Beziehung zu den Inhalten[776] insbesondere technisches Zueigenmachen in Betracht kommt. Für Anbieter von Suchkatalogen und Web-Verzeichnissen gilt das eben zur Verantwortlichkeit für Hyperlinks Gesagte ent-

---

[770] *Nickels*, E-Commerce, CR 2002, S. 308 Fn. 84.
[771] Vgl. *Hütig*, in: Moritz/Dreier, Rechtshandbuch zum E-Commerce, Kap. D Rn. 71; *Köster/Jürgens*, Haftung professioneller Informationsvermittler, MMR 2002, S. 423; *dies.*, Liability for Links, S. 8 f.; zu den Kriterien für die Annahme des Zueigenmachens fremder Inhalte schon oben Kap. 3 A. I. 2. c); zum Teil abweichend *Spindler*, Verantwortlichkeit der Provider, MMR 2004, S. 441 ff.
[772] Vgl. BGH, NJW 1996, 1131, 1132 f.; NJW 1976, 1198, 1199 f.; NJW 1970, 187, 188 f.; s. auch oben Kap. 3 A. I. 2. f).
[773] *Köster/Jürgens*, Haftung professioneller Informationsvermittler, MMR 2002, S. 423 f.; *dies.*, Liability for Links, S. 9.
[774] *Köster/Jürgens*, Haftung professioneller Informationsvermittler, MMR 2002, S. 424; *dies.*, Liability for Links, S. 9.
[775] *Köster/Jürgens*, Haftung professioneller Informationsvermittler, MMR 2002, S. 424 f.; *dies.*, Liability for Links, S. 10; *Nickels*, E-Commerce, CR 2002, S. 308; ähnlich *Bettinger/Freytag*, Verantwortlichkeit für Links, CR 1998, S. 552; *A. Koch*, Einordnung von Internet-Suchmaschinen, K&R 2002, S. 126.
[776] Vgl. *Köster/Jürgens*, Haftung professioneller Informationsvermittler, MMR 2002, S. 424; *dies.*, Liability for Links, S. 10.

sprechend. Unterlassungsansprüche werden wiederum nicht von etwaigen Privilegierungen erfasst[777].

II. Von regierungsamtlichen Internet-Angeboten ausgehende Risiken für die individuelle und öffentliche Meinungsbildung

Die Möglichkeiten und die Funktionsweisen der neuen Mittel, die den Regierungen für ihre Öffentlichkeitsarbeit im Internet zur Verfügung stehen, wurden in ihren technischen Zusammenhängen bereits am Anfang der Untersuchung vorgestellt[778]. Im nun folgenden Abschnitt soll es um die Frage gehen, worin die angesprochenen Gefahren für die freie Meinungsbildung bestehen, die mit der regierungsamtlichen Nutzung dieser Mittel einhergehen können. Im Anschluss an eine zusammenfassende Würdigung des Problems folgen dann die Bestimmung der erforderlichen Regulierungsziele[779] und eine Diskussion denkbarer Lösungsansätze[780].

1. Suchmaschinen

Wie bereits weiter oben dargelegt[781], gibt es bei Suchmaschinen grundsätzlich zwei verschiedene Funktionsweisen, nämlich die automatische (Volltext-) Erfassung und die redaktionelle, schlagwortbasierte Erfassung von Internet-Inhalten. Die erstgenannte Suchmethode hat, wenn die Suchmaschine alle vorhandenen Informationsangebote in die Suche mit einbezieht, die größtmögliche Objektivität und Vollständigkeit des Suchergebnisses als Vorteil auf ihrer Seite. Es werden alle gefundenen Dokumente angezeigt, in denen das gesuchte Textelement vorkommt; die Quote an „Fehltreffern" ist allerdings entsprechend hoch[782]. In der *fehlenden* Objektivität und Vollständigkeit des Suchergebnisses liegt die Brisanz der zweiten Möglichkeit: Werfen von Menschenhand erstellte Datenbanken schon allgemein das Problem sachgerechter Kategorisierung auf[783], so bietet sich hier gerade im politischen Bereich ein Einfallstor für Manipulationen

---

[777] Wegen des Fortgangs der Diskussion nach Abschluss des Manuskripts vgl. erneut die Nachweise in Fn. 758 sowie *Spieker*, Verantwortlichkeit von Internetsuchdiensten, MMR 2005, S. 727 ff.
[778] S. oben Kap. 1 B. III.
[779] Unten Kap. 3 A. IV.
[780] Unten Kap. 3 A. III. und Kap. 3 B.
[781] S. oben Kap. 1 B. III.
[782] *Hoeren*, Suchmaschinen und Wettbewerbsrecht, MMR 1999, S. 649.
[783] P. *Mayer*, Internet im öffentlichen Recht, S. 38.

A. Rechtliche Probleme zulässiger reg.-amtl. Öffentlichkeitsarbeit 205

aller Art. Was der Nutzer auf seine Suchanfrage hin zu sehen bekommt, entscheidet letztlich der, der die Datenbank erstellt. Dasselbe gilt, wenn es sich zwar um eine automatisierte Volltextsuche handelt, sich diese aber nur auf eigene Informationen oder ein anderweitig durch den Anbieter eingegrenztes Angebot bezieht. Es besteht also die Möglichkeit, Inhalte, die der Ansicht und den Zielen des Betreibers entgegenlaufen, zu unterdrücken, und den Benutzer stattdessen zu solchen Inhalten zu lenken, die den eigenen Ansichten entsprechen und diese unterstützen[784]. Den Anbietern von Suchmaschinen und vergleichbaren Instrumenten wächst auf diese Weise nicht nur eine erhebliche wirtschaftliche Machtposition[785], sondern vor allem eine enorme Informations- und Meinungsmacht zu[786], denn „ohne Suchmaschinen ist das Internet nichts"[787]. Man wird kaum durch Zufall auf bestimmte Inhalte stoßen, wenn man nach ihnen nicht gezielt gesucht hat[788]. Dass ein ausuferndes Informationsangebot dazu führen kann, dass der Mediennutzer die für ihn wichtigen Informationen eventuell gar nicht findet, ist ein Problem, das auch in den Offline-Medien zu beobachten ist[789]. Da aber die Menge der im Internet vorhandenen Informationen ohne Hilfe schlicht nicht zu bewältigen ist, ist hier im Prinzip jeder Nutzer auf der Suche nach bestimmten Informationen auf die Unterstützung durch Suchinstrumentarien angewiesen. Ist die Stelle, die die Kontrolle über die Methode der Suche und über die Suchergebnisse ausübt, eine Regierungsstelle, so ist die Gefahr einer Beeinträchtigung des Prozesses freier öffentlicher Meinungsbildung nicht von der Hand zu weisen. Hinzu kommt, dass für den Benutzer oft überhaupt nicht klar ersichtlich ist, nach welcher Methode die Suche stattfindet. Ob es sich um eine Volltextsuche oder um eine Suche nach Kategorien handelt und welche Angebote in die Suche einbezogen werden, wird vor Beginn der Suche selten bekannt gegeben und ist aus dem Suchergebnis allenfalls dann zu ersehen, wenn seitens des Benutzers ein gewisses Maß an Erfahrung im Umgang mit Suchma-

---

[784] Zur Gefahr der Manipulation durch Weglassen von Informationen vgl. *Pieper/Wiechmann*, Rundfunkbegriff, ZUM 1995, S. 85.
[785] So *Determann*, Kommunikationsfreiheit im Internet, S. 55.
[786] *Roßnagel*, Recht der Multimediadienste, NVwZ 2000, S. 627.
[787] *Hoeren*, Suchmaschinen und Wettbewerbsrecht, MMR 1999, S. 649.
[788] Vgl. *A. Koch*, Einordnung von Internet-Suchmaschinen, K&R 2002, S. 122 f.; *Stadler*, Anmerkung, MMR 2003, S. 209.
[789] Vgl. *Winfried Schulz*, Medienwirklichkeit und Medienwirkung, Aus Politik und Zeitgeschichte B40/93, S. 24.

schinen und mit der Darstellung ihrer Ergebnisse vorhanden ist. Angesichts dieser Umstände ist es notwendig, dass der Staat seine Bürger beim Erwerb der für die Mediennutzung als Grundlage einer freien und ungestörten Meinungsbildung erforderlichen Kompetenzen unterstützt[790]. Auch wenn diese Unterstützung stattfindet, kann der Staat den Bürger aber nicht mit der Informationsflut und den in ihrer Auswahl lauernden Gefahren allein lassen. Es kommt im Internet wesentlich auf die Verlässlichkeit und Vollständigkeit der Informationen und auf die Transparenz der Kriterien ihrer Auswahl durch den Anbieter an[791]. Dass staatliche Stellen dem Bürger eventuell selbst Informationsbarrieren in den Weg legen, wäre mit diesem Befund keinesfalls zu vereinbaren.

Die Befürchtung von Manipulationen ist nicht aus der Luft gegriffen: Zielgerichtete Manipulationen an Suchergebnissen kommen im privaten Bereich durchaus vor, erfolgen dort aber hauptsächlich aus wirtschaftlichen Interessen: Es existieren zahlreiche Suchmaschinen, die Internet-Inhalte nicht allein objektiv nach den vom Benutzer vorgegebenen Suchkriterien auswählen, sondern nur annähernd damit übereinstimmende Websites von Anbietern an erster Stelle auflisten, die dem Betreiber der Suchmaschine dafür Geld gezahlt haben. Neben finanziellen gibt es eine zunehmende Zahl weiterer Gründe, weshalb Suchergebnisse keine objektive Bestandsaufnahme der zur Verfügung stehenden Inhalte darstellen müssen. Als ein Relevanzgesichtspunkt bei der Suche kommen beispielsweise die Präferenzen bestimmter Institutionen in Frage[792]. Diese Vorgehensweise kann für den Benutzer, der darum weiß, durchaus von Interesse sein, allerdings sind die näheren Umstände, unter denen das Suchergebnis zustande gekommen ist, für ihn wiederum nicht immer zu erkennen[793]. Die großen kommerziellen Suchmaschinenanbieter sind mittlerweile auf Druck der Verbraucherverbände dazu übergegangen, bezahlte Einträge als Werbung zu kennzeichnen. Die aufgezeigten Beispiele für tatsächlich stattfindende Manipulationen an Suchmaschinen-Ergebnissen – hierauf sei noch einmal deutlich hingewiesen – stammen allesamt aus dem privaten Bereich. Für vergleichbare Manipulations-

---

[790] *Grzeszick*, Neue Medienfreiheit, AöR 123 (1998), S. 184.
[791] *Trute*, Informationsordnung, VVDStRL 57 (1998), S. 240.
[792] *Ladeur*, Diskussionsforen im Internet, MMR 2001, S. 791.
[793] *Goldhammer/Zerdick*, Rundfunk Online, S. 103; zum Erfordernis der Offenlegung *Ladeur*, Diskussionsforen im Internet, MMR 2001, S. 791.

A. Rechtliche Probleme zulässiger reg.-amtl. Öffentlichkeitsarbeit 207

absichten von Regierungsseite gibt es derzeit keine Anzeichen, die *Möglichkeiten* hierzu wären allerdings gegeben.

Eine Suchmaschine gehört regelmäßig zum Internet-Auftritt von Regierungsstellen. Die Suchmaschine auf der Website der Bundesregierung[794] bezieht beispielsweise ausdrücklich nur Informationsangebote des BPA oder wahlweise auch solche anderer Ministerien und Regierungsbehörden in die Suche ein. Regierungsfremde Inhalte werden nicht in die Suche einbezogen. Bei einer solchen Ausgestaltung, die offensichtlich nur dem Zweck dient, den Zugang zu weiteren Informationen aus der Sphäre der anbietenden Stelle zu erleichtern, bestehen gegen die Zulässigkeit von Suchmaschinen auf Regierungsseiten keinerlei Bedenken[795].

2. Hyperlinks

Die Verknüpfung von Informationen mittels Hyperlinks findet als Wesensmerkmal des Internets selbstverständlich auch auf den Websites der Regierungsstellen Anwendung[796]. Die Brisanz der regierungsamtlichen Nutzung von Hyperlinks ist eine ganz ähnliche wie bei den Suchmaschinen: Auch hier liegt sie in der möglicherweise einseitigen und damit meinungslenkenden Auswahl der in Bezug genommenen Inhalte. Besondere Bedeutung erlangt dieser Umstand dadurch, dass Hyperlinks nicht nur vereinzelt im Textzusammenhang oder in Form von Schaltflächen auftauchen, sondern nicht selten zu regelrechten Datenbanken zusammengestellt werden, die im großen Stil Quellen zu bestimmten Sachbereichen nachweisen. Im privaten Bereich wird für das Einrichten von Hyperlinks genau wie für Suchergebnisse nicht selten gezahlt – für den Nutzer ebenfalls nicht erkennbar[797].

3. Diskussionsforen

Die Diskussionen in Newsgroups, Chatrooms und ähnlichen Foren finden ganz überwiegend in vollkommener Freiheit statt. Zum Teil unterliegen sie aber auch

---

[794] URL: http://www.bundesregierung.de/ (Stand: Dez. 2005).
[795] Ausführlicher unten Kap. 3 A. IV.
[796] Vgl. *Th. Groß*, Öffentliche Verwaltung im Internet, DÖV 2001, S. 161; *Schumann*, Digitales Schweigen, Der Spiegel, Heft 10/2000, S. 40.
[797] *Goldhammer/Zerdick*, Rundfunk Online, S. 103.

der Aufsicht eines Moderators, der darüber entscheidet, ob eingehende Beiträge formal- oder materiell-inhaltlich den Rahmenvorgaben des jeweiligen Forums entsprechen und veröffentlicht werden[798]. Der Moderator kann nicht nur von vornherein von der Veröffentlichung eines Beitrags absehen, sondern auch bereits veröffentlichte Beiträge nachträglich löschen. Findet eine Moderation statt, so geschieht das in der Regel, um einen Missbrauch des Forums oder Verstöße gegen die sog. „Netiquette" bzw. „Chatiquette" durch die Diskutanten zu vermeiden[799]. Die beiden aus den englischen Wörtern *Net* bzw. *Chat* und *Etiquette* gebildeten Kunstbegriffe bezeichnen eine komplexe, durch ständige Übung der Beteiligten „organisch" gewachsene und auf freiwilliger Übereinkunft beruhende Gesamtheit von sozialen Verhaltensregeln für das Internet, die für ein gedeihliches Miteinander im Umgang mit anderen Kommunikationsteilnehmern sorgen sollen. Rechtliche Verbindlichkeit wird ihnen nach herkömmlicher Auffassung allerdings nicht zugesprochen[800].

Die Moderation eines Forums nimmt diesem nicht nur den Vorteil der offenen Diskussion[801] und findet deshalb tatsächlich eher selten statt[802], sondern sie birgt zugleich auch die Gefahr des Missbrauchs vonseiten des Moderators. Dieser kann Diskussionsbeiträge selbst dann zurückhalten oder löschen, wenn sie den formalen oder materiellen Vorgaben der Diskussion entsprechen, etwa weil der Diskussionsteilnehmer eine vom Veranstalter ungeliebte Meinung zum Thema vertritt. Dabei hat der Moderator für die Entscheidung, einen Beitrag zurückzuhalten oder zu löschen, in aller Regel weder ein transparentes Verfahren einzuhalten noch haben andere Diskussionsteilnehmer – sofern der Beitrag nicht bereits veröffentlicht und ihnen bekannt geworden war – eine Gelegenheit, von der Maßnahme des Moderators Kenntnis zu erlangen. In nicht moderierten Diskussionsforen stellt das Löschen fremder Beiträge selbst eine Form des Missbrauchs und einen Verstoß gegen die Regeln der Internetkommunikation dar. Das Lö-

---

[798] *Grote*, Internet und Grundrechtsordnung, KritV 1999, S. 36; *Ladeur*, Regulierung des Internet, ZUM 1997, S. 377; *Libertus*, Verantwortlichkeit des Anbieters von Chatrooms, TKMR 2003, S. 179; *Lohse*, Verantwortung im Internet, S. 29; *Sieber*, Kontrollmöglichkeiten, CR 1997, S. 595.
[799] *P. Mayer*, Internet im öffentlichen Recht, S. 42.
[800] *P. Mayer*, Internet im öffentlichen Recht, S. 26 f., 87; a.A. *Ladeur*, Diskussionsforen im Internet, MMR 2001, S. 790.
[801] *P. Mayer*, Internet im öffentlichen Recht, S. 97.
[802] *Sieber*, Kontrollmöglichkeiten, CR 1997, S. 595 f.

A. Rechtliche Probleme zulässiger reg.-amtl. Öffentlichkeitsarbeit

schen wird dort zwar zum Teil akzeptiert, wenn die Veröffentlichung des gelöschten Beitrag ihrerseits gegen die anerkannten Regeln verstoßen hat, jedoch wird ein Löschen fremder Beiträge nach inhaltlichen Kriterien überwiegend abgelehnt[803].

Während sich die willkürliche Unterdrückung von Diskussionsbeiträgen im privaten Raum wegen der bloß mittelbaren Geltung der Grundrechte[804] nicht unmittelbar als grundrechtsrelevantes Problem darstellt[805], liegt, wenn solche Maßnahmen von öffentlicher Seite getroffen werden, möglicherweise nicht nur ein Eingriff in das Grundrecht der individuellen Meinungsfreiheit des davon betroffenen Teilnehmers vor, sondern auch eine Beeinträchtigung der ebenfalls in Art. 5 Abs. 1 S. 1 GG gewährleisteten Freiheit der übrigen Teilnehmer, sich aus allgemein zugänglichen Informationsquellen ungehindert zu unterrichten (Informationsfreiheit)[806]. Wenn Äußerungswilligen die Teilnahme an der Diskussion mit ihrem Beitrag verwehrt wird, wenn sie von der Nutzung eines grundsätzlich für jeden offenstehenden Wegs der Meinungskundgabe ausgeschlossen werden, dann ist unmittelbar ihre durch Art. 5 Abs. 1 S. 1 GG garantierte Meinungsäußerungsfreiheit berührt, die neben dem Inhalt einer Äußerung nicht zuletzt auch die Wahl des Kommunikationsmittels umfasst[807]. Der Äußerungswillige kann sich für die Umstände entscheiden, von denen er sich die beste Wirkung seiner Meinungskundgabe verspricht[808]. Daneben kann jedenfalls der nachträgliche Ausschluss einzelner Diskussionsbeiträge eine Beeinträchtigung der Informationsfreiheit all derjenigen darstellen, die sich aus der Diskussion als von der Regierung eröffnete, allgemein zugängliche Quelle ungehindert informieren möchten. Der Grund dieser Gewährleistung liegt nicht zuletzt in der Notwendigkeit, als Grundlage der eigenen Meinungsbildung zum Zwecke der Persönlichkeitsentfaltung und der Teilnahme am demokratischen Prozess *unterschiedliche* Ansichten kennen zu lernen[809]. Somit ergibt sich eine Gefährdung

---

[803] *P. Mayer*, Internet im öffentlichen Recht, S. 95 f.
[804] Vgl. nur *Pieroth/Schlink*, Grundrechte, Rn. 173 ff.
[805] *F. Mayer*, Recht und Cyberspace, NJW 1996, S. 1787.
[806] *Ladeur*, Diskussionsforen im Internet, MMR 2001, S. 791; ähnlich *F. Mayer*, Recht und Cyberspace, NJW 1996, S. 1788.
[807] *Hoffmann-Riem*, in: AK, GG, Art. 5 Abs. 1, 2 Rn. 34.
[808] BVerfGE 93, 266, 289.
[809] Vgl. *Schmidt-Bleibtreu/Klein*, GG, Art. 5 Rn. 6.

nicht nur der umfassenden und ungestörten individuellen und öffentlichen Meinungsbildung, sondern auch der von den Kommunikationsgrundrechten ebenfalls geschützten individuellen Entwicklung der Persönlichkeit[810].

Geschieht die Auswahl der Beiträge, die die Gnade des damit betrauten Staatsvertreters finden, bereits *vor* ihrer ersten Veröffentlichung, so kann man sogar an Zensur denken. Unter Zensur ist nach herrschender Auffassung die präventive Vorschaltung eines behördlichen Prüfungs- und Genehmigungsverfahrens zu verstehen, vor dessen Abschluss ein Geisteswerk nicht veröffentlicht werden darf[811].

Weil diese Form der staatlichen Meinungskontrolle der freiheitlichen Demokratie aber denkbar schlecht bekommt, bestimmt Art. 5 Abs. 1 S. 3 GG, dass Zensur in Deutschland nicht stattfindet, und bildet damit nach herrschender Ansicht als sog. Schranken-Schranke die äußerste Grenze für Eingriffe in die Kommunikationsfreiheiten[812]. Selbst für den Fall, dass eine Meinungsäußerung tatsächlich rechtswidrig sein sollte, verbietet das Zensurverbot jedes präventive Vorgehen und verweist den Staat auf die Anwendung repressiver Maßnahmen, weil schon die bloße Existenz eines vorgeschalteten Kontroll- und Genehmigungsverfahrens geeignet ist, das Geistesleben zu lähmen[813]. Das Zensurverbot sichert so das Existenzminimum der Meinungsäußerungsfreiheit[814]. Wenngleich nach Ansicht des Bundesverfassungsgerichts ab dem Augenblick, in dem ein Werk erstmals in die Öffentlichkeit gelangt ist und so seine Wirkung auszuüben vermag, behördliche Maßnahmen keine Zensur mehr darstellen können[815], legen es die besonderen Kommunikationsumstände des Internets doch nahe, auch bei nachträglichen

---

[810] Vgl. BVerfGE 90, 27, 31 f.; 27, 71, 81; 12, 113, 125; 7, 198, 208.
[811] BVerfGE 87, 209, 330; 73, 118, 166; 33, 52, 71 f.; *Hopf*, Jugendschutz und Zensurverbot, ZUM 2000, S. 740; *Jarass*, in: Jarass/Pieroth, GG, Art. 5 Rn. 63 m.w.N.; *Ladeur*, Untersagungsanordnungen, NJW 1986, S. 2749; *Schmidt-Bleibtreu/Klein*, GG, Art. 5 Rn. 14; a.A. *Hoffmann-Riem*, in: AK, GG, Art. 5 Abs. 1, 2 Rn. 93, der sich gegen die Beschränkung auf die sog. Vorzensur richtet; auch *Fiedler*, Formale Seite der Äußerungsfreiheit, S. 147 kritisiert die gängige Definition als zu eng.
[812] Vgl. BVerfGE 33, 52, 71 f.; *Jarass*, in: Jarass/Pieroth, GG, Art. 5 Rn. 63; *Karpen*, Medienrecht, in: Achterberg/Püttner/Würtenberg, Besonderes Verwaltungsrecht I, S. 1218; a.A. *Fiedler*, Formale Seite der Äußerungsfreiheit, S. 188 ff., der im Zensurverbot einen inhaltsunabhängigen Verfahrensschutz sieht.
[813] BVerfGE 33, 52, 72; *Ch. Engel*, ISP als Geiseln deutscher Ordnungsbehörden, MMR Beilage 4/2003, S. 12; *Ladeur*, Prozeduraler Schutz der Medienfreiheit, ZUM 2004, S. 6 ff.
[814] *Fiedler*, Formale Seite der Äußerungsfreiheit, S. 246, 511.
[815] BVerfGE 33, 52, 72.

Maßnahmen noch an Zensur zu denken. Eine Zeitung oder Zeitschrift – diese Medien hatte das Bundesverfassungsgericht bei seinen Entscheidungen vorrangig im Auge – hat in dem Zeitraum zwischen ihrer Veröffentlichung und einem etwaigen Eingreifen der Behörden in der Regel bereits Gelegenheit gehabt, ihre meinungsbildende Wirkung zu entfalten. Gleiches gilt für bereits ausgestrahlte Rundfunksendungen. Das Internet ist dagegen durch eine zeitlich gestreckte Rezeption und das Erfordernis des gezielten Abrufs von Informationen geprägt. Nach der erstmaligen Veröffentlichung einer Meinungsäußerung kann deshalb eine beachtliche Zeit vergehen, bevor überhaupt jemand ihres Inhalts gewahr wird, und bevor dieser so die Gelegenheit erhält, seine Wirkung zu entfalten[816]. Dies ist zwar sicherlich bei Diskussionsforen mit reger Beteiligung und großem Interesse nicht im gleichen Maße der Fall wie bei anderen Informationsangeboten. Es bedeutet aber, dass selbst nachträgliche staatliche Maßnahmen wie das Löschen bereits veröffentlichter Meinungsbeiträge durch Regierungsstellen nicht völlig frei sind vom Makel des Zensurverdachts. Zensur i.S. des Art. 5 Abs. 1 S. 3 GG ist indes weiterhin bestimmt durch die sichere Möglichkeit, die Verbreitung der kontrollierten Äußerung *vollständig* zu verhindern[817], und liegt deshalb nicht vor, wenn – wie hier – die Verbreitung einer Meinung nur innerhalb *eines einzigen* Forums verhindert wird, im Übrigen aber möglich und erlaubt bleibt. Grundrechtsrelevant und eventuell unzulässig ist die Verhinderung von Meinungsverbreitung aber auch dann, wenn sie die Verbreitung nicht vollkommen ausschließt[818], und die Nähe der staatlichen Auswahl von Meinungsbeiträgen zur verbotenen Zensur verdeutlicht noch die Grundrechtsrelevanz solchen staatlichen Verhaltens. Die formale Komponente der Meinungsäußerungsfreiheiten dient dazu, den Grundrechtsträger vor eben solche Kontrollverfahren zu schützen[819].

---

[816] Vgl. *Ch. Engel*, ISP als Geiseln deutscher Ordnungsbehörden, MMR Beilgage 4/2003, S. 12; *Fiedler*, Formale Seite der Äußerungsfreiheit, S. 266; *Ladeur*, Prozeduraler Schutz der Meinungsfreiheit, ZUM 2004, S. 6; *ders.*, Untersagungsanordnungen, NJW 1986, S. 2750; *Spindler/Volkmann*, Anmerkung, MMR 2003, S. 354.
[817] *Fiedler*, Formale Seite der Äußerungsfreiheit, S. 154, 509.
[818] *Fiedler*, Formale Seite der Äußerungsfreiheit, S. 516; *ders.*, Meinungsfreiheit in einer vernetzten Welt, S. 67; vgl. auch *Ladeur*, Untersagungsanordnungen, NJW 1986, S. 2751.
[819] *Fiedler*, Formale Seite der Äußerungsfreiheiten, insb. S. 188 ff., zusammenfassend S. 251 ff.

212   *3. Kapitel. Rechtlicher Rahmen*

Wegen seiner erheblichen Grundrechtsrelevanz bedarf das Löschen oder Unterdrücken von Diskussionsbeiträgen durch Regierungsstellen jedenfalls einer geeigneten gesetzlichen Grundlage, die auch eine grundrechtsgewährleistende Verfahrensausgestaltung vorzusehen hat. Eine gesetzliche Grundlage zu schaffen, die geeignet ist, die bisherige Behördenpraxis[820] zu stützen, würde sich angesichts der in Art. 5 Abs. 2 GG vorgesehenen Schranken allerdings als ausgesprochen schwierig darstellen. Das größte Gewicht kommt hier wie immer der Schranke der *allgemeinen* Gesetze zu. Allgemein sind Gesetze aber nur dann, wenn sie sich gerade nicht gegen eine bestimmte Meinung als solche richten, sondern zum Schutz von Rechtsgütern bestimmt sind, die außerhalb des Kommunikationsprozesses angesiedelt sind[821].

Bei allen Gefahren sollte jedoch nicht vergessen werden, dass sich Diskussionsforen im politischen Bereich besonders dazu eignen, die gesellschaftliche Diskussion anzuregen und zu kanalisieren, die Bürger im Entscheidungsprozess unmittelbar zu Wort kommen zu lassen und zugleich ein Meinungsbild zu erhalten. Sie sind deshalb grundsätzlich zu begrüßen. Die Veranstaltung von Diskussionsforen erfreut sich insbesondere auf kommunaler Ebene großer Beliebtheit[822], wo sie sich aufgrund der engen räumlichen und sachlichen Nähe zwischen den Diskussionsteilnehmern und den behandelten Fragen als Möglichkeit der Interaktion und Partizipation in besonderem Maße anbietet[823].

4. Zusammenfassung der Gefahrenmomente

Die im Zusammenhang mit dem Angebot von Suchmaschinen, der Vermittlung von Hintergrundinformationen und der Veranstaltung von Online-Diskussionen aufgezeigten Gefahrenmomente lassen sich zu zwei Problemfeldern zusammenfassen: Auf der einen Seite geht es jeweils um *Vielfalt* und *Transparenz*, wobei mit Vielfalt die aus dem Rundfunkrecht bekannte Meinungsvielfalt insbesondere in ihrer inhaltlich-meinungsbezogenen und personen- bzw. gruppenbezogenen

---

[820] S. oben Kap. 1 A. III. und unten Kap. 3 A. III.
[821] Vgl. BVerfGE 95, 220, 235 f.; 71, 206, 214; 50, 234, 241; 28, 175, 185 f.; 26, 186, 205; 7, 198, 209 f.
[822] Vgl. *Eifert*, Electronic Government, ZG 2001, S. 118 Fn. 17.
[823] *Th. Groß*, Öffentliche Verwaltung im Internet, DÖV 2001, S. 163.

A. Rechtliche Probleme zulässiger reg.-amtl. Öffentlichkeitsarbeit 213

Dimension[824] gemeint ist, und der Begriff Transparenz für die Offenlegung der wesentlichen Rahmenbedingungen sowohl der Öffentlichkeitsarbeit im allgemeinen als auch des jeweiligen Kommunikationsvorgangs stehen soll. Auf der anderen Seite geht es im Bereich der Online-Diskussionen um die Zulässigkeit des *Ausschlusses* von Diskussionsteilnehmern und Meinungsbeiträgen.

III. Bisheriger Lösungsansatz für den Ausschluss von Diskussionsteilnehmern

Beim letztgenannten Problem, das auch schon in der Einleitung zu dieser Arbeit angerissen worden ist, handelt es sich gleichsam um die Kehrseite der bereits erörterten Problematik der Verantwortlichkeit für Online-Inhalte. Während diese gegebenenfalls zur Verpflichtung der Regierung führen kann, Diskussionsbeiträge von Bürgern zu löschen, muss es ihr auf der anderen Seite auch erlaubt sein, von vornherein gegen problematische Beiträge vorzugehen. Es scheint aber gerade auf kommunaler Ebene gängige Praxis zu sein, Teilnehmer von Diskussionsforen nicht wegen der Rechtswidrigkeit ihrer Beiträge auszuschließen, sondern weil ihre Beiträge inhaltlich nicht mit der „Regierungsmeinung" übereinstimmen[825]. Der Ausschluss geschieht in diesen Fällen zumeist formlos und unauffällig durch den Bürgermeister oder durch damit betraute Mitarbeiter, ohne dass dabei ein bestimmtes Verfahren eingehalten würde, das geeignet wäre, den Bürger vor etwaigen Grundrechtsbeeinträchtigungen zu schützen. Das Bedürfnis, einzelne Beiträge oder Teilnehmer von einer Diskussion auszuschließen, kann nicht nur wegen der Verantwortlichkeit für die Inhalte des eigenen Internet-Auftritts legitim sein, sondern durchaus auch unterhalb der Rechtswidrigkeitsschwelle, um beispielsweise in der Sachauseinandersetzung ein bestimmtes Diskussionsniveau zu bewahren[826]. Die beschriebene Art und Weise der Handhabung von Ausschlüssen erweckt jedoch erhebliche rechtliche Bedenken.

Auch zu der Frage, inwieweit es dem Anbieter auf welcher gesetzlichen Grundlage erlaubt ist, einzelne Teilnehmer von den von ihm veranstalteten Online-Diskussionen auszuschließen, gibt es bereits Beiträge aus Rechtsprechung und

---

[824] Vgl. dazu *Hoffmann-Riem*, in: AK, GG, Art. 5 Abs. 1, 2 Rn. 176.
[825] Vgl. abermals Frankfurter Rundschau Online vom 28.05.2001 (zitiert nach *Ladeur*, Regierungsamtliche Öffentlichkeitsarbeit im Internet, DÖV 2002, S. 9 Fn. 57).
[826] Weitere denkbare Gründe nennt *Fiedler*, Meinungsfreiheit in einer vernetzten Welt, S. 62.

Literatur. Diese befassen sich allerdings bisher ausschließlich mit Diskussionsforen – genauer mit Chatrooms – privater Anbieter. Dennoch sind die dort erarbeiteten Lösungsansätze möglicherweise in der Lage, Anregungen für die Behandlung des Ausschlusses von regierungsamtlich veranstalteten Online-Diskussionen zu bieten und sollen deshalb hier zum Ausgangspunkt der weiteren Überlegungen gemacht werden.

1. Lösungsansatz im Zivilrecht

a) Rechtsprechung zum Ausschluss von privaten Chatrooms: „Virtuelles Hausrecht"

In dem Urteil des Landgerichts Bonn vom 16. November 1999[827] ging es um die Frage, ob und unter welchen Bedingungen ein privater Anbieter, der im Internet einen Chatroom betreibt, einzelne Teilnehmer von der Nutzung seines Angebots ausschließen darf. Die Verfügungsklägerin sperrte den Zugang des Verfügungsbeklagten zu ihrem kostenlosen Angebot und untersagte ihm die weitere Teilnahme, nachdem dieser streitige Wortgefechte mit einem anderen Nutzer geführt hatte. Der Beklagte wählte sich in der Folgezeit von einem anderen Telefonanschluss aus unter einem anderen Namen (sog. „Nickname") in das Angebot der Klägerin ein[828].

Das Gericht wies den daraufhin von der Klägerin gestellten Antrag auf Erlass einer einstweiligen Verfügung als unbegründet zurück. Ein Anspruch aus § 1004 BGB – das Gericht geht von der Existenz eines „virtuellen Hausrechts" im Internet und von einer jedenfalls entsprechenden Anwendbarkeit der Regelungen zum Eigentumsschutz aus – stehe der Klägerin nicht zu. Zwar könne der Eigentümer grundsätzlich nach § 903 BGB Dritte von der Benutzung ausschließen, dies sei jedoch anders, wenn ein generelles Einverständnis mit der Nutzung ohne weitere Zugangskontrolle bestehe, so wie es etwa bei Supermärkten der Fall sei, und der Nutzer dessen Grenzen nicht überschreite. Genauso verhalte es sich mit der von der Klägerin ohne besondere Zugangskontrollen für alle Nutzer des Internets zur Verfügung gestellten Chat-Software. Darin liege ein generelles Ein-

---

[827] LG Bonn, CR 2000, 245 ff.
[828] LG Bonn, CR 2000, 245, 245.

verständnis mit der Nutzung. Ein Ausschluss einzelner Teilnehmer sei zwar beispielsweise im Falle einer Störung des Betriebsablaufs, bei Überschreitung der Grenzen des Einverständnisses möglich. Hierfür genüge es jedoch nicht, dass der Beklagte andere Teilnehmer verbal angegangen und mit ihnen Auseinandersetzungen geführt habe. Nichts anderes gelte für die Einwahl in die Chat-Software der Klägerin von einem anderen Computer aus und unter anderem Nickname, worin eine Umgehung von (nicht vorhandenen) Zugangskontrollen nicht gesehen werden könne[829]. Das Oberlandesgericht Köln hat die Ansicht des Landgerichts Bonn hinsichtlich der Existenz eines „virtuellen Hausrechts" im Internet in seiner Kostenentscheidung nach Erledigung der Hauptsache bestätigt[830].

b) Der Eigentumsschutz für Computersoftware

Interessant an diesen beiden Entscheidungen ist der Umstand, dass nach Ansicht der Gerichte im Internet für die dort angebotene Dienstleistungssoftware mit „Publikumsverkehr" ein zivilrechtliches, dem Eigentumsschutz nachgebildetes „virtuelles Hausrecht" des Anbieters besteht und dementsprechend bei Vorliegen der erforderlichen Voraussetzungen ein „virtuelles Hausverbot" erteilt werden kann. Wegen der näheren Ausgestaltung des virtuellen Hausrechts und der Voraussetzungen für die Erteilung eines Hausverbots halten sich die Gerichte an die ständige Rechtsprechung zur Hausrechtsausübung in Ladengeschäften. Die Ansicht, man könne die eigentumsrechtliche Figur des Hausrechts auf Internet-Software übertragen, entspricht dem derzeitigen Stand der wissenschaftlichen Diskussion um den Schutz von Computersoftware in Deutschland[831]. Dort wird seit einiger Zeit die Frage erörtert, ob Computersoftware zwecks Gewährung zivilrechtlichen Schutzes (Gewährleistungs-, Schadensersatz- und Unterlassungsansprüche) wie Sacheigentum behandelt werden kann.

Eigentum kann gemäß § 903 BGB nur an *Sachen* bestehen, worunter gemäß § 90 BGB nur *körperliche* Gegenstände zu verstehen sind. Dass es sich bei

---
[829] LG Bonn, CR 2000, 245, 246.
[830] OLG Köln, CR 2000, 843, 843.
[831] Eine ausführliche Darstellung des Themas findet sich nunmehr bei *Kunz*, Ausschluss aus Internetforen, S. 120 ff.; zur Diskussion in den USA vgl. *Ladeur*, Diskussionsforen im Internet, MMR 2001, S. 788 m.w.N.

Computersoftware um körperliche Gegenstände im Sinne dieser Norm handeln kann, erscheint aber auf den ersten Blick zweifelhaft. Als Sache kommt insoweit allenfalls das die Software enthaltende Speichermedium in Betracht, die Software selbst scheint jedoch als geistiges Werk unverkörpert und daher allenfalls Gegenstand von Urheber- und Lizenzrechten, nicht jedoch von Eigentumsrechten zu sein. Dennoch wird die Sacheigenschaft von Computersoftware insbesondere in der Rechtsprechung des Bundesgerichtshofs damit begründet, dass diese durch die Zuordnung der Einzelinformationen auf dem Speicherplatz eines körperlichen Speichermediums selbst als verkörpert anzusehen sei, weshalb sie als körperliche Sache Gegenstand der dafür geltenden Normen sein könne[832]. Dem wird jedoch von anderer Seite entgegengehalten, dass es sich bei der Speicherung von Computersoftware letztlich nur um die Darstellung elektrischer Spannungen handele, die wiederum nicht dem Sachbegriff unterfallen könnten[833]. Diese Kritik verkennt jedoch, dass die Spannungsdarstellungen als magnetische Polung (auf magnetischen Speichermedien wie Festplatte, Magnetband und Diskette) oder als optische Eigenschaft (auf optischen Speichermedien wie CD und DVD) auf einem Speichermedium *substanziell* angelegt sind. Die Theorie von der Verkörperung von Computersoftware durch die Speicherung auf einem physikalischen Datenträger ist deshalb zutreffend. Die Diskussion um die Sacheigenschaft vom Computersoftware wird allerdings hauptsächlich im Zusammenhang mit der Löschung oder Beschädigung oder der rechtsgeschäftlichen Überlassung geführt. Im einen Fall geht es um die Frage nach Schadensersatzansprüchen wegen Zerstörung, im anderen um die Anwendbarkeit der Vorschriften über die Überlassung von Sachgütern. Computersoftware kann sicherlich verkauft, vermietet, verschenkt, beschädigt, gelöscht oder benutzt werden, sie kann aber nicht „betreten" oder durch „Anwesenheit" beeinträchtigt werden. Ein an die Sacheigenschaft der Software anknüpfender Eigentumsschutz erscheint daher nicht als sinnvolle Grundlage für die Anwendung einer dem realen Hausrecht nachgebildeten Rechtsfigur gegen eine Nutzung „virtueller Räume", die ohne die Beeinträchtigung der Integrität der benutzten Software erfolgt.

---

[832] Vgl. etwa BGH, NJW 1990, 320, 321; NJW 1988, 406, 407 ff.; NJW-RR 1986, 219, 219 f.; zusammenfassend *M. Engel*, Software als Sache, NJW 1993, S. 3121 ff.; aus der neueren Literatur *Spindler/Schmittmann*, Unerwünschte E-Mail-Werbung, MMR Beilage 8/2001, S. 11.
[833] LG Konstanz, NJW 1996, 2662, 2662.

A. Rechtliche Probleme zulässiger reg.-amtl. Öffentlichkeitsarbeit 217

Es ist jedoch auch möglich, nicht die Computersoftware selbst zum Gegenstand des Eigentumsschutzes zu machen, sondern ihre Integrität am eigentumsrechtlichen Schutz des sie enthaltenden Datenträgers teilhaben zu lassen[834]. Im Zivilrecht ist schon seit langem anerkannt, dass die Verletzung des Eigentums an einer Sache grundsätzlich auch in der Weise erfolgen kann, dass der bestimmungsgemäße Gebrauch der Sache durch den Eigentümer beeinträchtigt wird[835]. Ebenso ist der unbeeinträchtigte bestimmungsgemäße Gebrauch einer Sache im Strafrecht als Schutzgut des § 303 StGB anerkannt[836]. Ein Speichermedium hat in der Regel für den Eigentümer, abgesehen von der bestimmungsgemäßen Nutzungsmöglichkeit, an sich flüchtige Informationen dauerhaft oder zeitweilig, vor allem aber nach seinem eigenen Belieben darauf zu speichern und sowohl mit den gespeicherten Informationen als auch mit dem freien Speicherplatz auf dem Medium nach Belieben zu verfahren, keine selbstständige Bedeutung. Diese Möglichkeiten können daher als der Gebrauchs- oder Funktionswert eines Speichermediums angesehen werden. Eine Einwirkung auf den Bestand der gespeicherten Informationen durch Löschung oder Beschädigung, aber auch durch die zusätzliche Inanspruchnahme von Speicherplatz, wie sie beispielsweise durch das Speichern von Diskussionsbeiträgen auf einem Server erfolgt, kann sich, wenn sie gegen den Willen des Eigentümers geschieht, als rechtswidrige Beeinträchtigung des Gebrauchs des Speichermediums nach eigenem Belieben darstellen, weil der Eigentümer nicht mehr „Herr" der gespeicherten Informationen ist. Im Falle der Löschung kann er nicht mehr über die zuvor gespeicherten Informationen, im Falle der Speicherung nicht mehr über den nun belegten Speicherplatz frei verfügen. Während im Straf- und Deliktsrecht wegen der ungleich belastenderen Rechtsfolgen unter Umständen gilt, dass der Eigentümer geringfügige Gebrauchsbeeinträchtigungen zu dulden hat[837], ist dies beim Unterlassungsanspruch nach § 1004 BGB grundsätzlich nicht der Fall. Insofern ist von einem Eigentumsschutz des physischen Speicherplatzes gegen gebrauchsbeein-

---

[834] So auch OLG Karlsruhe, NJW 1996, 200, 201; *Rombach*, Killer-Viren als Kopierschutz, CR 1990, S. 104; wohl auch *F.-W. Engel*, Produzentenhaftung für Software, CR 1986, S. 705.
[835] S. nur BGHZ 55, 153, 159 f.; *Teichmann*, in: Jauernig, BGB, § 823 Rn. 8; *Sprau*, in: Palandt, BGB, § 823 Rn. 7.
[836] S. nur *Kühl*, in: Lackner/Kühl, StGB, § 303 Rn. 3 f.; *Tröndle/Fischer*, StGB, § 303 Rn. 6; konkret zum Schutz von Computersoftware *Rombach*, Killerviren als Kopierschutz, CR 1990, S. 104.
[837] Zum Deliktsrecht vgl. *Teichmann*, in: Jauernig, BGB, § 823 Rn. 8; zum Strafrecht vgl. *Kühl*, in: Lackner/Kühl, StGB, § 303 Rn. 5; *Tröndle/Fischer*, StGB, § 303 Rn. 6.

trächtigende Veränderungen seines Inhalts und von einer Teilhabe der Software an diesem Schutz auszugehen, der seine Schutzwirkung auch im Falle geringfügiger Beeinträchtigungen, wie sie etwa durch die Speicherung von Diskussionsbeiträgen auf einem Server entstehen, entfaltet. In dieser Weise verstanden bietet der Eigentumsschutz für Computersysteme eine geeignete Grundlage für die Anwendung der Hausrechtsfigur.

Doch selbst wenn man weder in der Existenz von Bits und Bytes auf einem Speichermedium eine Verkörperung der Software sehen noch den jeweiligen Bestand an gespeicherten Informationen am Schutze des Speichermediums teilhaben lassen möchte, kommt ein eigentums*ähnlicher* Schutz von Computersoftware durch die entsprechende Anwendung der einschlägigen Vorschriften in Frage. Wie das Urheberrecht und die gewerblichen Schutzrechte, aber auch das Allgemeine Persönlichkeitsrecht als sonstiges Recht i.S. des § 823 Abs. 1 BGB zeigen, ist ein eigentumsähnlicher Schutz für immaterielle Werte dem deutschen Recht nicht fremd, wenn ihnen eine genügend schützenswerte Bedeutung zukommt. Und diese kann man Computerprogrammen und -daten in einer Zeit, in der Software und Informationen gerade für Wirtschaftsunternehmen oft mehr wert sind als materielle Güter, kaum absprechen[838]. Für einen eigentumsähnlichen Schutz von Software im Internet sprechen zudem die mit dem Sacheigentum vergleichbaren Verfügungsmöglichkeiten des Anbieters, der seinen Dienst eröffnen oder schließen und Benutzer oder einzelne Beiträge ausschließen kann[839].

Im Ergebnis ist den Gerichten deshalb darin zuzustimmen, die Vorschriften zum Schutz des Eigentums auf Diskussions-Software im Internet jedenfalls entsprechend anzuwenden[840]. Ein weiteres Mal aktuell wurde die Frage nach einem Eigentumsschutz für auf Internet-Servern gespeicherte Computersoftware im Zusammenhang mit dem im Juni 2001 unter dem Motto „Lufthansa goes offline" durchgeführten „virtuellen Sit-in" gegen die Beteiligung der *Lufthansa AG* an

---

[838] Vgl. *Meier/Wehlau*, Datenlöschung, NJW 1998, S. 1588 f.
[839] *Ladeur*, Diskussionsforen im Internet, MMR 2001, S. 788.
[840] Zur erweiterten zivilrechtlichen Problematik des Ausschlusses von Diskussionsteilnehmern und zum Erfordernis eines „netzwerkgerechten" Privatrechts s. *Ladeur*, Diskussionsforen im Internet, MMR 2001, S. 787 ff.

A. Rechtliche Probleme zulässiger reg.-amtl. Öffentlichkeitsarbeit

Abschiebungen abgelehnter Asylbewerber in deren Heimatländer. Während der Aktion sollte der für die Entgegennahme elektronischer Flugbuchungen betriebene Server der Firma durch den massenhaften, programmgestützten Aufruf der *Lufthansa*-Website zum Absturz gebracht werden. Obwohl dieses Ziel wegen der vorher erfolgten Erhöhung der Serverkapazitäten durch die *Lufthansa AG* letztlich nicht erreicht wurde, kam es durch die Blockade des Servers mit „falschen" Abfragen beim Aufruf des Angebots durch Kunden zeitweise zu spürbaren Behinderungen[841]. Weil die *Lufthansa AG* in Folge der Aktion einen wirtschaftlichen Schaden geltend gemacht hat, stellt sich die Frage, ob darin eine Eigentumsverletzung i.S. des § 823 Abs. 1 BGB zu sehen ist. Im Anschluss an die vorgestellten Entscheidungen des Landgerichts Bonn und des Oberlandesgerichts Köln wird zumindest die darin enthaltene Frage, ob die auf dem Server vorliegende Software als geschützte Eigentumsposition in Betracht kommt, in ersten Stellungnahmen der Literatur bejaht[842].

2. „Virtuelles Hausrecht" im öffentlichen Recht?

a) Rechtscharakter regierungsamtlich veranstalteter Diskussionsforen

Um den für den Bereich des Zivilrechts entwickelten Gedanken eines virtuellen Hausverbots im Internet auch für regierungsamtlich veranstaltete Diskussionsforen fruchtbar machen zu können, ist zunächst eine Einordnung solcher Online-Angebote in das öffentliche oder in das Zivilrecht erforderlich. Möglich erscheint die Zugehörigkeit zu beiden Rechtskreisen: Die freie Diskussion unter Bürgern ist grundsätzlich ein demokratisch-gesellschaftlicher Prozess auf Gleichordnungsebene. Zu diesem Prozess gehört grundsätzlich auch das Forum des Meinungsaustauschs, so dass auch bei regierungsamtlicher Veranstaltung eine Zugehörigkeit zum Privatrecht zumindest in Betracht kommt. Andererseits handelt es sich bei regierungsamtlich veranstalteten Diskussionsforen aber nicht bloß um ein Teilelement dieses freien gesellschaftlichen Meinungsbildungsprozesses, sondern – auch wenn der Staat selbst nicht mitdiskutiert – um eine Maßnahme der regierungsamtlichen Öffentlichkeitsarbeit, mit der der Staat nicht lediglich an der rein gesellschaftlichen Diskussion gleichgeordnet *teilnimmt*, son-

---

[841] Vgl. *Kraft/Meister*, Rechtsprobleme virtueller Sit-ins, MMR 2003, S. 366.
[842] *Kraft/Meister*, Rechtsprobleme virtueller Sit-ins, MMR 2003, S. 373.

dern mit der er dieser auch im klassischen Staat-Bürger-Verhältnis, in Erfüllung seiner verfassungsmäßigen Aufgaben, *gegenüber* tritt. Wie die regierungsamtliche Öffentlichkeitsarbeit im Allgemeinen[843] ist daher auch die regierungsamtliche Veranstaltung von Online-Diskussionen nach öffentlich-rechtlichen Maßstäben zu bewerten[844]: Sie ist schlicht-hoheitliches Verwaltungshandeln[845].

b) Rechtscharakter des Hausverbots in öffentlichen Verwaltungsgebäuden

Das regierungsamtliche Angebot eines Diskussionsforums im Internet zählt also zum Bereich des öffentlichen Rechts. Ein dort erteiltes „virtuelles Hausverbot" wäre folglich, um die Parallele zum Sacheigentumsrecht aufrecht zu erhalten, mit dem in einem öffentlichen Verwaltungsgebäude erteilten tatsächlichen Hausverbot vergleichbar und würde diesem in Fragen der Zulässigkeit und der Voraussetzungen folgen. Der Rechtscharakter und die rechtlichen Voraussetzungen des Hausverbots in öffentlichen Verwaltungsgebäuden sind zwischen den Vertretern der privatrechtlichen Theorie, der Anlasstheorie und der Funktionstheorie umstritten. Alle drei Theorien behandeln zwar mit Blick auf den zulässigen Rechtsweg in erster Linie das Problem, ob das in einem öffentlichen Verwaltungsgebäude erteilte Hausverbot selbst zivilrechtlichen oder öffentlichrechtlichen Charakter hat, sie lassen aber zugleich auch Rückschlüsse auf legitime Verbotsgründe und damit auf die Voraussetzungen eines wirksamen Hausverbots zu.

Nach der *rein privatrechtlichen Theorie* hat das Hausverbots auch in Verwaltungsgebäuden stets privatrechtlichen Charakter. Rechtsgrundlage sind danach die §§ 1004, 859 ff. BGB[846]. Voraussetzung für das Hausverbot wäre folglich eine bloße Beeinträchtigung des Eigentums, die nicht in einer Besitzstörung liegt, und zu deren Duldung der Rechtsinhaber nicht verpflichtet ist, vgl. § 1004 Abs. 1 S. 1, Abs. 2 BGB.

---

[843] Allg. zum Rechtscharakter regierungsamtlicher Öffentlichkeitsarbeit *Leisner*, Öffentlichkeitsarbeit der Regierung, S. 103; *Schwarzer*, Staatliche Öffentlichkeitsarbeit, S. 82 ff.
[844] Zu diesem Ergebnis gelangt auch *Ladeur*, Regierungsamtliche Öffentlichkeitsarbeit im Internet, DÖV 2002, S. 9.
[845] Generell für die Einordnung der Onlinebetätigung staatlicher Stellen als schlicht-hoheitliches Staatshandeln *Kittler*, Öffentliche Hand als Werbeträger, NJW 2000, S. 122; *Schulze-Fielitz*, Öffentlich-rechtliche Betätigung im Internet, AfP 1998, S. 448, 451.
[846] *Stürner*, Privatrechtliche Gestaltungsformen, S. 108 f.; *ders.*, Anmerkung, JZ 1971, S. 98 f.; *ders.*, Anmerkung, JZ 1977, S. 312 f.

Nach der – früher von der Rechtsprechung vertretenen[847] – *Anlasstheorie* bestimmt sich der Rechtscharakter des Hausrechts danach, ob die materiellen Beziehungen zwischen der Behörde und dem Störer bzw. der Zweck dessen Aufenthalts im Gebäude öffentlich-rechtlicher oder privatrechtlicher Natur sind. Geht der Störer widmungsgemäßen Zwecken nach, so darf ihn der Rechtsinhaber daran nicht in Ausübung seiner Eigentumsrechte hindern. In diesem Fall unterliegt das Hausverbot den Bindungen des öffentlichen Rechts. Geht es dagegen darum, dem Störer die Wahrnehmung wirtschaftlicher Belange zu verbieten oder steht das Verbot in unmittelbarem Zusammenhang mit einem zivilrechtlichen Verhältnis zwischen Behörde und Bürger, so kann sich der Störer auf die Zweckbindung nicht berufen. Es handelt sich bei dem Hausverbot dann um eine Maßnahme rein privatrechtlichen Charakters, die auf Grundlage des Eigentumsrechts ergeht[848]. Auf den Fall einer von Regierungsseite veranstalteten Internet-Diskussion angewandt würde dies bedeuten: Solange ein Teilnehmer zum vorgegebenen Thema diskutiert, sich also innerhalb des „Widmungszwecks" hält, wäre ein virtuelles Hausverbot nach öffentlich-rechtlichen Maßstäben zu behandeln. Anderenfalls würde sich die Zulässigkeit nach dem Privatrecht richten. Der „Aufenthalt" in einem Diskussionsforum aus geschäftlichen Interessen des Teilnehmers oder im Rahmen eines bestehenden oder angestrebten privatrechtlichen Verhältnisses zwischen der veranstaltenden Behörde und dem Teilnehmer ist allerdings nur schwer vorstellbar, sodass die öffentlich-rechtliche Behandlung wohl den Regelfall darstellen würde.

Die Vertreter der neueren *Funktionstheorie* sehen den Zweck des Hausverbots in öffentlichen Gebäuden einzig darin, die ordnungsgemäße Erfüllung der öffentlich-rechtlichen Aufgaben zu ermöglichen, denen das Gebäude dient. Diese Funktion ist unabhängig von der Intention des Besuchers. Das Hausrecht an Verwaltungsgebäuden und ein etwaiges Hausverbot haben deshalb nach der Funktionstheorie stets öffentlich-rechtlichen Charakter[849].

---

[847] BVerwGE 35, 103, 106 m.w.N.; BGHZ 33, 230, 231 f.; BGH, DVBl. 1968, 145, 146; BGH, NJW 1967, 1911, 1911 f.
[848] BGHZ 33, 230, 231 f.; BGH, BayVBl. 1968, 145, 146; *Papier*, Recht der öffentlichen Sachen, S. 35.
[849] OVG Münster, NVwZ-RR 1989, 316, 316; BayVGH, BayVBl. 1980, 723, 724; *Knemeyer*, Öffentlich-rechtliches Hausrecht, DÖV 1970, S. 599; *ders.*, Hausrecht der öffentlichen Verwaltung,

Die rein privatrechtliche Theorie wird heute, soweit ersichtlich, nicht mehr vertreten. Sie war nicht geeignet, den unbestritten vorhandenen öffentlich-rechtlichen Bindungen des Eigentums an öffentlichen Sachen Rechnung zu tragen[850]. Aber auch gegen die Anlasstheorie spricht jedenfalls ein gewichtiges Argument: Die Motive des Störers, sich in dem Verwaltungsgebäude aufzuhalten, sind häufig objektiv kaum auszumachen, was zu erheblicher Rechtsunsicherheit führt[851]. Zudem sind die Notwendigkeit und der Vorteil einer Differenzierung zwischen privatrechtlicher und öffentlich-rechtlicher Hausrechtsausübung in ein und demselben Gebäude und durch ein und denselben Rechtsinhaber nicht ersichtlich. Der Effekt der abzuwehrenden Störung, nämlich die Beeinträchtigung der staatlichen Aufgabenerfüllung, ist stets derselbe[852]. Aus diesen Gründen ist der Funktionstheorie zu folgen, die einzig auf die klar bestimmbare Funktion des Hausrechts abstellt. Das Hausrecht an Verwaltungsgebäuden hat deshalb stets öffentlich-rechtlichen Charakter. Gleiches müsste folgerichtig für das „virtuelle Hausrecht" in regierungsamtlich veranstalteten Online-Diskussionsforen gelten.

c) Zulässigkeit eines öffentlich-rechtlichen Hausverbots

Während das Privateigentum dem Eigentümer grundsätzlich gemäß § 903 BGB im Umgang mit seinem Eigentum weitgehende Autonomie gewährt und die Erteilung eines Hausverbots ohne besonderen Anlass ermöglicht[853], wird das in den Händen eines Verwaltungsträgers befindliche Eigentumsrecht an öffentlichen Sachen, das im Grundsatz ebenfalls privatrechtlichen Charakter hat, von weitreichenden Zweckbindungen überlagert, die die Verfügungsgewalt des Rechteinhabers beschränken. Das modifizierte Eigentumsrecht dient hoheitlichen Zwecken und besteht zum Nutzen der Allgemeinheit[854]. Dieser Umstand beeinflusst auch das Hausrecht an öffentlichen Verwaltungsgebäuden. Die Vor-

---

VBlBW 1982, S. 250; *Ronellenfitsch,* Hausrecht der Behörden, VerwArch 73 (1982), S. 473 m.w.N. S. 469 Fn. 32; *Zeiler,* Hausrecht an Verwaltungsgebäuden, DVBl. 1981, S. 1000 f.; ebenfalls in diese Richtung gehend, wenngleich die Frage ausdrücklich offengelassen worden ist, OVG Bremen, NJW 1990, 931, 932.
[850] Vgl. *Ronellenfitsch,* Hausrecht der Behörden, VerwArch 73 (1982), S. 472.
[851] BayVGH, BayVBl. 1980, 723, 724; *Ronellenfitsch,* Hausrecht der Behörden, VerwArch 73 (1982), S. 473; *Zeiler,* Hausrecht an Verwaltungsgebäuden, DVBl. 1981, S. 1001 m.w.N.
[852] *Zeiler,* Hausrecht an Verwaltungsgebäuden, DVBl. 1981, S. 1001.
[853] *Christensen,* Hausverbot, JuS 1996, S. 873 f. m.w.N.
[854] Vgl. *Forsthoff,* Allgemeines Verwaltungsrecht, S. 373 ff.; *Papier,* Recht der öffentlichen Sachen, S. 5 ff.; *ders.* in: Erichsen, Allgemeines Verwaltungsrecht, § 40 Rn. 11 ff.; 18 ff.

aussetzung für die zulässige Erteilung eines öffentlich-rechtlichen Hausverbots folgt unmittelbar aus dessen Rechtscharakter. Die Funktionstheorie beantwortet deshalb nicht nur die Frage nach dem Rechtscharakter eines ergangenen Hausverbots, sondern sie zeigt gleichzeitig den Rechtsgrund für das Hausrecht der Behörde und damit den einzig legitimen Zweck eines Hausverbots auf. Weil die öffentlich-rechtliche Zweckbindung der hoheitlichen Sachherrschaft die privaten Eigentumsrechte überlagert, kann dieser nur darin bestehen, den ungestörten Ablauf der jeweiligen staatlichen Hoheitsfunktion sicherzustellen[855]. Auf regierungsamtlich veranstaltete Internet-Diskussionen übertragen bedeutet dies, dass den Teilnehmern nicht etwa wegen von der Regierungsmeinung abweichender, ungeliebter Ansichten ein „virtuelles Hausverbot" erteilt werden könnte, sondern einzig und allein, um im Falle von Störungen einen geordneten Ablauf der Diskussion zu gewährleisten. Die Beurteilung, ob eine den Ausschluss rechtfertigende Störung vorliegt, unterliegt dabei im Einzelfall dem Grundsatz der Verhältnismäßigkeit. Dieses Ergebnis wird auch der oben zur Grundrechtsschranke der allgemeinen Gesetze getroffenen Feststellung gerecht. Der Ausschluss von einer regierungsamtlich veranstalteten Online-Diskussion darf sich nicht gegen eine in dem betroffenen Beitrag enthaltene Meinung richten, sondern muss einem außerhalb gelegenen Ziel zu dienen bestimmt sein, hier dem ungestörten Ablauf des Kommunikationsprozesses.

d) Berechtigtes Interesse, Beeinträchtigung des Art. 5 Abs. 1 S. 1 GG

Im zivilrechtlichen Bereich stellt sich im Zusammenhang mit tatsächlichen wie mit virtuellen Hausverboten wegen der Regelung des § 1004 Abs. 2 BGB die Frage, ob nicht eventuell berechtigte Interessen der Nutzer dem grundsätzlich zulässigen Ausschluss entgegenstehen[856]. Hiervon geht auch das Landgericht Bonn in seiner Entscheidung aus. Die Überlegung stützt sich auf die ständige Rechtsprechung zum Hausrecht in Ladengeschäften, die ohne Zugangskontrollen dem allgemeinen Publikumsverkehr geöffnet sind. In der Öffnung, die dem Geschäftsinteresse des Ladeninhabers entspringe, liege ein partieller Hausrechts-

---

[855] OVG Bremen, NJW 1990, 931, 932 f.; *Knemeyer*, Hausrecht der öffentlichen Verwaltung, VBlBW 1982, S. 250; *Zeiler*, Hausrecht an Verwaltungsgebäuden, DVBl. 1981, S. 1000 f.
[856] Vgl. dazu *Ladeur*, Diskussionsforen im Internet, MMR 2001, S. 787 ff.; ausführlich zu grundrechtlichen Fragen im Zusammenhang mit Internetforen *Kunz*, Ausschluss aus Internetforen, S. 59 ff., 136 ff.

verzicht[857]. Wenn man darin entgegen der Rechtsprechung nicht gleich einen Rechts*verzicht* sehen mag, so kann es sich bei willkürlichen Hausverboten nach Publikumsöffnung zumindest um Fälle des *venire contra factum proprium*, des selbstwidersprüchlichen Verhaltens[858], und damit um einen Verstoß gegen den in § 242 BGB niedergeschriebenen, auch außerhalb von Schuldverhältnissen das gesamte Rechtsleben beherrschenden[859] Grundsatz von Treu und Glauben handeln. Die Rechtsunwirksamkeit willkürlicher Hausverbote gegen einzelne Personen oder Personengruppen lässt sich im Zivilrecht zudem trotz Privatautonomie wegen eines strukturellen Ungleichgewichts zwischen Hausrechtsinhaber und Betretendem und wegen des Öffentlichkeitsbezugs der eröffneten Räumlichkeiten auf einen Verstoß gegen den Gleichheitssatz des Art. 3 GG stützen[860], der als Grundrecht über unbestimmte Rechtsbegriffe, wie etwa den der guten Sitten oder eben den von Treu und Glauben, im Zivilrechtsverkehr mittelbare Wirkung entfaltet[861].

Im Falle des Angebots von Diskussionsforen kommt zu den genannten Überlegungen der Umstand hinzu, dass der Anbieter zunächst aus freien Stücken eine Kommunikationsmöglichkeit für den Nutzer eröffnet hat, die von diesem Zeitpunkt an als „Wirkbereich" der Meinungsäußerungsfreiheit am grundrechtlichen Schutz des Art. 5 Abs. 1 S. 1 GG teilnimmt. Im Zivilrechtsverkehr erlangt die Meinungsfreiheit des Betroffenen wiederum durch die mittelbare Drittwirkung der Grundrechte Bedeutung. Weil die Grundrechte im Subordinationsverhältnis des öffentlichen Rechts aber *unmittelbar* gelten, stellt sich die Frage, wie sich grundrechtliche Gewährleistungen auf die Zulässigkeit der Erteilung von (virtuellen) Hausverboten auswirken, dort umso mehr. Auf das öffentlich-rechtliche Hausrecht übertragen können die genannten Aspekte eine über die öffentlich-rechtliche Zweckbindung hinausgehende Beschränkung der Hausrechtsausübung bewirken.

---

[857] BGHZ 124, 39, 43; BGH NJW-RR 1991, 1512, 1512 m.w.N.; NJW 1980, 700, 701.
[858] Vgl. LG Bonn, CR 2000, 245, 246; *Christensen*, Hausverbot, JuS 1996, S. 874.
[859] Vgl. *Heinrichs*, in: Palandt, BGB, § 242 Rn. 1, 17.
[860] *Christensen*, Hausverbot, JuS 1996, S. 874.
[861] Vgl. BVerfGE 7, 198, 205 f.

A. Rechtliche Probleme zulässiger reg.-amtl. Öffentlichkeitsarbeit

Fasst man den Ausschluss von einer regierungsamtlich veranstalteten Internet-Diskussion entsprechend den vorstehenden Ausführungen als „virtuelles" öffentlich-rechtliches Hausverbot auf, so handelt es sich dabei um eine hoheitliche Maßnahme einer Behörde auf dem Gebiet des öffentlichen Rechts zur Regelung eines Einzelfalls mit Außenwirkung. Er erfüllt mithin alle Tatbestandsmerkmale eines Verwaltungsakts i.s. des § 35 VwVfG[862] und bedarf deswegen einer ausreichenden Ermächtigungsgrundlage. Diese ergibt sich nach herrschender Auffassung bereits als notwendiger Annex aus der jeweiligen Sachkompetenz zur Aufgabenerfüllung. Eine spezielle gesetzliche Ermächtigung wird als entbehrlich betrachtet. Da das Hausrecht als Bestimmungsrecht der Sicherung der Verwaltungstätigkeit diene, sei die Erteilung eines Hausverbots von der Kompetenz zur Verwaltungstätigkeit selbst nicht zu trennen[863]. Die *Durchsetzung* eines erteilten Hausverbots greift dagegen in grundrechtlich geschützte Positionen des Bürgers ein und bedarf einer ausdrücklichen gesetzlichen Ermächtigungsgrundlage. Insoweit reicht der Rückgriff auf eine Annexkompetenz nicht aus[864]. Daher wäre für den technischen Ausschluss von einem regierungsamtlich veranstalteten Diskussionsforum, etwa durch Sperrung einer zuvor erteilten Zugangserlaubnis oder durch Löschung der Beiträge, jedenfalls eine entsprechende gesetzliche Ermächtigungsgrundlage erforderlich.

3. Angemessenheit der Rechtsfigur des „virtuellen öffentlich-rechtlichen Hausrechts" für den Ausschluss von regierungsamtlich veranstalteten Diskussionsforen

Während die Annahme eines „virtuellen Hausrechts" im Internet im Bereich des Zivilrechts eine plausible und legitime Basis für die Behandlung auftauchender Probleme darstellt[865] erscheint diese Konstruktion auf dem Gebiet des öffentli-

---

[862] *Knemeyer*, Hausrecht der öffentlichen Verwaltung, VBlBW 1982, S. 250 f.; *ders.*, Öffentlich-rechtliches Hausrecht, DÖV 1970, S. 599; *Maurer*, Allgemeines Verwaltungsrecht, § 3 Rn. 24; *Zeiler*, Hausrecht an Verwaltungsgebäuden, DVBl. 1981, S. 1002.

[863] *Knemeyer*, Hausrecht der öffentlichen Verwaltung, VBlBW 1982, S. 252; *ders.*, Öffentlich-rechtliches Hausrecht, DÖV 1970, S. 598 f.; *Maurer*, Allgemeines Verwaltungsrecht, § 3 Rn. 24; *Ronellenfitsch*, Hausrecht der Behörden, VerwArch 73 (1982), S. 474; *Zeiler*, Hausrecht an Verwaltungsgebäuden, DVBl. 1981, S. 1004.

[864] *Knemeyer*, Hausrecht der öffentlichen Verwaltung, VBlBW 1982, S. 252; *ders.*, Öffentlich-rechtliches Hausrecht, DÖV 1970, S. 599.

[865] Vgl. dazu erneut *Ladeur*, Diskussionsforen im Internet, MMR 2001, S. 787 ff. Problematisch erscheint allerdings der Umstand, dass die Rechtsfigur des „virtuellen Hausrechts" wegen des Rückgriffs auf die Grundsätze zur Hausrechtsausübung in Ladengeschäften in erster Linie für Diskussionsforen mit „virtueller Anwesenheit" der Diskussionsteilnehmer geschaffen wurde. Dies trifft

chen Rechts, zumal im Zusammenhang mit der Veranstaltung von Diskussionsforen, überfordert. Bereits in den Grundzügen der Funktionstheorie zum realen Hausrecht an öffentlichen Verwaltungsgebäuden kommt das darin enthaltene klassische Verständnis vom Verhältnis zwischen Staat und Bürger deutlich zum Ausdruck. Obwohl sie sich ausgesprochen „bürgerfreundlich" zeigt, indem sie den Bürger durch die öffentlich-rechtliche Zweckbindung von Eigentum und Hausrecht und durch den im öffentlichen Recht stets zu beachtenden Grundsatz der Verhältnismäßigkeit besser als die anderen Theorien vor einer willkürlichen Ausübung des Hausrechts schützt, die das zivile Eigentum doch zumindest im Grundsatz ermöglicht, beinhaltet sie zugleich ein ausgeprägtes Über- und Unterordnungselement: Der Bürger erscheint in dieser Theorie als potentiell störendes Element im Alltagsgeschäft der Verwaltung, vor dem diese nötigenfalls durch seine Entfernung geschützt werden muss. Der Staat tritt dem Bürger auf diese Weise in einer deutlichen Abwehrhaltung gegenüber. Der Kontakt des Staates mit dem Bürger ist nach diesem Gedankenmodell bei der Eröffnung von Verwaltungsgebäuden für den Publikumsverkehr nicht intendiert, nicht Selbstzweck und nicht Maßnahme eines Staates, der einen Schritt auf seine Bürger zugeht bzw. sie zu sich einlädt, sondern als Voraussetzung der Erfüllung seiner Verwaltungsaufgaben zwingend vorgegeben. Die Zugangsberechtigung des Bürgers zu einem dem Publikumsverkehr geöffneten Dienstgebäude ist bloß Annex seines Rechts auf Wahrnehmung seiner Verwaltungsangelegenheiten[866]. Der Kontakt zwischen Staat und Bürger nimmt damit an dem zwischen beiden bestehenden Über- und Unterordnungs- und Abwehrverhältnis teil.

Demgegenüber sind bei der Veranstaltung regierungsamtlicher Diskussionsforen im Internet weder die Veranstaltung selbst noch die Form des Kontakts mit dem Bürger als konkrete Maßnahme der Öffentlichkeitsarbeit zwingend vorgegeben, sondern die Beteiligung der Bürger am Kommunikationsprozess ist das aufgrund freien Willensentschlusses der zuständigen Behörde angestrebte Ziel sol-

---

aber lediglich auf Chat-Angebote zu. Auf zeitversetzte Diskussionsformen wie Newsgroups und Aufsatzwettbewerbe scheint der Hausrechtsgedanke dagegen nur mit einiger Mühe anwendbar zu sein. Diese Bedenken richten sich in gleicher Weise gegen die an den Grundsätzen der Hausrechtsausübung in Verwaltungsgebäuden ausgerichtete öffentlich-rechtliche Variante des „virtuellen Hausrechts". Allgemein zu Rechtsfragen des Ausschlusses aus Internetforen *Kunz*, Ausschluss aus Internetforen.

[866] *Papier*, Recht der öffentlichen Sachen, S. 34.

cher Veranstaltungen. Diskussionsforen lassen so „die traditionellen Grenzen zwischen staatlicher Öffentlichkeitsarbeit, Partizipation der Öffentlichkeit an staatlichen Entscheidungsprozessen und staatsfreier gesellschaftlicher Meinungsbildung unscharf werden"[867]. In dieser Unschärfe liegt ein bedeutender Unterschied zu der durch klare Grenzen gekennzeichneten Situation, für die die Rechtsfigur des öffentlich-rechtlichen Hausrechts entwickelt worden ist. Die gewollte Bürgerbeteiligung stellt eine neue Dimension des Verhältnisses zwischen Staat und Bürger dar, dem die starre, primär auf Abwehr angelegte Behandlung nicht in hinreichender Weise gerecht werden kann. Die Übertragung dieser Rechtsfigur auf die „virtuellen Diskussionsräume" im Internet ist deshalb nicht geeignet, die Probleme, die sich im Zusammenhang mit dem Zugang zu und dem Ausschluss von regierungsamtlich veranstalteten Diskussionsforen im Internet ergeben können, einer den Besonderheiten dieser Kommunikationsform angemessenen Lösung zuzuführen. Es muss deshalb nach neuen Lösungen für diesen Problemkreis gesucht werden.

Die Figur eines „virtuellen öffentlich-rechtlichen Hausrechts" eignet sich nach dem Gesagten jedenfalls nicht für solche virtuellen öffentlichen Räume im Internet, die in der beschriebenen Weise durch eine intendierte Bürgerbeteiligung charakterisiert sind. Für solche, die dem Bürgerservice oder dem Verwaltungsverfahren, mithin den Kernbereichen von E-Government dienen, mag durchaus etwas anderes gelten, weil der virtuelle Kontakt zwischen Bürger und Behörde in diesen Zusammenhängen noch eher vom klassischen Über- und Unterordnungsverhältnis geprägt ist.

IV. Vielfalt- und Transparenzforderungen für regierungsamtliche Internet-Angebote

Das oben zuerst angesprochene Problemfeld, die Notwendigkeit von Vielfalt und/oder Transparenz regierungsamtlicher Informationsangebote, hat in Rechtsprechung und Literatur bisher keine mit den Überlegungen zum „virtuellen Hausrecht" vergleichbare Auseinandersetzung gefunden, die man zum Ausgangspunkt weiterer Überlegungen machen könnte. Soweit ersichtlich, hat allein

---

[867] *Eifert*, Electronic Government, ZG 2001, S. 118.

Ladeur bisher einen in diese Richtung gehenden Gedanken formuliert[868]. Auch für diesen Problemkreis muss deshalb eine Lösung von Grund auf neu entwickelt werden. Zu diesem Zweck sollen zunächst die zu erreichenden Ziele noch näher bestimmt werden. Im dritten Kapitel wird es dann darum gehen, verschiedene Möglichkeiten aufzuzeigen, wie diese Ziele zu erreichen sein könnten.

1. Differenzierte Anforderungen

Sucht man nach einer Lösung für das Problemfeld Vielfalt und Transparenz regierungsamtlicher Informationsangebote, so ist es nicht möglich, ein einheitliches Ziel zu bestimmen. Die zu erreichenden Ziele richten sich vielmehr nach der jeweiligen Gefährdungssituation für den Meinungsbildungsprozess. Sieht man ein Problem in der Einseitigkeit der von der Regierung zugänglich gemachten Informationen, so kommt als Reaktion darauf zunächst die Schaffung des Gegenteils von einseitiger Information, nämlich von Informations*vielfalt* in Betracht.

Während vereinzelt die Ansicht vertreten wird, der Gesetzgeber müsse durch die Schaffung einer vielfaltsichernden „positiven Ordnung" für das Internet Defiziten im Prozess der Meinungsbildung entgegenwirken[869], wird die grundsätzliche Notwendigkeit einer vielfaltsichernden Ordnung für die private Internet-Kommunikation insbesondere mit Blick auf den dort herrschenden funktionierenden Außenpluralismus und die damit verbundene geringe Gefahr der Entstehung einseitiger Meinungsmacht überzeugend abgelehnt[870]. Für regierungsamtliche Internet-Angebote kann jedoch wegen der besonderen Sensibilität des demokratischen Meinungsbildungsprozesses gegenüber staatlicher Informationspolitik und wegen der mit der Nutzung des Internets verbundenen besonderen Missbrauchs-

---

[868] *Ladeur*, Regierungsamtliche Öffentlichkeitsarbeit im Internet, DÖV 2002, S. 8.
[869] Vgl. FAZ v. 27. Sept. 2001, S. 29; *Mecklenburg*, Internetfreiheit, ZUM 1997, S. 535.
[870] S. nur *Bullinger*, Kommunikationsfreiheit, S. 68 ff.; *Degenhart*, Programmauftrag Internet, MMR 1998, S. 137; *Grote*, Internet und Grundrechtsordnung, KritV 1999, S. 49-51; *Grzeszick*, Neue Medienfreiheit, AöR 123 (1998), S. 185, 189. *Eberle*, Regelungsmodell für Online-Dienste?, in: Dittmann u.a., Rundfunkbegriff im Wandel der Medien, S. 153 weist darauf hin, dass jedoch strukturelle Sicherungen des Zugangs erforderlich sind, um funktionierenden Außenpluralismus zu gewährleisten. Nach Ansicht von *Trute*, Informationsordnung, VVDStRL 57 (1998), S. 244 f. lässt die Vielfalt der Inhalte des Internets „jede Vorstellung einer positiven Ordnung dieses Mediums von vornherein als abwegig erscheinen". Eine Ausnahme gilt für die Internet-Angebote, die Rundfunk im engeren Sinne darstellen, vgl. oben Kap. 2 B. III. 3. b) dd).

A. Rechtliche Probleme zulässiger reg.-amtl. Öffentlichkeitsarbeit 229

gefahr[871] durchaus etwas anderes gelten. Es wurde allerdings bereits gezeigt, dass gegen werbende und parteinehmende Einseitigkeit von Regierungsinformationen entgegen der herrschenden Ansicht im Grundsatz nichts einzuwenden ist[872]. Die potentielle Gefährdung des Meinungsbildungsprozesses hierdurch ist nur gering, solange regierungsamtliche Öffentlichkeitsarbeit als solche erkennbar ist, denn in der Regel wird niemand erwarten, auf diesem Wege objektiv und unter Berücksichtigung aller in der gesellschaftlichen Diskussion vertretenen Meinungen informiert zu werden[873].

Gerade im Bereich des Internets sind aber vielfältige Angebotsformen denkbar, denen der Bürger die Einseitigkeit ihrer Inhalte nicht ohne weiteres ansehen kann. Informationsdatenbanken, besonders aber Suchhilfen und Diskussionsforen werden vom Nutzer – bedingt durch die historische Entwicklung des Internets – weithin als objektive und unverfälschte Informationsquellen betrachtet. Internet-Diskussionen gelten als die Orte freier Meinungsäußerung schlechthin. Suchmaschinen unterscheiden sich in den Augen vieler Nutzer hinsichtlich der Zuverlässigkeit ihrer Ergebnisse lediglich durch ihre *technische* Leistungsfähigkeit. Informationsdatenbanken und Zusammenstellungen von Hyperlinks können schon allein durch die Fülle der dargebotenen Inhalte den Eindruck erwecken, der Vielfalt der vertretenen Meinungen Ausdruck zu verleihen[874]. Das solchen Informations- und Kommunikationsangeboten entgegengebrachte Vertrauen strahlt auch auf regierungsamtliche Angebote aus.

Es wird deshalb zu unterscheiden sein zwischen solchen Angeboten, die entweder offensichtlich oder doch in zu erwartender Weise einseitig sind, und solchen, die dem Rezipienten den Eindruck von Objektivität und Vollständigkeit der dargebotenen Informationen vermitteln[875]. Zur erstgenannten Gruppe gehören hauptsächlich solche Angebote, die herkömmlichen Maßnahmen zulässiger regierungsamtlicher Öffentlichkeitsarbeit entsprechen, die also „im klassischen Stil" Informationen über die Regierungstätigkeit und über anstehende Sachfra-

---

[871] Vgl. oben Kap. 3 A. II.
[872] Vgl. oben Kap. 2 C. 2.
[873] Vgl. oben Kap. 2 A. II. 3. c) bb).
[874] Vgl. *Pieper/Wiechmann*, Rundfunkbegriff, ZUM 1995, S. 85.
[875] Ähnlich *Ladeur*, Regierungsamtliche Öffentlichkeitsarbeit im Internet, DÖV 2002, S. 8.

gen und Probleme aus Regierungssicht bieten. Hier sind keine Besonderheiten zu beachten. Zu der anderen Gruppe gehören alle Informations- und Kommunikationsangebote, die herkömmlicherweise frei von politischer Beeinflussung sind und in der Regel der Meinungsvielfalt in vollem Umfang Ausdruck verleihen. Insbesondere regierungsamtliche Diskussionsforen und Suchmaschinen, aber auch Datenbanken können hierher gehören. Hier kann die Einseitigkeit der vermittelten Inhalte nur dann unschädlich sein, wenn das besondere Vertrauen in den Anschein von Objektivität durch einen entsprechenden ausdrücklichen Hinweis zerstört wird[876]. In diesem Fall besteht zu den von vornherein als einseitig einzuschätzenden Angeboten kein Unterschied mehr. Wird das Vertrauen in die umfassende Vielfalt der dargebotenen Informationen dagegen durch die besondere Gestaltung des Angebots aufrecht erhalten oder sogar noch genährt, so ist die Regierung an den von ihr vermittelten Eindruck gebunden und muss ihm auch gerecht werden. Es kommt dann zu einer Art von „Selbstbindung" der Regierung, aus der ein Vielfaltserfordernis folgt[877]. Die Erzeugung von Vielfalt ist als Regulierungsziel für die regierungsamtliche Öffentlichkeitsarbeit im Internet also nur in einem eng umrissenen Bereich erforderlich.

Die eben vorgenommene Differenzierung sei noch einmal an einem konkreten Beispiel erläutert: Bietet etwa die Bundesregierung im Internet Informationen zum Thema Genforschung an, in denen sie ihre eigenen Ansichten und Absichten darlegt, so ist dies als Maßnahme einer die Regierungspolitik erläuternden und aus Regierungssicht über anstehende gesellschaftliche Herausforderungen, Gefährdungen und Chancen informierenden Öffentlichkeitsarbeit zulässig. Versieht sie dieses Informationsangebot mit Hyperlinks, die den Nutzer zu weiteren Informationen führen, so ist deren Einseitigkeit unschädlich, solange für den Nutzer ersichtlich ist, dass es sich dabei um Informationen handelt, die sich mit der Regierungspolitik decken, und dass die Verweise lediglich der Untermauerung des dargelegten Standpunkts dienen. Anders ist es, wenn der Eindruck erweckt wird, der Leser werde, wenn er nur den Verweisungen folge, umfassend

---

[876] Vgl. *Vestings* Forderung nach einer Kenntlichmachung der Übernahme von Beiträgen regierungsamtlicher Herkunft im öffentlich-rechtlichen Rundfunk, oben Fn. 404. Auch dort soll die Kennzeichnung dazu dienen, den durch besondere Umstände erzeugten, gleichwohl aber unzutreffenden Eindruck von Objektivität zu zerstören.
[877] *Ladeur*, Regierungsamtliche Öffentlichkeitsarbeit im Internet, DÖV 2002, S. 8.

A. Rechtliche Probleme zulässiger reg.-amtl. Öffentlichkeitsarbeit 231

über die Chancen und Risiken der Gentechnik und über die hierzu vertretenen kontroversen Standpunkte informiert. Fehlt ein Hinweis darauf, dass auch die weiteren Informationen lediglich der Regierungsmeinung entsprechen, und wird dies auch nicht aus den sonstigen Umständen deutlich, wird also der Eindruck umfassender Information erweckt und nicht wieder zerstört, so ist die Regierung verpflichtet, tatsächlich ein möglichst vollständiges Bild der zum Thema Gentechnik vertretenen Standpunkte abzuliefern.

Als Ziele einer rechtlichen Ordnung für die regierungsamtliche Öffentlichkeitsarbeit im Internet kommen also im Einzelfall *entweder* die Vielfalt der angebotenen oder erschlossenen Informationen *oder* die Transparenz der von der Regierung verfolgten Informations- und Kommunikationsstrategie in Betracht[878]. Soweit die Offenlegung der wesentlichen Rahmenbedingungen des jeweiligen Kommunikationsvorgangs geeignet ist, seine Gefahren zu entschärfen, ist diese Transparenz die erste der an die regierungsamtliche Öffentlichkeitsarbeit zu stellenden Forderungen. Dazu gehört beispielsweise die ausdrückliche Aufklärung über das Zustandekommen und die Einseitigkeit von Suchergebnissen oder erschlossenen Hintergrundinformationen. Transparenz in dem hier gemeinten Sinne kann aber auch bedeuten, dass Diskussionswillige vor ihrer Teilnahme an einer angebotenen Diskussion erfahren, dass und nach welchen Kriterien das Forum moderiert wird, damit ihnen die grundsätzliche Möglichkeit des Ausschlusses einzelner Beiträge wie auch die möglichen Gründe für einen Ausschluss bewusst sind. Auch der interessierte Leser, der selbst nicht mitdiskutieren möchte, kann sich durch eine entsprechende Aufklärung über die Rahmenbedingungen der Diskussion ein Bild von deren Informationswert machen. Nur wenn die erforderliche Transparenz des Kommunikationsvorgangs nicht erreicht wird, wenn seine Rahmenbedingungen also unklar bleiben, oder wenn ausnahmsweise tatsächlich die Abbildung von Vielfalt angestrebt ist, so ist diese zu fordern und durch geeignete rechtliche Mechanismen zu gewährleisten.

Regelungen über die Offenlegung der Kommunikationsstrategie regierungsamtlicher Öffentlichkeitsarbeit zur Schaffung von mehr Transparenz für den Betroffenen sind aber letztlich nicht nur hinsichtlich einzelner Informations- und Kom-

---

[878] Vgl. *Ladeur*, Regierungsamtliche Öffentlichkeitsarbeit im Internet, DÖV 2002, S. 8 ff.

munikationsangebote zu fordern, sondern ganz allgemein. So schreibt *Geiger* bereits in seinem schon weiter oben zitierten Sondervotum: „Es ist Sache des Bundestages, durch entsprechende Beschlüsse zum Haushaltsgesetz und durch zusätzliche gesetzliche Regelungen die Konsequenzen aus den [...] getroffenen Feststellungen zu ziehen, insbesondere sicherzustellen, dass das verfassungsrechtlich Gebotene durchgesetzt und nicht unterlaufen oder umgangen werden kann. Dazu kann auch eine Regelung gehören, die von der Bundesregierung verlangt, dass sie kontinuierlich innerhalb bestimmter kurzer Zeiträume in Übersichten veröffentlicht, welche Broschüren, Faltblätter, Leistungsberichte usw. sie mit Mitteln des Bundeshaushalts hat herstellen lassen, wie hoch die Auflage war, wie viele Stücke verbreitet wurden und wann sie verteilt wurden. Eine solche Regelung ist im Sinne der Transparenz der Vorgänge und der Kontrolle durch die Öffentlichkeit höchst erwünscht, u.U. sogar aus denselben Gründen verfassungsrechtlich geboten, aus denen im Urteil vom 5. November 1975 gefordert wurde, dass die Entscheidung über die Höhe aller Teile der finanziellen Ausstattung der Abgeordneten im Parlament und nicht durch dessen Präsidium getroffen wird (BVerfGE 40, 296, 327)."[879] In dem von *Geiger* erwähnten Urteil heißt es: „In einer parlamentarischen Demokratie lässt es sich nicht vermeiden, dass das Parlament in eigener Sache entscheidet, wenn es um die Festsetzung der Höhe und um die nähere Ausgestaltung der mit dem Abgeordnetenstatus verbundenen finanziellen Regelungen geht. Gerade in einem solchen Fall verlangt aber das demokratische und rechtsstaatliche Prinzip (Art. 20 GG), dass der gesamte Willensbildungsprozess für den Bürger durchschaubar ist und das Ergebnis vor den Augen der Öffentlichkeit beschlossen wird. Denn dies ist die einzige wirksame Kontrolle. Die parlamentarische Demokratie basiert auf dem Vertrauen des Volkes; Vertrauen ohne Transparenz, die erlaubt zu verfolgen, was politisch geschieht, ist nicht möglich."[880] Bei seinen Ausführungen denkt *Geiger* freilich an die Schaffung von Transparenz im Interesse der Kontrollierbarkeit der Einhaltung der herkömmlichen Zulässigkeitskriterien für regierungsamtliche Öffentlichkeitsarbeit. Das Erfordernis von Transparenz als Grundlage

---

[879] BVerfGE 44, 125, 179 f.
[880] BVerfGE 40, 296, 327 mit abw. Meinung von *Seuffert*, S. 330, 349, der die Öffentlichkeit des gesamten Willensbildungsprozesses zur Erreichung von Kontrolle und Vertrauen weder für notwendig noch für durchführbar hält.

2. Insbesondere: Transparenz von Diskussionsbedingungen

Wenn der Bürger im Wissen um die Möglichkeit eines Ausschlusses an einem regierungsamtlich veranstalteten Diskussionsforum teilnimmt, zeigt er sich damit ein Stück weit mit der Beschneidung seiner Meinungsfreiheit einverstanden. Ob das Einverständnis des Berechtigten mit einer Maßnahme die davon ausgehende Grundrechtsbeeinträchtigung entfallen lassen kann, ist allerdings umstritten. Gegenüber den Ansichten, die sich grundsätzlich für[881] oder gegen[882] die Möglichkeit des Grundrechtsverzichts aussprechen, hat sich eine vermittelnde Ansicht durchgesetzt, der zufolge die Möglichkeit des Grundrechtsverzichts vom Schutzzweck des jeweiligen Grundrechts und von der Reichweite des konkret in Rede stehenden Verzichts abhängig ist. Soweit ein Grundrecht in erster Linie der Persönlichkeitsentfaltung dient, wird ein Grundrechtsverzicht eher als zulässig angesehen. Dient es dagegen vorrangig dem Prozess der politischen Meinungs- und Willenbildung, so wird der Verzicht darauf eher als unzulässig angesehen, weil die gemeinschaftsbezogene Komponente des Grundrechtsschutzes nicht zur Disposition des Einzelnen stehe[883]. Ein besonders starker Gemeinschaftsbezug wird beispielsweise in der grundrechtsgleichen Verbürgung der geheimen Stimmabgabe bei Wahlen in Art. 38 Abs. 1 S. 1 GG gesehen, auf die der Bürger folglich nicht wirksam verzichten kann. Der vorrangig individuellen Interessen dienende Schutz der Eigentums- und Berufsfreiheit wird hingegen eher als verzichtbar angesehen[884]. Das Recht auf freie Meinungsäußerung ist mit seinem Doppelbezug – die Bedeutung für die politische Willensbildung auf der einen Seite, die für die freie Entfaltung der Persönlichkeit auf der anderen[885] – gleichsam zwischen den von Individual- und Gemeinschaftsbezug gebildeten

---

[881] *Bleckmann*, Grundrechtsverzicht, JZ 1988, S. 58 ff.; *Dürig*, Grundrechtssatz von der Menschenwürde, AöR 81 (1956), S. 152; *A. Geiger*, Einwilligung in die Verarbeitung persönlicher Daten, NVwZ 1989, S. 36 f.
[882] *Sturm*, Verzicht auf Grundrechte, in: FS für Geiger, S. 197 f.
[883] *Fiedler*, Formale Seite der Äußerungsrechte, S. 501; *Pieroth/Schlink*, Grundrechte, Rn. 137 f.; *Pietzcker*, Grundrechtsverzicht, Der Staat 1978, S. 546; *Robbers*, Grundrechtsverzicht, JuS 1985, S. 927 f.; *Stern*, Staatsrecht III/2, S. 901, 911 ff.
[884] *Pieroth/Schlink*, Grundrechte, Rn. 138 m.w.N.
[885] Vgl. erneut BVerfGE 90, 27, 31 f.; 27, 71, 81; 12, 113, 125; 7, 198, 208.

Polen zu verorten. Es liegen damit sowohl Anhaltspunkte vor, die für die Verzichtbarkeit sprechen, als auch solche, die sich gegen eine solche Annahme richten[886]. Weil der Bürger sein Recht auf unbeeinträchtigte Meinungsäußerung mit jeder Teilnahme an einer regierungsamtlich veranstalteten, nach ihm bekannten Regeln moderierten Internet-Diskussion allenfalls für *eine* konkrete Meinungsäußerung in *einem* Forum aufgibt und sich nicht des Rechts an sich dauerhaft entäußert, ist auch mit Blick auf die gemeinschaftsbezogene Komponente der Meinungsfreiheit grundsätzlich von der Zulässigkeit dieses Grundrechtsverzichts auszugehen[887]. Der Grundrechtsverzicht unterscheidet sich in diesem Fall kaum vom bloßen Nichtgebrauch des Grundrechts. Soweit es den Individualbezug der Grundrechte betrifft, ist das Recht, freiwillig auf den von ihnen gewährten Schutz zu verzichten, Ausfluss der durch Art. 2 Abs. 1 in Verbindung mit Art. 1 Abs. 1 GG verbürgten individuellen Selbstbestimmung und Persönlichkeitsentfaltung[888], die selbst ein wichtiges Teilmoment der Meinungsäußerungsfreiheit aus Art. 5 Abs. 1 S. 1 GG ausmacht[889].

In jedem Fall muss ein Grundrechtsverzicht freiwillig, hinreichend konkret und hinsichtlich der Konsequenzen überschaubar sein. Er ist außerdem stets restriktiv auszulegen und schließt den Grundrechtsschutz nie vollkommen, sondern allenfalls partiell aus[890]. Die Offenlegung der näheren Umstände eines Kommunikationsvorgangs kann deshalb in dem hier erörterten Zusammenhang nur die Voraussetzung dafür sein, dass überhaupt von einem Einverständnis mit gewissen Beeinträchtigungen des Rechts auf freie Meinungsäußerung ausgegangen werden kann. Wie weit dieses dann reicht, bleibt jedoch zunächst offen. Sicherlich wird ein Diskussionsteilnehmer in aller Regel nicht bereit sein, die Akzep-

---

[886] So auch *Fiedler*, Formale Seite der Äußerungsrechte, S. 501; *Pietzcker*, Grundrechtsverzicht, Der Staat 1978, S. 546; *Stern*, Staatsrecht III/2, S. 911 f.
[887] Ähnlich *Fiedler*, Formale Seite der Äußerungsrechte, S. 502 zum Problem freiwillig-verbindlicher Zensurmaßnahmen (Filmvorlage). *Fiedler*, a.a.O. S. 503 f. leitet in diesem Zusammenhang allerdings aus Art. 20 Abs. 1, 2 GG ein gleichgerichtetes Äußerungshinderungsverbot ab, das nicht der Verfügbarkeit durch den Bürger unterliege.
[888] BVerfGE 65, 1, 41 ff.; *Bleckmann*, Grundrechtsverzicht, JZ 1988, S. 60 f.; *Robbers*, Grundrechtsverzicht, JuS 1985, S. 928; *Schmidt-Bleibtreu/Klein*, GG, Art. 19 Rn. 28; *Stern*, Staatsrecht III/2, S. 908 f.
[889] Oben Fn. 885.
[890] *Bleckmann*, Grundrechtsverzicht, JZ 1988, S. 59; *Jarass*, in: Jarass/Pieroth, GG, Vorb. vor Art. 1 Rn. 36; vgl. auch *Pietzcker*, Grundrechtsverzicht, Der Staat 1978, S. 548 ff.; *Stern*, Staatsrecht III/2, S. 913 f.; *Schenke*, in: BK, GG, Art. 19 Abs. 4 Rn. 66 f.; *Schmidt-Aßmann*, in: Maunz/Dürig, GG, Art. 19 Abs. 4 Rn. 247.

A. Rechtliche Probleme zulässiger reg.-amtl. Öffentlichkeitsarbeit 235

tanz seines Beitrags der reinen Willkür eines amtlichen Entscheidungsträgers zu überlassen. Vielmehr ist davon auszugehen, dass der Verzicht mit der berechtigten Erwartung einhergeht, dass der endgültigen Entscheidung ein Findungsverfahren vorangeht, das im Hinblick auf Vorhersehbarkeit, Nachvollziehbarkeit und Überprüfbarkeit rechtstaatlichen Maßstäben entspricht. Das Wissen um die Kommunikationsbedingungen des betreffenden Diskussionsforums reicht also als Grundrechtsschutz nicht aus. Es sind vielmehr weitere Vorkehrungen erforderlich, die über die bloße Schaffung von Transparenz hinausgehen. Nachdem bereits gezeigt worden ist, dass die zivilrechtliche Lösung zu diesem Problem nicht übernommen werden kann, und dass auch die öffentlich-rechtliche Adaption dieser Überlegungen im Zusammenhang mit den besonderen Bedingungen moderner Formen der regierungsamtlichen Öffentlichkeitsarbeit nicht zu zufriedenstellenden Ergebnissen führen kann[891], gilt es, für diesen Problemkreis ein geeignetes, dabei gleichzeitig „freiheitswahrendes"[892] Verfahren zu entwickeln, das vor dem aus der formalen Komponente der Meinungsäußerungsfreiheit folgenden Schutz gegenüber Inhaltskontroll- und Verbreitungsunterbindungsverfahren[893] bestehen kann.

---

[891] S. oben Kap. 3 A. III.
[892] *Fiedler*, Meinungsfreiheit in einer vernetzten Welt, S. 67.
[893] Vgl. dazu *Fiedler*, Meinungsfreiheit in einer vernetzten Welt, S. 63 ff., 67 ff.; *ders.*, Formale Seite der Äußerungsfreiheit, passim.

B. Versuch der Bestimmung einer „Positiven Ordnung" für die regierungsamtliche Öffentlichkeitsarbeit im Internet

Um den aufgezeigten Gefahren für die Kommunikationsfreiheit des Einzelnen und für die freie öffentliche Meinungsbildung als demokratischem Prozess zu begegnen, bedarf die Nutzung der Informations- und Kommunikationsmöglichkeiten des Internets im Rahmen der regierungsamtlichen Öffentlichkeitsarbeit eines Ordnungsrahmens, der zugleich dem legitimen Interesse und der demokratischen Pflicht der Regierungen, den Bürger über ihre Arbeit und über die anstehenden politischen Herausforderungen umfassend zu unterrichten, angemessen Rechnung trägt.

I. Mögliche Regelungsansätze

Sind die Notwendigkeit und die Ziele einer gesetzlichen Regelung erkannt, so muss weiter danach gefragt werden, auf welche Weise die Erfüllung dieser Ziele verfassungsgemäß und zugleich praktikabel gewährleistet werden kann. Der Praktikabilität der gesetzlichen Regelungen kommt deshalb eine besondere Bedeutung zu, weil das Internet strukturell äußerst komplex und außerordentlich offen ist für neue Entwicklungen, und weil sich eine wirksame Kontrolle von Internet-Inhalten und deren Anbietern aus diesem Grunde in der Vergangenheit als besonders schwierig erwiesen hat.

1. Regelungsfeindlichkeit durch Dynamik und Komplexität geprägter Lebenssachverhalte

Um Ziele wie Vielfalt und Transparenz sowie die Bestimmung der Bereiche, in denen diese Ziele relevant sind, zu erreichen, stehen grundsätzlich verschiedene gesetzestechnische Wege offen. Am einen Ende der Skala der Möglichkeiten steht die traditionell ordnungsrechtliche, auf Vollständigkeit angelegte und möglichst viele Lebenssachverhalte gedanklich vorwegnehmende Gesetzestechnik, die ein Ziel mit detaillierten Geboten und Verboten (sowie im Staat-Bürger-Verhältnis mit Genehmigungsvorbehalten und Strafandrohungen) zu erreichen versucht[894]. Diese Gesetzestechnik, die bezogen auf das hier behandelte Problem

---

[894] Vgl. *Voßkuhle*, Schlüsselbegriffe der Verwaltungsrechtsreform, VerwArch 92 (2001), S. 185.

B. Versuch der Bestimmung einer „Positiven Ordnung" 237

etwa enumerative Aufzählungen zulässiger oder unzulässiger Maßnahmen und genaue Festlegungen dessen umfassen würde, was unter Vielfalt zu verstehen sein soll, setzt jedoch eine Umwelt voraus, die sich nicht oder jedenfalls nur in vorhersehbarem Umfang verändert[895], und erweist sich wegen ihres konkreten Gegenstandsbezugs als zu starr und unflexibel, wenn es darum geht, auf rasche Veränderungen in der zu regelnden Lebenswirklichkeit zu reagieren. Sie ist deshalb dynamischen, sich ständig verändernden Regelungsgegenständen wie dem Internet oder der gesellschaftlichen Vielfalt nicht angemessen[896]. Dynamische und komplexe Lebenswirklichkeiten erfordern vielmehr gesetzliche Lösungen, die eine ständige Anpassung an sich verändernde Bedingungen erlauben[897].

Eine ausgesprochen flexible Gesetzestechnik liegt am anderen Ende der Skala denkbarer Möglichkeiten: Abstrakte bis diffuse, mit unbestimmten Rechtsbegriffen und ausfüllungsbedürftigen Generalklauseln operierende Zielvorgaben. Bezogen auf die regierungsamtliche Öffentlichkeitsarbeit könnte eine solche Vorgabe etwa lauten: „Regierungsstellen haben die von ihnen verfolgte Informations- und Kommunikationsstrategie für den Bürger transparent zu gestalten. Sie sind verpflichtet, der Vielfalt der in der gesellschaftlichen Diskussion vertretenen Meinungen Rechnung zu tragen, soweit dies erforderlich ist." Der Vorteil, den solche abstrakten Zielvorgaben gegenüber detaillierteren Regelungen für sich verbuchen können, liegt in dem enormen Zugewinn an Flexibilität in der Rechtsanwendung. Die Verwendung unbestimmter und ausfüllungsbedürftiger Begriffe wie Vielfalt, Transparenz und Erforderlichkeit ermöglicht es, die Vorgaben und ihre Umsetzung ohne weiteres veränderten Bedingungen anzupassen. Derartige Sollens-Regeln bergen aber gleichzeitig stets die Gefahr, mangels näherer Konkretisierung und verbindlicher Orientierungspunkte, vor allem aber weil ihre Beachtung schwierig zu kontrollieren und durchzusetzen ist, bloß Forderung zu bleiben. Auch gelingt es häufig kaum, die komplexen Erfordernisse des Regelungsgegenstands in abstrakten Formeln angemessen zu erfassen. Das zeigt auch das oben gewählte Beispiel. Diese Defizite können – gerade wenn es darum geht, die Ausübungsbedingungen von Grundrechten sicherzustellen – den

---

[895] *Vesting*, Prozedurales Rundfunkrecht, S. 73.
[896] *Ladeur*, Regulierung des Internet, ZUM 1997, S. 383; allg. auch *Grimm*, Regulierte Selbstregulierung, Die Verwaltung, Beiheft 4 (2001), S. 15 f.
[897] Vgl. *Reinermann*, Vernetzte Verwaltung, Die Verwaltung 1995, S. 5.

erlangten Vorteil wieder vollends zunichte machen und in sein Gegenteil verkehren. Um eine angemessene Konkretisierung und kontrollierbare Durchsetzung abstrakter Zielvorgaben zu gewährleisten, bedarf es deshalb geeigneter organisatorischer und verfahrensmäßiger Vorkehrungen.

Immer mehr Sachbereiche entziehen sich so einer angemessenen Regelung mittels herkömmlicher Gesetzestechniken. Die einer Normierung entgegenstehenden Gründe sind vielgestaltig. Meistens liegen sie, wie etwa im technischen Sicherheitsrecht, in der Dynamik und Komplexität des zu regelnden Sachbereichs begründet. Hinzu treten Sachbereiche, die durch die Unvorhersehbarkeit und Plötzlichkeit auftretender Sonderlagen gekennzeichnet sind, die vom Staat ein sofortiges und situationsgerechtes Reagieren erfordern, wie etwa in der Außen- und Verteidigungspolitik und in der Konjunktur-, Währungs-, Struktur- und Infrastrukturpolitik[898]. Immer mehr gehören auch die Bereiche Öffentlichkeit und Medien zu den Rechtsmaterien, die sich einer angemessenen Regelung mittels herkömmlicher Methoden entziehen. Letztlich kann man die Frage stellen, ob nicht die heutige Lebenswirklichkeit insgesamt zu komplex, dynamisch und unvorhersagbar geworden ist, als dass mittels herkömmlicher Methoden noch wirksame Regelungen erreicht werden könnten[899].

a) Dynamik und Komplexität des Internets

Im Bereich staatlicher Öffentlichkeitsarbeit ist eine die Regelbarkeit erschwerende Dynamik und Ungewissheit nach der Ansicht *Schwarzers* nicht ersichtlich. Dies ändere sich auch nicht durch den Einsatz „Neuer Medien" und von „Multimedia", weil sich gesetzliche Regelungen zur regierungsamtlichen Öffentlichkeitsarbeit durch offene Formulierungen so gestalten ließen, dass sie für alte und neue Erscheinungsformen gleichermaßen gelten könnten. Die Formulierung „Maßnahmen zur Information der Öffentlichkeitsarbeit" umfasse beispielsweise sowohl Zeitungsanzeigen und Broschüren als auch Darstellungen im Internet[900]. Obwohl diese letzte Aussage durchaus zutreffend ist, greift die Einschätzung *Schwarzers* letztlich zu kurz. Sie verkennt, dass es nicht der *Einsatz*

---

[898] Vgl. *Ossenbühl*, in: Isensee/Kirchhof, Handbuch des Staatsrechts, Band III, § 62 Rn. 65.
[899] Vgl. *Reinermann*, Internet und öffentliche Verwaltung, DÖV 1999, S. 20 ff.
[900] *Schwarzer*, Staatliche Öffentlichkeitsarbeit, S. 97.

B. Versuch der Bestimmung einer „Positiven Ordnung"

des Internets als neues Mittel der Öffentlichkeitsarbeit ist, in dem eine mit herkömmlichen Methoden nur schwer zu beherrschende Dynamik liegen könnte – diese müsste, wenn es um den bloßen Mediensprung von den Offline- zu den Online-Medien gehen soll, wohl auch schon als weitgehend abgeschlossen betrachtet werden –, sondern dass das Medium Internet *selbst* sowohl in technischer als auch in inhaltlicher Hinsicht von einem enormen Entwicklungs- und Veränderungspotential geprägt ist, aus dem sich Probleme für eine angemessene gesetzliche Regelung seiner Nutzung für die regierungsamtliche Öffentlichkeitsarbeit ergeben können. Ähnlich wie bei den Regelungsbereichen des Technik-, Umwelt-, Telekommunikations- und Kommunalwirtschaftsrechts[901] handelt es sich bei den Medien der Informations- und Kommunikationsgesellschaft – allen voran die sog. Neuen Medien, in deren Zentrum das Internet steht – um eine Materie, die geprägt ist durch einen außerordentlich hohen Grad an Dynamik, Komplexität und Ungewissheit[902]. Die Multifunktionalität des Internets und die „schnelle Kombinatorik der Information und Kommunikation" führen zu erheblichen Regelungsproblemen[903]. Die technische Entwicklung des Internets und seiner Dienste – und damit auch die der denkbaren Gefährdungsmomente für einen freien Kommunikationsprozess – ist noch längst nicht abgeschlossen[904]. Morgen mag es bereits Anwendungsmöglichkeiten geben, von denen wir heute nicht einmal etwas ahnen. Vor diesem Hintergrund sind die in dieser Untersuchung angesprochenen Kommunikationsmöglichkeiten und Gefahren lediglich als Momentaufnahme in einer sich ständig verändernden Wirklichkeit zu verstehen. Daher bilden die Entwicklungsoffenheit der hier vorgeschlagenen Lösungsansätze und ihre Anwendbarkeit auf noch unbekannte Möglichkeiten der Internet-Präsenz wichtige immanente Beurteilungsmaßstäbe für ihre Brauchbarkeit.

Dies alles konfrontiert sowohl die Gesetzgebung als auch die Verwaltung mit einem interessanten Paradoxon: Während das enorme Kommunikationspotenzial des Internets auf der einen Seite einen wichtigen Beitrag zur Bewältigung der

---

[901] Vgl. hierzu *Voßkuhle*, Schlüsselbegriffe der Verwaltungsrechtsreform, VerwArch 92 (2001), S. 187 m.w.N.
[902] Vgl. *Calliess*, Selbstregulierung im Medienrecht, AfP 2002, S. 465; *Depenheuer*, Informationsordnung, AfP 1997, S. 669; *Trute*, Informationsordnung, VVDStRL 57 (1998), S. 218 ff.
[903] *Ladeur*, Regulierung des Internet, ZUM 1997, S. 379.
[904] Vgl. *Determann*, Kommunikationsfreiheit im Internet, S. 45; *Grote*, Internet und Grundrechtsordnung, KritV 1999, S. 30.

aus der zunehmend dynamischen und komplexen Lebenswirklichkeit folgenden Verwaltungsprobleme leisten kann[905], wirft es auf der anderen Seite mit seiner eigenen Komplexität und Dynamik zur gleichen Zeit selbst große Regulierungsprobleme auf, denen ihrerseits mit neuen, an die veränderten Verhältnisse angepassten Mechanismen begegnet werden muss.

b) Dynamik und Komplexität der gesellschaftlichen Vielfalt

Als außerordentlich dynamisch erweist sich auch die Erscheinung der gesellschaftlichen Vielfalt an sich. Meinungsvielfalt in Form miteinander konkurrierender, in sich homogener gesellschaftlicher Gruppen entspricht in modernen Massengesellschaften längst einer überkommenen Vorstellung. Es ist ein Prozess zunehmender Individualisierung, Diversifizierung und Fragmentierung der demokratischen Öffentlichkeit, der Bildung von Teilöffentlichkeiten und der Auflösung traditioneller Gruppenstrukturen zu beobachten, der die institutionalisierte Erfassung der vertretenen Ansichten und Interessen in ihrer gesamten Breite durch die Einbindung von Großorganisationen wie Parteien, Gewerkschaften, Verbände, Kirchen und Glaubensgemeinschaften zunehmend erschwert[906]. Die Massenmedien versuchen ihrer integrativen Aufgabe unter diesen Bedingungen zum Teil dadurch gerecht zu werden, dass sie die vorhandene Komplexität durch eine noch stärkere Selektion der Ereignisse, Themen und Probleme zu reduzieren versuchen[907]. Gleichzeitig ist aber infolge der gesellschaftlichen Diversifikation und Fragmentierung auch in den Massenmedien – insbesondere in der Presse und in den Angeboten des Internets, aber auch etwa in den Programmen des privaten Rundfunks – eine ähnliche Entwicklung inhaltlicher Differenzierung, hin zur Bildung von Spezialmedien für stark voneinander abgegrenzte Teilpublika zu beobachten, die die beschriebenen desintegrativen gesellschaftlichen Entwicklungen ihrerseits fördern[908].

---

[905] Vgl. *Reinermann*, Internet und öffentliche Verwaltung, DÖV 1999, S. 20 ff.
[906] Zu den Entwicklungen der Massengesellschaft und zu ihren Auswirkungen auf die Vielfalt *Vesting*, Prozedurales Rundfunkrecht, insb. S. 79 ff., 88 ff., 213, 311 f.; *ders.*, Soziale Geltungsansprüche, AöR 122 (1997), S. 352 f.; zur Segmentierung der Medienöffentlichkeit und deren Folgen für die Massenmedien *Jarren*, Medien- und Öffentlichkeitswandel, AfP 1994, S. 193 ff.
[907] Vgl. *Winfried Schulz*, Medienwirklichkeit und Medienwirkung, Aus Politik und Zeitgeschichte B40/93, S. 23.
[908] Vgl. *Winfried Schulz*, Medienwirklichkeit und Medienwirkung, Aus Politik und Zeitgeschichte B40/93, S. 24; *ders.* Wird die Wahl im Fernsehen entschieden?, MP 1994, S. 324 f.

B. Versuch der Bestimmung einer „Positiven Ordnung"

Will man heute in *integrierender*, dem binnenpluralen Modell des öffentlichrechtlichen Rundfunks in Deutschland ähnlicher Weise ein getreues Abbild der gesellschaftlichen Vielfalt erzeugen oder sich diesem jedenfalls annähern, so helfen aufgrund der aufgezeigten Entwicklungen die traditionellen, auf der Beteiligung von Gruppenvertretern basierenden Mechanismen nicht mehr im bisherigen Maße weiter[909]. Die abnehmende Institutionalisierbarkeit des Meinungsbildungsprozesses verlangt nach einem neuen, Öffentlichkeit und Meinungsvielfalt als ständigen Prozess begreifenden Verständnis[910], nach der Schaffung von Strukturen, die von sich aus Vielfalt begünstigen[911]. Es muss deshalb über neue, differenzierte Formen der Vielfaltabbildung nachgedacht werden, die dieser Erkenntnis Rechnung tragen[912].

Während Ungewissheit, Komplexität und Dynamik in den meisten Rechtsbereichen entweder technisch *oder* normativ begründet sind[913], haben wir es im Bereich der regierungsamtlichen Öffentlichkeitsarbeit im Internet also gleich mit zwei Bezugsgrößen zu tun, die eine Regulierung mit herkömmlichen Methoden erschweren.

2. Das Stichwort für eine Lösungsstrategie: Prozeduralisierung des Rechts

Nach *Schulz* und *Held* sind die Ursachen für die abnehmende Steuerungskraft traditioneller Regulierungskonzepte allgemein in einem zunehmenden Wissensdefizit des steuernden Staates, in Verstehensproblemen hinsichtlich sozialer Subsysteme wie dem Internet, in der vorrangig punktuellen statt prozessorientierten Ausrichtung der traditionellen Konzepte und in ihrer geringen Eignung, eigenes kreatives Verhalten, Eigeninitiative, Innovation und Verantwortungsbewusstsein zu erzeugen, zu sehen[914]. Durch die Dynamik und Ungewissheit innerhalb eines Lebensbereichs kann es also bereits an der für seine Regelung er-

---

[909] Zur geringen Funktionsfähigkeit pluralistischer Organe *Herzog*, in: Maunz/Dürig, GG, Art. 5 Abs. 1, 2 Rn. 220; vgl. auch unten Kap. 3 B. II. 4. c).
[910] *Jarren*, Medien- und Öffentlichkeitswandel, AfP 1994, S. 194.
[911] *Trute*, Informationsordnung, VVDStRL 57 (1998), S. 234.
[912] *Hoffmann-Riem/Vesting*, Ende der Massenkommunikation?, MP 1994, S. 390; *Depenheuer*, Informationsordnung, AfP 1997, S. 673 äußert sich hingegen generell kritisch gegenüber Versuchen integrativer Vielfaltabbildung in Zeiten des Außenpluralismus.
[913] Vgl. *Ladeur*, Regulierte Selbstregulierung im Jugendmedienschutzrecht, ZUM 2002, S. 861.
[914] *Schulz/Held*, Regulierte Selbstregulierung, A-8; vgl. auch *Grimm*, Regulierte Selbstregulierung, Die Verwaltung, Beiheft 4 (2001), S. 17.

forderlichen Wissensbasis fehlen[915]. Hieraus resultiert die Notwendigkeit flexibler, situationsbezogener und innovationsoffener[916] und auf produktives Lernen angelegter[917] Handlungsanweisungen. Veränderungen in der zu regelnden Wirklichkeit verlangen vom traditionellen Ordnungsrecht ein ständiges Reagieren, das den Anforderungen an die lenkende und gestaltende Funktion des Rechts kaum gerecht werden kann. Auf der anderen Seite besteht in Bereichen, die von Natur aus von Dynamik und Innovation geprägt sind, sogar die Gefahr, dass das traditionelle Ordnungsrecht zu einer Überregulierung führt, die sich letztlich hemmend auf ihre Weiterentwicklung auswirkt[918].

Die Feststellung, dass die Rechtsentwicklung dem tatsächlichen Fortschritt in dem zu regulierenden Lebensbereich häufig hinterherhinkt, gilt im besonderen Maße für das Medienrecht[919]. Für die immer wieder zu beobachtenden Versuche, nachträglich auf bereits eingetretene Entwicklungen in den technischen Möglichkeiten oder im Verhalten der Normadressaten zu reagieren, bieten etwa die zahlreichen Novellierungen des Rundfunkstaatsvertrags der Länder (RStV) ein anschauliches Beispiel – sei es die Einführung der in § 7 Abs. 4 und Abs. 6 S. 2 RStV enthaltenen Regelungen zur Splitscreen-Technik[920] und zur „virtuellen" Werbung[921] durch den vierten Rundfunkänderungsstaatsvertrag, sei es die späte Klärung der Berechnungsgrundlage für die zulässige Anzahl von Werbeunterbrechungen in einer Sendung zu Gunsten der sog. Bruttomethode durch die Formulierung von der „programmierten Sendezeit" in § 44 Abs. 4 RStV. *Norbert Schneider*, Direktor der Landesanstalt für Medien Nordrhein-Westfalen, formuliert es bezogen auf die Rundfunkwerbung so: „Sobald man in der Wer-

---

[915] Dazu *Eifert*, Regulierte Selbstregulierung und lernende Verwaltung, Die Verwaltung, Beiheft 4 (2001), S. 137 ff.
[916] *Trute*, Informationsordnung, VVDStRL 57 (1998), S. 221; *Voßkuhle*, Schlüsselbegriffe der Verwaltungsrechtsreform, VerwArch 92 (2001), S. 187, 196.
[917] *Ladeur*, Regulierung des Internet, ZUM 1997, S. 383.
[918] Vgl. Europäische Kommission, Grünbuch Konvergenz, S. 39.
[919] *Determann*, Kommunikationsfreiheit im Internet, S. 37.
[920] Dabei wird das Fernsehbild in verschiedene Bereiche aufgeteilt, so dass beispielsweise das laufende Fernsehprogramm und Werbung gleichzeitig gezeigt werden können. Bis zur Einführung des Splitscreen konnten Programminhalte und Werbung nur nacheinander gesendet werden. Auch bei dem für das Erscheinungsbild der Nachrichtensender typische laufende Textband handelt es sich um eine Erscheinungsform des Splitscreen.
[921] Darunter ist ein computergestütztes Verfahren zu verstehen, dass es ermöglicht, beim Zuschauer den Eindruck zu erwecken, es handele sich bei der auf dem Bildschirm als Teil der gezeigten Szenerie zu sehenden Werbung um eine örtliche Gegebenheit. So kann beispielsweise bei einer Sportübertragung die im Stadion befindliche Bandenwerbung im Fernsehbild durch eine andere ersetzt oder gar ein Werbelogo in das Spielfeld eingeblendet werden.

B. Versuch der Bestimmung einer „Positiven Ordnung"

bung eine Regel einführt, sind 100 Leute unterwegs, um eine Umgehung zu suchen. Und meist finden sie die Lücke schneller als der Gesetzgeber."[922] Ein noch immer weitgehend ungelöstes Problem im Bereich der Rundfunkwerbung stellt die offene oder versteckte Vermischung von Werbung und Programminhalten dar[923]. Nach der Überzeugung von *Ch. Engel* lässt sich allgemein vorhersagen, dass die technische Entwicklung der Kommunikation immer schneller sein wird als die der Regulierung[924]. Gerade die immer wieder auftretenden Regelungsdefizite im Bereich der Rundfunkwerbung können zugleich als Beleg für die von *Schulz* und *Held* angesprochenen „Verstehensprobleme" hinsichtlich der Funktion sozialer Subsysteme auf Seiten des regulierenden Staates dienen.

Flexibilität und Innovationsoffenheit einer Regulierungsmethode bedeutet im Gegensatz zum Erfordernis ständigen Reagierens deren Fähigkeit, sich von vornherein strukturell für Änderungen in der zu regulierenden Wirklichkeit offen zu halten, so dass sie sich erforderlichenfalls selbst angemessen erneuern kann, ohne dass dabei bloß auf bereits abgeschlossene Entwicklungen reagiert werden muss oder dass unkontrollierbar weite Handlungsräume eröffnet werden. Und Innovationsoffenheit bedeutet nicht zuletzt auch, mittels positiver Impulse Innovationen durch die Adressaten zu ermöglichen[925]. Damit nicht immer wieder der Gesetzgeber mit der Umsetzung der in den Lernprozessen gesammelten Erfahrungen befasst zu werden braucht, schlägt *Redeker* vor, die aus der Evaluation der bisherigen Vorgehensweisen zu ziehenden Konsequenzen verstärkt in die Hände der Exekutive zu legen[926].

Diese flexiblen, innovationsoffenen Handlungsanweisungen, die es mit der wachsenden Herausforderung rasanter technischer und gesellschaftlicher Veränderungen und den damit verbundenen Ungewissheitsbedingungen aufnehmen können, sind es, die sich hinter dem in der allgemeinen Verwaltungslehre[927] und in der Rechtstheorie[928] diskutierten Begriff des „Prozeduralen Rechts" verber-

---

[922] Zitiert nach Hamburger Abendblatt v. 28./29. Mai 2003, S. 10.
[923] Vgl. *Ladeur*, Reform der Rundfunkwerbung, AfP 2003, S. 385.
[924] *Ch. Engel*, ISP als Geiseln deutscher Ordnungsbehörden, MMR Beilage 4/2003, S. 28.
[925] *Voßkuhle*, Schlüsselbegriffe der Verwaltungsrechtsreform, VerwArch 92 (2001), S. 196.
[926] *Redeker*, Bessere Gesetzgebung, NJW 2002, S. 1257 f.
[927] Vgl. nur *Voßkuhle*, Schlüsselbegriffe der Verwaltungsrechtsreform, VerwArch 92 (2001), S. 213 f.
[928] Vgl. *Ladeur*, Postmoderne Rechtstheorie, S. 185 ff.; *Vesting*, Prozedurales Rundfunkrecht, S. 84 ff.

gen. Prozedurale Regulierungsansätze kommen u.a. im Technik-, Umwelt- und Kommunalwirtschaftsrecht, den anderen oben genannten, durch besondere Dynamik und Ungewissheit geprägten Rechtsmaterien, wie auch im Rundfunkrecht und dem Recht der Neuen Medien bereits zur Anwendung. Sie alle zielen darauf ab, mittels eines auf die jeweilige Zielsetzung abgestimmten Verfahrens mit verringerten inhaltlichen Vorgaben Entscheidungen zu konstituieren und dabei die Inhalte der Entscheidungen mit zu determinieren. Durch diesen Prozess sollen nicht nur das fehlende Wissen erzeugt, sondern auch Norminhalte überhaupt erst gewonnen werden. Die verfahrensorientierte Regelung stellt sich so als kontinuierlicher Kommunikations- und Lernprozess dar[929]. Dabei wird aber nicht nur die Regulierung, sondern auch *die zu regulierende Materie selbst* als Prozess verstanden und respektiert, ohne sie durch die Regulierung auf einen augenblicklichen Zustand festzulegen. Erst durch dieses Verständnis ist die angestrebte Flexibilisierung überhaupt zu erreichen. An die Stelle relativ starrer gesetzlicher Regelungen treten zumeist kooperative Handlungsformen, die im Gegensatz zu früheren Strukturen die auf Seiten der Normadressaten vorhandene Kreativität wecken und deren Selbstorganisation zulassen[930]. Stärker als üblich werden zudem technische, ökonomische, politische und kulturelle Entwicklungen in den Blick genommen und daraus juristische Schlussfolgerungen gezogen[931]. Wesentliches Merkmal des prozeduralen Rechts ist die Einbeziehung des Sachverstands und Wissens der von den zu erzeugenden Regeln Betroffenen, insbesondere der zukünftigen Normadressaten, in die Prozesse der Normfindung und Umsetzungskontrolle[932]. Neben ihrem Sachverstand werden häufig auch die *Interessen* der Betroffenen zum wesentlichen Bestandteil des Regulierungskonzepts[933] – ein Umstand, der eine bedeutende Motivation für die Kooperationsbereitschaft darstellen dürfte. Gerade im Medienrecht ist zudem die Wahrung von Grundrechtspositionen der Betroffenen bei der Gestaltung des Konzepts zu be-

---

[929] *Voßkuhle*, Verwaltungsrecht in der Informationsgesellschaft, in: Hoffmann-Riem/Schmidt-Aßmann, Verwaltungsrecht in der Informationsgesellschaft, S. 392 f. m.w.N.; vgl. auch *Ladeur*, Versuchsgesetze im Medienrecht, MP 1985, S. 734 ff.
[930] *Reinermann*, Vernetzte Verwaltung, Die Verwaltung 1995, S. 5.
[931] *Vesting*, Prozedurales Rundfunkrecht, S. 22 m.w.N.
[932] Vgl. *Calliess*, Selbstregulierung im Medienrecht, AfP 2002, S. 466 ff.; zur Einführung des Btx-Systems bereits *Scherer*, Prozedurale Rundfunkfreiheit, Der Staat 1983, S. 378 f.
[933] Vgl. *Schulz/Held*, Regulierte Selbstregulierung, A-10.

B. Versuch der Bestimmung einer „Positiven Ordnung"

rücksichtigen[934]. Mit den Worten von *Reinermann* geht es „heute weniger darum, den Menschen mit ausgefeiltem Regelungsapparat in den Griff zu bekommen, als die Lebensdynamik mit Hilfe des Menschen"[935].

In diesem Zusammenhang ist einem Missverständnis vorzubeugen: Prozeduralisierung bedeutet nicht, materiell-rechtliche Vorgaben durch Organisations- und Verfahrensrecht zu *ersetzen*[936], denn ohne sie kommt auch prozedurales Recht nicht aus[937]. Den Vorgaben werden vielmehr flankierende Maßnahmen zur Seite gestellt. Insofern ist es mit dem Konzept der Prozeduralisierung nicht unverträglich, sondern vielmehr integraler Bestandteil davon, dass Zielvorgaben herausgearbeitet werden müssen, so wie oben für die Regulierung regierungsamtlicher Öffentlichkeitsarbeit im Internet geschehen.

In einem so umrissenen prozeduralen Regelungsansatz könnte auch die Lösung der Probleme zu finden sein, die sich im Zusammenhang mit der regierungsamtlichen Öffentlichkeitsarbeit im Internet ergeben[938]. Diese Materie ist nicht nur von Dynamik und Komplexität geprägt. Bei den vorgestellten regierungsamtlichen Internet-Angeboten handelt es sich – dies wurde am deutlichsten bei der Veranstaltung von Diskussionsforen – außerdem um Handlungsfelder, in denen die Grenzen zwischen der Erfüllung öffentlich-rechtlicher, teils verfassungsrechtlich bestimmter Aufgaben und der Teilnahme am privatrechtlich-gesellschaftlichen Kommunikationsprozess unscharf werden. Auch dieser Umstand legt die Abkehr von klassischen Regulierungskonzepten und die Hinwendung zu prozessorientierten, die Belange aller Betroffenen in den Blick nehmenden Lösungen nahe. Im Folgenden wird zu untersuchen sein, inwieweit Anleihen bei den prozeduralen und organisatorischen Regelungsmechanismen in anderen auf Ungewissheitsbedingungen eingerichteten Rechtsgebieten möglich sind, oder wie gegebenenfalls neue verfahrensorientierte Regelungen für die hier untersuchte Materie zu entwickeln sind. Dabei wird jeweils das grundsätzliche Problem prozeduraler Regelung im Auge zu behalten sein: Es müssen trotz Wissens-

---

[934] *Ladeur*, Versuchsgesetze im Medienrecht, MP 1985, S. 735.
[935] *Reinermann*, Vernetzte Verwaltung, Die Verwaltung 1995, S. 5.
[936] *Vesting*, Prozedurales Rundfunkrecht, S. 23.
[937] Vgl. *Vesting*, Prozedurales Rundfunkrecht, S. 282.
[938] *Ladeur*, Regierungsamtliche Öffentlichkeitsarbeit im Internet, DÖV 2002, S. 2 ff.; *ders.*, Regulierung des Internet, ZUM 1997, S. 383.

defizits ein rechtlicher Rahmen geschaffen und die gewonnenen Ergebnisse kontrolliert werden. Einer wirksamen Kontrolle kommt deshalb eine so große Bedeutung zu, weil der Anspruch, fehlende materielle Vorgaben in einem Verfahren zu erarbeiten, leer zu laufen droht, wenn es an äußerem Zwang fehlt, die Verfahrensgebote zu beachten[939].

II. Die Bandbreite prozeduraler Regulierungsansätze anhand ausgewählter Referenzbereiche

Der Gedanke der Prozeduralisierung hat, wie gesagt, bereits in verschiedenen Rechtsgebieten Einzug gehalten. Es lassen sich dabei verschiedene Modelle ausmachen, die sich in ihrer Zielsetzung, in den verfolgten Interessen und in dem Grad staatlichen und privaten Engagements unterscheiden. Die Bandbreite der Möglichkeiten soll im Folgenden anhand von ausgewählten Beispielen aufgezeigt werden, um herauszufinden, welche darin vorkommenden prozeduralen und organisatorischen Elemente sich als Ausgangspunkte für eine Lösung der Probleme regierungsamtlicher Öffentlichkeitsarbeit im Internet eignen. Wo dies möglich ist, wird es sich dabei um Beispiele aus dem Medienbereich, in einem Fall sogar speziell aus dem Bereich staatlicher Internet-Aktivitäten und Öffentlichkeitsarbeit handeln.

1. Prozedurale Elemente im privaten Wirtschaftsrecht: Das „Best Practices"- bzw. Kodex-Modell – Am Beispiel der „Corporate Governance"

Den ersten Schritt auf der zu entwickelnden Skala unterschiedlicher prozeduraler Regulierungsmodelle in der deutschen Rechtsordnung finden wir im Handels- und Aktienrecht. Im Zusammenhang mit der sog. „Corporate Governance" (das sind die Regeln für die Unternehmensverfassung von börsennotierten Gesellschaften) findet, nachdem dieser Bereich lange Zeit vollkommen den autonomen Selbstregulierungsmechanismen des Marktes überlassen worden war, seit neuestem eine staatlich induzierte Selbstregulierung von Vorgängen statt, die selbst allein der privatrechtlichen Sphäre zuzuordnen sind.

Die Corporate Governance dient der Verwirklichung einer verantwortlichen, auf langfristige Wertschöpfung ausgerichteten Leitung und Leitungskontrolle für

---

[939] *Voßkuhle*, Schlüsselbegriffe der Verwaltungsrechtsreform, VerwArch 92 (2001), S. 184, 200, 215.

B. Versuch der Bestimmung einer „Positiven Ordnung"   247

börsennotierte Unternehmen und Konzerne. Sie soll das Vertrauen von gegenwärtigen und zukünftigen Aktionären, Fremdkapitalgebern, Mitarbeitern, Geschäftspartnern und der Öffentlichkeit auf den Kapitalmärkten fördern und vertiefen, um so die ökonomische Entwicklung des Unternehmens zu fördern[940]. Für die Unternehmen geht es dabei um eine Stärkung ihrer Stellung im Wettbewerb um die Kapitalgeber und ihrer internationalen Wettbewerbsfähigkeit, für den Finanzmarkt und die an der Lage des Unternehmens interessierten Akteure geht es um die Möglichkeit, sich ein zutreffendes Bild von der Art der Unternehmensleitung und -kontrolle machen zu können, um mit diesem Wissen mögliche Chancen und Risiken, wie sie beispielsweise mit einem Aktienkauf oder mit der Aufnahme von Geschäftsbeziehungen verbunden sein können, besser abschätzen zu können[941]. Es wird somit deutlich, dass die Corporate Governance unmittelbar ausschließlich dem Schutz rein wirtschaftlicher Interessen privater Rechtssubjekte dient. Öffentliche Interessen – etwa eine durch die Verbesserung der wirtschaftlichen Lage der Unternehmen herbeigeführte Stärkung der Volkswirtschaft oder des Arbeitsmarkts – profitieren nur mittelbar von ihrem Erfolg; sie bilden kein Motiv dafür.

Bevor schließlich die im hier behandelten Zusammenhang besonders interessanten aktuellen deutschen Bemühungen um die rechtliche Durchsetzung von Prinzipien der Unternehmensführung und -kontrolle vorgestellt werden, sollen zunächst einige Hintergründe zum prozeduralen Charakter der Corporate Governance dargestellt und die bis heute stattgefundene Entwicklung in einigen Eckpunkten nachgezeichnet werden. Den Abschluss werden einige Überlegungen zu einer denkbaren öffentlich-rechtlichen Variante des vorgestellten Regulierungsmodells bilden.

---

[940] Corporate Governance-Grundsätze, Ziff. I.; German Code of Corporate Governance, Präambel; *Peltzer/v. Werder*, German Code of Corporate Governance, AG 2001, S. 1 f.; *Schneider/Strenger*, Corporate Governance-Grundsätze, AG 2000, S. 106 f., 108.
[941] *Schneider/Strenger*, Corporate Governance-Grundsätze, AG 2000, S. 106; zum Erfordernis auf deren Besonderheiten abgestimmter Corporate Governance-Regeln für öffentliche Unternehmen *Schwintowski*, Corporate Governance im öffentlichen Unternehmen, NVwZ 2001, S. 607 ff.

a) Die Principles of Corporate Governance

Die im Mai 1999 vom Ministerrat der Organisation für wirtschaftliche Zusammenarbeit und Entwicklung (OECD) verabschiedeten „Principles of Corporate Governance" (PCG)[942] stellen unter zwei verschiedenen Gesichtspunkten eine eindrucksvolle Konkretisierung des allgemeinen Gedankens der Proceduralisierung von Regulierungsvorgängen dar: Sie verwirklichen ihn sowohl hinsichtlich ihrer Entstehung als auch ihres Inhalts. Der Ministerrat hatte eine hochkarätig besetzte Beratergruppe damit beauftragt, eine Bestandsaufnahme der nationalen Bemühungen und des Forschungsstands zum Thema Unternehmensführung und -führungskontrolle durchzuführen. Der Bericht dieser Gruppe wurde dann zur Grundlage der Arbeit der aus fachkundigen Regierungsvertretern bestehenden „Task Force" zur Ausarbeitung von Corporate Governance-Grundsätzen. Während der Entstehungsphase hatten Interessierte weltweit die Möglichkeit, via E-Mail Bemerkungen zu den im Internet veröffentlichten Entwürfen abzugeben. Nach der Verabschiedung der PCG wurde die „Task Force" zwar aufgelöst, es wurden jedoch ein Austausch der Erfahrungen mit der Akzeptanz und der Anwendung der Grundsätze und die Vornahme eventueller Aktualisierungen vereinbart[943]. Damit wurden nicht nur die interessierten und betroffenen Kreise und die Wissenschaften durch die besonders komfortable Möglichkeit, Stellungnahmen und Anregungen per Internet abzugeben, am Entwicklungsprozess der Grundsätze beteiligt, sondern es wurde zudem auch die Notwendigkeit erkannt, zunächst weitere Erfahrungen zu sammeln und gegebenenfalls durch Anpassungen darauf zu reagieren. Die PCG bauen auf Erfahrungen von Staaten, Unternehmen und Organisationen mit nationalen Initiativen zur Corporate Governance auf. Es wurden gemeinsame Elemente solcher Vorgehensweisen identifiziert, die sich mit Blick auf das Erreichen der jeweils verfolgten Ziele am besten bewährt haben[944]. Das häufig auch in der deutschen Diskussion verwendete englische Schlagwort dafür lautet „Best Practice(s)". Die so gefundenen Grundsätze sollen den nationalen Regierungen bei der Evaluierung und Verbesserung ihrer einschlägigen Gesetze und Vorschriften als Vergleichsmaßstab dienen[945]. Ihre

---

[942] Abgedruckt bei *Seibert*, Principles of Corporate Governance, AG 1999, S. 340 ff.
[943] *Seibert*, Principles of Corporate Governance, AG 1999, S. 337 ff.
[944] Vgl. OECD Principles of Corporate Governance, Einleitung.
[945] OECD Principles of Corporate Governance, Vorwort.

Anpassungsfähigkeit an die weltweite gesellschaftliche und wirtschaftliche Entwicklung wird in den Überlegungen zur Corporate Governance als wichtiger Aspekt angeführt[946]. Ihre Entwicklung wird dabei als ständiger Prozess in einer komplexen Lebenswirklichkeit verstanden: „Die Praktiken der Unternehmensführung und -kontrolle sind von Natur aus entwicklungsfähig; Verbesserungen bauen jeweils auf früheren Verbesserungen auf, und neue Erkenntnisse in Bezug auf die besten Verfahrensweisen werden schrittweise integriert." Bei Veränderungen des Umfelds seien die Prinzipien deshalb zu überprüfen und gegebenenfalls zu revidieren[947].

Inhaltlich spielen die *Offenlegung und Transparenz von relevanten Informationen und Vorgängen* eine entscheidende Rolle. Beispielsweise betreffen die den Aktionären gegenüber bestehenden Offenlegungspflichten unter anderem die Beteiligungsstrukturen (I.D.), wesentliche persönliche Interessen von Vorstands- und Aufsichtsratsmitgliedern an Transaktionen (II.C.) und die den Aktionären zur Verfügung stehenden Rechte und Rechtsmittel (I.E.1.). Letztlich soll gewährleistet sein, dass alle wesentlichen das Unternehmen betreffenden Angelegenheiten – namentlich die Vermögens-, Ertrags- und Finanzlage, die Eigentumsverhältnisse und die Strukturen der Unternehmensführung – rechtzeitig und präzise offengelegt werden (IV.). Es geht dabei vor allem um die Abschätzbarkeit wesentlicher Risiken in der künftigen Unternehmensentwicklung[948]. Die Offenlegung und Transparenz von Tatsachen und Vorgängen wird so zum Kernelement modernen Rechtsschutzes und Risikomanagements.

b) Deutsche Kodizes zur Corporate Governance

In zahlreichen großen Kapitalmarktländern rund um den Globus existieren schon seit etlichen Jahren nationale Grundsatzwerke zur Corporate Governance mit ganz ähnlichen Zielsetzungen[949]. In Deutschland haben die auf die Erarbeitung von Corporate Governance-Grundsätzen gerichteten Bemühungen trotz nationaler und internationaler Forderungen erst relativ spät begonnen, dann aber zu

---

[946] OECD Principles of Corporate Governance, Vorwort und Einleitung.
[947] OECD Principles of Corporate Governance, Vorwort.
[948] *Schwintowski*, Corporate Governance im öffentlichen Unternehmen, NVwZ 2001, S. 608.
[949] *Schneider/Strenger*, Corporate Governance Grundsätze, AG 2000, S. 106.

guter Letzt innerhalb des relativ kurzen Zeitraums von etwa drei Jahren die gleiche Anzahl unterschiedlicher Werke hervorgebracht: Die „Corporate Governance-Grundsätze für börsennotierte Gesellschaften"[950], den „German Code of Corporate Governance" vom 6. Juni 2000[951] und schließlich den „Deutschen Corporate Governance Kodex" vom 26. Februar 2002. Die beiden erstgenannten Werke sollen an dieser Stelle kurz vorgestellt werden, auf das letztere wird im Zusammenhang mit den Ausführungen zum „Gesetz zur weiteren Reform des Aktien- und Bilanzrechts, zu Transparenz und Publizität" zurückzukommen sein[952].

Die „Corporate Governance-Grundsätze (‚Code of Best Practice') für börsennotierte Gesellschaften" wurden von der im Jahre 1999 selbst konstituierten, mit Repräsentanten aus Wissenschaft und Wirtschaft besetzten „Grundsatzkommission Corporate Governance" erarbeitet. Es wurden vorhandene Vorstellungen zur Unternehmensführung aufgegriffen, vergleichende Studien angestellt und Gespräche mit institutionellen Anlegern geführt. Genau wie bei den PCG handelt es sich somit um eine Zusammenstellung bester Verfahrensweisen. Informations- und Offenlegungspflichten spielen auch hier wieder eine wichtige Rolle (Ziff. II.2.). So hat der Vorstand unter anderem unverzüglich und unter Beachtung des Grundsatzes der gebotenen Gleichbehandlung Tatsachen mitzuteilen, die geeignet sind, den Wert der Aktien des Unternehmens erheblich zu beeinflussen, und den Aufsichtsrat über alle relevanten Fragen der Geschäftsentwicklung, der Risikolage und des Risikomanagements zu informieren. Beteiligungsstrukturen und -änderungen sind offen zu legen. Auch hier wird also die Transparenz von Tatsachen und Vorgängen zum wesentlichen Element des Rechtsschutzes und der Risikoabschätzung. Rechtliche Bedeutung sollen die an sich unverbindlichen Grundsätze dadurch erlangen, dass sich die betroffenen Unternehmen durch Verpflichtungserklärungen der verantwortlichen Organe an ihre Beachtung binden (Ziff. I.). Damit die Corporate Governance-Grundsätze mit der weiteren Entwicklung ihres rechtlichen und wirtschaftlichen Umfelds Schritt halten können, hat die Kommission beschlossen, die Grundsätze zeitnah fortzu-

---

[950] Abgedruckt in DB 2000, S. 238 ff., sowie mit Erläuterungen bei *Schneider/Strenger*, Corporate Governance-Grundsätze, AG 2000, S. 109 ff.
[951] Abgedruckt in DB 2000, S. 1573 ff.
[952] Unten Kap. 3 B. II. 1. c) bb).

B. Versuch der Bestimmung einer „Positiven Ordnung"

entwickeln. Zu diesem Zweck ist auch hier die Beteiligung interessierter Kreise per Internet vorgesehen[953].

Der „German Code of Corporate Governance (GCCG)"[954] wurde am 9. Juni 2000 vom „Berliner Initiativkreis German Code of Corporate Governance"[955] vorgestellt. Der Initiativkreis hatte sich vor dem Hintergrund einer „bemerkenswerten Häufung" von auf Missmanagement zurückzuführenden Unternehmenskrisen und angestoßen durch verschiedene Gesprächsrunden über die Grundsätze ordnungsmäßiger Unternehmensleitung konstituiert[956]. Nach Ansicht der Mitglieder des Initiativkreises lassen sich vier Grundkomponenten guter Corporate Governance ausmachen, die im Mittelpunkt der materiellen Regelungen des GCCG stehen: (1) Die Festlegung der übergeordneten Zielsetzung des Unternehmens, (2) Bestimmungen für die Strukturen, Prozesse und Personen, mit denen diese Zielsetzung erreicht werden soll, (3) die regelmäßige Evaluation der Führungsaktivitäten zur Bestandsaufnahme und kontinuierlichen Verbesserung der Modalitäten der Unternehmensführung und schließlich (4) eine proaktive Unternehmenskommunikation, um das Vertrauen der relevanten Bezugsgruppen zu gewinnen und zu festigen[957]. Wiederum nehmen Informations- und Offenlegungspflichten mit internem und externem Bezug im gesamten Werk einen wichtigen Platz ein. Auch die im GCCG festgelegten Standards sollen durch die freiwillige Selbstbindung der Unternehmen rechtliche Bedeutung erlangen. Außerdem wird den Unternehmen vorgeschlagen, im Geschäftsbericht oder in anderer Form darzulegen und zu veröffentlichen, welche der Empfehlungen des GCCG beachtet werden und welchen Empfehlungen aus welchen Gründen nicht gefolgt wird[958]. Um die gegebenen Empfehlungen überprüfen und den GCCG gegebenenfalls an veränderte Rahmenbedingungen anpassen zu können, wird ein fortgesetzter Austausch zwischen der Betriebswirtschaftslehre, den Rechtswissenschaften und der Praxis als notwendig erachtet. Deshalb bietet auch der

---

[953] Zum Ganzen *Schneider/Strenger*, Corporate Governance-Grundsätze, DB 2000, S. 108.
[954] Abgedruckt in DB 2000, S. 1573 ff., bei *Peltzer/v. Werder*, German Code of Corporate Governance, AG 2001, S. 6 ff., sowie im Internet unter URL: http://www.gccg.de/codex_deu.htm/ (Stand: Dez. 2005).
[955] Die genaue personelle Zusammensetzung des Initiativkreises ist nachzulesen in DB 2000, S. 1573 Fn. 1, sowie im Internet unter URL: http://www.gccg.de/mitwirkende.htm/ (Stand: Dez. 2005).
[956] Vgl. URL: http://www.gccg.de/initiative.htm/ (Stand: Dez. 2005).
[957] *Peltzer/v. Werder*, German Code of Corporate Governance, AG 2001, S. 2.
[958] German Code of Corporate Governance, Präambel.

Berliner Initiativkreis die Möglichkeit, per Internet Kommentare und Anregungen an ihn zu richten, die die weitere Diskussion des Themas Corporate Governance fördern[959].

Weil es sich bei der Entstehung beider Werke um autonome gesellschaftliche Prozesse ohne staatliche Induktion und ohne rechtliche Verbindlichkeit gehandelt hat, sind sie selbst nicht Bestandteil des hier vorzustellenden prozeduralen Regulierungsmodells. Sie stellen aber einen wichtigen gedanklichen Schritt auf dem Weg dorthin dar und enthalten zudem mit der Beteiligung von Wissenschaft und Betroffenen und der vorgesehenen Fortschreibung Elemente prozeduraler Normfindung. Man wird allerdings davon ausgehen können, dass beide Regelwerke aufgrund der Tatsache, dass der neue § 161 AktG ausdrücklich und ausschließlich auf den Deutschen Corporate Governance Kodex Bezug nimmt[960], faktisch bedeutungslos geworden sind, so dass ihre tatsächliche Fortschreibung zweifelhaft ist.

c) Gesetzliche Regelungen in Deutschland

Allen bisher vorgestellten Grundsatzwerken zur Corporate Governance ist gemein, dass es sich dabei nicht um Recht handelt, und dass aus diesem Grunde verbindliche Folgen allenfalls nach einer entsprechenden Selbstverpflichtung der Unternehmen daran geknüpft werden können. Die hinter der internationalen Debatte um die Corporate Governance stehende Problematik hat aber auch gesetzliche Regelungen auf nationalstaatlicher Ebene hervorgebracht. In Deutschland sind hier in erster Linie das „Gesetz zur Verbesserung der Kontrolle und Transparenz im Unternehmensbereich" und das „Gesetz zur weiteren Reform des Aktien- und Bilanzrechts, zu Transparenz und Publizität" zu nennen.

aa) Das Gesetz zur Verbesserung der Kontrolle und Transparenz im Unternehmensbereich

Obwohl das „Gesetz zur Verbesserung der Kontrolle und Transparenz im Unternehmensbereich" (KonTraG) vom 6. März 1998[961] bereits vor der Veröffentli-

---

[959] Vgl. URL: http://www.gccg.de/initiative.htm/ (Stand: Dez. 2005).
[960] Dazu unten Kap. 3 B. II. 1. c) bb).
[961] BGBl. 1998 I S. 786 ff.; allg. dazu *Zimmer*, KonTraG, NJW 1998, S. 3521 ff.

B. Versuch der Bestimmung einer „Positiven Ordnung"

chung der PCG und der deutschen Grundsätze und Kodizes verabschiedet worden ist, deckt es sich in seinen Bestimmungen weitgehend mit deren Zielen und Forderungen[962]. Das KonTraG hat neben weiteren Änderungen zahlreiche Mechanismen der Transparenz und Kontrolle zur Verbesserung der unternehmensinternen Organisations- und Informationsstrukturen in das deutsche Unternehmensrecht eingeführt. So hat an verschiedenen Stellen des Aktien- und Handelsrechts eine Erweiterung der gesetzlichen Mindestangaben zur Person des Bewerbers zur Wahl in den Aufsichtsrat um den ausgeübten Beruf und die Mitgliedschaft in anderen Aufsichtsräten oder Kontrollgremien stattgefunden, um die Einschätzung der persönlichen Belastung, möglicher Interessenkonflikte und der sich daraus möglicherweise ergebenden Risiken zu erleichtern[963]. Die Berichtspflichten des Vorstands sind erweitert worden, damit die Kontrolle des Vorstands präventiv und zukunftsorientiert erfolgen kann[964]. Gemäß § 91 Abs. 2 AktG hat der Vorstand ein Überwachungssystem einzurichten, damit den Fortbestand der Gesellschaft gefährdende Entwicklungen früh erkannt werden. Die Pflicht zur Selbstüberwachung wird dadurch unterstützt, dass gemäß § 317 Abs. 4 HGB der Abschlussprüfer bei börsennotierten Aktiengesellschaften zu beurteilen hat, ob das geforderte Risikomanagementsystem tatsächlich in geeigneter Form eingerichtet worden ist und seine Aufgaben erfüllen kann[965]. Gemäß § 289 Abs. 1 HGB ist im Lagebericht von Kapitalgesellschaften auf die Risiken der künftigen Entwicklung einzugehen. Zusammenfassend lässt sich sagen, dass das KonTraG mit seinen Neuerungen im Unternehmensrecht im Wesentlichen zwei Strategien verfolgt, die sich auch für die Verwirklichung der im Zusammenhang mit der regierungsamtlichen Internet-Betätigung aufgestellten Forderungen als nützlich erweisen können, nämlich

- die *Schaffung von Transparenz* gegenüber den Betroffenen innerhalb wie außerhalb des Unternehmens, sowohl als Entscheidungsgrundlage als auch zum Zwecke der Risikoabschätzung und der Vertrauensbildung und

---

[962] Vgl. Corporate Governance-Grundsätze, Ziff. I.
[963] Vgl. *Zimmer*, KonTraG, NJW 1998, S. 3523.
[964] Vgl. *Zimmer*, KonTraG, NJW 1998, S. 3524.
[965] Vgl. *Zimmer*, KonTraG, NJW 1998, S. 3524.

- die *Einrichtung interner Kontrollsysteme* für die Einhaltung der Vorschriften und Frühwarnsysteme zur Vermeidung von Fehlentwicklungen inklusive der Kontrolle der Funktionsfähigkeit dieser Systeme (Evaluation).

bb) Das Transparenz- und Publizitätsgesetz und der Deutsche Corporate Governance Kodex

Einen bemerkenswerten Schritt in Richtung einer Verrechtlichung der Kodex-Idee ist der deutsche Gesetzgeber mit dem „Gesetz zur weiteren Reform des Aktien- und Bilanzrechts, zu Transparenz und Publizität" vom 19. Juli 2002[966] (Transparenz- und Publizitätsgesetz, TransPuG) gegangen, mit dem die durch das KonTraG eingeleitete Entwicklung des Unternehmensrechts weitergeführt und den Entwicklungen der internationalen Standards angepasst werden sollte. Das Gesetz beruht auf den Empfehlungen der mit Experten aus Wirtschaft, Gewerkschaften und Wissenschaft besetzten Regierungskommission „Corporate Governance – Unternehmensführung – Unternehmenskontrolle – Modernisierung des Aktienrechts"[967]. Die Empfehlungen der Kommission beinhalteten nicht nur eine große Zahl weiterer Reformvorschläge zum Aktien- und Handelsrecht, die allesamt auf noch mehr Transparenz der für den Kapitalmarkt relevanten Unternehmensinterna, verbesserte Kontrollmechanismen, Deregulierung und Anpassung an moderne Kommunikationsinstrumente gerichtet waren[968], sondern vor allem auch die Einsetzung einer zweiten Regierungskommission, deren Aufgabe es sein sollte, einen weiteren Corporate Governance Kodex zu formulieren, der sowohl die gesetzlich vorgegebenen Maßstäbe der Unternehmensverfassung verständlich und übersichtlich darstellen als auch weiterführende Verhaltensempfehlungen und -anregungen enthalten sollte. Die auf diese Empfehlung hin eingesetzte Regierungskommission „Deutscher Corporate Governance Kodex" (DCGK) hat, nachdem ein erster Entwurf bereits im Dezember 2001 mit der Gelegenheit zur Stellungnahme für jedermann der Öffentlichkeit vorgestellt worden und die Auswertung der daraufhin eingegangenen Stellungnahmen er-

---

[966] BGBl. 2002 I S. 2681; in Kraft getreten am 26. Juli 2002.
[967] *Albrecht*, Transparenz- und Publizitätsgesetz, NWB, Fach 18, S. 3877; *Seibert*, Deutscher Corporate Governance Kodex, BB 2002, S. 581 f.
[968] Vgl. *Albrecht*, Transparenz- und Publizitätsgesetz, NWB, Fach 18, S. 3877 ff.

B. Versuch der Bestimmung einer „Positiven Ordnung"

folgt war, am 26. Februar 2002 das endgültige Ergebnis ihrer Arbeit vorgelegt[969]. Inhaltlich haben die Empfehlungen des DCGK gegenüber den früheren Kodizes und dem KonTraG keine wesentlichen Neuerungen hervorgebracht[970].

Die Besonderheiten, die diesen dritten deutschen Kodex gegenüber seinen beiden Vorgängern auszeichnen, liegen in zwei äußeren Umständen begründet: Er stellt zwar, betrachtet man ihn für sich allein, genau wie seine Vorgänger ein Werk der Selbstorganisation der deutschen Wirtschaft dar; an seiner inhaltlichen Entstehung war kein einziger Regierungsvertreter beteiligt[971]. Gleichwohl erfolgte aber die neuerliche Konstituierung einer für die Ausarbeitung von Prinzipien der Unternehmensführung und -kontrolle zuständigen Kommission erstmalig nicht aus eigenem Antrieb der Betroffenen, sondern auf eine staatliche Initiative hin. Insofern haben wir es hier in diesem Zusammenhang erstmals mit einem staatlich induzierten Prozess der Selbstorganisation zu tun. Der DCGK wurde außerdem von Anfang an in der Absicht erarbeitet, schließlich im elektronischen Bundesanzeiger amtlich bekannt gemacht und von einer gesetzlichen Regelung flankiert zu werden, die der Befolgung der im Kodex niedergelegten Regeln viel mehr als nur freiwillige Verbindlichkeit im Rahmen einer Selbstverpflichtung verleiht, die die Regeln aber auf der anderen Seite auch nicht zu unumgehbarem Recht macht, und die ein für das deutsche Unternehmensrecht vollkommen neuartiges Regulierungsinstrument darstellt[972].

Die Bekanntmachung im elektronischen Bundesanzeiger soll einen Beitrag zu mehr Publizität leisten und den Zugang der Betroffenen zu dem Dokument erleichtern. Bei der flankierenden gesetzlichen Regelung handelt es sich um die sog. „comply or explain"-Vorschrift des § 161 AktG[973]. Danach haben der Vorstand und der Aufsichtsrat börsennotierter Gesellschaften jährlich zu erklären,

---

[969] Zum Ganzen *Ihrig/Wagner*, Transparenz- und Publizitätsgesetz, BB 2002, S. 789; *Seibert*, Deutscher Corporate Governance Kodex, BB 2000, S. 581 f.; *Ülmer*, Deutscher Corporate Governance Kodex, ZHR 2002, S. 151. Der Text des Deutschen Corporate Governance Kodex ist abrufbar unter URL: http://www.corporate-governance-code.de/ger/download/D_CorGov_Endfassung2005.pdf/ (Stand: Dez. 2005).
[970] Einen Überblick vermitteln *Albrecht*, Transparenz- und Publizitätsgesetz, NWB, Fach 18, S. 3879 f. und *Seibert*, Deutscher Corporate Governance Kodex, BB 2002, S. 582 f.
[971] *Seibert*, Deutscher Corporate Governance Kodex, BB 2002, S. 582.
[972] Vgl. *Ülmer*, Deutscher Corporate Governance Kodex, ZHR 2002, S. 150, 152.
[973] Vgl. dazu *Albrecht*, Transparenz- und Publizitätsgesetz, NWB, Fach 18, S. 3879 f.; *Seibert*, Deutscher Corporate Governance Kodex, BB 2002, S. 583.

dass den im DCGK enthaltenen Verhaltensempfehlungen[974] in der Vergangenheit entsprochen worden ist und auch in Zukunft entsprochen werden wird. Sollte dies nicht der Fall sein, so ist zu erklären, welche der Empfehlungen nicht angewendet worden sind oder werden sollen. Gemäß § 161 S. 2 AktG ist die Erklärung den Aktionären dauerhaft zugänglich zu machen[975] und zudem gemäß § 325 Abs. 1 S. 1, 2 HGB zum Zwecke der Bekanntmachung mit dem Jahresabschluss zum zuständigen Handelsregister einzureichen. Ferner ist im Anhang des Jahresabschlusses gemäß § 285 Nr. 16 HGB anzugeben, dass die Entsprechenserklärung abgegeben und den Aktionären zugänglich gemacht worden ist. Die Idee des „comply or explain" zur Kontrolle und Offenlegung der Einhaltung oder des Abweichens von Corporate Governance-Regeln ist indes nicht neu. Sie kam in ähnlicher Form bereits in den Anwendungshinweisen zum GCCG vor[976]. Dort wird sogar für den Fall des Abweichens eine Begründungspflicht für das Unternehmen empfohlen. Diese über die gesetzlichen Anforderungen hinausgehende Empfehlung findet sich auch im DCGK (Ziff. III.10.). Neu an der Vorschrift des § 161 AktG ist jedoch die gesetzliche Fixierung der auf einen Kodex bezogenen „comply or explain"-Idee. Auf diese Weise wird ein Regelwerk der privatwirtschaftlichen Selbstregulierung in die Rechtsordnung implantiert. Der Staat hat durch die mit der amtlichen Bekanntmachung verbundenen inhaltlichen Anerkennung und durch die Bereitstellung eines gesetzlichen Pflichten- und Sanktionssystems die weitere Verantwortung für den Inhalt und die Durchsetzung des Kodex übernommen und kann – für den Fall, dass sich die vorgesehene Regulierungsmethode als unzulänglich erweisen sollte – die Verantwortung für die Sache durch eine entsprechende Gesetzgebung auch jederzeit wieder an sich ziehen[977].

---

[974] Auf die im Kodex außerdem enthaltene rein informative Wiedergabe der geltenden Gesetzeslage und auf die unverbindlichen, lediglich als eine „Art von Denkanstößen" (*Ulmer*, Deutscher Corporate Governance Kodex, ZHR 2002, S. 154) gedachten Anregungen braucht sich die Erklärung nicht zu beziehen, vgl. *Ihrig/Wagner*, Transparenz- und Publizitätsgesetz, BB 2002, S. 790.
[975] Damit ist – ganz im Sinne des Transparenz- und Publizitätsgedankens – vor allem das Einstellen in die Unternehmens-Website gemeint, vgl. *Ihrig/Wagner*, Transparenz- und Publizitätsgesetz, BB 2002, S. 791; *Seibert*, Deutscher Corporate Governance Kodex, BB 2002, S. 583; BR-Drs. 109/02, S. 52.
[976] German Code of Corporate Governance, Präambel.
[977] Vgl. *Seibert*, Deutscher Corporate Governance Kodex, BB 2002, S. 582; kritisch zu der mit der Veröffentlichung verbundenen Legitimationsfrage *Ulmer*, Deutscher Corporate Governance Kodex, ZHR 2002, S. 160 ff.

B. Versuch der Bestimmung einer „Positiven Ordnung"

In erster Linie dürften für ein Unternehmen, das von den Empfehlungen des DCGK abweichen möchte, *marktimmanente* Sanktionen zu erwarten sein. Aufgrund der hochkarätigen und ausgewogenen Zusammensetzung der Kodex-Kommission und der schlichten Tatsache, dass die enthaltenen Verhaltensempfehlungen ohnehin weitgehend den Regeln der praktischen Vernunft und den betriebswirtschaftlich anerkannten Regeln guter Unternehmensführung entsprechen, trifft der Kodex nämlich auf eine breite Akzeptanz innerhalb der betroffenen Kreise. Weicht ein Unternehmen ohne gute Gründe von den Empfehlungen ab, wird es deshalb nicht nur aus betriebswirtschaftlichen Gründen schlechte Karten haben. Es wird sich vor allem dem Kapitalmarkt ausführlich und plausibel erklären müssen, um keinen Image- und Vertrauensschaden zu erleiden, weil es sich der gewollten Selbstorganisation der Wirtschaft entzieht – gar nicht zu denken an den Fall, dass es seiner Erklärungspflicht überhaupt nicht nachkommt oder eine falsche Erklärung abgibt[978]. Obwohl es den Unternehmen also, soweit sie nur der Erklärungspflicht gemäß § 161 AktG entsprechen, nach der gesetzlichen Regelung grundsätzlich freisteht, ob und in welchem Umfang sie die Verhaltensempfehlungen des DCGK befolgen wollen, erhalten diese bereits durch den von ihrer Existenz und ihrer Rolle auf dem Markt ausgehenden inneren Druck einen (allerdings nicht rechtlich) verpflichtenden Charakter[979]. Die marktimmanenten Sanktionen und die davon ausgehende mittelbare Zwangswirkung sind gerade Ausdruck des *selbstorganisatorischen* Charakters des Kodex.

Die in § 161 AktG festgelegten Pflichten führen allerdings darüber hinaus auch dazu, dass im Falle der Zuwiderhandlung mit empfindlichen *rechtlichen* Sanktionen zu rechnen ist: Fehlt im Jahresabschluss die Erklärung, ob den Empfehlungen des DCGK entsprochen worden ist, so kann die Pflichtangabe gemäß § 285 Nr. 16 HGB im Anhang zum Jahresabschluss nicht oder nicht richtig gemacht werden. Dies kann gemäß § 334 Abs. 1 Nr. 1 lit. d HGB die Verhängung eines Bußgelds nach sich ziehen. Zudem kommt gemäß § 335 a S. 1 Nr. 1 HGB die Festsetzung eines Ordnungsgelds durch das Registergericht in Betracht, weil die Entsprechenserklärung nicht gemäß § 325 Abs. 1 S. 2 HGB offen gelegt werden

---

[978] Vgl. *Seibert*, Deutscher Corporate Governance Kodex, BB 2002, S. 583 f.
[979] Vgl. *Albrecht*, Transparenz- und Publizitätsgesetz, NWB, Fach 18, S. 3878; *Ulmer*, Deutscher Corporate Governance Kodex, ZHR 2002, S. 151, 157, 172.

kann. Auf diese Weise erhält eine eigentlich „weiche" Regelung letztlich doch einen deutlich zwingenden Charakter. Erstmals ist es nicht mehr mit einer freiwilligen Selbstverpflichtung der Unternehmen getan. Dennoch berücksichtigt die neue Regulierungsstrategie, ein Abweichen von den Regeln gegen eine entsprechende Erklärung ohne rechtliche Sanktionen und ohne dass es einer besonderen Rechtfertigung bedürfte zuzulassen, die Tatsache, dass zwingendes Recht ohne die Möglichkeit der Abweichung den Wirtschaftsakteuren, die sich in hochkomplexen Marktverhältnissen zurechtfinden müssen, oft zu wenig Flexibilität ließe, um auf besondere Situationen am Markt oder im jeweiligen Unternehmen ökonomisch angemessen zu reagieren. Die Möglichkeit hierzu ist ihnen durch die neue Regulierungsmethode eröffnet[980]. Die „comply or explain"-Vorschrift verspricht dabei eine größere Flexibilität, als es gesetzliche Ausnahmetatbestände je könnten. Die neuartige Regelung innerhalb des ganz überwiegend zwingenden Aktienrechts (vgl. § 23 Abs. 5 S. 1 AktG) zeigt damit genau die Flexibilität, die vom Recht unter den Bedingungen von Komplexität und Ungewissheit zu fordern ist.

d) Ein Kodex für die regierungsamtliche Öffentlichkeitsarbeit im Internet?

Es ist an verschiedenen Stellen deutlich geworden, dass sich die Ziele der Corporate Governance und die im Zusammenhang mit der regierungsamtlichen Öffentlichkeitsarbeit im Internet entwickelten Regulierungsziele in einigen Bereichen decken. Dies gilt insbesondere für die Offenlegung von Umständen, die eine „Risikoabschätzung" ermöglichen und eine etwaige „Strategie" erkennen lassen. Ebenso ist deutlich geworden, dass eine auf die eine oder die andere Weise mit Rechtsverbindlichkeit ausgestattete Zusammenstellung bester Verfahrensweisen eine vorbildliche Umsetzung des Prozeduralisierungsgedankens darstellt, die einer starren gesetzlichen Regelung unter den Bedingungen von Komplexität und Dynamik des zu regelnden Lebensbereichs vorzuziehen ist. Lässt man an dieser Stelle einmal den Umstand außer Betracht, dass das hier vorgestellte Regulierungsmodell in Deutschland bisher nur zum Schutz rein privater Interessen Anwendung findet – in anderen Ländern, etwa Australien und Großbritannien,

---

[980] Vgl. *Seibert*, Deutscher Corporate Governance Kodex, BB 2002, S. 581; *Schneider/Strenger*, Corporate Governance-Grundsätze, AG 2000, S. 109.

B. Versuch der Bestimmung einer „Positiven Ordnung"

kommen vergleichbare Methoden insbesondere auch zum Zwecke der Erreichung im öffentlichen Interesse stehender Ziele zur Anwendung[981] –, so könnte also möglicherweise in einer mit den Corporate Governance-Kodizes vergleichbaren, die spezifischen Anforderungen staatlicher Internet-Präsenz betreffenden, mit einer Ausnahmen zulassenden rechtlichen Bindungswirkung und einem Sanktionssystem versehenen Zusammenstellung bester Verfahrensweisen eine Lösung für die Probleme der regierungsamtlichen Öffentlichkeitsarbeit zu finden sein. Bei der Bestimmung der grundsätzlichen Struktur solcher „Best Practices" können die von *Peltzer* und *v. Werder* identifizierten vier Grundkomponenten guter Corporate Governance ein Stück weit Hilfestellung bieten:

- Die Bestimmung der zu erreichenden Ziele,

- Strukturen und Prozesse, die dazu dienen, die gesteckten Ziele zu erreichen,

- Evaluation der Strukturen und Prozesse und

- Kommunikation sowohl des Konzepts als auch der gewonnenen Ergebnisse[982].

Wegen der im Zusammenhang mit der regierungsamtlichen Öffentlichkeitsarbeit im Internet zu erreichenden Regulierungsziele kann an dieser Stelle nach oben verwiesen werden. Es geht dabei im Kern um die Verbesserung der Transparenz der von der Regierung verfolgten Kommunikationsstrategien[983]. Ein Kodex, der den zur Ausgestaltung der regierungsamtlichen Öffentlichkeitsarbeit im Internet erhobenen Forderungen gerecht werden soll, müsste unter anderem eine Aufstellung abstrakter Kriterien enthalten, nach denen Beiträge aus den regierungsamtlich veranstalteten Diskussionsforen entfernt werden dürfen und sollen. Damit das Löschen von Diskussionsbeiträgen nicht unbemerkt von der Öffentlichkeit stattfinden kann, wäre an eine Veröffentlichungspflicht zu denken, die dafür Sorge trägt, dass für die interessierte Öffentlichkeit – allen voran diejenigen, die

---

[981] Vgl. *Schulz/Held*, Regulierte Selbstregulierung, B-1 ff. zu den australischen „industry codes" in den Bereichen Rundfunk, Telekommunikation und Online-Dienste.
[982] *Peltzer/v. Werder*, German Code of Corporate Governance, AG 2001, S. 2.
[983] S. oben Kap. 3 A. IV.

aktiv an der Diskussion teilnehmen oder dies beabsichtigen, genauso aber auch all diejenigen, die sich lediglich ein Bild von den vertretenen Meinungen machen wollen, ohne selbst an der Diskussion teilzunehmen – klar ersichtlich ist, dass, wie oft und warum von der Löschungsbefugnis Gebrauch gemacht worden ist. Zusätzlich müsste ein geeignetes Kontrollsystem sicherstellen, dass die im Vorhinein festgelegten Kriterien tatsächlich eingehalten werden. Um die Kommunikationsstrategie hinsichtlich weiterführender Hintergrundinformationen transparenter zu gestalten, könnte der Kodex die Pflicht enthalten, allgemein oder für den Einzelfall offen zu legen, ob diese ein getreuliches Abbild des Meinungsstands zu dem betreffenden Thema liefern oder lediglich die von der Regierung vertretene Haltung unterstützen sollen. Für den Fall, dass jemand mit dem Ausschluss von der Diskussion nicht einverstanden ist, oder eine in der öffentlichen Diskussion vertretene Meinung nicht ausreichend repräsentiert sieht, könnte ein Beschwerdeverfahren vorgesehen werden[984]. Beschwerdemöglichkeiten könnten darüber hinaus auch für Dritte vorgesehen werden, um einen angenommenen Verstoß gegen die im Kodex enthaltenen Verhaltensregeln zur Anzeige zu bringen. Die vor die Beschwerdestelle gebrachten Streitfälle und die ergangenen Entscheidungen könnten in die Veröffentlichungspflicht mit einbezogen werden, um die Abschätzung der Erfolgsaussichten einer Beschwerde zu erleichtern.

e) Eignung des Kodex-Modells für das Anwendungsgebiet der regierungsamtlichen Öffentlichkeitsarbeit im Internet

Als der Gesetzgeber vor der Aufgabe stand, verbesserte Corporate Governance-Grundsätze einzuführen, existierten bereits mehrere Werke, die als „Codes of Best Practices" das Extrakt des für eine Normierung dieses komplizierten Sachbereichs notwendigen Wissens auf Basis weltweiter und langjähriger Erfahrungen enthielten. Er konnte außerdem die Erfahrung hochrangiger Vertreter aus den Reihen der Wirtschaft, der Gewerkschaften und der Wissenschaft zum Ersatz eigenen, für die Weiterentwicklung des Aktien- und Handelsrecht erforderlichen, aber nicht vorhandenen Wissens machen. Insgesamt stand ihm damit eine außerordentlich breite Wissensbasis zur Verfügung. An Erfahrungswissen

---

[984] Dazu auch unten Kap. 3 B. II. 2. b) und c).

B. Versuch der Bestimmung einer „Positiven Ordnung"

fehlt es jedoch noch weitgehend, wenn es um die Regulierung des Internets im Allgemeinen und im Besonderen um die Regulierung regierungsamtlicher Informations- und Kommunikationsangebote im Internet geht. Damit einhergehende Risiken können zwar annäherungsweise aufgezeigt werden, das für eine Normierung erforderliche Wissen um Gefahren, Wirkungen, Zusammenhänge, geeignete Maßnahmen und zukünftige Entwicklungen muss jedoch zu einem großen Teil erst noch gesammelt werden. Die oben vorgeschlagenen Inhalte diesbezüglicher Grundsätze können deshalb allenfalls als grobe Anhaltspunkte zu verstehen sein.

Eine Zusammenstellung konkreter Verfahrensweisen für die regierungsamtliche Öffentlichkeitsarbeit im Internet könnte wie die Kodizes zur Corporate Governance von einer interdisziplinär besetzten Expertenkommission erarbeitet werden. Dabei wären gegebenenfalls Vertreter aus den Bereichen des Staats- und Verfassungsrechts, des Medienrechts, der Medienwissenschaften, der Soziologie, der Informationstechnologie und weiterer betroffener Wissensbereiche einzubeziehen. Der Nachteil einer solchen Kommissionslösung bestünde jedoch darin, dass die gefundenen Regeln – anders als bei der Ausarbeitung der Corporate Governance-Kodizes – nicht aus der Sphäre der Regulierungsadressaten stammen, sondern von externer Seite an sie herangetragen würden, wenngleich mit umgekehrten Vorzeichen gegenüber der üblichen externen Regelsetzung für private Subjekte durch den Staat. Wenn die Regeln von außen kämen, entspräche ihre Entstehung jedoch nur noch zum Teil dem Prozeduralisierungsgedanken. Was fehlte, wäre das zentrale Element der Selbstorganisation, der Beteiligung der späteren Normadressaten. Die besondere Praxisnähe der Corporate Governance-Kodizes lebt aber nicht zuletzt gerade davon, dass die Regeln von Vertretern der betroffenen Kreise erarbeitet worden sind und dadurch sowohl den spezifischen Anforderungen der Unternehmensführung als auch der allgemeinen betriebswirtschaftlichen Vernunft entsprechen. Für die Effektivität der Regulierung regierungsamtlicher Öffentlichkeitsarbeit mit Hilfe von „Best Practices" wäre es entsprechend von Vorteil, wenn die Regelerzeugung in der administrativen Sphäre stattfinden würde, um so – bei gleichzeitiger Wahrung entgegengerichteter Interessen – den Erfordernissen der regierungsamtlichen Öffentlichkeitsarbeit optimal entsprechen zu können. Fraglich ist allerdings, wie die

Sammlung des relevanten Wissens und die Erprobung bester Praktiken durch die Exekutive auf experimenteller Basis in die Dogmatik des deutschen Verwaltungsrechts eingebracht werden können. Auf das Erfordernis administrativen Lernens und Experimentierens als Vorstufe oder gar als Ersatz der Gesetzgebung ist diese nämlich schlecht vorbereitet; Experimentieren ohne gesetzliche Grundlage gehört nicht zu den ihr zur Verfügung stehenden Mitteln. Ursache hierfür ist die Bedeutung des Gesetzesvorbehalts[985] (der übrigens auch für die Implementierung eines externen Kodex eine legitimierende gesetzliche Grundlage erfordern würde[986]). Aber auch innerhalb eines gesetzlichen Rahmens ist das Experimentieren mit möglichen Regelungen im deutschen Recht schwer umzusetzen. Insbesondere in den angelsächsischen Rechtsordnungen ist es dagegen üblich, „Best Practices" auf administrativer Ebene zu ermitteln und mit Bindungswirkung zu versehen, wenn es um die Regelung von Unsicherheitsbedingungen geprägter Sachbereiche geht[987].

f) Möglichkeit administrativer Normsetzung durch Verwaltungsvorschriften

Die Umsetzung des Best Practices-Modells einschließlich einer in die Hände der Exekutive gelegten Normfortschreibung im Sinne *Redekers*[988] in Dimensionen des deutschen Verwaltungsrechts könnte möglicherweise durch „normkonkretisierende" Verwaltungsvorschriften erfolgen. *Ladeur* zeigt am Beispiel der gemeinsamen Richtlinien der Landesmedienanstalten auf, dass die Stärkung normkonkretisierender Verwaltungsvorschriften als prozedurales Instrument ein geeigneter Ansatz sein kann, wenn es um die Regulierung dynamisch-komplexer Handlungsfelder geht, die von Interaktions- und Kooperationsverhältnissen geprägt sind[989]. Die so erzeugten Regeln würden nicht nur aus der Sphäre der Exekutive stammen, die sie letztlich auch anwenden soll, sondern die betroffenen Stellen wären zudem in ihrem Handlungsspielraum wesentlich freier, als sie es im Falle von Satzungs- oder Verordnungsermächtigungen oder von drittgesetzten Kodizes je sein könnten. Diese Freiheit stellt für das Experimentieren unter Ungewissheitsbedingungen einen enormen Vorteil dar. Satzungen und Rechts-

---

[985] Instruktiv BVerfGE 49, 89, 124 ff.
[986] Vgl. *Ulmer*, Deutscher Corporate Governance Kodex, ZHR 2002, S. 160 ff.
[987] Vgl. *Ladeur*, Normkonkretisierende Verwaltungsvorschriften, DÖV 2000, S. 224 m.w.N.
[988] S. oben Kap. 3 B. I. 2.
[989] *Ladeur*, Normkonkretisierende Verwaltungsvorschriften, DÖV 2000, S. 217 ff.

B. Versuch der Bestimmung einer „Positiven Ordnung" 263

verordnungen wären als relativ statische Regelungen nicht die geeigneten Mittel, um flexibel auf veränderte Anforderungen reagieren zu können. Durch die Niederlegung der Behördenpraxis in zu veröffentlichenden Verwaltungsvorschriften wäre zudem die gleiche Transparenz zu erzielen wie durch die Veröffentlichung von Gesetzen oder eines externen Kodex. Eine Lösung für das hier erörterte Problem könnte darin allerdings nur zu sehen sein, wenn die betroffenen Bürger die von der Regierung aufgestellten Regeln gegen sich gelten lassen und sich den danach im Einzelfall getroffenen Entscheidungen endgültig unterwerfen müssten. Die Befugnis der Exekutive, durch den Erlass von Verwaltungsvorschriften außenwirksame, den Bürger wie auch die Verwaltungsgerichte bindende Rechtssätze zu schaffen, ist jedoch umstritten.

Die wohl herrschende Ansicht lehnt sie mit Verweis auf die Grundsätze der Gewaltenteilung (Art. 20 Abs. 2 S. 2 GG) und des Gesetzesvorbehalts ab. Bei Verwaltungsvorschriften handele es sich um Anordnungen einer Behörde an nachgeordnete Behörden oder eines Vorgesetzten an die ihm unterstellten Verwaltungsbediensteten. Ihre Verbindlichkeit beruhe allein auf der Weisungskompetenz der vorgesetzten Instanz und der damit korrespondierenden dienstrechtlichen Gehorsamspflicht, und sie beträfen grundsätzlich allein die innere Ordnung einer Behörde oder das innere Verwaltungshandeln[990]. In dieser Funktion wird unterschieden zwischen bloßen Organisations- und Dienstvorschriften, gesetzesauslegenden (norminterpretierenden) Verwaltungsvorschriften, die als Interpretationshilfen für die Auslegung unbestimmter Rechtsbegriffe dienen, und schließlich ermessenslenkenden Verwaltungsvorschriften, die die einheitliche und sachgemäße Ausübung des Verwaltungsermessens sicherstellen sollen[991]. All diese Typen unterlägen jedoch grundsätzlich der vollen gerichtlichen Überprüfung und begründeten für den Bürger weder Rechte noch Pflichten. Bindende Außenwirkung komme ihnen allenfalls mittelbar durch die tatsächliche oder antizipierte Verwaltungspraxis in Verbindung mit dem Gleichheitssatz des Art. 3

---

[990] *Achterberg*, Allgemeines Verwaltungsrecht, § 16 Rn. 51 f.; *Bull/Mehde*, Allgemeines Verwaltungsrecht, Rn. 226 f., 239; *Maurer*, Allgemeines Verwaltungsrecht, § 24 Rn. 1, 16.
[991] *Bull/Mehde*, Allgemeines Verwaltungsrecht, Rn. 234; *Maurer*, Allgemeines Verwaltungsrecht, § 24 Rn. 8 ff.

Abs. 1 GG zu (sog. Selbstbindung der Verwaltung)[992]. Die Erschaffung außenwirksamer Normen ist nach dieser Ansicht allein Aufgabe des dazu berufenen Gesetzgebers. Dieser kann sie nur unter den Voraussetzungen des Art. 80 GG auf die Exekutive delegieren. Tut er das nicht, so ist sie zur Setzung von Außenrecht nicht imstande.

Auf der anderen Seite setzt sich in der Lehre zunehmend die Ansicht durch, Verwaltungsvorschriften könnten über die oben genannten Funktionen hinaus auch eine „normkonkretisierende" Funktion übernehmen; in dieser Rolle könne ihnen dann eine unmittelbare Außen- und Bindungswirkung zukommen, weil und soweit der Verwaltung in ihrem Funktionsbereich eine autonome Rechtssetzungskompetenz zustehe[993]. Auch der Rechtsprechung ist dieser Gedanke nicht fremd: Das Bundesverwaltungsgericht hat im sog. Wyhl-Urteil[994] erstmals eine Verwaltungsvorschrift zum Strahlenschutz für die Verwaltungsgerichte innerhalb der gesetzlich gezogenen Grenzen für verbindlich erklärt und diese Auffassung in späteren Entscheidungen insbesondere für die Bereiche des technischen Sicherheitsrechts und des Umweltrechts bestätigt[995]. Auch die neuere Ansicht geht grundsätzlich vom Primat des verfassungsmäßigen Gesetzgebers bei der Setzung allgemeinverbindlicher Rechtsnormen aus. In bestimmten Bereichen der Verwaltungstätigkeit sieht sie jedoch für die Exekutive durch den Gesetzgeber *Beurteilungsspielräume* eröffnet, die von ihr mit selbst gebildeten Maßstäben ausgefüllt werden können, denen dann eine unmittelbare Außenwirkung sowohl gegenüber dem Bürger als auch gegenüber den Verwaltungsgerichten zukommen soll. Worin der Grund für die Verbindlichkeit dieser Rechtssätze besteht, ist allerdings unter den Vertretern dieser Ansicht umstritten. Nach einer Ansicht kommt der Verwaltung in den Bereichen, in denen ihr bei der Ausle-

---

[992] BVerwGE 104, 220, 223; 100, 335, 339 f.; 61, 15, 18; 44, 72, 74 f.; 36, 323, 327; 34, 278, 280; 8, 4, 10; *Achterberg*, Allgemeines Verwaltungsrecht, § 16 Rn. 58; *Maurer*, Allgemeines Verwaltungsrecht, § 24 Rn. 17, 20 ff.; kritisch *Bull/Mehde*, Allgemeines Verwaltungsrecht, Rn. 234 f.
[993] *Beckmann*, Überprüfung von Verwaltungsvorschriften, DVBl. 1987, S. 611 ff. m.w.N.; *Jachmann*, Bindungswirkung normkonkretisierender Verwaltungsvorschriften, Die Verwaltung 1995, S. 17 ff.; *Krebs*, Rechtsetzung der Exekutive, VerwArch 70 (1979), S. 265, 268 ff.; *Ladeur*, Normkonkretisierende Verwaltungsvorschriften, DÖV 2000, S. 217 ff.; *Lorenz*, Rechtsschutz und Rechtsweggarantie, S. 39 f.; *Ossenbühl*, Verwaltungsvorschriften und Grundgesetz, S. 510; *ders.*, in: Erichsen, Allgemeines Verwaltungsrecht, § 6 Rn. 51 ff. m.w.N.; *Vogel*, Gesetzgeber und Verwaltung, VVDStRL 24 (1966), S. 162 f.
[994] BVerwGE 72, 300, 320 f.
[995] BVerwGE 107, 338, 340 f. m.w.N. Das Bundesverfassungsgericht zeigt sich in dieser Frage dagegen deutlich zurückhaltender, vgl. BVerfGE 80, 257, 265; 78, 214, 227.

B. Versuch der Bestimmung einer „Positiven Ordnung"

gung eines unbestimmten Rechtsbegriffs ein Beurteilungsspielraum eingeräumt worden ist, in denen die Auslegung einer Rechtsnorm also ergibt, dass der Gesetzgeber die Konkretisierung einer offenen Rechtsfrage unter Verzicht auf eine eigene Regelung der Verwaltung überlassen wollte, eine originäre Rechtsetzungskompetenz zu[996]. Nach anderer Ansicht folgt die Verbindlichkeit der einen Beurteilungsspielraum ausfüllenden administrativen Rechtssätze mangels eigener unmittelbarer demokratischer Legitimation der Verwaltung zum Erlass allgemeinverbindliche Außenrechtsnormen lediglich einer vom Gesetzgeber abgeleiteten Rechtsetzungskompetenz. Die Verwaltungsvorschriften nehmen danach am Geltungsanspruch des Gesetzes teil, das der Behörde den auszufüllenden Spielraum eröffnet hat[997]. Unabhängig davon, ob man von einer originären oder abgeleiteten Rechtsetzungskompetenz der Exekutive ausgeht, besteht jedenfalls Einigkeit insoweit, dass in dem Bereich, der vom Gesetzesvorbehalt betroffen ist – in dem befinden wir uns hier wegen der Grundrechtsrelevanz der mit der regierungsamtlichen Öffentlichkeitsarbeit im Internet verbundenen Probleme –, jedenfalls ein Parlamentsgesetz erforderlich ist, das die wesentlichen Regelungen selbst vornimmt, der Exekutive aber im Übrigen einen ausfüllungsfähigen Beurteilungsspielraum eröffnen kann[998].

Ein autonom auszufüllender Beurteilungsspielraum wird der Verwaltung nach herkömmlicher Auffassung immer dann zugestanden, wenn die von ihr anzuwendenden Gesetze unbestimmte Rechtsbegriffe enthalten, und die Auslegung der Vorschriften den Willen des Gesetzgebers erkennbar werden lässt, die Verwaltung zu einer abschließenden, den Bürger und die Gerichte bindenden Beurteilung ermächtigen zu wollen, weil gerade sie den Sachverstand oder Erfahrungsschatz aufweist, der erforderlich ist, um die anstehenden Entscheidungen treffen zu können[999]. Beurteilungsspielräume lassen sich jedoch nicht *allein*

---

[996] *Beckmann*, Überprüfung von Verwaltungsvorschriften, DVBl. 1987, S. 616 ff.; *Krebs*, Rechtsetzung der Exekutive, VerwArch 70 (1979), S. 269; *Lorenz*, Rechtsschutz und Rechtsweggarantie, S. 40; *Ossenbühl*, in: Erichsen, Allgemeines Verwaltungsrecht, § 6 Rn. 51 ff. m.w.N.
[997] *Jachmann*, Bindungswirkung normkonkretisierender Verwaltungsvorschriften, Die Verwaltung 1995, S. 20 ff.
[998] Vgl. *Jachmann*, Bindungswirkung von Verwaltungsvorschriften, Die Verwaltung 1995, S. 24; *Krebs*, Rechtsetzung der Exekutive, VerwArch 70 (1979), S. 270 f.; *Lorenz*, Rechtsschutz und Rechtsweggarantie, S. 41; *Vogel*, Gesetzgeber und Verwaltung, VVDStRL 24 (1966), S. 163.
[999] Vgl. *Maurer*, Allgemeines Verwaltungsrecht, § 7 Rn. 31 ff. m.w.N. aus Rechtsprechung und Literatur.

durch die Notwendigkeit der Inanspruchnahme von Sachverstand und Erfahrungen legitimieren, weil auch die Gerichte durch die Einholung von Gutachten auf Sachverstand und Erfahrung zurückgreifen können. Es kommt vielmehr darauf an, dass es der mit einem Beurteilungsspielraum ausgestatteten Behörde möglich sein soll, nicht von Fall zu Fall entscheiden zu müssen, sondern durch die situative *Verknüpfung* des in Einzelfallentscheidungen gesammelten Wissens eine übergreifende Entscheidungs*strategie* entwickeln zu können, deren Tragfähigkeit gerade im *Zusammenspiel* von Sachverstand und kontinuierlich entwickelter Erfahrung begründet sein kann, das durch auf den jeweiligen Einzelfall bezogene Gutachten nicht zu kompensieren ist[1000]. Auch im Bereich der regierungsamtlichen Öffentlichkeitsarbeit im Internet geht es gerade darum, eine auf längere Sicht angelegte, umfassende Kommunikationsstrategie zu entwickeln. Wenn der Regierung ein entsprechender gesetzlicher Rahmen geschaffen würde, so wäre die Ausfüllung dieses Rahmens durch konkretisierende Verwaltungsvorschriften deshalb durchaus denkbar. Die Tatsache, dass gesetzliche Regelungen in komplexen, dynamischen Sachbereichen häufig nicht in der Lage sind, die erhofften Steuerungsergebnisse zu erzielen, führt letztlich dazu, dass auf Regelungsdefizite „informell" und damit gänzlich ohne gesetzliche Grundlage reagiert werden muss. Bedient man sich stattdessen auf Flexibilität angelegter Vorgehensweisen, die eine stärkere Aktivierung der Verwaltung beinhalten, so wird dadurch zwar die Rolle des Gesetzgebers geschwächt; in Bereichen, in denen informelle Handlungsmuster überwiegen, findet parlamentarische Kontrolle aber überhaupt nicht statt, und Transparenz für die Betroffenen ist ebenfalls nicht gewährleistet[1001]. Der erforderliche Rechtsschutz für die Betroffenen lässt sich durch entsprechende verfahrensmäßige Anforderungen an die Aufstellung administrativer Normen gewährleisten[1002].

[1000] *Ladeur*, Regulierte Selbstregulierung im Jugendmedienschutzrecht, ZUM 2002, S. 864; *ders.*, Normkonkretisierende Verwaltungsvorschriften, DÖV 2000, S. 220 f.
[1001] *Grimm*, Regulierte Selbstregulierung, Die Verwaltung Beiheft 4 (2001), S. 19.
[1002] *Ladeur*, Normkonkretisierende Verwaltungsvorschriften, DÖV 2000, S. 222.

B. Versuch der Bestimmung einer „Positiven Ordnung"

2. Das Steuerungskonzept der „regulierten Selbstregulierung" – Am Beispiel des Jugendmedienschutzes

Die zweite Stufe der zu entwickelnden Skala prozeduraler Regulierungsmethoden bildet die sog. „regulierte Selbstregulierung"[1003], ein Steuerungskonzept, das nach deutschem Verständnis ebenfalls durch die staatliche Aktivierung und Kontrolle eigener Organisationsleistungen gesellschaftlicher Akteure charakterisiert wird, jedoch geschieht die staatliche Induzierung hier nicht im privaten, sondern im *öffentlichen* Interesse[1004]. In dieser „öffentlichen Last", der hoheitlichen Natur der verfolgten Regulierungsziele, liegt folglich der erste von drei wesentlichen Unterschieden zwischen dem Konzept der regulierten Selbstregulierung und dem an erster Stelle vorgestellten Kodex-Modell. Bei der regulierten Selbstregulierung handelt es sich um die häufigste Konstellation der Selbstregulierung im deutschen Verwaltungsrecht und vielleicht um die fortschrittlichste Form der Prozeduralisierung[1005]. Sie erfreut sich gerade im hier ausgewählten Referenzrechtsbereich, dem Medienrecht, zunehmender Verbreitung[1006] und soll hier am Beispiel des neugeordneten Jugendmedienschutzrechts dargestellt werden. Zunächst jedoch noch einige allgemeinere Hintergründe zur Erläuterung des hinter dem Begriff „regulierte Selbstregulierung" stehenden Steuerungskonzepts.

a) Das Steuerungskonzept der „regulierten Selbstregulierung"

Selbstregulierung bezeichnet zunächst einen autonomen, von staatlich-imperativem Einfluss gänzlich freien Normfindungsprozess unter den potenziellen Normadressaten. Beispielhaft hierfür sind die Vertragsfreiheit und die selbstregelnden Kräfte der Wirtschaftsmärkte, zu denken ist aber auch etwa an die Binnenkontrolle von Verbänden[1007]. Dabei kann es jedoch, wenn von staatlichen Steuerungskonzepten die Rede ist, in der Regel nicht bleiben. Die Normfindung bedarf hier zumeist, dies wurde bereits erläutert, eines Ordnungsrahmens, d.h.

[1003] Das Konzept wird teilweise auch als „Co-Regulierung" bezeichnet, vgl. etwa *Palzer*, Co-Regulierung als Steuerungsform für den Jugendschutz, ZUM 2002, insb. S. 876 f.
[1004] Vgl. *Palzer*, Co-Regulierung als Steuerungsform im Jugendschutz, ZUM 2002, S. 877.
[1005] So *Grimm*, Regulierte Selbstregulierung, Die Verwaltung, Beiheft 4 (2001), S. 18.
[1006] Allg. dazu *Holznagel*, Regulierte Selbstregulierung im Medienrecht, Die Verwaltung, Beiheft 4 (2001), S. 81 ff.
[1007] *Palzer*, Co-Regulierung als Steuerungsform für den Jugendschutz, ZUM 2002, S. 877.

prozeduraler, organisatorischer und oft auch materieller Vorgaben. So verstanden handelt es sich bei der regulierten Selbstregulierung um einen staatlich induzierten und dadurch heteronomen Prozess, in dem den potenziellen Normadressaten lediglich innerhalb des staatlich vorgegebenen Rahmens ein autonomer Handlungsspielraum verbleibt[1008]. Regulierte Selbstregulierung ist also gleichsam zwischen den beiden Polen verortet, die von der autonomen Selbstregulierung auf der einen und der imperativen staatlichen Steuerung auf der anderen Seite gebildet werden, und stellt eine Mischform beider Regulierungskonzepte dar, die dabei helfen soll, die Vorteile beider Konzepte bei gleichzeitiger Minimierung ihrer Nachteile zu nutzen[1009]. In der Intensität der staatlichen Einflussnahme besteht mithin der zweite wesentliche Unterschied zwischen dieser und der ersten Regulierungsstufe. Während beim Beispiel der Corporate Governance-Kodizes die Bildung der materiellen Regeln nach der staatlichen Initiierung allein der Vernunft der Privaten überlassen war, und die so gefundenen Normen dann von staatlicher Seite nachträglich mit einem beschränkten Geltungsanspruch und mit einem Sanktionssystem versehen worden sind, sieht das Konzept der regulierten Selbstregulierung von vornherein einen staatlich vorgegebenen normativen Rahmen vor, dessen weitere Ausfüllung und Anwendung auf den Einzelfall dann den betroffenen gesellschaftlichen Akteuren überlassen wird. Bei dieser Umsetzung unterliegen sie wiederum einer unterschiedlich stark ausgeprägten, jedoch in jedem Fall unverzichtbaren[1010] staatlichen Kontrolle.

Die Idee der im Medienrecht verbreiteten Erscheinungsform der regulierten Selbstregulierung lässt sich mit *Waldenberger* folgendermaßen zusammenfassen: Der Staat bietet an, den Entscheidungen von Einrichtungen der freiwilligen Selbstkontrolle eine (begrenzte) Verbindlichkeit ihrer Entscheidungen auch gegenüber staatlichen Organen zuzusprechen. Im Gegenzug dafür sollen die Selbstkontrolleinrichtungen gewährleisten, dass ihre Entscheidungen kompetent und sachgerecht getroffen werden[1011]. Damit ist die Selbstkontrolle als Kernele-

---

[1008] Vgl. *Calliess*, Selbstregulierung im Medienrecht, AfP 2002, S. 466; vgl. auch *Ladeur*, Reform der Rundfunkwerbung, AfP 2003, S. 385; *Schulz/Held*, Regulierte Selbstregulierung, A-4 ff.
[1009] Vgl. *Schulz/Held*, Regulierte Selbstregulierung, A-1 ff., sowie *Palzer*, Co-Regulierung als Steuerungsform für den Jugendschutz, ZUM 2002, S. 877.
[1010] Vgl. *Grimm*, Regulierte Selbstregulierung, Die Verwaltung, Beiheft 4 (2001), S. 18.
[1011] *Waldenberger*, Jugendschutz in globalen Kommunikationsnetzen, MMR 2002, S. 414.

ment der regulierten Selbstregulierung angesprochen. Darunter ist eine präventiv und repressiv wirkende Kontrolltätigkeit zu verstehen, mit der in komplexen Systemen ein Fehlverhalten im Binnenbereich unterbunden werden soll. Die Akteure müssen dabei ihr Verhalten selbst auf die Vereinbarkeit mit autonom und/oder heteronom gesetzten Maßstabsnormen überprüfen. Charakteristisches Merkmal auf dieser Ebene des Konzepts ist also die Identität von Kontrolleur und Kontrolliertem[1012]. Sie bildet – lässt man die marktimmanenten Kontrolleffekte außer Betracht – den dritten wesentlichen Unterschied zu dem an erster Stelle vorgestellten Regulierungskonzept. Die in diesem System gleichwohl vorhandene staatliche Aufsichtsinstanz fungiert als „Beobachter zweiter Ordnung"[1013] und trägt zunächst lediglich Sorge dafür, dass die heteronom gesetzten Maßstäbe eingehalten werden. Nur wenn dies über einen längeren Zeitraum und in einer Mehrzahl von Fällen nicht gelingt, trifft den Staat eine Auffangverantwortung, selbst für die Einhaltung der Normen zu sorgen. Diese Verantwortung wird in aller Regel von einer für die entsprechenden Maßnahmen erforderlichen gleichgerichteten Handlungsbefugnis flankiert.

Bei einem entsprechend weiten Verständnis wäre es möglich, auch das Kodex-Modell und das an späterer Stelle vorzustellende Rundfunkorganisationsmodell unter den Begriff der regulierten Selbstregulierung zu subsumieren[1014]. Um die unterschiedlichen Modelle begrifflich schärfer voneinander abgrenzen zu können, soll aber unter „regulierter Selbstregulierung" an dieser Stelle nur ein mit der oben stehenden Beschreibung vergleichbares Steuerungskonzept zu verstehen sein.

b) Die Neukonzeption des Jugendmedienschutzes

Mit dem am 1. April 2003 in Kraft getretenen „Staatsvertrag über den Schutz der Menschenwürde und den Jugendschutz in Rundfunk und Telemedien" (Jugendmedienschutz-Staatsvertrag – JMStV) ist für den Bereich der elektroni-

---

[1012] *Calliess*, Selbstregulierung im Medienrecht, AfP 2002, S. 467; vgl. auch *Palzer*, Co-Regulierung als Steuerungsform für den Jugendschutz, ZUM 2002, S. 877.
[1013] *Vesting*, Freiheitsrechte als Elemente von Selbstorganisation, Die Verwaltung, Beiheft 4 (2001), S. 57.
[1014] Vgl. etwa *Holznagel*, Regulierte Selbstregulierung im Medienrecht, Die Verwaltung Beiheft 4 (2001), S. 83 ff.; *Schulz/Held*, Regulierte Selbstregulierung, A-5.

schen Medien (Rundfunk, Medien- und Teledienste) neuerlich eine Regelung eingeführt worden, die das Steuerungskonzept der regulierten Selbstregulierung verwirklicht. Zweck des Staatsvertrags ist gemäß § 1 JMStV der Schutz der Kinder und Jugendlichen vor Angeboten in elektronischen Informations- und Kommunikationsmedien, die die Entwicklung oder Erziehung beeinträchtigen oder gefährden oder die Menschenwürde oder sonstige durch das Strafgesetzbuch geschützte Rechtsgüter verletzen. Sowohl beim Jugendschutz[1015] als auch bei der Menschenwürde (Art. 1 Abs. 1 GG) handelt es sich um Rechtsgüter mit Verfassungsrang. Es geht mithin um die Förderung öffentlicher Interessen. Die Einhaltung der im JMStV enthaltenen Bestimmungen zum Schutze der Menschenwürde und der Entwicklung und Erziehung von Kindern und Jugendlichen wird zu einem großen Teil staatlich anerkannten Einrichtungen der Anbieterselbstkontrolle überantwortet (§§ 19, 20 JMStV). Zur Aufsicht über die Anbieter und die Selbstkontrolleinrichtungen sind die örtlich zuständigen Landesmedienanstalten berufen (§§ 14 Abs. 1, 16, 20 Abs. 1 JMStV). Als funktional zuständiges Organ dient der jeweils zuständigen Landesmedienanstalt bei länderübergreifenden Angeboten, wovon bei Online-Medien in der Regel auszugehen sein dürfte, die neugegründete Kommission für Jugendmedienschutz (KJM; §§ 13, 14 Abs. 2 JMStV): Ein zwölfköpfiges, weisungsfrei agierendes Sachverständigengremium, bestehend aus sechs Vertretern aus dem Kreise der Direktoren der Landesmedienanstalten und sechs Vertretern der obersten Jugendschutzbehörden der Länder und des Bundes (§ 14 Abs. 3 und Abs. 6 S. 1 JMStV)[1016].

Der JMStV setzt indes nicht auf ganzer Linie auf die regulierte Selbstregulierung, denn diese kann selbstverständlich nur dort stattfinden, wo Selbstkontrolleinrichtungen der Medienanbieter existieren. Da es sich um eine freiwillige Selbstkontrolle handelt, sind die Anbieter elektronischer Medien nicht verpflichtet, eine solche Selbstkontrolleinrichtung zu schaffen oder sich einer bereits vorhandenen Einrichtung anzuschließen[1017]. Der JMStV beinhaltet aus diesem Grunde zwei unterschiedliche Steuerungskonzepte. Gegenüber Anbietern, die

---

[1015] Vgl. BVerfGE 83, 130, 139; 77, 346, 356; 30, 336, 347 f.; *Bornemann*, Jugendmedienschutz-Staatsvertrag, NJW 2003, S. 790 m.w.N.
[1016] Kritisch im Hinblick auf die fehlende Staatsferne des Gremiums *Ch. Engel*, ISP als Geiseln deutscher Ordnungsbehörden, MMR Beilage 4/2003, S. 3.
[1017] Vgl. *Bornemann*, Jugendmedienschutz-Staatsvertrag, NJW 2003, S. 790.

B. Versuch der Bestimmung einer „Positiven Ordnung"

sich keiner anerkannten Selbstkontrolleinrichtung angeschlossen haben, wird die KJM im Falle eines Verstoßes gegen die im JMStV enthaltenen Jugendschutzbestimmungen unmittelbar nach den gesetzlichen und den in Ausfüllung der eingeräumten Beurteilungsspielräume selbstgebildeten Maßstäben tätig (vgl. §§ 14 Abs. 1, 16, 20 Abs. 1 und 2 JMStV). Insoweit bleibt es also bei der herkömmlichen Form hoheitlicher Medienaufsicht; lediglich die autonome Konkretisierung gesetzlicher Beurteilungsspielräume durch die Landesmedienanstalten bringt hier ein Element prozeduralen Rechts in die Aufsicht hinein.

Wo Selbstkontrolleinrichtungen der Medienanbieter existieren, wird ihre Tätigkeit nach dem neuen Konzept des JMStV mit der der hoheitlichen Aufsicht durch die Landesmedienanstalten verzahnt. Die Stellung der Einrichtungen erfährt dadurch eine deutliche Aufwertung[1018]. Zwei Selbstkontrolleinrichtungen, deren Tätigkeit im Geltungsbereich des JMStV angesiedelt ist, existierten bereits vor dessen Inkrafttreten. Die Existenz der „Freiwilligen Selbstkontrolle Multimedia-Diensteanbieter" (FSM) geht auf die frühere Regelung des § 12 Abs. 5 MDStV (davor § 8 Abs. 4 MDStV) zurück, wonach gewerbsmäßige Anbieter von Mediendiensten ihrer Verpflichtung (und den damit verbundenen Kosten), einen Jugendschutzbeauftragten zu bestellen, dadurch entgehen konnten, dass sie eine Organisation der freiwilligen Selbstkontrolle zur Wahrnehmung der dem Beauftragten zukommenden Aufgaben verpflichteten. Eine inhaltsgleiche Bestimmung für kleinere Anbieter von Telemedien findet sich noch in § 7 Abs. 2 JMStV. Die FSF ist die Freiwillige Selbstkontrolle der privaten Fernsehveranstalter. Ihre Hauptaufgabe bestand schon vor der Neuregelung des Jugendmedienschutzes in der Begutachtung von Filmen im Hinblick auf ihren Sendeplatz und schloss die Möglichkeit der Erteilung von Ausnahmegenehmigungen nach der früheren Vorschrift des § 3 Abs. 5 RStV ein. Bei beiden Einrichtungen handelt es sich um eingetragene Vereine nach bürgerlichem Recht. Ihre Mitglieder verpflichten sich, die Gutachten und Empfehlungen der Vereine bei ihrer Programmgestaltung zu beachten. Dem für die Entscheidung zuständi-

---

[1018] Vgl. *Holznagel*, Konvergenz der Medien, NJW 2002, S. 2356; *Ladeur*, Regulierte Selbstregulierung im Jugendmedienschutzrecht, ZUM 2002, S. 866; *Langenfeld*, Neuordnung des Jugendschutzes, MMR 2003, S. 305, 309.

gen Organ der FSF ist ein hohes Maß an Sachverstand zu bescheinigen[1019]. Bevor diese oder andere Selbstkontrolleinrichtungen in den Prozess der Medienaufsicht eingebunden werden, bedürfen sie jedoch der Anerkennung durch die KJM. Diese Anerkennung ist an eine Reihe von Voraussetzungen geknüpft. Sie ist gemäß § 19 Abs. 3 JMStV nur zu erteilen bei ausreichender Sachkunde und Unabhängigkeit der von der Einrichtung benannten Prüfer, zu deren Kreis auch Vertreter gesellschaftlicher Gruppen gehören müssen, die sich in besonderer Weise mit dem Jugendschutz befassen. Zudem muss eine sachgerechte Ausstattung der Einrichtung durch eine Vielzahl von Anbietern gewährleistet sein, und es müssen geeignete Entscheidungsvorgaben für die Spruchpraxis sowie eine qualifizierte Verfahrensordnung bestehen.

Schließlich muss die Einrichtung gemäß § 19 Abs. 3 Nr. 6 JMStV über eine Beschwerdestelle verfügen. Die FSM hat zur Erfüllung dieser Anerkennungsvoraussetzung gemäß §§ 2, 7 ihrer Satzung[1020] eine Stelle eingerichtet, bei der Nutzer von Mediendiensten online Beschwerden wegen von ihren Mitgliedern begangener Rechtsverstöße sowie Verstöße gegen den Verhaltenskodex der FSM erheben können. Diese werden gemäß § 1 Nr. 4 der Beschwerdeordnung von der Beschwerdestelle auf Grundlage der Satzung, der Beschwerdeordnung, des Verhaltenskodex, der Prüfgrundsätze der FSM, dem JMStV und den dazu erlassenen Satzungen und Richtlinien der KJM bearbeitet und können gemäß § 11 Nr. 4 der Beschwerdeordnung zu Missbilligungen mit Abhilfeaufforderung und Rügen gegenüber den Mitgliedern führen. Rügen sind vom Betroffenen gemäß § 11 Nr. 8 der Beschwerdeordnung einen Monat lang in seinem Angebot zu veröffentlichen. Bei wiederholten Verstößen kommen eine Geldstrafe oder der Ausschluss aus der FSM in Betracht. Gemäß § 12 der Beschwerdeordnung können abschließende Entscheidungen der Beschwerdestelle gegen ein Mitglied der FSM in anonymisierter Form auf deren Website veröffentlicht werden. Da die Mitglieder der FSM verpflichtet sind, sich den Entscheidungen der Beschwerdestelle zu unterwerfen, kommt den Sanktionen privatrechtliche Verbindlichkeit

---

[1019] Zur FSF vgl. *Ladeur*, Regulierte Selbstregulierung im Jugendmedienschutz, ZUM 2002, S. 859.
[1020] Die Satzung, der Verhaltenskodex und die Beschwerdeordnung der FSM sind abrufbar unter URL: http://www.fsm.de/ (Stand: Dez. 2005).

B. Versuch der Bestimmung einer „Positiven Ordnung" 273

zu[1021]. Die Mitglieder der Beschwerdestelle sind gemäß § 7 der Satzung unabhängig und an Weisungen nicht gebunden und müssen nicht der FSM oder einem ihrer Mitglieder angehören. Es können also auch externe Experten benannt werden[1022]. Der Rechtsweg wird durch das Verfahren vor der Beschwerdestelle mangels Unterwerfung der Nutzer von Mediendiensten indes nicht ausgeschlossen[1023]. Entscheidungen der Beschwerdestelle führen daher nicht zu einer endgültigen Streitbeilegung.

Ist die Anerkennung durch die KJM erteilt, so überprüfen die Einrichtungen der freiwilligen Selbstkontrolle die Angebote der ihnen angeschlossenen Mitglieder auf die Einhaltung der Bestimmungen des JMStV und der dazu erlassenen Satzungen und Richtlinien (§ 19 Abs. 2 JMStV). Sie sind wie die KJM befugt, die vom Gesetz eröffneten Beurteilungsspielräume im Bereich Jugendschutz und Schutz der Menschenwürde autonom auszufüllen[1024]. Zu ihrem Kompetenzbereich gehört es, in Richtlinien oder für den Einzelfall Sendezeitbeschränkungen für die Fernsehausstrahlung von Filmen festzulegen, die nicht dem Jugendschutzgesetz unterfallen (§ 8 Abs. 1 JMStV), und Ausnahmen von den gesetzlichen Sendezeitbestimmungen zuzulassen (§§ 9 Abs. 1, 5 Abs. 4 i.V. mit Abs. 2 S. 1 JMStV). Die KJM kann gegen Rundfunkveranstalter und Anbieter von Tele- und Mediendiensten, die einer anerkannten Selbstkontrolleinrichtung angeschlossen sind und gemäß deren Entscheidungen handeln, wegen behaupteter Verstöße gegen die Bestimmungen des Jugendschutzes nur noch in dem Fall vorgehen, dass die Entscheidung oder die Unterlassung einer Entscheidung der Selbstkontrolleinrichtung die rechtlichen Grenzen des eingeräumten Beurteilungsspielraums[1025] überschreitet (§ 20 Abs. 3 S. 1 und Abs. 5 S. 2 JMStV). Innerhalb dieser Grenzen wirkt sich eine abweichende Beurteilung eines Sachverhalts durch die zuständige Stelle der privaten Selbstkontrolle gleichsam als Verfahrenshindernis für hoheitliche Aufsichtsmaßnahmen durch die Landesmedien-

---

[1021] *Calliess*, Selbstregulierung im Medienrecht, AfP 2002, S. 469.
[1022] *Wolfgang Schulz*, Jugendschutz bei Tele- und Mediendiensten, MMR 1998, S. 185.
[1023] Vgl. den klarstellenden Hinweis in der Präambel zum Verhaltenskodex.
[1024] Vgl. *Ladeur*, Prozeduraler Schutz der Medienfreiheit, ZUM 2004, S. 3.
[1025] In der Benutzung dieses verwaltungsrechtlichen Begriffs als Bezeichnung für den Entscheidungsspielraum einer privaten Einrichtung ist durchaus eine Besonderheit zu sehen, vgl. *Ladeur*, Regulierte Selbstregulierung im Jugendmedienschutz, ZUM 2002, S. 866.

anstalten aus[1026]. Die Anerkennung einer Selbstkontrolleinrichtung wird zunächst für vier Jahre erteilt (§ 19 Abs. 4 S. 5 JMStV) und kann während dieser Frist gemäß § 19 Abs. 5 S. 1 JMStV durch die KJM nur widerrufen werden, wenn Voraussetzungen für die Anerkennung nachträglich entfallen sind oder sich die Spruchpraxis der Einrichtung nicht im Einklang mit dem geltenden Jugendschutzrecht befindet. Liest man diese Vorschrift zusammen mit den vorher genannten, so ergibt sich daraus, dass der Widerruf einer einmal ausgesprochenen Anerkennung nicht schon bei einzelnen Verstößen gegen das Jugendschutzrecht in Betracht kommt, sondern erst dann, wenn die Spruchpraxis einer Selbstkontrolleinrichtung dauerhaft gegen die rechtlichen Vorgaben verstößt[1027]. Da eine ständige Aufsicht der Landesmedienanstalten über die anerkannten Selbstkontrolleinrichtungen jedoch nicht vorgesehen ist, bleibt unklar, auf welcher verlässlichen Wissensgrundlage ein Widerruf erfolgen soll[1028].

Das mit dem JMStV verfolgte Konzept der Verschränkung von hoheitlicher Kontrolle und Anbieterselbstkontrolle wird vor dem Hintergrund, dass eine hoheitliche Kontrollinstanz der Menge der zu beaufsichtigen Angebote allein gar nicht gewachsen wäre, grundsätzlich begrüßt[1029]. Die früheren negativen Erfahrungen mit den Selbstkontrolleinrichtungen FSM und FSF[1030] werden jedenfalls zum Teil auf das bisherige Fehlen einer sinnvollen Einbindung der Selbstkontrolleinrichtungen zurückgeführt[1031], beruhen aber wohl auch auf grundlegend unterschiedlichen Ansichten[1032].

c) Eignung des Konzepts der regulierten Selbstregulierung für das Anwendungsgebiet der regierungsamtlichen Öffentlichkeitsarbeit im Internet

Auch das Konzept der regulierten Selbstregulierung ist in der vorgestellten Form, da es ganz auf die Beteiligung gesellschaftlicher Akteure am Steuerungs-

---

[1026] *Bornemann*, Jugendmedienschutz-Staatsvertrag, NJW 2003, S. 791.
[1027] *Langenfeld*, Neuordnung des Jugendschutzes, MMR 2003, S. 309.
[1028] *Bornemann*, Jugendmedienschutz-Staatsvertrag, NJW 2003, S. 791.
[1029] Vgl. *Bornemann*, Jugendmedienschutz-Staatsvertrag, NJW 2003, S. 791; *Holznagel*, Konvergenz der Medien, NJW 2002, S. 2356; *Langenfeld*, Neuordnung des Jugendschutzes, MMR 2003, S. 309; *Wolfgang Schulz*, Jugendschutz bei Tele- und Mediendiensten, MMR 1998, S. 185.
[1030] Vgl. *Holznagel*, Regulierte Selbstregulierung im Medienrecht, Die Verwaltung, Beiheft 4 (2001), S. 98 f.; *Ladeur*, Regulierte Selbstregulierung im Jugendmedienschutz, ZUM 2002, S. 859 f.; *Langenfeld*, Neuordnung des Jugendschutzes, MMR 2003, S. 304.
[1031] *Langenfeld*, Neuordnung des Jugendschutzes, MMR 2003, S. 304.
[1032] *Ladeur*, Regulierte Selbstregulierung im Jugendmedienschutz, ZUM 2002, S. 859 f.

prozess abgestimmt ist, nicht unmittelbar auf die Probleme der regierungsamtlichen Öffentlichkeitsarbeit im Internet übertragbar. Es beinhaltet Elemente, die für die Lösung einiger dieser Probleme von Nutzen sein können. Soweit Teileinheiten des Staates selbstständig Aufgaben wahrnehmen, bestehen zwischen hoheitlicher Regulierung gesellschaftlicher Selbstregulierung und einer Regulierung staatsinterner Selbstregulierung nur graduelle Unterschiede, und einzelne Instrumente der Regulierungsstrategien sind durchaus übertragbar[1033].

Dazu gehört hier vor allem die Selbstkontrolle des handelnden Akteurs mit ihrer charakteristischen Identität von Kontrolleur und Kontrolliertem, die lediglich einer staatlichen Rechtsaufsicht, Evaluation und Auffangverantwortung unterliegt. Ein weiteres auch im Hinblick auf die Probleme der regierungsamtlichen Öffentlichkeitsarbeit interessantes prozedurales Element im Ordnungsrahmen des Jugendmedienschutzes sind die von den Organisationen der freiwilligen Selbstkontrolle einzurichtenden Beschwerdestellen. Schiedsstellen dieser Art werden auch zur systemgerechten Beilegung von Auseinandersetzungen im Umfeld privater Diskussionsforen vorgeschlagen[1034]. Unabhängige Schiedsrichter, eventuell aber auch die Veranstalter selbst, könnten nach Anhörung der Pro- und Contrapositionen vorläufige Entscheidungen treffen, wenn sich die Beteiligten zuvor einer für die Bindungswirkung eines solchen Verfahrens erforderlichen prozeduralen Regelung, beispielsweise in Form einer im Online-Nutzungsvertrag enthaltenen Schiedsklausel, unterworfen hätten[1035]. Durch die Veröffentlichung der bisherigen Entscheidungen könne zugleich die erforderliche Transparenz bezüglich der für das jeweilige Forum geltenden Regeln erzeugt werden[1036]. Schiedsstellen dieser Art waren schon früh in der Rechtswirklichkeit des Internets zu finden. So bot etwa das kommerzielle juristische Diskussionsforum *Lexis Counsel Connect* seinen Teilnehmern einen „Cybercourt" zur Klärung von Streitig-

---

[1033] *J.-P. Schneider*, Regulierung staatsinterner Selbstregulierung, Die Verwaltung, Beiheft 4 (2001), S. 178 f.
[1034] *Ladeur*, Regulierung des Internet, ZUM 1997, S. 379; *ders.*, Diskussionsforen im Internet, MMR 2001, S. 791; *ders.*, Regierungsamtliche Öffentlichkeitsarbeit im Internet, DÖV 2002, S. 9; *ders.*, Prozeduraler Schutz der Medienfreiheit, ZUM 2004, S. 12; *F. Mayer*, Recht und Cyberspace, NJW 1996, S. 1790.
[1035] *Ladeur*, Diskussionsforen im Internet, MMR 2001, S. 791; *ders.*, Regulierung des Internet, ZUM 1997, S. 379; *F. Mayer*, Recht und Cyberspace, NJW 1996, S. 1790.
[1036] Vgl. *Ladeur*, Diskussionsforen im Internet, MMR 2001, S. 791; *ders.*, Regierungsamtliche Öffentlichkeitsarbeit im Internet, DÖV 2002, S. 9.

keiten um die für die Diskussion geltenden Benutzungsregeln an. Dort ging es beispielsweise um die Zulässigkeit der Regel, dass an bestimmten Diskussionsrunden nur Professoren aktiv teilnehmen durften, während den Studenten lediglich eine passive Rolle zugedacht war[1037]. Streitschlichtungs- und Schiedsverfahren sind aber auch in ganz anderen Zusammenhängen vorgesehen. Die das Internet verwaltende Organisation *ICANN* bietet beispielsweise ein Schlichtungsverfahren für die zahlreichen Streitfälle zwischen Markenrechts- und Domainnameinhabern wegen des sog. *Domain Name Grabbings* an. Die auf Grundlage der *UDRP* (*Uniform Dispute Resolution Policy*) ergangenen Entscheidungen werden in eine Datenbank eingestellt und können von jedermann eingesehen werden. Verschiedene Suchfunktionen ermöglichen einen gezielten Zugriff auf einzelne Entscheidungen und schaffen so Transparenz für potenzielle Beschwerdeführer und -gegner[1038].

Die genannten Beispiele für Schlichtungs- und Beschwerdeverfahren im Internet weisen mit der Unabhängigkeit der Beschwerdeausschüsse, der Veröffentlichung der ergangenen Entscheidungen in einer für jeden Internet-Nutzer zugänglichen Datenbank und der Möglichkeit, Beschwerden sowohl wegen Rechtsverstößen als auch wegen Verstößen gegen selbstgeschaffene Verhaltensregeln zu erheben, typische prozedurale Elemente auf. Eine Beschwerdestelle ist uns bereits als denkbares Element bester Verfahrensweisen zur regierungsamtlichen Öffentlichkeitsarbeit im Internet zum Schutze der Beteiligtenrechte begegnet[1039]. Ein Schiedsverfahren kommt in diesem Zusammenhang nicht nur für den Fall des Ausschlusses von Diskussionsteilnehmern oder -beiträgen in Betracht, sondern zur Geltendmachung *sämtlicher* Verstöße gegen extern oder intern aufgestellte Regeln. Denkbar ist daher beispielsweise auch, dass Meinungsträger, die ihre Meinung in den Materialien eines regierungsamtlichen Angebots nicht hinreichend repräsentiert sehen, dies geltend machen und so gegebenenfalls die Berücksichtigung ihrer Ansichten erreichen können. Anders als im privaten Bereich, wo die rechtliche Verbindlichkeit der Entscheidungen einer Beschwerdestelle allein von der freiwilligen Unterwerfung der Betroffenen abhängt, könnte

---

[1037] Vgl. F. *Mayer*, Recht und Cyberspace, NJW 1996, S. 1790.
[1038] URL: http://www.icann.org/udrp/ (Stand: Dez. 2005).
[1039] S. oben Kap. 3 B. II. 1 d).

sie für den Bereich der regierungsamtlichen Öffentlichkeitsarbeit zur Stärkung der Einrichtungen in ihrer Rolle als zentrales Verfahrenselement gesetzlich angeordnet werden.

3. Prozedurale Elemente zum Zwecke der Eigenregulierung staatlichen Handelns – Am Beispiel der Markterkundungsverfahren im Kommunalwirtschaftrecht

Bei den beiden ersten vorgestellten Steuerungskonzepten handelt es sich – dies dürfte hinreichend deutlich geworden sein – um solche, die in erster Linie anzutreffen sind, wenn es darum geht, der Verwaltung Mittel an die Hand zu geben, um unter den Bedingungen von Komplexität und Dynamik auf das Verhalten *gesellschaftlicher* Akteure (Bürger, Unternehmen, Medienanbieter usw.) lenkend einzuwirken. Im Bereich der regierungsamtlichen Öffentlichkeitsarbeit geht es jedoch darum, Mechanismen zu entwickeln, die der Steuerung des Kommunikationsverhaltens *der Exekutive selbst* dienen sollen. So scheint es zunächst, als sei der Ansatz, dies im Wege des prozeduralisierten Verwaltungsrechts erreichen zu wollen, mit Umsetzungsschwierigkeiten behaftet. Erscheinungsformen der Selbstregulierung und des prozeduralen Rechts sind jedoch nicht auf die Erzielung von Wirkungen im gesellschaftlich-privaten Bereich begrenzt; sie können durchaus auch zur Verhaltenssteuerung im Binnenbereich des Staates zur Anwendung kommen[1040]. Tatsächlich existieren bereits vereinzelt prozedurale Lösungsansätze, die der staatsinternen Verhaltensregulierung dienen, namentlich im kommunalen Wirtschaftsrecht. Sie sollen im Folgenden mit ihren Hintergründen vorgestellt werden.

a) Die Situation

Im Bereich des Kommunalwirtschaftsrechts geht es regelmäßig um die Frage, ob und inwieweit es Städten und Gemeinden erlaubt sein soll, mit den in ihrem Gebiet ansässigen privaten Unternehmen in wirtschaftliche Konkurrenz zu treten. Den Hintergrund dieser Frage bildet auf der einen Seite das wachsende Interesse der Kommunen, im großen Stil und in allen denkbaren Geschäftsfeldern erwerbswirtschaftlicher Betätigung nachzugehen. Sie versuchen auf diese Wei-

---

[1040] *Hoffmann-Riem*, Modernisierung von Recht und Justiz, S. 31.

se, die durch sinkende Steuereinnahmen, steigende Sozialkosten, neue kostenintensive Aufgaben und zunehmende private Konkurrenz auf dem Sektor der Daseinsvorsorge klaffenden Finanzlöcher zu stopfen. Neben der Haushaltskonsolidierung geht es darum, die bestehenden kommunalen Arbeitsplätze für die Einwohner zu sichern und vorhandene materielle und personelle Überkapazitäten sinnvoll zu nutzen. Begünstigt wird der Trend zur wirtschaftlichen Eigenbetätigung durch die Einführung des „Neuen Steuerungsmodells" mit der Zusammenführung dezentraler Fach- und Ressourcenverantwortung und der damit verbundenen Verbreitung betriebswirtschaftlicher Denkmuster und Managementinstrumente in der allgemeinen Verwaltungstätigkeit[1041]. Dabei ist das Bemühen der Kommunalverwaltungen um die Erzielung von Einnahmen in den meisten Fällen durchaus nachvollziehbar, mitunter treibt es jedoch auch kuriose Blüten. Da gibt es zunächst kommunale Unternehmen, die – jeweils für öffentliche wie für private Auftraggeber – Instandsetzungs- und Renovierungsarbeiten durchführen, sich dem Wohnungsbau und der Wohnungsverwaltung widmen, Stahlbau-, Tiefbau-, Planungs- und Vermessungsarbeiten ausführen oder Pflanzenzucht und Landschaftspflege betreiben. Es gibt aber auch Stadtwerke, die gleich für das gesamte Bundesgebiet die Wartung der ungarischen „Ikarus"-Busse übernommen haben und nebenbei noch Autorecycling, eine Autowaschanlage und einen Abschleppdienst betreiben. Wiederum andere unterhalten Kneipen, Nagel- und Sonnenstudios, Party- und Umzugsdienste, Reisebüros und Hotels. Deutlich im Kommen ist das Angebot von Telekommunikations- und Multimedia-Dienstleistungen durch kommunale Unternehmen. Es scheint, als seien der Phantasie der Verantwortlichen keine Grenzen gesetzt[1042]. Auf der anderen Seite

---

[1041] Zu den Gründen *Ehlers*, Rechtsprobleme der Kommunalwirtschaft, DVBl. 1998, S. 497 f., 507; *Enkler*, Wirtschaftliche Betätigung der Kommunen, ZG 1998, S. 329 f.; *Henneke*, Legitimation kommunalwirtschaftlicher Betätigung, NdsVBl. 1998, S. 274 ff. m.w.N.; *Hill*, Kommunalwirtschaftliche Betätigung, BB 1997, S. 426; *Otting*, Kommunale Erwerbswirtschaft, DVBl. 1997, S. 1258; *J.-P. Schneider*, Wirtschaftssubjekt und Steuerungsakteur, DVBl. 2000, S. 1251; *Schoch*, Privatisierung von Verwaltungsaufgaben, DVBl. 1994, S. 967.

[1042] Zu den unterschiedlichen Betätigungen kommunaler Unternehmen vgl. *Ehlers*, Rechtsprobleme der Kommunalwirtschaft, DVBl. 1998, S. 498; *Enkler*, Wirtschaftliche Betätigung der Kommunen, ZG 1998, S. 329, 335, 345; *Henneke*, Legitimation kommunalwirtschaftlicher Betätigung, NdsVBl. 1998, S. 273 m.w.N.; *Hill*, Kommunalwirtschaftliche Betätigung, BB 1997, S. 425; *Otting*, Kommunale Erwerbswirtschaft, DVBl. 1997, S. 1259; insb. zu kommunalen Telekommunikationsdienstleistungen *Pielow*, Gemeindewirtschaft im Gegenwind?, NWVBl. 1999, S. 370 ff.; *J.-P. Schneider*, Wirtschaftssubjekt und Steuerungsakteur, DVBl. 2000, S. 1251 Fn. 11 weist allerdings darauf hin, dass es sich bei vielen der zitierten Beispielen um Extremfälle handelt, die nicht unbedingt repräsentativ für den Gesamtbereich kommunalwirtschaftlicher Betätigung sind.

klagen die privatwirtschaftlichen Unternehmen und ihre Verbände angesichts der immer stärker werdenden, vermeintlich ungleichen Konkurrenz durch die öffentlichen Unternehmen, die – so lautet der Vorwurf – weder der Steuerpflicht noch einem Konkursrisiko unterliegen, dafür aber ohne weiteres auf städtische Bürgschaften und Subventionen hoffen können und zudem erhebliche Vorteile bei der Kostenkalkulation und beim Kundenzugang haben[1043], und fordern das Einschreiten der kommunalen Rechtsaufsicht und strengere gesetzliche Regelungen zur kommunalwirtschaftlichen Betätigung[1044].

b) Zulässigkeit kommunalwirtschaftlicher Betätigung

Die Errichtung gemeindlicher Wirtschaftsunternehmen ist grundsätzlich nur dann zulässig, wenn ein öffentlicher Zweck das Unternehmen rechtfertigt (Zweckbindung), das Unternehmen nach Art und Umfang in einem angemessenen Verhältnis zur Leistungsfähigkeit der Gemeinde und zum voraussichtlichen Bedarf steht und der Zweck nicht besser oder wirtschaftlicher durch einen anderen erfüllt wird oder werden kann (Subsidiaritätsprinzip). Diese in § 67 der Deutschen Gemeindeordnung (DGO) von 1935 enthaltene Schrankentrias diente allen späteren Regelungen zur Zulässigkeit kommunaler Wirtschaftsbetätigung als Vorbild und gilt in den meisten Bundesländern im Grundsatz bis heute[1045]. Eine zusätzliche Grenze der kommunalwirtschaftlichen Betätigung bildet das aus der Kompetenzverteilung im Bundesstaat folgende Örtlichkeitsprinzip, wonach der öffentliche Zweck und der Bedarf auf das Gemeindegebiet bezogen sein müssen, und sich die wirtschaftliche Betätigung der Gemeinde auf dieses Gebiet zu beschränken hat[1046]. Die zunehmenden, in der allgemeinen Diskussion zur Zulässigkeit kommunalwirtschaftlicher Betätigung bedeutsamen Nuancierungen und Schwerpunktverschiebungen bezüglich einzelner Betätigungsgrenzen spielen an dieser Stelle keine Rolle und sollen deshalb nicht vertieft werden.

[1043] *Ehlers*, Rechtsprobleme der Kommunalwirtschaft, DVBl. 1998, S. 498 m.w.N.; *Henneke*, Recht der Kommunalwirtschaft, NdsVBl. 1999, S. 6; *Hill*, Kommunalwirtschaftliche Betätigung, BB 1997, S. 425.
[1044] Vgl. *Enkler*, Wirtschaftliche Betätigung der Kommunen, ZG 1998, S. 330.
[1045] *Henneke*, Recht der Kommunalwirtschaft, NdsVBl. 1999, S. 1; *Hill*, Kommunalwirtschaftliche Betätigung, BB 1997, S. 428.
[1046] *Enkler*, Wirtschaftliche Betätigung der Kommunen, ZG 1998, S. 332 ff.; *Henneke*, Legitimation kommunalwirtschaftlicher Betätigung, NdsVBl. 1998, S. 278, 281.

c) Das Problem

Bei den Zulässigkeitsvoraussetzungen kommunaler Wirtschaftstätigkeit handelt es sich um Formeln mit vielen Unbekannten, will heißen mit zahlreichen unbestimmten Rechtsbegriffen: „(dringender) öffentlicher Zweck", „erfordern", „angemessenes Verhältnis", „bessere Zweckerfüllung" und „Bezug zur örtlichen Gemeinschaft" sind keine Tatbestandsmerkmale, deren Inhalt durch Auslegung einfach zu bestimmen ist. Die im Rahmen ihrer Anwendung notwendigerweise vorzunehmenden Abwägungen sind – wie oft, wenn es um die Ausfüllung unbestimmter Rechtsbegriffe geht – nur schwer zu überprüfen, weil sie sowohl stark wertende als auch prognostische Elemente enthalten und eine Vielzahl zum Teil sehr unterschiedlicher Gesichtspunkte berücksichtigt, bewertet und gegeneinander abgewogen werden muss[1047]. Sie unterliegen daher der Einschätzungsprärogative der jeweiligen Gemeinde, die sich der Überprüfung durch die Kommunalaufsicht und die Verwaltungs- oder Zivilgerichte[1048] weitgehend entzieht[1049] und wohl vorrangig von kommunal- und finanzpolitischen Zweckmäßigkeitsüberlegungen bestimmt wird[1050], die mit rechtlichen Maßstäben nur schwer zu erfassen sind. Das Bundesverfassungsgericht erkennt einen solchen Entscheidungsfreiraum der Behörden an, wenn sich die zu regelnde Materie wie hier durch besondere Komplexität und Dynamik auszeichnet[1051]. Angesichts der grundrechtlichen (erhebliche faktische Grundrechtsbeeinträchtigungen im Be-

---

[1047] Dazu *Maurer*, Allgemeines Verwaltungsrecht, § 7 Rn. 29.
[1048] Kritisch zu dem Phänomen, dass der Rechtsschutz der privaten Konkurrenten in der Praxis über lange Zeit nicht bei den Verwaltungs- (die den Schranken kommunalwirtschaftlicher Betätigung einen drittschützenden Charakter absprachen), sondern bei den für das private Wettbewerbsrecht zuständigen Zivilgerichten lag *Henneke*, Recht der Kommunalwirtschaft, NdsVBl. 1999, S. 6 ff.; *Pielow*, Gemeindewirtschaft im Gegenwind?, NWVBl. 1999, S. 380; *J.-P. Schneider*, Wirtschaftssubjekt und Steuerungsakteur, DVBl. 2000, S. 1258 f. Zur möglichen Veränderung dieser Situation durch neue Impulse in der Verwaltungsrechtsprechung *Pielow*, a.a.O. S. 379; *J.-P. Schneider*, a.a.O. S. 1258. Zu den möglichen Wettbewerbsverstößen vgl. die Darstellung bei *Otting*, Kommunale Erwerbswirtschaft, DVBl. 1997, S. 1263.
[1049] *Ehlers*, Rechtsprobleme der Kommunalwirtschaft, DVBl. 1998, S. 498; *Henneke*, Recht der Kommunalwirtschaft, NdsVBl. 1999, S. 2, 5; *Hill*, Kommunalwirtschaftliche Betätigung, BB 1997, S. 428, 429; *Knauff/Nolte*, Narrenfreiheit für Kommunale Unternehmen?, Verwaltungsrundschau 2003, S. 4 m.w.N.; *J.-P. Schneider*, Wirtschaftssubjekt und Steuerungsakteur, DVBl. 2000, S. 1257; *Schoch*, Privatisierung öffentlicher Aufgaben, DÖV 1993, S. 380 m.w.N.
[1050] *Hill*, Kommunalwirtschaftliche Betätigung, BB 1997, S. 429; *J.-P. Schneider*, Wirtschaftssubjekt und Steuerungsakteur, DVBl. 2000, S. 1257.
[1051] BVerfGE 84, 34, 50; zur Dynamik im Bereich der Kommunalwirtschaftlichen Betätigung *J.-P. Schneider*, Wirtschaftssubjekt und Steuerungsakteur, DVBl. 2000, S. 1250 f.

reich der Berufsfreiheit der privaten Unternehmen[1052] und die daraus folgenden hohen Anforderungen an die Zulässigkeit solcher Maßnahmen[1053]) und der sich aus sonstigen verfassungsrechtlichen Gesichtspunkten (Garantie kommunaler Selbstverwaltung contra Zweckbindung, Subsidiaritäts- und Örtlichkeitsprinzip) ergebenden Problematik wäre eine bessere Überprüfbarkeit, jedenfalls aber eine bessere Nachvollziehbarkeit der getroffenen Entscheidung in der Tat mehr als nur wünschenswert. Diese ist jedoch schon deshalb in keiner Weise gewährleistet, weil die betreffenden Verwaltungsentscheidungen und die dazu angestellten Erwägungen in aller Regel nicht veröffentlicht werden[1054]. An dieser Stelle herrscht ein deutliches Defizit an Transparenz für die betroffenen Kreise. Von wirksamer Begrenzung kommunaler Wirtschaftstätigkeit kann daher insgesamt kaum die Rede sein[1055]. Verschärfend kommt hinzu, dass die Erfüllung der Schrankenvoraussetzungen in aller Regel nur vor der Neuaufnahme oder einer wesentlichen Erweiterung der wirtschaftlichen Betätigung überprüft wird, während eine ständige Aufgabenkritik die absolute Ausnahme darstellt[1056].

d) Verfahrensmäßige Lösungsansätze

Die Landesgesetzgeber haben auf die beschriebene Problematik zum Teil mit der Einführung spezieller Verfahrenslösungen reagiert, und auch in der Literatur sind prozedurale Lösungsansätze entwickelt worden.

aa) Gesetzliche Regelungen

Die neugeschaffene Kommunalordnung für Thüringen und die reformierte bayerische Gemeindeordnung sehen die Durchführung von Markterkundungsverfah-

---

[1052] Die Berufsfreiheit aus Art. 12 Abs. 1 GG kommt gemäß Art. 19 Abs. 3 GG auch inländischen juristischen Personen und Personenvereinigungen des Privatrechts zugute, vgl. nur *Jarass*, in: Jarass/Pieroth, GG, Art. 12 Rn. 10a.
[1053] Vgl. etwa *Henneke*, Legitimation kommunalwirtschaftlicher Betätigung, NdsVBl. 1998, S. 277; *Pielow*, Gemeindewirtschaft im Gegenwind?, NWVBl. 1999, S. 375 f. m.w.N.; *Tettinger*, Rechtsschutz, NJW 1998, S. 3474; *ders.*, Verfassungsrecht und Wirtschaftsordnung, DVBl. 1999, S. 686; zurückhaltender *Ehlers*, Rechtsprobleme der Kommunalwirtschaft, DVBl. 1998, S. 502; *Knauff/Nolte*, Narrenfreiheit für kommunale Unternehmen?, Verwaltungsrundschau 2003, S. 8 ff.; *Otting*, Kommunale Erwerbswirtschaft, DVBl. 1997, S. 1260; *J.-P. Schneider*, Wirtschaftssubjekt und Steuerungsakteur, DVBl. 2000, S. 1254 f.
[1054] Vgl. *Schoch*, Privatisierung öffentlicher Aufgaben, DÖV 1993, S. 378 Fn. 9.
[1055] *Henneke*, Recht der Kommunalwirtschaft, NdsVBl. 1999, S. 5; *Schoch*, Privatisierung von Verwaltungsaufgaben, DVBl. 1994, S. 972; *ders.*, Privatisierung öffentlicher Aufgaben, DÖV 1993, S. 380; optimistischer *Pielow*, Gemeindewirtschaft im Gegenwind?, NWVBl. 1999, S. 376 f.
[1056] *J.-P. Schneider*, Wirtschaftssubjekt und Steuerungsakteur, DVBl. 2000, S. 1256; *Schoch*, Privatisierung von Verwaltungsaufgaben, DVBl. 1994, S. 972.

ren vor, wenn es um die Frage nach der Zulässigkeit gemeindlicher Wirtschaftstätigkeit geht. Diese ist nach den Kommunal- bzw. Gemeindeordnungen beider Länder – ganz nach dem Vorbild des § 67 DGO – nur zulässig, wenn der Zweck nicht ebenso gut und wirtschaftlich durch private Unternehmen erfüllt werden könnte (§ 71 Abs. 1 Nr. 3 ThürKO, Art. 87 Abs. 1 Nr. 4 BayGO). Ob und inwieweit örtliche Betriebe in Landwirtschaft, Handel, Gewerbe und Industrie staatlichen Aufgaben oder öffentlichen Zwecken dienende wirtschaftliche Tätigkeiten ebenso gut oder besser erbringen können, soll in Verfahren erkundet werden, an denen die Betroffenen zu beteiligen sind. Die Regelungen sind an das Interessenbekundungsverfahren des § 7 Abs. 2 BHO angelehnt, das privaten Anbietern den gleichen Nachweis ermöglichen soll. Auch die brandenburgische Gemeindeordnung sieht vor, dass Angebote einzuholen und Vergleichsberechnungen vorzunehmen sind, um dafür zu sorgen, dass Leistungen, die von privaten Anbietern in mindestens gleicher Qualität und Zuverlässigkeit erbracht werden können, an diese übertragen werden, soweit dies mit dem öffentlichen Interesse zu vereinbaren ist (§ 100 Abs. 3 BbgGO)[1057]. In Nordrhein-Westfalen sieht § 107 Abs. 5 der neugefassten Gemeindeordnung (GO NW) ebenfalls ein Markterkundungsverfahren unter Einbeziehung der örtlichen Selbstverwaltungsorganisationen von Handwerk, Industrie und Handel sowie der für die Beschäftigten der jeweiligen Branche handelnden Gewerkschaften vor, die nicht nur die Rechtfertigung gemeindlicher Wirtschaftstätigkeit nach dem Subsidiaritätsgrundsatz untersuchen, sondern den Entscheidungsträgern außerdem Informationen über die Auswirkungen der kommunalwirtschaftlichen Betätigung auf das Handwerk, die mittelständische Wirtschaft und den Arbeitsmarkt verschaffen soll[1058]. Weitere Regelungen sehen vor, dass kommunale Unternehmen oder Einrichtungen in einem Unternehmensstatut auf die Erfüllung eines öffentlichen Zwecks ausgerichtet werden müssen (§ 108 Abs. 1 Nr. 7 GO NW), und dass Lageberichte anzufertigen sind, in denen zur Einhaltung der öffentlichen Zwecksetzung und zur Zweckerreichung Stellung zu nehmen ist (§ 108 Abs. 2 Nr. 2 GO NW). Der von der Gemeinde anzufertigende Bericht über ihre Beteiligungen an Unternehmen und Einrichtungen der Rechtsform des privaten Rechts ist

---

[1057] Zum Ganzen *Hill*, Kommunalwirtschaftliche Betätigung, BB 1997, S. 429.
[1058] *Pielow*, Gemeindewirtschaft im Gegenwind?, NWVBl. 1999, S. 378.

jährlich fortzuschreiben (§ 112 Abs. 3 GO NW)[1059]. Zusammenfassend lässt sich feststellen, dass seitens der Länder in zunehmendem Maße versucht wird, durch Einbeziehungs- und Darlegungsrechte Privater sowie Erkundungs- und Berichtspflichten der öffentlichen Hand eine verbesserte Transparenz sowohl der im Hinblick auf die kommunalwirtschaftliche Betätigung getroffenen Entscheidungen als auch der laufenden Betätigungen zu erreichen.

bb) Lösungsansätze und Kritik in der Literatur

Unter Einbeziehung dieser gesetzlichen Lösungsansätze hat *Hill* verallgemeinernd ein Lösungskonzept für die Probleme kommunaler Wirtschaftsbetätigung entwickelt, das vor allem die Begründung und Offenlegung der angestellten Gemeinwohlerwägungen und Handlungsalternativen als prozedurale Pflicht vorsieht. Diese Maßnahmen seien aus rechtsstaatlichen und demokratischen Gründen heraus als Kompensation der Tatsache erforderlich, dass eine einmal getroffene Entscheidung aufgrund der gemeindlichen Einschätzungsprärogative lediglich auf offenkundige Ermittlungsdefizite, Fehleinschätzungen und Abwägungsfehler überprüft werden könne[1060]. Im Gegensatz zur heute noch üblichen Praxis, die in behördlichen Entscheidungsverfahren angestellten Erwägungen nicht zu veröffentlichen[1061], könnten die aufgrund der Begründungs- und Offenlegungspflicht bekannt gemachten Erwägungen die Überprüfbarkeit der Entscheidungsergebnisse wesentlich fördern[1062]. Das Konzept *Hills* ist aber nicht nur auf die Transparenz konkreter Entscheidungsvorgänge, sondern letztlich auch der allgemein verfolgten Marktstrategie der Gemeinden angelegt. *J.-P. Schneider* unterstreicht die Steuerungswirkung solcher prozeduralen Ansätze und bescheinigt dem Konzept *Hills* vor allem Zukunftsoffenheit. Er begrüßt insbesondere das Ziel der verbesserten Sachverhaltsaufklärung und Nachprüfbarkeit der getroffenen Entscheidung bei gleichzeitiger Betonung der gemeindlichen Eigenverantwortung. Die Wirkung dieser Elemente könne mit einer verstärkten Pflicht zur Konkretisierung des verfolgten öffentlichen Zwecks noch verstärkt werden[1063].

[1059] Vgl. dazu *Ehlers*, Rechtsprobleme der Kommunalwirtschaft, DVBl. 1998, S. 500.
[1060] *Hill*, Kommunalwirtschaftliche Betätigung, BB 1997, S. 430 f.
[1061] Vgl. oben Kap. 3 B. II. 3. c).
[1062] Ähnlich *Pielow*, Gemeindewirtschaft im Gegenwind?, NWVBl. 1999, S. 377 f.
[1063] *J.-P. Schneider*, Wirtschaftssubjekt und Steuerungsakteur, DVBl. 2000, S. 1257.

Die prozeduralen, auf Transparenz angelegten Ansätze stoßen jedoch auch auf Kritik. *Henneke* bezweifelt ihre Steuerungswirkung, und auch die Justiziabilität der nicht normgeleitet getroffenen Entscheidungen werde durch die Offenlegung der angestellten Erwägungen nicht erhöht[1064]. Sein Gegenvorschlag sieht stattdessen die gesetzliche Präzisierung der kommunalwirtschaftlichen Bestimmungen und die verstärkte Normbindung der Zulässigkeitsentscheidung durch die Einführung von Positivkatalogen für mögliche öffentliche Zwecksetzungen vor – mit der Bedeutung von Regelbeispielen und dem Ziel, durch die Orientierungsfunktion Unsicherheiten und Auslegungsdifferenzen zu vermeiden und eine wirksame Kontrolle der Einhaltung der gesetzlichen Voraussetzungen zu erleichtern[1065]: „Wenn die normative Steuerungswirkung gegenüber der nahezu unbegrenzten kommunalen Gestaltungsfreiheit erhöht werden soll, [...] muss der öffentliche Zweck eindeutiger fixiert und steuerungstauglich präzisiert werden[1066]." Allerdings enthält auch der Vorschlag *Hennekes* ein prozedurales Element in dem hier vertretenen Sinne: Er möchte die Kontrolle der Zulässigkeit kommunalwirtschaftlicher Betätigung nicht lediglich als Momentaufnahme vor der Errichtung, Übernahme oder Erweiterung von Unternehmen, sondern als dauernde Aufgabenkritik verstanden wissen, mit anderen Worten also die Gesamtsituation der Gemeindewirtschaft als Prozess begreifen, der durchaus im Laufe der Zeit Veränderungen unterliegen kann, auf die gegebenenfalls reagiert werden muss[1067]. Die fortwährende Kontrolle der Einhaltung rechtlicher Voraussetzungen in dynamischen Wirklichkeiten stellt eines der wesentlichen Elemente prozeduraler Regulierungsformen dar. *Ehlers* begrüßt zwar grundsätzlich die an das Interessenbekundungsverfahren des § 7 Abs. 2 BHO angelehnten Regelungen, weil die Kommunen so in der Lage seien, im Hinblick auf den Subsidiaritätsgrundsatz eine verantwortliche und nachvollziehbare Entscheidung zu tref-

---

[1064] *Henneke*, Recht der Kommunalwirtschaft, NdsVBl. 1999, S. 10; weniger kritisch gegenüber an § 7 Abs. 2 BHO angelehnten Verfahrenslösungen *ders.*, a.a.O. S. 2; *J.-P. Schneider*, Wirtschaftssubjekt und Steuerungsakteur, DVBl. 2000, S. 1257 Fn. 79 stellt hingegen klar, dass Verfahrensregelungen durchaus justiziabel sein können.
[1065] *Henneke*, Recht der Kommunalwirtschaft, NdsVBl. 1999, S. 10; ähnlich *Enkler*, Wirtschaftliche Betätigung der Kommunen, ZG 1998, S. 351.
[1066] *Henneke*, Recht der Kommunalwirtschaft, NdsVBl. 1999, S. 5.
[1067] *Henneke*, Recht der Kommunalwirtschaft, NdsVBl. 1999, S. 10; ähnlich *Schoch*, Privatisierung von Verwaltungsaufgaben, DVBl. 1994, S. 972; *ders.*, Privatisierung öffentlicher Aufgaben, DÖV 1993, S. 380.

fen[1068]. Er sieht aber gleichzeitig eine eindeutige Fixierung und steuerungstaugliche Präzisierung des öffentlichen Zwecks als erforderlich an, damit die öffentliche Zwecksetzung mehr sein kann, als „eine Floskel oder nicht greifbare Chimäre"[1069]. Auch *Schoch* zeigt sich grundsätzlich positiv gegenüber Verfahrensaufträgen, zugleich aber skeptisch hinsichtlich ihrer praktischen Konsequenzen[1070].

Letztlich bewirkt die Forderung nach einer Positivierung jedoch die Verfestigung der herkömmlichen und in komplexen Lebenswirklichkeiten leicht überforderten Regelungsmethodik[1071]. *J.-P. Schneider* weist zu Recht auf die Schwierigkeit hin, angesichts der Vielgestaltigkeit denkbarer Konstellationen operable Kataloge zusammenzustellen, die mehr enthalten als wiederum nur pauschale Zwecksetzungen. Der Positivierung von Zulässigkeitsmaßstäben seien zudem durch die Garantie der kommunalen Selbstverwaltung Grenzen gesetzt[1072]. Mit Blick auf die bestehen bleibenden Unsicherheiten in den Randbereichen zweifelt auch *Enkler* an der Praktikabilität von Positivkatalogen[1073].

e) Eignung einer mit den Markterkundungsverfahren vergleichbaren Lösung für den Anwendungsbereich der regierungsamtlichen Öffentlichkeitsarbeit im Internet

Nach den bisherigen Darlegungen kann zunächst zur jeweiligen Ausgangssituation festgehalten werden, dass wir uns bei der kommunalwirtschaftlichen Betätigung wie bei der regierungsamtlicher Öffentlichkeitsarbeit im Internet in einer Konfliktsituation befinden, deren innere und äußere Umstände sich nicht nur als von einer außerordentlichen Komplexität und Dynamik geprägt darstellen[1074], sondern in der sich zudem (hier grundsätzlich durch das Prinzip der kommuna-

---

[1068] *Ehlers*, Rechtsprobleme der Kommunalwirtschaft, DVBl. 1998, S. 503.
[1069] *Ehlers*, Rechtsprobleme der Kommunalwirtschaft, DVBl. 1998, S. 500.
[1070] *Schoch*, Privatisierung von Verwaltungsaufgaben, DVBl. 1994, S. 972, 971.
[1071] Vgl. oben Kap. 3 B. I. 1.
[1072] *J.-P. Schneider*, Wirtschaftssubjekt und Steuerungsakteur, DVBl. 2000, S. 1252, 1257.
[1073] *Enkler*, Wirtschaftliche Betätigung der Kommunen, ZG 1998, S. 351.
[1074] Vgl. *Enkler*, Wirtschaftliche Betätigung der Kommunen, ZG 1998, S. 329; *J.-P. Schneider*, Wirtschaftssubjekt und Steuerungsakteur, DVBl. 2000, S. 1257. Zusätzlich zur ohnehin vorhandenen Komplexität und Dynamik ökonomischer Zusammenhänge zeichnet sich die Situation kommunalwirtschaftlicher Betätigungen wegen allerlei Kunstgriffen in der Beteiligungsstruktur privatisierter kommunaler Betriebe häufig durch eine enorme Komplexität aus, die an Undurchschaubarkeit grenzt. Letztlich kommt es dabei zu einer unauflöslichen Vermischung hoheitlicher und privater Aufgabenerfüllung. So *Hill*, Kommunalwirtschaftliche Betätigung, BB 1997, S. 427.

len Selbstverwaltung legitimierte[1075]) Interessen der öffentlichen Seite mit anderen, mindestens genauso legitimen, weil grundrechtlich (hier durch die Wirtschaftsfreiheitsgrundrechte aus Art. 12 Abs. 1, 14 Abs. 1, 2 Abs. 1 GG[1076]) geschützten Interessen auf privater Seite gegenüber stehen[1077]. Sowohl bei der regierungsamtlichen Öffentlichkeitsarbeit als auch bei der kommunalwirtschaftlichen Betätigung haben wir es weiterhin mit Handlungsgebieten zu tun, die sich dadurch auszeichnen, dass der Staat innerhalb seiner Aufgaben grundsätzlich ohne besondere Kompetenztitel tätig werden darf[1078], wobei seine Betätigung aber bestimmten Voraussetzungen und Grenzen unterliegt. Die Frage, ob diese Grenzen im Einzelfall eingehalten oder überschritten werden, ist in beiden Fällen schwierig zu beantworten. In beiden Bereichen verschwimmen schließlich die Grenzen zwischen öffentlich-rechtlicher und privatrechtlicher Betätigung, und es fällt ein enormer Selbstbehauptungsdrang der öffentlichen Seite auf. Somit ist hinsichtlich wesentlicher Aspekte eine deutliche Ähnlichkeit zwischen beiden Problemkreisen zu erkennen.

Die zum Bereich der kommunalwirtschaftlichen Betätigung vorgestellten gesetzlichen Regelungen und das daran anschließende Konzept der Literatur ähneln weiterhin auch in ihren Zielen, namentlich der Schaffung von mehr Transparenz und Nachvollziehbarkeit der auf die wirtschaftliche Betätigung gerichteten Verwaltungsentscheidungen, der hier im Zusammenhang mit Teilaspekten der regierungsamtlichen Öffentlichkeitsarbeit im Internet vertretenen Forderung

---

[1075] Die in Art. 28 Abs. 2 GG gewährleistete Garantie der kommunalen Selbstverwaltung sichert das Recht der Gemeinden, sich aller Angelegenheiten der örtlichen Gemeinschaft in eigener Verantwortung und ohne besonderen Kompetenztitel selbst anzunehmen. Davon ist auch die wirtschaftliche Betätigung der Gemeinden umfasst, vgl. BVerfGE 79, 127, 146 ff. Zur Zugehörigkeit gemeindlicher Wirtschaftsbetätigung zum Inhalt der kommunalen Selbstverwaltungsgarantie vgl. des weiteren *Enkler*, Wirtschaftliche Betätigung der Kommunen, ZG 1998, S. 331 ff.; *Henneke*, Legitimation kommunalwirtschaftlicher Betätigung, NdsVBl. 1998, S. 279, 280 f.; *Hill*, Kommunalwirtschaftliche Betätigung, BB 1997, S. 427; *Pielow*, Gemeindewirtschaft im Gegenwind?, NWVBl. 1999, S. 373 f.; *Scholz*, Gemeindewirtschaftsrecht, DÖV 1976, S. 442; zur Legitimität der einzelnen Motive kommunalwirtschaftlicher Betätigung *Enkler*, Wirtschaftliche Betätigung der Kommunen, ZG 1998, S. 332 ff.
[1076] Näher dazu *Henneke*, Legitimation kommunalwirtschaftlicher Betätigung, NdsVBl. 1998, S. 277.
[1077] Vgl. hierzu *Schoch*, Privatisierung von Verwaltungsaufgaben, DVBl. 1993, S. 968: „In der grundgesetzlichen Ordnung – mit grundrechtsberechtigten Bürgern und einer grundrechtsverpflichteten Staatsgewalt – ist der ökonomische Eigennutz der Bürger ebenso normal wie legitim."
[1078] Zur Kompetenzgrundlage der regierungsamtlichen Öffentlichkeitsarbeit vgl. *Leisner*, Öffentlichkeitsarbeit der Regierung, S. 103 (Annex zur Regierungstätigkeit); *Schürmann*, Öffentlichkeitsarbeit der Bundesregierung, S. 201 („Kernbereich" der Exekutive); a.A. *Schwarzer*, Staatliche Öffentlichkeitsarbeit, S. 101; zur Kompetenzgrundlage der kommunalwirtschaftlichen Betätigung vgl. oben Fn. 1075.

B. *Versuch der Bestimmung einer „Positiven Ordnung"* 287

nach einer Offenlegung der von der Regierung verfolgten Kommunikationsstrategie. Sicherlich wäre etwa durch entsprechende Berichtspflichten der Regierungen zu den von ihnen im Rahmen der Öffentlichkeitsarbeit durchgeführten Maßnahmen eine gewisse Transparenz für diesen Tätigkeitsbereich zu erzielen. Die erhöhten Anforderungen an die staatliche Selbstreflexion könnten außerdem in gewissem Umfang den positiven Nebeneffekt haben, die eigene Informationsbasis und das (Selbst-)Regulierungswissen zu verbessern[1079]. So könnten etwa Erkundungspflichten den Regierungen den notwendigen Überblick für die Entscheidung verschaffen, in welchem Umfang der Vielfalt der Meinungen Rechnung zu tragen ist, und wie sich die gesellschaftliche Meinungsvielfalt zu den betreffenden Themen überhaupt darstellt. Somit sind Anlehnungen an die zur kommunalwirtschaftlichen Betätigung entwickelten Verfahrenslösungen zur Regulierung bestimmter Teilaspekte regierungsamtlicher Betätigung im Internet durchaus denkbar.

Allerdings – hierin liegt ein bedeutender Unterschied zwischen beiden Sachkomplexen – handelt es sich bei den Verfahrenslösungen im Kommunalwirtschaftrecht um solche, die in erster Linie der Begrenzung staatlicher Aktivität zu Gunsten privater Handlungssubjekte dienen[1080]. Der Staat und die betroffenen privaten Subjekte stehen sich hier als Konkurrenten im selben Tätigkeitsfeld gegenüber. Die kommunikative Beziehung zwischen dem Staat und seinen Bürgern, die durch die modernen Maßnahmen regierungsamtlicher Öffentlichkeitsarbeit gefördert werden soll, ist hingegen viel stärker durch ein Gleichordnungsverhältnis als durch Gegenüberstellung und Über- und Unterordnung zwischen Staat und Bürger geprägt[1081]. Viel mehr als Entscheidungstransparenz und die fortlaufende Beobachtung der Einhaltung rechtlicher Voraussetzungen dürfte mit den zur kommunalwirtschaftlichen Betätigung entwickelten prozeduralen Konzepten deshalb im Bereich der regierungsamtlichen Öffentlichkeitsarbeit im

---

[1079] Zur Verbesserung des Fremdregulierungswissens des Staates durch eigene Wirtschaftsbetätigung vgl. *J.-P. Schneider*, Wirtschaftssubjekt und Steuerungsakteur, DVBl. 2000, S. 1259.
[1080] Weitere Zwecke sind nach *Hill*, Kommunalwirtschaftliche Betätigung, BB 1997, S. 429 der Schutz der Gemeinden vor aus der wirtschaftlichen Betätigung resultierenden finanziellen Risiken und die Beachtung der grundsätzlichen Strukturentscheidung, der zufolge sich die Gemeinden durch Einnahmen aus Abgaben und nicht durch die Selbstbewirtschaftung von Eigentum oder durch Gewerbebetriebe finanzieren sollen.
[1081] Vgl. oben Kap. 3 A. III. 3.

Internet nicht zu erreichen sein. Wenngleich Erkundungspflichten eine wichtige Voraussetzung für die Aufklärung des jeweiligen Stands der gesellschaftlichen Meinungsvielfalt und damit für die Erzeugung des erforderlichen Wissens hilfreich sein können, bietet dieses Modell für die Umsetzung der Abbildung von Meinungsvielfalt auf Grundlage der erworbenen Kenntnisse – mithin für das zweite wesentliche Regulierungsziel des zu entwickelnden Ordnungsrahmens – ohne ergänzende organisatorische und verfahrensmäßige Vorkehrungen kaum geeignete Lösungen.

4. „Hybridisierung" von Entscheidungsvorgängen innerhalb staatlicher Strukturen: Das Gremien-Modell der Rundfunkorganisation

Die vierte Stufe auf der Skala prozeduraler Regulierungsmodelle bildet hier ein Organisationsmodell, dessen Grundzüge auf die Zeiten des Wiederaufbaus des deutschen Rundfunks unter der alliierten Besatzung nach dem zweiten Weltkrieg zurückgehen, das später in das Rundfunkrecht der Bundesrepublik Deutschland übernommen wurde und das mit den für die Anpassung an die duale Rundfunkordnung notwendigen Weiterentwicklungen bis heute fortbesteht[1082]. Das hinter der deutschen Rundfunkorganisation stehende Regulierungsmodell lässt sich vorwegnehmend beschreiben als „Hybridisierung" von Entscheidungsvorgängen innerhalb staatlicher Einrichtungen (Anstalten des öffentlichen Rechts)[1083] durch die Beteiligung gesellschaftlicher Kräfte an internen Entscheidungsprozessen. Diese wird ermöglicht durch entsprechende organisatorische und prozedurale Ausgestaltungen entweder auf Seiten der Veranstalter (beim öffentlich-rechtlichen Rundfunk) oder der aufsichtführenden Instanzen (beim privaten Rundfunk).

Wenn es bereits andere Rechtsmaterien gibt, in denen es vergleichbare Ziele zu erreichen gilt wie in der zu untersuchenden, dann besteht ein besonderer Reiz darin, zu prüfen, ob man nicht zur Bewältigung der neuen Probleme auf bestehende Lösungen zurückgreifen kann. Das Rundfunkrecht bietet das Paradebeispiel für organisatorische und verfahrensmäßige Lösungen zur Umsetzung abs-

---

[1082] Vgl. *Hesse*, Rundfunkrecht, Kap. 1 Rn. 27 ff.
[1083] Zur Sonderstellung der öffentlich-rechtlichen Rundfunkanstalten und der Landesmedienanstalten innerhalb des Staatsgefüges sogleich unter Kap. 3 B. II. 4. a).

B. Versuch der Bestimmung einer „Positiven Ordnung"

trakter, auf die Erzeugung von Vielfalt gerichteter Zielvorgaben und für die Umsetzung der Forderung nach staatsfreien Entscheidungsprozessen im Medienbereich. Im Folgenden soll daher untersucht werden, inwieweit Anleihen bei der Materie Rundfunkrecht dabei helfen können, die im Bereich der regierungsamtlichen Öffentlichkeitsarbeit im Internet auftretenden Probleme zu bewältigen.

a) Kontrolle durch staatsfreie und plurale Organisation

Damit der Rundfunk seiner Aufgabe für den Meinungsbildungsprozess gerecht werden kann, und um Gefährdungen dieses Prozesses in größtmöglichem Umfang auszuschließen, bedarf es nicht nur seiner Staatsfreiheit[1084], sondern auch einer „positiven Ordnung", deren vorrangiges Ziel es ist, einer Einseitigkeit der durch den Rundfunk vermittelten Inhalte entgegenzuwirken, und zu gewährleisten, dass die Vielfalt der in der Gesellschaft vorhandenen Meinungen im Rundfunk in möglichster Breite und Vollständigkeit zum Ausdruck kommen kann[1085]. Die bedeutsamen politischen, weltanschaulichen, religiösen und sonstigen gesellschaftlichen Kräfte und Gruppen – auch Minderheiten – müssen im Programm angemessen zu Wort kommen. Auf der anderen Seite ist ein übermächtiger oder bestimmender Einfluss einzelner Kräfte unbedingt zu verhindern. All dies wurde weiter oben bereits dargestellt[1086]. Im einfachen Rundfunkrecht ist die vom Bundesverfassungsgericht herausgearbeitete Vielfaltsforderung in den §§ 11 Abs. 3, 25 Abs. 1 RStV und den entsprechenden Regelungen der übrigen Landesrundfunkgesetze und -staatsverträge (z.B. § 8 Abs. 1 NDR-StV) wiederzufinden[1087]. Neben diesen abstrakten materiellrechtlichen Zielvorgaben sind im Rundfunkrecht sowohl für den öffentlich-rechtlichen als auch den privaten Rundfunk Organisationsformen und Verfahren entwickelt worden, um die abstrakten Vielfaltsforderung in die Realität umzusetzen. Die Staatsfreiheit des Rundfunks soll paradoxerweise vor allem durch die öffentlich-rechtliche Organisationsform der Rundfunkanstalten und der für die Aufsicht über den privaten Rundfunk zuständigen Landesmedienanstalten sichergestellt werden. Für die Verwirklichung von Vielfalt im Sinne der abstrakten Vorgaben sind vor allem

---

[1084] Dazu ausführlich oben Kap. 2 B. I.
[1085] BVerfGE 57, 295, 320.
[1086] S. oben Kap. 2 B. I.
[1087] Vgl. auch die Präambel zum RStV.

die Bestimmungen zur Zusammensetzung ihrer Kontroll- und Entscheidungsorgane verantwortlich (vgl. z.B. §§ 16 ff. NDR-StV, 34 ff. HmbMedienG).

Die öffentlich-rechtlichen Rundfunkanstalten sind gemäß den einschlägigen Bestimmungen in den jeweiligen Landesrundfunkgesetzen und Staatsverträgen (vgl. z.B. § 1 NDR-StV) als juristische Personen des öffentlichen Rechts (konkret in Form von rechtsfähigen Anstalten des öffentlichen Rechts) mit dem Recht zur Selbstverwaltung und weitgehender Autonomie ausgestattet und im Übrigen nur einer stark begrenzten staatlichen Rechtsaufsicht unterworfen[1088]. Obwohl die Anstaltsform auf die Veranstaltung von Rundfunk als Wahrnehmung staatlicher Aufgaben schließen lässt[1089], ermöglicht es gerade diese öffentlich-rechtliche Organisationsform, die Rundfunkveranstaltung sowohl aus der unmittelbaren als auch der mittelbaren Staatsverwaltung herauszulösen und damit einen wichtigen Beitrag zur Staatsfreiheit des Rundfunks zu leisten. Dies war lange Zeit umstritten, dürfte sich aber mittlerweile zur allgemeinen Überzeugung herausgebildet haben[1090]. *Arndt* bezeichnete es schon früh als „eine unhaltbare Annahme", dass nur das Staatliche öffentlich-rechtlich organisiert werden könne, weshalb in allem, was öffentlich-rechtlich organisiert sei, etwas Staatliches in Erscheinung treten müsse[1091]. Die Gründung einer Anstalt kann vielmehr in Ausnahmefällen gerade auch der Freiheitssicherung dienen[1092]. Der Vorteil der öffentlich-rechtlichen Organisationsform der Rundfunkveranstalter und Landesmedienanstalten liegt gerade in der damit verbundenen Möglichkeit, diese von staatlicher Aufsicht weitgehend freizustellen[1093].

Die innere Organisation der Rundfunkanstalten ist vor allem auf die Gewährleistung von Meinungsvielfalt ausgerichtet. Ihre bestimmenden Leitlinien sind das Intendantenprinzip und der Binnenpluralismus. Die Intendanten repräsentieren und vertreten die Anstalten nach außen, führen ihre Geschäfte und tragen die

---

[1088] Vgl. *Hesse*, Rundfunkrecht, Kap. 4 Rn. 43 ff.
[1089] Zur darum in der Vergangenheit geführten Diskussion ausführlich *Hesse*, Rundfunkrecht, Kap. 4 Rn. 48 ff.
[1090] S. oben Fn. 1088.
[1091] *Arndt*, Werbefernsehen als Kompetenzfrage, JZ 1965, S. 337.
[1092] *Breuer*, Öffentliche Anstalt, VVDStRL 44 (1986), S. 229, 235.
[1093] *Forsthoff*, Allgemeines Verwaltungsrecht, 7. Aufl. 1958, S. 435 Fn. 2 (zitiert nach *Hesse*, Rundfunkrecht, Kap. 4 Rn. 117).

B. Versuch der Bestimmung einer „Positiven Ordnung" 291

Programmverantwortung[1094]. Die Interessen der Allgemeinheit werden durch die Rundfunkräte (beim ZDF: Fernsehrat) vertreten. Die Zusammensetzung dieser Kontrollgremien soll sicherstellen, dass die unterschiedlichen in der Gesellschaft vertretenen Meinungen im Rundfunk tatsächlich zu Wort kommen können. Ihre Mitglieder werden zu einem Teil von den gesellschaftlich relevanten Gruppen aus allen Bereichen des Lebens (beispielsweise Wirtschaft, Kultur, Bildung, Wissenschaft, Sport und Kirche) entsandt, zum anderen Teil gehören ihnen aber auch Angehörige der gleichsam zwischen den Sphären Staat und Gesellschaft angesiedelten politischen Parteien sowie Angehörige der Regierungen und Parlamente an. Die Anzahl der Partei- und Staatsvertreter ist jedoch, um eine „Beherrschung durch den Staat"[1095] und die quasistaatlichen Parteien auszuschließen, auf einen „angemessenen Anteil"[1096] zu begrenzen[1097]. So wird auch in den vorrangig auf Pluralismus angelegten Rundfunkgremien dem Verbot bestimmenden staatlichen Einflusses auf die Rundfunkveranstaltung Rechnung getragen. Die Mitglieder der Räte sind nicht Vertreter der Gruppeninteressen, sondern lediglich Repräsentanten der jeweiligen Gruppe[1098] und als solche weisungsunabhängig und nur dem eigenen Gewissen unterworfen (vgl. z.B. § 19 Abs. 2 NDR-StV). Ihre weitere Unabhängigkeit wird durch Inkompatibilitätsregelungen gewährleistet (vgl. z.B. § 16 Abs. 2-6 NDR-StV). Damit die Abbildung der in der Gesellschaft vorhandenen Vielfalt auch unter sich verändernden Bedingungen gewährleistet bleibt, findet eine permanente Programmkontrolle durch die Räte statt (vgl. z.B. § 18 Abs. 2 NDR-StV), deren personelle Zusammensetzung durch die Festlegung von Amtszeiten (vgl. z.B. § 19 Abs. 1 NDR-StV) oder die Begrenzung der Wiederwahl bzw. -entsendung turnusmäßig eine Erneuerung erfährt. Auch die Auswahl der bei der Zusammensetzung zu berücksichtigenden Gruppen ist von Zeit zu Zeit den veränderten gesellschaftlichen Verhältnissen anzupassen (vgl. z.B. die Überprüfung der Zusammensetzung des Rundfunkrats vor Ende jeder Amtszeit gemäß § 17 Abs. 7 NDR-StV). Damit die Gremien ihrer Überwachungs- und Kontrollaufgabe nachkommen können, stehen ihnen eine Reihe von Instrumenten zur Verfügung. Diese reichen von der

---

[1094] Zum Ganzen *Hesse*, Rundfunkrecht, Kap. 4 Rn. 65 ff.
[1095] Vgl. BVerfGE 12, 205, 263.
[1096] Vgl. BVerfGE 12, 205, 263.
[1097] Zum Ganzen *Hesse*, Rundfunkrecht, Kap. 4 Rn. 77 ff. m.w.N.
[1098] BVerfGE 83, 238, 333.

(rechtlich nicht verbindlichen) Beratung des Intendanten in allen Rundfunkangelegenheiten über verschiedene Zustimmungserfordernisse im Bereich der Personalpolitik der Anstalt bis hin zur (Wieder-)Wahl des Intendanten, die ihn faktisch vom Rundfunkrat abhängig macht. Ein weiteres, nicht zu unterschätzendes Einflussmittel ist die Feststellung des Haushaltsplans. Im Bereich der Programmgestaltung haben die Räte insbesondere die Einhaltung der gesetzlichen Programmgrundsätze, zu denen auch die Ausgewogenheit des Gesamtprogramms gehört, zu überwachen und Verstöße hiergegen festzustellen (vgl. z.B. § 18 Abs. 2 und 3 NDR-StV)[1099].

Die Aufsicht über die privaten Rundfunkveranstalter üben die Landesmedienanstalten im dualen Rundfunksystem als externe Kontrollinstanzen aus. Sie sind ebenso wie die öffentlich-rechtlichen Rundfunkanstalten als rechtsfähige Anstalten des öffentlichen Rechts organisiert (vgl. z.B. § 34 Abs. 1 HmbMedienG) und so aus der unmittelbaren wie mittelbaren Staatsverwaltung herausgenommen. Die Aufsichtstätigkeit der Landesmedienanstalten über die privaten Rundfunkveranstalter übernehmen ähnlich wie im öffentlich-rechtlichen Rundfunk die plural und/oder sachverständig besetzten Hauptorgane der Anstalten (vgl. z.B. §§ 35 ff. HmbMedienG), während der Direktor die Geschäfte führt (vgl. z.B. § 43 HmbMedienG). Zur Zusammensetzung und Erneuerung der Entscheidungsgremien sowie zur Stellung ihrer Mitglieder gilt das oben zu den Rundfunkräten Gesagte entsprechend.

b) Eignung hybrider Organisationsformen für den Anwendungsbereich der regierungsamtlichen Öffentlichkeitsarbeit im Internet: „Staatsfreie" staatliche Öffentlichkeitsarbeit?

Herbert Krüger stellt in seiner Allgemeinen Staatslehre die Überlegung an, einem „Missbrauch der Staatspflege durch regierungsamtliche Öffentlichkeitsarbeit zur Parteipflege" durch eine „Neutralisierung" staatlicher Pressestellen nach Art der öffentlich-rechtlichen Rundfunkanstalten zu begegnen[1100]. Öffentlichkeitsarbeit betreibende Stellen und ihre Tätigkeit sollen sich nach dieser Idee al-

---

[1099] Zum Ganzen *Hesse*, Rundfunkrecht, Kap. 4 Rn. 85 ff.
[1100] *Krüger*, Allgemeine Staatslehre, S. 218 f.; dazu *Kempen*, Gemeinwohlpostulat und Verfahrensgarantien, Der Staat 1979, S. 87 f.

B. Versuch der Bestimmung einer „Positiven Ordnung"

so offenbar organisatorisch und verfahrensmäßig an der Ordnung des öffentlich-rechtlichen Rundfunks orientieren, um so das Ergebnis ihrer Arbeit jedenfalls von parteinehmenden Tendenzen zu befreien. Dass dies tatsächlich gar nicht erforderlich ist, ist bereits dargelegt worden[1101]. Das von *Krüger* vorgeschlagene Vorgehen erscheint jedoch gleichfalls geeignet, gerade die oben aufgezeigten, von staatlicher Seite herrührenden Gefahren für den ungestörten gesellschaftlichen Kommunikationsprozess zu verhindern, die sich aus dem Missbrauch der grundsätzlich erlaubten, auf Teilnahme am gesellschaftlichen Kommunikationsprozess angelegten Mittel regierungsamtlicher Öffentlichkeitsarbeit im Internet ergeben können. Wenn etwa eine staatsfrei organisierte Instanz an Stelle eines Regierungsvertreters über die Veröffentlichung von Diskussionsbeiträgen in den regierungsamtlich angebotenen Diskussionsforen entscheiden würde, so wäre die Gefahr, dass Beiträge nur deshalb entfernt werden, weil sie nicht der Auffassung der die Diskussion veranstaltenden Regierung entsprechen, deutlich verringert. Im Zuge der Weiterentwicklung der deutschen Rundfunkordnung hin zum aus öffentlich-rechtlichem und privatem Rundfunk bestehenden „dualen" System wird man den Ansatz *Krügers* zudem um Organisations- und Verfahrenselemente der öffentlich-rechtlichen Aufsicht über die privaten Rundfunkveranstalter erweitern können. In diese Richtung ging ein (allerdings nicht weiter verfolgter) Diskussionsentwurf für ein Gesetz zur Regelung des Informationssystems der Freien Hansestadt Bremen, „bremen.online". Dort war in Anlehnung an die Organisation des privaten Rundfunks für den (von der Regierung angestrebten) Fall, dass der Betrieb des Informationssystems von der Freien Hansestadt Bremen auf eine andere öffentliche oder private Einrichtung übertragen wird, die bremische Landesmedienanstalt als Aufsichtsinstanz vorgesehen. Für den Fall, dass die Verantwortung für das Informationssystem bei der Landesregierung bleibt, war eine solche Lösung allerdings gerade nicht geplant[1102]. Denkbar ist danach aber auch, dass die Öffentlichkeitsarbeit nicht von einer staatsfreien Stelle betrieben, sondern lediglich auf die Einhaltung bestimmter Vorgaben hin kontrolliert wird. Im Interesse der angestrebten „Neutralisierung"

[1101] S. oben Kap. 2 C. II. 2.
[1102] Zum Gesetzentwurf zum Informationssystem „bremen.online" vgl. *Eifert*, Sicherung öffentlicher Interessen, VerwArch 93 (2002), S. 566, 583 f.; *Ladeur*, Regierungsamtliche Öffentlichkeitsarbeit im Internet, DÖV 2002, S. 8 Fn. 50.

der regierungsamtlichen Öffentlichkeitsarbeit dürfte bei einer Orientierung an den Strukturen der Rundfunkordnung neben der staatsfreien Organisation der öffentlich-rechtlichen Rundfunkanstalten und der Aufsichtsinstanzen für den privaten Rundfunk auch der in ihren Entscheidungs- und Kontrollorganen herrschende Pluralismus angesprochen sein. Wenn man die Idee *Krügers* konsequent aufnimmt, muss also im Zuge der Orientierung an der Rundfunkordnung weiterhin daran gedacht werden, die Stellen, die die regierungsamtliche Öffentlichkeitsarbeit entweder selbst betreiben oder die Tätigkeit der Regierung auf diesem Gebiet überwachen, mit nach bestimmten Schlüsseln plural besetzten Entscheidungsgremien als Kontrollinstanzen auszustatten, um nicht nur Neutralität, sondern auch die Abbildung von Vielfalt zu erreichen.

Im Unterschied zu den öffentlich-rechtlichen Rundfunk- und Landesmedienanstalten, die mit ihrer der „Gesamtveranstaltung Rundfunk"[1103] dienenden Tätigkeit eine gesellschaftliche Aufgabe wahrnehmen und deshalb auch der in der Gesellschaft vorhandenen Meinungsvielfalt Ausdruck verleihen und zwingend staatsfrei organisiert sein müssen, geht es bei den Öffentlichkeitsarbeit betreibenden Regierungsstellen um die Wahrnehmung von Regierungsinteressen und – was in diesem Zusammenhang von noch größerer Bedeutung ist – um die Wahrnehmung von verfassungsmäßigen Regierungs*aufgaben*. Sie kommen damit gerade ihrer ureigenen Pflicht nach, die Öffentlichkeit über die Inhalte ihrer Politik zu informieren. Insoweit zählt die regierungsamtliche Öffentlichkeitsarbeit allein zur staatlichen Sphäre. In diesem Kontext erscheint eine organisatorische und verfahrensmäßige Neutralisierung der Öffentlichkeitsarbeit durch Ausgliederung aus der Staatsverwaltung und/oder durch interne plurale Kontrollorgane (wie im öffentlich-rechtlichen Rundfunk) oder gegebenenfalls auch nur durch staatsfrei-plurale externe Kontrollorgane (wie im „bremen.online"-Entwurf durch die Landesmedienanstalten), was überspitzt ausgedrückt auf eine „staatsfreie staatliche Öffentlichkeitsarbeit" hinausliefe, als Widerspruch in sich. Dabei darf jedoch nicht übersehen werden, dass die Regierungen mit Informations- und Kommunikationsangeboten, die über das verfassungsmäßig von ihnen zu fordernde Mindestmaß an Öffentlichkeitsarbeit hinausgehen, selbst einen

---

[1103] BVerfG, ZUM 1988, 532, 532; BVerwGE 108, 108, 120 f.; OVG NW, Urteil v. 29. Okt. 1997 – 4 A 4017/94.

B. Versuch der Bestimmung einer „Positiven Ordnung"

Schritt in Richtung des freien gesellschaftlichen Kommunikationsprozesses gehen und dadurch ihre geschützte Sphäre der Einseitigkeit in eben diesem überschießenden Umfang bewusst aufgeben. Wenn die Regierungen über das notwendige Maß hinaus unmittelbar und unter Einsatz von Massenmedien am gesellschaftlichen Kommunikationsprozess teilnehmen, so müssen aber auch sie sich den für diesen Prozess geltenden Regeln unterwerfen. Einige der in Rede stehenden Informations- und Kommunikationsangebote, insbesondere Pressedienste, Informationsdatenbanken und redaktionell betreute Suchmaschinen, bergen zudem stets die Gefahr, in die Nähe dessen zu geraten, was weiter oben als unzulässige Pressebetätigung qualifiziert worden ist, nämlich der redaktionell aufbereiteten Darbietung fremder Informationen[1104]. Die Grenze zwischen der Anreicherung eigener Informationen mit Hintergrundinformationen und der Verbreitung allgemeiner, fremder Informationen ist schmal und kann im Einzelfall schwer zu ziehen sein. Das Angebot audiovisueller Inhalte birgt nach der hier vertretenen Auffassung[1105] stets die Gefahr, die nicht immer einfach zu ziehende Grenze zur verbotenen Rundfunkbetätigung zu überschreiten. Auch wegen dieser Umstände erscheint eine Organisationsform, die von vornherein ein gewisses Maß an Neutralität und Vielfalt gewährleistet, gerechtfertigt. Aus den genannten Gründen ist eine neutralisierende Ausgestaltung der regierungsamtlichen Öffentlichkeitsarbeit mit aus der Rundfunkordnung bekannten Elementen von Vielfaltsicherung und Staatsfreiheit nicht schlechthin undenkbar. Da es sich bei der Vielfalt in ihrer rechtlichen Bedeutung in erster Linie um eine Kategorie des Rundfunkrechts handelt, erscheint es sogar nur folgerichtig, sich auf der Suche nach Möglichkeiten, die Umsetzung von Forderungen nach Vielfalt in einen Regulierungsrahmen zur regierungsamtlichen Öffentlichkeitsarbeit im Internet zu implementieren, an den dort existierenden vielfaltstiftenden Organisations- und Verfahrenselementen zu orientieren. Das gleiche gilt für die Gewährleistung eines erforderlichen Maßes an Staatsfreiheit.

Dies alles kann und darf jedoch nicht so weit gehen, dass die Öffentlichkeitsarbeit betreibenden Stellen durch die Ausgliederung aus der Staatsverwaltung vollkommen von der Regierung und damit vom eigentlichen Kommunikator ab-

---

[1104] Vgl. oben Kap. 2 B. II. 3.
[1105] Vgl. oben Kap. 2 B. III. 3. b).

gekoppelt werden. Regierungsamtliche Öffentlichkeitsarbeit, die von den Interessen der Regierung bereinigt ist, ist keine regierungsamtliche Öffentlichkeitsarbeit mehr; ein Unterschied zum öffentlich-rechtlichen Rundfunk wäre kaum noch ersichtlich. Da die Öffentlichkeitsarbeit grundsätzlich zu den Pflichten der Regierung zählt, kann ihr jedenfalls die Erfüllung des von dieser Pflicht betroffenen Teils ihrer Informationstätigkeit nicht aus den Händen genommen werden. Eine Teilung der Aufgabenwahrnehmung in dem Sinne, dass die Erfüllung der erforderlichen Informationspolitik bei den Regierungen verbliebe und nur die darüber hinausgehenden Maßnahmen von neutralen Stellen wahrgenommen würden, ist aber ebenfalls nicht durchführbar: Wo das verfassungsrechtlich Notwendige aufhört und wo der Schritt in den gesellschaftlichen Diskurs beginnt, ist nur im Einzelfall und mit Mühe zu bestimmen. Sieht die Regierung Informationsmaßnahmen vor, zu deren Durchführung sie vom Gegenstand her verpflichtet ist, die vom geplanten Umfang oder den eingesetzten Mitteln her aber über das im konkreten Fall zwingend gebotene Maß hinausgehen, so ist eine arbeitsteilige Durchführung der Maßnahmen durch sich in ihren Kompetenzen unterscheidende staatliche und neutrale Stellen nicht praktikabel. Die Berücksichtigung der legitimen Regierungsinteressen könnte zwar bei einer völligen Ausgliederung durch die Entsendung von Regierungsvertretern in die Gremien der ausgegliederten Stelle erreicht werden. Hätten diese allerdings dort die Mehrheit, so würde die Ausgliederung ihren Sinn verfehlen. Die Staatsfreiheit wäre dann genau wie in den Rundfunkgremien gerade nicht gewährleistet. Wären sie dagegen in der Minderheit und könnten zur Erfüllung staatlicher Pflichten notwendige Informationsmaßnahmen gegen die im Gremium herrschende mehrheitliche Ansicht nicht durchsetzen, so würde die Repräsentation der Regierung den Anforderungen der Demokratie wiederum nicht genügen. Die Ausgliederung würde außerdem, wenn keine unüberschaubare Fragmentierung mit einer Vielzahl von Stellen und Gremien erreicht werden soll, die die Folge der Aufrechterhaltung der jetzigen aufgabenabhängigen Wahrnehmung der Öffentlichkeitsarbeit in einem neutralisierten Organisationskonzept wäre, eine Zentralisierung aller regierungsamtlichen Öffentlichkeitsarbeit erfordern. Dies erscheint jedoch nicht sachgemäß: Der Grundsatz, dass jedes Ressort und jede Verwaltungsebene im Rahmen ihrer jeweiligen Aufgaben und Fähigkeiten Öf-

B. Versuch der Bestimmung einer „Positiven Ordnung"

fentlichkeitsarbeit betreiben, hat sich über Jahrzehnte bewährt. Im Ergebnis kommt die Gründung von Anstalten des öffentlichen Rechts, die mit der Durchführung regierungsamtlicher Öffentlichkeitsarbeit betraut werden, deshalb nicht in Frage.

Die Kontrolle der Öffentlichkeitsarbeit betreibenden Regierungsstellen durch externe, plural besetzte, mit den Landesmedienanstalten vergleichbare Gremien erscheint dagegen nicht von vornherein ausgeschlossen. Anders als bei der Ausgliederung würde die Durchführung der Öffentlichkeitsarbeit wie bisher in den Händen der jeweils zuständigen Regierungsstelle verbleiben. Die Aufgabe der Kontrollinstanz läge in erster Linie in der Überwachung der Einhaltung von Standards und in der Feststellung etwaiger Verstöße.

c) Probleme der herkömmlichen Rundfunkregulierung

Eine unreflektierte Anlehnung an die für den Rundfunk entwickelten Lösungen zur Umsetzung der für die regierungsamtliche Öffentlichkeitsarbeit bestehenden Neutralitäts- und Vielfaltserwartungen scheidet aber nicht nur wegen der soeben aufgezeigten Verschiedenartigkeit der Materien aus. Sie verbietet sich auch wegen der teilweise zu beobachtenden Unzulänglichkeiten der herkömmlichen Rundfunkregulierung, sich verändernden Bedingungen wirklich gerecht zu werden. Es ist deshalb durchaus fraglich, ob auf diesem Wege eine den Problemen der Öffentlichkeitsarbeit angemessene Regelung überhaupt erreicht werden könnte.

Vesting weist in seiner Habilitationsschrift über ein „Prozedurales Rundfunkrecht" eindringlich darauf hin, dass die bisherige Umsetzung der rundfunkrechtlichen Vielfaltsforderung Gefahr läuft, sich allen Bemühungen um Flexibilität zum Trotz zu sehr am status quo zu orientieren[1106]. Der individualisierte, fragmentierte Pluralismus der modernen Massengesellschaft sei mit den herkömmlichen Mitteln der Aufsicht kaum noch in den Rundfunk zu integrieren[1107]. Die traditionelle staatliche oder staatlich eingesetzte Aufsicht stößt hier in der Tat an

---

[1106] *Vesting*, Prozedurales Rundfunkrecht, S. 226.
[1107] *Vesting*, Prozedurales Rundfunkrecht, S. 311; vgl. auch oben Kap. 3 B. I. 1. b).

die Grenzen ihrer Möglichkeiten[1108]. Insofern erscheint die Eignung von an das bisherige Rundfunkrecht angelehnten Verfahrens- und Organisationsformen als Lösung für Vielfaltserfordernisse im Bereich der regierungsamtlichen Öffentlichkeitsarbeit im Internet angesichts der dort in noch weit größerem Maße vorherrschenden technischen und gesellschaftlichen Dynamik erst recht fraglich.

Vesting arbeitet deutlich die Schwierigkeiten und Probleme der bisherigen Rundfunkausgestaltung heraus, sich auf neue, rasche technische und gesellschaftliche Entwicklungen einzustellen und fordert deshalb eine Flexibilisierung[1109]. Insbesondere die bisher favorisierte, überwiegend binnenplurale Struktur der maßgeblichen Organe der Rundfunkaufsicht erweist sich nach Ansicht *Vestings* als den Bedingungen eines freien Kommunikationsprozesses nicht optimal angepasst. Entgegen der Regel, dass die in die Aufsichtsorgane entsandten Mitglieder der relevanten gesellschaftlichen Gruppen nicht die Durchsetzung der jeweiligen Gruppeninteressen zur Aufgabe hätten, sondern lediglich deren Repräsentanten seien und als solche den Interessen der Allgemeinheit dienten[1110], sei häufig der Versuch von Organmitgliedern zu beobachten, unter Außerachtlassung des gemeinsamen Ziels Partikularinteressen durchzusetzen[1111]. Diese Beobachtung entspricht letztlich einer allgemeinen Erfahrung mit aus Gruppenvertretern zusammengesetzten Gremien; aus ihr gilt es zu lernen, wenn nach neuen Wegen für die Gewährleistung von Vielfalt gesucht wird. Weiterhin sei in einer sich ständig weiter differenzierenden Gesellschaft in nach bestimmten Schlüsseln besetzten Organen von vornherein keine echte Repräsentation der kulturellen und meinungsmäßigen Vielfalt zu erreichen, weil die Homogenität gesellschaftlicher Gruppen durch die gesellschaftliche Entwicklung in zunehmendem Maße zur bloßen Fiktion und zudem durch das Modell der Besetzung nach gesetzlichen Schlüsseln die Vielfalt auf den jeweiligen status quo eingefroren werde[1112]. Als für die Entwicklung des Kommunikationsprozesses abträglich wird

---

[1108] *Wolfgang Schulz*, Jugendschutz bei Tele- und Mediendiensten, MMR 1998, S. 185.
[1109] *Vesting*, Prozedurales Rundfunkrecht, S. 235.
[1110] BVerfG, NVwZ 1996, 781, 782; BVerfGE 83, 238, 333; *Hesse*, Rundfunkrecht, Kap. 4 Rn. 82 m.w.N.
[1111] *Vesting*, Prozedurales Rundfunkrecht, S. 146; zur Rolle und Bedeutung der sog. „Freundeskreise" innerhalb der Gremien vgl. *Kepplinger/Hartmann*, Stachel oder Feigenblatt?, S. 57 f.
[1112] *Vesting*, Prozedurales Rundfunkrecht, S. 311, 227; mehr zur zunehmenden Fragmentierung der Gesellschaft oben Kap. 3 B. I. 1. b).

B. Versuch der Bestimmung einer „Positiven Ordnung"

außerdem der häufige Mangel an ausreichenden Kenntnissen der Vertreter über den zu regelnden Sachbereich, die gesellschaftliche Entwicklungen und die möglichen Auswirkungen dieser Entwicklungen auf den Kommunikationsprozess angesehen[1113]. Diese Befürchtung wird gestützt durch das besorgniserregende Ergebnis einer von *Kepplinger* und *Hartmann* durchgeführten empirischen Studie, dem zufolge viele Mitglieder der Rundfunk- und Fernsehräte des öffentlich-rechtlichen Rundfunks nicht in der Lage sind, an den Entscheidungen der Organe konstruktiv mitzuwirken, weil sie entweder durch anderweitige berufliche Verpflichtungen, durch mangelnde Sachkenntnis oder sogar durch mangelndes Interesse daran gehindert sind[1114].

d) Lösungsvorschläge im Sinne des Prozeduralen Rundfunkrechts

Den genannten Defiziten an Neutralität, Repräsentation und Sachverstand kann nach Ansicht von *Vesting* durch die weitere Einbindung der Sozial-, Medien-, Kommunikations- und Rechtswissenschaften in eine stärker prozessorientierte Rundfunkaufsicht begegnet werden[1115]. So komme beispielsweise die verstärkte Einbeziehung der genannten Wissenschaften in das bisher aus sechs Sachverständigen des Rundfunk- und Wirtschaftsrechts (vgl. § 35 Abs. 3 S. 1 RStV) bestehende Expertengremium der Kommission zur Ermittlung der Konzentration im Medienbereich (KEK) in Betracht, um dort interdisziplinären Sachverstand zu erzeugen[1116]. Andere Gremien im Rundfunkbereich setzen bereits heute stärker auf die Aktivierung interdisziplinären Expertenwissens, beispielsweise gehören der gemäß § 2 Rundfunkfinanzierungsstaatsvertrag (RFinStV) eingesetzten

---

[1113] Vgl. *Trute*, Informationsordnung, VVDStRL 57 (1998), S. 236.
[1114] *Kepplinger/Hartmann*, Stachel oder Feigenblatt?, S. 9 ff.; a.a.O. S. 8: „Die Rundfunkräte der ARD und der Fernsehrat des ZDF besitzen nicht die Legitimation oder Sachkompetenz von Parlamenten oder Aufsichtsräten. Sie kontrollieren zum Teil äußerst komplizierte Sachverhalte, ihre Mitglieder verfügen jedoch in der Regel nicht über eine entsprechende Berufserfahrung." Noch deutlicher äußert sich *Carlo Schmid*: „Öffentlich-rechtliche Unternehmen von der Größenordnung unserer Fernsehanstalten kann man in ihrem organisatorischen, finanziellen, personalpolitischen Gebaren nicht durch Gremien von Dilettanten kontrollieren, die sich einmal im Monat beraten" (zitiert nach *Hans-Dieter Gärtner*, in: Kepplinger/Hartmann, Stachel oder Feigenblatt?, S. 5). Die Überlegung, an die Mitglieder von Rundfunk- und Fernsehräten Mindestanforderungen an rundfunkbezogener Sachkunde zu stellen, findet sich auch bei *Henle*, Gesellschaftliches Ordnungs- und Kontrollmodell, in: Wolfgang Schulz (Hrsg.), Staatsferne der Aufsichtsgremien, S. 26. Nach Ansicht der ALM, Positionspapier, Ziff. 2.3.1.2 hat sich dagegen insb. bei den Landesmedienanstalten eine besondere Fachkompetenz für die Kernbereiche einer funktionsfähigen Regulierung angesammelt, die sich nicht nur auf das Gebiet des Medienrechts, aber auch die Bereiche Medientechnik und Medienwirtschaft erstreckt.
[1115] *Vesting*, Prozedurales Rundfunkrecht, passim.
[1116] *Vesting*, Prozedurales Rundfunkrecht, S. 332.

Kommission zur Überprüfung und Ermittlung des Finanzbedarfs der Rundfunkanstalten (KEF) insgesamt sechzehn unabhängige Sachverständige mit besonderer Erfahrung in den Bereichen Wirtschaftsprüfung und Unternehmensberatung, Betriebswirtschaft, Rundfunkrecht, Rundfunktechnik, Medienwirtschaft und Medienwissenschaft an (vgl. § 4 Abs. 1 und 4 RFinStV). Der Vorstand der Hamburgischen Anstalt für neue Medien (HAM) setzt sich gemäß § 37 Hmb-MedienG aus insgesamt sieben Mitgliedern mit Sachverstand und Erfahrung auf den Gebieten der Medienpädagogik, Medienethik, Medienwissenschaft, Rundfunktechnik und Medienwirtschaft zusammen.

Um den Anforderungen an eine stärkere Flexibilisierung der Rundfunkaufsicht gerecht werden zu können, solle die Hauptaufgabe der Aufsichtsinstanzen nicht in der *nachträglichen* Missbrauchsaufsicht bestehen, sondern vorrangig in der Beteiligung an einem Such- und Lernprozess gemeinsam mit den Rundfunkveranstaltern, der durch *vorausschauende* Planung, Korrektur bedenklicher Entwicklungen, kritische Bestandsaufnahme bisheriger Bemühungen und Entwicklung möglicher Alternativen zum jeweiligen Ist-Zustand der Optimierung des Kommunikationsprozesses dienen müsse[1117]. Insbesondere für den bisher externer Kontrolle unterworfenen privaten Rundfunk ist nach der Ansicht *Vestings* ein stärkeres Bemühen erforderlich, Momente der externen Kontrolle in Formen der Selbstkontrolle zu überführen[1118]. Er stellt zu diesem Zweck eine Reihe denkbarer Organisationselemente vor. Dazu gehören binnenplurale Programmbeiräte sowie sachverständige Qualitätsbeauftragte nach Muster der in zahlreichen Gesetzen vorgesehenen Betriebsbeauftragten[1119], die allerdings mit einer im Vergleich zu heute deutlich stärkeren Stellung versehen sein müssten, und die redaktionelle Autonomie der Beschäftigten, wie sie in den Rundfunkstatuten öffentlich-rechtlicher Rundfunkanstalten geregelt ist[1120]. Letztere ließe sich allerdings für ein prozedurales Regulierungsmodell nur schwer operationalisieren[1121]. Zusätzlich zur grundsätzlich anzustrebenden Selbstorganisation komme

---

[1117] *Vesting*, Prozedurales Rundfunkrecht, S. 290.
[1118] *Vesting*, Prozedurales Rundfunkrecht, S. 345; für ein Mehr an interner Steuerung spricht sich auch die ALM aus, vgl. Positionspapier, Ziff. 4.5.3 a.E.
[1119] Vgl. etwa §§ 4 ff. BDSG, 53 ff. BImSchG, 6 Abs. 4 GenTG, 54 f. KrW-/AbfG und 21a f. WHG.
[1120] *Vesting*, Prozedurales Rundfunkrecht, S. 349 ff.
[1121] *Vesting*, Prozedurales Rundfunkrecht, S. 353.

B. Versuch der Bestimmung einer „Positiven Ordnung"

eine Fremdbeobachtung des Programms durch eine als externe Kontrollinstanz konzipierte „Stiftung Medientest" in Betracht, die in der Lage sei, öffentliche Aufmerksamkeit für risikoreiche Entwicklungen zu schaffen, andererseits aber als externes Organ wiederum nicht Teil des Prozesses wäre[1122].

Die Landesgesetzgeber haben auf die bei den öffentlich-rechtlichen Rundfunkveranstaltern im Hinblick auf die Konkretisierung ihres Programmauftrags feststellbaren Defizite im siebten Rundfunkänderungsstaatsvertrag vom 25./26. September 2003 mit der Einführung einer Selbstverpflichtungserklärung der Veranstalter reagiert (§ 11 Abs. 4 RStV). Die Sender sollen ihre eigenen Ansprüche an die Programmqualität in Form von Richtlinien oder Satzungen dokumentieren, die in den amtlichen Verkündungsblättern der Länder zu veröffentlichen sind. Ihr Inhalt soll nachvollziehbar sein und im Nachhinein die Prüfung zulassen, ob die Selbstverpflichtung in der praktischen Arbeit des Senders auch umgesetzt wurde[1123]. Zu diesem Zweck haben die Veranstalter den Landtagen alle zwei Jahre über die Erfüllung ihres Auftrags Bericht zu erstatten. Die Berichte sollen auch als Grundlage für die weitere öffentliche Befassung mit dem öffentlich-rechtlichen Programmauftrag dienen[1124]. Gemäß § 11 Abs. 5 RStV soll nach drei Jahren überprüft werden, ob das festgelegte Verfahren angewandt wurde, ob Schwierigkeiten bei der praktischen Umsetzung entstanden sind und welche Ergebnisse erzielt wurden[1125]. *Eberle* sieht in der öffentlichen Rechenschaftslegung für die Rundfunkveranstalter vor allem eine Chance, ihre Leistungen herauszustellen und die Akzeptanz ihrer Arbeit bei den Rezipienten zu erhöhen[1126].

e) Eignung einzelner Verfahrenselemente des Prozeduralen Rundfunkrechts für den Anwendungsbereich der regierungsamtlichen Öffentlichkeitsarbeit im Internet

Die Forderung *Vestings* nach einem experimentellen Such- und Lernprozess für die Rundfunkregulierung, der Zielen wie der vorausschauenden Planung, der

---

[1122] *Vesting*, Prozedurales Rundfunkrecht, S. 359 f. unter Verweis auf die Konzeption von *Krotz*, Stiftung Medientest, RuF 1996, S. 214 ff.
[1123] LT-Drs. MV 4/909, S. 2.
[1124] LT-Drs. MV 4/909, S. 2.
[1125] LT-Drs. MV 4/909, S. 3.
[1126] *Eberle*, Krise der Medienwirtschaft, MMR 2003, S. 626.

Korrektur bedenklicher Entwicklungen, der kritischen Bestandsaufnahme, der Entwicklung von Alternativen und schließlich der Optimierung des Kommunikationsprozesses im Ganzen verpflichtet sein soll, geht in die gleiche Richtung wie die hier betriebene Suche nach einer den Problemen der regierungsamtlichen Öffentlichkeitsarbeit im Internet angemessenen Regulierungslösung. Die Nachteile, die eine externe Kontrolle mit sich bringt, lassen sich bei einer Übertragung neutralitätssichernder Elemente des Rundfunkrechts auf den Anwendungsbereich der regierungsamtlichen Öffentlichkeitsarbeit nach dem oben zur organisatorischen Ausgliederung Gesagten[1127] zwar nicht vermeiden, sie können aber durch die Repräsentation der Regierung in den Aufsichtsgremien und durch die Einbindung weiterer prozeduraler Elemente abgemildert werden.

Unter den von *Vesting* vorgeschlagenen Elementen eines prozeduralisierten Rundfunkrechts erscheint vor allem die verstärkte Einbindung interdisziplinären Sachverstands in den Regulierungsprozess geeignet, zur Lösung der im weitesten Sinne mit der Berücksichtigung der in der Gesellschaft vertretenen Meinungsvielfalt in Zusammenhang stehenden Probleme beizutragen, weil dadurch besser als durch den herkömmlichen, allein auf der Beteiligung von Gruppenvertretern basierenden Binnenpluralismus auch in Zeiten gesellschaftlicher Dynamik und zunehmender Fragmentierung ein zuverlässiges Abbild des gesellschaftlichen Meinungsstands gewährleistet werden kann. Die Einräumung redaktioneller Autonomie für die mit der Durchführung der Öffentlichkeitsarbeit betrauten Personen wäre hingegen mit dem weitgehend von sachpolitischen Erwägungen gelenkten Charakter der regierungsamtlichen Öffentlichkeitsarbeit kaum zu vereinbaren. Der verfassungsrechtlich notwendige Teil der Öffentlichkeitsarbeit kann schon allein deshalb nicht autonomen Redakteuren überantwortet werden, weil die Regierung letztlich die Verantwortung dafür trägt, dass ihre Informationsmaßnahmen den vom Grundgesetz gestellten Anforderungen gerecht werden. Die oben zur organisatorischen Ausgliederung angestellten Überlegungen gelten auch hier[1128]. Hinsichtlich der im hier untersuchten Zusammenhang besonders interessierenden „freiwilligen" Öffentlichkeitsmaßnahmen, die über das von der Verfassung geforderte Minimum in Richtung einer Teilnahme

---

[1127] S. oben Kap. 3 B. II. 4. b).
[1128] S. oben Kap. 3 B. II. 4. b).

B. Versuch der Bestimmung einer „Positiven Ordnung"

am gesellschaftlichen Diskurs hinausgehen und zu denen auch das Angebot von Diskussionsforen zählt, würde die Autonomie einzelner Mitarbeiter oder Redaktionen weder die Entwicklung einer übergreifenden, nachhaltigen Kommunikations- und Entscheidungsstrategie begünstigen noch wäre sie mangels Kontrolle und verfahrensmäßiger Absicherung in der Lage, einen hinreichenden Grundrechtsschutz für die Kommunikationsteilnehmer zu gewährleisten. Die gleichen Bedenken richten sich gegen den Einsatz sachverständiger Beauftragter für die Erreichung bestimmter Ziele. Auch hier wäre grundsätzlich eher mehr Autonomie zu fordern, die aber mit den Erfordernissen der regierungsamtlichen Öffentlichkeitsarbeit kaum zu vereinbaren wäre.

Ausgesprochen vielversprechend erscheint hingegen die seit neuestem im Bereich des öffentlich-rechtlichen Rundfunks vorgesehene Selbstdefinition von Aufgaben und Standards in Form von Selbstverpflichtungserklärungen der Veranstalter. Ein solches auf die Bestimmung von Zielvorgaben ausgelegtes Verfahrenselement begünstigt die Entwicklung einer übergreifenden Strategie und bietet gleichermaßen eine geeignete Grundlage für eine externe Kontrolle und für interne Selbstkontroll- und Lernprozesse. Die Veröffentlichung der Erklärungen sorgt zudem für Transparenz für die Betroffenen. Die Selbstdefinition von Zielen und die Kontrolle ihrer Umsetzung würde zudem den Schwerpunkt der Regulierungsbemühungen verlagern – weg von der ohnehin nur für einen relativ eng begrenzten Bereich der regierungsamtlichen Öffentlichkeitsarbeit erforderlichen Erzeugung von Vielfalt[1129] und hin zu der wichtigeren Kontrolle der Konsistenz und der Einhaltung der selbst auferlegten Kommunikationsstrategie.

5. Kooperation zwischen dem Staat und privaten Akteuren bei Erhaltung beiderseitiger Autonomie: „Public Private Partnerships"

Ebenfalls mit Argumenten, die sich zu den Schwerpunkten „Komplexität der gesellschaftlichen Lebenswirklichkeit" und „Ausgleich gesellschaftlicher Interessen" zusammenfassen lassen, wird die Notwendigkeit der Zusammenarbeit zwischen staatlichen und gesellschaftlichen Akteuren begründet, die unter unscharfen[1130] Überschriften wie „Kooperatives Regierungshandeln" oder „Kooperati-

---

[1129] S. oben Kap. 3 A. IV. 1.
[1130] *Schuppert*, Verwaltungskooperationsrecht, S. 4 f.

ves Verwaltungshandeln" diskutiert wird[1131]. Das Feld der damit bezeichneten Handlungsweisen ist weit: Dazu zählen so bekannte gesellschaftspolitische Erscheinungen wie der der Regierung von Bundeskanzler *Gerhard Schröder* in kontrovers diskutierten Fragen von grundsätzlicher Bedeutung (etwa der Sterbehilfe und der Nutzung der Gentechnik) zuarbeitende „Ethikrat" genauso wie *Schröders* „Bündnis für Arbeit, Ausbildung und Wettbewerbsfähigkeit" und der zwischen der Bundesregierung und den Vorständen großer Energieversorgungsunternehmen bestehende „Atomkonsens" zur Beendigung der Kernenergienutzung in Deutschland[1132]. Auch die oben beschriebene Umstellung der terrestrischen Rundfunkverbreitung[1133] kann als Beispiel für kooperatives Verwaltungshandeln dienen. Zum kooperativen Staatshandeln zählen aber auch die meist viel weniger in das Blickfeld der Öffentlichkeit tretenden Erscheinungen öffentlich-privater Zusammenarbeit zum Zwecke staatlicher Aufgabenerfüllung, die in der verwaltungs- und rechtswissenschaftlichen Diskussion zumeist mit dem englischen Ausdruck „Public Private Partnerships" bezeichnet werden[1134]. Ein Teil der dahinter stehenden Handlungsweisen bildet nach dem im Rundfunkrecht vorzufindenden Organisationsmodell die letzte Stufe auf der hier zu entwickelnden Skala prozeduraler Regulierungs- bzw. Gewährleistungsansätze, weil hier die staatliche Aufgabenerfüllung nicht nur *innerhalb* des Staatsgebildes ausgegliedert und durch gesellschaftliche Beteiligung hybridisiert, sondern *vollständig* privatrechtlich organisierten Akteuren, in aller Regel Wirtschaftsunternehmen, überlassen wird. Diesen kommt dabei weitgehende Autonomie zu[1135]. Dem Staat verbleiben bei rein privaten Unternehmen nur vertragliche, bei gemischtwirtschaftlichen Unternehmen auch die durch die eigene Beteiligung begründeten Einwirkungsmöglichkeiten[1136]. Public Private Partnerships gehören aber – wie die bisher vorgestellten Modelle auf die Ausnutzung von Synergieeffekten zur Lösung von durch Ungewissheit und Dynamik ausgelösten Regulierungs- und Erbringungsproblemen angelegt – gleichwohl zum Kanon des prozeduralen

---

[1131] Vgl. nur *Schulze-Fielitz*, Kooperatives Recht, DVBl. 1994, S. 658.
[1132] Vgl. *Mehde*, Kooperatives Regierungshandeln, AöR 127 (2002), S. 656 ff.; zur Vielzahl der Erscheinungsformen kooperativen Handelns *Schuppert*, Verwaltungskooperationsrecht, S. 15 ff.
[1133] S. oben Kap. 2 B. I. 3. c) aa).
[1134] Vgl. die zahlreichen Nachweise bei *Eifert*, Sicherung öffentlicher Interessen, VerwArch 93 (2002), S. 562 Fn. 4.
[1135] Vgl. *Eifert*, Sicherung öffentlicher Interessen, VerwArch 93 (2002), S. 562 m.w.N.
[1136] Dazu unten Kap. 3 B. II. 5. b) dd).

Verwaltungshandelns. Sie bilden gleichsam eine „Schnittstelle zwischen öffentlichem und privatem Sektor"[1137]. Um die praktische Relevanz dieser Handlungsformen für das hier behandelte Problem zu unterstreichen, soll zur weiteren Erläuterung ein Beispiel aufgegriffen werden, das das Thema der regierungsamtlichen Öffentlichkeitsarbeit ganz unmittelbar betrifft und deshalb auf seine Eignung zur Lösung der herausgearbeiteten Probleme zu untersuchen sein wird. Auch die Rechtsprechung hatte sich bereits mit diesem Gegenstand zu befassen.

a) Public Private Partnerships bei der Verwirklichung kommunaler Internet-Auftritte

Es geht dabei um die Zusammenarbeit zwischen Städten bzw. Kommunen und privaten Betreibergesellschaften bei der Realisierung von Internet-Auftritten, die unter Bezeichnungen wie „Virtuelle Stadt" oder „Virtuelles Rathaus" bekannt sind. Darunter sind städtische und kommunale Internet-Aktivitäten zu verstehen, die – zumeist unter der der Gebietskörperschaft zustehenden Domain[1138] – den realen Handlungsraum der Bürger virtuell abbilden, Orientierung und Interaktion ermöglichen und das Image der Stadt oder Gemeinde stärken sollen[1139]. Dies geschieht in der Regel durch Internet-Portale, die umfassende Angebote aus den Bereichen E-Commerce (z.B. Verzeichnisse ortsansässiger Betriebe, eventuell verbunden mit der direkten Möglichkeit zur Warenbestellung oder zur Inanspruchnahme von Dienstleistungen), E-Government (z.B. Antragsformulare und Behördeninformationen zum Download) und E-Community (z.B. Informationen zu lokalen Angeboten kultureller Art) entweder selbst bereithalten oder zugänglich machen. Neben solchen Informations- und Serviceangeboten werden den Bürgern oft auch Angebote für die Individualkommunikation untereinander zur Verfügung gestellt, beispielsweise durch die Bereitstellung von E-Mail-Adressen oder – im hier behandelten Zusammenhang besonders interessant – durch die Veranstaltung von Diskussionsforen[1140]. Die kommunalwirtschaftsrechtlichen Aspekte einzelner Facetten solcher regierungsamtlichen Internet-Betätigungen wurden bereits weiter oben kurz angerissen[1141]. An dieser Stelle soll es

---

[1137] Schuppert, Verwaltungskooperationsrecht, S. 6 f.
[1138] Z.B. URL: http://www.hamburg.de/ (Stand: Dez. 2005).
[1139] Vgl. *Eifert*, Sicherung öffentlicher Interessen, VerwArch 93 (2002), S. 563 f.
[1140] Vgl. *Eifert*, Sicherung öffentlicher Interessen, VerwArch 93 (2002), S. 563 f.
[1141] S. oben Kap. 3 B. II. 3.

nun insbesondere um die Beschäftigung mit Fragen der Sicherung der Interessen sowohl der staatlichen Seite als auch der betroffenen Bürger und Unternehmen gehen.

Der hohe Bedarf an technischem Sonderwissen und Finanzmitteln zum Zwecke der Realisierung komplexer Internet-Auftritte macht Kooperationsformen mit privaten Unternehmen meist unumgänglich[1142]. Die konkrete Ausgestaltung der Kooperation kann dabei ganz unterschiedliche Formen annehmen; gerade in den Stadtstaaten Hamburg, Berlin und Bremen erfolgt eine Zusammenarbeit in der hier vorzustellenden Art: Private oder gemischtwirtschaftliche[1143] Unternehmen betreiben (meist in der Rechtsform der GmbH & Co. KG) selbstständig Angebote der eben beschriebenen Art unter der ihnen von der jeweiligen Stadt zur Verfügung gestellten Domain. Die amtlichen Inhalte werden den Betreibergesellschaften ebenfalls von den Städten zur Verfügung gestellt[1144]. Die weitgehende Autonomie der Betreibergesellschaft führt nicht nur zu Steuerungsverlusten auf Seiten des Staates, sondern sie gewährt außerdem den beteiligten privaten Akteuren eigene Einflusspotentiale auf die öffentliche Aufgabenerfüllung[1145]. Beide Effekte bergen Gefahren für die interessen- und aufgabengerechte Verwirklichung der regierungsamtlichen Internet-Projekte und bringen die Notwendigkeit von rechtlichen Mechanismen mit sich, die es auf der einen Seite ermöglichen, den Einfluss der privaten Akteure zu begrenzen, und auf der anderen Seite einen genügenden Einfluss des Staates und vor allem die Verwirklichung der öffentlichen Interessen umfassend zu sichern. Zugleich müssen die mit der Materie Internet verbundenen Ungewissheiten, beispielsweise im Hinblick auf die weitere technische Entwicklung, das Nutzungsverhalten der Bürger und zukünftige Finanzierungsmöglichkeiten, bewältigt werden, die die Formulierung statischer Zielvorgaben für die amtlichen Internet-Auftritte unmöglich machen[1146].

[1142] Vgl. *Eifert*, Sicherung öffentlicher Interessen, VerwArch 93 (2002), S. 563; *Th. Groß*, Öffentliche Verwaltung im Internet, DÖV 2001, S. 163.
[1143] Gemischtwirtschaftliche Unternehmen sind solche, die in privatrechtlicher Gesellschaftsform geführt werden und an denen mindestens ein staatlicher und ein privater Gesellschafter beteiligt sind, vgl. Schmidt-Aßmann, Grundrechtsschutz gemischt-wirtschaftlicher Unternehmen, BB Beilage 34 (1990), S. 2.
[1144] *Eifert*, Sicherung öffentlicher Interessen, VerwArch 93 (2002), S. 564; zur wettbewerbsrechtlichen Zulässigkeit unten Kap. 3 B. II. 5. c).
[1145] Vgl. *Eifert*, Sicherung öffentlicher Interessen, VerwArch 93 (2002), S. 565, 577 ff.
[1146] *Eifert*, Sicherung öffentlicher Interessen, VerwArch 93 (2002), S. 566.

Während die mit den öffentlichen Interessen kollidierenden Interessen der Betreibergesellschaften letztlich allesamt auf Gewinnerzielung gerichtet sind – sei es durch die Exklusivität der amtlichen Informationen, sei es durch den mit der Kooperation verbundenen Imagegewinn für das Unternehmen und die hohe Nachfrage der Bürger nach der attraktiven Angebotskombination des Portals –, erweist sich die Bestimmung der zu sichernden öffentlichen Interessen aufgrund ihrer Komplexität als ausgesprochen schwierig. Gesetzliche Regelungen hierzu fehlen (der bereits an anderer Stelle angesprochene, mittlerweile fallengelassene Gesetzentwurf zum Stadtinformationssystem "bremen.online"[1147] ging einen ersten Schritt in diese Richtung), die beteiligten öffentlichen Interessen lassen sich bisher allenfalls von allgemeinen Verfassungsgrundsätzen ausgehend beschreiben. Dazu gehören in jedem Fall sowohl die Interessen der staatlichen Seite an der angemessenen Wahrnehmung der ihr zugewiesenen Aufgaben (Öffentlichkeitsarbeit gehört zu den verfassungsmäßigen Pflichten des Staates[1148]) als auch der gerechte Zugang von Unternehmen und Bürgern zu den Angeboten. Gemeint ist damit nicht nur der passiv-technische Zugang, der Unternehmen und Bürgern als Rezipienten der Angebote gewährleistet sein muss, sondern vor allem der aktiv-inhaltsbezogene Zugang, etwa die chancengleiche Behandlung von Unternehmen bei der Erstellung von Branchenverzeichnissen oder bei der Platzierung von Werbeinhalten sowie die diskriminierungsfreie Teilnahme von Bürgern an den Diskussionsangeboten des Portals[1149], und damit einer der Hauptaspekte der hier vertretenen Ansicht zu den Problemen der regierungsamtlichen Öffentlichkeitsarbeit unter den Bedingungen des Internet-Zeitalters. Auch an der legitimen, d.h. an öffentliche Zwecke gebundenen Nutzung öffentlicher Ressourcen, zu denen in der heutigen Zeit sicherlich auch die einer Gebietskörperschaft zustehende Internet-Domain gezählt werden muss, besteht ein öffentliches Interesse. Insbesondere ist zu gewährleisten, dass der öffentlichen Hand bei der Überlassung an Dritte die Möglichkeit verbleibt, sich selbst angemessen zu präsentieren[1150]. *Eifert* bezeichnet diese politisch und verfassungsrechtlich vorgegebenen Ziele als primäre öffentliche Interessen. Davon unterscheidet er das

---

[1147] Vgl. *Eifert*, Sicherung öffentlicher Interessen, VerwArch 93 (2002), S. 566; s. auch oben Kap. 3 B. II. 4. b).
[1148] S. oben Kap. 2 A. I. 1.
[1149] Zum Ganzen *Eifert*, Sicherung öffentlicher Interessen, VerwArch 93 (2002), S. 565 ff.
[1150] Vgl. *Eifert*, Sicherung öffentlicher Interessen, VerwArch 93 (2002), S. 572.

sekundäre, auf die bestmögliche technische und wirtschaftliche Verwirklichung der Online-Projekte gerichtete öffentliche Interesse[1151]. Die technisch-wirtschaftliche Umsetzung eines regierungsamtlichen Online-Projekts ist selbstverständlich eine Frage von immenser Bedeutung; darum soll es an dieser Stelle jedoch nicht gehen. Die weitere Darstellung wird sich auf die Fragen beschränken, auf welche Weise die bestehenden Gesetze bereits eine Gewährleistung für die Verwirklichung der primären öffentlichen Interessen in Public Private Partnerships bieten, und welche weiteren Möglichkeiten zu diesem Zweck in der konkreten Ausgestaltung der Partnerschaften bestehen.

b) Rechtliche Mechanismen zur Wahrung der öffentlichen Interessen in Public Private Partnerships zur Verwirklichung kommunaler Internet-Auftritte

aa) Wettbewerbsrecht

Einen Schutz der Interessen der regionalen Unternehmen bietet bereits das allgemeine Wettbewerbsrecht. Das Verbot des Missbrauchs einer marktbeherrschenden Stellung in § 19 Abs. 1 GWB und das Diskriminierungsverbot in § 20 GWB sichern für sie den diskriminierungsfreien Zugang zu den wettbewerbsbezogenen Angeboten (wie Branchenverzeichnisse und Anzeigenbereiche) innerhalb von Internet-Auftritten unter den – bezogen auf die betreffende Region monopolartigen – Domains der Gebietskörperschaften, und zwar unabhängig davon, ob diese in öffentlich-rechtlicher, privater oder gemischtwirtschaftlicher Trägerschaft betrieben werden[1152]. Grundsätzlich steht es zwar jedem privaten Anbieter von Suchmaschinen oder Datenbanken frei, zu entscheiden, nach welchen Kriterien die Aufnahme von Hinweisen erfolgen soll[1153]. Aus dem für marktbeherrschende Unternehmen geltenden wettbewerbsrechtlichen Diskriminierungsverbot folgt aber, dass ein Anbieter, der diese Voraussetzung erfüllt, zwar frei darüber entscheiden kann, ob er überhaupt anderen Unternehmen innerhalb seines Angebots Raum bieten will, dass er aber, wenn er sich einmal dafür entschieden hat, nicht diskriminieren, d.h. „gleichartige" Unternehmen ohne sachlichen Grund unterschiedlich behandeln darf. Bezüglich der Frage, ob eine

---

[1151] *Eifert*, Sicherung öffentlicher Interessen, VerwArch 93 (2002), S. 566 f.
[1152] Vgl. *Eifert*, Sicherung öffentlicher Interessen, VerwArch 93 (2002), S. 572 f.
[1153] *Hoeren*, Suchmaschinen und Wettbewerbsrecht, MMR 1999, S. 649.

Diskriminierung vorliegt, kommt es allerdings lediglich auf eine am Ziel des GWB, d.h. an der Freiheit des Wettbewerbs orientierte Interessenabwägung an[1154]. Als sachlicher Grund, der eine unterschiedliche Behandlung rechtfertigen kann, kommt insbesondere die Rechtswidrigkeit des Angebots eines zurückgewiesenen Unternehmens in Betracht. Ein weiterer sachlicher Grund läge vor, wenn die Kapazität des eigenen Angebots schlicht nicht ausreicht, um allen dritten Unternehmen gleichermaßen Raum zu bieten[1155].

bb) Gleichheitsgrundrecht

Einen über den Schutz von Wettbewerbsteilnehmern hinausgehenden Interessenschutz bietet in bestimmten Konstellationen der Zusammenarbeit die Grundrechtsordnung. Das aus dem Gleichheitssatz des Art. 3 Abs. 1 GG folgende Diskriminierungsverbot umfasst auch den „einfachen" Bürger, Unternehmen kommt er darüber hinaus auch abseits des Wettbewerbs zu Gute[1156]. Er gilt allerdings, weil gemäß Art. 1 Abs. 3 GG allein die drei Staatsgewalten zur Beachtung der Grundrechte verpflichtet sind, grundsätzlich nur gegenüber *staatlichen* Anbietern, hilft also jedenfalls dann weiter, wenn der Staat den Internet-Auftritt – sei es in öffentlich-rechtlicher oder privatrechtlicher Form – selbst veranstaltet, nicht aber, wenn er die Aufgabenerfüllung vollkommen an einen rein privaten Anbieter übertragen hat[1157]. Liegt eine im Zusammenhang mit Public Private Partnerships häufig anzutreffende Betreibergesellschaft mit gemischter Beteiligungsstruktur vor, der sowohl die öffentliche Hand als auch Privatrechtssubjekte angehören, so kommt der alte Streit um die Grundrechtsbindung gemischtwirtschaftlicher Unternehmen zum Tragen. Während in Privatrechtsform geführte Unternehmen mit hoheitlicher Beteiligung nach einer Ansicht generell nicht der

---

[1154] BGHZ 81, 322, 331; 38, 90, 102; *Hoeren*, Suchmaschinen und Wettbewerbsrecht, MMR 1999, S. 649.
[1155] Ausführlich zum wettbewerbsrechtlichen Anspruch auf Aufnahme in Suchinstrumentarien und zu den legitimen Ablehnungsgründen *Hoeren*, Suchmaschinen und Wettbewerbsrecht, MMR 1999, S. 649 ff.
[1156] Vgl. auch *Roßnagel*, Recht der Multimediadienste, NVwZ 2000, S. 627: Bieten Verwaltungen Suchinstrumentarien an, so „unterliegen sie [...] größeren Gleichheitsanforderungen, als die Betreiber privater Portalseiten oder Suchmaschinen. Sofern sie öffentliche Informationen auswählen, üben sie Einfluss auf die öffentliche Meinungsbildung aus. Verweisen sie auf Informationsangebote Privater, berühren sie deren Freiheit der Meinungsäußerung und Berufsausübung. Da sie aber nicht alle möglichen Informationen berücksichtigen können, müssen sie klare Kriterien entwickeln und anwenden, die sich an ihrer Aufgabenstellung und ihrem Zuständigkeitsbereich orientieren und in diesem Rahmen dem Gleichheits- und Nichtdiskriminierungsgebot gerecht werden."
[1157] Vgl. *Eifert*, Sicherung öffentlicher Interessen, VerwArch 93 (2002), S. 573 f.

Grundrechtsbindung unterliegen, weil der rechtliche Status der Gesellschaft durch die ihrer Gesellschafter nicht beeinflusst wird[1158], hängt sie nach anderer Ansicht davon ab, ob der beteiligte Hoheitsträger einen „Majoritätseinfluss" geltend machen kann, ob er also mit anderen Worten das Unternehmen beherrscht. Nur wenn diese Voraussetzung erfüllt sei, habe der Staat überhaupt die Einflussmöglichkeit, die erforderlich sei, der grundrechtlichen Bindung zu entsprechen[1159]. Die Rechtspraxis führt meistens zu einem Zugangsanspruch, der eine Differenzierung nur aus sachlichen Gründen zulässt; dazu dürften in erster Linie wie im Wettbewerbsrecht Kapazitätsengpässe auf Anbieterseite und die Rechtswidrigkeit von Verhaltensweisen Dritter zählen[1160]. Dass ein Bürger eine von der Regierung ungeliebte Meinung vertritt oder dass ein Unternehmen in einem Sektor tätig ist, der sich mit den Leitlinien der Regierungspolitik nur schwer vereinbaren lässt (wie etwa der Kernenergie, der Kriegswaffenproduktion oder der Genforschung), reicht dagegen vor dem grundrechtlichen Hintergrund als sachlicher Grund für eine Schlechterstellung keinesfalls aus.

cc) Kommunalrechtlicher Nutzungsanspruch

Soweit Teile kommunaler Internet-Angebote durch einen ausdrücklichen oder konkludenten Widmungsakt zur „öffentlichen Einrichtung"[1161] geworden sind, bildet auch der kommunalrechtliche Nutzungsanspruch eine Grundlage für den diskriminierungsfreien Zugang ortsansässiger Bürger und Unternehmen zu diesen Angeboten[1162]. Eine ausdrückliche Widmung der Internet-Angebote liegt jedoch in der Regel nicht vor[1163], und die von der Rechtsprechung für den Fall, dass weder eine ausdrückliche Widmung stattgefunden hat noch deutliche Indizien für eine konkludente Widmung vorliegen, entwickelte Vermutungsregel, der zufolge alle für die Allgemeinheit nutzbaren kommunalen Einrichtungen öf-

---

[1158] *Püttner*, Die öffentlichen Unternehmen, S. 119.
[1159] *Stern*, Staatsrecht III/1, S. 1421 f.
[1160] *Eifert*, Sicherung öffentlicher Interessen, VerwArch 93 (2002), S. 574.
[1161] Der Begriff umfasst nach *Ossenbühl*, Zulassung zu öffentlichen Stadthallen, DVBl. 1973, S. 289 f. alle „Betriebe, Unternehmen, Anstalten und sonstigen Leistungsapparaturen höchst unterschiedlicher Struktur und Zweckbestimmung, denen letztlich nur die Funktion gemeinsam ist, die Voraussetzungen für die Daseinsfürsorge und Daseinsvorsorge der Bevölkerung zu schaffen und zu gewährleisten".
[1162] Vgl. *Eifert*, Sicherung öffentlicher Interessen, VerwArch 93 (2002), S. 574 ff.; *Trute*, Informationsordnung, VVDStRL 57 (1998), S. 253.
[1163] *Eifert*, Sicherung öffentlicher Interessen, VerwArch 93 (2002), S. 576.

fentliche Einrichtungen sind[1164], greift jedenfalls dann nicht ein, wenn die Einrichtungen im Rahmen von Partnerschaften mit rein privatwirtschaftlicher Beteiligung betrieben werden[1165]. Die Annahme einer konkludenten Widmung wird dadurch oftmals außerordentlich schwierig. Die Zugangssicherung durch den kommunalen Nutzungsanspruch bleibt daher eher eine theoretische Möglichkeit[1166].

dd) Möglichkeiten der Interessensicherung durch gesellschaftsrechtliche und vertragliche Ausgestaltungen

Geht es um die Sicherung bedeutender öffentlichen Interessen, und kommt es auf die Möglichkeit laufender Einflussnahme auf die Umsetzung des Internet-Projekts an, so bietet sich bei gemischtwirtschaftlichen Betreibergesellschaften wegen der besonders weitreichenden Steuerungsmöglichkeiten einzelner Gesellschafter die GmbH als Organisationsform an. Die in Public Private Partnerships häufig anzutreffende GmbH & Co. KG bietet gegenüber der reinen GmbH in diesem Zusammenhang keine Vorteile, verfügt aber wegen der Geschäftsführungsbefugnis der Komplementär-GmbH über ähnliche Steuerungsmöglichkeiten für die Umsetzung der öffentlichen Interessen[1167]. Die gesellschaftsinternen Steuerungsmöglichkeiten ergänzen die im Kooperationsvertrag getroffenen Vereinbarungen und dienen im Gegensatz zu den relativ statischen vertraglichen Regelungen vor allem der „Feinjustierung"[1168].

In Public Private Partnerships mit rein privaten Betreibergesellschaften bieten allein die Kooperationsverträge der öffentlichen Hand eine Möglichkeit, Einfluss geltend zu machen und für die hinreichende Beachtung der öffentlichen Interessen bei der Verwirklichung des Internet-Projekts zu sorgen. Im Gegenzug zur Überlassung der Domain und der amtlichen Inhalte werden die privaten Partner deshalb in den Kooperationsverträgen auf das Gemeinwohl verpflichtet. Zu den Pflichten der Betreibergesellschaft gehört regelmäßig auch der diskrimi-

---

[1164] Vgl. OVG Münster, DVBl. 1976, 398, 399 m.w.N.; dazu *Ossenbühl*, Zulassung zu öffentlichen Stadthallen, DVBl. 1973, S. 290.
[1165] *Eifert*, Sicherung öffentlicher Interessen, VerwArch 93 (2002), S. 576; vgl. auch *Ossenbühl*, Zulassung zu öffentlichen Stadthallen, DVBl. 1973, S. 290.
[1166] *Eifert*, Sicherung öffentlicher Interessen, VerwArch 93 (2002), S. 576.
[1167] *Eifert*, Sicherung öffentlicher Interessen, VerwArch 93 (2002), S. 578 f.
[1168] *Eifert*, Sicherung öffentlicher Interessen, VerwArch 93 (2002), S. 582.

nierungsfreie Zugang zu den Angeboten. Die Verträge gelten allerdings nur im Innenverhältnis zwischen Staat und Betreibergesellschaft und begründen keine den Einzelnen begünstigende Außenwirkung[1169]. Die Möglichkeit der „Feinjustierung" durch die Verwaltung ist in dieser Konstellation weitestgehend ausgeschlossen.

c) Wettbewerbsrechtliche Zulässigkeit von Kooperationen zur Verwirklichung kommunaler Internet-Auftritte

Die Frage nach der wettbewerbsrechtlichen Zulässigkeit solcher Kooperationen lautet konkret, ob es zulässig ist, dass die Partnerunternehmen in Public Private Partnerships von der öffentlichen Seite exklusiv, also unter Ausschluss anderer Unternehmen, mit amtlichen Informationen und sonstigen Inhalten versorgt werden. Das Kammergericht Berlin hält die Bejahung dieser Frage in seinem Urteil vom 19. Juni 2001[1170] für den Fall, dass zuvor ein an sachgemäßen Erwägungen orientiertes Vergabeverfahren durchgeführt worden ist, für denkbar, hat ihre Beantwortung aber letztlich offen gelassen. Das Verhalten der öffentlichen Hand sei schon deshalb nicht wettbewerbswidrig, weil sie beim Abschluss eines Kooperationsvertrags und der darauf beruhenden Weitergabe von Daten zum Zwecke der Verwirklichung ihres Internet-Auftritts nicht im geschäftlichen Verkehr i.S. des UWG, sondern schlicht-hoheitlich in Erfüllung ihrer verfassungsmäßigen Pflicht zur Durchführung von Öffentlichkeitsarbeit handele. Die öffentliche Hand handele auch nicht zu Zwecken des Wettbewerbs, wenn und soweit die Auswirkungen auf den Wettbewerb nicht das Ziel des hoheitlichen Handelns, sondern lediglich eine notwendige Begleiterscheinung der öffentlichen Aufgabenerfüllung seien, und die wirtschaftliche Betätigung eine bloße Hilfstätigkeit bei der Erfüllung der amtlichen Aufgabe darstelle[1171]. Das Partnerunternehmen handele dagegen im geschäftlichen Verkehr und zu Zwecken des Wettbewerbs. Hinsichtlich der Wettbewerbswidrigkeit seines Handelns komme allerdings allein der Vorwurf der Sittenwidrigkeit i.S. des § 1 UWG wegen Ausnutzung eines fremden Rechtsbruchs – hier eines Verstoßes gegen das Gleichheitsgebot des Art. 3 GG seitens der öffentlichen Hand – in Betracht. Deren Verhal-

---

[1169] *Eifert*, Sicherung öffentlicher Interessen, VerwArch 93 (2002), S. 580 f.
[1170] KG Berlin, GewArch 2002, S. 25 ff.
[1171] KG Berlin, GewArch 2002, S. 25, 25 f.

B. Versuch der Bestimmung einer „Positiven Ordnung"

ten stelle jedoch keinen Verstoß gegen das Gleichbehandlungsgebot dar, wenn ein Vergabeverfahren durchgeführt worden sei, dessen Entscheidung sich an sachgemäßen Erwägungen orientiert habe[1172].

An der Annahme des Kammergerichts, die Regierung handele bei der Bereitstellung von Inhalten ausschließlich hoheitlich und somit nicht im geschäftlichen Verkehr, kann man allerdings unter bestimmten Umständen ebenso zweifeln wie an der Annahme, bei den Wettbewerbsauswirkungen ihres Verhaltens handele es sich lediglich um einen ungewollten und daher unbeachtlichen Nebeneffekt[1173]. Zweifel ergeben sich jedenfalls in dem Fall, dass die von der Regierung stammenden Informationen auch Einrichtungen und Veranstaltungen betreffen, die sie in privater Rechtsform betreibt. Privatrechtliche Werbung, um die es sich dann handelt, gehört nämlich sehr wohl zum geschäftlichen Verkehr i.S. des § 1 UWG. Sieht das Konzept der Zusammenarbeit weiterhin die unentgeltliche Tätigkeit des privaten Partners vor, und stellen somit dessen anderweitig zu erwartenden Wettbewerbsvorteile das wirtschaftliche Motiv für die Kooperation dar, so sind die mit der Partnerschaft verbundenen Auswirkungen auf den Wettbewerb kalkuliert und nicht bloß ungewollt Nebenerscheinung[1174]. Nach *Eifert* ergibt sich für die Zulässigkeit der exklusiven Bereitstellung amtlicher Inhalte im Rahmen von Public Private Partnerships eine zweistufige Bewertung: Grundsätzlich sei die damit einhergehende Monopolisierungswirkung verfassungsrechtlich gerechtfertigt, wenn und soweit die Exklusivität der Inhalte den Aufbau eines komplexen Internet-Portals erst ermögliche und somit das Informationsniveau insgesamt erhöht werde. Im Einzelfall müsse die Vergabe der exklusiven Inhalte dann durch ein gerechtes Verfahren erfolgen, soweit notwendig im förmlichen Vergabeweg[1175].

[1172] KG Berlin, GewArch 2002, S. 25, 26 f.
[1173] Vgl. *Hirtz*, Anmerkung, EWiR 2002, S. 128.
[1174] *Hirtz*, Anmerkung, EWiR 2002, S. 128.
[1175] *Eifert*, Sicherung öffentlicher Interessen, VerwArch 93 (2002), S. 580 f.; ausführlich zu den vergaberechtlichen Fragen betreffend Public Private Partnerships im IT-Bereich *Lensdorf/Steger*, Auslagerung von IT-Leistungen, CR 2005, S. 161 ff.

d) Eignung des Kooperationsmodells für den Anwendungsbereich der regierungsamtlichen Öffentlichkeitsarbeit im Internet

Die Frage nach der Eignung des Kooperationsmodells mag vor dem Hintergrund, dass Public Private Partnerships bei der Verwirklichung staatlicher Internet-Auftritte längst Realität und jedenfalls bei entsprechender Umsetzung trotz der Exklusivität der staatlichen Leistungen unter wettbewerbsrechtlichen Gesichtspunkten nicht zu beanstanden sind, eigenartig klingen – scheint doch seine Eignung nach dem Motto „Der Erfolg gibt ihm Recht" auf der Hand zu liegen. Mit Blick auf die dargelegten Gefahren bestimmter regierungsamtlicher Internet-Angebote und die daraus für die regierungsamtliche Öffentlichkeitsarbeit im Internet abgeleiteten Regulierungsziele stellt sich die Eignung des Kooperationsmodells allerdings durchaus anders dar.

Das Modell ist nicht ausreichend in der Lage, die Gleichbehandlung potentieller Kommunikationsteilnehmer hinreichend zu sichern, wenn das Partnerunternehmen rein privatwirtschaftlich oder mit staatlicher Minderheitsbeteiligung organisiert ist. An die Beachtung der Grundrechte ist das Unternehmen in diesen Fällen nach allgemeiner Auffassung nicht gebunden, und ein möglicherweise im Kooperationsvertrag enthaltenes Diskriminierungsverbot entfaltet keine Außenwirkung gegenüber den zu schützenden Bürgern und Unternehmen. In den übrigen, wohl weniger typischen Fällen staatlicher oder staatlich dominierter gemischtwirtschaftlicher Betreibergesellschaften bietet zwar Art. 3 Abs. 1 GG Schutz vor Diskriminierung, das Kooperationsmodell beinhaltet aber selbst dann kein geeignetes Verfahren, um die *Umsetzung* des Diskriminierungsverbots zu gewährleisten. Die Beteiligungsverhältnisse an einem gemischtwirtschaftlichen Unternehmen können sich außerdem rasch und unter Umständen sogar unbemerkt verändern[1176], und damit auch die Grundrechtsbindung des Unternehmens. Nach anderer Auffassung besteht nicht einmal bei staatlicher Mehrheitsbeteiligung an einer gemischten Gesellschaft eine Bindung an die Grundrechte. Das Kooperationsmodell erscheint aus diesen Gründen nicht geeignet, die widerstreitenden Interessen verlässlich zu einem angemessenen Ausgleich zu bringen.

[1176] *Schmidt-Aßmann*, Grundrechtsschutz gemischt-wirtschaftlicher Unternehmen, BB Beilage 34 (1990), S. 4, 10.

B. Versuch der Bestimmung einer „Positiven Ordnung"

Ein weiterer Nachteil des Kooperationsmodells besteht in der bereits angesprochenen, aus den mit der Kooperation einhergehenden Steuerungsverlusten resultierenden Gefahr von Erbringungsdefiziten bezüglich der abgegebenen staatlichen Aufgaben. Der Staat wird durch die organisatorische Ausgliederung von der Verwirklichung seiner Aufgaben – im konkreten Fall der Durchführung regierungsamtlicher Öffentlichkeitsarbeit – isoliert. Wenngleich die Isolierung dabei wegen der verbleibenden Einwirkungsmöglichkeiten nicht das gleiche Ausmaß erreicht wie im Falle der Einrichtung unabhängiger öffentlich-rechtlicher Anstalten[1177], werden jedenfalls die zur Verfügung stehenden Mittel, um auf Missstände, Veränderungen oder andere Umstände spontan reagieren zu können, im Verhältnis zur eigenen Erbringung empfindlich eingeschränkt. Es geht bei der Suche nach einer prozeduralen Lösung für die Probleme regierungsamtlicher Internet-Auftritte aber letztlich gerade darum, dem Staat *selbst* ein vorausschauendes, flexibles Handeln zu ermöglichen. Dies ist im Rahmen von Public Private Partnerships mit gemischtwirtschaftlichen Unternehmen allenfalls dann möglich, wenn die öffentliche Hand bestimmenden Einfluss auf die Geschäftsführung ausüben kann. Auch dann unterliegt sie jedoch den Bindungen des privaten Gesellschaftsrechts und ist für die Durchsetzung ihrer legitimen Interessen, weil ihr im Verhältnis zum Kooperationspartner keine hoheitlichen Handlungsformen zur Verfügung stehen, notfalls auf die Inanspruchnahme gerichtlicher Hilfe angewiesen. Vertragliche Ausgestaltungen sind durch die beiderseitige Bindung an die getroffenen Vereinbarungen und die Notwendigkeit einvernehmlicher Änderungen relativ statisch[1178] und erweisen sich damit für die flexible Anpassung an veränderte Gegebenheiten als eher hinderlich.

III. Vorschlag für ein Regulierungskonzept für die regierungsamtliche Öffentlichkeitsarbeit im Internet

Nachdem nun verschiedene prozedurale Regulierungsmodelle vorgestellt worden sind, die in ihren rechtlichen Mechanismen teilweise deutliche Überschneidungen aufweisen, die sich aber insbesondere in der Reichweite der den Normadressaten eingeräumten Autonomie unterscheiden und so einen Querschnitt

---

[1177] Vgl. oben Kap. 3 B. II. 4. b).
[1178] So auch *Eifert*, Sicherung öffentlicher Interessen, VerwArch 93 (2002), S. 581.

durch die zur Verfügung stehende Bandbreite prozeduraler Regulierungsmöglichkeiten liefern, zeigt sich, dass einige der Modelle mehr, andere dagegen weniger oder überhaupt nicht geeignet sind, Lösungsansätze für die Probleme zu liefern, die die regierungsamtliche Öffentlichkeitsarbeit im Internet mit sich bringt. *Allein* verspricht keines der Modelle ein zufriedenstellendes Resultat. Es kann daher im Ergebnis nur auf eine Lösung hinauslaufen, die einzelne Elemente unterschiedlicher prozeduraler Regulierungsmodelle miteinander verbindet, die jeweils für sich als besonders vielversprechend identifiziert worden sind. Eine zu Flexibilitätsverlusten führende Verrechtlichung ist dabei genauso zu vermeiden wie ein Autonomieverlust auf Seiten der Regierung. Im Zentrum einer solchen Lösung könnte daher ein Regulierungskonzept stehen, das die seit neuestem in der Rundfunkordnung anzutreffende Selbstdefinition von Aufgaben und Standards, die hier im Zusammenhang mit der Corporate Governance diskutierte selbstständige Normsetzung der Exekutive mittels normkonkretisierender Verwaltungsvorschriften und eine wiederum an die bestehende Rundfunkordnung angelehnte, mit den Landesmedienanstalten vergleichbare staatsfreie externe Aufsichtsinstanz miteinander vereint.

1. Autonome Strategiebestimmung und Normsetzung

Eine relativ abstrakte Selbstdefinition von zu erfüllenden Aufgaben, zu erreichenden Zielen und einzuhaltenden Standards gäbe der Regierung eine erste Gelegenheit, innerhalb des ihr für ihre Öffentlichkeitsarbeit von der (Grund-) Rechtsordnung vorgegebenen Rahmens selbstständig ihren eigenen Kommunikationsbedürfnissen entsprechende Leitlinien im Sinne einer übergreifenden Strategie abzustecken. Diese Strategie hätte sich allerdings von vornherein am Ziel des bestmöglichen Grundrechtsschutzes für den betroffenen Bürger zu orientieren. Sie müsste zudem hinreichend klar formuliert sein, um zu gewährleisten, dass in einer späteren Überprüfung festgestellt werden kann, ob die selbstgewählten Vorgaben letztlich auch eingehalten worden sind. Die amtliche Veröffentlichung der so erarbeiteten Kommunikationsstrategie würde einen ersten Beitrag zu der im Zusammenhang mit der regierungsamtlichen Öffentlichkeitsarbeit stets erforderlichen Transparenz leisten können.

B. Versuch der Bestimmung einer „Positiven Ordnung"

Damit es nicht bei einer sowohl für die Regierung als auch für den betroffenen Bürger unverbindlichen Absichtserklärung bleibt, sollte ihr daneben ein gesetzlich bestimmter Spielraum zugestanden werden, den sie mittels konkretisierender Verwaltungsvorschriften im Sinne „Bester Verfahrensweisen" rechtsverbindlich ausfüllen kann. Diese Vorschriften sollten bereits einen höheren Konkretisierungsgrad aufweisen als die abstrakten Leitlinien der Kommunikationsstrategie und sich strukturell an den von *Peltzer* und *v. Werder* identifizierten Grundkomponenten guter Corporate Governance orientieren. Dazu zählen die Festschreibung der übergeordneten Zielsetzung, die Bestimmung der Strukturen und Prozesse, mittels derer die gesetzten Ziele erreicht werden sollen, die Evaluation dieser Strukturen und Prozesse (Selbstkontrolle) sowie schließlich eine Kommunikation des Gesamtkonzepts, die geeignet ist, das Vertrauen der Betroffenen zu gewinnen und zu festigen[1179]. Die Möglichkeit der autonomen verbindlichen Rechtsschöpfung auf einer unterhalb der Rechtsverordnung angesetzten Formalisierungsebene würde es den Regierungen gestatten, flexibel auf veränderte Bedürfnisse oder Voraussetzungen zu reagieren.

2. Kontrolle

Nach Ablauf eines wiederkehrenden Zeitraums sollte sowohl die normative als auch die tatsächliche Umsetzung der Kommunikationsstrategie auf den parlamentarischen Prüfstein gestellt werden. Um die Selbstreflexion der Regierung im Sinne einer dauernden Aufgabenkritik zu fördern, könnte – ähnlich wie im Rundfunk- oder Kommunalwirtschaftsrecht – ein von ihr zu erstellender Bericht zur Grundlage der Überprüfung gemacht werden, der seinerseits auf die durch die fortlaufende Evaluation der Kommunikationsstrategie und der selbstgeschaffenen Normen gewonnenen Erkenntnisse und Erfahrungen aufbauen könnte. Damit die Regierung die Gelegenheit hat, eine konsistente Kommunikationsstrategie zu entwickeln, und um ihr den notwendigen experimentellen Spielraum für die normative und tatsächliche Umsetzung zu verschaffen, sollte für die turnusmäßigen parlamentarischen Überprüfungen mindestens ein ähnlicher Zeitrahmen angesetzt werden wie im Rundfunkrecht, wo er zwei Jahre beträgt. Wenn

---

[1179] *Peltzer/v. Werder*, German Code of Corporate Governance, AG 2001, S. 2; vgl. dazu oben Kap. 3 B. II. 1. b) und Kap. 3 B. II. 1. d).

nach einer mehrere Überprüfungszeiträume dauernden Anfangsphase festgestellt wird, dass das Konzept funktioniert, kommt auch eine Verlängerung der zeitlichen Abstände in Betracht. Die durch die Überprüfungen gewonnenen Erkenntnisse würden jeweils die Grundlage für die weitere öffentliche Befassung mit den Fragen der regierungsamtlichen Öffentlichkeitsarbeit bilden. Sollten dabei dysfunktionale Entwicklungen festgestellt werden, könnte der von der Regierung auszufüllende rechtliche Rahmen für die regierungsamtliche Internet-Betätigung gegebenenfalls vom Gesetzgeber nachjustiert werden. Dieser hätte so die Möglichkeit, seiner (Auffang-)Verantwortung für einen effektiven Grundrechtsschutz nachzukommen.

In den zwischen den parlamentarischen Überprüfungen liegenden Zeiträumen könnte eine externe Aufsichtsinstanz über die Beachtung der Kommunikationsstrategie, vor allem aber über die Einhaltung der auf ihrer Grundlage autonom gesetzten Rechtsnormen sowie des gesetzlichen Rahmens und der äußeren Grenzen zulässiger Öffentlichkeitsarbeit (Funktionsverbot) wachen und im Bedarfsfall einschreiten. Dabei käme insbesondere die förmliche Feststellung von Verstößen und deren Veröffentlichung im Einzelfall und/oder in Beobachtungsberichten in Betracht. Die Berichte der Aufsichtsinstanz könnten neben den eigenen Berichten der Regierung als Grundlage für die parlamentarische Kontrolle dienen. Es wäre jedoch unbedingt darauf zu achten, dass die externe Aufsicht nicht durch zu enge Kontrollmaßstäbe die Innovationsfähigkeit der Regierung hemmt und zu einer Beschneidung der gewollten Möglichkeit des vorsichtigen Experimentierens führt.

Eine staatsfreie und sachverständig-plurale Zusammensetzung des Aufsichtsgremiums würde die für eine effektive Aufsicht notwendige Neutralität sicherstellen und könnte zudem darüber wachen, dass dort, wo es erforderlich ist, die Vielfalt der in der Gesellschaft vertretenen Meinungen Berücksichtigung findet. Um die damit verbundenen Steuerungsvorteile auch auf dieser Ebene zu nutzen, könnte neben der Regierung auch die Aufsichtsinstanz – vergleichbar mit der Situation der Landesmedienanstalten – mit der Möglichkeit der verbindlichen Normkonkretisierung ausgestattet werden.

3. Beschwerdestelle

Ergänzend zu den Mechanismen der Selbst- und Fremdkontrolle könnte durch die Einrichtung einer mit denen der Organe der Freiwilligen Selbstkontrolle im Medienbereich vergleichbaren Beschwerdestelle eine Beteiligung der betroffenen Bürger am Kontrollprozess vorgesehen werden. Eine solche Lösung bietet sich insbesondere für Auseinandersetzungen im Umfeld von Diskussionsveranstaltungen an, wo sie im privaten Bereich bereits vereinzelt Anwendung findet. Die Veröffentlichung der Verfahren und der Entscheidungen würde einen wichtigen Beitrag zur öffentlichen Kontrolle leisten und es dem Bürger erleichtern, das „Risiko" einer Teilnahme an der Diskussion und die Erfolgsaussichten einer Beschwerde abzuschätzen. Wie im Medienbereich könnte die Beschwerdemöglichkeit aber auch wegen jeglicher Verstöße gegen intern oder extern gesetzte Regeln eröffnet werden. Als Sanktion kommen auch in diesem Zusammenhang in erster Linie von der Beschwerdestelle und/oder der jeweiligen Regierungsstelle auf ihrer Website zu veröffentlichende Rügen in Betracht. Auch die Arbeit der Beschwerdestelle könnte von der externen Aufsicht umfasst werden.

Zusammenfassung in Thesen

1. Das Internet ist *das* Kommunikationsphänomen unserer Zeit und gewinnt in zahlreichen Bereichen des gesellschaftlichen Lebens immer mehr an Bedeutung. Für immer breitere Teile der Bevölkerung ist es neben Presse, Hörfunk und Fernsehen zum selbstverständlichen Bestandteil des Medienalltags geworden. Auch die deutschen Regierungen nutzen das Internet, um sich mit einer Vielzahl von Informations- und Kommunikationsangeboten der Öffentlichkeit zu präsentieren, und erfüllen damit die Erwartungen der Bürger an einen modernen Staat.

2. Während der Einsatz des Internets als Mittel der regierungsamtlichen Öffentlichkeitsarbeit grundsätzlich zu begrüßen ist, wecken bestimmte Verhaltensweisen im Umgang mit den neuen Kommunikationstechnologien Bedenken. Diese betreffen in erster Linie die Behandlung von Meinungsbeiträgen in Diskussionsforen und die Vermittlung weiterführender Informationen durch den Einsatz von Hyperlinks, Datenbanken und Suchmaschinen. Bei all dem stellt sich die Frage, ob und in welchem Umfang das Grundgesetz den Regierungen erlaubt, das Internet als Medium für ihre Öffentlichkeitsarbeit einzusetzen, und wie auf die entstehenden Probleme angemessen reagiert werden kann.

3. Ausgehend von der Überlegung, dass der gesellschaftliche Meinungsbildungsprozess zwar grundsätzlich von staatlichen Einflüssen frei zu bleiben habe, dass die Versorgung der Bürger mit Informationen über politische Vorhaben und künftig zu lösende Fragen aber erforderlich sei, um einen Grundkonsens in der Bevölkerung zu erreichen, hat das Bundesverfassungsgericht inhaltlich-formale Zulässigkeitsgrenzen für unmittelbare regierungsamtliche Öffentlichkeitsarbeit entwickelt, die im Kern die werbende Selbstdarstellung der Regierungen und die Parteienunterstützung im Wahlkampf verbieten. Diese anhand der Verbreitung von Druckwerken entwickelten Grenzen gelten auch für das Internet, sie bieten jedoch keine Antworten auf die dort auftauchenden spezifischen Probleme. Die herrschende Meinung in Rechtsprechung und Literatur hat sich dem Konzept des Bundesverfassungsgerichts im Wesentlichen angeschlossen. Abweichende Ansichten distanzieren sich vom Wahlkampf als Dreh- und Angelpunkt der Diskussion. Eine Ansicht, die weitreichende Konsequenzen auch für die Zulässig-

keit der Internet-Nutzung nach sich zieht, sieht das Problem der unmittelbaren regierungsamtlichen Öffentlichkeitsarbeit in der Umgehung der freien Massenmedien.

4. Die herkömmlichen Massenmedien (Rundfunk und Presse) sind durch das Gebot der Staatsfreiheit und durch damit korrespondierende Funktionsverbote für den Staat geprägt, deren Reichweite von den spezifischen technischen und ökonomischen Bedingungen des jeweiligen Mediums sowie von seiner Bedeutung im Meinungsbildungsprozess abhängig ist. Rundfunk dürfen staatliche Stellen weder selbst veranstalten noch dürfen sie einen bestimmenden Einfluss auf dritte Veranstalter ausüben. Daran hat sich auch infolge der mit der Digitalisierung der Rundfunktechnik einhergehenden Entwicklungen nichts geändert: „Staatsrundfunk" ist nach wie vor unzulässig. Presseprodukte darf der Staat zwar herstellen und verbreiten, er hat sich dabei jedoch auf die Vermittlung von Informationen zu beschränken, die seine eigene Handlungs- und Verantwortungssphäre unmittelbar betreffen, und darf nicht in den publizistischen Wettbewerb mit der freien Presse eintreten oder die Ausübungsbedingungen der Pressefreiheit anderweitig beeinträchtigen.

5. Das Internet wird von Einigen als neues, eigenständiges Medium angesehen. Es beinhaltet aber – wenngleich die Grenzen zwischen den Kommunikationsformen stellenweise unscharf werden – massen- und individualkommunikative Dienste, deren Leistungsmerkmale durchaus mit denen der herkömmlichen Medien vergleichbar sind. Im Bereich der Massenkommunikation ermöglicht das Internet das Angebot sowohl von Audio- und Bewegtbilddiensten, die hinsichtlich ihrer Breitenwirkung, Aktualität und Suggestivkraft unter bestimmten Umständen dem herkömmlichen Rundfunk gleichkommen, als auch von Text-Diensten, die als Lesemedium der Presse zuzuordnen sind. Die für diese Medien entwickelten Funktionsverbote gelten mit der gleichen Reichweite auch im Internet. Der Staat darf dort deshalb weder Dienste anbieten, die die besonderen Merkmale des herkömmlichen Rundfunks erfüllen, noch darf er mit seinen Text-Angeboten in Konkurrenz mit der freien Presse treten oder die Ausübungsbedingungen der Pressefreiheit gefährden.

6. Die im Bereich der Massenmedien herrschenden Funktionsverbote für den Staat dienen genau wie die von der herrschenden Meinung angenommenen Zulässigkeitsgrenzen für die unmittelbare regierungsamtliche Öffentlichkeitsarbeit dem Schutz der Chancengleichheit der Parteien, des Demokratieprinzips und des ungestörten Prozesses der gesellschaftlichen Meinungsbildung. Während die herrschende Meinung dabei aber die besondere Funktion und Bedeutung der Massenmedien außer Betracht lässt, schützt das Funktionsverbot diese zusätzlich vor staatlicher Instrumentalisierung. Die herrschende Meinung beruht darüber hinaus auf unrichtigen Grundannahmen insbesondere zum Verhältnis zwischen den Regierungen und den sie tragenden Parteien und zu den notwendigen Konsequenzen des Grundsatzes der zeitlichen Begrenzung abgeleiteter Staatsgewalt. Auch einzelne ihrer Kriterien werfen Fragen auf. Sie orientieren sich an den Gegebenheiten einer Zeit, in der das hauptsächliche Mittel und zugleich das hauptsächliche Problem regierungsamtlicher Öffentlichkeitsarbeit die Verteilung verkörperter Druckerzeugnisse war, und zeigen sich infolgedessen nicht ausreichend auf den Einsatz der „Neuen Medien" und die spezifischen Eigenheiten elektronischer Massenkommunikation vorbereitet. Das staatliche Funktionsverbot ist deshalb den formal-inhaltlichen Grenzen der herrschenden Meinung als Zulässigkeitsgrenze für die unmittelbare regierungsamtliche Öffentlichkeitsarbeit vorzuziehen.

7. Auch die danach zulässigen Formen regierungsamtlicher Internet-Betätigung sind allerdings nicht frei von Risiken für den Meinungsbildungsprozess. Das Angebot von Suchmaschinen eröffnet vielfältige Manipulationsmöglichkeiten; einseitige Hintergrundinformationen können unter bestimmten Umständen eine meinungslenkende Wirkung zeigen. Der Ausschluss von Meinungsbeiträgen aus Diskussionsforen beeinträchtigt die Meinungsäußerungsfreiheit der betroffenen Teilnehmer wie die Informationsfreiheit der interessierten Öffentlichkeit. Diese Risiken erfordern ein Regulierungskonzept, das sowohl den zu schützenden Grundrechten als auch den legitimen Interessen der Regierung angemessen Rechnung trägt. Fragen werfen regierungsamtliche Internet-Auftritte schließlich auch in haftungsrechtlicher Hinsicht auf.

7.1 Das Problem des Ausschlusses von Diskussionsteilnehmern hat im Bereich des Privatrechts zur Entwicklung der Rechtsfigur des „virtuellen Hausrechts" geführt. Diese Rechtsfigur ist zwar grundsätzlich auf das öffentliche Recht übertragbar, sie wird aber aufgrund des in einem „virtuellen öffentlich-rechtlichen Hausrecht" zum Ausdruck kommenden Über- und Unterordnungsverhältnisses zwischen Staat und Bürgern den Bedingungen der eher durch Gleichordnung und Teilnahme am gesellschaftlichen Kommunikationsprozess geprägten regierungsamtlichen Veranstaltung von Diskussionsforen nicht gerecht.

7.2 Dem Problem der Meinungslenkung durch einseitige regierungsamtliche Informationsangebote kann durch die Schaffung von Transparenz begegnet werden. Diese erfordert zunächst die Offenlegung der von der Regierung verfolgten Kommunikationsstrategie. Wird auf diese Weise keine Transparenz erzielt oder beabsichtigt die Regierung, verschiedenen Meinungen ein Forum zu bieten, so ist sie zur Berücksichtigung der in der Gesellschaft vorhandenen Meinungsvielfalt verpflichtet.

7.3 Im Zusammenhang mit haftungsrechtlichen Fragen werden Regierungswebsites und regierungsamtlich veranstaltete Diskussionsforen teilweise als Teledienste eingeordnet. Wegen des ihnen als Mittel der regierungsamtlichen Öffentlichkeitsarbeit innewohnenden Öffentlichkeitsbezugs und der damit verbundenen Meinungsrelevanz handelt es dabei jedoch in der Regel um Mediendienste. Die Verantwortlichkeit der Regierungen für die Inhalte solcher Angebote richtet sich deshalb nach den §§ 6-9 MDStV. Bei Suchmaschinen handelt es sich hingegen auch dann um Teledienste, wenn sie Teil der regierungsamtlichen Öffentlichkeitsarbeit sind.

8. Die Komplexität und Dynamik des Internets und der gesellschaftlichen Meinungsvielfalt entzieht den Sachbereich „regierungsamtliche Öffentlichkeitsarbeit im Internet" einer Regelung mittels herkömmlicher Gesetzestechniken. Sie bedarf einer flexiblen, auf produktives Lernen angelegten Regulierungsmethode, die die zu regelnde Materie als Prozess anerkennt und die zukünftigen Normadressaten an der Normfindung beteiligt. Das geltende Recht hält eine Reihe von Regulierungskonzepten bereit, die den so beschriebenen Gedanken der Prozedu-

ralisierung verwirklichen und sich dabei insbesondere in ihrer Zielsetzung, in den verfolgten Interessen und in der Reichweite der den Normadressaten eingeräumten Autonomie unterscheiden. Anhand von Referenzbereichen lässt sich die zur Verfügung stehende Bandbreite prozeduraler Regulierungskonzepte aufzeigen.

8.1 Im privaten Wirtschaftsrecht findet sich eine Regulierungsmethode, die weitgehend auf die Selbstorganisationskraft der Normadressaten vertraut. Eine aus ihrem Kreise stammende Zusammenstellung bester Verfahrensweisen (Best Practices) für die Unternehmensverfassung börsennotierter Gesellschaften wird dort vom Staat mit einer Ausnahmen zulassenden Bindungswirkung und einem gesetzlichen Sanktionsrahmen versehen. Eine öffentlich-rechtliche Umsetzung dieses außerordentlich flexiblen Modells könnte mittels normkonkretisierender Verwaltungsvorschriften erfolgen.

8.2 Das insbesondere im Medienbereich verbreitete Konzept der „regulierten Selbstregulierung" bedient sich ebenfalls der Selbstorganisation der Normadressaten, schränkt deren Autonomie aber von vornherein durch einen vorgegebenen Rahmen ein. Charakteristisches Merkmal der regulierten Selbstregulierung ist neben der autonomen Ausfüllung des gesetzlichen Rahmens die Selbstkontrolle der Normadressaten. Typisch ist auch die Existenz von Beschwerdestellen zur vorläufigen Streitbeilegung.

8.3 Das Kommunalwirtschaftsrecht sieht mit den sog. Markterkundungsverfahren Prozesse vor, die der Eigenregulierung staatlichen Handelns dienen. Dem Staat werden im Zusammenhang mit der Entscheidung über die Aufnahme wirtschaftlicher Betätigungen Erkundungs-, Beteiligungs- und Offenlegungspflichten aufgegeben.

8.4 In der deutschen Rundfunkordnung findet eine „Hybridisierung" von Entscheidungsvorgängen innerhalb staatlicher Einrichtungen statt. Die als Anstalten des öffentlichen Rechts organisierten öffentlich-rechtlichen Rundfunkveranstalter und Landesmedienanstalten sind aus der unmittelbaren wie mittelbaren Staatsverwaltung ausgegliedert und mit pluralen Entscheidungsgremien ausgestattet, deren Zusammensetzung auf der Beteiligung gesellschaftlicher Gruppen beruht. Während eine organisatorische Ausgliederung mit der Durchführung regierungsamtlicher Öffentlichkeitsarbeit betrauter Stellen nicht in Frage kommt, weil den Regierungen die Erfüllung ihrer verfassungsmäßigen Informationspflichten nicht aus den Händen genommen werden darf, ist eine staatsfrei-plurale externe Aufsicht über ihre Tätigkeit durchaus denkbar. Die aus einer externen Aufsicht und dem herkömmlichen Binnenpluralismus resultierenden Defizite können durch die Verknüpfung mit anderen prozeduralen Elementen vermieden werden. Dazu gehören die Einbindung interdisziplinären Sachverstands sowie die Selbstdefinition von Aufgaben und Standards und die anschließende Überwachung ihrer Umsetzung.

8.5 Gerade auch im Zusammenhang mit der Realisierung staatlicher Internet-Auftritte finden sich Kooperationsverhältnisse zwischen dem Staat und privaten Akteuren (Public Private Partnerships), die auf gesellschaftsrechtlichen Zusammenschlüssen beruhen und den Beteiligten weitgehende Autonomie in der Aufgabenerfüllung einräumen. Die damit einhergehenden Steuerungsverluste seitens des Staates erschweren jedoch die Durchsetzung der öffentlichen Interessen, zu denen insbesondere die Erfüllung der Informationspflichten der Regierung und der diskriminierungsfreie Zugang zu den amtlichen Internet-Angeboten zählen.

9. Eine Lösung für die im Zusammenhang mit regierungsamtlichen Internet-Angeboten auftretenden Probleme könnte in einem Regulierungskonzept zu finden sein, in dessen Zentrum eine Strategiebestimmung in Form der Selbstdefinition von Aufgaben, Zielen und Standards, die selbstständige Normsetzung der Exekutive mittels normkonkretisierender Verwaltungsvorschriften und eine staatsfreie externe Kontrolle stehen. Durch die Einrichtung von Beschwerdestellen könnte eine Beteiligung Betroffener stattfinden.

Aus unserem Verlagsprogramm:

Jinae Park
Ehrenschutz im Internet am Beispiel der Hassrede
Eine verfassungsrechtliche Untersuchung von Ehrenschutzvorkehrungen im Cyberspace in Zusammenhang mit § 11 MDStV und §§ 8ff. TDG/ §§ 6ff. MDStV
Hamburg 2006 / 238 Seiten / ISBN 3-8300-2276-X

Stefan Pooth
Jugendschutz im Internet
- staatliche Regulierung und private Selbstkontrolle -
Hamburg 2005 / 300 Seiten / ISBN 3-8300-1906-8

Tobias Schelinski
Behördliche Aufsicht über grenzüberschreitende Online-Dienste
Hamburg 2005 / 272 Seiten / ISBN 3-8300-1791-X

Jörg Lips
Das Internet als „Rundfunkübertragungsweg"
Neue Rundfunkempfangsgeräte und Nutzung durch den öffentlich-rechtlichen Rundfunk?
Hamburg 2004 / 204 Seiten / ISBN 3-8300-1615-8

Sabine König
Kinderpornografie im Internet
Eine Untersuchung der deutschen Rechtslage unter besonderer Berücksichtigung des Internationalen Strafrechts
Hamburg 2004 / 300 Seiten / ISBN 3-8300-1273-X

Mischa Dippelhofer
Haftung für Hyperlinks
Eine Studie zum deutschen, österreichischen und amerikanischen Recht
Hamburg 2004 / 230 Seiten / ISBN 3-8300-1231-4

Jan Vetter
Gesetzeslücken bei der Internetkriminalität
Hamburg 2003 / 278 Seiten / ISBN 3-8300-1070-2

VERLAG DR. KOVAČ
FACHVERLAG FÜR WISSENSCHAFTLICHE LITERATUR

Postfach 57 01 42 · 22770 Hamburg · www.verlagdrkovac.de · info@verlagdrkovac.de